Günter Prechtel · Erfolgreiche Taktik im Zivilprozess

Erfolgreiche Taktik im Zivilprozess

von
Dr. Günter Prechtel
Richter am Amtsgericht, München

2., überarbeitete und erweiterte Auflage

Luchterhand

Bibliografische Information der Deutschen Bibliothek
Die Deutsche Bibliothek verzeichnet diese Publikation in der Deutschen Nationalbibliografie; detaillierte bibliografische Daten sind im Internet über http://dnb.ddb.de abrufbar.

ISBN 3-472-05562-6

Luchterhand, eine Marke der Wolters-Kluwer Deutschland GmbH

Alle Rechte vorbehalten.

© 2003 Wolters Kluwer Deutschland GmbH, München/Unterschleißheim
Das Werk einschließlich aller seiner Teile ist urheberrechtlich geschützt. Jede Verwertung außerhalb der engen Grenzen des Urheberrechtsgesetzes ist ohne Zustimmung des Verlages unzulässig und strafbar. Das gilt insbesondere für Vervielfältigung, Übersetzung, Mikroverfilmung und die Einspeisung und Verarbeitung in elektronischen Systemen.

Umschlaggestaltung: Ruers, futurweiss Kommunikationen, Wiesbaden
Satz: Satz- und Verlags-Gesellschaft mbH, Darmstadt
Druck: betz-Druck, Darmstadt
Binden: Buchbinderei Schaumann, Darmstadt
Printed in Germany, August 2003

Gedruckt auf säurefreiem, alterungsbeständigem und chlorfreiem Papier

Sie finden uns im Internet unter: www.wolters-kluwer.de

Inhaltsverzeichnis

Literaturverzeichnis XIII

Vorbemerkung 1

Die Bedeutung der ZPO-Reform 7

Erster Teil: Die Klageerhebung 11
- I. Taktische Überlegungen 11
  - 1) Entschließung zur Klageerhebung 11
    - a) Vorüberlegungen 11
      - (1) Beratung des Mandanten 11
      - (2) Sicherungsmaßnahmen 17
    - b) Schlichtungsverfahren 19
    - c) Antrag auf Prozesskostenhilfe 22
    - d) Musterprozess 24
  - 2) Wahl des Gerichtsstands 26
    - a) Wahlrecht 26
    - b) Gesichtspunkte für die Wahl 27
  - 3) Erhebung einer Teilklage 29
    - a) Chancen und Risiken 29
    - b) Teilklage mit bedingter Klageerweiterung 33
    - c) Abwehrmaßnahmen des Gegners 34
  - 4) Zweckmäßige Auswahl des Beklagten 37
  - 5) Verbesserung der Beweissituation 39
    - a) Erlangung von Zeugen 40
      - (1) Forderungsabtretung 40
      - (2) Gewillkürte Prozessstandschaft 44
      - (3) Auswechseln des vertretungsberechtigten Organs 45
    - b) Ausschaltung von Zeugen 46
      - (1) Mitverklagen 46
      - (2) Besonderheiten 47
- II. Besondere Verfahrensarten 48
  - 1) Mahnverfahren 49
    - a) Allgemeines 49
    - b) Verjährungshemmung 49
    - c) Risiko: Unzureichende Individualisierung 52
    - d) Weitere Nachteile 55
  - 2) Urkundenprozess 56
    - a) Voraussetzungen und Vorteile 56

		b) Reaktionsmöglichkeiten des Beklagten	59
		c) Nachverfahren	60
		d) Fazit	63
	3)	Das Verfahren nach § 495a ZPO	63
		a) Voraussetzungen und Gefahren	64
		b) Beispiele abweichender Verfahrensgestaltung	66
		c) Antrag auf mündliche Verhandlung	69
III.	Die örtliche Zuständigkeit		71
	1)	Vermeidung einer Klageabweisung	71
	2)	Gerichtsstandsvereinbarungen	74
		a) Voraussetzungen	74
		b) Allgemeine Geschäftsbedingungen	75
	3)	Rügelose Einlassung des Beklagten	76
IV.	Die Klageschrift		78
	1)	Schriftform	78
		a) Unterschrift	78
		b) Telefax	79
		c) Materiell-rechtliche Erklärungen	81
	2)	Verjährungshemmung	83
	3)	Die richtige Partei und ihre Bezeichnung	85
		a) Allgemeine Bedeutung	85
		b) Parteiänderung	87
		c) Praxisrelevante Beispiele	89
	4)	Anforderungen an den Sachvortrag	91
		a) Inhalt und Gestaltung	92
		b) Schlüssigkeit	95
		(1) Allgemeines	95
		(2) Typische Beispiele	98
		c) Substantiierung	100
		d) Rechtsausführungen	105
		e) Bezugnahmen	109
V.	Sachgerechte Klageanträge		112
	1)	Allgemeines	112
	2)	Antrag zur Kammerzuständigkeit beim Landgericht	115
	3)	Zug-um-Zug-Leistung	116
	4)	Unbezifferter Zahlungsantrag	117
		a) Zulässigkeit	117
		b) Bedeutung des Mindestbetrags	119
	5)	Unterlassungs- und Beseitigungsklagen	121
	6)	Stufenklage	122
	7)	Feststellungsklage	125
		a) Voraussetzungen	125
		b) Haftpflichtprozess	127
	8)	Klage auf künftige Leistung	128

VI.	Verhalten bei aussichtsloser Prozesslage	130
	1) Klagerücknahme	130
	2) Klageauswechselung	132
	a) Voraussetzungen	132
	b) Risiken und Kosten	134
VII.	Verhalten bei nachträglicher Erfüllung	135
	1) Nach Rechtshängigkeit	135
	a) Vollständige Erfüllung	135
	b) Teilweise Erfüllung	137
	2) Zwischen Anhängigkeit und Rechtshängigkeit	138

Zweiter Teil: Die Verteidigung des Beklagten — 143

I.	Taktische Überlegungen	145
	1) Ausschaltung von Zeugen	145
	2) Verhalten bei aussichtsloser Prozesslage	146
	a) Versäumnisurteil	147
	b) Erfüllung	148
	c) Anerkenntnis	149
II.	Richtiges Bestreiten	152
	1) Allgemeines	152
	a) Typische Fehler	153
	b) Vermeidung eines Geständnisses	154
	2) Substantiiertes Bestreiten	155
	a) Grundsatz	155
	b) Sekundäre Darlegungslast	156
	3) Erklärung mit Nichtwissen	159
	4) Ausgewählte Einzelfälle	161
	a) Zugang	161
	b) Echtheit von Privaturkunden	162
	c) Aktivlegitimation	162
	d) Vertragsschluss durch Vertreter	163
	e) Erlöschenseinwand	163
III.	Geltendmachung von Gegenrechten	164
	1) Zurückbehaltungsrecht	165
	2) Aufrechnung	166
	3) Widerklage	168
	a) Erhebung	168
	b) Gründe für eine Widerklage	169
	c) Verhältnis zur Aufrechnung	170
IV.	Die Vermeidung der Präklusion	172
	1) Zurückweisung von verspätetem Vorbringen	173
	a) Voraussetzungen und Folgen	173
	(1) §§ 296a, 296 ZPO	173
	(2) Wirksame Fristsetzung	177

	(3) Verzögerung des Rechtsstreits	178
	(4) Früher erster Termin	179
b) Präventive Maßnahmen		180
	(1) Antrag auf Fristverlängerung	180
	(2) Antrag auf Terminsverlegung	182
	(3) Antrag auf vorbereitende Maßnahmen	183
	(4) Verspätung entschuldigen	184
	(5) Zeugen stellen	185

- 2) Fluchtmöglichkeiten — 186
  - a) Flucht in die Säumnis — 186
  - b) Flucht in die Berufung — 189
    - (1) Zurückgewiesener Vortrag — 189
    - (2) Neues Vorbringen — 190
    - (3) Taktische Hinweise — 191
  - c) Flucht in die Widerklage — 193
  - d) Sonstige Möglichkeiten — 195

Dritter Teil: Die Streitverkündung — 199

I. Die Interventionswirkung — 199
  1) Reichweite — 199
  2) Voraussetzungen — 201
  3) Beseitigung der Bindungswirkung — 202
II. Voraussetzungen — 203
  1) Streitverkündungsschriftsatz — 203
  2) Streitverkündungsgrund — 204
III. Reaktion des Dritten — 206
  1) Er bleibt untätig oder lehnt den Beitritt ab — 207
  2) Er tritt dem Verkünder bei — 207
  3) Er tritt dem Gegner bei — 208
IV. Risiken — 208
  1) Risiko des Streitverkünders — 208
  2) Risiko des Beitritts — 209

Vierter Teil: Die Wiedereinsetzung — 211

I. Voraussetzungen — 212
  1) Zulässigkeit — 212
  2) Begründetheit — 214
  3) Glaubhaftmachung — 215
  4) Fristenberechnung — 217
II. Typische Verhinderungsfälle — 220
  1) Büropersonal und Büroorganisation — 220
    a) Allgemeine Anforderungen — 221
    b) Fristenkontrolle — 222
  2) Briefbeförderung — 223

	3) Telefax	224
	a) Richtige Telefaxnummer	224
	b) Übermittlungsstörungen	225
	c) Bedeutung des Sendeberichts	227
	4) Fehlende Kenntnis	227
	a) Beispiele	228
	b) Wirksame Zustellung	229

Fünfter Teil: Die mündliche Verhandlung   233

I.	Chancen und Risiken	233
II.	Die Güteverhandlung	237
	1) Voraussetzungen	237
	2) Ablauf des Gütetermins	238
	3) Taktische Hinweise	240
III.	Teilnahme des Mandanten	242
	1) Zweckmäßigkeit der Teilnahme	242
	2) Anordnung des persönlichen Erscheinens	244
	3) Parteianhörung	246
IV.	Die Antragstellung	248
	1) Form und Bedeutung	248
	2) Antrag auf Terminsverlegung	250
	a) Vermeidung eines Versäumnisurteils	251
	b) Erhebliche Gründe	252
V.	Kontrolle der Protokollierung	254
	1) Beweiskraft des Protokolls und des Tatbestands	254
	2) Protokollierungsantrag	257
VI.	Der Schriftsatznachlass	259
	1) Voraussetzungen und Folgen	259
	2) Verhältnis zu § 296 ZPO	261
VII.	Die richterliche Hinweispflicht	263
	1) Umfang und Bedeutung	263
	a) Die Neufassung des § 139 ZPO	263
	b) Anspruch auf Schriftsatznachlass	266
	2) Rechtsfolgen bei Verletzung	268
	3) Sonderfälle	271
	a) Anwaltlich vertretene Partei	271
	b) Hinweis durch Gegner	272
	c) Substanzloses Vorbringen	274
	4) Praxisrelevante Beispiele	274
VIII.	Befangenheitsanträge	276
	1) Ablehnung wegen Besorgnis der Befangenheit	276
	a) Taktische Überlegungen	276
	b) Richtige Antragstellung und Rechtsmittel	279
	c) Praktische Ratschläge	281

	2) Ausgewählte Befangenheitsgründe	282
IX.	Der Prozessvergleich	285
	1) Vergleichsstrategie	285
	2) Grundlagen eines Vergleichsabschlusses	288
	a) Der widerrufliche Vergleich	288
	b) Inhalt und Formulierung	290
	c) Kostenregelung	295
	d) Protokollierung	297
	e) Schriftlicher Vergleich	299
	3) Vor- und Nachteile	300
	a) Vorteile	300
	b) Nachteile und Gefahren	301

Sechster Teil: Die Beweisaufnahme — 303

I.	Die Beweislast	304
	1) Die Beweislastverteilung	304
	a) Grundregel	304
	b) Sonderfälle	306
	c) Beweisvereitelung	307
	2) Anscheinsbeweis	309
	a) Wesen und Voraussetzungen	309
	b) Beispiele	311
	3) Einzelfälle	313
	a) Zugang	313
	(1) Schreiben mit einfacher Post	313
	(2) Einschreiben	314
	(3) Telefax	317
	(4) E-Mail	318
	(5) Förmliche Zustellung	320
	b) Stellvertretung	320
	c) Schenkungseinwand	321
	d) Werkvertrag	322
	e) Mängelanzeige im Reiserecht	324
II.	Wirksame Beweisanträge	325
	1) Inhaltliche Anforderungen	325
	2) Tauglichkeit von Zeugen	328
	3) Taktische Hinweise	331
III.	Beweismittel	333
	1) Zeugen	333
	a) Die Benennung der Zeugen	333
	b) Schriftliche Aussagen	335
	c) Die Zeugenvernehmung	336
	(1) Video-Vernehmung	336
	(2) Ausübung des Fragerechts	338

		(3) Unzulässige Fragen	344
		(4) Verhalten nach der Beweisaufnahme	346
	d)	Protokollierung der Zeugenaussage	347
	e)	Verwertungsverbote	348
	f)	Zeugen im Ausland	350
		(1) Ladung vor das Prozessgericht	351
		(2) Schriftliche Befragung	352
		(3) Vernehmung im Ausland	352
2)	Sachverständigengutachten		353
	a)	Bedeutung in der Praxis	353
	b)	Entkräftung eines Gutachtens	356
		(1) Prozessuale Möglichkeiten	356
		(2) Bedeutung eines Privatgutachtens	359
	c)	Beweissicherungsgutachten	361
3)	Urkunden		364
	a)	Beweisantritt	365
		(1) Urkunde beim Beweisführer	365
		(2) Urkunde beim Gegner oder bei Dritten	365
		(3) Urkunden in anderen Akten	367
	b)	Beweiswirkung	370
	c)	Einzelfälle	373
		(1) Vorprozessualer Schriftwechsel	373
		(2) Stundenlohnzettel	374
		(3) Reisemängelprotokoll	375
		(4) Schuldbekenntnis an der Unfallstelle	376
		(5) Übergabeprotokoll	377
4)	Parteivernehmung		378
	a)	Bedeutung	378
	b)	Vernehmung von Amts wegen	381
5)	Augenschein		383
	a)	Bedeutung	383
	b)	Vorlage von Lichtbildern	384
		(1) Beweiswirkung	384
		(2) Verwertungsverbote	386

IV. Beweisrechtliche Verfahrensfehler — 387
    1) Bedeutung für die Berufung — 387
        a) Berufungsgrund — 387
        b) Notwendigkeit neuer Tatsachenfeststellung — 388
    2) Beispiele — 389

Siebter Teil: Neue Anfechtungsmöglichkeiten — 391
I. Abhilfeverfahren — 391
    1) Selbstkorrektur der ersten Instanz — 392
        a) Voraussetzungen — 392

		b) Rügeschrift	395
		c) Entscheidung des Gerichts	397
	2)	Außerordentliche Rechtsmittel	398
		a) Berufung und Beschwerde	398
		b) Verfassungsbeschwerde	399
II.	Zulassungsberufung		400
	1)	Zulassungsberufung	400
	2)	Vorprüfungsverfahren	402

Achter Teil: Einstweilige Verfügung und Arrest   407

I.	Taktische Überlegungen		407
II.	Voraussetzungen		409
	1)	Verfügungsanspruch	409
	2)	Verfügungsgrund	410
	3)	Arrestgrund	411
		a) Dinglicher Arrest	411
		b) Persönlicher Arrest	412
	4)	Glaubhaftmachung	412
III.	Verfahrensablauf		413
	1)	Antragstellung	413
	2)	Entscheidung ohne mündliche Verhandlung	415
		a) Voraussetzungen	415
		b) Schutzschrift und Widerspruch	416
		c) Besonderheiten	417
IV.	Vollziehung		418
	1)	Fristen	418
	2)	Einstweilige Verfügung	420
	3)	Arrest	421

Stichwortverzeichnis   423

Literaturverzeichnis

Abrahams, Präklusion und Fluchtwege im Zivilprozeß, AnwBl. 1999, 111, 168.
Abramenko, Kein Rechtsmittel gegen richterliche Feststellung eines Vergleichs gem. § 278 IV ZPO? – Ein übersehenes Problem der Zivilprozessreform, NJW 2003, 1356.
Bacher, Eingang von E-Mail-Sendungen bei Gericht, MDR 2002, 669.
Ball, Rechtsmittel im Mietprozess nach der ZPO-Reform, NZM 2002, 409.
ders., Die Berufung nach dem ZPO-Reformgesetz, ZGS 2002, 146.
Balzer, Schlanke Entscheidungen im Zivilprozeß, NJW 1995, 2448.
Barth, Zum Tatsachenstoff im Berufungsverfahren nach der Reform der ZPO – eine Erwiderung, NJW 2002, 1702.
Bauer/Diller, Kündigung durch Einwurf-Einschreiben – ein Kunstfehler! NJW 1998, 2795.
Baumbach/Hopt, HGB-Kommentar, 30. Aufl. 2000.
Baumbach/Lauterbach/Albers/Hartmann, ZPO-Kommentar, 59. Aufl. 2001 (zit. Baumbach/Lauterbach); 60. Aufl. 2002 (mit ZPO-Reform) (zit. Baumbach/Lauterbach 60. Aufl.).
Baumgärtel, Handbuch der Beweislast im Privatrecht, Bd. 1, 2. Aufl. 1991.
Benedict, Einschreiben und Zustellungen durch die Post – lauter Kunstfehler? NVwZ 2000, 167.
Bilda, Zur Bindungswirkung von Urkundenvorbehaltsurteilen, NJW 1983, 142.
Bischoff, Praxisprobleme der Streitverkündung, MDR 1999, 787.
Blank, Der Urkundenprozeß in Mietsachen, NZM 2000, 1083.
Blanb/Börstinghaus, Miete (Kommentar), 1. Aufl. 2000.
Bleutge/Uschold, Digital versus analog – Verwendung digitalisierter Fotos in Gutachten, NJW 2002, 2765.
Bonifacio, Klagerücknahme und Erledigungserklärung nach der Zivilprozessreform, MDR 2002, 499.
Borgmann, Der Anwalt und sein Büro: Büroorganisation, BRAK-Mitt. 1998, 16.
ders., Der Umgang mit dem Faxgerät, BRAK-Mitt. 1999, 171.
ders., Zustellung gegen Empfangsbekenntnis, BRAK-Mitt. 1998, 270.

ders., Die Rechtsprechung des BGH zum Anwaltshaftungsrecht in der Zeit von Mitte 1991 bis Mitte 2000, NJW 2000, 2953; von Mitte 2000 bis Mitte 2002, NJW 2002, 2145.
Börstinghaus, Die Geltendmachung rückständiger Wohnraummiete im Urkundsverfahren, NZM 1998, 89.
ders., Muster einer Mietzinsklage im Urkundsverfahren, NZM 1998, 101.
ders., Klageanträge im Zusammenhang mit der Mietminderung, NZM 1998, 656.
Braunschneider, Konfliktverteidigung im Zivilprozess. Warten im Sammeltermin? Die Dienstaufsichtsbeschwerde, ProzRB 2003, 49.
Bräuer, Vor Gericht und auf hoher See..., AnwBl. 1999, 551.
Brehm, Arbeitsteilung zwischen Gericht und Anwalt – eine ungenutzte Chance, AnwBl. 1983, 193.
Brommann, Die Beeinflussung der Verjährung durch sogenannte Musterprozesse, AnwBl. 1985, 5.
Bühren, Rechtsschutzversicherungen – Fluch oder Segen?, AnwBl. 2001, 97.
Büttner, Revisionsverfahren – Änderungen durch das Zivilprozessreformgesetz, MDR 2001, 1201.
Bull, Von der Bequemlichkeit, einem Zeugen zu glauben, DRiZ 1972, 20.
Burchard, § 720a ZPO und die »Waffengleichheit«, NJW 2002, 2219.
Busse, Vorbemerkung aus anwaltlicher Sicht, in Beck'sches Richterhandbuch, 1995 S. XXXI ff.
Chab, Fallen im Reisevertragsrecht, AnwBl. 2000, 446.
ders., Vor- und Nachteile gerichtlicher Mahnverfahren, AnwBl. 2002, 717.
Deubner, Berufungszwang durch Verfahrensbeschleunigung, NJW 1987, 355.
ders., Die Praxis der Zurückweisung verspäteten Vorbringens, NJW 1979, 337.
Deutsch, Gedanken zum Gerichtsstand der unerlaubten Handlung (insbesondere bei Persönlichkeits- und Wettbewerbssachen), MDR 1967, 88.
Diercks, Ist eine Teilklage kostengünstig? MDR 1995, 1099.
Dombert, Ein Einzelfall? Zur richterlichen Erreichbarkeit nach »Dienstschluss«, NJW 2002, 1627
Doms, Neue ZPO – Umsetzung in der anwaltlichen Praxis, NJW 2002, 777.
ders., Die Zinsbescheinigung – eine Regreßfalle ? NJW 1999, 2649.

ders., Eine Möglichkeit zur Vereinfachung der Zwangsvollstreckung bei Zug-um-Zug Leistung, NJW 1984, 1340.

ders., »Es wird alles bestritten«, MDR 1991, 498.

Dübbers, Das neue »Einwurf-Einschreiben« der Deutschen Post AG und seine juristische Einordnung, NJW 1997, 2503.

Dübbers/Kim, Post Express – Der neue Kurierservice der Post aus juristischer Sicht, NJW 1998, 2265.

Ebel, Die Berufung im Zivilprozeßrechtsreformgesetz, ZRP 2001, 309.

Edenfeld, Anwaltshaftung – Beratungspflichten beim Vergleich, MDR 2001, 972.

Einmahl, Zeugenirrtum und Beweismaß im Zivilprozeß. Eine Fallstudie am Beispiel des Verkehrsunfallprozesses, NJW 2001, 469.

Elzer, Einseitige Erledigterklärung vor Rechtshängigkeit nach dem ZPO-Reformgesetz, NJW 2002, 2006.

Enders, Welche Gebühren für die Güteverhandlung nach dem ZPO-RG? JurBüro 2001, 617.

ders., Neue Möglichkeiten nach dem ZPO-RG – Anwaltsgebühren, Jur-Büro 2002, 57.

ders., Verhandlungsgebühr über § 35 BRAGO auch bei Vergleich nach § 278 Abs. 6 ZPO?, JurBüro 2003, 1.

Ernst, Die Schlichtung, Ende oder Neuanfang?, NJW-Editorial Heft 9/2002 S. III.

Eyinck, Zustellungsrecht und Postreform: Gemeinschaftsbriefkasten bei Ersatzzustellung durch Niederlegung, NJW 1998, 206.

Fellner, ZPO-Reform – Erste Erfahrungen im Berufungsverfahren, MDR 2003, 69.

Fischer, Frank O., Zur Bindungswirkung rechtswidriger Verweisungsbeschlüsse im Zivilprozeß gemäß § 281 II 5 ZPO, NJW 1993, 2417.

ders., Weiterverweisung bei Wahlrechtsverbrauch?, MDR 1993, 198.

ders., § 495a ZPO – eine Bestandsaufnahme des »Verfahrens nach billigem Ermessen«, MDR 1994, 978.

ders., Gerichtsstandsvereinbarungen in AGB – Gerichtliche Zuständigkeit und Verweisungen, MDR 2000, 682.

ders., Sofortiges Anerkenntnis – Ausschluss im Streitverfahren nach Widerspruch im Mahnverfahren?, MDR 2001, 1336.

ders., Willkürliche Verweisungsbeschlüsse – Aktuelle Rechtsprechung zur Bindungswirkung, MDR 2002, 1401.

Fischer, Gero, Tendenzen der Rechtsprechung des BGH zum Anwaltshaftungsrecht, NJW 1999, 2993.

Fleischmann, Sachliche Zuständigkeit bei Haupt- und Hilfsantrag, NJW 1993, 506.
Flotho, (Die ZPO-Reform) Schneller-besser-billiger? BRAK-Mitt. 2000, 107.
Foerste, Parteiische Zeugen im Zivilprozeß, NJW 2001, 321.
ders., Die Güteverhandlung im künftigen Zivilprozess, NJW 2001, 3103.
Frankenberger/Holz, Die Verfallklausel in der Zwangsvollstreckung, RPfleger 1997, 93.
Franzen, Maximen zum Anwaltsberuf, NJW 1984, 2263.
Friedrich, Der Beweiswert des Einwurfeinschreibens der Deutschen Post AG, VersR 2001, 1090.
Führich, Reiserecht, 3. Aufl. 1998.
v. Gerlach, Die prozessuale Behandlung von Schmerzensgeldansprüchen, VersR 2000, 525.
Gloede, Mißbräuchliche Ablehnungsgesuche im Zivilprozeß, NJW 1972, 2067.
Gounalakis, Flucht in die Widerklage – Eine wirksame Umgehung der Präklusionsvorschriften? MDR 1997, 216.
Grams, Die »Erlaßfalle«, AnwBl. 2000, 620.
ders., Wiedereinsetzung in den vorigen Stand – Antrag wegen Fristversäumnissen, MDR 2002, 1179.
Greger, Zweifelsfragen und erste Entscheidungen zur neuen ZPO, NJW 2002, 3049.
ders., Ein Beitrag des Prozessrechts zur Versachlichung der fiktiven Reparaturkostenabrechnung, NJW 2002, 1477.
Greiner, Urkundenprozeß und Einrede des nichterfüllten Vertrages, NJW 2000, 1314.
Gross, Grundstrukturen erfolgreicher Schriftsätze, JuS 1999, 171.
Grunsky, Zum Tatsachenstoff im Berufungsverfahren nach der Reform der ZPO, NJW 2002, 800.
Günther, Unzulässige Ablehnungsgesuche und ihre Bescheidung, NJW 1986, 281.
Hartmann, Kostengesetze, 27. Aufl. 1997.
ders., Zivilprozeß 2001/2001: Hundert wichtige Änderungen, NJW 2001, 2577.
Hasselmann, Das Leid des Zivilrichters, NJW 2002 Heft 45, XIV.
Haunschild, Mit Teilklagen Gebühren sparen, AnwBl. 1998, 509.
Häublein, § 174 S. 1 BGB – eine (Haftungs-) Falle nicht nur für Rechtsanwälte, NJW 2002, 1398.

Hansens, Partei- und Geschäftsfähigkeit der BGB-Gesellschaft, BRAGOreport 2002, 49.
ders., Beginn der Höherverzinsung im Kostenfestsetzungsverfahren, BRAGOreport 2002, 62.
ders., Die ZPO-Reform, AnwBl. 2002, 125.
Hendel, Strategien des Anwalts beim zivilrechtlichen Vergleich – Empfehlungen eines Richters, AnwBl. 1997, 509.
ders., Der moderne Zivilprozess zwischen Mensch und Maschine – elektronische Akte, summarisches Verfahren und langfristige Reform des Zivilprozesses, JurPC Web-Dok. 68/2002.
Henke, Rücksendung unfrankierter Empfangsbekenntnisse und Aktenversendungskostenpauschale, AnwBl. 1996, 403.
ders., Rücksendung von unfrankierten Empfangsbekenntnissen an das Gericht, AnwBl. 2002, 713.
Henssler, Die Klage auf künftige Leistung im Wohnraummietrecht, NJW 1989, 138.
Hinz, ZPO-Reform und Mietprozess, NZM 2001, 601.
ders., Zulassungsberufung und Abhilfeverfahren nach der ZPO-Reform, WM 2002, 3.
Hirtz, Reform des Zivilprozesses – Einführung der Beschlussverwerfung, MDR 2001, 1265.
Hosenfeld, Zugangsnachweise für miet- und wohnungseigentumsrechtliche Erklärungen. Segnungen und Fluch des Einwurf-Einschreibens, NZM 2002, 93.
Huber, Anwalts-Haftungsfalle »Vergleich« im »Sachverständigen-Prozess«, NJW-Editorial Heft 19/2003.
Huff, Neues Recht – Neue Risiken. Haftungsfallen der Reformgesetze, Anwalt 4/2002 S. 6.
Husmann, Der unbezifferte Klageantrag als Abwehrrecht gegen unbillige Kostenlast und die Kostenvorschrift des § 92 Abs. 2 ZPO, NJW 1989, 3126.
Jagenburg, Die Entwicklung des privaten Bauvertragsrechts seit 1998: BGB- und Werkvertragsfragen – Teil 2, NJW 2001, 191.
Jaspersen, Wer trägt die Kosten für die Rücksendung des Empfangsbekenntnisses? ProzRB 2002, 83.
Jorzik, Arzthaftungsprozess – Beweislast und Beweismittel, MDR 2001, 481.
Kauffmann, Reiseprozess – Die Rechtsstellung der Mitreisenden, MDR 2002, 1036.

Kemke, Die Gesellschaft bürgerlichen Rechts im Prozess – Parteibezeichnung und Kostendrittwiderklage gegen die Gesellschafter, NJW 2002, 2218.
Kempf, Zur Problematik des Musterprozesses, ZZP 1960, 342.
Kirchhoff, Der Verkehrsunfall im Zivilprozeß – Hinweise zur Verbesserung der Zeugenvernehmung, MDR 2000, 186.
ders., Der Verkehrsunfall im Zivilprozeß – Von der Schwierigkeit, Zeugen zu glauben, MDR 1999, 1473.
ders., Richter als Zeugen – Bericht über ein Wahrnehmungsexperiment, MDR 2001, 661.
Kluth/Böckmann, Beweisrecht – Die zivilprozessuale Partei im Zeugenmantel, MDR 2002, 616.
Knoche, Besorgnis richterlicher Befangenheit wegen der Einleitung strafrechtlicher Schritte, MDR 2000, 371.
Köhler, Gesetzesauslegung und »gefestigte höchstrichterliche Rechtsprechung«, JR 1984, 45.
Krüger/Bütter, »Justitia goes online!« – Elektronischer Rechtsverkehr im Zivilprozess, MDR 2003, 181.
Lamprecht, Das Richterbild Außenstehender, DRiZ 1988, 161.
Lepa, Auffälligkeiten des Haftpflichtprozesses in unserer Zeit, VersR 2001, 265.
Lutter, Gefahren persönlicher Haftung für Gesellschafter und Geschäftsführer einer GmbH, DB 1994, 129.
Laghzaoui/Wirges, Anwaltshaftung bei Verwendung von Internet und Telefax, AnwBl. 1999, 253.
Lange, Bezugnahme im Schriftsatz, NJW 1989, 438.
ders., Der frühe erste Termin als Vorbereitungstermin, NJW 1986, 1728.
ders., Parteianhörung und Parteivernehmung, NJW 2002, 476.
Lanz, Zweiklassenrecht durch Gutachterkauf. Zur mangelnden Neutralität vieler gerichtlicher Gutachter, ZRP 1998, 337.
Lenz/Meurer, Der heimliche Zeuge im Zivilprozeß, MDR 2000, 73.
Lepa, Auffälligkeiten des Haftpflichtprozesses in unserer Zeit, VersR. 2001, 265.
Lilie/Orben, Zur Verfahrenswirklichkeit des Arztstrafrechts, ZRP 2002, 154.
Lipp, Beschwerden wegen »greifbarer Gesetzwidrigkeit« nach der ZPO-Reform 2002, NJW 2002, 1700.
Luckey, Die Widerklage gegen Dritte – Zeugen zum Abschuss freigegeben? MDR 2002, 743.

Lüke/Kerwer, Eine »neuartige« Klagenhäufung, NJW 1996, 2121.
Mankowski, Wie problematisch ist die Identität des Erklärenden bei E-Mails wirklich? NJW 2002, 2822.
ders., Für einen Anscheinsbeweis hinsichtlich der Identität des Erklärenden bei E-Mails, CR 2003, 44.
Markl/Meyer, GKG-Kommentar, 4. Aufl. 2001.
Meier/Falk, Die Höhe des Verzugszinses nach dem Schuldrechtsmodernisierungsgesetz, MDR 2002, 746.
Meyer, Verjährung von Schadensersatzansprüchen bei bezifferter verdeckter Teilklage, NJW 2002, 3067.
Meyke, Die Funktion der Zeugenaussage im Zivilprozeß, NJW 1989, 2032.
ders., Zur Anhörung der Parteien im Zivilprozeß, MDR 1987, 358.
Mair, Online mahnen. Bald schon gängige Praxis, Anwalt 4/2002 S. 40.
Meurer, Baumängelprozeß – Verfahrensvorbereitung und Auswahl der richtigen Klageart, MDR 2000, 1041.
Mühlhausen/Prell, Verwendung digitalisierter Fotos in technischen Gutachten, NJW 2002, 99.
Müller, Gerda, Die Rechtsprechung des BGH zur Wiedereinsetzung in den vorigen Stand, NJW 1993, 681; 1995, 3224; 1998, 497; 2000, 322.
ders., Typische Fehler bei der Wiedereinsetzung in den vorigen Stand, NJW 1993, 681.
Müller, Hans-Friedrich, Abhilfemöglichkeiten bei der Verletzung des Anspruchs auf rechtliches Gehör nach der ZPO-Reform, NJW 2002, 2743.
Münchener Kommentar zur Zivilprozessordnung, 2. Aufl. 2000.
Münzberg, Titel mit Verfallklauseln, RPfleger 1997, 413.
Müther, Prozeßtaktik im Zivilprozeß, MDR 1998, 1335.
Neuhaus, Richterliche Hinweis- und Aufklärungspflicht der alten und neuen ZPO: Überblick und Praxishilfen, MDR 2002, 438.
ders., Rechtsprechungs- und Literaturübersicht zum privaten Baurecht – 1. Halbjahr 2001, ZAP Fach 5 R S. 275.
Nowak, Der elektronische Vertrag – Zustandekommen und Wirksamkeit unter Berücksichtigung des neuen »Formvorschriftenanpassungsgesetzes«, MDR 2001, 841.
Oehler, Zur Problematik der Sachverständigenauswahl, ZRP 1999, 285.
Palandt, BGB-Kommentar, 61. Aufl. 2002.
ders., Gesetz zur Modernisierung des Schuldrechts; Ergänzungsband zur 61. Aufl. (zit. Palandt Erg.).
Pantle, Die Anhörung des Sachverständigen, MDR 1989, 312.

Peglau, Säumnis einer Partei und kontradiktorisches Urteil im Verfahren nach § 495a ZPO, NJW 1997, 2222.
Piekenbrock, Umfang und Bedeutung der richterlichen Hinweispflicht, NJW 1999, 1360.
Prechtel, Zulässigkeit der Abtretung anwaltlicher Honorarforderungen an Rechtsanwälte angesichts § 49b Abs. 4 BRAO, NJW 1997, 1813.
ders., Der Gerichtsstand des Erfüllungsortes bei anwaltlichen Gebührenforderungen, NJW 1999, 3617; MDR 2001, 591 (Anm. zu LG München I).
ders., Gerichtsstand für anwaltliche Honorarforderungen – Der aktuelle Meinungsstand, MDR 2003, 667.
Prölls/Martin, Versicherungsvertragsgesetz-Kommentar; 26. Aufl. 1998.
Redeker, Die Sicherheit von E-Mails, NJW 2002 Heft 44 S. XVIII.
Reichert, Der Zugangsnachweis beim Einwurf-Einschreiben, NJW 2001, 2523.
Reinecke, Die Krise der freien Beweiswürdigung im Zivilprozeß oder Über die Schwierigkeit, einem Zeugen nicht zu glauben, MDR 1986, 630.
ders., Der Zeuge N.N. in der zivil- und arbeitsgerichtlichen Praxis, MDR 1990, 767.
Reinelt, Irrationales Recht, ZAP-Sonderheft für Dr. Egon Schneider, 2002, 52.
Renk, Zur Aufgabe der Rechtsanwälte vor dem Zivilgericht, DRiZ 1996, 102.
Rensen, § 139 ZPO n.F. – Stärkung der ersten Instanz oder alles beim Alten?, AnwBl. 2002, 633.
Riemer, Die Robe, des Richters liebstes Ding, DRiZ 1995, 481.
Rinsche, Prozeßtaktik, 4. Aufl. 1999.
ders., Die Haftung des Rechtsanwalts und des Notars, 5. Aufl. 1995.
Rixecker, Die Erledigung im Verfahren der Stufenklage, MDR 1985, 633.
Roßnagel/Pfitzmann, Der Beweiswert von E-Mail, NJW 2003, 1209.
Rottenleuthner, Umbau des Rechtsstaats? – Ergebnisse einer rechtstatsächlichen Untersuchung zur Praxis von § 495a ZPO, NJW 1996, 2473.
Röhl, Allgemeine Rechtslehre, Heymann, 1995.
Rüßmann, Die Zeugenvernehmung im Zivilprozeß, DRiZ 1985, 41.
Salten, Die Bezeichnung der Hauptforderung im Mahnverfahren, MDR 1998, 1144.
Sass, Die Folgen der versäumten Zahlung des Auslagenvorschusses nach § 379 ZPO, MDR 1985, 96.

Schaefer, Was ist denn neu an der neuen Hinweispflicht?, NJW 2002, 849.

Schapernack, Der Vergleich mit Widerrufsvorbehalt – Fakten und Formulierungshinweise, MDR 1996, 883.

Schaumburg, Mündliche Verhandlungen per Videokonferenz – Erste Erfahrungen mit Videoverhandlungen beim Finanzgericht Köln, ZRP 2002, 313.

Schellhammer, Zivilprozessreform und erste Instanz, MDR 2001, 1081.

ders., Zivilprozessreform und Berufung, MDR 2001, 1141.

Schibl, Zug-um-Zug Urteile in der Zwangsvollstreckung, NJW 1984, 1945.

Schmidt/Futterer, Mietrecht (Kommentar), 7. Aufl. 1999.

Schmitz, Die Vernehmung des GmbH-Geschäftsführers im Zivilprozeß, GmbHR 2000, 1140.

Schneider, Kostenrechtliche Betrachtungen zum Verfahren über die Gehörsrüge nach § 321a ZPO, NJW 2002, 1094

E. Schneider, Der Streitwert bei Teilzahlung auf eine verzinsliche Hauptforderung, DRiZ 1979, 310.

ders., Verhandlung und Entscheidung bei der Stufenklage, MDR 1969, 624.

ders., Der Streitgenosse als Zeuge, MDR 1982, 372.

ders., Individualisierung des Anspruchs im Mahnantrag, MDR 1998, 1333.

ders., Beschleunigende Nichtannahmeberufung? NJW 1994, 2267.

ders., Prozeßtaktischer Einsatz der Widerklage, MDR 1998, 21.

ders., Praxis und Taktik im Zivilprozess, ZAP 1998, Fach 13 S. 741.

ders., Prozesstaktik, Buchbesprechung, MDR 1987, 725.

ders., Das Geständnis im Zivilprozeß, MDR 1991, 279.

ders., Versäumnisurteil wegen Verspätung des Anwalts, MDR 1998, 577.

ders., Beweisrechtsverstöße in der Praxis, MDR 1998, 997.

ders., Erfolglose Richterablehnung im Zivilprozeß, NJW 1996, 2285.

ders., Anwalt und irrender Richter, NJW 1998, 3695.

ders., Die neuere Rechtsprechung zur Befangenheitsablehnung im Zivilprozeß, ZAP 1996 Fach 13 S. 447.

ders., Tendenzen und Kontroversen in der Rechtsprechung, MDR 1998, 69, 251; 1999, 1033; 2000, 189, 747.

ders., Problemfälle aus der Prozeßpraxis: »Der Zugang wird bestritten«, MDR 1984, 281.

ders., Problemfälle aus der Prozesspraxis: »Die eigene Sachkunde des Berufungsgerichts«, MDR 1985, 199.

ders., Die Klage im Zivilprozeß, 1. Aufl. 2000.
ders., Ein mißratener Prozeßvergleich, MDR 1997, 1091.
ders., Glaubhaftmachung und Beweislast bei der Befangenheitsablehnung, MDR 2000, 1302.
ders., Neue Rechtsprechung zur Erlassfalle, MDR 2000, 857.
ders., Vertrauensbruch durch Rechtsprechung, MDR 1997, 904.
ders., Die Substantiierungslast beim Bestreiten, MDR 1962, 361.
ders., Auslegung eines Begründungsverzichts als konkludenter Rechtsmittelverzicht, MDR 2000, 987.
ders., Verhandlung über das Beweisergebnis, MDR 2001, 781.
ders., Kreative Chancen nutzen. Der Anwalt und das Prozessrecht, Anwalt 12/2001 S. 16.
ders., Ausnahmebeschwerde und Ausnahmeberufung, MDR 2001, 845.
ders., Die missglückte ZPO-Reform, NJW 2001, 3756.
ders., Zivilprozessreform – Das neue zivilprozessuale Ablehnungsrecht, MDR 2001, 1399.
ders., Präklusionsrecht – Gefahrenstellen und Abwehrstrategien im Überblick, MDR 2002, 684.
ders., Die Kostenregelung der Klagerücknahme nach neuem Recht, Jur-Büro 2002, 509.
ders., Die Gehörsrüge (§ 321a ZPO), AnwBl. 2002, 620.
ders., Kehrtwendung bei Befangenheitsablehnung, ZAP-Kolumne 2002, 665.
ders., Aufklärungs- und Hinweispflicht, ZAP-Kolumne 2002, 857.
ders., Korrektur der Anwaltshaftung, ZAP-Kolumne 2002, 1097.
ders., Befangenheitsablehnung wegen Gehörsverletzung, ZAP Fach 13 S. 1093.
ders., ZPO-Ableger, ZAP-Kolumne 2002, 483.
ders., Neuere Rechtsprechung zur Befangenheitsablehnung im Zivilprozeß, ZAP (2002) Fach 13 S. 749.
ders., Die neue ZPO aus der Sicht des Gesetzgebers, ZAP Fach 13 S. 1147.
ders., Ein Jahr neue ZPO, ZAP-Kolumne 2002, 1385.
ders., Rechtsanwendungsprobleme und Kostenfragen der neuen ZPO, ZAP Fach 13 S. 1105.
ders., Die Mauer, ZAP-Kolumne 2002, 251.
ders., Die Hüter der Vergangenheit, ZAP-Kolumne 2002, 195.
ders., Verfassungswidrigkeit des § 522 Abs. 3 ZPO, AnwBl. 2003, 193.
ders., Die neue ZPO – Risiken und Kontroversen (Gehörsrügen), ZAP Fach 13 S. 419.

Schönfelder, Die Erlaßfalle – ein unmoralisches Angebot?, NJW 2001, 492.
Schöpflin, Die Parteianhörung als Beweismittel, NJW 1996, 2134.
Schultzky, Videokonferenzen im Zivilprozess, NJW 2003, 313.
Schwöbbermeyer, Juristisches Denken und Kreativität, ZRP 2001, 571.
Seutemann, Die Anforderungen an den Sachvortrag der Parteien, MDR 1997, 615.
ders., Die kostengünstige Beendigung des Zivilprozesses, MDR 1996, 555.
Sendler, Richter und Sachverständige, NJW 1986, 2997.
Siegburg, Einstweilige Verfügung auf Eintragung einer Vormerkung zur Sicherung des Anspruchs aus § 648 Abs. 1 BGB, BauR 1990, 290.
Siemon, Der Gerichtsstand für anwaltliche Honorarforderungen, MDR 2002, 366.
ders., ZPO-Refom – Erörterungsgebühr beim »Beschlussvergleich« nach § 278 VI ZPO, MDR 2003, 61.
Soehring, Anspruch auf Terminsverlegung: Das Schattendasein von § 227 Abs. 3 ZPO, NJW 2001, 3319.
Spangenberg, Die Kündigung von Wohnraummiete im Prozeß, MDR 1983, 807.
Späth, Anforderungen an die (zeitliche) Sorgfalt bei Ausnutzung einer Notfrist bis zum letzten Tag, NJW 2000, 1621.
Stackmann, Die Neugestaltung des Berufungs- und Beschwerdeverfahrens in Zivilsachen durch das Zivilprozessreformgesetz, NJW 2002, 781.
ders., Die erfolgversprechende Berufungsschrift in Zivilsachen, NJW 2003, 169.
Städing, Anwendung des § 495a ZPO in der Praxis, NJW 1996, 691.
Stein/Jonas, ZPO-Kommentar, 21. Aufl. 1994; Bd. 7 Teilband 1 1996.
Steinbrück, Zertifizierung von Anwaltskanzleien nach DIN EN ISO 9000ff. Total Quality Management in der Anwaltskanzlei, NJW 1997, 1266.
Stimpfig, Prüfkriterien für den Aussagewert beim Zeugenbeweis, MDR 1995, 451.
Sternel, Mietrecht, 3. Aufl. 1988.
Stürner, Grundfragen richterlicher Streitschlichtung, DRiZ 1976, 202.
Tempel, Materielles Recht im Zivilprozeß, 2. Aufl. 1992.
Thomas/Putzo, ZPO-Kommentar, 23. Aufl. 2001 (zit. Thomas/Putzo); 24. Aufl. 2002 (mit ZPO-Reform) (zit. Thomas/Putzo 24. Aufl.).
Tödtmann, Im Feuer der Kritik. Großkanzleien fallen in Ungnade, Anwalt 5/2003 S. 18.
Tröndle/Fischer, StGB-Kommentar, 50. Aufl. 2001.

Uhlmannsiek, Die Widerklage gegen Dritte – zulässig trotz Zeugenausschaltung?, MDR 1996, 114.

Ultsch, Zugangsprobleme bei elektronischen Willenserklärungen. Dargestellt am Beispiel der Electronic Mail, NJW 1997, 3007.

Vehslage, Elektronisch übermittelte Willenserklärungen, AnwBl. 2002, 86.

Vester, Für eine analoge Anwendung von § 58 II 2 GKG auf vom Gericht vorgeschlagene Vergleiche, NJW 2002, 3225.

Viefhues, Der große Flop der obligatorischen außergerichtlichen Streitschlichtung, ZAP-Aktuell 2002, 1147.

Wagner, Das Zweite Schadensersatzrechtsänderungsgesetz, NJW 2002, 2049.

Wehrberger, Unzutreffende Parteibezeichnung – Haftungsrisiken und Rettungsmöglichkeiten, AnwBl. 2000, 684.

ders., Besonderheiten der Streitverkündung aus Sicht des Streitverkünders, AnwBl. 2001, 683.

Werner/Pastor, Der Bauprozess, 10. Aufl. 2002.

Werres, Die Wirkungen der Streitverkündung und ihre Grenzen, NJW 1984, 208.

Wertenbruch, Die Parteifähigkeit der GbR – die Änderungen für die Gerichts- und Vollstreckungspraxis, NJW 2002, 324.

Westphal, Noch einmal: Gemeinschaftsbriefkasten bei Ersatzzustellung durch Niederlegung, NJW 1998, 2413.

Wetekamp, Obligatorische Streitschlichtung in Bayern und ihre Folgen für den Mietprozeß, NZM 2001, 614.

Wieser, Zivilprozessreform – Rechtliche Probleme der Güteverhandlung nach § 278 ZPO n.F., MDR 2002, 10.

Winte, Zivilprozessreform: Die wichtigsten Änderungen für das erstinstanzliche Verfahren und das Gerichtsverfassungsgesetz, BRAK-Mitt. 2001, 246.

Wolff, Erledigung im Mahnverfahren, NJW 2003, 553.

Zahrnt, Die Rechtsprechung zur Beweislast bei Fehlern in Standardsoftware, NJW 2002, 1531.

Zekoll/Bolt, Die Pflicht zur Vorlage von Urkunden im Zivilprozess – Amerikanische Verhältnisse in Deutschland?, NJW 2002, 3129.

Zierl, Praxisuntauglichkeit der ZPO-Reform!; NJW-Editorial Heft 39/2002.

Zimmermann, Zivilprozessordnung (Kommentar), 6. Aufl. 2002.

Zöller, ZPO-Kommentar, 22. Aufl. 2001 (zit. Zöller), 23. Aufl. 2002 (mit ZPO-Reform) (zit. Zöller 23. Aufl.).

Vorbemerkung

Häufig werden Zivilprozesse nur durch vermeidbare Fehler des Rechtsanwaltes und aufgrund mangelnder Taktik verloren. Dies ist nicht nur ärgerlich, sondern kann auch haftungsrechtliche Konsequenzen haben.

Eine zunächst eher ungünstige Position der vertretenen Partei kann bei geschicktem prozessualem Vorgehen oftmals noch wesentlich verbessert werden. Gerade das Verfahrensrecht bietet dem Anwalt zahlreiche Einflussmöglichkeiten auf den Gang des Prozesses und auf dessen Ausgang. Aufgrund der Parteimaxime bleibt die Prozessführung fast ausnahmslos den Parteien überlassen.

> Allerdings darf man die taktischen Einflussmöglichkeiten nicht überschätzen. Denn allein durch Taktik lassen sich natürlich keine – nicht vorhandenen – Anspruchsgrundlagen hervorzaubern. Insofern kann nur das aus einem Fall herausgeholt werden, was schon in ihm steckt (Müther MDR 1998, 1335: Prozesstaktik suggeriert Genialität). Zudem werden manche, als solche erkannten taktischen Maßnahmen zuweilen durch Entwicklungen in der Rechtsprechung und ihrer Tendenz zu »immer milderer Anwendung auch zwingender Vorschriften« (Baumbach/Lauterbach Einl. III Rdnr. 30) wieder zunichte gemacht. Davon zu unterscheiden sind »bloße« prozessuale Fehler, welche für die eigene Position nachteilig sein können.

Neben ausgewählten Fragen aus dem Zivilprozessrecht werden im Folgenden typische Fehler und Gefahrenquellen bei der Prozessführung aufgezeigt sowie praktische Tipps für eine erfolgreiche Bewältigung verfahrensrechtlicher Probleme gegeben.

> Die Ausführungen orientieren sich hauptsächlich an der h.M., der Ansicht des BGH sowie an den praxisrelevanten Standardkommentaren (insbes. Palandt, Thomas/Putzo, Zöller, Baumbach/Lauterbach), wobei aber auch auf abweichende Ansichten und Streitpunkte hingewiesen wird. Die Angabe zahlreicher Fundstellen ermöglicht eine weitere Vertiefung der jeweiligen Thematik.
>
> Da zu den Neuregelungen der letzten Zeit noch keine umfassende Rechtsprechung vorhanden ist, bietet sich zur Auslegung der Rückgriff auf die Gesetzesmaterialien an, auf welche sich im Wesentlichen auch die aktuellen Kommentare stützen. Allerdings braucht ein Wille des Gesetzgebers, der in der schriftlichen Niederlegung keinen Ausdruck gefunden hat, nicht berücksichtigt werden (BGH NJW 1974, 1199, 1200). Maßgebend ist nach h.M. vielmehr der im Gesetzeswortlaut »objektivierte Wille des Gesetzgebers« (vgl. Palandt Einl. Rdnr. 34).

Vorbemerkung

Die Darstellung berücksichtigt die **Änderungen** aufgrund der folgenden Gesetze:

- **Gesetz zur Reform des Zivilprozesses** vom 27. 7. 2001 (ZPO-Reformgesetz) (**ZPO n.F.**)
  BGBl. I S. 1887, in Kraft seit 1. 1. 2002; Übergangsvorschriften in § 26 EGZPO n.F., deren Bedeutung durch Zeitablauf natürlich immer mehr abnehmen.
  BR-Dr. 397/01 – Gesetzesbeschluss des Deutschen Bundestages vom 17. 5. 2001 auf der Grundlage des Regierungsentwurfs mit Begründung (Begr. RegE – BT-Dr. 14/4722), der Stellungnahme des Bundesrates (BT-Dr. 14/4722 S. 146 ff.) sowie der Beschlussempfehlung und Bericht des Rechtsausschusses (BT-Dr. 14/6036) – Vorentwurf BT-Dr. 14/163.
- Gesetz zur Modernisierung des Schuldrechts vom 26. 11. 2001 (BGB-RG) (**BGB n.F.**) (Verjährungsvorschriften). BGBl. I S. 3138, in Kraft seit 1. 1. 2002; Übergangsvorschriften in Art. 229 §§ 4 ff. EGBGB n.F., hins. Verjährungsvorschriften § 6 EGBGB n.F.), Begründung des Regierungsentwurfs vom 14. 5. 2002 (BT-Dr. 14/6040 S. 79 ff.; weitere Gesetzgebungsmaterialien BT-Dr. 14/6857, 14/7052).
- Gesetz zur Förderung der außergerichtlichen Streitbeilegung vom 15.12.1999
  (BGBl. I S. 2400, in Kraft seit 1.1.2000).
- Gesetz zur Anpassung der Formvorschriften des Privatrechts und anderer Vorschriften an den modernen Rechtsgeschäftsverkehr vom 13. 7. 2001 (Formvorschriftenanpassungsgesetz).
  (BGBl. I S. 1542, in Kraft seit 1. 8. 2001).
- Zweites Gesetz zur Änderung schadensersatzrechtlicher Vorschriften vom 19. 7. 2002.
  (BGBl. I S. 2674, in Kraft seit 1.8.2002) (mit Änderungen insbes. des Arzneimittelgesetzes, Bürgerlichen Gesetzbuchs (zit. **BGB n.F.**), Straßenverkehrsgesetzes, Haftpflichtgesetzes).
- Gesetz zur Reform des Verfahrens bei Zustellungen im gerichtlichen Verfahren vom 25. 6. 2001. (Zustellungsreformgesetz – ZustRG).
  (BGBl. I 2001 S. 1206, in Kraft seit 1.7.2002; Begründung des Regierungsentwurfs BT-Dr. 14/4554 S. 13 ff.).

Angesprochen werden die folgenden geplanten Gesetzesänderungen:

- Bereits wenige Monate nach dem Inkrafttreten der ZPO-Reform hat das Land Hessen am 10.12.02 einen Gesetzesantrag in den Bundesrat eingebracht mit dem Ziel, die neu eingeführten Regelungen über die obligatorische Güteverhandlung (§§ 278, 279 **ZPO n.F.**) und die Dokumentationspflicht für erteilte Hinweise sowie die obligatorisch einzuräumende Erklärungsfrist (§ § 139 Abs. 4 und 5 **ZPO n.F.**) zu beseitigen (BT-Dr. 911/02).

- Das Bundesministerium der Justiz plant den Erlass eines **Justizmodernisierungsgesetzes** (JuMoG), mit dem die Straffung, Vereinfachung und Beschleunigung gerichtlicher Verfahren erreicht werden soll (vgl. Referentenentwurf vom 28. 4. 2003; BMJ RA 2 −3700/18).

  Zu diesem Zweck soll im Zivilprozess der Zugriff auf Beweisaufnahmen und Beweisergebnisse anderer Verfahren erleichtert werden. Außerdem wird dem Richter die Möglichkeit gegeben, vom Strengbeweisverfahren im Einvernehmen mit den Parteien abzusehen. Neben einigen weiteren einzelnen Änderungen der ZPO ist aber eine umfassende Umgestaltung damit nicht beabsichtigt.

  Das Gesetz soll zum 1. Januar 2004 in Kraft treten.

- Weitere nachhaltige Änderungen lässt der vom Bundesjustizministerium vorgelegte Diskussionsentwurf des »Gesetzes über die Einführung des elektronischen Rechtsverkehrs bei den Gerichten« (ERVG) erwarten, dessen Ziel es ist, u.a. den Zivilgerichten eine vollständige elektronische Aktenführung sowie die Verwendung elektronischer Kommunikationsformen gleichberechtigt neben der bisherigen papiergebundenen Form zu ermöglichen (vgl. Krüger/Bütter, MDR 2003, 181).

Man sollte sich bei der Prozessführung immer bewusst sein, dass die Aufgabe des Rechtsanwaltes darin besteht, primär den Rechtsstreit zu gewinnen und im Falle des Unterliegens die Kosten für den Mandanten möglichst gering zu halten.

> Dabei ist der Rechtsanwalt verpflichtet, die Mandanten über die Risiken der von ihm angewandten und von ihm zu verantwortenden Prozesstaktik aufzuklären (BGH NJW-RR 90, 1243) sowie den nach den Umständen für den Mandanten sichersten und gefahrlosesten Weg zu gehen, um den erstrebten Erfolg zu erreichen (Palandt Erg. § 280/79) (Prinzip des sichersten Weges!). Will er einen weniger sicheren Weg wählen, muss er seinen Auftraggeber zuvor über die insoweit bestehenden Gefahren belehren und sein weiteres Verhalten von dessen Entscheidung abhängig machen.

> Kein Prozessziel ist hingegen die Gebührenmaximierung. Letztlich wäre ein ausschließlich darauf ausgerichtetes Vorgehen auch sehr kurzfristig gedacht. Denn ein aufgrund eines gewonnenen Rechtsstreits zufriedener Mandant bringt häufig neue (eigene und fremde) Mandate. So hat eine Untersuchung des INFAS-Instituts sowie eine ergänzende Auswertung des Instituts für Freie Berufe in Nürnberg

ergeben, dass die Hälfte der Mandanten durch Mundpropaganda den Weg zum Anwalt findet (Süddeutsche Zeitung v. 12. 1. 1999). Trotz erweiterter Werbemöglichkeiten der Anwälte, dürfte dies auch weiterhin eine bedeutende Rolle spielen. Außerdem können auch nur zufriedene Mandanten langfristig an die Kanzlei gebunden werden (Steinbrück NJW 1997, 1266), wobei nach einer Handelsblatt-Umfrage im Jahr 2002 bei deutschen Unternehmen eine steigende Wechselbereitschaft festzustellen ist (vgl. Tödtmann, Anwalt 5/2003 S. 18).

Wenn manches auch banal oder längst bekannt erscheinen mag, so zeigt die Erfahrung jedoch, dass auch grundlegende zivilprozessuale Regeln immer wieder missachtet werden. Die Schwierigkeit liegt oft nur in deren konsequenter Anwendung. So werden viele Selbstverständlichkeiten im »Eifer des Gefechts« häufig außer Acht gelassen.

Freilich sind die in diesem Buch aufgezeigten taktischen Hinweise weder bei jedem Fall anwendbar, noch führen diese immer zum Erfolg.

Dies ist nicht nur allein wegen der Komplexität der Rechtslage und etwaigen Änderungen der Rechtsprechung der Fall, sondern auch weil man mit Verfahrensfehlern seitens des Gerichts rechnen muss, sei es aus Unkenntnis, mangelnder Fairness oder aus Entlastungsgründen (vgl. E. Schneider, MDR 1997, 905: »Der Entlastungs-Trend«; ders. zahlreiche Beispiele im ZAP-Justizspiegel; Zöller Einl. Rdnr. 96: unzulässig). Kennt jedoch der Anwalt seine prozessualen Rechte, kann er gegenüber dem Gericht wesentlich sicherer auftreten.

Es ist nicht möglich, sämtliche denkbaren prozessualen Varianten, die in einem Rechtsstreit auftreten können, darzustellen. Hilfreich bei der Lösung auftretender Schwierigkeiten und dem Erkennen von Gestaltungschancen ist ein Problembewusstsein, juristische Kreativität und ein gewisses prozessuales Geschick, was durch die folgenden Ausführungen gefördert werden möge.

Selbstverständlich sind bei der Prozessführung nur legale Mittel anzuwenden. Auf die Wahrheitspflicht (§§ 138 Abs. 1 ZPO; 263 StGB) sei ausdrücklich hingewiesen, auch wenn im Zivilprozess nach verbreiteter Ansicht häufig gelogen wird und (weil) das Entdeckungsrisiko gering ist. Abgesehen davon verbietet die Wahrheitspflicht nur Erklärungen (Behauptungen und Bestreiten tatsächlicher Umstände) wider besseres (positives) Wissen, nicht jedoch die einseitige Unterstützung der eigenen Partei durch taktischen Einsatz prozessualer »Angriffs- und Verteidigungsmittel«.

Dabei darf sich der Anwalt die Darstellung seines Mandanten auch bei Zweifeln an der Richtigkeit zu Eigen machen, sofern er sie nicht als unwahr erkannt hat (Zöller § 138/6). Er braucht zur Klärung des Sachverhalts auch keine eigenen Nachforschungen anzustellen und darf den tatsächlichen Angaben des Mandanten vertrauen, solange er deren Unrichtigkeit nicht kennt oder kennen muss (BGH NJW 1998, 2048).

Die Wahrheitspflicht verbietet es dem Anwalt auch nicht, gegen die herrschende Meinung zu argumentieren oder gar unzutreffende Rechtsauffassungen zu vertreten (kein Tatsachenvortrag!), sofern er nicht den Inhalt von Urteilen bewusst falsch vorträgt (vgl. auch unten IV 4 d).

Im Übrigen ist eine geschickte Handhabung der Prozessordnung und das Ausschöpfen aller zustehenden Rechte nach der ZPO prinzipiell zulässig (LG Köln VersR 1983, 404). Das BVerfG (E 54, 117, 127) hat zudem ausdrücklich festgestellt, dass die Prozessförderungspflicht der Parteien nicht zum Verzicht auf jegliche Prozesstaktik zwingt. Unstatthaft ist lediglich ein Missbrauch des Prozessrechts zu verfahrensfremden Zwecken (Baumbach/Lauterbach Einl. III/57).

Bei alledem sollte der Anwalt folgendes beherzigen:

> »Wer im taktischen Spiel »seriös« bleibt und Souveränität bewahrt, hat einen nachhaltig angenehmen Vorsprung gegenüber Außenseiter-Kollegen beim Richter, auch bei der verfahrensmäßigen Rücksichtnahme, die das Berufsleben so sehr erleichtert, schließlich – was oft verkannt wird – bei der Gewinnung von Mandanten, die es zu gewinnen lohnt« (Franzen NJW 1984, 2263).

Leitgedanke und Nutzen des vorliegenden, von einem Zivilrichter geschriebenen Buches für den Anwalt werden treffend durch das folgende Zitat von E. Schneider erfasst:

> »Es wäre lohnend, wenn das Thema »Prozesstaktik« auch aus richterlicher Sicht dargestellt würde (...). Im Rahmen des prozessual Erlaubten kann sich vermeintliche »Prozesstaktik« auch als »Schuss nach hinten« auswirken. Erfolgreiche Prozesstaktik muss letztlich das Wollen und Handeln des Richters mitberücksichtigen. Sie muss deshalb – vor allem im Interesse des eigenen Mandanten – mit der »Prozesspsychologie« harmonieren. Ihre Reduktion ausschließlich auf die Eigeninteressen kann das Gegenteil dessen bewirken, war erstrebt wird« (MDR 1987, 725).

Schließlich sei noch angemerkt, dass die Rechtsanwälte offenbar seit jeher eine gewisse Taktik benutzt haben. So wird in der Kabinettsorder des Preußenkönigs vom 15. 12. 1726 Folgendes verkündet:

> »Wir ordnen und befehlen hiermit allen Ernstes, dass die Advocati wollene schwarze Mäntel, welche bis unter das Knie gehen, unserer Verordnung gemäß zu tragen haben, damit man diese Spitzbuben schon von weitem erkennt.« (Riemer, DRiZ 1995, 482).

Die Bedeutung der ZPO-Reform

Behandelt wird hauptsächlich die **erste Instanz**, deren Bedeutung nicht unterschätzt werden darf. Obgleich schon bisher in den weit überwiegenden Fällen die Entscheidungen der ersten Instanz endgültig waren, soll sich dies durch das am 1. 1. 2002 in Kraft getretene **Gesetz zur Reform des Zivilprozesses** nach dem Willen des Gesetzgebers noch erhöhen.

> Umfassende Informationen zum Zivilprozess nach dem ZPO-Reformgesetz finden sich z.b. auf den Internetseiten von Prof. Reinhard Greger unter www.jura.uni-erlangen.de/Lehrstuehle/Zivilrecht1/justizreform (Gesetzestext, Materialien, Zweifelsfragen, Kurzkommentar, Literaturhinweise und Rechtsprechung zur neuen ZPO) sowie in den hierzu bereits zahlreich erschienen Aufsätzen (vgl. die Auflistung in der MDR 2003, 190).

So ist ein Schwerpunkt dieses Reformgesetzes, dass sich die Überprüfung der erstinstanzlichen Urteile durch die **zweite Instanz** auf die Fehlerkontrolle und die Fehlerbeseitigung konzentrieren soll (Begr.RegE. S. 1).

Deshalb wird das Berufungsgericht grundsätzlich an die fehlerfrei gewonnenen Erkenntnisse der ersten Instanz gebunden. Neue Angriffs- und Verteidigungsmittel (insbes. Sachvortrag, Bestreiten, Beweisanträge) sind in der zweiten Instanz nur noch in Ausnahmefällen zugelassen (vgl. §§ 529, 513, 531 **ZPO n.F.**).

> Damit hat die **Berufung** einen Funktionswechsel erfahren, von einer vollwertigen zweiten Tatsacheninstanz hin zu einer erheblich eingeschränkten Tatsacheninstanz mit revisionsähnlicher Ausgestaltung. Durch die neue Möglichkeit einer Beschlusszurückweisung bei substanzlosen Berufungen wurden die Erfolgschancen bei diesem Rechtsmittel noch weiter verringert (vgl. unten 6. Teil II 2). Zudem bedeutet die teilweise Ablösung des Kammersystems durch das Einzelrichterprinzip einen »Verlust an Gerechtigkeitsgewähr« (Flotho BRAK-Mitt. 2000, 107: »Sechs oder auch nur vier Augen sehen nun einmal mehr als zwei«).

Eine taktisch geschickte Prozessführung in der ersten Instanz ist für den Ausgang des Verfahrens daher jetzt noch wichtiger. Das neue Berufungsrecht erfordert von den Parteien und ihren Anwälten außerdem »äußerste Sorgfalt« bei der tatsächlichen Aufbereitung des Prozessstoffs in erster Instanz (Ball NZM 2002, 410), um nicht einen »verzweifelten Kampf« um eine zweite Tatsachenfeststellung führen zu müssen (Schellhammer MDR 2001, 1144).

> Anwaltliche Fehler können in der Berufungsinstanz kaum noch korrigiert werden. Spätestens jetzt kann das erstinstanzliche Verfahren nicht mehr als eine

»notwendige und lästige Durchgangsstation auf dem Weg in das Berufungsverfahren« angesehen werden (Grunsky NJW 2002, 800). Vielmehr ist dessen sorgfältige Vorbereitung und Durchführung »Grundvoraussetzung eines Erfolg versprechenden Berufungsangriffs« (Stackmann NJW 2003, 175).

Allerdings können die Aussichten für eine erfolgreiche Berufung durch entsprechendes Handeln im Erkenntnisverfahren in manchen Fällen erhöht werden. Ob sich »Konfliktstrategien« entwickeln werden, »die an das Strafverfahren erinnern, »bleibt abzuwarten (so aber Flotho BRAK-Mitt. 2000, 108, der in der zweiten Instanz überhaupt nur noch dann Chancen sieht, wenn die Anwälte »alle denkbaren Fußangeln in Form von Beweis- und sonstigen Anträgen« auslegen).

Auf das Rechtsmittel der Berufung wird im Folgenden daher insoweit eingegangen, als der Anwalt diese bei seiner erstinstanzlichen Prozessführung mit berücksichtigen muss.

Allerdings wurden durch das Zivilprozessreformgesetz streitwertabhängige Zugangsbarrieren zum Rechtsmittel beseitigt und zwei **neue Anfechtungsmöglichkeiten** gegen bisher unanfechtbare Urteile unterhalb der Berufungssumme eingeführt: Das Abhilfeverfahren und die Zulassungsberufung (vgl. unten 7. Teil). In beiden Fällen liegt die Entscheidungsbefugnis beim erstinstanzlichen Gericht.

Neu ist auch die Möglichkeit der Sprungrevision gegen Entscheidungen des Amtsgerichts. Zudem sind grundsätzlich alle Berufungsurteile, also auch die der Landgerichte, der Revision unterworfen. Zudem besteht jetzt auch eine generelle Abhilfebefugnis des Ausgangsgerichts bei der sofortigen Beschwerde, wobei die einfache (unbefristete) Beschwerde in der ZPO ersatzlos weggefallen ist.

Das bisherige Mischsystem bei der **Revision** wurde unter Abschaffung der Streitwertrevision ersetzt durch eine reine Zulassungsrevision mit Nichtzulassungsbeschwerde.

Hierzu hat bereits der BGH (NJW 2002, 2957) festgestellt, dass selbst eine »offensichtliche oder schwerwiegende Fehlentscheidung« oder eine Verletzung eines wesentlichen Verfahrensmangels – im Gegensatz zur Verletzung eines Verfahrensgrundrechts – nicht ohne weiteres einen Zulassungsgrund für die Revision darstellt, sondern nur unter den Voraussetzungen des § 543 Abs. 2 Nr. 2 ZPO **n.F.** (vgl. ebenso Begr. RegE. S. 104f.) (**a.A.** BGH NJW 2003, 65, 67: § 543 Abs. 2 Nr. 1 ZPO **n.F.**). Dies gilt nach der Neuregelung selbst dann, wenn es sich etwa um einen existenzbedrohenden Millionenprozess handelt.

Weitere wesentliche **Änderungen** durch das Zivilprozessreformgesetzes sind u.a.:

- Einführung der Güteverhandlung (§ 278 ZPO **n.F.**)
- Schriftlicher Prozessvergleich (§ 278 Abs. 6 ZPO **n.F.**)
- Neufassung der Hinweispflicht (§§ 139, 156 ZPO **n.F.**)
- Erweiterte Urkundenvorlage (§§ 142, 428 ZPO **n.F.**)
- Änderungen bei der Klagerücknahme (§ 269 ZPO **n.F.**)

Die neu eingeführten Rechtsschutzmöglichkeiten samt besonderer Betonung der gerichtlichen Hinweispflicht wiegen allerdings die erheblichen Einschränkungen der Überprüfungsmöglichkeiten in der Berufungsinstanz kaum auf.

Selbst wenn trotzdem bei (Verfahrens-)Fehlern des Gerichts (weiterhin) Rechtsmittel begründet sein können, ist es nicht der »sicherste Weg« sich darauf zu verlassen. So muss der Anwalt auch Fehler des Gerichts zu verhindern suchen (BGH NJW-RR 1990, 1241; vgl. auch BGH NJW 1998, 2048, 2050; einschränkend zur etwaigen Haftung des Anwalts nunmehr aber BVerfG NJW 2002, 2937), wobei unanfechtbare Fehlurteile künftig häufiger vorkommen werden als bisher (so die Einschätzung von E. Schneider NJW 2001, 3758).

Erster Teil: Die Klageerhebung

I. Taktische Überlegungen

1) Entschließung zur Klageerhebung

Weigert sich der Schuldner, einen Anspruch zu erfüllen und waren etwaige außergerichtliche Vergleichsbemühungen erfolglos oder kommt ein Vergleich – aus welchen Gründen auch immer – nicht in Betracht, muss der Gläubiger die Inanspruchnahme gerichtlicher Hilfe erwägen.

Vor der Klageerhebung sollten erst eine Reihe von Fragen geklärt werden. Insbesondere sollten die zweckmäßige Verfahrensart und die jeweils weiteren Züge »wie beim Schachspiel« erwägt werden (Franzen NJW 1984, 2263).

a) Vorüberlegungen

(1) Beratung des Mandanten

Der Anwalt hat den **Sachverhalt und** das angestrebte **Ziel** festzustellen. Dabei darf er sich nicht ohne weiteres mit dem begnügen, was der Mandant ihm an Informationen liefert. Er muss um zusätzliche Aufklärung bemüht sein, wenn den Umständen nach für eine zutreffende rechtliche Einordnung die Kenntnis weiterer Tatsachen erforderlich und deren Bedeutung für den Mandanten nicht ohne weiteres ersichtlich ist (BGH NJW 2002, 1413; Palandt Erg. § 280/77).

Empfehlenswert ist es, sich sämtliche relevanten schriftlichen **Unterlagen** vorlegen zu lassen und sorgfältig durchzusehen (z.B. Vertragsurkunden, Kündigungsschreiben, AGB, Lieferscheine und Rechnungen, Abnahme- und Mängelprotokolle, Stundenlohnzettel sowie den vollständigen vorprozessualen Schriftwechsel – vgl. unten 6. Teil III 3 b (2)).

Die gründliche Ermittlung des Sachverhalts ist vor allem nach der ZPO-Reform besonders notwendig. Da neuer Sachvortrag in der Berufungsinstanz kaum noch zulässig ist, muss der Sachvortrag mit Beweisangeboten in der ersten Instanz so umfassend wie möglich sein.

Im Übrigen ist der **Anwalt** aus dem Anwaltsvertrag grundsätzlich **verpflichtet**, den Mandanten »allgemein, umfassend und möglichst erschöpfend« zu beraten. Er hat die Zweifel und Bedenken darzulegen und zu erörtern, zu denen die Sachlage Anlass gibt sowie die zur Verfügung stehenden Möglichkeiten zur Sicherung der Interessen seines Auftraggebers mit den ihnen gegebenenfalls anhaftenden Vorteilen und Risiken aufzuzeigen (BGH NJW 1991, 2839). Außerdem muss er alle für einen Prozesserfolg notwendigen Maßnahmen treffen (vgl. Palandt Erg. § 280/76/81).

> Dem Mandanten sollte verdeutlicht werden, dass ein Zivilprozess zur moralischen Besserung des Gegners ebenso wenig geeignet ist, wie »Strebungen des Gefühls« zu befriedigen (Franzen NJW 1984, 2263). Etwaigen Verärgerungen und sonstigen Emotionen des Mandanten sollte der Anwalt rationale Überlegungen entgegensetzen.

Hierzu sind vor allem die folgenden Fragen abzuklären:

- Bietet eine Klage überhaupt **Aussicht auf Erfolg?**

Ein gewisses Prozess-Kosten-**Risiko** kann indes bei keiner Klage ausgeschlossen werden. Die Unsicherheitsfaktoren sind zahlreich.

> Hierfür kann die Frage der **Beweislastverteilung** entscheidend sein, wobei das Ergebnis einer etwaigen Beweisaufnahme kaum sicher vorausgesagt werden kann. Bereits ein einziger, bislang vielleicht noch unbekannter Gegenzeuge kann dabei zum Prozessverlust führen. Auch wenn solche Zeugen nicht ersichtlich sind, kann der Gegner in vielen Fällen zum Gegenbeweis Sachverständigengutachten anbieten. Sofern sich der Gegner nicht bereits außergerichtlich zur Forderung geäußert hat, ist man auch vor Überraschungen niemals ganz gefeit. Zudem ist immer damit zu rechnen, dass der Gegner alles – u.U. auch wahrheitswidrig – bestreitet. Regelmäßig bestritten werden z.B. die Höhe eines Schadens sowie das Vorliegen behaupteter Mängel. Besonders schwierig kann es für den Kläger werden, wenn der Beklagte den Erhalt rechtserheblicher Schreiben bestreitet, was zu einer »Art Standart-Verteidigung« geworden ist (Neuhaus/Pohlmann ZAP Fach 5 R S. 301) (vgl. unten 2. Teil II 4 a).

> Insbesondere ist die vom Gericht vertretene **Rechtsansicht** nur selten vorab bekannt bzw. sicher vorhersehbar, zumal die Rechtslage aufgrund der in jüngster Zeit vorgenommenen zahlreichen Gesetzesänderungen noch unübersichtlicher geworden ist (vgl. kritisch E. Schneider NJW 2001, 3756: die Kapazität des »juristischen Verdauungssystems« ist längst überschritten und unser Recht ist weit gehend unberechenbar geworden; Hendel JurPC Web-Doc. 68/2002 Abs.7: »Das Rechtssystem in seiner Ausprägung als Entscheidung im Einzelfall ist nicht mehr zwingend verlässlich ex ante prognostizierbar«).

> Insbesondere aufgrund der »Anhäufung amorpher, sog. unbestimmter Rechtsbegriffe«, speziell des § 9 AGBG kommt es immer wieder vor, dass »Regelungen, die jahre- oder jahrzehntelang als wirksam angesehen wurden, nunmehr nach neuer Erkenntnis von der Rechtsprechung plötzlich als unwirksam angesehen werden« (Reinelt, ZAP-Sonderheft S. 54, 58). Im Übrigen muss man damit rechnen, dass sich das Gericht einer absoluten Mindermeinung anschließt, wenn es dadurch

den Prozess schneller und einfacher beenden kann. Selbst auf klar formulierte gesetzliche Bestimmungen kann man sich nicht immer verlassen, da zuweilen die »voluntative Entscheidung des Richters« an die Stelle der gesetzgeberischen Entscheidung gesetzt wird (Reinelt aaO).

Der Anwalt hat sich jedenfalls grundsätzlich an der **höchstrichterlichen Rechtsprechung** und der h.M. zu orientieren, auch wenn er sie für falsch hält (vgl. Palandt Erg. § 280/78/79). Will er einer davon abweichenden Meinung folgen, muss er den Mandanten umfassend und eindringlich belehren.

Wie eingangs erwähnt, können durch ein taktisch geschicktes und fehlerfreies Vorgehen die eigenen Gewinnchancen durchaus erhöht werden. Eine hundertprozentige Erfolgsgarantie gibt es natürlich nicht. Zumindest sind Prozesse nur in seltenen Fällen von vornherein völlig aussichtslos, sofern nur überhaupt eine Anspruchsgrundlage ersichtlich und der etwaige Anspruch noch nicht verjährt ist. Dabei können gelegentlich etwaige Fehler sowohl der Gegenpartei als auch des Gerichts dem Kläger zum Erfolg verhelfen.

So gibt es durchaus zum einen eine »beachtliche Zahl krasser richterlicher Fehlurteile«, und zum anderen gehört es auch »zum anwaltlichen Erfahrungsschatz«, dass Rechtspositionen, die ein Gericht, der Gegenanwalt oder man selbst als aussichtslos bezeichnet hat, von einer höheren Instanz als zutreffend übernommen werden (Busse S. XXXV). Verlassen kann man sich hierauf freilich nicht.

In jedem Falle aber muss der Anwalt den Mandanten über die Risiken aufklären. Erscheint eine beabsichtigte Klage nahezu oder jedenfalls mit großer Wahrscheinlichkeit als aussichtslos, muss er auf den damit verbundenen ungefähren Grad des Risikos und der Wahrscheinlichkeit eines Prozessverlustes deutlich hinweisen (BGH NJW 1984, 791; 1988, 2113; Palandt Erg. § 280/80).

Danach wäre ein nur völlig pauschaler Hinweis auf die grundsätzliche Ungewissheit – »Vor Gericht und auf hoher See ...« – gewiss nicht ausreichend. Andererseits kann aber auch keine »mathematische Genauigkeit« bei der Prognose erwartet werden (vgl. OLG Frankfurt NJW 1988, 3269).

- Besteht eine realistische **Aussicht auf Vollstreckung** eines etwaigen Leistungstitels?

Eine Klageerhebung ist vor allem bei einem Zahlungsanspruch (keine Vollstreckungsobjekte vorhanden/Vollstrekung im Ausland) kaum sinnvoll, da der Kläger letztlich auf den Kosten »sitzen bleibt« (Anwalts- und Gerichtskosten, Vollstreckungskosten, Zins-/Liquiditätsverlust durch Sicherheitsleistung für die Vollstreckung – vgl. aber § 720a ZPO).

Aufschlussreich können diesbezüglich Auskünfte aus dem Schuldnerverzeichnis (vgl. §§ 915, 915b ZPO; § 26 InsO), dem Grundbuch sowie aus dem Gewerbe- und Handelsregister sein (vgl. § 31, 32 InsO) (eidesstattliche Versicherung abgegeben bzw. Insolvenzantrag mangels Masse abgelehnt?!).

Der nicht vorschusspflichtige Beklagte hingegen kann sich bis zum Abschluss des Verfahrens »entspannt zurücklehnen« und nach verlorener erster Instanz den Abschluss des Verfahrens durch Einlegung der Berufung verzögern (Burchard NJW 2002, 2219). Unter Umständen ist deshalb zu erwägen, (zunächst) nur einen Teil der Forderung einzuklagen (vgl. unten I 3).

- Sind **Beweise** vorhanden?

Der Rechtsanwalt sollte zur Vorbereitung des Prozesses die Beweisbarkeit der klagebegründenden Tatsachen prüfen, den Mandanten nach Beweismitteln fragen und gegebenenfalls Beweise sichern. Über etwaige Beweisrisiken muss er den Mandanten aufklären (vgl. Palandt Erg. § 280/80).

Es ist hierbei prozessual nicht unzulässig, mit möglichen Zeugen in Kontakt zu treten, um zu erfahren, ob und was diese bekunden können. Um deren Aussagen für den späteren Rechtsstreit nicht zu entwerten, sollte dies sehr vorsichtig, ohne jegliche Beeinflussungstendenz geschehen. Bei einer schriftlichen Antwort des Zeugen besteht die Gefahr, dass dieser sich damit selbst frühzeitig festlegt und der Anwalt bei der Vernehmung im Prozess nur noch wenig Chancen hat, durch geschickte Fragen eine für seinen Mandanten negative Aussage relativieren zu können (vgl. unten 6. Teil III 1 c (2)).

> **Beachte:**
>
> Bei Beweisschwierigkeiten muss eine etwaige Forderungsabtretung zur Erlangung der Zeugenstellung des Gläubigers bereits vor Klageerhebung erfolgen (vgl. unten I 5 a(1)).

- Wurde der Schuldner bereits (beweisbar) **zur Leistung aufgefordert**?

Ist dies nicht geschehen, besteht bei voreiliger Klageerhebung die **Gefahr** eines »sofortigen Anerkenntnisses« mit Kostentragungspflicht des Klägers gem. § 93 ZPO oder gar einer Klageabweisung (vgl. z.B. §§ 281 Abs. 1 S. 1, 437; 634 BGB **n.F**). Außerdem erfordern manche Ansprüche als Voraussetzung einen Schuldnerverzug (z.B. Verzugsschaden, erweiterte Verantwortlichkeit gem. § 287 BGB, Unterhalt für die Vergangenheit gem. § 1613 BGB).

Zu bedenken ist hierbei, dass zu viele unterschiedliche bzw. mehrfache Fristsetzungen zu – den Schuldner u.U. entschuldigenden – Unklarheiten führen können.

Etwaige Drohungen verknüpft mit der Leistungsaufforderung sollten am besten unterbleiben (u.U. §§ 240, 253 StGB!). Allenfalls kann man angeben, dass man sich z.B. bei vermutetem Verdacht einer Straftat die strafrechtliche Würdigung vorbehält.

Bei einem Zurückbehaltungsrecht des Schuldners sollte diesem die Leistung vor Klageerhebung angeboten werden, um ihn in **Annahmeverzug** zu setzen (vgl. unten V 3).

Auch kann ein außergerichtliches **Vergleichsangebot** zur Minderung des fast immer – mehr oder weniger – bestehenden Prozessrisikos oder mit Rücksicht auf eine im Übrigen ungetrübte Geschäftsverbindung sinnvoll sein.

Darüber hinaus ist zu überlegen, ob der Anwalt sogleich unter seinem Briefkopf schreiben sollte oder unter dem des Mandanten, der dann auch unterschreibt. Einerseits wird dem Gegner damit die Ernsthaftigkeit der Angelegenheit bewusst, andererseits führt dies oft dazu, dass sich dieser nun auch anwaltlicher Hilfe bedient und sich womöglich der Streit, etwa durch Gegenforderungen, ausweitet und verschärft. Rechtserhebliche Telefonate hingegen sollte am besten der Anwalt führen, um erforderlichenfalls hierfür als Zeuge zur Verfügung stehen zu können.

Eine Friedensbekundung kann jedoch den Übermut der Gegenseite fördern und sie zum Prozess ermuntern (Franzen NJW 1984, 2263). Deshalb muss derjenige, der den Vergleich will, »hart und engagiert und temperamentvoll verhandeln, er muss lästig werden, Willenskraft einsetzen und mit dem Prozess drohen« (Franzen aaO.: »Eine Paradoxie«, anders, wenn personale Bindungen zwischen den Parteien bestehen).

Hierbei muss der Gegner seinerseits darauf achten, eine u.U. unmittelbar bevorstehende Verjährung nicht durch ein voreiliges Schreiben zunichte zu machen (vgl. § 203 **BGB n.F.**; unten I 1d).

Beachte:

Bei einseitigen Rechtsgeschäften (z.B. Kündigungen, Anfechtungen) und entsprechend bei geschäftsähnlichen Handlungen (z.B. Mahnungen, Abmahnungen Fristsetzungen) ist die **Vollmacht** der Urschrift beizulegen.

Denn sonst besteht die Gefahr der Zurückweisung gem. § 174 BGB, die ihrerseits bei fehlender Vollmacht ebenfalls zurückgewiesen werden kann, so dass dann letztlich die erste Erklärung gilt (vgl. Palandt § 111/ 5) (vgl. unten IV 1c).

Im Reisevertragsrecht ist die Anwendung des § 174 BGB bei der Anspruchsanmeldung nach § 651g Abs. 1 BGB nunmehr gesetzlich ausgeschlossen (Satz 2).

- Bei gegenseitigen Ansprüchen: **Abwarten**, ob der Gegner Klage erhebt!

Ein Vorteil der Beklagtenposition ist in der Regel der günstige Gerichtsstand (§§ 12, 13 ZPO und § 33 ZPO bei Widerklage) ohne Gerichtskostenvorschuss.

Hiermit abzuwägen ist jedoch, dass sich der Kläger für seine Klage grundsätzlich ohne Fristendruck vorbereiten, einen ihm passenden Zeitpunkt heraussuchen sowie die Forderung zur Erlangung der eigenen Zeugenstellung vorher abtreten kann.

Natürlich muss man darauf achten, dass der eigene Anspruch nicht verjährt, wobei eine Aufrechnung und die Geltendmachung des Zurückbehaltungsrechts dann immer noch möglich sind (§ 215 **BGB n.F.**).

▶ **Beispiel:**

Bevor der Käufer bei angefochtenem Kaufvertrag den Verkäufer auf Rückzahlung der bereits geleisteten Anzahlung an dessen Wohnsitz verklagt, kann er abwarten, bis der Verkäufer den Kaufpreisrest an seinem Wohnsitzgericht einklagt, um dann die Rückzahlung mittels einer Widerklage dort geltend zu machen.

Der Gegner kann auch faktisch zur Klage gezwungen werden, und zwar mittels **negativer Feststellungsklage** in Bezug auf dessen vermeintlichen Anspruch. Die Behauptungs- und Beweislast für das Bestehen des Anspruchs liegt dabei beim Gegner, so als wäre er Kläger (Zöller § 256/18). Hingegen muss der Kläger nur (substantiiert) vortragen, dass sich der Beklagte eines bestimmten Rechts berühmt, welches ihm jedoch nicht zusteht.

- Kann das **Kostenrisiko** verlagert werden?

In Betracht kommen: Prozesskostenhilfe (vgl. unten I 1 c)/Rechtsschutzversicherung (Deckungszusage einholen/Risikoausschlüsse beachten!)/Prozessfinanzierer – Erfolgsprovision, aber bei einigen extra Korrespondenzgebühr für den Anwalt!/ Forderungsabtretung/Gewillkürte Prozessstandschaft.

Die Abtretung des Anspruchs an eine mittellose Person kann riskant sein. Der Anwalt sollte dann seine Honorarforderung durch Haftungsübernahme des Zedenten absichern. Erfolgt eine solche Abtretung zur Erlangung von Prozesskostenhilfe, kann die Bewilligung u.U. wegen mutwilliger Rechtsverfolgung abgelehnt werden (§ 114 ZPO, Thomas/Putzo § 114/7).

Demgegenüber hätte die Klageerhebung in gewillkürter Prozessstandschaft den Vorteil, dass der Anspruchsinhaber sein Recht nicht verliert. Abgesehen von den besonderen Voraussetzungen ist eine gewillkürte Prozessstandschaft in der Regel nicht zulässig, wenn durch Vermögenslosigkeit des Prozessstandschafters der Kostenerstattungsanspruch des Gegners gefährdet wird (vgl. Thomas/Putzo § 51/34; einschränkend Zöller Vor § 50/44: reicht nicht ohne weiteres aus) (vgl. unten I 5 a (2)).

(2) Sicherungsmaßnahmen

Zu prüfen ist außerdem, ob Maßnahmen zur Sicherung des Anspruchs oder von Beweismitteln erforderlich sind. Letzteres ist insbesondere dann notwendig, wenn zu befürchten ist, dass Feststellungen später nicht mehr nachgeholt werden, Beweismittel verloren gehen oder in Zukunft nur noch schwer zugänglich sein können.

Hierzu kann gegebenenfalls rasches Handeln erforderlich sein.

In Betracht kommen hierfür:

- Erwirkung einer **einstweiligen Verfügung** oder eines **Arrestes** (tatsächliche Anspruchssicherung oder Erfüllung mittels einer Leistungsverfügung) (vgl. unten 8. Teil). Ein womöglich statthafter Urkundenprozess dauert in jedem Falle länger!

- Handlungen zur **Wahrung von Fristen** (rechtliche Anspruchssicherung).

Bei schuldhafter Versäumung droht Regresspflicht des Anwalts.

Vgl. Palandt Erg. § 280/76; OLG Hamm MDR 1999, 388; BGH MDR 1992, 415: »Fristenkontrolle gehört zum ureigenen Aufgabenbereich des Rechtsanwalts«. Dabei soll es nach OLG Hamm (MDR 1998, 503) »guter anwaltlicher Übung« entsprechen, zur Wahrung des sichersten Weges bei Fristsachen gegenüber dem handelnden Organ (Gericht oder Gerichtsvollzieher) auf die Eilbedürftigkeit und das Datum des Fristablaufs deutlich hinzuweisen.

So gibt es im materiellen Recht zahlreiche außerprozessuale Ausschluss- und Verjährungsfristen.

Z.B. §§ 121, 124 BGB: Anfechtungsfristen; Kündigungsfristen; § 651g Abs. 1 BGB: einmonatige Anspruchsanmeldungsfrist des Reisenden gegenüber dem Reiseveranstalter.

Dabei können vorschnelle Willenserklärungen auch nachteilig sein. So ist z.B. nach § 281 BGB n.F. nach Ablauf einer gesetzten Frist der Anspruch auf die Primärleistung ausgeschlossen, wenn der Gläubiger Schadensersatz verlangt.

Besonders die **Verjährungsfrist** bedarf stets sorgfältiger Prüfung.

Neben der gesetzlichen Regelung ist immer darauf zu achten, ob diesbezüglich abweichende Vereinbarungen zwischen den Parteien getroffen wurden (vgl. §§ 202, 309 Nr. 8 b) ff) **BGB n.F.**).

Dabei wurden die Verjährungsfristen durch das Schuldrechtsmodernisierungsgesetz völlig neu geregelt (vgl. insbes. §§ 195 ff., 438, 634a, 651g Abs. 2 **BGB n.F.**).

Bei drohendem Ablauf sind unverzüglich **verjährungshemmende Maßnahmen** zu ergreifen. Die hierfür in Betracht kommenden Maßnahmen sind in den §§ 203 ff. **BGB n.F.** aufgelistet und werden im Buch jeweils bei den entsprechenden Stellen angesprochen. Dabei sollte man sich immer bewusst sein, wie lange diese Wirkung jeweils anhält.

Keine verjährungshemmende Wirkung haben insbesondere:

- Strafanzeige oder Strafantrag (hingegen ist die Verjährung bei Aussetzung der Verhandlung gem. §§ 148, 149 ZPO aufgrund der Klageerhebung weiter gehemmt!)
- Unzureichend individualisierter Mahnbescheid (Klageerhebung!)
- Klage eines Nichtberechtigten (bei Zweifeln Klageforderung sich vorher abtreten lassen!)
- Teilklage für den nicht eingeklagten Betrag (Rest anderweitig hemmen!)
- Klage gegen einen falschen Schuldner (Parteiberichtigung!)
- Klage gegen einen Gesamtschuldner für den nicht Mitverklagten (§ 425 Abs. 2 BGB)
- Unzulässige Streitverkündung
- Auskunftsklage für den (angekündigten) Leistungsanspruch (Stufenklage!)
- Verteidigung gegen eine negative Feststellungsklage (Leistungswiderklage!)
- Zeugen bzw. Zeugenprotokoll, Foto- und Videodokumentation, Privatgutachten oder selbständiges Beweisverfahren sowie die Aufbewahrung der streitgegenständlichen Objekte (Beweissicherung).

Bei strafrechtlich relevanten Sachverhalten wird häufig zunächst Strafanzeige bzw. Strafantrag gestellt, um von Amts wegen Aufklärung sowie Ermittlung von Beweismitteln zu erreichen (vgl. OLG Koblenz NJW-RR 2002, 575: regelmäßig von Personen, die Anlagegelder verloren haben; Lilie/Orben ZRP 2002, 156: in

Arzthaftungsprozessen – Gutachter- und Schlichtungskommissionen würden aber zu viel schnelleren Ergebnissen führen).

Das **selbstständige Beweisverfahren** an (§ 485 ZPO) hat neben der grundsätzlichen Verwertbarkeit des eingeholten Gutachtens im Prozess den weiteren Vorteil, dass man sich bei negativem Ausgang in der Regel eine nutzlose und teure Klage erspart (vgl. aber § 494a ZPO; unten 6. Teil III 2 c). Außerdem wird dadurch auch die Verjährung gehemmt (§ 204 Abs. 1 Nr. 7 **BGB n.F**).

Dieses Verfahren ist nicht deshalb unzulässig, weil der Gegner in einer Stellungnahme erklärt, er lehne jegliche gütliche Einigung ab (vgl. Zöller § 485/7a, str.). Auch die Erfolgsaussicht im Hauptprozess ist grundsätzlich keine Voraussetzung, sofern überhaupt ein Rechtsverhältnis oder ein Anspruch ersichtlich ist.

Eine Beschränkung auf bestimmte Arten von Ansprüchen ist nicht (mehr) gegeben. Allerdings tritt nur eine Hemmung und nicht – wie bisher – eine Unterbrechung der Verjährung ein. Hierbei ist zu beachten, dass die Hemmungswirkung sechs Monate nach Beendigung des Verfahrens endet (§ 204 Abs. 2 **BGB n.F.**; vgl. Thomas/Putzo § 492/3) und man sich deshalb gegebenenfalls um eine erneute Hemmung kümmern muss.

Dabei ist zu prüfen, ob eine Streitverkündung angezeigt ist, wodurch man die Beweissicherung auch auf weitere, möglicherweise als Schuldner in Betracht kommende Dritte erweitern kann (vgl. unten 3. Teil I 1, II). Dadurch kann man sich die Einleitung mehrerer selbständiger Beweissicherungsverfahren ersparen.

Im Übrigen sollten beweisrechtlich relevante **Urkunden** vor Klageerhebung herangezogen sein. Denn erfahrungsgemäß gelingt deren Heranschaffung während des Rechtsstreits manchmal nicht mehr rechtzeitig (vgl. § 420 ZPO; oben 6.Teil III 3a), wobei die Partei damit jetzt auch in der Berufungsinstanz in der Regel ausgeschlossen ist (vgl. § 531 Abs. 2 Nr. 3 **ZPO n.F.**). Dies gilt insbesondere für Handelsregister-, Grundbuch- und Katasterauszüge, bei welchen der Antrag auf Heranziehung der entsprechenden Akten grundsätzlich nicht ausreicht (vgl. § 432 Abs. 2 ZPO).

b) Schlichtungsverfahren

Nach § 15a EGZPO kann durch Landesgesetz bestimmt werden, dass die Erhebung der Klage bei besonderen Streitigkeiten erst zulässig ist, nachdem ein Schlichtungsverfahren durchgeführt wurde.

Von dieser Ermächtigung haben einige Bundesländer mit geringen Unterschieden Gebrauch gemacht (vgl. hierzu eingehend mit Abdruck der Gesetzestexte die Beilage zu NJW Heft 51/2001). Bis auf Baden-Württemberg sind die ausführenden Landesgesetze – überwiegend bis zum 31.12.2005 – befristet. Da die »hochgestellten Erwartungen« bislang überall enttäuscht wurden (Ernst NJW-Editorial

Heft9/2002 S. III; Fischer MDR 2002, 1403 Fn. 33: »nach praktisch einhelliger Auffassung schlichtweg vollständiger Unsinn«; Viefhues ZAP 2002, 1147: »der große Flop«), erscheint eine Verlängerung sehr unwahrscheinlich.

Da die Ausgestaltung des Verfahrens inhaltlich jeweils anders bestimmt werden kann, muss man sich vor Klageerhebung insbesondere in einem anderen Bundesland über das dortige Landesrecht informieren, soweit der Anwendungsbereich des § 15a EGZPO betroffen ist.

Dies gilt im Übrigen grundsätzlich (aber Belehrungspflicht, § 119 Abs. 4 GVG) auch für die Frage des Instanzenzuges. Denn nach § 119 Abs. 3 GVG (Art. 1 Nr. 6 ZPO n.F.) kann jedes Bundesland bestimmen, dass die Oberlandesgerichte für alle Berufungen und Beschwerden gegen amtsgerichtliche Entscheidungen bis zum 31. 12. 2007 zuständig sind, und dies auch nur für einzelne Amtsgerichte oder bestimmte Sachen. Von dieser sog. Experimentierklausel hat jedoch – soweit erkennbar – bislang noch kein Bundesland Gebrauch gemacht.

Der Versuch einer gütlichen Einigung vor einer Gütestelle ist eine von Amts wegen zu beachtende **Prozessvoraussetzung**. Nachgewiesen wird er mit einer von der Gütestelle ausgestellten Bescheinigung über einen erfolglosen Einigungsversuch (Abs. 1 S. 2; Abs. 3 S. 3).

Umstritten ist, ob das Schlichtungsverfahren nach Klageeinreichung nachholbar ist (vgl. Wetekamp NZM 2001, 616, verneinend AG Nürnberg NJW 2001, 3489; LG Ellwangen NJW 2002, 2479; bejahend Zöller § 15a/25 EGZPO; LG Kassel NJW 2002, 2256: bis zum Schluss der mündlichen Verhandlung; Friedrich NJW 2002, 798).

Bei versehentlicher Klageeinreichung ohne die von einer Gütestelle ausgestellte erforderliche Bescheinigung sollte man versuchen, Fristverlängerung, eine Verfahrensverzögerung oder das Ruhen des Verfahrens (so Zöller § 15a/25 EGZPO; LG Kassel NJW 2002, 2256) zu erreichen, um zwischenzeitlich das Schlichtungsverfahren noch durchführen zu können. Unter Umständen akzeptiert das Gericht dann die nachgeholte Bescheinigung. Bei weiteren noch nicht eingeklagten Ansprüchen kann eventuell auch durch die Erweiterung einer Zahlungsklage über die relevante Wertgrenze hinaus die Schlichtungsbedürftigkeit genommen werden (vgl. § 264 Nr. 2 ZPO) (LG Kassel NJW 2002, 2256 – u.U. aber rechtsmissbräuchlich, sofern die weiteren Ansprüche offensichtlich jeder Grundlage entbehren).

Sonst kann man nur noch die Klage zur Vermeidung einer Klageabweisung zurücknehmen (Ersparnis: zwei Gerichtsgebühren) und nach Durchführung des Schlichtungsverfahrens neu einreichen. Dies gilt auch, wenn nach Ansicht des Gerichts der Streitwert entgegen der eigenen Einschätzung die wertmäßige Grenze für das Schlichtungsverfahren nicht übersteigt.

Wegen des Grundsatzes der Einheit des Verfahrens soll nach Zöller (§ 15a/18 EGZPO) das Güteverfahren nicht nachgeholt werden müssen, wenn ein Gericht eines Landes ohne obligatorisches Schlichtungsverfahren an ein Gericht eines Landes verweist, das ein solches eingeführt hat.

Nach § 204 Abs. 1 Nr. 4 **BGB n.F.** wird die **Verjährung** gehemmt (bisher: unterbrochen)

durch die Bekanntgabe des Güteantrags. Dazu muss dieser bei einer durch die Landesjustizverwaltung eingerichteten oder anerkannten Gütestelle oder, wenn die Parteien den Einigungsversuch einvernehmlich unternehmen, bei einer sonstigen Gütestelle, die Streitbeilegungen betreibt, eingereicht worden sein. Erfolgt die Bekanntgabe demnächst nach der Einreichung des Antrags, so tritt die Hemmung der Verjährung bereits mit der Einreichung ein.

Ein **Schlichtungsverfahren** ist bei folgenden Streitigkeiten notwendig:

- vermögensrechtliche Streitigkeiten vor dem Amtsgericht über Ansprüche bis zu 750 Euro,
- bestimmte Streitigkeiten über Ansprüche aus dem Nachbarrecht,
- Streitigkeiten über Ansprüche wegen Verletzung der persönlichen Ehre, die nicht in Presse oder Rundfunk begangen worden sind.

Davon **ausgenommen sind** insbesondere:

Widerklagen, Streitigkeiten in Familiensachen, Ansprüche, die im Urkunden- oder Wechselprozess geltend gemacht werden, wenn ein Anspruch im Mahnverfahren geltend gemacht worden ist (»Mahnantrag schützt vor Gütezwang!«) (Abs. 2) oder mit einem nicht schlichtungsbedürftigen Anspruch zusammentrifft (LG Aachen NJW-RR 2002, 1439).

In der Praxis erfolgt bei Zahlungsansprüchen weitgehend eine **Umgehung** des obligatorischen Schlichtungsverfahrens durch die »Flucht in das Mahnverfahren«.

Dies kann sich wegen der Kostennachteile, des Zeitverlusts und der Unübersichtlichkeit der Regelungen durchaus empfehlen. So verzögert das Schlichtungsverfahren in der Regel den Fortgang bis zu drei Monaten (vgl. Abs. 1 S. 3) und kostet zusätzliche Gebühren. Während die Kosten der Gütestelle zu den Kosten des Rechtsstreits gehören (Abs. 4), haben die Parteien ihre Anwaltskosten grundsätzlich selbst zu tragen, es sei denn, die Parteien haben Abweichendes in einem Vergleich vereinbart, mit welchem ein erfolgreiches Schlichtungsgespräch endet.

Allerdings ist dann grundsätzlich eine Güteverhandlung erforderlich, während sie bei durchgeführtem Schlichtungsverfahren entfällt (vgl. unten 5. Teil II).

Nach Ansicht des AG Rosenheim (NJW 2001, 2030) soll nur ein zulässiger Antrag i.S. § 688 ZPO auf Erlass eines Mahnbescheids die Streitschlichtung entbehrlich machen, selbst wenn der (unzulässige) Mahnbescheid (z.B. kein Zahlungsanspruch oder Gegenleistung noch nicht erbracht) erlassen worden ist. Nach Erlass eines (zulässigen) Mahnbescheides kann die Klage dann grundsätzlich erweitert werden, ohne dass ein Schlichtungsverfahren hinsichtlich der Erweiterung vorangeschaltet werden muss (AG Halle NJW 2001, 2099).

Auch wenn die Parteien nicht in demselben Bundesland wohnen oder ihren Sitz oder eine Niederlassung dort haben, ist ein Schlichtungsverfahren **nicht** erforderlich (§ 15a Abs.2 S. 2 EGZPO).

> Dies ist z.B. regelmäßig bei Verkehrsunfallprozessen mit der Haftpflichtversicherung oder in Reisevertragssachen der Fall.

> Die landesgesetzlichen Regelungen können diesbezüglich noch weitere Einschränkungen enthalten. Nach dem Bayerischen Schlichtungsgesetz (Art. 2) z.B. ist ein Schlichtungsversuch nur erforderlich, wenn die Parteien ihren Wohnsitz, ihren Sitz oder ihre Niederlassung in demselben Landgerichtsbezirk haben. Nach dem Schlichtungsgesetz von Baden-Württemberg (§ 1 Abs. 3) hingegen besteht dieses Erfordernis auch dann, wenn alle Parteien ihren Wohnsitz in demselben oder in benachbarten Landgerichtsbezirken haben.

c) Antrag auf Prozesskostenhilfe

Bei der Frage, ob ein Antrag auf Prozesskostenhilfe (PKH) zu stellen ist, ist zu bedenken:

- dass der vermeintliche Vorteil einer etwaigen Prozesskostenhilfe nicht so groß ist. So kann die Prozesskostenhilfe (abhängig vom Einkommen der Partei) nur gegen Zahlung von Raten bewilligt werden. Zudem sind im Falle des Unterliegens nicht die (Anwalts-)Kosten des Gegners davon umfasst (§ 123 ZPO). Außerdem darf keine Prozesskostenhilfe für das PKH-Verfahren selbst bewilligt werden (Zöller § 114/3).
- dass man dadurch u.U. eine gewisse kostengünstige Vorprüfung (auch durch das Berufungsgericht – sofortige Beschwerde gem. § 127 Abs. 2 **ZPO n.F.** bei Erreichen des Berufungsstreitwertes) zumindest hinsichtlich Schlüssigkeit und Zuständigkeit des Gerichts erhalten kann, da für die Bewilligung eine hinreichende Aussicht der Klage auf Erfolg Voraussetzung ist (§ 114 ZPO).
Jedoch erfolgt nur eine summarische Prüfung der Sach- und Rechtslage. Insbesondere wird im PKH-Verfahren nicht über zweifelhafte Rechtsfragen abschließend entschieden (Zöller § 114/19/21).

Bei **Verbindung** des Antrags **mit der Klageschrift** hat der Antragsteller deutlich zu machen, ob er die Klage unbedingt oder nur für den Fall der Bewilligung von Prozesskostenhilfe eingereicht (bzw. erhoben) haben

I. Taktische Überlegungen

will oder ob (zunächst) nur der Prozesskostenhilfeantrag allein behandelt werden soll (vgl. Zöller §§ 117/7; 253/2, Thomas/Putzo § 117/2; OLG Köln NJW 1994, 3360) (zu Wiedereinsetzung und Rechtsmitteleinlegung bei PKH-Antrag vgl. unten 4. Teil I 2).

> Sofern die als Anlage beigefügte Klage nur als »Entwurf« gekennzeichnet ist, liegt noch keine (wirksame) Klageerhebung vor, auch wenn die Klage vom Gericht dem Beklagten zugestellt wird (OLG Köln, NJW 1994, 3360, Zöller § 117/8). Wird PKH bewilligt, darf nicht vergessen werden, die Klage sodann zu erheben.
>
> In der Praxis ist die bedingte Klageerhebung gebräuchlich und wird auch überwiegend als zulässig erachtet. Bei der unbedingten Klageerhebung dagegen wird die Partei sofort Kostenschuldner.

Durch die Bekanntgabe des erstmaligen Antrags auf Gewährung von Prozesskostenhilfe wird die **Verjährung** gehemmt (§ 204 Abs. 1 Nr. 14 BGB n.F.). Erfolgt die Bekanntgabe nach der Einreichung des Antrags, so tritt die Hemmung der Verjährung bereits mit der Einreichung ein.

> Entgegen der bisherigen Rechtsprechung (vgl. Zöller § 117/4a) sind weitere Voraussetzungen hierfür nicht mehr erforderlich. Damit lässt sich dieser Antrag (lediglich) für eine schnelle und einfache Verjährungshemmung einsetzen. Allerdings ist ausgeschlossen, dass der Gläubiger sich durch gestaffelte Prozesskostenhilfeanträge eine mehrfache Verjährungshemmung verschafft.

Dem **Beklagten** kann für seine Rechtsverteidigung gegen ein bloßes Prozesskostenhilfegesuch vor Rechtshängigkeit grundsätzlich keine Prozesskostenhilfe bewilligt werden (Zöller § 114/25; **a.A.** OLG Karlsruhe NJW-RR 2001, 643: sofern der Beklagte ausdrücklich zur Stellungnahme aufgefordert wurde).

> Im Übrigen besteht hinreichende Erfolgsaussicht für die Rechtsverteidigung bereits dann, wenn der Beklagte entscheidungserheblichen Vortrag (wirksam) bestritten hat.
>
> Es kann sich für den Beklagtenvertreter empfehlen – damit er letztlich nicht »umsonst« arbeitet – nach einer kurzen Klageerwiderung zunächst die Entscheidung über den PKH-Antrag abzuwarten bzw. auf einer unverzüglichen Entscheidung zu bestehen (vgl. Zöller § 118/14a a.E.) (Versäumnisurteil im Termin darf nicht ergehen, § 337 ZPO).

Für den **Antrag** sind die amtlichen **Formulare** zu verwenden und die entsprechenden Unterlagen beizufügen (vgl. § 117 Abs. 3, 4 ZPO iVm. PKH-VV vom 17.10.1994; BGBl. I S. 3001).

> Sofern die Partei **Sozialhilfe** bezieht, reicht in der Regel die Vorlage des letzten Bescheides für die Bewilligung von PKH ohne Ratenzahlung aus (vgl. OLG Hamm JurBüro 1986, 767; OLG Karlsruhe FamRZ 1989, 645).

Über den Antrag hat das Gericht bei Vorliegen der Voraussetzungen alsbald zu entscheiden.

Insbesondere darf nicht erst nach Verhandlung und Beweiserhebung in der Hauptsache hierüber entschieden werden, sondern noch vor dem Verhandlungstermin (Zöller § 118/13/14). Da dies für den Antragsteller nachteilig sein kann, falls sich die Erfolgsprognose zwischenzeitlich verschlechtert, sollte er auf eine frühzeitige Entscheidung über sein PKH-Gesuch drängen. Sonst kann es vorkommen, dass der Antrag zugleich mit dem für den Antragsteller negativ ausgefallenen Urteil (mangels Erfolgsaussicht) abgelehnt wird (str., welche Entscheidungsgrundlage bei Verzögerung durch das Gericht maßgebend ist, vgl. Zöller § 119/45). Dabei wirkt aber die Bewilligung grundsätzlich auf den Zeitpunkt des (vollständig mit entsprechenden Belegen) eingereichten Antrags zurück (Zöller § 119/37ff.).

Die Beiordnung eines Anwalts muss beim Amtsgericht grundsätzlich beantragt werden (§ 121 Abs. 1, 2 ZPO), wobei das PKH-Gesuch einen stillschweigenden Beiordnungsantrag enthält (vgl. Zöller § 121/4/14; str.).

Verzögert das Gericht die Entscheidung, kommen folgende Maßnahmen in Betracht:

- Zunächst : Erinnerung/Sachstandsanfrage/Anmahnung.
- Sofortige Beschwerde gem. § 127 Abs. 2 **ZPO n.F.** (Notfrist 1 Monat).
- Befangenheitsantrag, da durch die Verzögerung (aus Sicht der Partei) der Gegner begünstigt wird (§ 42 ZPO) (vgl. Zöller § 42/24).
- Antrag auf Vertagung (Zöller § 118/14a) (i.Ü. § 337 ZPO).

Dabei ist zu bedenken, dass auf eine Stellungnahme des Gegners unverzüglich reagiert werden sollte, da sonst das Gericht u.U. (wochen-)lang wartet und sich dadurch das Verfahren unnötig verzögert.

d) Musterprozess

Sofern eine Vielzahl von Gläubigern mehr oder weniger gleich gelagerte Ansprüche gegen denselben Beklagten haben, kann sich aus Effektivitäts- und Kostengründen die Durchführung nur eines Verfahrens als Modell- oder Musterprozess empfehlen (z.B. bei größeren Unglücken oder einer Reihe von getäuschten Kapitalanlegern oder Gesellschaftern oder bei wettbewerbsrechtlichen Ansprüchen). Dabei stellt auch die Teilklage eine Art Musterprozess dar, wobei die Parteien vereinbaren können, dass das Ergebnis der Teilklage auch für den nicht eingeklagten Teil maßgebend sein soll (vgl. unten I 3).

Der Musterprozess ist in der ZPO nicht geregelt. Daher gilt für die Rechtskraft lediglich die allgemeine Vorschrift des § 325 ZPO, wonach sich diese allein auf die Prozessparteien erstreckt. Da eine solche Klage nur dann Sinn macht, wenn der Ausgang des Musterprozesses bindende Wirkung für den Beklagten in Bezug auf die anderen, nicht klagenden Gläubiger hat, muss eine entsprechende **Vereinbarung** zwischen den Beteiligten getroffen werden (vgl. Zöller § 325/43b; eingehend Kempf ZZP 1960, 342) (Vorsicht bei Allgemeinen Geschäftsbedingungen!, vgl. BGH NJW 1984, 2408: unwirksam gem. § 9 AGBG), die sinnvollerweise auch die Honorar- und Kostenfrage mit einschließen sollte.

Die Bindungswirkung kann man auch z.B. auf den Anspruchsgrund beschränken und die Höhe jeweils noch offen lassen, wenn diese bei den einzelnen Gläubigern unterschiedlich oder unklar ist. Eine Rechtskrafterstreckung auf Dritte hingegen ist durch eine Vereinbarung nicht möglich (Zöller § 325/43a, b).

Gegen ein Urteil in einem Musterprozess kommen als Rechtsmittel die Berufung und Revision in Betracht, so dass damit auch eine **höchstrichterliche Klärung** erreicht werden kann.

Denn in solchen Fällen hat die Rechtssache grundsätzliche Bedeutung i.S. der §§ 511 Abs. 4 Nr. 1; 522 Abs. 2 Nr. 2; 543, 566 Abs. 4 Nr. 1 **ZPO n.F.** (Begr-RE S. 104) (vgl. aber BGH NJW-RR 1998, 1445: Nichtzulassung der Revision ist keine greifbare Gesetzwidrigkeit). Zudem kann dann beim Landgericht die Kammer statt des Einzelrichters funktionell zuständig sein (vgl. §§ 348 Abs. 3 Nr. 2; 348a Abs. 1 Nr. 1; 526 Abs. 1 Nr. 3 **ZPO n.F.**) (vgl. unten V 2).

Allerdings kann die beklagte Musterprozesspartei eine (streitige) Entscheidung mit Gründen verhindern, indem sie den Anspruch anerkennt. Denn nach § 307 Abs. 2 **ZPO n.F.** ist ein Anerkenntnisurteil, das weder Tatbestand und Entscheidungsgründe enthalten muss, auch ohne Antrag zu erlassen (§ 313b ZPO).

Zu achten ist auf etwaige Ausschluss- und **Verjährungsfristen**.

Dies gilt insbesondere bei bereits anhängigen Parallelverfahren, die in Stillstand geraten. Dies kann geschehen durch Anordnung des Ruhens des Verfahrens auf Antrag beider Parteien (§ 251 **ZPO n.F.**), oder indem es einfach nicht weiterbetrieben wird.

Dann endet die Hemmungswirkung der Klageerhebung sechs Monate nach der letzten Verfahrenshandlung (§ 204 Abs. 2 **BGB n.F.**). Dies gilt auch dann, wenn die Parteien den Prozess im Hinblick auf den laufenden Musterprozess nicht fördern und das Gericht mit Einverständnis des Klägers von einer Terminierung auf unbestimmte Zeit absieht (BGH NJW 1983, 2496; **a.A.** Brommann, AnwBl. 1985, 5).

Es empfiehlt sich, regelmäßig eine entsprechende **Vereinbarung** mit dem Gegner zu treffen (Verzicht auf die Verjährungseinrede; Stundungsabrede gem. § 205 **BGB n.F.** oder Stillhalteabkommen, sog. »pactum de non petendo«) (vgl. Palandt §§ 202/8, 225/2).

Nach § 203 **BGB n.F.** hemmen nunmehr kraft Gesetzes **schwebende Verhandlungen** zwischen Schuldner und Gläubiger über den Anspruch oder dessen begründende Umstände die Verjährung (bisher: §§ 242, 852 Abs. 2 BGB a.F.). Die Verjährung tritt nach dieser Vorschrift frühestens zwei Monate nach dem Ende der Hemmung ein, d.h. nach Verweigerung der Fortsetzung der Verhandlungen durch einen Teil.

Dabei kann das Vorliegen der Voraussetzungen im Einzelfall unklar sein. Beim schlichten »Einschlafen« der Gespräche ohne eindeutige Erklärung eines Beteiligten über das Ende seiner Verhandlungsbereitschaft endet die Hemmung entsprechend dem bisherigen § 852 Abs. 2 BGB in dem Zeitpunkt, in dem der nächste Schritt nach Treu und Glauben zu erwarten gewesen wäre (Begr. zum **BGB-RG**, BT.-Dr. 14/6040 S. 112). Die Nichtäußerung auf ein Schreiben des Gegners ist keine Verhandlung.

2) Wahl des Gerichtsstands

a) Wahlrecht

Der Kläger kann nach § 35 ZPO unter mehreren gegebenen Gerichtsständen grundsätzlich frei wählen, sofern nicht ein ausschließlicher besteht (Zöller § 35/3).

Das Wahlrecht **erlischt** – endgültig und unwiderruflich – durch Klageerhebung bei einem zuständigen Gericht.

> **Beachte:**
>
> Das Wahlrecht wird bereits durch Benennung des für das streitige Verfahren zuständigen Gerichts im Mahnantrag ausgeübt (§ 690 Abs. 1 Nr. 5 ZPO).

Eine Korrektur ist dann nur noch möglich durch übereinstimmendes rechtzeitiges Verlangen beider Parteien (vgl. § 696 Abs. 1 S. 1 ZPO) (vgl. Thomas/Putzo §§ 35/2, 696/24; Zöller §§ 35/2, 690/16, 696/9; BGH MDR 1993, 576).

Bevor das Wohnsitzgericht des Beklagten (als allgemeiner Gerichtsstand) angegeben wird, sollte daher geprüft werden, ob nicht vielleicht ein günstigerer Gerichtstand besteht (Gerichtsstandsvereinbarung? besonderer Gerichtsstand? vgl. §§ 20ff. ZPO).

In der Praxis wird dies vor allem beim Mahnantrag nicht bedacht.

Sofern man nachträglich noch eine Gerichtsstandsvereinbarung in den AGB entdeckt, kann das sonst eigentlich zuständige Wohnsitzgericht nur verweisen (vgl. § 696 Abs. 5 ZPO), wenn die Vereinbarung ausschließlich ist (vgl. Thomas/Putzo § 39/32: im Zweifel ausschließlich, **a.A.** Zöller § 38/14). Auch bei übereinstimmendem Antrag der Parteien wäre eine Verweisung des (zuständigen) Streitgerichts nach Abgabe an dieses objektiv willkürlich und nicht bindend (vgl. Thomas/Putzo § 696/26; OLG Schleswig, NJW-RR 2001, 646).

Lediglich eine Mindermeinung bejaht bei Gesamtschuldnern die Möglichkeit der Verweisung an einen gemeinsamen Gerichtsstand trotz bereits ausgeübten Wahlrechts (vgl. Fischer MDR 1993, 198; 2002, 1403; vgl. auch KG MDR 2000, 413).

Gefahrloser ist es, bei Zweifeln oder auch einfach generell im Mahnbescheidsantrag zunächst den Kanzleiort als Gerichtsstand für das streitige Verfahren anzugeben und, soweit erforderlich, später – in der Anspruchsbegründung oder im weiteren Verlauf des Verfahrens – Verweisung zu beantragen (vgl. § 696 Abs. 5 ZPO) (Nachteil: § 281 Abs. 3 S. 2 ZPO – Mehrkosten!).

Eine Vielzahl von örtlich zuständigen Gerichten ist häufig bei **unerlaubten Handlungen** mittels Druckerzeugnissen, Fernsehsendungen und im Internet gegeben (§§ 32 ZPO, 24 UWG, sog. fliegender Gerichtsstand).

Denn Tatort ist der Erscheinungsort und jeder Ort, an dem sie bestimmungsgemäß verbreitet wurden (Thomas/Putzo § 32/7). Insbesondere bei (rechtswidrigen) Handlungen im **Internet** befindet sich dieser dort, wo das Medium bestimmungsgemäß abrufbar ist. Aufgrund der unbegrenzten Verbreitung ist ein Gerichtsstand daher praktisch überall gegeben (LG Paderborn MMR 2000, 490; vgl. Zöller § 32/17: Internet – bei Verletzung von Marken-, Firmen- und Namensrechten – einschränkend bei Werbung bzw. Wettbewerbsverstößen im Internet, OLG Bremen CR 2000, 770; str.).

Eine Wahlmöglichkeit besteht häufig auch bei **Verkehrsunfällen** (§§ 12, 13, 32 ZPO, § 20 StVG) sowie bei Klagen gegen einen Versicherer (§§ 17 Abs. 1, 21 Abs. 1 ZPO; § 48 VVG).

b) Gesichtspunkte für die Wahl

Hierbei braucht der Kläger die Belange des Schuldners nicht zu berücksichtigen und darf in erster Linie seine Interessen durchsetzen.

- Vorteilhaft für die Prozessführung ist ein in **örtlicher Nähe** zum Wohnsitz des Klägers gelegenes Gericht (vgl. eingehend hierzu LG Karlsruhe JZ 1989, 690, 692).

Es ist daher zu prüfen, ob entgegen dem allgemeinen Gerichtsstand (Wohnsitz des Beklagten, §§ 12, 13 ZPO) ein Klägergerichtsstand in Betracht kommt, z.B. in besonderen Fällen der Gerichtsstand des Erfüllungsort gem. § 29 ZPO (insbes. bei Bau- und Anwaltsverträgen am Ort des Bauwerks oder Sitz der Anwaltskanzlei für die Werklohn- bzw. Honorarforderung).

Diese Frage des Bestehens eines gemeinsamen Erfüllungsortes für die beiderseitigen Vertragspflichten an dem Ort, wo die vertragscharakteristische Leistung zu erbringen ist, ist sehr umstritten (vgl. Palandt § 269/13; Zöller § 29/24). Speziell beim Anwaltsvertrag tendiert die Rechtsprechung immer mehr dahin, einen generellen Erfüllungsort für anwaltliche Honorarforderungen am Sitz der Kanzlei abzulehnen (vgl. z.B. Prechtel NJW 1999, 3617; ders. MDR 2001, 591; ders. MDR 2003, 667 – mit zahlreichen Rspr. Nachw.; ders. Siemon MDR 2002, 366).

Dabei wird in der Praxis oft übersehen, dass nach § 269 Abs. 1 ZPO der Wohnsitz des Schuldners zur Zeit der Entstehung des Schuldverhältnisses für § 29 ZPO maßgebend ist (Fischer MDR 2000, 302).

Dies bedeutet, dass sich bei einem Wohnortwechsel des Beklagten der einmal begründete Gerichtsstand des Erfüllungsortes nicht verändert. In vielen Fällen liegt dieser in räumlicher Nähe zum Wohnsitz des Klägers.

Auch bei Klagen aus unerlaubten Handlungen ist der Wohnsitz des Klägers als Verletzter regelmäßig der Ort, an dem der Verletzungserfolg eingetreten ist und damit der Gerichtsstand nach § 32 ZPO (Thomas/Putzo § 32/7).

Im Übrigen aber kann seit dem 1. 1. 2000 jeder zugelassene Rechtsanwalt vor allen Amts- und Landgerichten bundesweit auftreten (vgl. § 78 ZPO).

- **Anspruchskonkurrenz**

  Beim Zusammentreffen deliktischer und vertraglicher Ansprüche darf das nach § 32 ZPO zuständige Gericht nach der neuesten Rechtsprechung des BGH auch vertragliche Ansprüche bei der Entscheidung berücksichtigen (BGH NJW 2003, 828 unter Aufgabe seiner bisherigen ablehnenden Rspr. und entgegen der bisherigen h. M., Problematik der sog. gespaltenen Zuständigkeit, vgl. Thomas/Putzo, Vorbem. § 12/8; Zöller §§ 12/21, 32/20).

  Diese Ansicht hat zur Folge, dass sich der Kläger einen für ihn u.U. günstigen Gerichtsstand für die nicht deliktischen Ansprüche verschaffen kann, sofern er nur schlüssige Tatsachen für eine unerlaubte Handlung vorträgt (vgl. Thomas/Putzo § 32/8; vgl. unten I 5 b (1).

- **Gerichtstypische Besonderheiten**

  z.B. Arbeitsweise des Gerichts – besonders zügig/sorgfältig – und dessen etwaige besonders günstige Rechtsprechungspraxis (vor allem in rechtlichen Spezialgebieten) und u.U. zukünftig die technische Ausstattung für eine Videoverhandlung (vgl. § 128a **ZPO n.F.**).

  Hierbei kann man versuchen, die **amtsgerichtliche** Zuständigkeit für die gesamte Forderung mittels Teilklagen zu erlangen, wobei diese bei gleichzeitiger Einklagung des in mehrere Teile zerlegten Anspruchs unzulässig sind (Thomas/Putzo § 23 GVG/5, Zöller § 1/23: Erschleichung der Zuständigkeit).

  Umgekehrt kann man den Zuständigkeitsstreitwert für das **Landgericht** erreichen, indem man z.B. bei Gesamtschuldnern die aufgelaufenen Zinsen ausrechnet und getrennt von der Hauptsache nur gegenüber einem Schuldner geltend macht (§ 5 ZPO, sonst § 4 Abs. 1 ZPO). Bei nachträglicher Klageerweiterung

(Hauptsache gegen beide Gesamtschuldner nebst Zinsen) verringert sich der Streitwert, aber die sachliche Zuständigkeit bleibt bestehen (§ 261 Abs. 3 Nr. 2 ZPO) (vgl. Thomas/Putzo § 4/2; Zöller § 262/12).

- **Landesrechtliche Besonderheiten**

Dies betrifft die Frage, ob bei bestimmten Streitigkeiten ein Schlichtungsverfahren vor Klageerhebung durchzuführen ist und u.U. vermieden werden soll (vgl. oben I 1b).

- **Neutrale Gutachter**

Es ist nicht auszuschließen, dass eine gewisse Verflechtung zwischen potenziellen Sachverständigen und dem, an deren Sitz verklagten (großen) Unternehmen besteht (vgl. Lanz ZRP 1998, 337, Fn. 45: »vielfach ist die Creme einer Stadt eng verbunden«). Sofern rechtlich möglich, kann es sich als vorteilhaft erweisen, das Unternehmen woanders zu verklagen (vgl. z.B. § 48 VVG – Gerichtsstand der Agentur bei Versicherungen; § 21 ZPO – Gerichtsstand der Niederlassung).

- **Mehrheit von Beklagten**

Grundsätzlich ist es zweckmäßig, mehrere Beklagte möglichst zusammen am selben Gericht zu verklagen.

Dadurch wird eine Zersplitterung der Verfahren verhindert, die Entstehung von Mehrkosten wird vermieden und dem Kläger kommt vor allem der Effekt der Zeugenausschaltung zugute. Hierzu muss allerdings ein gemeinsamer Gerichtsstand bestehen (vgl. unten 5 b).

3) Erhebung einer Teilklage

a) Chancen und Risiken

Eine Teilklage bietet sich an zur Begrenzung des Kostenrisikos bei unklaren Erfolgsaussichten, bei hohem Streitwert und bei zweifelhafter Vollstreckungsmöglichkeit.

Denn Streitwert, woraus sich die Gebühren berechnen, ist nur der geltend gemachte Teilanspruch (§ 21 Abs. 1 GKG) (vgl. zum Ganzen Haunschild, AnwBl. 1998, 509; Diercks, MDR 1995, 1099). Allerdings sind die Kosten wegen der Degression der Gebührentabellen bei einer Aufteilung in mehrere Prozesse insgesamt höher als bei einer Gesamtklage. Dabei hat der Kläger die gesamten Kosten nicht nur im Falle des Prozessverlustes zu tragen (§ 91 ZPO), sondern er haftet als sekundärer Kostenschuldner auch für die Gerichtskosten, wenn diese vom unterlegenen Beklagten nicht erlangt werden können (vgl. §§ 49, 54, 58 GKG).

In der Rechtsschutzversicherung ist die Erhebung lediglich einer Teilklage sogar eine Obliegenheit (§ 15 Abs. 1, d, aa ARB 75, anders jedoch § 15 ARB 94) (vgl. OLG Karlsruhe VersR 2003, 58: nur, wenn die rechtskräftige Entscheidung über die Teilklage eine endgültige Klärung der streitigen Tat- und Rechtsfragen erwarten lässt).

Da Voraussetzung für eine Teilklage ist, dass der Anspruch seiner Natur nach teilbar ist, kommt diese im Wesentlichen nur bei Geldforderungen in Betracht.

Mittels einer Teilklage kann sowohl der **Anspruchsgrund** als auch die **Anspruchshöhe** gewissermaßen als »Versuchsballon« abgeklärt werden.

Soweit der eingeklagte Betrag Teil eines einheitlichen Anspruchs ist und es um die Frage geht, ob die Klageforderung überhaupt besteht, ist eine Teilklage unproblematisch.

Setzt sich der Anspruch aus mehreren unselbständigen Positionen zusammen (z.B. bei Schadensersatzanspruch aus Verkehrsunfall), so ist es zweckmäßig, von allen Positionen jeweils einen Teilbetrag anzusetzen (vgl. aber Thomas/Putzo § 308/3).

Wenn Gegenrechte vom Beklagten zu erwarten sind (z.B. Mitverschulden oder Minderung), muss der eingeklagte Betrag die Differenz von Gesamtforderung und Haftungsquote übersteigen. Denn sonst kann das Gericht eine konkrete Entscheidung darüber dahingestellt sein lassen. Bei mehreren unselbständigen Positionen wäre es in diesem Fall unzweckmäßig, den Teilbetrag auf sämtliche Posten zu stützen. Um z.B. die genaue Mitverschuldensquote zu erhalten, muss eine – möglichst unproblematische – Position voll angesetzt werden.

▶ **Beispiel:**

Bei einer Mitverschuldensquote von 30% und einer Teilklage in Höhe von 50 % der Gesamtforderung kann die Klage zugesprochen werden mit der Begründung, dass der Mitverschuldensanteil jedenfalls geringer ist als der eingeklagte Teil bzw. höchstens 50% beträgt. Entscheidungserheblich ist die Frage des Mitverschuldens jedoch bei einer eingeklagten Forderung in Höhe von z.B. 80%, da dem Kläger maximal 70% zustehen.

In der **Klageschrift** muss die Aufteilung genau angegeben werden, sofern sich der Anspruch aus mehreren selbständigen Forderungen zusammensetzt (vgl. § 253 Abs. 2 Nr. 2 ZPO).

Es muss erkennbar sein, wie sich die Klagesumme ziffernmäßig auf die verschiedenen Einzelforderungen verteilt; andernfalls ist die Klage unzulässig (BGHZ 11, 192, vgl. Thomas/Putzo § 253/9). Zudem ist es möglich einen Anspruch voll und die anderen Ansprüche hilfsweise in bestimmter Reihenfolge geltend zu machen (vgl. Baumbach/Lauterbach § 253/43). Falsch wäre es daher, lediglich vorzutragen, dass dem Kläger die Forderung in jedem Falle zusteht.

> **Beispiel:**
>
> Beträgt der Gesamtschaden eines Verkehrsunfalls 10000,- EUR, der sich aus 3000,- EUR Sachschaden am Pkw, 5000,- EUR Heilungskosten und 1000,- EUR Schmerzensgeld und 1000,- EUR Verdienstausfall zusammensetzt, so ist anzugeben, aus welchen Positionen sich in welcher Höhe die eingeklagten 5000,- EUR zusammensetzen.

Bei günstigem Prozessverlauf, etwa nach einer Beweisaufnahme, kann die Klage auf den bislang nicht eingeklagten Teil (u.U. sukzessive) **erweitert** werden (§ 264 Nr. 2 ZPO).

Die Klageerweiterung kann dabei **im Termin** zwar grundsätzlich **mündlich** zu Protokoll erklärt werden, aber nur mit Zustimmung des Vorsitzenden (§ 297 ZPO). Andernfalls muss der Antrag –nach einer kurzen Unterbrechung – auf Papier gebracht und das Schriftstück als Protokollanlage vorgelegt werden (§§ 297, 160 Abs. 5 ZPO, vgl. auch § 496 ZPO). Es ist daher sicherer, den Klageerweiterungsantrag bereits vorsorglich schriftlich vorzubereiten. Zu **beachten** ist auch, dass das Gericht die Antragstellung gem. § 65 GKG von der Einzahlung eines weiteren Kostenvorschusses abhängig machen kann und hierfür Vorsorge zu treffen ist (z.B. Justizkostenmarken – gibt es aber nicht mehr in allen Bundesländern, werden aber bundesweit als Zahlungsmittel für Gerichtskosten anerkannt!).

Allerdings ist bei einer Klageerweiterung vor dem Amtsgericht zu **beachten**, dass bei einer dadurch eintretenden Überschreitung seiner wertmäßigen Zuständigkeitsgrenze das Amtsgericht sachlich unzuständig wird (§ 261 Abs. 3 Nr. 2 ZPO gilt hierfür nicht) und (auch) der Beklagte die Sache an das Landgericht bringen kann (§ 506 ZPO) (durchgeführte Beweisaufnahmen haben aber weiter Gültigkeit – Ausnahme: § 161 Abs. 1 Nr. 1 ZPO).

Kein Hindernis ist jedenfalls die Präklusionsvorschrift des § 296 ZPO, da die Klageerweiterung als Angriff selbst kein Angriffs- und Verteidigungsmittel im Sinne dieser Bestimmung ist (vgl. Thomas/Putzo § 146/2). Zu beachten ist lediglich § 296a ZPO.

Die **Rechtskraft** eines auf die Teilklage ergangenen Urteils erfasst lediglich den eingeklagten Teil und steht einer späteren Einklagung von Mehr- oder Nachforderungen aus demselben Sachverhalt grundsätzlich nicht entgegen (§ 322 ZPO).

Dies gilt nach der neueren Rechtsprechung des BGH auch für eine sog. **verdeckte Teilklage**, bei der es weder für den Beklagten noch für das Gericht erkennbar ist, dass die bezifferte Forderung nicht den Gesamtschaden abdeckt (vgl. Zöller vor § 322/48; Thomas/Putzo § 322/22 ff.) (arg. § 308 ZPO).

Diese klaren Grundsätze sollen angeblich von der Instanzrechtsprechung immer wieder unterlaufen werden, um mit Hilfe einer Rechtskrafterstreckung im nachfolgenden Rechtsstreit »kurzen Prozess« machen zu können (so E. Schneider MDR 1998, 253). Sicherer ist daher in jedem Fall eine offene Teilklage, allerdings mit dem dann erhöhten **Risiko** einer negativen Feststellungsklage des Gegners hinsichtlich des restlichen Anspruchs.

> **Beachte:**
>
> **Ausnahmen** gelten bei Schmerzensgeldansprüchen und wiederkehrenden Leistungen.

Bei Schmerzensgeldansprüchen ohne bezifferten Klageantrag sind Nachforderungen nicht möglich, es sei denn, es werden Verletzungsfolgen geltend gemacht, die bei der ursprünglichen Bemessung noch nicht eingetreten oder mit deren Eintritt nicht oder nicht ernstlich zu rechnen war (zur Verjährungsunterbrechung durch Feststellungsklage vgl. unten V 7). Bei der Einklagung wiederkehrender Leistungen, insbesondere bei Unterhaltsklagen, spricht die Vermutung gegen eine Teilklage, so dass der Kläger entweder ausdrücklich einen Teilanspruch geltend machen oder sich eine Nachforderung erkennbar vorbehalten muss (vgl. Zöller vor § 322/49f.).

Das über den **Rest** entscheidende Gericht ist daher auch nicht an das Ersturteil gebunden.

Selbst wenn dieses Gericht in der Regel geneigt sein dürfte, dem »Vorurteil« zu folgen, bietet das weitere Verfahren über den Rest für den Kläger bei verlorenem erstem Prozess eine **weitere Chance**. So lassen sich etwaige bisherige Fehler vermeiden und vielleicht stehen der Partei dann auch neue Beweismittel zur Verfügung. Bei einer Wahlmöglichkeit kann die zweite Klage vor einem anderen Gericht erhoben werden, welches u.U. einer anderen Rechtsansicht folgt als das Erstgericht.

War die Teilklage hingegen erfolgreich, dürfte sich oftmals ein zweiter Prozess ganz erübrigen, weil entweder der Beklagte unter dem Eindruck des Ersturteils freiwillig den weiteren Anspruch erfüllt oder ein (außergerichtlicher) Gesamtvergleich geschlossen werden kann.

Ein gewisses **Risiko** einer Teilklage besteht u.U. bei späterer Vermögenslosigkeit des Beklagten. Jedoch hat der Beklagte auch bei einer Gesamtklage Möglichkeiten, den Prozess zu verzögern, falls vor dessen Beendigung noch Vermögensgegenstände beiseite geschafft werden sollen. Hier sollte man die Erwirkung eines Arrestes in Betracht ziehen (vgl. unten 8. Teil).

In den Fällen, in welchen keine bewusste Manipulation vorliegt, dürfte meistens bereits zu Beginn des Prozesses die Vollstreckung des Gesamtanspruchs zweifelhaft sein.

Wegen der degressiven Gebührenstaffelung ist die Aufspaltung des Gesamtbetrages in Teilklagen kostenmäßig **teurer**. Nicht zuletzt auch deshalb ist der Mandant über die Vorteile und Risiken vorher aufzuklären.

> **Beachte:**
> Die **Verjährung** wird durch die Teilklage nur in Höhe des eingeklagten Betrages nach § 204 Abs. 1 Nr. 1 **BGB n.F.** gehemmt (bisher: unterbrochen gem. § 209 BGB; Palandt § 209/14; BGH NJW 2002, 2167).

Es ist daher rechtzeitig eine **Verjährungshemmung** für die Gesamtforderung herbeizuführen.

Dies kann kostengünstig geschehen mittels einer entsprechenden Vereinbarung mit dem Gegner (vgl. oben I 1 d) oder durch Erwirkung eines Mahnbescheides (vgl. unten II 1 b) und zeitweise Verzögerung der Überleitung ins streitige Verfahren nach einem etwaigen Widerspruch.

Ist ein möglicher weiterer Anspruch noch nicht bezifferbar, kommt diesbezüglich eine Feststellungsklage in Betracht (vgl. unten V 7). Damit kann dem Risiko der Verjährung von Mehrforderungen vorgebeugt werden, dass bei einer bezifferten Leistungsklage die gegebene Situation zunächst falsch eingeschätzt und der Schaden zu gering bemessen wird. So sieht der BGH darin nämlich eine verdeckte Teilklage mit entsprechend eingeschränkter Verjährungshemmung (BGH NJW 2002, 2167; NJW 2002, 3769: Angabe einer Obergrenze bei Schmerzensgeldklage; Meyer NJW 2002, 3067).

Allerdings setzt man sich durch verjährungshemmende Maßnahmen wegen des damit regelmäßig verbundenen »Sich-Berühmens« leicht der Gefahr einer negativen Feststellungswiderklage aus (vgl. unten I 3c).

Da diese **Risiken** (Verjährung, Rechtskraft, negative Feststellungswiderklage) größtenteils beherrschbar sind, ist es nicht gerechtfertigt, generell von einer Teilklage abzuraten (so z.B. Lepa VersR 2001, 266).

b) Teilklage mit bedingter Klageerweiterung

Die Erhebung einer Teilklage mit bedingter Klageerweiterung, d.h. gleichzeitige Einklagung des restlichen Teils unter der Bedingung der Begründetheit des Hauptantrages (sog. uneigentlicher Hilfsantrag)

(vgl. Zöller §§ 253/1; 260/4; Thomas/Putzo Einl. III/14; § 260/8; BAG NJW 1965, 1042 LS) (zulässige innerprozessuale Bedingung) (**a.A.** Lüke/Kerwer NJW 1996, 2121: unzulässige Bedingung »pfiffiger« Anwälte)

bietet eine Reihe von Vorteilen:

- **Verjährungshemmung** bezüglich der gesamten Forderung (vgl. Palandt § 209/3; Eventualantrag wird – auflösend bedingt – rechtshängig!) (bei Abweisung des Hauptantrages § 204 Abs. 2 **BGB n.F.** – bisher § 212 ZPO analog, vgl. Palandt §§ 209/3; 212/3; Thomas/Putzo § 260/17).

- Bei Begründetheit des **Hauptantrages** wird dem Kläger sogleich über den Teilbetrag hinaus die gesamte Forderung zugesprochen, ohne dass er selbst den vermutlichen Prozessausgang prognostizieren muss. Dies ist bei dieser Konstruktion allein Aufgabe des Gerichts. Im anderen Falle wird nur der Hauptantrag abgewiesen und dem Kläger verbleibt noch die restliche Forderung.
- Für den **Zuständigkeitsstreitwert** ist der höhere Wert maßgebend (Thomas/Putzo § 5/6, Baumbach/Lauterbach § 5/6; **a.A.** Fleischmann NJW 1993, 506). Danach müsste auch einen Betrag unter 600 EUR beim Landgericht einklagbar sein. Jedenfalls besteht die Chance einer zuständigkeitsbegründenden rügelosen Einlassung gem. § 39 ZPO.
- Dementsprechend dürfte sich der **Kostenvorschuss** ebenfalls nach dem höheren Wert richten (arg. Gericht darf über beide Anträge verhandeln) (vgl. Baumbach/Lauterbach § 5/6) (**a.A.** arg. § 19 Abs. 1 S. 2 GKG).

Eine bedingte Klageerweiterung im Termin könnte daher auf Schwierigkeiten stoßen, sofern keine Vorsorge für den Kostenvorschuss getroffen wurde. Gibt man allerdings in der Klageschrift den geringeren Wert des Hauptantrages als Streitwert an, ist die Chance erfahrungsgemäß groß, dass das Gericht bzw. die Geschäftsstelle diesen für die Anforderung des Vorschusses unkritisch übernimmt.

- Der **Gebührenstreitwert** bemisst sich indes nur dann nach dem Gesamtbetrag, wenn das Gericht über beide Anträge entschieden hat (§ 19 Abs. 1 S. 2 GKG, 9 BRAGO). In diesem Falle hat der Kläger insgesamt gewonnen und die Kosten trägt die Beklagtenpartei. Wird hingegen (nur) der Hauptantrag abgewiesen, ist über den Hilfsantrag nicht mehr zu entscheiden und es verbleibt bei dessen geringem Streitwert. Damit lässt sich das Kostenrisiko des Klägers minimieren.

Nachteilig kann hierbei sein, dass man sich dadurch einer negativen Feststellungswiderklage des Gegners aussetzt (vgl. nachfolgend). Denn aufgrund des Hilfsantrags liegt das Feststellungsinteresse auf der Hand.

c) Abwehrmaßnahmen des Gegners

Als prozesstaktische Reaktionsmöglichkeit des **Beklagten** kommt die Erhebung einer **negativen Zwischen-Feststellungswiderklage** (§ 256

ZPO) in Betracht. Der Antrag geht dahin festzustellen, dass dem Kläger über den eingeklagten Betrag hinaus keinerlei weitere Forderungen mehr aus dem streitgegenständlichen Rechtsverhältnis zustehen (vgl. Zöller § 33/7 a.E.: auch hinsichtlich der ganzen Forderung zulässig; vgl. BGHZ69, 37, 41: ein typischer Anwendungsfall der Zwischenfeststellungsklage) (vgl. unten V 7; 2. Teil III 3 b).

Damit erhöht sich – für den Kläger ungewollt – der Streitgegenstand auf die Gesamtsumme und somit auch entsprechend das **Kostenrisiko** mit der Chance des Beklagten auf einen günstigen Vergleich, in Einzelfällen auch auf eine Klagerücknahme oder einen Teilverzicht. Wird die Widerklage allerdings abgewiesen, steht positiv und bindend fest, dass dem Kläger die weiteren Ansprüche zustehen (vgl. Thomas/Putzo § 256/23). Sind die Erfolgschancen der Widerklage eher geringer, kann es sich für den Beklagten empfehlen, die Widerklage unter der Bedingung zu erheben, dass die Teilklage unbegründet ist. Dann ist bei Eintritt der Bedingung die Widerklage begründet und der Kläger hat nunmehr die gesamte Forderung verloren.

In der Praxis soll diese Prozesstaktik vor allem von Versicherern angewandt werden, wobei die Teilklage speziell im Haftpflichtprozess nur noch selten vorkommt (Lepa VersR 2001, 265).

Um das zu verhindern, sollte der **Kläger**

- bei beabsichtigter Teilklage sich nicht (insbes. im vorprozessualen Schriftverkehr) weiter gehender Ansprüche berühmen, sondern lediglich mitteilen, dass unter bestimmten Voraussetzungen geprüft werde, ob weiter gehende Ansprüche bestehen (vgl. BGH MDR 1992, 297; Zöller § 256/14a) (sonst: Feststellungsinteresse i.S. § 256 ZPO, vgl. BGH MDR 1993, 1118). Problematisch können diesbezüglich verjährungshemmende und in Verzug setzende Maßnahmen sein. Schafft der Kläger dagegen durch die teilweise Nichtgeltendmachung seiner Forderung einen gewissen Vertrauenstatbestand, kann die Gefahr der Verwirkung bestehen.

  Hingegen genügt für eine Zwischenfeststellungswiderklage die bloße Möglichkeit, dass aus dem streitigen, für die Entscheidung vorgreiflichen Rechtsverhältnis weitere Ansprüche zwischen den Parteien erwachsen (vgl. Zöller § 256/26).

- lediglich eine verdeckte Teilklage erheben.

  Der Beklagte könnte dann den Kläger auffordern, zu erklären, ob er für sich noch weitere Ansprüche reklamiert. Verneint der Kläger dies, soll er sich nach einer Ansicht dadurch zu einer Gesamtklage bekennen, was zugleich den Verzicht auf etwaige weitere Ansprüche beinhaltet. In einer Weigerung der Beantwortung dieser Frage soll hingegen ein »Sich Berühmen« liegen, wodurch der Beklagte dann ein schutzwürdiges Interesse an einer negativen Feststellungswiderklage haben soll(vgl. E. Schneider MDR 1998, 254).

Auch wenn bei einer Teilklage das Feststellungsinteresse generell bejaht wird(so wohl Zöller § 256/14a – aber ohne Rspr. Nachw.), besteht bei einer verdeckten Teilklage zumindest eher die Chance, dass die Beklagtenpartei nicht an diese Abwehrmaßnahme denkt bzw. nicht mit weiteren Ansprüchen rechnet. Hingegen kann die Ankündigung oder Drohung mit einer möglichen Klageerweiterung eine negative Feststellungsklage geradezu herausfordern.

Für den **Kläger** empfiehlt es sich dann, seine Klage auf den Gesamtanspruch zu erhöhen.

Im Gegensatz zu einer erfolglosen negativen Feststellungswiderklage erlangt der Kläger bei einer erfolgreichen Leistungsklage sogleich einen vollstreckbaren Titel. Dabei liegt die Behauptungs- und Beweislast (für das Bestehen des Anspruchs) auch bei einer negativen Feststellungsklage bei ihm, so als habe er den Antrag gestellt (Zöller § 256/18). Auch der Streitwert entspricht dem einer bezifferten Leistungsklage. Zudem unterbricht bzw. hemmt die Verteidigung gegen eine negative Feststellungsklage die Verjährung nicht (Palandt § 209/3).

Die einseitige Erklärung des Klägers, er werde keine weitergehenden Ansprüche geltend machen, wenn er mit der von ihm erhobenen Teilklage rechtskräftig unterliegt, würde das Rechtsschutzbedürfnis für die negative Feststellungsklage nicht entfallen lassen (BGH NJW 1993, 2609). Der Beklagte ist nicht verpflichtet, auf ein darin liegendes Angebot auf Abschluss eines bedingten Erlassvertrages einzugehen.

Da im Falle einer Klageerhöhung das rechtliche Interesse an der negativen Feststellungswiderklage in aller Regel entfällt, muss der **Beklagte** diese zur Vermeidung einer (kostenpflichtigen) Abweisung dann für erledigt erklären (Zöller § 256/7d).

Der Kläger sollte in Erwägung ziehen, die **restliche Forderung** vor Klageerhebung **abzutreten**. Dann würde überhaupt keine Teilklage vorliegen.

Allerdings könnte in diesem Falle der Beklagte gegen den Kläger u.U. trotzdem eine negative Zwischenfeststellungswiderklage erheben. Der BGH hat in einem solchen Fall das erforderliche Rechtsschutzbedürfnis in der (im Streitfall nach der Lebenserfahrung mindestens nicht fern liegenden) Möglichkeit der Rückabtretung gesehen (BGHZ 69, 37, 42). Des Weiteren könnte der Beklagte gegen den Zessionar eine Drittfeststellungswiderklage erheben, auch wenn sich dieser der Forderung nicht berühmt. Denn selbst ein rein wörtliches Anerkenntnis des Nichtbestehens der Forderung genügt nach Ansicht des BGH nicht, wenn der Beklagte ernstlich damit rechnen muss, dass der Zessionar den (angeblichen) Anspruch geltend macht, dem Kläger (Zedenten) zurückgibt oder einem Dritten weiterzediert. In dem vom BGH entschiedenen Fall hat der Zessionar jegliche Stellungnahme zur Berechtigung des Anspruchs verweigert.

4) Zweckmäßige Auswahl des Beklagten

Bei der Auswahl des Beklagten sind folgende Gesichtspunkte zu berücksichtigen:

- Überprüfen, ob der (die) Beklagte(n) überhaupt **passiv legitimiert** ist (sind).

  In der Praxis werden häufig gedankenlos sämtliche Beteiligte bei einem Vertragsabschluss (vgl. aber § 427 BGB) verklagt oder auch die falsche Person herausgegriffen (vgl. unten IV 3).

  Während es bislang fehlerhaft war, auch den am **Verkehrsunfall** nicht beteiligten Fahrzeughalter auf Schmerzensgeld zu verklagen, besteht nunmehr gegen sämtliche Beteiligte (Fahrer, Halter, Versicherer) ein Schmerzensgeldanspruch trotz Gefährdungshaftung (vgl. §§ 11 StVG **n.F.** 6 HaftpflG **n.F.** 253 Abs. 2 **BGB n.F.** – § 847 BGB ist aufgehoben). Der Vorteil besteht darin, dass ein Verschulden nicht (mehr) nachgewiesen werden muss, wobei der Grad des Verschuldens allerdings bei der Bemessung der Höhe des Schmerzensgeldes weiterhin eine Rolle spielen dürfte (vgl. Wagner NJW 2002, 2054) (bei Gefährdungshaftung aber – erheblich angehobene – Haftungshöchstbeträge!).

- **Zeugenausschaltung** durch Verklagen aller Schuldner (vgl. unten 5b (1)).

- Wegen der Einzelwirkung bestimmter Tatsachen gem. § 425 BGB muss die Klage nicht gegen alle **Gesamtschuldner** erfolgreich sein (entsprechende Kostentragungspflicht bei Teilunterliegen).

  Wird hingegen die zunächst nur gegen einen Schuldner gerichtete Klage abgewiesen, so besteht für den Kläger die Möglichkeit, anschließend den anderen zu verklagen.

  Es gibt keine Verpflichtung, Gesamtschuldner gemeinsam zu verklagen (Zöller § 62/10/17). Die Rechtskraft bindet auch grundsätzlich nur die Parteien des ersten Prozesses (§ 325 Abs. 1 ZPO; Ausnahme: Rechtskraft der Klageabweisung gegen Hauptschuldner für Bürgen, Thomas/Putzo § 325/5; vgl. auch § 767 BGB). Damit erhält der Kläger praktisch eine zweite Chance (evtl. anderer Richter/neue Beweismittel/Fehler der ersten Klage vermeidbar). Zu beachten ist aber, dass die **Verjährung** nur gegenüber dem verklagten Gesamtschuldner gehemmt wird.

  Nicht zulässig ist es, zunächst nur einen Gesamtschuldner zu verklagen und die Klageerhebung gegen den anderen vom Erfolg der (ersten) Klage abhängig zu machen (Zöller § 60/10: unzulässige außerprozessuale Bedingung, da selbständige Prozesse).

- Die **Beweislast** kann unterschiedlich sein.

  Nimmt der Geschädigte z.B. den Verrichtungsgehilfen selbst in Anspruch (§ 823 BGB), hat er auch dessen Verschulden zu beweisen

(Palandt § 823/167). Demgegenüber hat der in Anspruch genommene Geschäftsherr sich zu entlasten und nachzuweisen, dass ihn kein Verschulden trifft. Wenn also der objektive Tatbestand einer unerlaubten Handlung vorliegt, wird vom Gesetz ein Verschulden des Geschäftsherrn vermutet (§ 831 BGB). Unterschiedlich ist die Beweislast z.B. auch bei Vertreterhandeln (vgl. §§ 164, 179 BGB).

- Die **Vollstreckungslage** kann unterschiedlich sein.

Ein Schuldner kann z.B. völlig mittellos sein, während der andere genügend solvent ist. Ansonsten sind die Erfolgsaussichten einer Vollstreckung bei einem Titel gegen mehrere Parteien in der Regel größer.

Dies gilt z.B. vor allem bei Miteigentum, wobei ein Titel gegen sämtliche Miteigentümer die Vollstreckung grundsätzlich erleichtert.

Bei einer Herausgabeklage muss der Titel generell gegen jeden Gewahrsaminhaber gerichtet sein. Zwar genügt bei einer Räumungsklage in der Regel ein Titel gegen den Mieter, um auch andere Personen, die in dessen Haushalt leben, aber nicht Mitmieter sind, aus der Wohnung zu setzen. Da dies jedoch sehr umstritten ist, kann es sich empfehlen, insbesondere gegen Ehegatten und Lebensgefährten ebenfalls einen Titel zu erwirken (Thomas/Putzo § 885/4a; vgl. Zöller § 885/ 5 ff.).

Um bei einer **OHG und KG** (auch) in das womöglich allein noch vorhandene Privatvermögen des (persönlich haftenden) Gesellschafters (u.U. noch vor anderen Gläubigern) vollstrecken zu können, ist es erforderlich, (auch) ihn selbst zu verklagen (§ 128 HGB). Umgekehrt genügt ein Titel gegen den persönlich haftenden Gesellschafter nicht, um in das Vermögen der Gesellschaft vollstrecken zu können (§§ 124 Abs. 2, 161 Abs. 2 HGB).

Bei der nunmehr vom BGH als rechts- und parteifähig anerkannten **BGB-(Außen)Gesellschaft** kann bei einem Titel gegen die Gesellschaft selbst nur in das Gesamthandsvermögen vollstreckt werden (NJW 2001, 1056; vgl. Wertenbruch NJW 2002, 324 zu weiteren Auswirkungen für die Gerichts- und Vollstreckungspraxis). Da für die Vollstrekkung in das Gesellschaftsvermögen ein gegen die einzelnen Gesellschafter gerichteter Titel weiterhin ausreicht (vgl. § 736 ZPO), können auch nur diese verklagt werden. Die Gesellschaft selbst hingegen muss – mit dem **Risiko** ihrer Nichtexistenz – nicht verklagt werden. Dies ist auch geboten, wenn eine eindeutige Bezeichnung der Gesellschaft als solche nicht möglich ist.

Wenn unklar ist, ob wirklich eine Außengesellschaft mit Gesamthandsvermögen existiert, empfiehlt es sich, neben der Gesellschaft auch die Gesellschafter persönlich mit zu verklagen, deren Haftung derjenigen der OHG (Akzessorietät) entspricht. (vgl. BGH NJW 2001, 1056, 1060: »praktisch immer ratsam«). Stellt sich nämlich während des Prozesses heraus, dass die Gesellschafter nur einzeln als Gesamtschuldner haften (vgl. § 427 BGB) und nicht als Gesamthandsgemeinschaft, wird nur die Klage gegen die Gesellschaft abgewiesen. Stellt sich bei einem Urteil gegen die Gesellschaft erst während der Zwangsvollstreckung heraus, dass überhaupt kein Gesellschaftsvermögen vorhanden ist, bleiben dem Gläubiger noch die Titel gegen die einzelnen Gesellschafter. Dabei kann die persönliche Haftung der Gesellschafter nicht allein durch den Zusatz »GbRmbH« beschränkt werden, sondern nur durch eine individualvertragliche Vereinbarung (BGB NJW 1999, 3483).

5) Verbesserung der Beweissituation

Die Beweisbarkeit ist für den Prozessausgang in den meisten Fällen wichtiger als materiell-rechtliche Fragen. Denn erfahrungsgemäß werden die gegenseitigen Behauptungen regelmäßig bestritten.

Dabei ist häufig prozessentscheidend, dass eine bestimmte Person als Zeuge aussagen kann bzw. dass man überhaupt einen Zeugen hat.

Im Zivilprozess kann eine Person überhaupt nur dann **Zeuge** sein, wenn diese im konkreten Verfahren nicht als Partei vernommen werden darf, insbesondere die prozessunfähige Partei (Thomas/Putzo Vorbem. § 373/6f. ; Zöller § 373/4).

> **Beachte:**
>
> **Minderjährige** Kläger können Zeugen sein, während deren gesetzliche Vertreter als Partei zu vernehmen sind.

(Vgl. § 455 ZPO : bis 16 Jahre ; bereits ein 7-jähriges Kind, Baumbach/Lauterbach vor § 373/5). An diese Möglichkeit wird in der Praxis oft nicht gedacht, mit der Folge, dass auch der entsprechende Beweisantrag nicht gestellt wird. Da hierbei der Zeitpunkt der Vernehmung maßgebend ist (Zöller § 373/4), kann der Gegner durch deren Verzögerung dem minderjährigen Kläger gegebenenfalls die Zeugenstellung nehmen. Umgekehrt bleibt aber die Aussage nach Änderung der Eigenschaft als Zeugenaussage wirksam (Zöller § 373/6a).

Da sich die **Parteirolle** rein formal danach bestimmt, wer in der Klageschrift als Kläger und Beklagter bezeichnet ist (Thomas/Putzo Vorbem. § 50/2/3), sind für den Kläger gewisse Einflussmöglichkeiten gegeben (vgl. BGH NJW-RR 1988, 127: durchaus legitim; LG Köln VersR 1983, 403: rechtlich zulässig).

Auch wenn, wie E. Schneider (MDR 1992, 640; 1998, 24) es formuliert hat, »Zeugenabschießen« sicherlich nicht die »feine Art der Prozessführung« ist, so kann sie jedenfalls sehr wirksam sein. Für die Partei bemisst sich die Qualität der Prozessführung letztlich wohl nur nach ihrem Ergebnis. Ferner können durch beweistaktische Maßnahmen in bestimmten Fällen strukturelle Benachteiligungen ausgeglichen werden. So ist z.B. der Privatmann bzw. Verbraucher im Beweisrecht tendenziell schlechter gestellt als ein Unternehmer, der in der Regel arbeitsteilig durch seine Mitarbeiter handelt, welche ihm dann als Zeugen zur Verfügung stehen (Lange NJW 2002, 476).

Besonders vorteilhaft ist es, wenn der Anspruchsberechtigte selbst als Zeuge aussagen kann, um sein Wissen in der Funktion eines Beweises in den Prozess einbringen zu können.

Demgegenüber stellt die bloße Parteianhörung kein Beweismittel dar (vgl. unten 5. Teil III 3). Eine Parteivernehmung kommt nur unter ganz engen Voraussetzungen in Betracht. Dabei kann diese im Gegensatz zu einer Zeugenvernehmung nicht erzwungen werden (vgl. unten 6. Teil III 4). Zudem zählt im Vergleich zur Aussage einer Partei in der Praxis diejenige eines Zeugen erfahrungsgemäß mehr. Sofern das Gericht eine Partei (versehentlich) als Zeuge vernehmen will, muss dies vom Gegner rechtzeitig gerügt werden, da dieser Verfahrensfehler ansonsten gem. § 295 ZPO geheilt ist (vgl. Thomas/Putzo § 295/2).

Der BGH (NJW-RR 1988, 126) hat hierzu allgemein Folgendes festgestellt:

»Das Bestreben, eine bestimmte Person als Zeugen zur Verfügung zu haben, bestimmt häufig die Art und Weise der Prozessführung und das Handeln der interessierten Personen, ohne dass dies allein deswegen als missbräuchlich oder für die Gegenpartei als unzumutbar zu beanstanden wäre.«

a) Erlangung von Zeugen

(1) Forderungsabtretung

Bei Abtretung der Forderung an einen Dritten kann der ursprüngliche Rechtsinhaber – insbesondere über Inhalt und Entstehung der Forderung – als Zeuge vernommen werden.

In der Praxis führt diese weit verbreitete Taktik erfahrungsgemäß häufig zum Erfolg (**a.A.** Zöller § 373/5: »meist untauglich«), nicht zuletzt auch deshalb, weil der Anwalt der benachteiligten Partei »die konstruierte Beweisschieflage als Prozesstaktik« allzu oft bedenkenlos hinnimmt (Kluth/Böckmann MDR 2002, 616).

Zwar kann dessen ehemalige Gläubigerstellung bzw. dessen starkes Eigeninteresse bei der Würdigung seiner Aussage mit berücksichtigt werden (§ 286 ZPO). Seiner Aussage kann jedoch nicht per se ein geringerer Beweiswert zugemessen werden (vgl. BGH NJW 1988, 566: Aufgabe der sog. Beifahrerrechtsprechung, vgl. unten 6. Teil II 2). Jedenfalls ist die Nichtberücksichtigung bei einer widerspruchsfreien und im Übrigen glaubhaften Aussage für das Gericht kaum zu begründen.

Zumindest hat man die Chance, durch ein (weiteres) Beweismittel den Anspruch beweisen zu können, ohne dass die besonderen, engen Voraussetzungen für eine Parteivernehmung vorliegen müssen. Denn bei Beweiserheblichkeit muss das Gericht einen angebotenen Zeugen vernehmen.

Jedoch kann diese Maßnahme nur uneingeschränkt empfohlen werden, soweit der beweisbelastete Kläger sonst überhaupt keine oder nur schwache Beweismittel zur Verfügung hat. Denn es besteht die Gefahr, dass der Beweiswert des gegnerischen Vortrages dadurch erhöht wird, indem das Gericht den Gegner als Partei vernimmt oder anhört (vgl. unten: Abwehrmaßnahmen des Beklagten).

Die Forderungsabtretung ist

- grundsätzlich **zulässig und wirksam** – selbst wenn sie in der Absicht des Rollentausches vorgenommen wird (BGH WM 1976, 424: keine Nichtigkeit gem. §§ 134, 138 BGB; OLG Frankfurt/M. VersR 1978, 259; 1982, 1079; OLG Köln NJW-RR 1999, 140: keine Bedenken;; **a.A.** AG Bad Homburg NJW-RR 1998, 1530: gem. § 242 BGB unzulässig);

- es sei denn, ein **Abtretungsverbot** (etwaige AGB lesen!) ist vereinbart? (jedoch bei beiderseitigen Handelsgeschäften unwirksam – § 354a HGB!/ AGB wirksam einbezogen? – vgl. unten III 2b),

- oder die Abtretung ist aus sonstigen Gründen **unwirksam:**

  Während normalerweise der Schuldner nicht zustimmen muss, ist insbesondere die Abtretung einer ärztlichen Honorarforderung, etwa an eine gewerbliche Verrechnungsstelle lediglich mit Zustimmung des Patienten wirksam (§§ 134 BGB, 203 Nr. 1 StGB) (BGH NJW 1991, 2955; 1996, 775 st. Rspr.; OLG Karlsruhe NJW 1998, 831). Eine solche findet sich bei Ärzten häufig vorgedruckt in Anmeldeformularen und ist unwiderruflich (vgl. § 130 Abs. 1 BGB; aber u.U. als AGB-Klausel unwirksam!?).

  Bei einer **anwaltlichen Honorarforderung** ist nach h.M. eine Abtretung an einen anderen Anwalt hingegen auch ohne Zustimmung des Mandanten zulässig (Palandt § 134/21/22) (arg. § 49b Abs. 4 BRAO) (**a.A.** Prechtel NJW 1997, 1813; LG Karlsruhe NJW-RR 2002, 706). Bei einer beauftragten Sozietät, die meistens eine BGB-Gesellschaft darstellt, kommen weitere Möglichkeiten der Schaffung von Zeugen in Betracht (vgl. nachfolgend Ziff. (2) u. (3)). Trotzdem sollte der Anwalt immer auf die Schaffung von Beweismitteln (z.B. schriftliche Vollmacht unter Bezeichnung des Gegenstandes des Auftrages, gemeinsames Besprechungsprotokoll) bedacht sein (vgl. zum Beweiswert von Zeitnotizen des Rechtsanwaltes unten 6. Teil III 3 b).

> **Beachte:**
>
> - Die Forderungsabtretung muss **vor Klageerhebung** erfolgt sein, da sonst der Zedent grundsätzlich Partei bleibt (§ 265 Abs. 2 S. 1 ZPO: vor Rechtshängigkeit – Klagezustellung oder Zustellung des Mahnbescheids, sofern die Abgabe gem. § 696 Abs. 3 ZPO erfolgt).
>
> - Bei Einklagung einer durch Abtretung erworbenen Forderung ist in der **Klageschrift** der Klagegrund ebenso schlüssig und substantiiert anzugeben, wie bei einer originären Forderung (BGH WM 1982, 1327; Thomas/Putzo § 253/10). Völlig unzureichend ist es, lediglich vorzutragen, die Klage werde auf eine durch Abtretung erlangte Forderung gestützt (Forderungsabtretung ist keine Anspruchsgrundlage!).

Abwehrmaßnahmen des Beklagten:

- **Bestreiten** der Abtretung (mit Nichtwissen).

  Obwohl zum Beweis der (formfreien) Abtretung gerade der Zedent als Zeuge in Betracht kommen würde, kann das Bestreiten in der Praxis trotzdem manchmal erfolgreich sein. Bei Vorlage einer schriftlichen Abtretungserklärung könnte allenfalls die Echtheit der Unterschift bestritten werden (vgl. unten 6. Teil III 3 b). Dabei ist es unschädlich, wenn die Abtretungsurkunde nur vom Zedenten unterschrieben ist, da die (konkludente) Annahme des entsprechenden Angebotes durch den Zessionar in dessen Klageerhebung gesehen werden kann (vgl. Palandt § 151/2; BGH NJW 1999, 2179) (vgl. § 398 BGB: »durch Vertrag«!).

- Der Beklagte kann mittels Antragstellung versuchen, seine **Vernehmung als Partei** zu erreichen (vgl. BGH WM 1980, 1073; Thomas/Putzo § 448/4) (vgl. unten 6. Teil III 4).

  Zumindest kann er sich persönlich im Termin zum Beweisthema äußern (vgl. §§ 137 Abs. 4; 141; 278 Abs. 1 ZPO) (vgl. unten 5. Teil III 3). Seine Erklärungen sind der Aussage des Zedenten gegenüber als gleichwertig anzusehen (BGH NJW-RR 1990, 1061).

- Negative (Dritt-) (Zwischen-)Feststellungs-**(Wider-)klage** gegen den Zeugen als früheren Forderungsinhaber (und den Kläger) (vgl. unten 2. Teil I 1).

  Diese kann z.B. mit dem Antrag erhoben werden, festzustellen, dass dem Zedenten gegenüber dem Beklagten kein Anspruch zugestanden hat bzw. jetzt nicht mehr zusteht. Das hierfür erforderliche Rechtsschutzinteresse (§ 256 ZPO) liegt vor allem dann vor, wenn sich der Zedent weiterhin der Forderung berühmt (vgl. Zöller § 256/14a, Thomas/Putzo § 256/15).

Darüber hinaus ist denkbar, dass der Beklagte gegen den Zedenten Gewährleistungsansprüche oder Ansprüche aus pVV geltend macht (z.B. wegen arglistiger Täuschung), zugleich die Abtretung bestreitet und hinsichtlich der Wirksamkeit der Abtretung bzw. des Nichtbestehens der Forderung zusätzlich (Zwischen-)Feststellungswiderklage gegen den Zessionar erhebt (§ 256 Abs. 2 ZPO) (Thomas/Putzo § 256/28/29; BGHZ 69, 37). Denn eine Abtretung beseitigt nicht das gesamte Rechtsverhältnis zwischen den alten Parteien.

Eine sog. **isolierte Drittwiderklage** ausschließlich gegen einen am Prozess bislang nicht beteiligten Dritten ist grundsätzlich unzulässig. In einem Fall hat der BGH (NJW 2001, 2094) eine solche gegen einen Architekten als Zedenten auf Schadensersatzanspruch wegen mangelhafter Planungsleistungen zugelassen, wobei der beklagte Auftraggeber dieselbe Forderung gegen die Klage des Zessionars (Verrechnungsstelle) im Wege der Aufrechnung geltend gemacht hat.

Offen gelassen hat der BGH die Frage, ob dies auch sonst bei Abtretungsfällen zulässig ist. Er hat jedoch betont, dass der Drittwiderbeklagte allein deshalb nicht selbst Kläger ist, weil er die Forderung abgetreten hat und erst dadurch in die Stellung des Zeugen gelangt ist. Hätte er selbst Klage erhoben, wäre die Widerklage (auch) zulässig gewesen (vgl. Luckey MDR 2002, 745: der BGH scheint erstmals Sympathie für das Hinausschießen von Zeugen zu entwickeln!).

Hiergegen wiederum könnte der **Kläger** mittels Antragstellung versuchen, ein **Teilurteil** über die Drittwiderklage zu erhalten (§ 302 ZPO), damit der Drittbeklagte danach wieder als Zeuge auftreten kann.

(OLG Karlsruhe BB 1992, 97; OLG Celle OLGReport 1996, 45; LG Koblenz MDR 1999, 1020 halten dies für sinnvoll und geboten, unzulässig aber bei Gefahr widersprechender Entscheidungen, wenn die streitige Frage gegenüber allen (klägerischen) Streitgenossen gleichermaßen von Bedeutung ist, wobei die Möglichkeit einer abweichenden Entscheidung im Instanzenzug beachtet werden muss – sei es wegen einer möglichen Beweisaufnahme oder wegen einer möglichen späteren anderen rechtlichen Beurteilung, vgl. OLG Brandenburg, NJW-RR 1998, 499; LG Köln MDR 2001, 232 – mit Anm. E. Schneider; Zöller § 301/7; dann auch keine Verfahrenstrennung, § 145 Abs. 2 ZPO).

- Schließlich kann der Beklagte das Gericht deutlich auf die Tatsache der mehr »formalen« Zeugenstellung des Zedenten und dessen Interesse am Ausgang des Rechtsstreits hinweisen, damit dies bei der **Beweiswürdigung** berücksichtigt wird (vgl. BGH WM 1976, 424: »muss berücksichtigt werden«; NJW-RR 1990, 1061).

Möglicherweise hilft bei manchen Richtern auch ein gewisser »Gerechtigkeitsappell«, indem der Anwalt vorträgt, dass es nicht sein darf, dass sozusagen nur ein rein taktisches Manöver über den Ausgang des Rechtsstreits entscheidet. So ist das Hauptziel der Rechtsidee »Gerechtigkeit« (Baumbach/Lauterbach § 296/2 – nach Max Frisch eine »Utopie«). Dabei darf das Verfahrensrecht nie Selbstzweck werden (Baumbach/Lauterbach Einl. III Rdnr. 38). Es ist nur Hilfsmittel für die

Verwirklichung oder Wahrung von Rechten. Die Durchsetzung des materiellen Rechts soll dabei so wenig wie möglich an Verfahrensfragen scheitern (vgl. Zöller Einl. Rdnr. 99).

(2) Gewillkürte Prozessstandschaft

Im Gegensatz zur Abtretung verbleibt hier der Anspruch beim bisherigen Rechtsinhaber (Thomas/Putzo § 51/35b). Es wird lediglich die **Prozessführungsbefugnis** durch Rechtsgeschäft vom Rechtsträger auf einen Dritten (Prozessstandschafter) übertragen, welcher das (für ihn fremde) Recht im eigenen Namen geltend macht.

> Somit muss man sein Recht nicht »aus den Händen geben«, um in die Zeugenstellung zu gelangen. Auch kann der Kläger Leistung an sich (nur dann) beantragen, wenn der Rechtsinhaber hierzu seine Einwilligung erteilt hat (§§ 362 Abs. 2; 185 BGB; z.B. bei einer Einziehungsermächtigung) (sonst: Antrag auf Zahlung an den Rechtsinhaber!) (vgl. Thomas/Putzo § 51/39).

> Nach OLG Naumburg (NJW-RR 2003, 212) kann der Prozessstandschafter (nach den Regeln über den Parteiwechsel) erst während des laufenden Prozesses in diesen eintreten. Der bisherige Kläger scheidet dann aus dem Prozess aus (vgl. unten IV 3 b).

Da nur der Prozessstandschafter Partei ist, kann der materiell Berechtigte als **Zeuge** aussagen (Thomas/Putzo § 51/40).

Auch hier kann ebenso wie bei der Forderungsabtretung:

- das prozesstaktische Vorgehen (theoretisch) bei der Beweiswürdigung berücksichtigt werden (BGH NJW 1988, 1587; Thomas/Putzo § 51/40).
- sich der Beklagte in Einzelfällen mit einer Drittwiderklage gegen den Rechtsinhaber wehren (Thomas/Putzo § 51/43).

Voraussetzungen für eine wirksame gewillkürte Prozessstandschaft sind:

- Abtretbarkeit des Rechts oder seiner Ausübung,
- Ermächtigung analog § 185 Abs. 1 BGB,
- Eigenes schutzwürdiges Interesse.

Zweifelhaft ist meistens die letzte Voraussetzung, weshalb diese taktische Maßnahme nur in Einzelfällen in Betracht kommt.

> Gegen die Zulässigkeit sprechen jedenfalls nicht allein die dadurch erreichte Zeugenstellung des Rechtsträgers und die Verschlechterung der Beweislage des Gegners (BGH NJW 1988, 1585; NJW-RR 1988, 126; Zöller Vor § 50/44 a.E.). Hingegen wird die Tatsache, dass der eigentliche Anspruchsinhaber als Zeuge im

Prozess auftreten soll, für das schutzwürdige Interesse nicht ausreichen (so Müther MDR 1998, 1335).

Hierfür ist allgemein erforderlich, dass die Entscheidung Einfluss auf die eigene Rechtslage des Prozessführungsbefugten hat, wobei u.U. auch ein wirtschaftliches Interesse genügen kann. Zudem darf dadurch die Gegenpartei nicht unbillig benachteiligt werden (vgl. Zöller Vor § 50/44).

> Bejaht wurde dieses Interesse insbesondere bei einem Gesellschafter einer BGB-Gesellschaft, der im Einverständnis mit den anderen Gesellschaftern einen Gesellschaftsanspruch geltend macht (BGH NJW 1988, 1586; NJW-RR 1992, 782; eingehend zur Einklagung anwaltlicher Gebührenforderungen bei einer Anwaltssozietät BGH NJW 1996, 2860, Palandt §709 /2) (weitere Beispiele bei Thomas/Putzo § 51/34; Zöller Vor § 50/49).

(3) Auswechseln des vertretungsberechtigten Organs

Bei **juristischen Personen** (AG/GmbH) sind lediglich die vertretungsberechtigten Organe (Vorstand/Geschäftsführer) als Partei zu vernehmen. Den übrigen Mitgliedern bzw. Gesellschaftern kommt die Zeugenstellung zu (Thomas/Putzo Vorbem. § 373/7).

> Dies gilt ebenso für die **OHG** und **KG** (obwohl Gesamthandsgemeinschaften) und nunmehr auch für die **BGB-Gesellschaft** (da nach BGH NJW 2001, 1056 rechtsfähig) (Wertenbruch NJW 2002, 326). Dort können somit die von der Vertretung ausgeschlossenen Gesellschafter Zeugen sein.
>
> Bei der KG kommen daher die Kommanditisten als Zeugen in Betracht. Die persönlich haftenden Gesellschafter hingegen können nur als Partei vernommen werden, während dies bei der OHG und der BGB-Gesellschaft nur für die vertretungsberechtigten Gesellschafter gilt (vgl. §§ 709, 714 BGB).

Durch Auswechseln des Vertreters kann dieser daher zeugnisfähig gemacht werden

> (vgl. aber Zöller § 373/5: keine Vernehmung als Zeuge, wenn Aufgabe der Vertretungsmacht zum Zwecke der Erschleichung der Zeugenstellung erfolgte; § 373/6a: gewillkürter Wechsel im Prozess ist gem. § 286 ZPO zu würdigen; Schmitz GmbHR 2000, 1140: rechtsmissbräuchlich bei GmbH-Geschäftsführer – mit anschaulichem Beispiel aus der Prozesspraxis).

Da es hierbei auf den Zeitpunkt der Beweiserhebung ankommt, besteht diese Möglichkeit noch **während** des Prozesses.

> Die Handelsregistereintragung (vgl. z.B. § 39 GmbHG) hat keine konstitutive Wirkung, sondern lediglich deklaratorische Bedeutung.
>
> In der Praxis wird diese Taktik, wahrscheinlich wegen des damit verbundenen Aufwandes, – soweit erkennbar – nur selten angewandt, am ehesten noch bei kleineren Gesellschaften.

b) Ausschaltung von Zeugen

(1) Mitverklagen

Die Ausschaltung von Zeugen des Beklagten ist möglich durch

- Mitverklagen (von Anfang an bei demselben Gericht) bzw.
- Parteierweiterung (während des Prozesses) (vgl. Thomas/Putzo Vorbem. § 50/25).

Entgegen mancher Ansicht in der Praxis kann ein Zeuge nicht durch eine Streitverkündung ausgeschaltet werden, da der Streitverkündete nicht Partei ist (Thomas/Putzo §§ 67/1; 69/1: seltene Ausnahme beim streitgenössischen Nebenintervenienten).

Die erforderlichen Voraussetzungen einer Streitgenossenschaft gem. §§ 59, 60 ZPO werden von der Praxis extensiv ausgelegt und bereits dann angenommen, wenn eine gemeinsame Verhandlung und Entscheidung zweckmäßig ist (Thomas/Putzo § 60/1).

> Dabei muss gegen alle Beklagten die **örtliche Zuständigkeit** desselben Gerichts bestehen, wobei es einen Gerichtsstand der Streitgenossenschaft in der ZPO nicht gibt. Sofern die Beklagten ihren Wohnsitz in verschiedenen Gerichtsbezirken haben, kein gemeinschaftlicher besonderer Gerichtsstand besteht und auch keine rügelose Einlassung gegeben ist (§ 39 ZPO), kann die Bestimmung des zuständigen Gerichts durch das im Rechtszug höhere Gericht in Betracht kommen (vgl. § 36 Abs. 1 Nr. 3 ZPO).
>
> Unter Umständen kann ein gemeinsamer besonderer Gerichtsstand durch die schlüssige Behauptung einer unerlaubten Handlung erlangt werden (§ 32 ZPO):

▶ **Beispiel:**

> Bei Behauptung einer verabredeten arglistigen Täuschung durch den Vertreter anlässlich des Abschlusses eines Kaufvertrags (meistens bei Gebrauchtfahrzeugen) würde eine Anspruchsgrundlage sowohl gegen den Verkäufer als auch dessen Zeugen dem Vertreter vorliegen (§ 823 Abs. 1 BGB i.V.m. § 263 StGB) (vgl. KG NJW-RR 2001, 62: Zweck der Zeugenausschaltung führt noch nicht zur Unzulässigkeit der Parteierweiterung auf Beklagtenseite). Nach der im Vordringen begriffenen Auffassung besteht dabei ein gemeinsamer besonderer Gerichtsstand am Ort der unerlaubten Handlung (hier: Ort des Vertragsschlusses) auch für die kaufvertraglichen Gewährleistungsansprüche (str., vgl. oben I 2b – Anspruchskonkurrenz).

Der **Gegner** kann dieses Risiko der Zeugenausschaltung vermindern, indem er

- insoweit gefährdete Zeugen nicht schriftsätzlich benennt und im Termin stellt (Gefahr gem. § 296 ZPO!);
- Zeugen nur über die Partei laden lässt, so dass keine Zustellung der Widerklage möglich ist (»Zeuge Hans Meier, zu laden über den Kläger/Beklagten«),
- statt des Zeugenbeweises die Verwertung etwaiger vorhandener Vernehmungsprotokolle (insbes. aus einem Strafverfahren) im Wege des Urkundenbeweises beantragt (vgl. unten 6. Teil III 3a (3)).

In der Praxis soll auch Folgendes vorkommen:

- Angabe falscher Zeugenanschriften (Widerklage kann nicht zugestellt werden) oder
- falscher Zeugen (versehentlich) und die richtigen werden zum Termin mitgebracht (vgl. § 360 S. 2 ZPO). Eine etwaige Widerklage muss vom Beklagten mit entsprechender Kostenbelastung zurückgenommen werden.

Diese taktische Maßnahme kann vor allem bei **Gesamtschuldnern** eingesetzt werden. Denn bei ihnen besteht eine Anspruchsgrundlage gegen alle Beklagten (§ 421 BGB).

Vorzugsweise bei **Verkehrsunfall-Haftpflichtprozessen** besteht die Möglichkeit, sowohl den Kfz-Halter (§ 7 StVG) als auch den mithaftenden Fahrer (§§ 823 BGB, 18 StVG) (sowie die Versicherung, § 3 Nr. 1 PflVG, vgl. Thomas/Putzo § 32/2) im Gerichtsstand der unerlaubten Handlung gem. §§ 32 ZPO, 20 StVG zu verklagen. Indessen muss man damit rechnen, dass der Beklagte als Gegenschlag eine (Dritt-)Widerklage gegen den Fahrer des klagenden Halters erhebt (vgl. LG Köln VersR 1983, 403: nicht rechtsmissbräuchlich; OLG Frankfurt VersR 1978, 259: nicht unwirksam, aber bei der Beweiswürdigung zu berücksichtigen). Letztlich wären dann beide Fahrer der beteiligten Fahrzeuge als Zeugen ausgeschaltet. Dies gilt in gleicher Weise für etwaige Beifahrer, die u.U. mit der Behauptung mitverklagt werden, den Unfall mitverursacht zu haben (z.B. durch Ablenkung den Fahrers, Griff ins Lenkrad).

(2) Besonderheiten
Folgendes ist zu bedenken:

Ein nicht notwendiger **Streitgenosse** kann Zeuge sein, soweit er als Partei nicht selbst betroffen ist.

(Zöller § 373/5a ; vgl. auch Thomas/Putzo § 61/7; Zöller § 61/4 Anspruchshäufung, E. Schneider MDR 1982, 372, BAG JZ 1973, 58f.: arg. Verhinderung von Manipulationen durch Ausschaltung von unbequemen Zeugen durch Mitverklagen; BGH MDR 1984, 47: »in der höchstrichterlichen Rspr. anerkannt« – unter Abkehr von der strengeren Auffassung des RGZ. 29, 370; 91, 37). Hieran wird in der Praxis oft nicht gedacht. Dies hat zur Folge, dass entsprechende Beweisanträge unterlassen werden.

Da ein Streitgenosse vor allem bei einem rechtskräftigen **Teilurteil** aus dem seine Stellung als Partei begründenden Prozess ausscheidet, kann dieser dann grundsätzlich wieder Zeuge sein (Thomas/Putzo Vorbem. §§ 59/6, 61/7: Streitgenossenschaft beendet; OLG Köln NJW-RR 1999, 140).

> Hiernach ist die Zeugenausschaltung solange wirksam, bis das Teilurteil in Rechtskraft erwächst. Der Kläger kann daher durch Rechtsmittel die Wiedererlangung der Zeugenstellung des einen Streitgenossen hinauszögern. Dabei kann das Gericht diese Taktik nicht damit durchkreuzen, indem es den verbliebenen Rest bis zur rechtskräftigen Entscheidung gem. § 148 ZPO (zwecks Herbeiführung der Zeugenstellung) aussetzt (OLG Köln NJW-RR 1999, 140).
>
> Umstritten ist, ob für die »Betroffenheit«, also Zeugenunfähigkeit (bei einem rechtskräftigen Teilurteil), eine noch ausstehende Kostenentscheidung (im Schlussurteil) ausreicht (verneinend Zöller § 373/5a).
>
> Selbst nach der anderen Ansicht kommt eine Betroffenheit nur in Betracht, wenn noch eine belastende Kostenentscheidung im Schlussurteil überhaupt denkbar ist. Wird die Klage gegen den einen Streitgenossen voll (rechtskräftig) abgewiesen, hat dieser in jedem Falle keine Kosten zu tragen, was auch im Rechtsmittelverfahren gegen den anderen Streitgenossen nicht anders entschieden werden kann.
>
> Außerdem hat die Ausschaltung eines Zeugen letztlich nur dann einen Sinn, wenn man entweder etwaige eigene beweispflichtige Tatsachen auch beweisen kann oder aber der Beklagte beweispflichtig ist.

II. Besondere Verfahrensarten

Vor Klageerhebung ist zu überlegen, ob bei einer Geldforderung eventuell ein **Mahnverfahren** oder ein **Urkundenprozess** in Betracht kommt.

Dabei hat der Kläger bei Vorliegen der entsprechenden Voraussetzungen grundsätzlich die freie Wahl zwischen einer (normalen) Klageerhebung oder diesen besonderen Verfahrensarten.

II. Besondere Verfahrensarten

Während der Urkundenprozess nur selten gewählt wird, hat das Mahnverfahren in der Praxis eine überragende Bedeutung, die sich aufgrund der Umgehungsmöglichkeit des obligatorischen Schlichtungsverfahrens noch wesentlich erhöht hat.

1) Mahnverfahren

a) Allgemeines

Ein Mahnbescheid hat dieselben **Wirkungen** wie eine normale Klageerhebung. Der auf der Grundlage des Mahnbescheids ergehende Vollstreckungsbescheid ist ebenso wie ein Urteil ein Vollstreckungstitel (§ 794 Abs. 1 Nr. 4 ZPO) (vgl. § 699 Abs. 1 ZPO: auf Antrag ohne Widerspruch des Gegners).

An **Vorteilen** bietet das Mahnverfahren gegenüber einer Klageerhebung vor allem die Einfachheit seiner Einleitung (nur Vordruck ausfüllen!) und der (zunächst) geringere Gerichtskostenvorschuss. Außerdem erfolgt beim Mahnverfahren grundsätzlich keine Schlüssigkeitsprüfung, es sei denn, der Anspruch ist offensichtlich unbegründet oder gerichtlich undurchsetzbar (Zöller § 691/1).

> Der Vorteil des Klägergerichtsstands nach § 689 Abs. 2 ZPO ist durch die in zahlreichen Bundesländern erfolgte Zuweisung des Mahnverfahrens an bestimmte Amtsgerichte weitgehend entfallen (vgl. § 689 Abs. 3 ZPO; Chab AnwBl. 2002, 718; Zöller 23. Aufl. Vor § 688/6, § 689/4).

Wehrt sich der Schuldner nicht, kann der Gläubiger damit relativ schnell und problemlos zu einem vollstreckbaren Titel gelangen.

> Deshalb kann Bewilligung von Prozesskostenhilfe für eine Klage wegen Mutwilligkeit (§ 114 ZPO) versagt werden, wenn das Mahnverfahren genügt, z.B. bei unbestrittener Forderung bzw. fehlenden erkennbaren Einwendungen gegen den Anspruch (LG Lüneburg, NJW-RR 2002, 647; Thomas/Putzo § 114/7).

Wenn allerdings die Wahl des Mahnverfahrens durch den Gläubiger eine missbräuchliche Umgehung der im Klageverfahren stattfindenden Schlüssigkeitsprüfung darstellt, kann sich der Schuldner gegen die Vollstreckung des Vollstreckungsbescheids mittels § 826 BGB wehren (z.B. exorbitant hohe Kreditzinsen) (vgl. Zöller § 700/16).

Das Mahnverfahren wird in der Praxis häufig zum Zwecke der unmittelbar bevorstehenden Verjährungshemmung, vor allem vor Jahresende (vgl. § 199 Abs. 1 **BGB n.F.** – bisher § 201 BGB) sowie zur Vermeidung eines sonst im Klageverfahren erforderlichen Schlichtungsverfahrens eingesetzt (vgl. oben I 1b).

b) Verjährungshemmung

Die Verjährung wird gehemmt:

- mit Zustellung des Mahnbescheids (§ 204 Abs. 1 Nr. 3 **BGB n.F.**)
- mit Einreichung des Mahnbescheids, falls **Zustellung »demnächst«** erfolgt (§ 167 ZPO – § 693 Abs. 2 ZPO a.F.) (vgl. unten IV 2).

BGH NJW 1999, 3125:

»Eine Zustellung »demnächst« nach Einreichung des Antrages bedeutet eine Zustellung innerhalb einer nach den Umständen angemessenen, selbst längeren Frist, sofern die Partei alles ihr Zumutbare für eine alsbaldige Zustellung getan hat und schutzwürdige Belange der Gegenpartei nicht entgegenstehen. Demgegenüber sind der Partei Verzögerungen zuzurechnen, die sie bei gewissenhafter Prozessführung hätte vermeiden können«.

Während nach der bisherigen Ansicht bei von der Partei verschuldeten Verzögerungen nur (geringfügige) **Verzögerungen** bis 14 Tage regelmäßig unschädlich waren (Thomas/Putzo § 270/9) (schädlich daher eine Zeitspanne von 18 Tagen, BGH NJW 1999, 3125), akzeptiert der BGH nunmehr eine Frist von **maximal einem Monat** (BGH NJW 2002, 2794: ab Zugang der Mitteilung der Unzustellbarkeit beim Antragsteller; arg. § 691 Abs. 2 ZPO; Zöller § 693/5 a.E.).

Zwar kann der Partei eine darüber hinausgehende Zustellungsverzögerung, die ausschließlich innerhalb des **gerichtlichen Geschäftsbetriebs** liegt, grundsätzlich nicht angelastet werden (Thomas/Putzo § 270/9; ohne Obergrenze, BGH NJW 1999, 1022; BGH NJW 2000, 2282; 2001, 885), jedoch kommt nach einer Entscheidung des OLG Hamm (NJW-RR 1998, 1104) die fristwahrende Wirkung des § 167 ZPO (§ 270 Abs. 3 ZPO a.F.) dann nicht mehr in Betracht, wenn der Anwalt weit über vier Wochen (hier : 5 Monate) wartet, bis er die Untätigkeit des Gericht hinterfragt (**Kontroll- und Rückfragepflicht**) (vgl. Zöller § 270/8: ca. 3 Wochen bei unterbliebener Anforderung des Gerichtskostenvorschusses).

> **Beachte:**
>
> Die **Verjährung** wird nach dem **BGB-RG** nicht mehr wie bisher unterbrochen, sondern nur noch **gehemmt**. Das bedeutet, dass der Zeitraum, in dem die Verjährung gehemmt ist, nicht in die Verjährungsfrist eingerechnet wird (vgl. § 209 **BGB n.F.**). Im Gegensatz zur Unterbrechung beginnt die Verjährung nach Ende der Hemmung nicht, (in voller Länge) neu zu laufen, sondern nur noch mit dem vorhandenen Rest der Verjährungsfrist.

Folgende **Beanstandungen**, welche die Zustellung verzögern können, kommen in der Praxis häufig vor (Beispiele entnommen aus Rechtspfleger-Formblättern):

- Es muss ersichtlich sein, ob es sich um eine Einzelfirma oder um eine juristische Person handelt. Bei einer Einzelfirma ist der Inhaber grundsätzlich mit ausgeschriebenen Vor- und Zunamen und mit dem Zusatz »eingetragener Kaufmann« oder einer allgemeinverständlichen Akürzung diese Bezeichnung (vgl. § 19 Abs. 1 HGB) anzugeben.

- Bei einer Gesellschaft ist die Rechtsform anzugeben (vgl. z.b. OLG Oldenburg, NVersZ 2000, 150: Verzögerung wegen fehlendem Rechtsformzusatzes) mit namentlicher Bezeichnung (Vor- und Familienname, vgl. aber anders Zöller § 690/11: Angabe der Organstellung genügt) des gesetzlichen Vertreters unter Angabe des Vertretungsverhältnisses (z.b. Geschäftsführer, Komplementär, persönlich haftender Gesellschafter, Vorstand etc.) (Handelsregisterauszug!) (unklar z.B. Fa. XY, vertreten durch Herrn XY – Einzelfirma oder GmbH?).
- Der Anspruch ist unvollständig bezeichnet (Art/Entstehungs-Zeit/Fälligkeit) (unzureichend ist allein die Angabe: »Rechnung vom ...«).
- Die Angaben zum Zinsanspruch sind unvollständig (Zinssatz – aus welchem Betrag – ab welchem Zeitpunkt).
- Die Bezeichnung der geltend gemachten Nebenforderung fehlt (z.b. Mahnkosten).

Zudem ist darauf zu achten, dass die richtigen **Vordrucke** im Original verwendet werden. Diese sollten besonders sorgfältig im automatisierten Mahnverfahren ausgefüllt werden, da dort auch kleinste Fehler oder Unregelmäßigkeiten häufig zu Beanstandungen führen (z.b. ein Zahlendreher bei der Postleitzahl) (Chab AnwBl. 2002, 718) (vgl. § 703c ZPO; Zöller 23. Aufl. § 703c/8).

Ist eine **Nachbesserung** eines mangelhaften Mahnantrags ohne erhebliche Zustellungsverzögerungen nicht mehr möglich, kann eine Klageeinreichung innerhalb eines Monats ab der Zustellung der Zurückweisung rückwirkend auf den Zeitpunkt der Einreichung des Mahnbescheidsantrags die **verjährungshemmende Wirkung** des Mahnbescheids **retten** (§ 691 Abs. 2 ZPO).

Dann muss aber die **Zustellung** der Klage »demnächst« erfolgen (vgl. unten IV 2).

Hinsichtlich der **Dauer der Hemmung** gilt nach § 204 Abs. 2 **BGB n.F.** Folgendes:

- Die Hemmung nach Absatz 1 **endet** sechs Monate nach der rechtskräftigen Entscheidung oder anderweitigen Erledigung des eingeleiteten Verfahrens.

- Gerät das Verfahren infolge einer Vereinbarung oder dadurch in **Stillstand**, dass es nicht betrieben wird, so tritt an die Stelle der Erledigung des Verfahrens die letzte Verfahrenshandlung der Parteien, des Gerichts oder der sonst mit dem Verfahren befassten Stelle.
- Die Hemmung **beginnt erneut**, wenn eine der Parteien das Verfahren weiter betreibt (z.b. mittels Abgabeantrag, Einzahlung der weiteren Gerichtskosten oder Begründung des Anspruchs).

Entgegen bisheriger Regelung entfällt die verjährungshemmende Wirkung nicht, wenn nach Erlass des Mahnbescheids weder Widerspruch eingelegt noch ein Vollstreckungsbescheid beantragt wird.

> Zwar fällt nach einer Frist von sechs Monaten seit Zustellung des Mahnbescheids gem. § 701 ZPO dessen Wirkung weg. Die Verjährungshemmung beurteilt sich indes allein nach § 204 Abs. 2 **BGB n.F.** (§ 213 BGB a.F. ist aufgehoben!) (vgl. Palandt Erg. § 204/36).

c) Risiko : Unzureichende Individualisierung

Die verjährungsunterbrechende bzw. -hemmende Wirkung hat nach ständiger Rechtsprechung des BGH zur Voraussetzung, dass die Forderung im Mahnbescheid durch weitere Informationen nach § 690 Abs. 1 Nr. 3 ZPO ausreichend **individualisiert** ist (z.B. BGH NJW 1995, 2230; eingehend BGH NJW 2000, 1420).

> Es ist keine Substantiierung notwendig, sondern lediglich die Bezeichnung des Anspruchs unter bestimmter Angabe der verlangten Leistung. Zur erforderlichen Individualisierung gehören neben Gegenstand und Daten des Vorgangs in der Regel die Angabe des Rechtsgrundes in Form einer typischen Anspruchsbegründung, z.B. Restkaufpreis für VW-Golf, Vertrag vom 2.5.1998 (Thomas/Putzo § 690/9; **a.A.** Zöller § 690/14: Angabe des Rechtsgrundes/nähere Angaben zum Anspruchsgrund i.d.R. nicht erforderlich).

BGH NJW 2001, 305, 306 (st. Rspr.):

> »Der geltend gemachte Anspruch muss durch seine Kennzeichnung von anderen Ansprüchen so unterschieden und abgegrenzt werden, dass er Grundlage eines der materiellen Rechtskraft fähigen Vollstreckungstitels sein kann und der Schuldner erkennen kann, welcher Anspruch oder welche Ansprüche gegen ihn geltend gemacht werden, damit er beurteilen kann, ob und in welchem Umfang er sich zur Wehr setzen will. Bei einer Mehrzahl von Einzelforderungen muss deren Bezeichnung im Mahnbescheid dem Beklagten ermöglichen, die Zusammensetzung des verlangten Gesamtbetrags aus für ihn unterscheidbaren Ansprüchen zu erkennen«.
>
> Wann diesen Anforderungen Genüge getan ist, kann nicht allgemein und abstrakt festgelegt werden; vielmehr hängen Art und Umfang der erforderlichen Angaben im Einzelfall von dem zwischen den Parteien bestehenden Rechtsverhältnis und

der Art des Anspruchs ab. Eine knappe oder pauschale Bezeichnung kann ausreichen, wenn sonst keine weiteren Rechtsbeziehungen bestehen und somit keine Zweifel für den Beklagten bestehen, um welche Forderung es sich handelt (BGH NJW 2002, 520: »Werkvertrag/Werklieferungsvertrag gemäß Rechnung vom 23. 9. 1996« als Bezeichnung daher auch ohne nachweisbaren Zugang der Rechnung ausreichend; vgl. E. Schneider MDR 1998, 1333: tatsächliche Vermutung für nur einen Auftrag bei privaten Kunden, insbesondere von Handwerkern). Jedenfalls dürfen die Ansprüche nicht verwechselt werden (z.B. Schadensersatzanspruch wegen Nichterfüllung und Werklohnanspruch, vgl. BGH NJW 1992, 1111).

Als **nicht ausreichend** individualisiert wurden z.B. folgende Angaben in Mahnbescheiden angesehen:

Schadensersatz wegen nicht vertragsgemäßer Rückgabe der Wohnung X-Straße 190, 42115 Wuppertal/ Mietnebenkosten – auch Renovierungskosten für die Wohnung in Köln gemäß Vertrag – 050. 018 vom 14. 5. 1973/ Schadensersatz aus beendetem Pachtverhältnis gem. Schreiben v. 24. 6. 1993 mit Fristsetzung zum 28. 6. 1993 (Gaststätte A. in B.)/ Werkvertrag/Werklieferungsvertrag gem. Rechnung 85031–85466 vom 1. 2. 1998 bis 23. 1. 1986 (vgl. Salten MDR 1998, 1144).

»Angabe bei Scheck-Mahnbescheid: Scheck/Wechsel gem. Scheck vom 16. 6. 1998 bis 19. 6. 1998 – 2827609,90 DM« – Haftungsfall für den Anwalt !)

Erforderlich ist nach BGH (NJW 2001, 305), dass die streitigen Schecks einzeln nach Nummer oder Betrag gekennzeichnet sind (vgl. § 703a Abs. 2 Nr. ZPO). Eine Nachholung in der Klagebegründung ist rückwirkend nicht möglich.

Andererseits lässt der BGH (NJW-RR 1996, 885; NJW 2000, 1420; 2002, 520) es für die Verjährungsunterbrechung bei einer im Mahnbescheid nicht näher aufgegliederten Geldforderung ausreichen, dass im Laufe des Rechtsstreits erst dargelegt wird, aus welchen Teilbeträgen von Forderungen sich die gesamte Klagesumme zusammensetzt.

> **Beachte:**
>
> Es besteht das **Risiko** (Haftungsfalle!), dass das Gericht einen Mahnbescheid als nicht ausreichend individualisiert ansieht, während der Rechtspfleger ihn erlassen hat.

Denn das Erkenntnisgericht kann die Frage der ausreichenden Individualisierung selbstständig prüfen. Welche Anforderungen das jeweilige Gericht stellt, lässt sich aber kaum mit ausreichender Sicherheit voraussagen. Dabei muss vor allem damit gerechnet werden, dass das Gericht (u.U. aus arbeitsökonomischen Gründen) die Anforderungen an den Grad der Individualisierung im Zweifel eher höher ansetzen und die Wirksamkeit des Mahnbescheides verneinen wird.

Dann kann die Forderung im Streitverfahren mangels Verjährungsunterbrechung bzw. Hemmung bereits verjährt sein. Die Klage müsste auf Einrede des Beklagten abgewiesen werden (hRspr ; **a.A.** Zöller § 693/3).

Es empfiehlt sich im streitigen Verfahren für den Beklagten, diese Frage in geeigneten Fällen selbst zu prüfen und zusammen mit der **Verjährungseinrede** entsprechend vorzutragen.

> So werden in der Praxis (trotzdem) immer wieder (unwirksame) Mahnbescheide erlassen, die z.B. nur die bloße Bezeichnung »Forderung« ohne nähere Angaben (insbes. Entstehungszeitpunkt) enthalten (vgl. Zöller § 690/14).
>
> Riskant ist es auch, nur »Rechnung vom ...« zu schreiben. Zum einen ist eine Rechnung keine Anspruchsgrundlage und zum anderen wird deren (vorgerichtlicher) Zugang oft bestritten. Der Beklagte kann dann vortragen, dass es für ihn nicht ersichtlich war, um welche Angelegenheit es sich handelt.

Zur Vermeidung dieses Risikos sollte man:

- den Anspruch im Mahnantrag so genau wie möglich bezeichnen (vgl. Salten MDR 1998, 1144),

- vorhandene Schriftstücke (Verträge, Rechnungen, Forderungsaufstellungen etc.) als Anlagen beifügen (vgl. Zöller § 690/14).

Voraussetzung für eine wirksame Zustellung des Mahnbescheids ist, dass die eingereichten Anlagen mit zugestellt werden. Bestreitet der Gegner jedoch, die Anlagen erhalten zu haben, so kann dies in der Regel allenfalls anhand der Zustellungsurkunde nachgewiesen werden (vgl. OLG Düsseldorf VersR 1997, 721).

Allerdings kann dieser Verstoß fristwahrend geheilt werden. Denn eine baldige Zustellung der Anspruchsbegründung nach Einleitung des streitigen Verfahrens wirkt im Rahmen des § 693 Abs. 2 ZPO wie die Zustellung des Mahnbescheids, so dass die Verjährung letztlich dann doch (rückwirkend) unterbrochen bzw. gehemmt ist, wenn der Kläger alles ihm Zumutbare für eine alsbaldige Zustellung des Mahnbescheides getan hat (eingehend BGH NJW 1995, 2230).

Im Übrigen ist – speziell bei komplexen Forderungen – zu überlegen, ob nicht besser gleich **Klage** erhoben werden sollte, denn

- Vorwirkung der Verjährungsunterbrechung bzw. Hemmung mit Einreichung der Klageschrift gilt ebenfalls (vgl. unten IV 2).

- Beim automatisierten Mahnverfahren gibt es in der Praxis häufig Probleme beim individuellen Ausfüllen der Vordrucke und dem Beifügen von Anlagen.

> Vor allem bei Verträgen mit gemischter Struktur kann die zutreffende Wahl des Anspruchsgrundes aus dem vorgegebenen Katalog Schwierigkeiten bereiten (vgl.

Chab AnwBl. 2002, 718). Deshalb sollten unbedingt in den zusätzlichen freien Feldern noch ergänzende Angaben gemacht werden. Die Einreichung von Unterlagen führt hierbei in der Praxis zu längeren Erledigungszeiten, und außerdem erfolgt deren Beifügung zum Mahnbescheid regelmäßig nicht (so Salten MDR 1998, 1147, der deshalb davon abrät).

- Zwar ist für eine wirksame Klage und Verjährungsunterbrechung bzw. Hemmung ebenfalls erforderlich, dass das Klagebegehren – unterhalb der Stufe der Substantiierung – individualisiert und damit ihr Streitgegenstand bestimmt ist (BGH NJW 2001, 305). Trotzdem ist die Gefahr, zu wenig oder zu ungenau zu schreiben, beim Mahnbescheidsverfahren angesichts des im Formular hierfür vorgegebenen relativ kleinen Feldes wesentlich größer als bei einer Klageschrift. Dies gilt umso mehr, wenn der Vordruck nicht vom Anwalt selbst ausgefüllt wird. Zudem wird die Problematik der unzureichenden Individualisierung bei einer Klageschrift in der Praxis überhaupt nicht thematisiert.

- Sofern Eile geboten ist, kann die Klage – im Gegensatz zum Mahnbescheidsantrag (vgl. §§ 702 Abs. 1 S. 2, 703c Abs. 2 ZPO) – auch **per Tele- bzw. Computerfax** übermittelt werden (vgl. unten IV 1b). Zudem ist bei zentralen Mahngerichten das für die Klage zuständige erstinstanzliche Gericht in der Regel auch persönlich leichter zu erreichen (Einwurf in den Nachtbriefkasten!).

Allerdings arbeiten eine Reihe von Bundesländern bereits an der Einführung eines Online-Verfahrens für die Übermittlung der Daten im Mahnverfahren (vgl. Mair, Anwalt 4/2002 S. 41; BRAK-Mitt. 3/2002 S. X: interaktives Mahnbescheidsformular für Hessen) (vgl. §§ 130a, 174 Abs. 3 ZPO). So können z.B. in Bremen Mahnanträge in Dateien über das **Internet** an das Mahngericht übermittelt werden (BRAK-Mitt. 1/2002 V). Damit werden die bei der bisherigen Verwendung von Datenträgern anfallenden Transportzeiten entfallen. Im Übrigen aber verlangt § 690 Abs. 2 ZPO handschriftliche Unterzeichnung des Antrages.

d) Weitere Nachteile

Nicht immer zutreffend ist die regelmäßig genannte **Schnelligkeit** des Mahnverfahrens, wegen

- teilweise überlasteter Mahnabteilungen (u.U. anders bei zentralen Mahngerichten und beim automatisierten Mahnverfahren).
- zeitaufwendiger Umwege bei Widerspruch/Einspruch.

Durch Zustellung, Widerspruchseinlegung, Anforderung und Einzahlung des weiteren Gerichtskostenvorschusses und Abgabe an das zuständige Gericht für das streitige Verfahren können Monate bis zur eigentlichen streitigen Auseinandersetzung vergehen.

Es kann sich auch das **Kostenrisiko** erhöhen:

- Wenn von vornherein erkennbar war, dass ein nicht allein aus Zeitgewinn motivierter **Widerspruch** zu erwarten ist, sind die Kosten von zwei nacheinander beauftragten Rechtsanwälten (vgl. unterschiedliche örtliche Zuständigkeiten: §§ 689 Abs. 2 S. 1, 690 Abs. 1 Nr. 5 ZPO) nicht erstattungsfähig (Thomas/Putzo § 91/37f.).

- Nach einer Entscheidung des OLG Nürnberg (8. Zivilsenat, MDR 1997, 1068) sollen die Kosten eines lediglich für das Mahnverfahren hinzugezogenen Anwalts sogar regelmäßig **nicht notwendig** i.S. § 91 ZPO und daher überhaupt nicht erstattungsfähig sein (**a. A** allerdings OLG Nürnberg 5. Zivilsenat, NJW 1999, 656, KG AnwBl 1999, 416: beide mit überzeugender Begründung; ablehnend auch Zöller § 91/ 13: »Mahnverfahren«).

Der Gläubiger kann daher auch bei einem Obsiegen nicht sicher sein, seine außergerichtlichen Kosten in vollem Umfang erstattet zu bekommen.

2) Urkundenprozess

a) Voraussetzungen und Vorteile

Sinn des Urkundenprozesses ist es, dem Kläger schnell einen vorläufig vollstreckbaren Titel zu ermöglichen.

Folgerichtig sind Klagen, die im Urkundenprozess geltend gemacht werden, von einem vorherigen Schlichtungsversuch allgemein befreit (vgl. oben I 1b), nicht jedoch von der Güteverhandlung nach § 278 Abs. 2 ZPO **n.F.**

> Typische Beispiele für Urkundenprozesse sind Klagen bzw. Urkundenmahnbescheide (vgl. § 703a ZPO) auf Rückzahlung eines ausgereichten Darlehens aufgrund eines schriftlichen Darlehensvertrages oder auf Zahlung aufgrund eines Schuldanerkenntnisses oder einer Bürgschaft.

Der Urkundenprozess bietet dem Kläger einige **Vorteile**:

- Als **Beweismittel** sind – für beide Parteien – nur Urkunden und Parteivernehmungen zugelassen (§§ 592, 602, 605a ZPO), wobei das Gericht unstreitige Tatsachen – bei Lücken im Urkundenbeweis – auch ohne Vorlage von Urkunden zu berücksichtigen hat (Zöller § 592/11; str.).

> Werden z.B. bei einer Klage auf einem Kaufvertrag der Vertragsschluss und die Lieferung durch Urkunden (z.B. Lieferscheine und Frachtbriefdoppel) bewiesen,

wäre die Klage im Urkundenprozess auch dann statthaft, wenn der unstreitige Kaufpreis nicht durch Urkunden bewiesen werden kann (vgl. eingehend BGH NJW 1974, 1199).

Allerdings darf nach § 597 Abs. 2 ZPO bei Nichterscheinen des Beklagten in der mündlichen Verhandlung kein Versäumnisurteil ergehen, wenn der Kläger den ihm obliegenden Beweis nicht durch Urkunden angetreten bzw. geführt hat.

- Widerklagen sind nicht statthaft (§§ 595, 598 ZPO). Die Urteile sind ohne Sicherheitsleistung vorläufig vollstreckbar (§ 708 Nr. 4 ZPO, aber § 711 ZPO sowie §§ 600 Abs. 2, 302 Abs. 4 ZPO!).

Dadurch kann es nicht zu den üblichen Verzögerungen infolge von Widerklagen und umfangreichen Beweisaufnahmen durch Zeugenvernehmungen und Sachverständigengutachten kommen. Dabei wird das Nachverfahren (vgl. unten) von den Beklagten, die dem Anspruch lediglich zum Zwecke des Zeitgewinns oder rein vorsorglich widersprochen haben, zuweilen nicht aufgenommen. Es verbleibt dann beim Vorbehaltsurteil.

Mit dieser Prozessart können im Wesentlichen nur **Geldansprüche** eingeklagt werden (§ 592 ZPO).

Umstritten ist, ob **Mietzinsansprüche** bei Wohnraummiete im Urkundenprozess (durch Vorlage des Mietvertrages) geltend gemacht werden können (bejahend: BGH NJW 1999, 1404 – offenbar dort aber Geschäftsraummiete/m.E. unklar – vgl. AG Göttingen NZM 2000, 236); LG Frankfurt NZM 2000, 541; Börstinghaus NZM 1998, 89: absolut h.M. – ders. **Muster** einer Mietzinsklage im Urkundsverfahren, NZM 1998, 101; verneinend z.B. AG Göttingen NZM 2000, 236; AG Brandenburg NZM 2002, 382; vgl. zum Ganzen Blank, NZM 2000, 1083 m.w.N.).

Der Vorteil für den Vermieter besteht darin, dass der Mieter Gegenansprüche, insbesondere Minderung, regelmäßig erst im Nachverfahren geltend machen kann und diese zudem häufig ausbleiben. Der verurteilte Mieter kann jedoch die Zwangsvollstreckung durch Sicherheitsleistung gem. § 711 ZPO einstweilen abwenden.

Die **Klage** muss die Erklärung enthalten, dass im Urkundenprozess geklagt wird.

Die Erklärung kann später noch unter den Voraussetzungen des § 263 ZPO (Klageänderung) nachgeholt werden. Ansonsten wird die Klage im normalen Verfahren weitergeführt (vgl. Thomas/Putzo § 593/1).

Die **Urkunden** müssen in Urschrift (Gefahr des Verlusts!) oder in Abschrift der Klage oder einem vorbereitenden Schriftsatz (zur Information des Gegners) beigefügt werden (§ 593 ZPO).

Fehlen die Urkunden, kann dieser Mangel durch fehlende Rüge seitens des Beklagten gem. § 295 ZPO geheilt werden. Andernfalls ist bei Vorlage erst im Termin zu vertagen (§§ 227, 593 Abs. 2 S. 2 ZPO) (Thomas/ Putzo § 593/4; Zöller § 593/11).

Zum Teil wird für die Statthaftigkeit des Urkundenprozesses, abgesehen vom Original, die Vorlage einer beglaubigten Abschrift verlangt (LG Augsburg WuM 1993, 416 (ohne Begründung); OLG Düsseldorf, JZ 1988, 572: in Einzelfällen auch unbeglaubigte ausreichend, OLG Frankfurt WM 1995, 2081, Thomas/ Putzo § 593/3). Für die Gegenansicht spricht, dass die Beglaubigung im Gesetz nicht vorgeschrieben ist und außerdem für eine beglaubigte Abschrift einer Privaturkunde (ebenso wie für eine Fotokopie) nicht die Beweisregel des § 416 ZPO gilt, sondern diese der freien Beweiswürdigung unterliegt (Thomas/Putzo § 420/ 2, vgl. andererseits § 435/1; Zöller §§ 593/13, 595/9, 435/1; BGH NJW 1980, 1047; 1992, 829).

Im Übrigen werden die Statthaftigkeit und Begründetheit der Klage im Urkundenprozess erst in der mündlichen Verhandlung geprüft.

Im **Wechsel- und Scheckprozess** (§§ 602 ff. ZPO) als eine Unterart des Urkundenprozesses ist jedoch in jedem Falle erforderlich, dass der Scheck oder Wechsel im Original vorgelegt werden kann bzw. (spätestens im Termin) vorgelegt wird, da zur sachlichen Berechtigung für die Rückgriffsansprüche der Besitz des Wertpapiers gehört (OLG Frankfurt MDR 1982, 153). Sonst kann folglich bei Säumnis des Beklagten kein klagezusprechendes Versäumnisurteil ergehen. Jedoch sollte das Original nicht bei den Akten verbleiben, da dieses für die Zwangsvollstreckung benötigt wird (vgl. Thomas/Putzo § 756/2).

Davon zu unterscheiden ist der **Urkundenbeweis** selbst. Hierfür sind die Urkunden – grundsätzlich im Original – vorzulegen (§ 595 Abs. 3 ZPO) (zu Abschriften vgl. unten 6. III Teil 3 b). Erscheint der Beklagte im Termin nicht, brauchen die Originalurkunden für den Erlass eines Versäumnisurteils nicht vorgelegt zu werden (Zöller § 597/9, str.).

Als Urkunden kommen sämtliche Schriftstücke, auch unbeglaubigte Ablichtungen und Telekopien, in Betracht (Zöller §§ 592/15, 593/7, 597/5, 598/5; OLG Köln BB 1983, 105, NJW 1992, 1774: Telefax). Danach müssten auch Computerausdrucke, wie z.B. E-Mails oder Dokumente aus dem Internet, Urkunden in diesem Sinne sein.

Die Urkunde muss nicht selbst Träger des geltend gemachten Rechts sein. Es genügt eine mittelbare, indizielle Beweiswirkung (§ 286 ZPO). Allerdings darf dadurch (z.B. bei schriftlichen Sachverständigengutachten, Augenscheins- und Vernehmungsprotokollen) die unmittelbare Beweiserhebung nicht ersetzt werden (Thomas/Putzo § 592/6 f.). Ungeeignet ist die Vorlage privatschriftlicher Zeugenerklärungen, da es sich hierbei nicht um Vernehmungsurkunden handelt (Zöller § 593/15/16). Der Urkundenbeweis kann nur durch Vorlage der Urkunde erfolgen, nicht aber durch den Antrag, Akten beizuziehen. Die Partei darf sich jedoch auf Akten des Prozessgerichts in anderer Sache oder auf fremde Akten, die dem Gericht bereits vorliegen, beziehen (Thomas/Putzo § 595/3).

Die **Beschränkung der Beweismittel** gilt auch

- für den Beweis der **Echtheit** der Urkunden durch den beweispflichtigen **Kläger**, wenn der Beklagte diese bestreitet (vgl. §§ 439, 440, 510 ZPO) (hierfür noch Antrag auf Parteivernehmung (des Beklagten) zulässig; § 595 Abs. 2 ZPO).

    Hierbei ist eine Schriftvergleichung (§ 441 ZPO) oder ein Sachverständigengutachten nach h.M. ausgeschlossen.

- für den **Beklagten** zum Beweis des Einwandes, eine echte Urkunde sei nachträglich erst abredewidrig (z.B. auch bei Blankounterschriften) ausgefüllt worden (§ 440 Abs. 2 ZPO) (vgl. unten 6. Teil III3 b).

Kann der Kläger die bestrittene Echtheit – wie in den meisten Fällen – nicht beweisen, so wird die Klage lediglich als im Urkundenprozess nicht statthaft abgewiesen (§ 597 Abs. 2 ZPO). Sie kann im ordentlichen Verfahren erneut erhoben werden. Demgegenüber erfolgt in diesem Falle im Wechsel- und Scheckprozess eine Klageabweisung als unbegründet mit entsprechender Rechtskraftwirkung, da bei Unechtheit des Wechsels bzw. Schecks der Anspruch selbst hinfällig wird.

Beachte:
Sofern der Kläger den Anspruch bzw. die (bestrittene) Echtheit der Urkunden (doch) nicht mit den Beweismitteln des Urkundenprozesses beweisen kann oder das Gericht diese Verfahrensart für unzulässig hält, ist zur Vermeidung der Klageabweisung (als in der gewählten Prozessart unstatthaft, § 597 Abs. 2 ZPO) vom Urkundenprozess Abstand zu nehmen und in das ordentliche Verfahren überzugehen.

Dies ist bis zum Schluss der mündlichen Verhandlung und auch im Wechsel- und Scheckprozess möglich, ohne dass es hierzu der Einwilligung des Beklagten oder des Gerichts bedarf (§ 596 ZPO). Hierbei ist zu überlegen, ob es zulässig ist, einen diesbezüglichen Antrag sogleich mit Klageerhebung bedingt zu stellen. Unter Umständen kann nach dem Übergang allerdings ein Schlichtungsverfahren erforderlich und bei dessen Fehlen die Klage (ebenfalls) unzulässig sein (vgl. oben I 1b).

b) Reaktionsmöglichkeiten des Beklagten

Nur in ganz seltenen Fällen kann der Beklagte seine Einwendungen (z.B. Gewährleistungsrechte) mit dem im Urkundenprozess zulässigen Beweismittel beweisen. Dies hat zur Folge, dass diese im Urkundenprozess regelmäßig unberücksichtigt bleiben (§ 598 ZPO).

Dies kann bedeuten, dass er bei bestehenden Gegenansprüchen i.S. § 320 BGB, z.B. bei einem schriftlichen Kaufvertrag, faktisch – ungesichert – vorleistungspflichtig wird (hierzu kritisch Greiner NJW 2000, 1314). Bei späterer Insolvenz des Verkäufers ist das Geld des Käufers dann verloren.

Für den Beklagten ist – sofern keine Bedenken gegen die Echtheit der Urkunde bestehen – bei schlüssiger und zulässiger Klage die kostengünstigste Reaktionsmöglichkeit den Klageanspruch unter Vorbehalt seiner Rechte anzuerkennen. Dadurch kann man sich u.U. auch einen (unnötigen) Termin ersparen (vgl. §§ 128 Abs. 2, 3; 307 Abs. 2 ZPO).

Die Praxis bejaht aus Zweckmäßigkeitsgründen überwiegend die Zulässigkeit eines **Anerkenntnisvorbehaltsurteils**, allerdings ohne Abwendungsbefugnis des Schuldners durch Sicherheitsleistung (vgl. §§ 708 Nr. 1, 711 ZPO; aber § 707 ZPO möglich) (Thomas/Putzo §§ 307/3, 599/5, 708/5). Damit § 93 ZPO zur Anwendung kommen kann, muss der Beklagte vorbehaltlos anerkennen und (lediglich) der Kostentragungspflicht widersprechen (Zöller § 599/7/9).

Bei Abgabe eines Anerkenntnisses ist zu bedenken, dass u.U. die Bindungswirkung für den Beklagten nachteilig sein kann (vgl. unten). Gefährlich sind im Urkundenprozess voreilige Geständnisse sowie das Anerkenntnis der Echtheit von Urkunden, da diese Prozesshandlungen im Nachverfahren wirksam bleiben (Zöller § 600/4).

In jedem Fall muss der Beklage einem (unbegründeten) Anspruch **widersprechen**, um ins Nachverfahren zu gelangen.

Bei einem Versäumnisurteil kann der Beklagte noch durch Einspruchseinlegung und Widerspruch im Einspruchstermin ein Vorbehaltsurteil bekommen. Andernfalls bleibt der Beklagte durch das Versäumnisurteil ohne Vorbehalt verurteilt (Thomas/Putzo § 599/2).

c) Nachverfahren

Bei einem Vorbehaltsurteil bleibt der Rechtsstreit im ordentlichen Verfahren anhängig (Nachverfahren) (§ 600 ZPO). Ein solches ergeht immer, wenn der Beklagte verurteilt wird und er dem Klageanspruch widersprochen hat (§ 599 ZPO).

Dabei findet nach einer Ansicht ein Termin und somit der Fortgang des Nachverfahren (nur) auf Antrag statt (Thomas/Putzo § 600/2; **a.A.** Zöller § 600/8). Diesen sollte der (verurteilte) Beklagte möglichst bald stellen.

Eine Fortsetzung der mündlichen Verhandlung sogleich nach Verkündung des Vorbehaltsurteils ist hingegen nur mit Einverständnis der Parteien möglich. Hierauf muss sich insbesondere der Kläger nicht einlassen, der in der Regel zu den Einwendungen des Beklagten bislang noch nicht (ausreichend) vorgetragen hat.

Da in diesem Verfahren eine Überprüfung des Vorbehaltsurteils unter Benutzung aller Beweismittel sowie unter Berücksichtigung etwaigen neuen Sachvortrages stattfindet (§ 600 Abs. 1 ZPO), sind Vorbehaltsurteile oft nur vorläufig.

Eine **Bindungswirkung** für das Nachverfahren kommt einem Vorbehaltsurteil (nur) insoweit zu, als es nicht auf den eigentümlichen Beschränkungen der Beweismittel im Urkundenprozess beruht (vgl. § 318 ZPO) (z.B. BGH NJW-RR 1992, 183, st. Rspr.; vgl. Zöller § 600/19, Bilda NJW 1983, 142; OLG Brandenburg NJW-RR 2002, 1294: auch bei einem Anerkenntnisvorbehaltsurteil; im Einzelnen str.).

> Hieraus folgt der BGH, dass jedenfalls diejenigen Teile des Streitverhältnisses nicht mehr in Frage gestellt werden können, die in dem Vorbehaltsurteil, damit es überhaupt erlassen werden konnte, als Grundvoraussetzungen endgültig beschieden werden mussten (BGH NJW 1960, 576; 1968, 2244; Zöller § 600/19). Darüber hinaus bejaht der BGH eine Bindung auch dann, soweit der jeweilige Streitpunkt Gegenstand des Vorverfahrens und deshalb auch dort bereits zu entscheiden war bzw. abschließend beschieden wurde (BGH NJW 1960, 576; 1982, 183 – ausdrücklich offen gelassen hat der BGH die Frage, ob eine Ergänzung des Tatsachenvortrages im Nachverfahren die Bindungswirkung in allen Fällen aufhebt).

Nur in diesen Fällen einer Bindung macht auch eine Berufung gegen ein beschwerendes Vorbehaltsurteil Sinn (vgl. § 599 Abs. 3 ZPO; zu deren Verhältnis zum Nachverfahren vgl. Zöller § 600/24).

Beachte:
Der Beklagte kann sich zwar zunächst grundsätzlich damit begnügen, dem Klageanspruch (ohne nähere Begründung) zu widersprechen (arg. § 599 Abs. 1 ZPO). Allerdings muss er die bindende Wirkung eines (rechtskräftigen) Vorbehaltsurteils berücksichtigen.

So wird von der **Bindungswirkung** insbesondere erfasst

- die (bejahte) Zulässigkeit der Klage (Prozessvoraussetzungen),
- die rechtliche Beurteilung der Klage, insbesondere ihrer Schlüssigkeit,
- die rechtliche Beurteilung der Begründetheit von Einwendungen,
- die (bejahte) Passivlegitimation des Beklagten.

Bei vorhandenen Bedenken oder zweifelhafter Rechtslage in Bezug auf die Klageforderung empfiehlt sich daher bereits im Vorverfahren unbedingt eine sachliche Verteidigung, zumal das Gericht geneigt sein könnte, im Vertrauen auf eine vermeintliche Korrekturmöglichkeit im Nachverfahren ein Vorbehaltsurteil ohne nähere Prüfung zu erlassen.

▶ **Beispiel:**

> Ergibt sich aus dem Vortrag des Klägers, dass die dem Klageanspruch zugrunde liegende Vereinbarung eine Allgemeine Geschäftsbedingung ist, muss der Beklagte schon im Urkundenprozess etwaige Einwendungen aus dem AGB-Gesetz (§§ 305ff. **BGB n.F.**) vorbringen. Unterlässt er dies, so hat das trotz Unwirksamkeit der Vereinbarung ergangene und nicht angefochtene (fehlerhafte) Vorbehaltsurteil Bindungswirkung. Diese Rechtsfrage hätte bereits im Urkundenprozess (von Amts wegen) geprüft werden müssen, da bejahendenfalls die Klage dann von vornherein unbegründet bzw. unschlüssig war (BGH MDR 1991, 423).

Dagegen können die Parteien im **Nachverfahren**

- die Echtheit der Urkunde (bzw. der Unterschrift) und sonstige Tatsachen (jedenfalls) auch dann noch bestreiten, wenn sich der Beklagte hierzu im Vorverfahren nicht erklärt hat und dies somit vom Gericht noch nicht berücksichtigt werden konnte (BGH NJW 1982, 183; 1988, 1468; kritisch Zöller § 600/4/19/20),
- auch sonstige neue Tatsachen sowie Angriffs- und Verteidigungsmittel, z.B. Beweismittel anbieten oder auch die Einrede der Verjährung erstmals geltend machen (Thomas/Putzo § 600/6),
- als unsubstantiiert zurückgewiesene Einwendungen durch neuen Sachvortrag ergänzen, sofern dies nicht zugleich einen zur Begründung des Klageanspruchs von Amts wegen zu prüfenden Umstand oder rechtlichen Gesichtspunkt betrifft (BGH NJW 1960, 576).

Dabei ist es ohne Bedeutung, dass dies bereits im Urkundenprozess hätte vorgebracht und mit den dort zulässigen Beweismitteln hätte bewiesen werden können (oder auch nicht) (BGH NJW-RR 1992, 254: Verjährungseinrede).

> Selbst wenn der Beklagte keine statthaften Beweismittel für seine Einwendungen angegeben hat, muss der **Kläger** bereits im Vorprozess versuchen diese zu entkräften bzw. bestreiten, um durch deren Zurückweisung eine für ihn vorteilhafte Bindungswirkung zu erlangen. Außerdem besteht die Beweisbedürftigkeit erst bei einem streitigen Sachverhalt, wobei unstreitige Einwendungstatsachen zum Nachteil des Klägers – (wohl) mit Bindungswirkung – berücksichtigt werden und damit zur endgültigen Klageabweisung führen.

Kann der **Beklagte** hingegen die Einwendungen noch nicht fundiert und vollständig vortragen, sollte er diese besser erst im Nachverfahren vorbringen, statt diese im Urkundenprozess mit der Gefahr einer bindenden Zurückweisung nur oberflächlich anzusprechen (vgl. BGH WM 1979, 272: Einwand der Sittenwidrigkeit des Wechselbegebungsvertrages).

d) Fazit

Eine Klage im Urkundenprozess ist allgemein nur zu empfehlen, wenn für den Anwalt ein besonderes Interesse des Mandanten, mittels des Vorbehaltsurteils möglichst schnell einen vollstreckbaren Titel zu erhalten, ersichtlich wird und der Prozessausgang zu dessen Gunsten nicht zweifelhaft erscheint.

Dies ist dann der Fall, wenn lediglich bei einer möglichst raschen Vollstreckung noch Aussicht auf (vollständige) Befriedigung des Gläubigers besteht, z.B. weil der Zugriff anderer Gläubiger bevorsteht (vgl. BGH NJW 1994, 3295: eingeleitete Zwangsversteigerung eines Grundstücks) bzw. mit verfahrensverzögernden Einwendungen des Gegners zu rechnen ist.

Sonst ist der Rechtsanwalt normalerweise nicht gehalten, Klage im Urkundenprozess zu erheben (vgl. auch § 592 ZPO: »kann«).

Die Vollstreckung aus einem im Urkundenprozess errungenen Titel kommt oft schon wegen der Gefahr, bei Aufhebung des Vorbehaltsurteils im Nachverfahren Schadensersatz leisten zu müssen, nicht in Betracht (vgl. §§ 600 Abs. 2, 302 Abs. 4 ZPO). Zudem erhöhen sich durch das Nachverfahren die Anwaltskosten (vgl. § 39 BRGAO). Unter Umständen bietet eine Urkundenklage deshalb mehr Risiken als Vorteile.

Eine Klage im Urkundenprozess kann daher für den Rechtsanwalt nur in bestimmten Einzelfällen geboten sein.

Zum Zwecke der Sicherung der Forderung erscheint hingegen ein noch wesentlich schneller und einfacher zu erlangender (dinglicher) **Arrest** regelmäßig geeigneter (vgl. unten 8. Teil). Da die Erfüllung aufgrund der Vollstreckung eines Vorbehaltsurteils ebenfalls nur vorläufig sein kann, sprich nur wenig für die Bevorzugung des Urkundenprozesses.

Eine schlechte Vermögenslage des Schuldners als solche oder (drohende) Konkurrenz anderer Gläubiger ist nach h.M. kein Arrestgrund. Da sich die in einer solchen Situation befindenden Schuldner oft nur deshalb verteidigen, um Zeit zu gewinnen, wird nach erfolgter Vollstreckung des Vorbehaltsurteils zuweilen auf eine weitere Verteidigung verzichtet.

3) Das Verfahren nach § 495a ZPO

Die ZPO-Reform hat das Verfahren gem. § 495a ZPO unberührt gelassen. Insbesondere haben die neuen Anfechtungsmöglichkeiten (vgl.

unten 7. Teil) auf dessen Durchführung keinen Einfluss. Wird jedoch die Berufung durch das Amtsgericht gem. § 511 Abs. 4 **ZPO n.F.** zugelassen, hat es ein vollständiges Urteil abzufassen. Die nunmehr in § 313a **ZPO n.F.** zentral geregelten Erleichterungen für die Urteilsabfassung sind dann nicht möglich.

a) Voraussetzungen und Gefahren

Das vereinfachte Verfahren nach § 495a ZPO (sog. Bagatellverfahren) vor dem Amtsgericht kann – im Gegensatz zum Mahnverfahren und Urkundenprozess – nicht von der Partei gewählt werden. Es liegt im Ermessen des Gerichts, ob es »sein Verfahren nach billigem Ermessen« bestimmen will oder nicht. Dieses Verfahren ist grundsätzlich bei Ansprüchen jeder Art möglich.

> Voraussetzung ist, dass der (Zuständigkeits-)**Streitwert** sechshundert Euro nicht übersteigt.
>
> Wegen der Verfahrenskosten stehen regelmäßig insgesamt jedoch mehr als 600 Euro zur Entscheidung. Dies gilt auch bei Widerklage und Aufrechnung (vgl. Zöller § 495a/4). Beträgt der eigene Wert der **Widerklage** indes mehr als 600 Euro, wird § 495a ZPO unanwendbar (vgl. § 5 ZPO) (z.B. Münchner Kommentar § 495a/8). Allerdings soll eine in diesem Verfahren ergehende Entscheidung wirksam und grundsätzlich unanfechtbar sein (Baumbach/Lauterbach § 495a/100).
>
> Nach h.M. können die Streitwertfestsetzung und somit auch bewusst zu niedrig angesetzte Streitwerte nicht separat (mit der sofortigen Beschwerde) angefochten werden (Baumbach/Lauterbach Einf. §§ 3–9/10; **a.A.** LG München I MDR 01, 713: analog § 567 Abs. 1 ZPO a.F., : arg.: bei § 495a ZPO hängt von der Streitwertfestsetzung die Verfahrensordnung ab, und es darf keiner Partei ein gänzlich anders geartetes Verfahren – hier : »Verfahren zweiter Klasse« – aufgezwungen werden).

Das Verfahren nach § 491a ZPO bietet eine Reihe von **Gefahren** für die Parteien, die in der Praxis gelegentlich unterschätzt werden.

- So können erhebliche **Abweichungen** vom normalen Ablauf zum Nachteil der Parteien vorkommen. Mangels einheitlicher Handhabung muss man sich auf die konkrete Gestaltung des Verfahrens durch das jeweilige Gericht im Einzelfall einstellen, wobei nahezu jede gesetzliche oder gewohnheitsrechtliche Regel des Normalprozesses nach § 495a ZPO abgewandelt, aufgeschoben, vorweggenommen oder aufgehoben werden kann (so Baumbach/Lauterbach § 495a/12).

  Wesentliche Verfahrensgrundsätze müssen allerdings (eigentlich) beachtet werden (Thomas/Putzo § 495a/2).

Zu den **wesentlichen Verfahrensgrundsätzen** zählt vor allem das Gebot des rechtlichen Gehörs (insbes. die Hinweispflicht). Daher werden »die Entscheidungen des BVerfG, die sich mit der Auslegung des Art. 103 Abs. 1 GG befassen, im vereinfachten Verfahren zur Prozessordnung« (Münchener Kommentar § 495a/17).

Dazu gehören daneben das Prinzip der Parteiherrschaft und der Beibringungsgrundsatz. Außerdem haben die Parteien in gleichem Umfang wie im normalen Verfahren einen Anspruch auf erschöpfende Berücksichtigung ihrer Beweisanträge (MünchKomm § 495a/22). Auch § 286 ZPO gilt in vollem Umfang. Selbstverständlich besteht kein Ermessen in der Anwendung des sachlichen Rechts und in der Beurteilung der Beweislast.

Das Verfahren kann also (eigentlich) nicht völlig nach den persönlichen Vorstellungen der Richter gestaltet werden.

Prozessleitende Anordnungen, die im Ermessen des Gerichts stehen und keinen Antrag erfordern, sind grundsätzlich **nicht anfechtbar** (Zöller § 273/5; 567/35). Wenn allerdings eine nach § 495a ZPO erlassene verfahrensleitende Anordnung in außergewöhnlich grober Weise Verfahrensgrundrechte der Parteien verletzt, kann dies aber u.U. einen **Befangenheitsantrag** rechtfertigen (vgl. KG MDR 2001, 1435).

- Des Weiteren ist dieses Verfahren auf Seiten der Gerichte **missbrauchsanfällig**, nicht zuletzt wegen der grundsätzlichen **Unanfechtbarkeit** (vgl. aber unten 7. Teil: Neue Anfechtungsmöglichkeiten)

(vgl. Baumbach Lauterbach § 495a/4: zu beobachtende Gefahr des Missbrauchs durch faule Richter ; E. Schneider Beil. zu ZAP 5/1998 S. 10: »rechtsstaatlicher Horrorkatalog« unter Hinweis auf die Ergebnisse der rechtstatsächlichen Untersuchung von Rottenleuthner, vgl. NJW 1996, 2473).

Wenn das Gericht die Berufung nicht zulässt, braucht das Urteil außerdem keinen Tatbestand zu enthalten, und für die Entscheidungsgründe genügt die Aufnahme ihres wesentlichen Inhalts in das Protokoll (§§ 511 Abs. 2 Nr. 2; 313a Abs. 1 ZPO n.F.). Dies kann zu oberflächlichen und unüberlegten »Schnellschüssen« verführen.

- Das Verfahren wird in der Regel nur **schriftlich** geführt. Die sich in der mündlichen Verhandlung bietenden Chancen kann man dann nicht wahrnehmen (vgl. unten 5. Teil I).

> **Beachte:**
>
> Es kann sich aufgrund der Risiken dieses Verfahrens u.U. empfehlen, einen bisher zurückgehaltenen (geringen) Anspruch mit geltend zu machen, um über die Streitwertgrenze zu gelangen, was auch noch während des Verfahrens durch Klageerweiterung erfolgen kann.

b) Beispiele abweichender Verfahrensgestaltung

Im Folgenden werden einige wichtige Möglichkeiten der gerichtlichen Verfahrensgestaltung aufgezeigt (vgl. im Übrigen z.B. die Auflistungen bei Baumbach/Lauterbach §495a/34ff.; Fischer MDR 1994, 980).

Dabei hat das Gericht eine vom Regelverfahren abweichende Verfahrensweise den Parteien unter Wahrung rechtlichen Gehörs bekannt zu geben (BVerfG NJW-RR 1994, 254; vgl. z. B.: die Formblattverfügung des AG Leipzig, DRiZ 1996, 193, zu weiteren eigenen Verfahrensordnungen vgl. kritisch E. Schneider ZAP 2002, 483). Solche Hinweise des Gerichts sollten unbedingt beachtet werden. So selbstverständlich dies sein mag, erstaunt es in der Praxis doch immer wieder, dass gerichtliche Hinweise offenbar von manchen Rechtsanwälten überhaupt nicht zur Kenntnis genommen bzw. beachtet werden.

- **Anspruchsbegründung:** Wenn der Kläger bei vorausgegangenem Mahnverfahren innerhalb der ihm gesetzten Frist zur Begründung des Anspruchs (vgl. §§ 697 Abs. 1, 700 Abs. 3 S. 2 ZPO) eine solche nicht einreicht, kann die Klage durch Endurteil mangels Schlüssigkeit (sowie mangels Terminsnotwendigkeit) als unbegründet abgewiesen werden (Baumbach/Lauterbach § 495a/59; **a.A.** für das Normalverfahren Thomas/Putzo § 697/8: Klageabweisung als unzulässig).

- **Beweisaufnahme:** In der Regel erfolgen schriftliche Zeugenvernehmungen (§ 377 Abs. 3 ZPO). Hierzu kann das Gericht der beweispflichtigen Partei aufgeben, eine schriftliche Stellungnahme des Zeugen beizubringen (Baumbach/Lauterbach § 495a/79).

Jedoch sind diese Aussagen oft sehr ungenau und oberflächlich, insbesondere wenn die Beweisfrage lediglich mit einem bloßen »ja« oder mit »ist zutreffend« beantwortet wird. In diesem Fall sollte die davon nachteilig betroffene Partei versuchen, eine wiederholte Vernehmung bzw. eine Ladung des Zeugen zu erreichen (vgl. §§ 398, 377 Abs. 3 S. 3 ZPO: Ermessen des Gerichts). Dabei darf das Gericht Beweisergebnisse zum Nachteil einer Partei nicht verwerten, wenn sie ihr nicht vorher mit der Gelegenheit zur Stellungnahme bekannt gegeben worden sind (BayObLG MDR 1981, 409).

So kann der Anwalt insbesondere auf etwaige Unklarheiten oder Widersprüche in der Aussage hinweisen und auf sein grundsätzliches Fragerecht nach § 397 ZPO bestehen (vgl. unten 6. Teil III 1 c (2)). Nützlich kann diesbezüglich auch sein, wenn er etwaige vorhandene persönliche Beziehungen des Zeugen zur Gegenpartei oder sonstige relevante Besonderheiten in der Person des Zeugen selbst (z.B. vorbestraft wegen Aussagedelikten) aufzeigt.

II. Besondere Verfahrensarten

Vor allem ein Antrag auf mündliche Verhandlung kann förderlich sein, da der Termin dann sowieso stattfinden muss. Trotzdem ist das Gericht nicht verpflichtet, eine (wiederholte) Beweisaufnahme in einem Termin durchzuführen (Zöller § 495a/11; Münchener Kommentar § 495a/41) (vgl. § 397 ZPO); **a.A.** Baumbach/Lauterbach § 495a/102, unklar wegen § 495a/79). Da auch Art. 103 Abs. 1 GG keinen Anspruch auf eine mündliche Verhandlung gewährt, besteht dementsprechend nicht die Garantie, dass eine Zeugenvernehmung unmittelbar in der mündlichen Verhandlung erfolgt (BVerfG NZV 1993, 185).

So ist zwar grundsätzlich eine telefonische Vernehmung der Zeugen durch den Richter zulässig, jedoch nicht praktikabel (vgl. Zöller § 495a/10: rechtliches Gehör der Parteien; ergänzende Befragung muss erlaubt sein).

§ 495a ZPO deckt nicht die faktische Anordnung der Zeugenstellung durch die Parteien (LG Paderborn MDR 2000, 171, str.). Unzulässig ist z.B. auch folgende Verfügung: »Ist eine Zeugeneinvernahme angeordnet und erscheint ein Zeuge auch im zweiten Beweistermin nicht, gilt der Beweis als nicht einbringbar« (KG MDR 2001, 1435).

- **Fristen:** Da bei Versäumung von Fristen erhebliche Nachteile entstehen können, muss auf deren Einhaltung genau geachtet werden.

  Es muss damit gerechnet werden, dass richterliche Fristen eher streng gehandhabt werden. In der Praxis wird die Gefahr, dass ein Schriftsatz wegen Fristversäumnis nicht mehr beachtet wird, von den Anwälten immer wieder unterschätzt. Da die meist formularmäßigen Hinweise im Bagatellverfahren umfangreich und verwirrend sein können, sollten diese sorgfältig gelesen und vor allem auf gesetzte Fristen überprüft werden.

  Kann eine Frist nicht eingehalten werden bzw. erscheint sie von vornherein zu kurz, muss daher unbedingt rechtzeitig und formgerecht **Fristverlängerung** beantragt werden (vgl. § 224 Abs. 2 ZPO).

  Dies ist auch dann erforderlich, wenn eine Klageerwiderung wegen laufender Vergleichsverhandlungen noch zurückgestellt werden soll. Sofern man vor Ablauf der ursprünglichen Frist keine Verbescheidung des Verlängerungsantrages erhält, sollte man entweder bei Gericht telefonisch nachfragen oder den Schriftsatz noch rechtzeitig einreichen. Denn sonst besteht die Gefahr, dass zugleich mit dem ergehenden Endurteil der Verlängerungsantrag abgewiesen wird, ohne dass der (verspätete) Schriftsatz noch Berücksichtigung finden kann.

  Eine Wiedereinsetzung in eine versäumte Frist ist nicht möglich (vgl. unten 4. Teil I 1), allenfalls kann das Abhilfeverfahren in Betracht kommen (vgl. unten 7. Teil I).

  Das Gericht hat den Ablauf der gesetzten Äußerungsfrist abzuwarten, da sonst ein Verstoß gegen den Anspruch auf rechtliches Gehör vorliegt (vgl. unten 7. Teil I 1 a).

Eine vorher ergehende Entscheidung verstößt gegen Art. 103 Abs. 1 GG (Zöller Vor § 128/6; BayObLG MDR 1981, 409).

Da dies nicht gelten soll, wenn aufgrund einer abgegebenen Äußerung nicht mit weiteren Ausführungen zu rechnen ist (vgl. Zöller vor § 128/6), kann es sich empfehlen, vorsorglich weiteren Sachvortrag anzukündigen. Dabei kann die Ankündigung von weiteren Ausführungen oder die Mitteilung von der Prüfung etwaiger Vergleichsmöglichkeiten den Richter dazu bringen, mit dem Erlass einer Entscheidung noch gewisse Zeit über den Fristablauf hinaus zu warten. Andernfalls muss man mit einer Entscheidung bereits einen Tag nach Fristablauf rechnen (vgl. BVerfG NJW 1999, 1176, 1777: kein leichtfertiger Umgang mit dem Anspruch auf rechtliches Gehör – daher Nichtannahme der Verfassungsbeschwerde).

Die Chancen der Bewilligung einer beantragten Fristverlängerung dürften erheblich zu erhöhen sein, indem der **Antrag** auf mündliche Verhandlung bedingt, unter der Voraussetzung der Ablehnung der Fristverlängerung gestellt wird (vgl. unten c).

Hat das Gericht hingegen **keine Frist** für eine etwaige Erwiderung gesetzt, insbesondere nach einem gerichtlichen Hinweis, muss es mit der Entscheidung »angemessene Zeit« warten, in der Regel 2 Wochen (vgl. Zöller vor § 128/6; BVerfG NJW 1982, 1691).

Sofern man noch längere Zeit für die Einreichung einer Erklärung benötigt, sollte der Anwalt dies dem Gericht unbedingt unter Angabe eines konkreten Zeitraums oder Datums mitteilen. In der Regel dürfte der Richter seine Wiedervorlageverfügung danach richten. Die damit quasi selbst gesetzte Frist sollte der Anwalt dann freilich auch einhalten.

Im Übrigen ist zu prüfen, ob nicht bereits bei der ersten Verfügung im Voraus Erwiderungsfristen für künftige Schriftsätze der Gegenseite gesetzt wurden. Eine solche Fristsetzung erhöht die Gefahr einer Fristversäumung beträchtlich, da der Anwalt sich die genaue Frist bei Zugang der fristsetzenden Verfügung noch nicht notieren kann. Ob diese Verfahrensweise – im Gegensatz zum normalen Erkenntnisverfahren (vgl. Thomas/Putzo § 276/13) – hier überhaupt zulässig ist, erscheint zweifelhaft (vgl. die Begründung des BGH NJW 1980, 1176: Frist für die Replik des Klägers gem. § 276 Abs. 3 ZPO).

- **Sachvortrag:** Es sollte möglichst frühzeitig alles Entscheidungsrelevante nebst Beweisangeboten vorgetragen werden, da die Partei damit rechnen muss, dass das Gericht aufgrund ihres eventuell einzigen bisherigen Schriftsatzes bereits endgültig und unanfechtbar entscheidet.

  Eine Verkündung und somit auch ein **Verkündungstermin** sind nicht erforderlich. Die Entscheidung ist erlassen, wenn diese von der Geschäftsstelle zur Zustellung gegeben ist (Zöller § 495a/12, LG München I, Beschl.v. 17. 2. 1997, 13 T 2067/97). Daher sind an den Sachvortrag eher höhere Anforderungen zu stellen als sonst (Baumbach/Lauterbach § 495a/53/80).

- **Säumnis:** Bei Säumnis einer Partei im Termin oder bei Nichteinhaltung einer vom Gericht gesetzten Klageerwiderungsfrist im schriftlichen Verfahren darf an Stelle eines (beantragten) Versäumnisurteils ein die Instanz abschließendes Endurteil nach Aktenlage ergehen.

    Hierfür ausdrücklich Städing, NJW 1996, 693; LG München I, Beschl. v. 23. 8. 2000, 13 T 15020/00: auch wenn durch Niederlegung zugestellt/keine Gehörsverletzung; AG Ahrensburg NJW 1996, 2516; **a.A.** Peglau, NJW 1997, 2222, einschränkend Fischer, MDR 1994, 981 der diesbezüglich zur Vorsicht rät. Nach LG Wiesbaden (MDR 2002, 1212) ist aber bei Einleitung eines schriftlichen Vorverfahrens ein vorheriger Hinweis erforderlich, dass beabsichtigt ist, ohne mündliche Verhandlung zu entscheiden (sonst Verstoß gegen Art. 103 Abs. 1 GG).

Im Gegensatz zum Versäumnisurteil ist hiergegen ein Einspruch und deshalb auch eine »Flucht in die Säumnis« nicht möglich. Deshalb sollte sicherheitshalber in jedem Falle selbst bei einer (vermeintlich) unschlüssigen Klage eine Klageerwiderung eingereicht werden.

Sofern dennoch ein Versäumnisurteil ergangen ist, sollte der Einspruch sofort begründet werden, da auch in diesem Falle – im Gegensatz zu § 341a ZPO – ohne mündliche Verhandlung entschieden werden kann.

c) **Antrag auf mündliche Verhandlung**

Auf **Antrag** einer Partei muss mündlich verhandelt werden.

> Unzulässig ist hierbei folgende Anordnung: »Im Termin werden Schriftsätze und neuer mündlicher Vortrag nicht entgegengenommen« (KG MDR 2001, 1435: Verstoß gegen Art. 103 Abs. 1 GG).

Ein solcher Antrag sollte ausdrücklich unter Hinweis auf § 495a Abs. 1 ZPO gestellt werden, da damit zu rechnen ist, dass die Standardanträge auf Anberaumen eines Termins zur mündlichen Verhandlung keine Berücksichtigung finden (vgl. Baumbach/Lauterbach § 495a/55: »In Zweifel liegt kein solcher Antrag vor«; Städing NJW 1996, 693: hält offenbar entsprechenden Hinweis seitens des Gerichts für erforderlich).

> Es empfiehlt sich, den Antrag deutlich erkennbar und gegebenenfalls wiederholt zu stellen, um dessen Übersehen seitens des Gerichts oder einer Nichtberücksichtigung wegen angeblicher Verspätung (vgl. E. Schneider, ZAP-Report: Justizspiegel Nr. 1 v. 14. 1. 1998: Privat-Prozessordnung des AG Bergisch-Gladbach, wonach solche Anträge innerhalb einer bestimmten Frist gestellt werden müssen – m.E. unzulässig) vorzubeugen.

Bei **Übergehen** eines solchen Antrages kann man,

- sofern noch kein Urteil ergangen ist, Beschwerde wegen unterlassener Terminierung einlegen (vgl. Zöller § 216/21) und notfalls auch Befangenheitsantrag stellen,

- nach Überteilserlass das Abhilfeverfahren betreiben (vgl. unten 7. Teil I), wobei sich die Beschwer für die Berufung nach dem wahren Streitwert richtet und vom Berufungsgericht geprüft wird.

  So hat z.b. der BFH (NJW 1996, 1496 m.w.N. in der Anm.) die Aufhebung eines Urteils auf Gegenvorstellung hin bejaht, welches ohne mündliche Verhandlung erlassen wurde, obwohl der Kläger nicht wirksam auf deren Durchführung verzichtet hatte (vgl. §§ 90, 121 FGO).

Der **Vorteil** eines solchen Antrags besteht darin,

- dass dies eine sichere Möglichkeit darstellt, der Gefahr einer nachteiligen Fristversäumnis im schriftlichen Verfahren – zunächst – zu entgehen. Im weiteren Verlauf kann der Antrag dann u.U. zurückgenommen werden, was bis zum Termin einseitig möglich ist.

- dass er verhindert, von einem Urteil gleichsam überrascht zu werden (kein Verkündungstermin erforderlich!).

  Stellt der Kläger den Antrag gleich in der Klageschrift, so begibt er sich der Chance, ohne mündliche Verhandlung alsbald ein Urteil zu erlangen, wenn der Beklagte eine gesetzte Klageerwiderungsfrist versäumt hat (vgl. oben II 3 b: Säumnis).

- dass man Gelegenheit erhält, noch vorzutragen (vgl. § 296a ZPO) bzw. auf einen gegnerischen Schriftsatz zu erwidern, der knapp vor Ende einer etwaigen vom Gericht gesetzten Schriftsatzfrist eingegangen ist (ein entsprechend bedingter Antrag dürfte zulässig sein!).

- dass das Gericht dann möglicherweise eher geneigt ist, einem Antrag auf Ladung und mündliche Vernehmung des Zeugen stattzugeben (vgl. oben II 3 b: Beweisaufnahme).

- dass man eine Zuständigkeitsbegründung gem. § 39 ZPO erreichen (nach Zöller § 39/8 ist § 39 ZPO wohl nicht anwendbar, **a.A.** gut vertretbar) bzw. eine solche verhindern kann (vgl. Baumbach/Lauterbach § 39/7: vorbehaltlose schriftliche Einlassung steht der Verhandlung zur Hauptsache gleich, solange nicht ein rechtzeitiger Antrag gem. § 495a Abs.1 S. 2 ZPO vorliegt).

III. Die örtliche Zuständigkeit

1) Vermeidung einer Klageabweisung

Die Frage der örtlichen Zuständigkeit (Gerichtsstand) bereitet im Gegensatz zur sachlichen Zuständigkeit in der Praxis immer wieder Probleme.

Die örtliche Zuständigkeit ist eine **Prozessvoraussetzung**.

> Auch wenn diese von Amts wegen zu prüfen ist, liegt die (objektive) **Beweislast** grundsätzlich beim Kläger, d.h. er hat das Risiko der Nichterweislichkeit zu tragen (Thomas/Putzo Vorbem. § 253/13). Wenn sich zuständigkeits- und anspruchsbegründende Tatsachen indes nicht trennen lassen, ist die Zuständigkeit bereits gegeben, wenn die anspruchsbegründenden Tatsachen schlüssig vorgetragen werden (vgl. BAG NJW 1961, 2177; Deutsch MDR 1967, 68; Zöller § 38/8; z.B. Gerichtsstandsvereinbarung innerhalb des streitgegenständlichen Vertrages). Fehlt diese Voraussetzung, wird die Klage (lediglich) als unzulässig abgewiesen (Kosten Kläger, § 91 ZPO!).

Bei Unzuständigkeit ist der Rechtsstreit auf **Antrag** des Klägers an das zuständige Gericht gem. § 281 Abs. 1 ZPO zu verweisen. Dabei muss der Kläger das zuständige Gericht nicht selbst angeben, es sei denn, es kommen mehrere Gerichte in Betracht (vgl. §§ 35, 281 Abs. 1 S. 2 ZPO).

> Sind mehrere Personen als Streitgenossen verklagt, die bei verschiedenen Gerichten ihren allgemeinen Gerichtsstand haben und ein gemeinschaftlicher besonderer Gerichtsstand nicht gegeben ist, kann eine Zuständigkeitsbestimmung nach § 36 Abs. 1 Nr. 3 ZPO auch noch nach Klageerhebung erfolgen (Thomas/Putzo § 36/15). Eine Verweisung hingegen ist nur bei Abtrennung gem. § 145 Abs. 1 ZPO möglich, wobei eine solche bei Gesamtschuldnern zwar zulässig, aber in der Regel untunlich ist (Zöller §§ 62/10/17; 145/5; 281/8).
>
> Ausnahmsweise kann auch der Beklagte einen Verweisungsantrag stellen (§ 506 ZPO: bei nachträglicher sachlicher Unzuständigkeit des Amtsgerichts). Sonst kann darin eine konkludente Zuständigkeitsrüge gesehen werden.

Die Gerichtsstände sind hauptsächlich in der ZPO geregelt. Daneben finden sich praxisrelevante Sonderregelungen, insbes. in §§ 48 VVG, 7 HaustürWG, 24 UWG, 20 StVG, 14 HaftpflichtG, § 440 HGB.

> **Beachte:**
>
> Bei Unklarheiten und **Zweifeln** hinsichtlich der örtlichen Zuständigkeit sollte zur Vermeidung einer Klageabweisung auf jeden Fall die Verweisung **hilfsweise** beantragt werden (vgl. Thomas/Putzo § 281/7, Zöller § 281/11).

Wenn das Gericht bereits einen entsprechenden (vertretbaren und nicht ersichtlich objektiv willkürlichen) Hinweis gegeben hat, lohnt es sich in der Regel nicht, auf dem eigenen Standpunkt zu beharren.

> Nicht zuletzt deshalb, weil bis zu einer etwaigen Korrektur eines etwaigen unrichtigen Prozessurteils in der zweiten Instanz viel Zeit vergehen kann und das Kostenrisiko steigt. Demgegenüber sind grundsätzlich auch fehlerhafte Verweisungen bindend (vgl. § 281 Abs. 2 S. 4 ZPO; Thomas/Putzo § 281/13). Dies schließt es freilich nicht aus, das Gericht auf die Fehlerhaftigkeit seiner Rechtsansicht aufmerksam zu machen, um dadurch in Einzelfällen vielleicht doch eine – an sich ungewollte – Verweisung zu verhindern.

Ein (bedingter) **Verweisungsantrag** kann bereits in der Klageschrift gestellt werden.

Dadurch kann man sich gegebenenfalls einen (unnötigen) Termin ersparen, da der Verweisungsbeschluss ohne mündliche Verhandlung ergehen darf.

> Obgleich keine Voraussetzung, wird in der Praxis häufig gleichzeitig mit dem Verweisungsantrag das Einverständnis mit einer Entscheidung ohne mündliche Verhandlung erklärt. Sinnvoll ist ein ausdrücklicher Antrag auf schriftliche Entscheidung, wenn das Gericht bereits einen Verhandlungstermin bestimmt hat und mit einer rügelosen Einlassung des Beklagten nicht zu rechnen ist (vgl. unten IV 3).

> Zu bedenken ist, dass ein zu früh gestellter Verweisungsantrag unter Umständen dazu führen kann, dass das Gericht wegen der Bindungswirkung und Unanfechtbarkeit der Verweisung (§ 281 Abs. 2 S. 3, 5 ZPO) Zweifeln an der Zuständigkeit zu schnell nachgibt, um die Sache einfach zu erledigen (vgl. Fischer MDR 2000, 684: »Die Phantasie derjenigen, die einen Prozess verweisen wollen, ist offenbar grenzenlos«; ders. NJW 1993, 2417: hinter falschen Verweisungsbeschlüssen – die durch einen schnellen Griff zu dem entsprechenden Formular erledigt werden – steht sehr häufig Arbeitsökonomie und nicht etwa ein Versehen oder Rechtsunkenntnis). Es ist dabei auch die Möglichkeit einer zuständigkeitsbegründenden rügelosen Einlassung des Beklagten in Betracht zu ziehen (vgl. unten III 3). Im schriftlichen Vorverfahren dagegen kann ein zu spät gestellter Verweisungsantrag nachteilig sein (vgl. unten IV 3; V 1).

Der Verweisungsbeschluss selbst ist **nicht anfechtbar** (§ 281 Abs. 2 S. 2 ZPO).

> Die bisher bereits strittige Ausnahmebeschwerde kommt nach der Neuregelung des Beschwerderechts durch die ZPO-Reform jetzt noch weniger in Betracht (vgl. BGH NJW 2002, 1577) (vgl. Zöller § 281/14). Allenfalls das verweisende Gericht selbst könnte den Beschluss wieder aufheben (vgl. §§ 318, 572 Abs. 1 **ZPO n.F.**). Die Bindungswirkung für das verwiesene Gericht (§ 281 Abs. 2 S. 4 ZPO) entfällt bei fehlerhaften Beschlüssen nur in Ausnahmefällen, welche allerdings von der Rechtsprechung immer mehr ausgeweitet werden (vgl. Zöller § 281/17; Fischer

III. Die örtliche Zuständigkeit

MDR 2002, 1401). Deshalb kann die davon nachteilig betroffene Partei die Zuständigkeit des neuen Gerichts nur mit dem Hinweis auf die fehlende Bindung rügen, damit dieses die Übernahme ablehnt bzw. ein Verfahren nach § 36 Nr. 6 ZPO einleitet. Im Übrigen kann nach § 513 Abs. 2 ZPO auch die Berufung nicht auf die fehlende örtliche Zuständigkeit gestützt werden (vgl. Zöller 23. Aufl. § 513/10 zur **a.A.**).

Einer der **praktisch häufigsten Fehler** bei Verweisungsbeschlüssen besteht im Übersehen der Tatsache, dass sich bei einem Umzug des Beklagten zwar der allgemeine Gerichtsstand ändert, nicht jedoch der Gerichtsstand des Erfüllungsortes (Fischer MDR 2002, 1402) (KG MDR 2002, 905: Verweisungsbeschluss entfaltet keine Bindungswirkung) (vgl. oben I 2 b). Allerdings ist ein Verweisungsbeschluss nicht schon deshalb willkürlich und ohne Bindungswirkung, weil er von einer »ganz überwiegenden« oder »fast einhelligen« Rechtsprechung abweicht (BGH MDR 2002, 1450). Etwas anderes kann gelten, wenn das Gericht sich in dem Verweisungsbeschluss damit überhaupt nicht auseinander gesetzt hat.

Der Kläger trägt bei Verweisung – auch wenn er in der Hauptsache obsiegt – die entstandenen **Mehrkosten**, was hauptsächlich bei Anwaltswechsel auf Beklagtenseite relevant ist (§ 281 Abs. 3 S. 2 ZPO).

Es empfiehlt sich für den in der Hauptsache unterlegenen Beklagten, dies speziell zu beantragen. Denn diese Kostentrennung wird von den Gerichten häufig vergessen und eine insoweit unrichtige Kostenentscheidung im Urteil ist für den Rechtspfleger im Kostenfestsetzungsverfahren bindend (Thomas/Putzo § 281/18). In diesem Fall muss vom Beklagten innerhalb von zwei Wochen die Ergänzung des Urteils gem. § 321 ZPO beantragt werden (vgl. Zöller § 321/3) (nicht § 319 ZPO!).

> **Beachte:**
>
> Das Verfahren wird bei Verweisung vor dem neuen Gericht in der Lage fortgesetzt, in der es sich bei der Verweisung befand (Verfahrenseinheit).

Deshalb wirken auch die **bisherigen Prozesshandlungen** fort. Vor allem werden die richterlichen Fristsetzungen des Erstgerichts durch die Verweisung nicht wirkungslos (Thomas/Putzo § 281/15; Zöller § 281/15a; OLG Frankfurt NJW-RR 1993, 1084). Man darf daher nicht auf irgendwelche Aufforderungen des neuen Gerichts warten, während etwaige Erklärungsfristen ablaufen. Es empfiehlt sich, Anträge auf Fristverlängerung sogleich beim neuen Gericht einzureichen.

2) Gerichtsstandsvereinbarungen

a) Voraussetzungen

Vor dem Entstehen der Streitigkeit geschlossene **Gerichtsstandsvereinbarungen**, vor allem in allgemeinen Geschäftsbedingungen, sind zwar weit verbreitet, aber häufig **unwirksam**, wegen

- fehlender Kaufmannseigenschaft beider Parteien (vgl. §§ 29 Abs. 2, 38 ZPO),
- mangelnder Bestimmtheit (vgl. § 40 ZPO) (vgl. Zöller § 40/4):

  Unwirksam ist z.B.: »Für alle Streitigkeiten, die evtl. zwischen den Parteien entstehen, soll das AG X zuständig sein«; »Für alle aus der bestehenden Geschäftsverbindung entstehenden Streitigkeiten...«

- fehlender Einbeziehung der AGB (hierzu unten 2b).

Die **Behauptungs-** und **Beweislast** für das Vorliegen einer Gerichtsstandsvereinbarung hat regelmäßig der Kläger.

Falls bestritten, muss der Kläger darlegen und u.U. beweisen, wann, durch wen und mit welchem Inhalt und in welcher Form sie zustande gekommen ist.

Dies gilt ebenso für die Tatsachen, welche die **Kaufmannseigenschaft** (§ 1 Abs. 1 HGB: Betreiben eines Handelsgewerbes) begründen.

> **Beachte:**
>
> Bei (eingetragenen) Kaufleuten kann ein Nachweis der Kaufmannseigenschaft problemlos durch einen **Handelsregisterauszug** erfolgen, der rechtzeitig vor dem Termin zur mündlichen Verhandlung eingeholt werden sollte (vgl. auch § 331 Abs. 1 S. 2 ZPO).

Denn der Kläger kann sich auf die gesetzlichen Fiktionen stützen, wonach ins Handelsregister eingetragene Firmen (§§ 2, 5 HGB) und Handelsgesellschaften (Formkaufmann, § 6 HGB) in jedem Falle als Kaufmann gelten (nicht aber deren Vertreter, z.B. Geschäftsführer einer GmbH oder Gesellschafter von juristischen Personen).

Diese Art des Nachweises ist jedoch nicht zwingend (Thomas/Putzo § 331/3). So kann er das Vorliegen eines Gewerbebetriebes auch anderweitig beweisen. Hierbei kommt ihm – auch bei kaufmännisch auftretenden Nichtkaufleuten – die **gesetzliche Vermutung** des § 1 Abs. 2 HGB im Sinne eines Anscheinsbeweises zugute (Zöller § 38/18/45), die der Gegner zu widerlegen bzw. zu erschüttern hat.

> Dies gelingt in zahlreichen Grenzfällen erfahrungsgemäß nicht, sofern der Kläger überhaupt etwas zur gewerblichen Tätigkeit des Beklagten vorgetragen hat. Keinesfalls ausreichend hierfür ist die bloße Rechtsbehauptung der Gegenpartei, sie sei Minderkaufmann. Vielmehr müssen konkrete Tatsachen dafür vorgetragen und – sofern (mit Nichtwissen) bestritten – bewiesen werden, dass »das Unternehmen nach Art oder Umfang einen in kaufmännischer Weise eingerichteten Geschäftsbetrieb nicht erfordert« (§ 1 Abs. 2 HGB) (vgl. die zahlreichen Beurteilungskriterien bei Baumbach/Hopt § 1/23).

Nicht prorogationsbefugt sind insbesondere Angehörige freier Berufe (z.B. Rechtsanwälte, Steuerberater, Ärzte, Architekten) aber u.U. günstiger besonderer Gerichtsstand für Gebührenforderung am Ort der Dienstleistung/Kanzlei/Praxis gem. § 29 ZPO (sehr str., vgl. Palandt § 269/12; Zöller § 29/24; verneinend Prechtel, NJW 1999, 3617; MDR 2001, 591).

b) Allgemeine Geschäftsbedingungen

Darin wird nicht selten als Gerichtsstand der Wohnsitz des Verwenders der AGB bestimmt, um sich die Prozessführung zu erleichtern.

> Die AGB sind dabei von den Parteien vorzulegen. Es ist nicht Aufgabe des Gerichts, von sich aus zu prüfen, ob AGB vereinbart worden sind, die eine Zuständigkeitsregelung enthalten (BGH NJW-RR 1995, 702).

Nach überwiegender Ansicht sind Gerichtsstandsklauseln unter (Voll)Kaufleuten in allgemeinen Geschäftsbedingungen grundsätzlich **wirksam** (Palandt § 9/87 AGBG; Hans. OLG Hamburg, MDR 2000, 170) (Ausnahmen vgl. Zöller § 38/22).

> Dies gilt auch für die im Handelsverkehr gebräuchlichen AGB-Gerichtsstände am Sitz des Verwenders bzw. Verkäufers. Hingegen versagt die Rechtsprechung die Anerkennung von solchen Klauseln bei Fehlen jeglicher Beziehung zum Prorogationsort.

Streitig ist meistens, ob die allgemeinen Geschäftsbedingungen überhaupt **Vertragsbestandteil** geworden sind.

> Hierzu muss entsprechend vorgetragen werden. Nicht ausreichend ist es, nur (als Rechtsbehauptung) zu schreiben, dass die AGB dem Vertrag zugrunde liegen.

Dies ist möglich durch

- Einbeziehungsvereinbarung (§ 24 Nr. 1 AGBG) (§ 310 **BGB n.F.**)

Eine solche kann durch schlüssiges Verhalten erfolgen, indem der Verwender erkennbar auf seine AGB verweist und der Vertragspartner ihrer Geltung nicht widerspricht (vgl. Palandt § 2/24 AGBG; Zöller § 38/21).

Nicht ausreichend ist hierfür grundsätzlich der häufig anzutreffende Hinweis auf die Geltung der eigenen Geschäftsbedingungen nach Vertragsabschluss insbesondere auf Lieferscheinen/Empfangsbestätigungen/Quittungen/Rechnungen oder deren bloße Beifügung oder Abdruck auf der Rückseite dieser Schriftstücke

(vgl. Palandt § 2/19/24/25 AGBG: Ausnahmen bei ständiger, auf Dauer angelegter kaufmännischer Geschäftsverbindung, was jedoch nach der Rechtsprechung des BGH einer sorgfältigen Prüfung im Einzelfall bedarf; BGH NJW 1978, 2243, verneinend für Lieferscheine; zweifelnd OLG Karlsruhe NJW-RR 1993, 567; zur Einbeziehung branchenüblicher AGB vgl. Palandt § 2/29 AGBG).

- Auftragsbestätigungen

    Bloßes Schweigen des Empfängers einer Auftragsbestätigung ist in der Regel keine Zustimmung. Als stillschweigende Zustimmung des Empfängers einer Auftragsbestätigung durch schlüssiges Verhalten wird jedoch insbesondere die daraufhin erfolgte widerspruchslose Entgegennahme der Leistung durch ihn angesehen (Palandt §§ 2/16/19/25 AGBG, 148/12 BGB, Baumbach/Hopt § 346/34; BGH NJW 1963, 1248) (vgl. auch § 150 Abs. 2 BGB).

- kaufmännische Bestätigungsschreiben.

    Im Gegensatz hierzu muss derjenige, der ein Bestätigungsschreiben widerspruchslos hinnimmt, dessen Inhalt, insbesondere auch die Verweisung auf die AGB, grundsätzlich als richtig gegen sich gelten lassen (Palandt § 2/25 AGBG, § 148/8 BGB) (Baumach/Hopt § 346/17; BGH NJW 1982, 1751, BGHZ 18, 216). Bei verschiedenen Gerichtsstandsklauseln in sog. kreuzenden Bestätigungsschreiben gilt die gesetzliche Regelung der örtlichen Zuständigkeit (§ 6 Abs. 2 AGBG – § 306 **BGB n.F.**; vgl. Palandt § 2/27 AGBG).

3) Rügelose Einlassung des Beklagten

Die Zuständigkeit des angegangenen Gerichts kann schließlich dadurch erlangt werden, dass der Beklagte zur Hauptsache (mündlich) verhandelt, ohne die Unzuständigkeit geltend zu machen (§§ 39, 40 Abs. 2, 504 ZPO).

> **Beachte:**
>
> Falls die Klage (versehentlich) vor dem örtlich unzuständigen (aber akzeptablen) Gericht erhoben wurde, sollte der Kläger den **Verweisungsantrag** nicht zu früh stellen.

Damit erhöht sich die Chance einer zuständigkeitsbegründenden Einlassung des Beklagten, insbesondere wenn (auch) vom Gericht noch kein entsprechender Hinweis erfolgt ist. Man sollte daher erst die Rüge des Beklagten abwarten. Jedoch kann eine schriftsätzlich erfolgte Zuständigkeitsrüge ohne weiteres zurückgenommen werden und steht einer rügelosen Einlassung im Termin nicht entgegen. Vor allem, wenn sich ein örtlicher Anwalt für den Beklagten bestellt hat, besteht häufig Einverständnis mit dem unzuständigen Gericht.

Bei einem **schriftlichen Vorverfahren** besteht jedoch die Gefahr eines klageabweisenden streitigen Prozessurteils nach § 331 Abs. 3 ZPO ohne mündliche Verhandlung, falls der Beklagte keine Verteidigungsanzeige abgegeben und der Kläger nicht (hilfsweise) Verweisung beantragt hat (sog. unechtes Versäumnisurteils) (bejahend Thomas/Putzo § 331/6; **a.A.** Zöller § 331/13).

Im Übrigen kann der Beklagte die örtliche Zuständigkeit im Termin auch dann noch rügen, wenn er die Klageerwiderungsfrist versäumt hat (§§ 282 Abs. 3; 296 Abs. 3 ZPO gelten nicht – § 39 ZPO ist lex spezialis, Thomas/Putzo § 296/41; Zöller §§ 39/5; 296/8a; vgl. auch BGH MDR 1997, 288; str.). Da umstritten ist, ob die »mündliche Verhandlung« die Stellung der Anträge voraussetzt (vgl. unten 5. Teil IV 1), sollte sicherheitshalber bereits vor jeglicher Erörterung der Sach- und Rechtslage ausdrücklich gerügt werden. Anschließend darf und sollte der Beklagte zur Hauptsache vorsorglich verhandeln.

> **Beachte:**
>
> Bereits das Bestreiten des neuen Sachvortrags und der Antrag auf Klageabweisung aus sachlichen Gründen gilt als Verhandeln (vgl. Zöller §§ 39/7, 333/2).

Es dürfte möglich sein, eine Verweisung unter der (innerprozessualen) **Bedingung** zu beantragen, dass der Beklagte die Unzuständigkeit rügt bzw. sich in der mündlichen Verhandlung nicht rügelos einlässt.

> Damit kann man verhindern, dass bereits vor der mündlichen Verhandlung ein Verweisungsbeschluss ergeht (vgl. § 281 Abs. 2 S. 2 ZPO) und dem Kläger dadurch die Möglichkeit einer rügelosen Einlassung des Beklagten genommen wird (vgl. Zöller § 39/8).
>
> Hingegen ist eine Rüge unter der Bedingung der Begründetheit der Klage bzw. Bejahung der Sachlegitimation unzulässig (vgl. Zöller § 39/5).

Nachgewiesen werden kann eine erfolgte Rüge nur durch das Sitzungsprotokoll (§ 165 ZPO) oder den Tatbestand (§ 314 ZPO) (vgl. unten 5. Teil V 1).

IV. Die Klageschrift

Da das Zivilverfahren praktisch ein schriftliches Verfahren ist, sollte der Fertigung der Schriftsätze, insbesondere natürlich der Klageschrift, besondere Aufmerksamkeit gewidmet werden. Ungünstig ist es, wenn die Ausführungen ständig durch spätere Schriftsätze berichtigt werden müssen.

1) Schriftform

a) Unterschrift

Die Klageschrift muss – ebenso wie andere bestimmende Schriftsätze – nach der Rechtsprechung **schriftlich** eingereicht werden und erfordert daher eine eigenhändige **Unterschrift** (Thomas/Putzo § 129/5 ff.). Eine bloße sog. **Paraphe** hingegen wird nicht als Unterschrift angesehen.

BGH NJW 1997, 3380 (st. Rspr.):

> »Eine Unterschrift setzt einen individuellen Schriftzug voraus, der sich – ohne lesbar sein zu müssen – als Wiedergabe eines Namens darstellt und die Absicht einer vollen Unterschriftsleistung erkennen lässt. Ein Schriftzug, der als bewusste und gewollte Namenskürzung erscheint (Handzeichen, Paraphe) stellt demgegenüber keine formgültige Unterschrift dar.«

> Es reicht aus, wenn das handschriftliche Gebilde von individuellem Gepräge ist und charakteristische Merkmale hat, welche die Identität dessen, von dem es stammt, ausreichend kennzeichnet. Wenn zumindest zwei Buchstaben als solche zu erkennen und durch einen Strich miteinander verbunden sind, sind diese als Ausdruck einer in Teilen verstümmelten Schrift, nicht aber eines Handzeichens zu verstehen (BAG NJW 2001, 316).

Die fehlende Unterschrift kann zwar nachgeholt werden, bei fristgebundenen Prozesshandlungen jedoch nur innerhalb der Frist (Thomas/Putzo § 129/14). Allerdings ist in der Regel Wiedereinsetzung zu gewähren, wenn ein Rechtsanwalt auf diese Weise jahrelang unbeanstandet unterzeichnet hat (Zöller § 130/7; BGH NJW 1990, 60; BVerfG NJW 1998, 1853).

> Ansonsten ist in Anbetracht der Variationsbreite, die selbst Unterschriften ein und derselben Person aufweisen, insoweit ein großzügiger Maßstab anzulegen, wenn die Autorenschaft gesichert ist (BGH NJW 1997, 3380; VersR 2002, 589: »Kritzel-Kratzel-Version«; BVerfG NJW 1988, 2787: wünschenswerte Großzügigkeit) (vgl. nunmehr auch § 126b BGB: Textform). Unter Umständen kann daher ein Namensstempel oder die maschinenschriftliche Beifügung des Namens die Unwirksamkeit noch abwenden. Es muss sich aber in jedem Fall um einen Schriftzug handeln, der vom äußeren Erscheinungsbild erkennen lässt, dass der

Unterzeichner seinen vollen Namen und nicht nur eine Abkürzung hat niederschreiben wollen (BGH NJW 1999, 60). Eine bloße Schlangenlinie stellt daher in keinem Fall eine Unterschrift dar (Baumbach/Lauterbach § 129/42: selbst wenn sie einer schlechten Gewohnheit des Anwalts – wie der manchen Richters – entsprechen mag).

Diese Formalie sollte nicht unterschätzt werden, da sie die Gerichte häufig beschäftigt.

Unzureichend wäre z.B. folgendes Handzeichen:

»Ein handgeschriebenes Gebilde, das – einem leicht gegen den Uhrzeigersinn gedrehten griechischen ›Alpha‹ in Minuskel-Form oder einem in lateinischer Schreibschrift gehaltenen Großbuchstaben ›L‹ ohne obere Schleife ähnlich – auch einer aufliegenden Schleife mit zwei leicht gebogenen Ästen besteht, von denen der kürzere mit einer Neigung von ca. 45 Grad nach rechts oben steigt, während der etwas längere eher waagrecht nach rechts ausläuft« (OLG Karlsruhe NJW-RR 2000, 948).

Im Übrigen ist Folgendes zu beachten (vgl. Baumbach/Lauterbach § 129/13 ff.):

- Die Unterzeichnung allein mit dem Vornamen (OLG Karlsruhe NJW-RR 2000, 948; BGH VersR 1983, 33: mit vollem Namen) oder gar nur mit dem großgeschriebenen Anfangsbuchstaben des Namens (LAG Berlin NJW 2002, 989) genügt nicht
- Grundsätzlich unzureichend ist eine Unterschrift nur »im Auftrag« (i.A.), statt »in Vertretung«, ausreichend jedoch »Für Rechtsanwalt E., nach Diktat verreist« (BGH Urt. v. 31. 3. 03 – II ZR 192/02; **a.A.** KG BB 2002, 2151).
- Benutzung eines Bleistifts reicht nicht (so Baumbach/Lauterbach § 129/17) (sondern: Tinte oder Kugelschreiber) (**a.A.** Zöller 23. Aufl. § 130/15)
- Namensstempel ist auch in handschriftlicher Form keine Unterschrift
- Akademische oder sonstige Titel sind nicht erforderlich, mit Ausnahme des früheren Adelstitel (so Baumbach/Lauterbach § 129/13/46)
- Unterschrift eines Mitarbeiters reicht grundsätzlich nur dann aus, wenn er seinerseits ein zugelassener Anwalt ist.

b) Telefax

Die Klage kann auch per Telefax übermittelt werden.

Während diese Möglichkeit bislang lediglich auf der Rechtsprechung beruhte, gestattet § 130 Nr. 6 ZPO nunmehr für vorbereitende Schriftsätze ausdrücklich eine Übermittlung durch Telekopie. Danach dürfte es irrelevant sein, dass das Telefax nicht vom Gerät der Anwaltskanzlei versandt wird.

In diesem Fall bedarf es einer Bestätigung auf konventionellem Postweg durch Einreichung des **Originals** bei Gericht nicht.

(BGH NJW 1993, 3141; Zöller §§ 130/10f., 270/6d; kritisch § 518/18a ff. hins. Rechtsmitteleinlegung ; **a.A.** LG Berlin MDR 2000, 970 – zustimmend LG Wiesbaden NJW 2001, 3636 – wegen § 130 Nr. 6 ZPO jetzt m.E. nicht mehr vertretbar).

> In Einzelfällen kann durch die Nachsendung des Originals bei Empfangsstörungen seitens des Gerichts und bloßem Signalzugang der Gesamtinhalt des Schriftsatzes nachgewiesen werden (vgl. BGH NJW 2001, 1581) (vgl. unten 4. Teil II 3b).

Zwecks Wahrung der erforderlichen **Schriftform** muss die Telefaxvorlage von der Partei bzw. einem postulationsfähigen Rechtsanwalt eigenhändig unterzeichnet und auf der bei dem Gericht eingegangenen Kopie wiedergegeben sein (vgl. Thomas/Putzo § 129/13) (§ 130 Nr. 6 ZPO).

> Zu beachten ist, dass der Nachweis der **Prozessvollmacht** nach § 80 ZPO mittels Telefax nach h.M. nicht ausreichend ist (Thomas/Putzo § 80/8; Zöller § 80/8). Erforderlich ist die Vorlage der Urkunde im Original. Es ist ratsam, sich die Vollmacht bereits bei Annahme des Mandats unterschreiben zu lassen und zu den Terminen mitzunehmen (vgl. §§ 88, 89 ZPO).

Eine Übermittlung direkt aus dem Computer mittels PC-Modem (sog. **Computerfax**) wahrt nach einer neueren Entscheidung des Gemeinsamen Senats der obersten Gerichtshöfe des Bundes ebenfalls die Schriftform (GmS-OGB NJW 2000, 2340, ebenso nunmehr BGH NJW 2001, 831).

> In den Gründen wird u.a. ausgeführt:
> »Entspricht ein bestimmender Schriftsatz inhaltlich den prozessualen Anforderungen, so ist die Person des Erklärenden in der Regel dadurch eindeutig bestimmt, dass seine Unterschrift eingescannt **oder** der Hinweis angebracht ist, dass der benannte Urheber wegen der gewählten Übertragungsform nicht unterzeichnen kann«.
>
> Dieser Hinweis kann z.B. lauten:»Dieser Schriftsatz wurde maschinell erstellt und trägt deshalb keine Unterschrift«. Ausreichen müsste wohl auch: »Computerfax«.

Abgesehen von diesem Ausnahmefall hält der Gemeinsame Senat jedoch im Grundsatz am Erfordernis der eigenhändigen Unterschrift fest (z.B. auch BGH NJW 2001, 1581). Da jedoch fraglich ist, ob nach Einführung der §§ 130 Nr. 6, 130a ZPO die zweite Variante noch zutrifft, sollte der Anwalt sicherheitshalber die Unterschrift bei einem Computerfax einscannen, aber nicht nur seinen Namen in einer Schreibschrift-Schriftart beifügen.

Nach dem neu eingefügten § 130a ZPO kann die notwendige Schriftform grundsätzlich durch Aufzeichnung als **elektronisches Dokument** erfüllt werden.

Voraussetzung ist allerdings die Bestimmung der näheren Modalitäten durch die Bundes- bzw. Landesregierungen (Abs. 2). Dabei sieht der vom Bundesjustizministerium vorgelegte Diskussionsentwurf des »Elektronischen Rechtsverkehrsgesetzes« mit einem neuen § 298a ZPO sogar die Möglichkeit der Führung einer vollständig elektronischen, papierlosen Akte vor (vgl. Krüger/Bütter MDR 2003, 181) (vgl. bereits §§ 299 Abs. 3; 299a ZPO).

Im Rahmen eines Pilotprojekts können beim BGH bereits Dokumente per E-Mail rechtswirksam eingereicht werden (gem. Elektronischer Rechtsverkehrsverordnung v. 26.11.2001, BGBl. I, S. 3225; vgl. Hendel JurPC 68/2002).

Die verantwortende Person soll das Dokument mit einer qualifizierten elektronischen Signatur nach dem Signaturgesetz versehen (Abs. 1). Eingereicht ist ein solches Dokument, sobald die für den Empfang bestimmte Einrichtung des Gerichts es aufgezeichnet hat (Abs. 3).

Vgl. hierzu kritisch Hartmann NJW 2001, 2578:

»Dann muss sich der Richter, Rechtspfleger, Urkundsbeamte, Anwalt, Gerichtsvollzieher mit einem Knäuel von amtlichen Begriffsbestimmungen in § 2 Nr. 1–15 Signaturgesetzes befassen, von denen die »qualifizierte elektronische Signatur« nur den Eingang ins Labyrinth der technischen Geheimnisse darstellt, nach dessen Durchirren man vielleicht genau weiß, ob nun eine gültige Unterschrift vorliegt oder nicht«.

c) **Materiell-rechtliche Erklärungen**

Prozesshandlungen bzw. prozessuale Schriftsätze können zugleich materiell-rechtliche Willenserklärungen enthalten (Zöller § 129/6). Es muss dann aber für den Gegner eindeutig erkennbar sein, dass daneben noch eine solche Erklärung abgegeben wird (Palandt § 568/6).

So empfiehlt sich z.B. bei einer Kündigung eines Mietverhältnisses eine ausdrückliche Erklärung, da diese nach h.M. nicht in der Erhebung der Räumungsklage zu sehen ist (vgl. Spangenberg MDR 1983, 807).

Die schriftsätzliche Erklärung wird erst mit dem **Zugang** an den Gegner wirksam (§ 130 Abs. 1 BGB). Dessen Zeitpunkt lässt sich durch die Zustellungsurkunde leicht nachweisen. Deshalb kann es sich empfehlen, eine außergerichtlich mit einfacher Post erfolgte Kündigung sicherheitshalber nochmals in der Klageschrift zu wiederholen, zumindest aber, wenn neue Kündigungsgründe bekannt geworden sind.

Hierbei kann es zweifelhaft sein, ob die Prozessvollmacht des (gegnerischen) Rechtsanwalts eine Empfangsvollmacht beinhaltet. Jedenfalls schließt die einem Anwalt zur Abwehr einer Räumungsklage erteilte Prozessvollmacht regelmäßig die Befugnis zum Empfang einer im Zusammenhang mit dem Rechtsstreit abgegebenen (neuen) Kündigungserklärung mit ein (BGH NJW-RR 2000, 745; MDR 1980, 572; str., vgl. Zöller § 81/10). Eine Beschränkung im Innenverhältnis wirkt im Außenverhältnis mangels Offenlegung nicht. Für den Umfang der Außenvollmacht kommt es nur darauf an, wie der Erklärungsgegner das Verhalten des Vollmachtgebers verstehen musste und durfte.

Es ist aber zu bedenken, dass die Zustellung und damit der Zugang letztlich vom Geschäftsbetrieb des Gerichtes und der Deutschen Post AG abhängen und deshalb u.U. Fristen versäumt werden können.

Bei der Klageschrift ist darauf zu achten, dass auch die Abschrift der Klage, welche dem Gegner zugestellt wird, unterschrieben ist, sofern nicht die Textform ausreicht oder überhaupt keine besondere Form erforderlich ist (vgl. §§ 126, 126b, 127 BGB).

Dabei genügt nach wohl h.M. zur Wahrung einer gesetzlich vorgeschriebenen Schriftform der **unterzeichnete Beglaubigungsvermerk** des Anwalts.

> Vgl. Palandt § 568/6; Zöller § 133/1; z.B. OLG Zweibrücken MDR 1981, 585 – RE v. 17. 2. 1981, 3 W 191/80; RE v. 23. 11. 1981, 4 Re Miet 8/81; BayObLG NJW 1981, 2197; BGH NJW-RR 1987, 395: nur dann, wenn der Prozessbevollmächtigte selbst die Kündigung ausgesprochen hat.

Während nach einer anderen Ansicht die Zustellung stets dem Formerfordernis genügt, wird teilweise auch eine separate Unterschrift verlangt (vgl. z.B. Nachw. bei OLG Hamm NJW 1982, 452; Spangenberg MDR 1983, 807).

Sicherheitshalber sollte man daher das für den Gegner bestimmte Doppel nochmals eigenhändig neben oder statt der Unterschrift unter dem Beglaubigungsvermerk unterschreiben. Denn die Nichteinhaltung der Form hat die Nichtigkeit der Willenserklärung zur Folge (§ 125 BGB).

Beachte:

Bei Schriftsätzen, die eine einseitige materiell-rechtliche Willenserklärung enthalten (z.B. Kündigung, Anfechtung) empfiehlt sich die Einreichung der Originalvollmacht (vgl. Zöller § 129/6: wird oft versäumt).

Sonst besteht die Gefahr, dass der Beklagte das Rechtsgeschäft gem. § 174 BGB unverzüglich zurückweist, was insbesondere bei fristgebundenen Gestaltungsrechten zu erheblichen Nachteilen für die Partei und zur entsprechenden Haftung des Anwalts führen kann (vgl. BGH NJW 1994, 1472: pflichtwidrig – durch zurückgewiesene Kündigung Schaden i.H.v. 21000 DM) (zum Umfang der Prozessvollmacht vgl. Zöller § 81/10).

> Die Vorlage einer Faxkopie oder beglaubigten Abschrift genügt nicht (Palandt § 174/2; BGH NJW 2001, 289). Da es nicht ausreicht, dass sich die Vollmachtsurkunde in den Gerichtsakten befindet, sondern dem Empfänger vorgelegt werden muss, sollte man das Gericht bitten, diese zusammen mit der Klageschrift dem

Beklagten zuzustellen (**a.A.** Zöller § 81/10). Hierzu kann diese auch gleich an die Abschrift angeheftet werden. § 174 BGB findet jedoch auf eine von einem Rechtsanwalt im Rahmen seiner Prozessvollmacht abgegebenen Erklärung keine Anwendung (BGH NJW 2003, 963 – Mieterhöhungsverlangen).

Da aber zweifelhaft sein kann, ob die Prozessvollmacht auch die Abgabe materiell-rechtlicher Erklärungen deckt, ist es ratsam, eine speziell auf die Willenserklärung gerichtete Vollmacht vorzulegen.

Bei einer namens einer **BGB-Gesellschaft** abgegebenen Willenserklärung ist zu beachten, dass entweder eine Vollmacht sämtlicher Gesellschafter vorzulegen oder die vom Geschäftsführer aus dem Gesellschaftsvertrag in Anspruch genommene Vertretungsmacht durch dessen Vorlage (wohl ebenfalls im Original) zu belegen ist (BGH NJW 2002, 1194: trotz etwaiger Teil-Rechtsfähigkeit).

Hieraus ergeben sich Haftungsrisiken, wenn die (von allen Gesellschaftern des Mandanten unterschriebene) Vollmacht nur auf »die Anwaltssozietät« lautet. Wenn in der Vollmacht nicht (auch) die zur Sozietät als BGB-Gesellschaft gehörenden Anwälte genannt und bevollmächtigt werden, droht eine Zurückweisung. In der Anwaltsvollmacht sollten daher diejenigen Anwälte genannt werden, die möglicherweise mit der Bearbeitung des Mandats befasst werden. Ob es ausreicht, dass der handelnde Anwalt zu den auf dem Briefbogen genannten Sozien gehört, ist sehr fraglich (bejahend Häublein NJW 2002, 1398).

> **Beachte:**
>
> Ein Telefax reicht zur Wahrung der gesetzlich vorgeschriebenen schriftlichen Form nicht aus (§ 126 BGB).

Deshalb kann insbesondere eine arbeitsrechtliche oder mietrechtliche Kündigung mittels Telefax nicht wirksam erklärt werden (§§ 125, 126, 623, 568 Abs. 1 BGB).

Hingegen erfüllt ein Telefax die rechtsgeschäftliche bestimmte schriftliche Form sowie die Textform (§§ 126b, 127 BGB) (vgl. Palandt §§ 126/11, 126b/3; 127/2). Eine E-Mail oder ein Onlineformular gelten mangels Unterschrift hingegen nicht als »schriftlich« (vgl. § 126 a BGB: elektronische Form).

2) Verjährungshemmung

Die Verjährung wird gehemmt:
- mit **Zustellung** der Klage (§§ 204 Abs. 1 Nr. 1 **BGB n.F.**, 253 Abs. 1 ZPO)
- mit Einreichung der Klageschrift, sofern die Zustellung »**demnächst**« erfolgt (§ 167 ZPO – § 270 Abs. 3 ZPO a.F.) (vgl. hierzu auch oben II 1b).

Da der Partei solche Verzögerungen bei der Zustellung zuzurechnen sind, die sie bei gewissenhafter Prozessführung hätte vermeiden können, ist vor allem zu achten auf

- die rechtzeitige und korrekte Einzahlung des (weiteren) **Gerichtskostenvorschusses.**

  Vgl. § 65 Abs. 1 GKG i.V.m. KV Nr 1201; nach Anforderung i.d.R. binnen 2 Wochen einzuzahlen mit Nachfragepflicht nach ca. 3 Wochen, Zöller §§ 270/8. Nach ganz h.M.u. st. Rspr. des BGH – vgl. BVerfG NJW 2001, 1125; Zöller § 693/5a – besteht keine Verpflichtung, den Vorschuss von sich aus einzuzahlen – **a.A.** ohne Aufforderung, wenn der Anwalt die Höhe bereits selbst berechnet und in der Klageschrift bzw. im Mahnantrag eingetragen hat (Hartmann, KostenG. § 65/10 GKG ; vgl. Zöller § 693/5a) – **im Zweifel** daher sicherheitshalber ggf. zu viel und sogleich einzahlen – keine Zeitverzögerung bei Bareinzahlung oder durch Kostenmarken/Gebührenstempler – aber richtiges Aktenzeichen angeben!, vgl. BGH VersR 1995, 361. Besteht ausnahmsweise nach § 65 Abs. 7 GKG keine Vorschusspflicht, muss der Anwalt unbedingt darauf hinweisen (vgl. Thomas/Putzo § 270/ 12) (insbes. § 65 Abs. 7 Nr. 4 bei drohender Verjährung).

- vollständige und richtige **Anschriften** einschließlich richtiger Parteibezeichnungen (Zöller § 270/10; BGH NJW 2001, 885; NJW 2002, 2391: Postfachanschrift reicht nicht). Sofern die Klage als unzustellbar zurückkommt, verzögert dies eine (erneute) Zustellung erfahrungsgemäß erheblich.

  Bei unbekanntem Aufenthalt des Beklagten ist die **öffentliche Zustellung** zu beantragen (§ 185 ZPO) (§§ 203, 204 ZPO a.F.). Hierfür sind mindestens vorzulegen eine aktuelle Auskunft aus dem Einwohnermelderegister und/oder Gewerberegister sowie eine Postauskunft vom letzten Wohnsitz des Beklagten. Diese Auskünfte dürften meist genügen. Der Richter kann aber auch noch weitere Ermittlungen des Antragstellers verlangen (z.B. Auskünfte vom letzten Vermieter, Nachbarn, Arbeitgeber, Verwandten etc.; vgl. Zöller 23. Aufl. § 185/2: stets erforderlich; großzügiger Thomas/Putzo § 203/6: idR. Einwohnermeldeamts- und Postauskunft).

- die Beifügung der erforderlichen **Abschriften** (vgl. § 133 Abs. 1 ZPO) (insbes. bei Übermittlung per Fax).

  Wenn eine Zustellung »demnächst« unsicher ist, kann man sich u.U. den Umstand zu Nutze machen, dass bei einer Klage vor dem Verwaltungs-, Sozial-, Finanz-, Arbeits- oder Strafgericht die Streitsache bereits mit ihrer **Einreichung** rechtshängig wird und bei Verweisung an das Zivilgericht fortwirkt (vgl. Zöller § 261/3a). Dabei sind diese Gerichte nicht befugt, die Klage wegen etwaigen Rechtsmissbrauch als unzulässig abzuweisen (BVerwG NJW 2001, 1513) (vgl. § 17a GVG). Allerdings ist ungewiss, ob dann die Wirkungen nicht doch erst ab der erfolgten Zustellung eintreten.

Dabei hemmt auch die Zustellung einer unzulässigen, unsubstantiierten und unschlüssigen (aber wirksamen) Klage die Verjährung, so dass fehlende Angaben dann noch nachgeholt (Palandt § 209/5) bzw. Mängel durch Rügeverzicht geheilt werden können (§ 295 ZPO) (zur Individualisierung vgl. oben II 2).

> Hinsichtlich der unzulässigen Klage wurde dies für die Unterbrechung mit § 212 BGB a.F. begründet, der jedoch entfallen ist. Jedoch soll nach der Begründung des Regierungsentwurfs zum Schuldrechtsmodernisierungsgesetz die Hemmung unabhängig vom Ausgang des Verfahrens sein(BT-Dr. 14/6040 S. 118). Deshalb ist an der bisherigen Auffassung festzuhalten.

Eine **Stufenklage** (§ 254 ZPO) hemmt die Verjährung in vollem Umfange, während sonst die Gefahr besteht, dass während des Auskunftsprozesses der Leistungsanspruch verjährt (Palandt § 209/2; Zöller § 262/3) (vgl. unten V 6).

3) Die richtige Partei und ihre Bezeichnung

a) Allgemeine Bedeutung

Die Klageschrift muss die Bezeichnung der Parteien enthalten (§ 253 Abs. 2 Nr. 1 ZPO). Danach bestimmt sich, wer Partei respektive Beklagter wird, an welchen sodann auch die Klage zuzustellen ist (§ 253 Abs. 1 ZPO).

> Obgleich in der Praxis üblich, erfordert § 253 ZPO nicht die Angabe des gegnerischen **Prozessbevollmächtigten**. Dies kann dazu führen, dass die Zustellung an einen (noch) nicht (mehr) bestellten Rechtsanwalt unwirksam ist (umstritten, ob Bestellungsanzeige durch den Gegner vom Gericht gem. § 172 ZPO (§ 176 ZPO a.F.) zu **beachten** ist, vgl. Zöller § 176/6), vor allem wenn der Anwalt nur einen von mehreren Beklagten vertritt. Dadurch kann ein unnötiger und u.U. nachteiliger Zeitverlust eintreten.

> Bei **Unklarheiten** hinsichtlich der zustellungsfähigen Anschrift empfiehlt sich die (rechtzeitige) Einholung einer Auskunft aus dem zuständigen Einwohnermelderegister, die im Übrigen auch für eine öffentliche Zustellung (neben einer ebenfalls negativen, aber oftmals erfolgreicheren Postanfrage) bei unbekanntem Aufenthalt des Beklagten erforderlich ist (Thomas/Putzo § 204/6).

Eine ungenaue oder unrichtige **Parteibezeichnung** kann zwar jederzeit **berichtigt** werden, aber nur, solange die Identität der Partei gewahrt bleibt, die durch die Bezeichnung erkennbar getroffen werden sollte (vgl. Thomas/Putzo Vorbem. § 50/4; § 253/7; BGH MDR 2002, 1240). Sonst liegt eine Parteiänderung vor.

> Letztlich hängt die Unterscheidung von der Auslegung im konkreten Fall ab, wobei eine klare Abgrenzung oftmals nur schwer möglich ist.

BGH NJW 1981, 1454:

»Die Bezeichnung der Partei allein ist für die Parteistellung nicht ausschlaggebend. Vielmehr kommt es darauf an, welcher Sinn der von der klagenden Partei in der Klageschrift gewählten Parteibezeichnung bei objektiver Würdigung des Erklärungsinhalts beizulegen ist. Bei unrichtiger äußerer Bezeichnung ist grundsätzlich die Person als Partei anzusprechen, die erkennbar durch die Parteibezeichnung betroffen werden soll«.

Die obergerichtliche Rechtsprechung stellt dabei häufig auf die streitgegenständlichen materiellen Rechtsbeziehungen ab, so dass auch bei eigenständigen verschiedenen (juristischen) Personen eine Parteiberichtigung in Betracht kommen kann (vgl. z.B. OLG Hamm NJW-RR 1991, 188: »ARAG Rechtsschutz AG« anstatt »ARAG Sachversicherung AG«; Wehrberger, AnwBl. 2000, 684 m.w.N.).

Da bei dieser Auslegung ein Kriterium sein kann, ob sich der (gemeinte) Beklagte inhaltlich auf die Klage eingelassen hat, sollte bei unklaren Parteibezeichnungen zunächst die fehlende Passivlegitimation gerügt und weiteres Vorbringen nur hilfsweise vorgetragen werden.

Wenn z.B. namensgleiche Personen unter derselben Anschrift wohnen, muss die Partei unterscheidbar gekennzeichnet werden – z.B. »junior« oder »senior!« – Probleme kann es auch geben, wenn der Vorname der Person nur mit dem Anfangsbuchstaben bezeichnet wird (vgl. LG Hamburg RPfl. 1957, 257: nicht vollstreckbar). Bei unvollständigen Angaben muss der Anwalt unbedingt beim Mandanten nachfragen.

Wurde hingegen die Klage (irrtümlich) gegen den (falschen) Beklagten, welcher nicht der materiell Verpflichtete ist, gerichtet, fehlt ihm die **Passivlegitimation**, und die Klage muss als unbegründet abgewiesen werden.

Entsprechend betrifft das Erfordernis des richtigen Klägers die **Aktivlegitimation,** die fehlt, wenn das eingeklagte Recht nicht ihm zusteht, d.h. er nicht Träger dieses Rechts ist.

▶ **Beispiel:**

Die Eheleute Müller sind bei dem Vertragsabschluss oder bei Vorbesprechungen anwesend. Die Rechnung wird ausgestellt auf »Müller«. In diesem Fall kann die Sachlegitimation zweifelhaft sein. Bei Klageerhebung durch einen Ehegatten sollte sich dieser vorsorglich etwaige Ansprüche des anderen abtreten lassen. Werden andererseits beide als Gesamtschuldner verklagt, besteht das Risiko einer kostenpflichtigen Teilabweisung.

Natürlich sollten die Vertragsunterlagen auf die Identität und genaue Bezeichnung des Vertragspartners hin untersucht werden.

Unklarheiten gibt es z.B. immer wieder, wenn sich bei der Unterschrift ein vom Briefkopf oder von der Angabe des Vertragspartners abweichender Stempelaufdruck befindet. Oftmals sind auch die Briefbögen von verschiedenen, in einem Konzern miteinander verbundenen Gesellschaften verwirrend (vgl. OLG Hamm VersR 1978, 633: Versicherungskonzern – Parteiberichtigung zugelassen).

Vor allem im Reiseprozess ist genau zu prüfen, wer eigentlich Veranstalter der Reise und damit passiv legitimiert ist (vgl. 651a BGB). So werden z.B. Reisen häufig unter einer Dienstleistungsmarke eines Konzerns angeboten, welcher seinerseits aus mehreren einzelnen und rechtlich selbständigen Reiseunternehmen besteht (vgl. AG Bad Homburg NJW-RR 1996, 821: »Terramar-Reisen«). Probleme gibt es in der Praxis regelmäßig bei der Frage, wer von mehreren Mitreisenden Vertragspartner des Reiseveranstalters geworden ist, wenn nur einer von ihnen die Reise gebucht hat (vgl. Kauffmann, MDR 2002, 1036).

> **Beachte:**
>
> Bei einer Klage gegen den falschen Schuldner wird die **Verjährung** nicht gehemmt (Palandt § 209/12).

Vor allem, wenn die Mandantenangaben ungenau sind, kann bereits die **Zustellung** scheitern und insbesondere bei Klageeinreichung nahe am Ende der Verjährungsfrist zum Prozessverlust führen.

Im Falle einer Parteiberichtigung kann eine etwaige fehlende Zustellung an die richtige Partei u.U. in Einzelfällen noch gem. § 189 ZPO (§ 187 ZPO a.F.) geheilt werden, z.B. wenn der Anwalt sowohl für die beklagte als auch die passivlegitimierte Partei zustellungsbevollmächtigt war (BGH NJW 1983, 2446) oder wenn die Klage weitergeleitet wurde (OLG Hamm VersR 1978, 633).

Sofern jedoch der Schuldner die fehlerhafte Klage durch falsche Informationen, z.B. auf dem bei der vorprozessualen Korrespondenz verwendeten Briefbogen, veranlasst hat, kann u.U. **§ 242 BGB** in Betracht kommen (Palandt § 209/12).

b) Parteiänderung

Ist eine Berichtigung der Bezeichnung bei einer falschen verklagten Partei nicht möglich, kann man u.U. durch eine Parteiänderung eine Klageabweisung oder Klagerücknahme vermeiden.

Der Vorteil ist die Vermeidung eines neuen Prozesses sowie der dadurch erlangte Zeitgewinn. Deshalb fallen insbesondere die Gerichtskosten – im Gegensatz zu einer zweiten Klage (gegen die richtige Partei) – nur einmal an und die bisherigen Prozessergebnisse können größtenteils mit verwertet werden. Im Übrigen ist die Kostenfolge nach § 269 Abs. 3 ZPO zwingend und eindeutig zum Nachteil des Klägers, während diese bei einer Parteiänderung u.U. zweifelhaft sein kann.

Da damit aber trotzdem regelmäßig ein Kostenschaden verbunden ist, sollte man zuvor immer erst versuchen, ob das Gericht nicht doch eine bloße Berichtigung akzeptiert, zumal die Grenze nicht ganz eindeutig zu ziehen ist.

In Einzelfällen kann es Probleme geben, weil in der Regel weder ein etwaiges erforderliches Schlichtungsverfahren noch ein Mahnverfahren in Bezug auf die neuen Parteien durchgeführt wurde (vgl. oben I 1 b).

> **Beachte:**
>
> Der Antrag auf »Rubrumsberichtigung« verdeckt häufig eine eigentlich notwendige Parteiänderung.

Hierbei sollte man als Gegner aufpassen, dass das Gericht bzw. die Geschäftsstelle nicht mehr oder weniger stillschweigend einfach die Parteibezeichnung (auf Aktendeckeln, gerichtlichen Schreiben, Urteilsrubrum etc.) ändert, ohne die Problematik erkannt zu haben.

Dies gilt auch für die Rubrumsberichtigung bei einem bereits erwirkten Urteil, dessen Vollstreckung wegen ungenauer Parteibezeichnung scheitern kann (vgl. Thomas/Putzo § 319/3).

Nach Ansicht des **BGH** ist die – gesetzlich nicht geregelte – Änderung der Parteien grundsätzlich als Klageänderung zu behandeln, deren Zulässigkeit sich nach § 263 ZPO richtet (Zustimmung des Beklagten oder Sachdienlichkeit) (vgl. Thomas/Putzo Vorbem. § 50/15). Diese Rechtsprechung wird jedoch von der Literatur heftig kritisiert.

Es ist wie folgt zu unterscheiden:

- Parteiänderung auf **Klägerseite:**

  Nach Thomas/Putzo (Vorbem. § 50/21) sind in diesem in der Praxis eher selteneren Fall Parteiwechselerklärungen des alten und neuen Klägers erforderlich. Zwar erwähnt dies der BGH nicht, es dürfte aber als selbstverständlich vorauszusetzen sein. Der Beklagte muss nur dann zustimmen, soweit der alte Kläger nach Beginn der mündlichen Verhandlung zur Hauptsache austritt (entspr. § 269 Abs. 1 ZPO). Die Einwilligung des Beklagten gilt entsprechend § 267 ZPO als erteilt, wenn er sich ohne Widerspruch auf die abgeänderte Klage eingelassen hat. Von den Kosten hat der bisherige Kläger entsprechend § 269 Abs. 3 ZPO lediglich diejenigen zu tragen, welche bis zu seinem Ausscheiden entstandenen sind.

- Parteiänderung auf **Beklagtenseite**:

  Während der neue Beklagte nicht zustimmen muss, ist entsprechend § 269 Abs. 1 ZPO die Zustimmung des alten Beklagten bei Vornahme der Parteiänderung nach dessen mündlicher Verhandlung zur Hauptsache erforderlich. Sie kann nicht durch Sachdienlicherklärung ersetzt werden. An die bisherigen Prozessergebnisse und Prozesshandlungen ist der neue Beklagte nur im Falle seiner Zustimmung gebunden. Die außergerichtlichen Kosten des ausscheidenden Beklagten hat allerdings der Kläger entsprechend § 269 Abs. 3 ZPO zu tragen (sehr str; vgl. zum Ganzen Thomas/Putzo Vorbem. § 50/15/22/27ff; nach BGH in erster Instanz wohl ebenfalls Zustimmung des alten Beklagten analog § 269 Abs. 1 ZPO erforderlich (NJW 1981, 989); in zweiter Instanz aber nur zulässig, wenn auch der neue Beklagte zustimmt oder dessen Weigerung rechtsmissbräuchlich wäre).

  Im Übrigen muss dem neuen Beklagten ein der Klageschrift entsprechender Schriftsatz nebst Gewährung der Einlassungsfrist noch zugestellt werden (Kostenvorschuss!) (§ 274 Abs. 3 ZPO) (Zöller § 263/20). Erfolgt die Klageänderung gegenüber dem im Termin anwesenden neuen Beklagten (auch hier Zustellung erforderlich, Zöller § 261/6), darf daher kein Versäumnisurteil ergehen (§ 335 Abs. 1 Nr. 3 ZPO), sofern der Beklagte nicht rügelos verhandelt (§ 295 ZPO; Zöller § 274/6). Für den neuen Beklagten tritt Rechtshängigkeit erst mit Zustellung des Erweiterungsschriftsatzes ein.

c) **Praxisrelevante Beispiele**

Probleme gibt es in der Praxis häufig bei Firmenbezeichnungen und Gesellschaften.

Wird eine beklagte Partei unter ihrer **Firma** bezeichnet (vgl. § 17 HGB), so ist Partei nicht die Firma, sondern allein derjenige, der zur Zeit der Rechtshängigkeit **Inhaber** ist (Thomas/Putzo Vorbem. § 50/7).

Daher ist bei einer abgeleiteten Firma (§§ 22ff. HGB) der Inhaber mit anzugeben, damit die Zwangsvollstreckung ohne Schwierigkeiten auch in das Privatvermögen des Inhabers erfolgen kann (vgl. § 750 ZPO). Dies ist ratsam, um bei einem Inhaberwechsel die Zwangsvollstreckung problemlos durchführen zu können. Wird demgegenüber in einer Klageschrift als Inhaber einer einzelkaufmännischen Firma eine Person genannt, wird diese auch dann Partei des Verfahrens, wenn dieser Person in Wahrheit die Firma nicht gehört (BGH NJW 1999, 1871).

Werden aufgrund des gleichen Sachverhalts zwei Klagen erhoben – eine gegen eine einzelkaufmännische Firma, die andere gegen deren Inhaber – so ist die zweite Klage wegen anderweitiger Rechtshängigkeit unzulässig, da jeweils dieselbe natürliche Person in Anspruch genommen wird (§ 261 Abs. 3 Nr. 1 ZPO).

In der Praxis kommt es immer wieder vor, dass für das Unternehmen handelnde Mitarbeiter fälschlicherweise für den Inhaber gehalten und verklagt werden. Diese sind dann nicht passiv legitimiert.

Indem der BGH die Rechts- und Parteifähigkeit der **BGB-Gesellschaft** bejaht hat, kann diese selbst z.B. unter der Bezeichnung, mit welcher die Gesellschaft im Verkehr auftritt, verklagt werden (BGH NJW 2001, 1056; Wertenbruch NJW 2002, 324 – Anm. Kemke NJW 2002, 2218; Hansens BRAGOreport 2002, 49).

> Dabei muss der Vertreter angegeben werden, wobei im Zweifel alle Gesellschafter gesetzliche Vertreter sind (vgl. §§ 709, 714 BGB) und (letztlich doch wieder) sämtlich im Beklagtenrubrum zu benennen sind. Die bloße Nennung eines Namens der Gesellschafter ohne den vorhergehenden Zusatz »vertreten durch (den geschäftsführenden Gesellschafter)...« genügt nicht, es sei denn, die Vertretereigenschaft wird in der Klagebegründung mitgeteilt.

> Da der Gläubiger die Namen der einzelnen und u.U. häufig wechselnden Gesellschafter meist gar nicht kennt, stellt die jetzige Möglichkeit der Parteibezeichnung eine erhebliche Erleichterung für ihn dar. Zudem genügt bereits die Zustellung an einen von mehreren Geschäftsführern § 170 Abs. 2 ZPO (§ 171 Abs. 3 ZPO a.F.).

Gerade bei **Handelsgesellschaften** sollte sorgfältig die Passivlegitimation und die richtige bzw. aktuelle Firmierung ermittelt werden.

> Denn häufig gibt es mehrere Unternehmen mit ähnlicher Bezeichnung, wobei manchmal zusätzlich die gesetzlichen Vertreter identisch sind. Wird hier versehentlich die falsche Gesellschaft verklagt, kommt eine Berichtigung in der Regel nicht in Betracht.

> Im Gegensatz zum Einzelkaufmann kommt der Nennung des Namens der Gesellschaft ausschlaggebende Bedeutung zu. Der irrige Zusatz eines Inhabernamens tritt demgegenüber zurück (BGH NJW 1999, 1871).

> Unklar ist die Identität des Beklagten bzw. die Aktivlegitimation z.B. jedoch, wenn das Beklagtenrubrum eine natürliche Person bezeichnet und dann vorgetragen wird, diese sei Inhaber einer GmbH, auf welche auch die – zum Beweis des Vertragsschlusses vorgelegte – Rechnung ausgestellt ist.

> Verschiedene Identitäten liegen z.B. vor bei Fa. Meier und Fa. Meier GmbH, es sei denn, es steht aufgrund Auslegung der Klageschrift eindeutig fest, wer verklagt werden sollte (Thomas/Putzo Vorbem. § 50/6: Bezeichnungsirrtum – eine für alle Beteiligten erkennbare Falschbezeichnung).

Die aktuelle und richtige Firmierung erfährt man am sichersten durch einen **Handelsregisterauszug.**

> Aus der vorgerichtlichen Korrespondenz geht diese häufig nicht klar hervor. Zudem werden oftmals nur bloße Geschäftsbezeichnungen oder unvollständige Firmenbezeichnungen verwendet werden (vgl. aber § 37a HGB) oder aber auch Briefpapier von Tochtergesellschaften oder bereits aufgelösten Unternehmen.

Verklagt man eine **nicht** (mehr) **existente Gesellschaft,** so ist die Klage unzulässig bzw. unwirksam.

Die Kosten trägt dann in der Regel der Kläger (Zöller Vor § 50/12). Außerdem wird dadurch die Verjährung gegen den wahren Rechtsträger, etwa einen etwaigen Rechtsnachfolger, nicht gehemmt (vgl. BGH MDR 2002, 1240: durch Eintragung der Verschmelzung ins Handelsregister erloschen). Allerdings endet die Parteifähigkeit einer Gesellschaft nicht schon mit deren Auflösung und Löschung im Handelsregister, sondern erst mit der Vollbeendigung nach Abwicklung (vgl. Zöller § 50/4/4b). Sofern noch Vermögen vorhanden ist, besteht die Parteifähigkeit weiterhin.

Außerdem ist zu unterscheiden zwischen dem (gesetzlichen oder bevollmächtigten) **Vertreter** und der vertretenen Gesellschaft als juristische Person. Verklagt man fälschlicherweise die handelnde natürliche Person, dürfte eine Parteiberichtigung nicht in Betracht kommen. Dabei haftet der Vertreter, z.B. der Geschäftsführer einer GmbH, persönlich nur in Ausnahmefällen (vgl. hierzu Lutter, DB 1994, 129).

Die Zustellung an die Gesellschaft hat jedoch an ihren gesetzlichen Vertreter zu erfolgen (§§ 170 – es sei denn 172 ZPO) (§§ 171, 176 ZPO a.F.) Zustellungsverzögerungen ließen sich in der Praxis häufig vermeiden, indem man den aktuellen Vertreter dem Handelsregister entnehmen würde.

Bei einer »**A-GmbH und Co KG**« (gesetzlich vertreten durch ihre alleinvertretungsberechtigte Komplementärin, die A-GmbH, diese wiederum vertreten durch ihren Geschäftsführer Herrn B) z.B. handelt es sich um eine Kommanditgesellschaft (§§ 124 Abs. 1, 161 Abs. 2 HGB).

Wenn man hier etwa fälschlicherweise die Kommanditgesellschaft statt der GmbH verklagt hat, kommt eine Berichtigung der Parteibezeichnung wohl nicht in Betracht. Demgegenüber haftet die A-GmbH (als persönlich haftende Gesellschafterin) ebenso wie die KG (§§ 161 Abs. 2, 128 HGB). Bei Unsicherheiten bezüglich der Frage, wer von beiden Gesellschaften der Schuldner ist, sollte daher zunächst die GmbH verklagt werden, wobei die Klage nachträglich auf die KG erweitert werden kann. Denn in das Gesellschaftsvermögen der KG kann nur aus einem gegen sie ergangenen Titel vollstreckt werden (§ 124 Abs. 2 HGB).

4) Anforderungen an den Sachvortrag

Bereits 1983 hat Brehm (AnwBl. 1983, 196) Folgendes festgestellt:

»Eine Abkehr vom traditionellen Arbeitsstil ist (…) bei Anwälten zu beobachten. Sie neigen vielfach dazu, den Sachverhalt als »durchlaufenden Vorgang« zu betrachten. Ob zur Begründung des Anspruchs schlüssige Einzeltatsachen vorgetragen sind, erscheint nicht so wichtig. Entscheidend ist der Gesamteindruck des Schriftsatzes. Aus ihm muss hervorgehen, dass der Beklagte in böswilliger Absicht bisher jegliche Zahlung verweigert hat und der Kläger in seinem Rechtsgefühl tief gekränkt ist, auch wenn eine genaue Darlegung der Anspruchsvoraussetzungen fehlt. Rein vorsorglich bittet man das Gericht um einen Hinweis nach § 139, um dem Missverständnis vorzubeugen, man habe sich um störende Einzelheiten gekümmert«.

Auch heute noch sind Schriftsätze dieser Art zu finden, obgleich die überwiegende Zahl der Rechtsanwälte nicht nach diesem Schema arbeitet. Trotzdem muss gerade aufgrund der durch die ZPO-Reform erheblich eingeschränkten Möglichkeit neuen Sachvortrags in der Berufungsinstanz immer beachtet werden, den Sachverhalt bereits in der ersten Instanz sorgfältig aufzubereiten.

a) Inhalt und Gestaltung

Allgemein ist es Aufgabe des Rechtsanwalts, der einen Anspruch klageweise geltend machen soll, die zu Gunsten seiner Partei sprechenden tatsächlichen und rechtlichen Gesichtspunkte so umfassend wie möglich darzustellen, damit sie das Gericht bei seiner Entscheidung berücksichtigen kann (BGH NJW 2002, 1413).

Im Folgenden werden einige allgemeine Empfehlungen für Aufbau und Gestaltung einer Klagebegründung gegeben (vgl. auch Gross JuS 1999, 171). In der Praxis können gewisse Äußerlichkeiten durchaus eine entscheidende Rolle spielen. Dies gilt besonders in Zweifelsfällen. Allgemein geht dabei Erfolg zwar vor Originalität. Es sollte aber natürlich versucht werden, das Interesse des Richters für den Fall zu wecken.

- **Verständlich, widerspruchsfrei** und **nachvollziehbar.**

    Der Richter hat grundsätzlich nicht die Aufgabe die geltend gemachte Forderung nach Grund und Höhe aus den eingereichten Schriftsätzen nebst Anlagen selbst herauszusuchen (BVerfG NJW 1994, 2683).

    Ein **Kontokorrentsaldo** z.B. ist detailliert darzulegen, so dass dem Gericht eine vollständige rechnerische und rechtliche Überprüfung möglich ist (BGH NJW 1983, 2879). Sollen wechselseitige Leistungen über einen längeren Zeitraum abgerechnet werden, muss der Gang der Abrechnung in der Klage nachvollziehbar und prüfungsfähig dargelegt werden (BGH NJW 1984, 311). Dies gilt auch für sonstige Berechnungen.

    Auch wenn sich das Gericht der Mühe zu unterziehen hat (BVerfG NJW 1994, 2683), den Vortrag der Beteiligten zur Kenntnis zu nehmen und selbst wenn dies infolge sich aus der Natur der Sache ergebenden Schwierigkeiten einen besonderen Aufwand an Zeit und Geduld erfordert (dort: mehrjährige Nebenkostenabrechnung), besteht in der Praxis hierbei die Gefahr, dass der Richter eher dazu neigt, eine unverständliche und schwierige Klage abweisen zu wollen. Denn dadurch kann er das unangenehme Verfahren am schnellsten und einfachsten loswerden.

Dies könnte er insbesondere dadurch erreichen, indem er sich einer hierfür »passenden« Rechtsmeinung anschließt oder das schwer verständliche Vorbringen kurzerhand als »unsubstantiiert« qualifiziert und folglich unbeachtet lässt. Es sollte daher versucht werden, komplizierte Sachverhalte möglichst einfach darzustellen und etwaigen Verwirrungsversuchen der Gegenseite entgegenzutreten. Das »Odium unübersichtlicher oder gar verworrener Verhältnisse« sollte, soweit möglich, dem Vortrag der anderen Partei überlassen werden (Franzen NJW 1984, 2263).

Ein solches Verhalten beruht nicht immer nur auf bloßer Bequemlichkeit. Vor allem ist der Einzelrichter bei komplexen Sachen mit »multikausalen Verschränkungen« wie z.B. Bau-, Arzthaftungs- oder gesellschaftsrechtlichen Streitigkeiten häufig »erkenntnistheoretisch überfordert« (Flotho BRAK-Mitt. 2000, 107).

Zwar ist eine Partei nicht gehindert, ihr Vorbringen im Laufe des Rechtsstreits zu ändern, insbesondere zu präzisieren, zu ergänzen oder zu berichtigen. Jedoch kann der Umstand, dass der Vortrag zu dem eigenen früheren Vortrag in Widerspruch steht, im Rahmen der Beweiswürdigung Beachtung finden (BGH NJW-RR 2000, 208; NJW 2002, 1276). Deshalb kann es sich empfehlen, einen wechselnden Vortrag möglichst zu vermeiden und sonst zu erläutern.

Schließlich sollten gegebenenfalls auch vermeintliche Selbstverständlichkeiten mit angeführt werden, da diese oft nur für den (sachkundigen) Kläger, nicht dagegen für das Gericht selbstverständlich sind. Die Problematik des konkreten Falles kann dadurch klarer werden, indem man zunächst den üblichen, normalen Ablauf darstellt.

Im Übrigen schwächen schwache Hilfsargumente die eigene Position und sollten besser weggelassen werden (Franzen NJW 1984, 2263).

Um in komplizierten Fällen mit Mehrpersonenverhältnissen nicht den Überblick zu verlieren, kann es für den Anwalt und dessen Vortrag hilfreich sein, sich eine Skizze zu erstellen. Was spricht eigentlich dagegen, diese dann auch in den Schriftsatz zu übernehmen?

- Empfehlenswert ist eine **übersichtliche** Darstellung.

  Die Verwendung von Absätzen, Einrückungen und einer Gliederung (u.U. mit Überschriften) bei umfangreicheren Schriftsätzen erhöht nicht nur die Verständlichkeit für den Richter, sondern ist auch für einen gedanklich klaren Inhalt förderlich. Mühsam zu lesen sind engzeilig und doppelseitig beschriebene Seiten. Dies gilt auch für den Satzbau. Hierbei sind klare und knappe Hauptsätze aneinander gereihten Schachtelsätzen grundsätzlich vorzuziehen.

  Im Übrigen sollte versucht werden, mit möglichst wenigen Schriftsätzen auszukommen. Denn das »weithin übliche, nicht selten in Polemik abgleitende Hin- und Herschreiben zwischen den Parteivertretern weitet den Konflikt unnötig aus und schadet der Übersichtlichkeit des Prozessstoffs« (Zöller § 129/1). Knappheit und Bestimmtheit beeindrucken (Franzen NJW 1984, 2263).

- Eine **sachliche** Diktion statt reiner »Stimmungsmache«.

  Der Vortrag von (unerheblichen) Nebensachverhalten zielt häufig dahin, das Gericht gefühlsmäßig für die Partei einzunehmen. Dabei dürften unsachliche Äußerungen zuweilen auch dem Wunsch und Bedürfnis des Mandanten entspringen.

Zwar ist den Parteien grundsätzlich erlaubt, alles vorzutragen, was sie zur Wahrung ihrer Rechte für erforderlich halten, auch wenn dadurch die Ehre eines anderen berührt wird. In Rechtsprechung und Literatur ist anerkannt, dass der hierdurch Betroffene weder Widerruf noch Unterlassung fordern kann (Palandt Einf. v. § 823/21; OLG Karlsruhe NJW 2000, 1577, 1578). Deshalb sind eine entsprechende einstweilige Verfügung oder Widerklage nicht zulässig (Zöller §§ 33/ 27a; 940/8: Prozessführung).

Polemische oder herabsetzende Äußerungen sind regelmäßig absolut überflüssig und können gegen die anwaltlichen Grundpflichten gem. § 43 a BRAO verstoßen. Solche Äußerungen sollten vermieden werden. Ebensowenig sollte der Gegner vorschnell einer Straftat zu bezichtigt werden. Ein etwaiges außerordentlich verwerfliches Verhalten der Gegenpartei kann man mit sachlichen Worten beschreiben, obgleich durch Ironie manches besonders deutlich dargestellt werden kann. Hierbei ist zu bedenken, dass durch die Verwendung zu »starker Worte« die Vergleichsbereitschaft der Gegenseite eher sinken dürfte.

- **Vorgeschichte** und Unproblematisches möglichst knapp.

   Eine Vorgeschichte bzw. die Darlegung der Hintergründe kann für das Verständnis und die Einordnung des Streitfalles durchaus nützlich sein. Allerdings kann eine zu umfangreiche Schilderung dazu führen, dass erhebliches Vorbringen übersehen bzw. nur oberflächlich gelesen wird. Jedenfalls sollten diese Ausführungen deutlich vom streitgegenständlichen Sachverhalt getrennt werden.

   Eine solche Darstellung ist freilich nur möglich, wenn man die vom Mandanten erhaltenen Informationen sortiert und nicht ungeprüft in den Schriftsätzen übernimmt bzw. nur die vorgerichtliche Korrespondenz abschreibt. Die hierfür erforderliche Zeit und Mühe lohnt sich. Sonst schleichen sich oftmals erhebliche Widersprüche und Unklarheiten im Vorbringen ein, was man später nur sehr schwer glaubwürdig beseitigen kann, vorausgesetzt, man bemerkt diese überhaupt noch rechtzeitig.

   Ebenso kann es bei bestimmten Sachen nützlich sein, wenn sich der Anwalt das Streitobjekt selbst ansieht, z.B. bei schwierigen Baumängeln oder bei nachbarlichen Grenzstreitigkeiten. Erfahrungsgemäß führt dies zu einem viel genaueren, anschaulicheren und vor allem überzeugenderen mündlichen Sachvortrag. Außerdem kann man dadurch vor nachteiligen Überraschungen im Prozess geschützt werden, da die vom Mandanten erlangten Informationen nicht immer ganz wahrheitsgemäß sein dürften.

- Die Sachdarstellung sollte grundsätzlich **strukturiert** sein.

   Es empfiehlt sich eine kurze Einführung in den Prozessstoff, unter Umständen verbunden mit einer Hervorhebung der wesentlichen Streitpunkte. Dabei muss der Richter an den Sachverhalt gedanklich herangeführt werden. Denn im Gegensatz zum Rechtsanwalt fehlen ihm natürlich die u.U. eingehenden Mandantengespräche.

   Der Aufbau sollte daher (chrono-)logisch sein und sich in der Regel an der Anspruchsnorm orientieren. Es sind z.B. zuerst Ausführungen zum Anspruchsgrund und danach zur Anspruchshöhe zu bringen. Hier sollte die Darstellung **im Zweifel** eher ausführlicher als zu knapp sein, da gerade bei komplexen Sachverhalten und schwierigen Rechtsfragen nicht selten offen ist, welche Rechtsauffassung das Gericht haben wird und welchen Sachvortrag es hiernach für erforderlich erachtet.

Eine kurze Zusammenfassung, insbesondere eine (tabellarische) Aufstellung der verschiedenen Positionen am Ende eines längeren Schriftsatzes kann die Verständlichkeit erheblich erhöhen. Gerade bei einer Vielzahl von Schriftsätzen kann eine Zusammenfassung der wesentlichen Punkte vor Schluss der mündlichen Verhandlung verhindern, dass der Richter entscheidungserhebliches Vorbringen übersieht.

- Keine zu erwartenden **Einwendungen/Einreden** des Beklagten (z.B. Anfechtung, Verjährung, Gegenforderungen etc.) vortragen.

  Das Vorbringen sollte besser dem Beklagten überlassen werden, da die Chance besteht, dass der Beklagte diese Einwendungen bzw. Einreden überhaupt nicht, nur unvollständig oder verspätet vorträgt. Eine Erwiderungsmöglichkeit hat man dann allemal noch. Dazu verpflichtet, sich auf bloß mögliches Vorbringen vorsorglich einzulassen, ist keine Partei (BVerfGE 67, 39). Es kann sich aber empfehlen, weiteren Vortrag anzukündigen (vgl. unten 2. Teil IV 1a (1)).

  Insbesondere kann die **Gefahr** bestehen, dass dadurch der eigene Sachvortrag unklar und unschlüssig wird (z.B. Vortrag der außergerichtlichen Berufung auf die Verjährung ist vom Gericht ohne Geltendmachung dieser Einrede zu berücksichtigen (vgl. Palandt § 222/2; zitiert jedoch falsch: richtig OLG Düsseldorf NJW 1991, 2089; Thomas/Putzo § 331/5; vgl. BGH NJW 1999, 2120, 2123).

  Allerdings ist es der Argumentation und der eigenen Taktik sicher förderlich, wenn man sich gedanklich in die Situation des Gegners versetzt und vorausschauend dessen mögliche Verteidigungsmaßnahmen erwägt. Dabei sollte man auch selbstkritisch prüfen, wo die eigenen rechtlichen oder tatsächlichen Schwachstellen in dem Fall liegen, um nicht durch Verteidigungsvorbringen des Gegners überrascht zu werden. Wesentliche Voraussetzung hierfür ist natürlich, dass der Anwalt vom Mandanten vollständig und richtig informiert wird.

b) Schlüssigkeit

(1) Allgemeines

Eine Klage muss mindestens schlüssig sein (Minimalbegründung).

Dies ist Voraussetzung für den Erlass eines Versäumnisurteils (vgl. 331 Abs. 2 1. HS ZPO). Ausreichend ist das auch für ein streitiges, obsiegendes Urteil, wenn der Beklagte das klägerische Vorbringen nicht bestreitet (vgl. § 138 Abs. 3 ZPO).

Die Minimalbegründung ist im Normalfall zunächst auch für die Klageschrift zu empfehlen. Denn bei zu umfangreichen Schriftsätzen können sich zum einen leichter Widersprüche einschleichen und zum anderen erhält der Gegner unter Umständen mehr Angriffspunkte.

Beim Verfahren nach § 495a ZPO (sog. Bagatellverfahren) hingegen sollte bereits von Anfang an vollständig vortragen werden, da bei schriftlicher Durchführung praktisch jederzeit ein Endurteil ohne gesonderten Verkündungstermin ergehen kann (vgl. oben II 3b).

Ein Sachvortrag ist **schlüssig**, soweit der Darlegungspflichtige Tatsachen vorträgt, die in Verbindung mit einem Rechtssatz geeignet sind, das geltend gemachte Recht als in seiner Person entstanden erscheinen zu lassen (z.B. BGH NJW 2000, 2813; Zöller Vor § 253/23) (vgl. § 331 ZPO).

> Der Kläger muss somit die abstrakten Tatbestandsmerkmale einer anspruchsbegründenden Norm durch den Vortrag von Tatsachen ausfüllen. Unerheblich ist dabei, wie wahrscheinlich die Darstellung ist oder dass es sich um einen unüblichen oder ungewöhnlichen Sachverhalt handelt (BGH NJW 2002, 2862; BGH NJW 1984, 2888). Ebensowenig ist eine lückenlose Dokumentation der den geltend gemachten Anspruch rechtfertigenden Fakten erforderlich, so dass auch mit Hilfe von Indizien die Haupttatsachen dargelegt werden können (BGH NJW-RR 2001, 887).
>
> Wer in diesem Sinne **darlegungspflichtig** ist, richtet sich nach dem materiellen Recht. Dabei gilt als Faustregel, dass jede Partei die tatsächlichen Voraussetzungen einer ihr günstigen Rechtsnorm behaupten (und beweisen) muss.

Für die Schlüssigkeit ist eine knappe Sachdarstellung unter Verwendung rechtlicher Kürzel in Form von Rechtsbegriffen ausreichend. Dabei ist vom Kläger der Anspruchsgrund konkretisiert darzulegen, so dass der Klageanspruch eindeutig individualisiert ist.

▶ **Beispiel:**

Die Parteien schlossen am 8. 5. 2002 einen Kaufvertrag über einen Pkw Marke NJW 320i, amtliches Kennzeichen M-DR 03, zum Preis von 50000,– Euro, den der Beklagte bislang noch nicht bezahlt hat.

Dabei **ist darauf zu achten**,

- dass keine Tatbestandsmerkmale einer Anspruchsnorm weggelassen werden;

- dass der Kläger nicht zugleich anspruchsfeindliche Tatsachen vorträgt. Etwa wenn er nicht nur Tatsachen behauptet, die eine Anfechtung begründen, sondern auch deren Ausübung durch den Beklagten vorträgt.

Beachte:

Für einen schlüssigen und erfolgreichen Sachvortrag ist es notwendig, sich überhaupt Gedanken über das angestrebte Ziel und die hierfür in Frage kommenden Anspruchsnormen zu machen.

Ist die Zieldefinition fehlerhaft oder unklar, kann der gesamte Schriftsatz wertlos sein. Hierzu ist vorab die Rechtslage zu untersuchen und natürlich mit dem Mandanten zu besprechen. Der Sachvortrag sollte dann – am besten aus der Richterperspektive – unter die entsprechenden (Tatbestands-)Voraussetzungen subsumiert und auf Vollständigkeit hin kontrolliert werden. Dies unterbleibt jedoch in der Praxis offensichtlich immer wieder.

So sind oft unterschiedliche, sich gegenseitig ausschließende Ansprüche mit unterschiedlichen Voraussetzungen gegeben, vor allem bei Gewährleistungsfällen (z.B. Nacherfüllung bzw. Mängelbeseitigung, Kostenerstattung, Minderung, Schadensersatz, Aufwendungsersatz, Rückabwicklung gem. §§ 280 ff., 437, 634 **BGB n.F.**).

Da es sich hierbei in der Regel prozessual um selbständige Streitgegenstände handelt, ist der Übergang von dem einen auf den anderen Anspruch eine Klageänderung i.S. des § 263 ZPO (vgl. OLG Dresden NJW-RR 2000, 1337 mwN.; Palandt Erg. § 634/11; zum Baumängelprozess Meurer, MDR 2000, 1041). Will der Kläger sicherstellen, dass sein Begehren erforderlichenfalls auf mehrere Ansprüche hin geprüft wird, so kann er diese in Form eines Haupt- und Hilfsantrages unter Angabe einer Reihenfolge geltend machen.

Kann die Klage auf verschiedene rechtliche Gesichtspunkte gestützt werden, ist der Sachvortrag so zu gestalten, dass alle in Betracht kommenden Gründe konkret dargelegt werden (BGH NJW 2002, 1413).

Sofern die Rechtslage nicht völlig einfach und eindeutig ist, kann sich ein Blick in das Gesetz (und/oder Kommentar) empfehlen. Nicht selten scheitert nämlich eine Klage in der Praxis daran, dass offensichtlich der Sachvortrag mehr oder weniger ohne eigene gedankliche Verarbeitung erfolgt. Dies geschieht vermutlich in der Meinung bzw. Hoffnung, dass der Anspruch schon irgendwie rechtlich begründet ist und sich das Gericht das Passende aus den Schriftsätzen hierzu heraussuchen wird. Oftmals gelingt es dann nicht mehr, die fehlenden Voraussetzungen im Laufe des Rechtsstreits noch (rechtzeitig und vollständig) nachzutragen. Außerdem dürfte dies für den Rechtsanwalt mehr Zeit in Anspruch nehmen, als wenn die Klage bereits von vornherein alles Erforderliche enthält.

▶ **Beispiel:**

Häufig findet sich in Anwaltsschriftsätzen – in unterschiedlichen Varianten – folgender unschlüssiger Vortrag:

»Der Kläger hat für die Beklagte Leistungen erbracht. Ihr wurden daher 3000,– Euro in Rechnung gestellt.«

Zudem sollten die beigefügten **Anlagen** sorgfältig geprüft werden, um zu vermeiden, dass diese dem Sachvortrag widersprechen oder diesen unklar werden lassen und dadurch die Schlüssigkeit der Klage gefährden.

(2) Typische Beispiele

- Bei einer Klage auf **Werklohn** muss nicht nur die Ausführung der Arbeiten vorgetragen werden, sondern auch die Beauftragung hierzu (§ 631 BGB/ Vertrag!) (vgl. auch unten 6. Teil I 3 d).

Weiter muss ersichtlich sein, ob die geforderte Vergütung sich aus einer Vereinbarung ergibt oder ob die übliche Vergütung verlangt wird (§ 632 BGB). Eine Abrechnung nach geleisteter Zeit muss vereinbart sein, ebenso ein Pauschalpreis (vgl. Palandt Erg. § 632/4 ff. zu den verschiedenen Vergütungsarten). Hilfsweise sollten Ausführungen zur üblichen Vergütung mit entsprechenden Beweisangeboten (meist Sachverständigengutachten) gemacht werden.

Weiter ist auch die Abnahme bzw. Abnahmereife (ordnungsgemäße Ausführung/keine wesentlichen Mängel) als Fälligkeitsvoraussetzung vorzutragen (vgl. Palandt Erg §§ 632/18; 640/8; 641/4).

Will der Besteller Rechte aus einer verspäteten oder mangelhaften Leistung des Unternehmers herleiten, muss er insbesondere den Inhalt der Leistungspflicht darlegen (BGH NJW 1998, 1128).

Zur Geltendmachung von Mängelansprüchen reicht es aber aus, die Mangelerscheinungen hinreichend genau zu bezeichnen. Ob die Ursachen dieser Symptome tatsächlich in einer vertragswidrigen Beschaffenheit der Leistung des Auftragnehmers zu suchen sind, ist Gegenstand des Beweises und nicht Erfordernis des Sachvortrages (BGH BauR 2002, 784; vgl. Palandt Erg. §§ 634/12; 635/3) (sog. Symptomtheorie).

Falls sich kein Vertragsschluss nachweisen lässt, kommt oftmals ein Anspruch aus §§ 812, 818 BGB in Betracht, wozu dann hilfsweise Ausführungen gemacht werden sollten.

Der Empfänger der Leistungen ist in vielen Fällen deshalb (noch) bereichert, weil er Aufwendungen erspart hat (Palandt § 812/28). So kann z.B. bei einer Leistung aufgrund eines unwirksamen Werkvertrags der Umfang der Bereicherung in Höhe der entsprechenden vertraglichen Vergütung bestehen, wenn der Leistungsempfänger diese Arbeiten ohnehin in Auftrag hätte geben müssen (OLG Hamm MDR 1975, 488: bei verkaufsmäßiger Fertigstellung von Gebäuden). Bei empfangenen Dienstleistungen bemisst sich der Wertersatz nach der üblichen, hilfsweise nach der angemessenen Vergütung (Palandt § 818/22). Bejaht das Gericht einen solchen Anspruch dem Grunde nach, ohne dass dieser schlechthin entfällt, so muss es zur Höhe entweder (weitere) Feststellungen treffen oder die Mindesthöhe der Bereicherung nach § 287 ZPO schätzen (BGH NJW 2002, 3317).

- Bei der **Irrtumsanfechtung** muss vorgetragen werden, dass der Irrtum kausal für die Abgabe der Willenserklärung war (§ 119 BGB) und dass die Anfechtung rechtzeitig erfolgt ist (§§ 121, 124 BGB).

Im Übrigen ist zu erwägen, eine bislang unterlassene Anfechtung jetzt noch nachzuholen.

Dies ist vor allem dann erforderlich und wohl noch unverzüglich, sobald aufgrund der Einlassung des Gegners zu befürchten ist, dass ein nicht beabsichtigter Vertragsinhalt mittels Auslegung rechtlichen Bestand haben bzw. ein (schlüssiges) Verhalten als (stillschweigende) vertragsbegründende Willenserklärung ausgelegt werden könnte (vgl. Palandt vor § 116/17; 119/22: bei fehlendem Erklärungsbewusstsein Anfechtungsrecht analog § 119 Abs. 1 2. Alt. BGB) (Beispiel: »Trierer Weinversteigerung« – Handaufheben, um einem Bekannten zuzuwinken). Auf der anderen Seite sollte in einem solchem Fall der Gegner möglichst konkret die Umstände vortragen, aufgrund derer er von einer konkludenten Willenserklärung ausgegangen ist. Denn eine solche sicher festzustellen zu können, ist naturgemäß oftmals schwierig.

- Bei einem (behaupteten) **Vertragsschluss durch** einen **Vertreter** ist dessen Vertretungsmacht sowie sein Handeln im Namen der Partei vorzutragen (vgl. § 164 BGB) (vgl. unten 6. Teil I 3 b).

Nicht selten kommen Sonderfälle in Betracht, deren tatsächliche Voraussetzungen vorgetragen werden müssen.

So dürfte z.B. im täglichen Geschäftsverkehr häufig Anscheins- oder Duldungsvollmacht vorliegen. So muss speziell derjenige, der einem anderen Aufgaben überträgt, deren ordnungsgemäße Erfüllung nach der Verkehrsauffassung eine bestimmte Vollmacht voraussetzt, diesen als bevollmächtigt gelten lassen, auch wenn er tatsächlich keine oder eine zu geringe Vollmacht erteilt hat (Palandt §§ 167/1, 173/21) (vgl. §§ 54; 56 HGB: Ladenangestellte).

Bei (erkennbar) unternehmensbezogenen Geschäften wird in der Regel von einem Handeln für den Betriebsinhaber ausgegangen (z.B. Reparaturauftrag für einen Lieferwagen oder Werbeanzeige) (vgl. Palandt § 164/2/18). Bei Bargeschäften des täglichen Lebens kommt der Vertrag ohne weiteres mit dem zustande, den es angeht (vgl. Palandt § 164/9).

Im Übrigen ist bei Vertretungsverhältnissen und allgemein bei Personenmehrheiten konkret vorzutragen, wer in welcher Weise gehandelt hat, und nicht nur pauschal und unpersönlich in der dritten Person (z.B. »es wurde ...« oder »man hat ...«).

- Als **Verzugsschaden** bei Zahlungsklagen werden in der Regel Kreditzinsen geltend gemacht (§ 288 Abs. 2 BGB).

Nach h.M. genügt für die Schlüssigkeit die Behauptung, der Kläger habe einen mit x Prozent verzinslichen Bankkredit mindestens in Höhe der Klageforderung seit (z.B.) 01. 01. 1999 in Anspruch genommen (Palandt § 288/7). Eine konkrete Darlegung ist erst erforderlich, wenn der Schuldner bestreitet. Natürlich sind auch die gesetzlichen Voraussetzungen für den **Verzug** vorzutragen, die nunmehr in § 286

BGB n.F. neu geregelt sind. Insbesondere kommt ein Schuldner – entgegen dem bisherigen § 284 Abs. 3 BGB – wieder durch eine Mahnung in Verzug.

Fehlerhaft ist es allerdings, als gesetzlichen Verzugszinssatz (§ 288 BGB) jetzt immer noch lediglich 4% zu beantragen. Der Klageantrag muss richtig lauten: »... nebst Zinsen in Höhe von 5% Punkten über dem (jeweiligen) Basiszinssatz seit dem...« (Palandt § 288/4). Für den Fall, dass man den geltend gemachten Kreditzins oder den Verzug nicht beweisen kann, sollte man hilfsweise Verzinsung in gesetzlicher Höhe seit Klagezustellung beantragen (vgl. §§ 291, 308 ZPO).

Der Basiszinssatz ist nunmehr in § 247 **BGB n.F.** geregelt und wird zum 1. Januar und 1. Juli eines jeden Jahres angepasst.

Nach § 288 **BGB n.F.** beträgt der gesetzliche Verzugzinssatz bei Rechtsgeschäften, an denen ein Verbraucher nicht beteiligt ist, nunmehr sogar **acht Prozentpunkte** über dem Basiszinssatz (zu den Übergangsvorschriften bei Altforderungen vgl. Meier/Falk MDR 2002, 746).

Bei dem Urteil ist darauf zu achten, dass die Formulierung korrekt ist. Denn in einigen von den Gerichten verwendeten Formularen findet sich (noch) die fehlerhafte Angabe: »5% über dem Basiszinssatz« (Hansens BRAGOreport 2002, 64). Auch wenn die Auslegung ergibt, dass 5 Prozentpunkte gemeint sind, sollte sicherheitshalber zur Vermeidung von Schwierigkeiten bei der Vollstreckung Berichtigung gem. §§ 321, 319 ZPO beantragt werden.

Darüber hinaus kommen als Verzugsschaden die Kosten außergerichtlicher anwaltlicher Tätigkeit sowie Inkassokosten in Betracht (str., vgl. Palandt § 286/9). Dabei sind indes die Kosten der verzugsbegründenden Erstmahnung nicht erstattungsfähig (Palandt § 286/8). Weitgehend unbekannt ist es, dass manche Gerichte auch einen Zinsschaden bezüglich der verauslagten Kostenvorschüsse (insbes. für die Klage, Sachverständigengutachten etc.) auf Feststellungsantrag zusammen mit der Zahlungsklage zusprechen (AG Wedding, Urt. v. 11.4.2002, 22a C 325/01; LG Berlin Urt. v.1.6.2001, 102 O 210/00) (seit Einzahlung bis Beantragung der Kostenfestsetzung, dann § 104 ZPO).

- Bei auf **Eigentum** gestützten Klagen ist auch die Eigentümerstellung des Klägers vorzutragen.

Ungenügend, zumindest aber unklar ist es z.B., nur davon zu sprechen, dass der Kläger Halter des geschädigten Fahrzeugs ist oder es sich um »die Wohnung der Klägerin« handelt (vgl. unten 6. Teil II 1).

c) Substantiierung

Besonders wichtig ist es, spätestens wenn der Beklagte den schlüssigen Sachvortrag bestreitet, zu prüfen, ob dieser eingehender und konkreter, zergliedert **in Einzelheiten** dargestellt werden muss (wann, wo und wie sich was im Einzelnen zugetragen hat) (§ 138 Abs. 1 ZPO).

▶ **Beispiel:**

> Typische unsubstantiierte Formulierungen sind regelmäßig im Reiseprozess zu finden: »das Essen war teilweise schlecht und eintönig«, »der Service ließ zu wünschen übrig«, »das Hotel war unsauber«, »das Zimmer war laut«. Richtig wäre es, die Mängel nicht nur ihrer Art nach, sondern auch nach ihrer Intensität, Häufigkeit und Dauer sowie mit den damit verbundenen Beeinträchtigungen genau zu beschreiben.

Nach der **Rechtsprechung des BGH** (z.B. NJW 1968, 1233; 1984, 2888; 1991, 2709, 2001, 1502, z.B. OLG München MDR 2000, 1096) sind die näheren Einzelheiten nur insoweit darzulegen, als diese für die gesetzlichen Voraussetzungen der begehrten Rechtsfolge von Bedeutung sind, oder wenn der Tatsachenvortrag infolge der Einlassung des Gegners unklar wird, was letztlich vom Einzelfall abhängt.

> So muss, wenn z.B. das Zustandekommen bestimmter Abreden behauptet wird, nicht unbedingt zu Einzelheiten der Umstände dieser Abreden vorgetragen werden (BGH NJW 2000, 3286). Vor allem muss der genaue Zeitpunkt nur dann vorgetragen werden, wenn es auch darauf ankommt, z.B. wegen der Einhaltung bestimmter Fristen, nicht aber schon allein deshalb, weil der Gegner bestreitet.

> Es ist Sache des Tatrichters, bei der Beweisaufnahme die Zeugen nach allen Einzelheiten zu fragen, die ihm für die Beurteilung der Zuverlässigkeit der Bekundungen erforderlich erscheinen, insbesondere auch nach Ort, Zeit und Umständen der behaupteten Abreden (OLG Köln NJW-RR 1999, 1155; BGH NJW-RR 1998, 1409; NJW 2000, 3287).

An die Substantiierungslast dürfen keine überzogenen Anforderungen gestellt werden (Zöller § 138/8; st. Rspr. BGH, z.B. NJW-RR 2002, 1433, 1435).

> So dürfen z.B. im Arzthaftungsprozess an die Substantiierungspflichten grundsätzlich nur »maßvolle und verständig geringe Anforderungen« gestellt werden und Lücken im Vortrag betreffend den medizinischen Sachverhalt nicht dem Kläger angelastet werden (BGH NJW-RR 1999, 1153).

> Defiziten im Vortrag, die sich aus mangelnder Sachkunde ergeben, hat das Gericht durch eine gewisse Großzügigkeit selbst gegenüber pauschalierten Beweisangeboten zu begegnen (LG München I NVersZ 2000, 568: Prozess eines medizinischen Laien gegen seine Krankenversicherung). Es kann z. B. auch nicht erwartet werden, dass die Parteien Jahre zurückliegende Vorgänge noch datieren und hinsichtlich der jeweiligen Umstände ins Einzelne gehend schildern können (BGH NJW 2002, 1488).

Widerspruchsvolle, in sich unstimmige Darlegungen genügen jedoch den Anforderungen nicht (BGH NJW-RR 1992, 848).

Trotzdem muss man in der Praxis mit einer strengeren Handhabung rechnen.

Vgl. z.B. OLG Köln NJW-RR 1999, 1154; 1155: »Die Auffassung einzelner Kammern des LG, der Klagevortrag sei unsubstantiiert, weil der Kläger nicht angegeben habe, wer-wann-wo-mit wem- warum usw. etwas getan oder unterlassen habe, ist falsch und war immer falsch, findet in der Rechtsprechung des BGH keine Stütze, ist aber bisher nicht auszurotten«.

> **Beachte:**
> Die Gerichte sind geneigt, ein Vorbringen relativ schnell als unsubstantiiert nicht zu berücksichtigen.

So soll die Aktenarbeit bei manchen Richtern darauf reduziert sein, einen (vermeintlichen) Sustantiierungsmangel zu entdecken um diesen dann unter Verstoß gegen die Hinweispflicht zur Entscheidungsgrundlage zu machen (E. Schneider MDR 1987, 725; Rensen AnwBl. 2002, 635: die Substantiierungslast wird oftmals missbraucht).

Diese **Gefahr** besteht vor allem bei Streit über zahlreiche einzelne Mängel (sog. Punktesachen, insbes. Bau- und Reisevertragsprozessen) oder in sonstigen langwierigen und komplizierten Verfahren.

(vgl. z.B. OLG Koblenz NJW-RR 2001, 65: das LG hat die Darlegungen zu diversen Baumängeln knapp als unsubstantiiert abgetan ; OLG München NJW-RR 2001, 66: 48 Rechnungen mit einer Vielzahl von Positionen – LG hat wegen nicht hinreichender Substantiierung keine Beweisaufnahme durchgeführt).

Es bleibt dabei leicht ein »schaler Nachgeschmack im Mandantenverhältnis« zurück, wenn das Gericht seine Entscheidung mit dem »schillernden« Begriff (Zöller Vor § 253/24) der fehlenden Substantiierung begründet (Seutemann, MDR 1997, 616).

Hierbei kann man sich auf die Einhaltung der richterlichen **Hinweispflicht** gem. § 139 ZPO nicht immer verlassen. Bei Verstößen gegen die Hinweispflicht stehen der Partei jedoch eine Reihe von Rechtsschutzmöglichkeiten zu (vgl. unten 5. Teil VII 2).

So muss man insbesondere damit rechnen, dass sich manche Gerichte auf die Entscheidung des BGH NJW 1984, 310 stützen, wonach bei anwaltlich vertretenen Parteien das Gericht nicht verpflichtet ist, den Kläger auf mangelnde Substantiierung und Schlüssigkeit hinzuweisen, obwohl diese Entscheidung vom Schrifttum fast einhellig abgelehnt und auch vom BGH inzwischen revidiert wurde. Auch unabhängig davon wird die Hinweispflicht in der Praxis allgemein eher restriktiv gehandhabt (vgl. unten 5 Teil VII 2).

Es empfiehlt sich daher, **im Zweifel** eher mehr als zu wenig vorzutragen (»präventive Vielschreiberei«, E. Schneider MDR 1987, 726) (vgl. BGH NJW-RR 1990, 1243: Haftung des Rechtsanwaltes bei unzureichendem Sachvortrag) und auch Anlagen (z.B. Rechnungen, Vertragsurkunden etc.) mit vorzulegen, welche bei der Entscheidung über die Frage einer ausreichenden Substantiierung mit zu berücksichtigen sind (vgl. OLG München NJW-RR 2001, 66).

> Das bedeutet nicht, jeden Schriftsatz der Gegenseite mit einem Schriftsatz beantworten zu müssen, selbst wenn es in der Sache nichts mehr zu sagen gibt, was allerdings unter den Anwälten weit verbreitet ist (vgl. Hasselmann NJW 2002 Heft 45 XIV: »Grundübel«). Hingegen kann es zur Klarstellung in umfangreichen Verfahren manchmal durchaus sinnvoll sein, auf frühere eigene Schriftsätze nebst dortigen Beweisangeboten hinzuweisen.

Beachte:

Übersteigerte Anforderungen an die Substantiierung sind ein Verfahrensfehler und können auch den Anspruch auf rechtliches Gehör verletzen. Wenn dadurch die Erhebung von relevanten angebotenen Beweisen unterbleibt, liegt ein weiterer Fehler vor.

Vgl. z.B. BVerfGE 84, 190; OLG Celle NJW-RR 1996, 343; OLG München NJW-RR 1997, 944; MDR 2000, 1096; OLG Köln VersR 1977, 1425.

Der Partei steht dann eine Reihe von Rechtsschutzmöglichkeiten zur Verfügung. (vgl. §§ 156, 321a, 513, 529, 531, 545, 576 **ZPO n.F.**).

Im Übrigen richten sich die Anforderungen an den **Grad der Substantiierung** des Parteivortrages

- nach der **Einlassung des Beklagten.** Je konkreter dessen Vortrag ist, umso genauer muss auch das eigene Vorbringen sein («Wechselspiel von Vortrag und Gegenvortrag«, BGH NJW 1999, 1859).

> Somit ist im Verlauf des Prozesses ständig darauf zu achten, ob das Vorbringen in der Klage angesichts der Einlassung des Beklagten in dieser Hinsicht noch ausreicht. Erforderlichenfalls ist das bisherige Vorbringen zu ergänzen.

▶ **Beispiel:**

> Vor allem Berechnungen müssen (auch) für das Gericht nachvollziehbar und verständlich sein. Ein Kontokorrentsaldo z.B. ist so detailliert darzulegen, dass dem Gericht eine vollständige rechnerische und rechtliche Überprüfung möglich ist (BGH NJW 1983, 2879).

Zunächst ist es ausreichend, dass der Kläger den Saldo zu einem bestimmten Zeitpunkt und die danach noch eingetretenen Änderungen mitteilt. Wenn der Saldo dann bestritten wird, muss er im Einzelnen darlegen, aus welchen Einzelpositionen sich dieser Saldo zusammensetzt.

Daher ist auch beim BGB-Werkvertrag regelmäßig eine nachvollziehbare bzw. prüfbare Schlussrechnung erforderlich (vgl. Jagenburg NJW 2001, 191; OLG Hamm BauR 1997, 656; vgl. Werner/Pastor Rdnr. 1376 ff. zur umstr. Frage, ob diese beim BGB-Bauvertrag eine Fälligkeitsvoraussetzung für den Werklohn darstellt, verneinend Palandt § 641/3).

- danach, ob sich die maßgeblichen Vorgänge im **Wahrnehmungs- und Einflussbereich** der Partei abgespielt haben (z.B. BGH NJW-RR 2001, 1295).

Wenn diese hingegen außerhalb des Kenntnisbereichs der Partei, z.B. beim Gegner stattgefunden haben, ist eine weiter gehende Konkretisierung nicht erforderlich, weil nicht zumutbar (vgl. sekundäre Darlegungslast des Beklagten, unten 2. Teil II 2b).

▶ **Beispiele:**

- Körperschäden durch **Holzschutzmittel** verursacht (BGH NJW 1995, 1160). Es bedurfte dort keiner Angaben von medizinischen Daten im zeitlichen Ablauf und Zuordnung zu einer bestimmten Person.

- Bei **Arztfehlern** ist dem Kläger bei mangelnder Sachkunde eine weitere Darlegung der Umstände, aus denen der Kunstfehler folgt, nicht zuzumuten. Diese Aufklärung kann durch Sachverständigengutachten erfolgen (OLG Oldenburg NJW-RR 1999, 1153: nur maßvolle und geringe Anforderungen).

- Bei einer behaupteten **Innenvollmacht** auf Seiten des Beklagten braucht nicht vorgetragen zu werden, wann und bei welcher Gelegenheit (und von wem, falls mehrere in Betracht kommen) die Vollmacht erteilt wurde (BGH NJW-RR 1999, 361).

Aus Vereinfachungsgründen in der Klage zunächst verwendete Rechtsbegriffe sind in ihren tatsächlichen Komponenten darzustellen (vgl. auch hins. Beweisantrag unten 6. Teil II 1).

▶ **Beispiele:**

- Wird der behauptete **Vertragsabschluss** bestritten, muss auf jeden Fall vorgetragen werden, welche Personen (zu welchem Zeitpunkt) was konkret vereinbart haben. Denn die bloße (bestrittene) Behauptung, ein Vertrag sei mit dem Beklagten abgeschlossen, ist demgegenüber lediglich eine der Beweisaufnahme nicht zugängliche Rechtsbehauptung (vgl. OLG Nürnberg JurBüro 1999, 486).
- Ein typischer Fehler ist es z.B., dass bei einer beteiligten GmbH nur vorgetragen wird, die Gesellschaft hätte den Vertrag abgeschlossen. Denn eine GmbH kann nur durch ihren Geschäftsführer als gesetzlichen Vertreter bzw. durch von ihm bevollmächtigte Personen rechtsverbindlich handeln. Hierfür angebotene Zeugen müssen vom Gericht nicht vernommen werden, wenn nicht angegebenen wird, welche konkreten Personen – mit Vertretungsmacht – gehandelt haben (sonst unzulässiger Ausforschungsbeweis!).
- Ist streitig, ob überhaupt rechtsverbindliche Willenserklärungen vorliegen, sind die relevanten Äußerungen möglichst detailliert anzugeben. Ob und mit welchem Inhalt rechtlich eine Vereinbarung zustande gekommen ist, ergibt hier erst die (u.U. normative) Auslegung der beiderseitigen Erklärungen (vgl. §§ 133, 157 BGB) (OLG Nürnberg JurBüro 1999, 486).

d) Rechtsausführungen

Rechtsausführungen sind für die Klagebegründung nicht vorgeschrieben. Der dies umschreibende historische Ausspruch »jura novit curia« (»Die Kurie kennt ihr/das Recht«) mag zwar für das 19. Jahrhundert noch zutreffend gewesen sein, kann aber im gegenwärtigen Zeitalter mit komplexen Strukturen und Beziehungen sowohl tatsächlicher als auch rechtlicher Art keine unbedingte Geltung mehr beanspruchen.

> Man kann daher nicht in jedem, insbesondere rechtlich kompliziert gelagerten und etwa zivilrechtliche Nebengebiete betreffenden Fall davon ausgehen, dass das Gericht das Recht (umfassend) kennt und auch zutreffend anwendet. Man denke nur an die Spezialgebiete des Versicherungs-, Transport- und Baurechts. Aber auch z.B. ein normaler Werkvertrag kann erhebliche rechtliche Probleme in sich bergen. Dies dürfte eine geraume Zeit lang vor allem auch für die Änderungen durch das Gesetz zur Modernisierung des Schuldrechts gelten.

> Der Anwalt kann daher grundsätzlich davon ausgehen, dass der Richter Rechtsausführungen nicht als anmaßende Belehrung ansieht, sondern vielmehr als willkommene Hilfe begrüßt.

> **Beachte:**
>
> Der Vortrag von Rechtsausführungen kann ein wirksames Mittel darstellen, den Ausgang des Rechtsstreits entscheidungserheblich zu beeinflussen.

Freilich darf man die Bedeutung von Rechtsfragen nicht überschätzen. Häufig ist es in der Praxis wichtiger, die tatsächlichen Besonderheiten des einzelnen Falles deutlich herauszustellen. »Eine Flut von Zitaten und Fundstellen« ist erst in Verbindung mit dem konkreten Fall interessant (Baumbach/Lauterbach § 321a/26; vgl. Doms NJW 2002, 778: 90 % der anwaltlichen Arbeit entfallen [oder sollten zumindest] auf die Ermittlung und Darstellung des Sachverhalts und nur 10 % auf die Erörterung von Rechtsfragen).

Im Einzelnen sprechen folgende Gesichtspunkte für den **Vortrag von Rechtsausführungen**:

- Dadurch kann für das Gericht erkennbar sein, dass es selbst oder die Parteien einen rechtlichen Gesichtspunkt **übersehen** haben bzw. die Rechtslage **falsch** beurteilen. Es muss die Parteien dann auch darauf hinweisen (§ 139 Abs. 2 **ZPO n.F.**) (z.B. BGH NJW-RR 1997, 441).

  Dabei ist der Anwalt seinem Mandanten gegenüber auch verpflichtet, den Versuch zu unternehmen, das Gericht davon zu überzeugen, dass und warum seine Auffassung richtig ist. Er muss alles vorbringen, was die Entscheidung günstig beeinflussen kann. Hierzu können auch Rechtsausführungen gehören (BGH NJW 1974, 1865; 1996, 2648). Etwaige Fehler des Gerichts muss er erforderlichenfalls zu verhindern suchen (BGH NJW-RR 1990, 1241; NJW 2002, 1048). Letztlich muss der Anwalt nicht nur juristisch allwissend, sondern auch klüger als das Gericht sein und diesem notfalls Rechtsbelehrung erteilen (so kritisch E. Schneider MDR 1998, 69, 72; ders. NJW 1998, 3695; vgl. aber jüngst BVerfG NJW 2002, 2938: verfassungsrechtlich bedenklich, dem Anwalt auf dem Umweg über den Haftungsprozess auch die Verantwortung für die richtige Rechtsanwendung zu überbürden), also gewissermaßen ein »juristischer Supermann« (Rinsche, Haftung Rdnr. I 72).

  Das Gericht wiederum ist aus dem Gesichtspunkt des rechtlichen Gehörs auch grundsätzlich verpflichtet, sich (in den Urteilsgründen) damit auseinander zu setzen (BVerfG NJW-RR 1993, 383).

  Zudem kann dies auch der Selbstkontrolle dienen und Gelegenheit bieten, erkannte rechtliche Schwächen u.U. noch rechtzeitig zu beseitigen, auszugleichen oder zu umgehen.

- Wenn die eigene Ansicht überzeugend und gut begründet vorgetragen wird, ist es für das Gericht auch einfacher, sich dieser Meinung **anzuschließen**, als Argumente dagegen zu finden.

Dadurch können die Prozesschancen u.U. erhöht werden, da fast immer verschiedene Ansichten vertreten werden können. Es kann dabei keineswegs vorausgesetzt werden, dass jedem Richter die konkrete Streitfrage bekannt ist und er zu jeder Rechtsfrage immer auch eine eigene, bereits festgelegte Ansicht hat.

Gerade, wenn dem Richter damit ein Weg aufgezeigt wird, den Rechtsstreit ohne großen (weiteren) Aufwand, insbesondere ohne Beweisaufnahme, in rechtlich (noch) vertretbarer Weise zu entscheiden, besteht gewisse Aussicht, dass das Gericht dieser Ansicht folgt (vgl. z.B. Chab AnwBl. 2000, 448: streng-formale, dogmatisch kaum zu begründende Betrachtungsweise entspringt vermutlich zumindest auch dem Wunsch, lästige Ansprüche im Reiseprozess abzuwehren). Dazu kommt noch, dass Justiz und Öffentlichkeit vom Richter rasches Arbeiten erwarten und die Statistik erledigter Fälle nur allzu oft Leistungskontrolle richterlicher Tätigkeit ist (so Stürner DRiZ 1976, 205).

Sofern möglich, sollten Streitfragen mit ungewissem Ausgang am besten überhaupt vermieden und der »sicherste Weg« beschritten werden. Statt ausführlich sämtliche vertretenen Meinungen darzustellen und abzuwägen, kann es sich entsprechend der Parteirolle empfehlen, zunächst nur den eigenen Standpunkt klar herauszustellen. Jedenfalls, wenn die anderen Rechtsansichten vom Gericht oder Gegner angesprochen werden, muss dem argumentativ entgegengetreten werden.

Dabei stellen die immer wieder in den Schriftsätzen zu findenden Begriffe wie »zweifellos«, »offensichtlich« etc. keine Begründung dar, sondern erzeugen allenfalls den Eindruck eines Argumentationsdefizits. Steigernde Floskeln und Superlative schwächen ab, »selbstverständlich« ist nichts (Franzen NJW 1984, 2263).

Hierbei ist insbesondere Folgendes zu bedenken:

- Die Rechtsausführungen haben wesentlich mehr Gewicht, wenn sich diese auf **Entscheidungen** anderer Gerichte und auf **Kommentarmeinungen** stützen können.

    Bei der gegenwärtigen Veröffentlichungsflut ist es sehr wahrscheinlich, die passende Entscheidung zu finden. Hierzu bieten die modernen elektronischen Medien dem Anwalt »nahezu unbegrenzte Recherchemöglichkeiten« (OLG Stuttgart NJW-RR 1999, 437: Kosten hierfür i.d.R. nicht erstattungsfähig).

    Ein »blindes« Zitieren einer Gerichtsentscheidung aus dem Kommentar ist nicht ohne **Risiko**. Denn zuweilen passt diese nicht auf den konkreten Fall oder kann sogar für gegensätzliche Auffassungen herangezogen werden. Aufgrund des Telegrammstils vieler Kommentare werden selbst etwaige wichtige Einschränkungen oder Vorbehalte nicht erkennbar. Der Gegner sollte daher die angegebenen Fundstellen möglichst nachlesen.

    Ungefährlicher ist es deshalb, nur die Fundstelle im Kommentar anzugeben. Dabei empfiehlt es sich, vorwiegend die gängigen Kommentare zu zitieren, welche der Richter griffbereit auf seinem Schreibtisch stehen hat (insbes. Palandt, Thomas/Putzo, Zöller, Baumbach/Lauterbach). Den Gerichten genügen in der Tat oft »Belege ohne Begründungen, wobei manchmal eine halbe Zeile im ›Palandt‹ ausreicht« (E. Schneider Beilage 4 zu ZAP 13/1999).

Dabei vertreten Kommentare häufig auch eigene Meinungen. Deren besondere Bedeutung beruht darauf, dass die Gerichte dahin tendieren, das Denken den Kommentatoren zu überlassen und deren Erläuterungen ungeprüft als Prämissen zu übernehmen (E. Schneider MDR 1998, 1115). Deshalb wird dem Urteil vermutlich in vielen Fällen die Ansicht des bei dem jeweiligen Gericht zu der streitgegenständlichen Problematik gerade vorhandenen Kommentars zugrunde liegen.

Werden Gerichtsentscheidungen zitiert – insbesondere unveröffentlichte – oder wird aus einem Spezialkommentar zitiert, sollten dem Schriftsatz unbedingt Kopien davon beigelegt werden bzw. die entscheidenden Stellen in den Schriftsatz wörtlich eingefügt werden.

Damit erhöht sich die Chance erheblich, dass dies gelesen und die darin vertretene Ansicht berücksichtigt wird.

Zu bedenken ist, dass die in der Praxis verwendeten Standardkommentare den Meinungsstand oft sehr verkürzt und zuweilen auch missverständlich wiedergeben. Sofern darin die eigene Ansicht nicht unterstützt wird, sollte der Anwalt unbedingt noch einmal in einem umfangreicheren oder in einem spezielleren Kommentar nachschauen. Dort ist zuweilen festzustellen, dass sich hinter dem bloßen »umstr.« eine große Streitfrage verbirgt oder dass der andere Kommentar eine absolute Mindermeinung vertritt.

- Die Gerichte neigen allgemein dazu, sich der **herrschenden Meinung** und der Rechtsprechung des **BGH** kritiklos anzuschließen.

    Dies hat in Teilbereichen, insbesondere bei dem kasuistisch ausdifferenzierten ABG-Recht bereits zu faktisch bindenden Präjudizien geführt. Dieser schon in der juristischen Ausbildung gepflegte »Präjudizienkult«, der eigentlich nicht unserem Rechtssystem entspricht, wird durch die »digitale Revolution« in der Rechtspraxis voraussichtlich noch gefördert werden (Heldrich, ZRP 2000, 499) und verstärkt dazu beitragen, dass Irrtümer und Fehlentscheidungen perpetuiert werden.

    So befolgt »so gut wie jedes deutsche Gericht mehr oder weniger kritiklos« eine einschlägige BGH-Entscheidung. Solche Entscheidungen sollen sogar zielstrebig gesucht werden, um sich das eigene Nachdenken zu ersparen (so kritisch E. Schneider ZAP Fach 13 S. 1224; ZAP-Kolumne 2000, 195: »Subsumtion per CD-Rom«) und eine mögliche Aufhebung in der höheren Instanz zu vermeiden (Köhler JR 1984, 45). Die h.M. und die BGH-Rechtsprechung dienen dabei als eigenständiges Argument.

    Es ist natürlich nicht ausgeschlossen, dass ein Gericht einer Mindermeinung folgt, vor allem dann, wenn dadurch ein komplizierter Rechtsstreit schnell und einfach, ohne Beweisaufnahme entschieden werden kann. Dann aber riskiert es einen Willkürvorwurf, insbesondere wenn das Gericht sich mit der h.M. nicht auseinander setzt (vgl. kritisch Baumbach/Lauterbach Einl. III) oder auf das beabsichtigte Abweichen nicht hinweist (vgl. unten 5. Teil VII 4) (vgl. auch VG Stuttgart JZ 1976, 277: Abweichen allein kein Befangenheitsgrund).

Jedenfalls empfiehlt sich für den Anwalt in diesem Fall zu argumentieren, während sonst der Hinweis auf die h.M. bzw. auf BGH-Rechtsprechung – am besten mit Angabe einer vom Richter überprüfbaren Fundstelle in einem Standardkommentar – meistens ausreicht.

> **Beachte:**
>
> Bei Abweichen von der höchstrichterlichen Rechtsprechung kann der Zulassungsgrund der »Sicherung einer einheitlichen Rechtsprechung« erfüllt sein in Bezug auf die Rechtsmittel der Zulassungsberufung (§ 511 ZPO n.F.) (vgl. unten 7. Teil II 1), der Rechtsbeschwerde (§ 574 ZPO n.F.) sowie der Revision (§§ 543, 566 ZPO n.F.) (vgl. bisherige Divergenzrevision gem. § 546 Abs. 1 Nr. 2 ZPO a.F.) (vgl. BGH MDR 2002, 1446; NJW 2003, 65; Begr. RegE. S. 104).

Als Gegner sollte man die Behauptung von der h.M. oder ständigen Rechtsprechung eines Gerichts überprüfen bzw. ihr widersprechen, vor allem, wenn keine Fundstellen angegeben sind. Denn häufig erfolgt dies nur »ins Blaue hinein« oder sogar bewusst wahrheitswidrig (vgl. OLG Koblenz NJW 2001, 1364: kein versuchter Prozessbetrug). Etwaige angeführte Literatur- oder Rechtsprechungsnachweise sind meistens einseitig ausgewählt und geben kaum das gesamte Spektrum wieder.

Ebenso gerne berufen sich die Parteien mehr oder weniger pauschal auf die §§ 138, 242 BGB oder § 9 AGBGB (§ 307 **BGB n.F.**) als Ersatz für fehlende Argumente. Dies ist aber meist nur dann Erfolg versprechend, wenn man hierzu passende Rechtsprechung anführt, die in den Kommentaren zahlreich zu finden ist.

e) Bezugnahmen

Den Sachvortrag ergänzende oder ersetzende Bezugnahmen (z.B. auf Rechnungen, vorprozessualen Schriftverkehr, Mängellisten, Forderungsaufstellungen etc.) erleichtern zweifellos die Schreibarbeit des Rechtsanwaltes. Bezugnahmen sind daher in den meisten Schriftsätzen zu finden, die gelegentlich eher ein Inhaltsverzeichnis der Anlagen als eine Schilderung des Sachverhalts bieten (Lange NJW 1989, 438).

Die Schriftstücke sind vom Rechtsanwalt unbedingt dahingehend zu prüfen, ob diese einer Erläuterung bedürfen bzw. überhaupt vorgelegt werden sollten.

> So ist vor allem darauf zu achten, dass die Klage nicht durch eingereichte Unterlagen unschlüssig bzw. der Sachvortrag widersprüchlich und unklar wird oder der Gegner sonstigen Nutzen daraus ziehen kann.

Dabei werden die in Bezug genommenen Unterlagen nur dann zum Gegenstand der mündlichen Verhandlung, wenn sie auch **vorgelegt** werden, es sei denn, die darin enthaltenen entscheidungserheblichen Ausführungen sind in dem entsprechenden Schriftsatz zitiert (BGH NJW 1995, 1841).

> Es sollte auf deren Lesbarkeit und Vollständigkeit geachtet werden. So kommt es z.b. regelmäßig vor, dass vergessen wird, die Rückseite eines Schriftstücks (insbesondere die AGBs) zu kopieren. Vor allem bei Schriftsatzeinreichung per Telefax besteht die Gefahr, dass die Anlagen nicht mit übermittelt werden (vgl. z.B. BVerfG NJW 2001, 1567; 3534), sondern u.U. erst verspätet im Termin vorgelegt werden. Sofern diese mit normaler Post nachgereicht werden sollen, kann es sich – zur Information des Gerichts und etwaiger Nachforschungen bei deren Ausbleiben – empfehlen, darauf hinzuweisen (z.b. »vorab per Telefax ohne Anlagen«).

> Auch sollten die notwendigen Abschriften für die Gegenpartei mit beigefügt werden (§ 133 ZPO). Damit erspart man sich zum einen zusätzlichen (Kanzlei)Aufwand für deren Nachreichung und verhindert zum anderen eine etwaige Verzögerung des Verfahrens durch Vertagung (u.U. Kostennachteile gem. §§ 95 ZPO, 34 GKG) oder die Einräumung einer Schriftsatzfrist für die Gegenpartei. Eine Präklusionsfolge gem. § 296 ZPO kann indes nicht eintreten (Zöller § 133/3).

> Des Weiteren sollten die Anlagen deutlich beschriftet bzw. fortlaufend nummeriert sein. (z.B. mit K 1, K 2, etc. für Anlagen des Klägers und B 1, B 2, etc. für solche des Beklagten). Eine bestimmte Kennzeichnung der Anlagen (als Voraussetzung ihrer Berücksichtigung) kann das Gericht von den Parteien freilich nicht verlangen (vgl. so aber AG Fürstenfeldbruck – vgl. hierzu E. Schneider ZAP-Justizspiegel 2002, 325: »völliger Unfug«).

> Ferner sollte man darauf achten, dass auch diejenigen Schreiben bzw. Urkunden, auf welche in den vorgelegten Schriftstücken ihrerseits Bezug genommen wird, ebenfalls mit vorgelegt werden.

Für die Frage der **Zulässigkeit** von Bezugnahmen gilt Folgendes:

- In der **Klageschrift** grundsätzlich unzulässig (vgl. § 253 Abs. 2 Nr. 2 ZPO; Zöller §§ 130/1a; 253/12a).

> Der zwingende Inhalt eines bestimmenden Schriftsatzes kann durch eine Bezugnahme nicht ersetzt, allenfalls erläutert oder belegt werden.

> Trotzdem verfährt die Praxis im Allgemeinen relativ großzügig, insbesondere wenn ein Vortrag nur im Abschreiben der Anlagen bestehen würde. Abgesehen davon sind diese oftmals übersichtlicher als ein Sachvortrag.

> Auch wenn nach h.M. Mängel im notwendigen Inhalt der Klageschrift nicht gem. § 295 ZPO durch rügelose Einlassung geheilt werden können (Thomas/Putzo § 253/20; **a.A.** BGBZ 22, 257), empfiehlt sich für den Beklagten, dies zu rügen und dadurch das Gericht darauf aufmerksam zu machen. Unter Umständen wendet

IV. Die Klageschrift

das Gericht dann einen strengen Maßstab an, wenn sich dadurch die Möglichkeit einer einfachen (klageabweisenden) Entscheidung ergibt. Deshalb sollte der Kläger dann sofort nachbessern oder die Ansicht des Gerichts hierzu erfragen.

- In **sonstigen** vorbereitenden **Schriftsätzen** nach richterlichem Ermessen, wenn der Gegner nicht widerspricht (vgl. § 137 Abs. 3 ZPO).

Da in der heutigen forensischen Realität **schriftlicher Sachvortrag** und (stillschweigende) Bezugnahmen hierauf – mittels Antragstellung – absolut üblich sind, kommen Widersprüche des Gegners nur äußerst selten vor. Dann wird in aller Regel der gesamte, bis zum Termin angefallene Akteninhalt einschließlich der in Bezug genommenen und vorgelegten Schriftstücke Gegenstand der Verhandlung und ist vom Gericht zu verwerten (vgl. Thomas/Putzo §137/3; 333/2; Zöller § 137/1). Sofern der Gegner indes erstmals in der mündlichen Verhandlung einen umfangreichen Schriftsatz vorlegt, könnte es ausnahmsweise ratsam sein, der Bezugnahme zu widersprechen. Dann muss der Inhalt frei vorgetragen werden, eine Verlesung des Schriftsatzes ist unzulässig (§ 137 Abs. 2 u. 3 S. 2 ZPO).

- Bezugnahmen dürfen auf keinen Fall gegen den **Beibringungsgrundsatz** verstoßen. Hiernach haben die Parteien die entscheidungserheblichen Tatsachen selbst vorzutragen.

Dies betrifft die Bezugnahme auf (weitere) Schriftstücke, die nicht zum Zwecke der Einreichung bei Gericht erstellt wurden (z.B. außergerichtliche Korrespondenz, vgl. unten 6. Teil 3 III b (2)). Eine solche ist nur zulässig, soweit damit ein bereits wirksam vorgetragener Sachverhalt **nur ergänzend** erläutert wird (LG Frankfurt NJW-RR 2001, 389 – auch wenn die Bezugnahme relativ leicht erkennen lässt, welcher Sachverhalt mit ihr vorgetragen werden soll) (vgl. § 130 Nr. 3 ZPO). Nicht ausreichend ist eine **pauschale Bezugnahme** auf vorgelegte (umfangreiche) Urkunden, Blattsammlungen (z.B. Buchhaltungsunterlagen, Korrespondenz), Listen oder Druckschriften, aus denen das Gericht sich selbst die erheblichen Tatsachen zusammensuchen müsste (Thomas/Putzo § 137/3; Zöller § 130/1a: dem Gericht nicht zumutbar; ders. § 253/13 c; Zimmermann § 139/6: nicht Aufgabe des Gerichts, dem Anwalt seine Arbeit abzunehmen; BVerfG NJW 1994, 2683: anders bei durchnumerierten Anlagen, auf die im Einzelnen Bezug genommen wird). Dies gilt insbesondere, wenn Anlagen völlig kommentarlos eingereicht werden.

Beachte:

Die Vorlage von **Rechnungen** ersetzt weder den eigenständigen, aus sich heraus verständlichen und zusammenhängenden (schlüssigen) Sachvortrag noch können diese als Beweis eines Vertragsabschlusses dienen (vgl. auch Baumbach/Hopt, HGB, § 346/35: auch im kaufmännischen Geschäftsverkehr ist Schweigen auf Rechnung ohne Vertragsgrundlage im Zweifel nicht Annahme eines darin enthaltenen Vertragsangebots).

- Die Schriftstücke, etwa ein zu den Akten gereichtes Rechenwerk (z.B. Computerausdrucke), müssen für das erkennende Gericht **nachvollziehbar** sein (vgl. BVerfG NJW 1994, 2683: mehrjährige Nebenkostenabrechnung/60 Seiten Aktenkonvolut).

Es empfiehlt sich, **im Zweifel** ausdrücklich und konkret einen **Hinweis** für den Fall zu erbitten, falls das Gericht die Bezugnahmen als nicht ausreichend ansehen sollte. Schließlich ist auch daran zu denken, dass die Anlagen (z.B. Saldenlisten) in den Schriftsatz hineinkopiert werden könnten und damit dessen unmittelbarer Bestandteil werden.

Von der vorliegenden Problematik zu unterscheiden sind **Urkunden als Beweismittel**, die auf jeden Fall spätestens in der mündlichen Verhandlung vorgelegt werden müssen, ohne dass das Gericht dem widersprechen könnte (§§ 420, 595 Abs. 3 ZPO). Diese unterliegen nur den Beweisregeln.

> Die vorgelegten Unterlagen dienen dabei meistens sowohl der Ergänzung und Verdeutlichung (z.B. Pläne, Zeichnungen, Fotos) des Sachvortrags als auch der Beweisführung. Sonst muss darauf geachtet werden, dass auch Beweisangebote für die Tatsachenbehauptungen, die sich aus den in Bezug genommenen Schriftstücken ergeben sollen, gemacht werden.

V. Sachgerechte Klageanträge

Der Gebrauch von Formularsammlungen kann bei besonderen Anträgen die Formulierung durchaus erleichtern und verhindern, dass wesentliche Punkte vergessen werden. Die Muster sollten jedoch nicht gedankenlos übernommen werden, da sich dort auch Fehler befinden. Es ist außerdem immer zu überprüfen, ob der konkrete Fall etwaige Abweichungen erfordert. Nützlich ist es hierzu auch, die Fußnoten und Erläuterungen zu lesen.

1) Allgemeines

Die Bedeutung des Klageantrages ergibt sich zunächst aus §§ 308 Abs. 1, 317 Abs. 2, 322, 724 ZPO.

Die **Klageanträge** müssen deshalb bei Leistungsklagen so bestimmt und eindeutig formuliert werden, dass der Tenor eines stattgebenden Urteils einen zur Vollstreckung geeigneten Titel bildet (vgl. § 253 Abs. 2 Nr. 2 ZPO: »bestimmter Antrag«).

V. Sachgerechte Klageanträge

▶ **Beispiel:**

Ein **Zahlungsantrag** ist grundsätzlich zu beziffern. Bei **Herausgabe- und Lieferungsansprüchen** muss die vom Gerichtsvollzieher gem. § 883 ZPO wegzunehmende Sache eindeutig feststehen: z.b. bei einem Kfz: Typ, Baujahr, Farbe, Kennzeichen, Fahrgestell-Nr.; bei einem Räumungstitel genaue Lage der Wohnung (z.B. Straße, Ort, 1. Stock, zweite Wohnung von links vom Aufzug aus gesehen). Bei einem vertraglichen **Erfüllungsanspruch** aus Kaufvertrag auf Lieferung einer Sache muss noch der Antrag auf Übereignung hinzukommen (vgl. §§ 433 Abs. 1 BGB, 894 ZPO).

Umstritten, ob zulässig, aber weitgehend üblich ist es, hinsichtlich des Klageantrages auf einen vorliegenden **Mahnbescheid** Bezug zu nehmen (vgl. Zöller § 697/2: zulässig; **a.A.** Thomas/Putzo § 697/2).

Allgemein empfiehlt es sich, Anträge – vor allem in späteren Schriftsätzen – grundsätzlich im Schriftbild hervorzuheben und am besten auf der ersten Seite des Schriftsatzes zu platzieren.

> Sonst kann es in Einzelfällen durchaus passieren, dass mitten im Schriftsatz versteckte Anträge – zunächst oder gänzlich – übersehen werden.

Bei Zweifeln und Unsicherheiten (hinsichtlich korrekter Formulierung) sollte das Gericht konkret befragt (vgl. § 139 Abs. 1 S. 2 **ZPO n.F.**) und diesen im Übrigen durch **Hilfsanträge** Rechnung getragen werden (vgl. BGH NJW 1998, 2048, 2050). Auch auf Einwendungen des Beklagten im laufenden Prozess muss u.U. sofort mit Hilfsanträgen reagiert werden (vgl. §§ 263, 264 ZPO).

> Dies ist indes nicht erforderlich, wenn der Hilfsantrag bereits als ein weniger im Hauptantrag mit enthalten ist (vgl. § 308 ZPO).
>
> Bei Hilfsanträgen muss der Kläger die Reihenfolge selbst genau angeben.
>
> Ein Hilfsantrag kann sowohl für den Fall der Erfolglosigkeit des Hauptantrags (unzulässig oder unbegründet) als auch für den Fall, dass dieser Erfolg hat, gestellt werden.
> Dabei wird die **Verjährung** durch die rechtshängig gewordene Hilfsklage gehemmt.
>
> Nach § 204 Abs. 2 **BGB n.F.** endet die Hemmung sechs Monate nach Erledigung des eingeleiteten Verfahrens (vgl. bislang § 212 BGB analog, Palandt §§ 209/3; 212/3; Thomas/Putzo § 260/17).

Die stets vorhandenen Anträge zu den **Kosten** sind meistens überflüssig und zum **Vollstreckungsschutz** so gut wie immer ungeeignet (und/weil ungenügend: »Es wird Vollstreckungsschutz beantragt«!) (vgl. §§ 308 Abs. 2; 710, 712, ZPO).

Kostenanträge sind allenfalls sinnvoll bei Erledigung, sofortigem Anerkenntnis, gemischten Kostenentscheidungen (z.b. Teilklagerücknahme mit Anerkenntnis) oder bei unverzüglicher Klagerücknahme i.F. § 269 Abs. 3 ZPO n.F.. Zu beachten ist, dass Kostenaufhebung bei einer anwaltlich nicht vertretenen Gegenpartei für die anwaltlich vertretene Partei ungünstiger ist als Kostenteilung (vgl. § 92 Abs. 1 S. 2 ZPO).

Während die manchmal anzutreffende Floskel »Um antragsgemäße Entscheidung wird gebeten«, absolut überflüssig ist, ist hingegen der Antrag auf Erlass eines Versäumnisurteils im **schriftlichen Vorverfahren** gem. § 331 Abs. 3 ZPO durchaus sinnvoll.

Sofern der Verurteilte gegen das Versäumnisurteil keinen Einspruch einlegt, erspart sich der (u.U. weiter vom Prozessgericht entfernt ansässige) Klägeranwalt einen Güte- und Verhandlungstermin (vgl. auch unten 5. Teil II 3). Allerdings kann bei fehlender Schlüssigkeit oder Zuständigkeit die Klage auch durch streitiges Urteil als unbegründet abgewiesen werden (Thomas/Putzo § 331/6; **a.A.** Zöller § 331/13.). Der Anwalt sollte daher auf etwaige diesbezügliche Hinweise des Gerichts sofort reagieren (z.B. hilfsweise Verweisung beantragen) und notfalls den Antrag auf Versäumnisurteil zurücknehmen. Da ein solcher Antrag auch als mit im Sachantrag liegend gesehen werden kann (Thomas/Putzo § 331/2), ist es ratsam, bei Zweifeln die Nichtstellung dem Gericht rechtzeitig mitzuteilen oder den »Antrag« i.S. § 331 Abs. 3 ZPO ausdrücklich nur unter der (innerprozessualen) Bedingung der Schlüssigkeit der Klage zu stellen. Dann besteht die Chance, die Klage noch bis zum bzw. im Haupttermin (vgl. § 272 ZPO) »retten« zu können.

Dabei kann die Anordnung des schriftlichen Vorverfahrens durch entsprechende Ausführungen gefördert werden.

Falls der Beklagte weder außergerichtlich noch im Widerspruch gegen einen Mahnbescheid Einwendungen gegen die Klageforderung erhoben hat und auch keine zu erwarten sind, sollte man dies dem Gericht in der Klageschrift deutlich mitteilen, verbunden mit dem entsprechenden Antrag. Dann ist die Wahrscheinlichkeit größer, dass das Gericht keinen frühen ersten Termin bzw. Gütetermin ansetzt, sondern ein schriftliches Vorverfahren verfügt.

Die bisher zweckmäßigen Anträge auf Erbringung einer etwaigen **Sicherheitsleistung** durch eine Bankbürgschaft sind jetzt nicht mehr erforderlich.

Denn nach § 108 Abs. 1 S. 2 **ZPO n.F.** ist die Sicherheitsleistung regelmäßig (also ohne Antrag) durch die schriftliche, unwiderrufliche, unbedingte und unbefristete **Bürgschaft** eines im Inland zum Geschäftsbetrieb befugten Kreditinstituts oder durch Hinterlegung von Geld oder solchen Wertpapieren zu bewirken, die nach § 234 Abs. 1 und 3 BGB zur Sicherheitsleistung geeignet sind.

2) Antrag zur Kammerzuständigkeit beim Landgericht

Sofern der Kläger beim **Landgericht** in erster Instanz eine Entscheidung der Zivilkammer statt des Einzelrichters wünscht (z.B. erhöhte Qualität der Rechtsgewähr/kein unerfahrener Einzelrichter, sondern »Sechs-Augen-Prinzip«/Verhinderung extremer Mindermeinungen/interne Kontrolle der Richter untereinander), sollte er dies (zur Beschleunigung) am besten gleich mit der Klage beantragen (vgl. § 253 Abs. 3 ZPO).

> Denn aufgrund der §§ 348, 348a **ZPO n.F.** hat die Kammer den Rechtsstreit nach einer in der Literatur vertretenen Ansicht insbesondere dann (endgültig) zu übernehmen, wenn die Parteien dies übereinstimmend (nicht unbedingt gleichzeitig) beantragen (das Fehlen der Nr. 3 in § 348 Abs. 3 und der Nr. 2 in § 348a Abs. 2 **ZPO n.F.** ist ein Redaktionsversehen des Gesetzgebers; Hartmann NJW 2001, 2584; Baumbach/Lauterbach/Hartmann §§ 348/42 ff.; 348a/18; **a.A.** Schellhammer MDR 2001, 1083: nach Ermessen; Winte BRAK-Mitt. 2001 S. 246: zur Übernahme nur verpflichtet, wenn einer der beiden anderen Ausnahmetatbestände vorliegt; vgl. auch BT-Dr. 14/6036 S. 122: der übereinstimmende Antrag präjudiziert die Entscheidung über eine Übernahme nicht).

Sofern dann auch der Beklagte dies beantragt, erübrigen sich Ausführungen zu den anderen Voraussetzungen einer Kammerzuständigkeit. Die Anträge müssen nicht begründet werden.

In dem eher seltenen Fall, dass der Einzelrichter sich weigert, den Rechtsstreit der Kammer zur Entscheidung über eine Übernahme vorzulegen, dürfte die Ausnahmebeschwerde wegen greifbarer Gesetzwidrigkeit (gesetzlicher Richter!) statthaft sein (vgl. Thomas/Putzo § 567/7 ff.).

Umgekehrt haben die Parteien keine Möglichkeit, einvernehmlich die Zuständigkeit des Einzelrichters herbeizuführen.

Wenn der Beklagte allerdings das Verfahren zu verzögern beabsichtigt, wird er sich einer Übertragung auf die Kammer widersetzen und auf ein mögliches »Zuständigkeits-Hickhack« spekulieren.

Die nunmehrige verwirrende und wenig überzeugende Regelung des sog. originären und obligatorischen Einzelrichters lässt zukünftig ein Hin- und Herschieben der Akten (d.h. der Arbeit!) zwischen Einzelrichter und Zivilkammer in einigen Fällen erwarten.

Nach § 348 Abs. 1 **ZPO n.F.** entscheidet beim Landgericht erster Instanz grundsätzlich ein Mitglied der Zivilkammer als Einzelrichter (sog. **originärer Einzelrichter**) (zu den verschiedenen Begriffen von Richtern vgl. Baumbach/Lauterbach Übers. § 348/4), sofern nicht mittels Geschäftsverteilungsplan eine Zuständigkeit der Kammer in den gesetzlich abschließend aufgezählten Katalogstreitigkeiten (Abs. 1 Ziff. 2) vorgesehen ist. Der Streitwert ist dabei unerheblich.

Hierbei kann es Abgrenzungsprobleme geben. Bei Zweifeln über die funktionelle Zuständigkeit entscheidet nun zunächst die Kammer (ohne Anhörung der Parteien) (§ 348 Abs. 2 **ZPO n.F.**). Jedoch kann der durch unanfechtbaren Beschluss (i.F. von Willkür aber u.U. Ausnahmebeschwerde denkbar) von der Kammer bestimmte (originäre) Einzelrichter den Rechtsstreit wieder der Kammer – und zwar mehrmals – zur Übernahme vorlegen (§ 348a Abs. 3 **ZPO n.F.**). Vor allem, wenn der Einzelrichter zunächst erklärt hat, die Sache sei ihm zu schwierig (vgl. § 348 Abs. 3 Ziff. 1 **ZPO n.F.**), dürfte häufig ein nachfolgender übereinstimmender Antrag der Parteien nach Abs. 3 Ziff. 3 zu erwarten sein.

Sofern die Kammer zunächst keine originäre Einzelrichterzuständigkeit nach §348 Abs. 1 **ZPO n.F.** bejaht hat, kann sie den Rechtsstreit auf den sog. **obligatorischen Einzelrichter** nach § 328a Abs. 1 **ZPO n.F.** übertragen. Dieser kann dann auch hier den Rechtsstreit wieder der Zivilkammer zur Übernahme vorlegen (Abs. 2).

Wenn statt des Einzelrichters die Kammer fehlerhaft entschieden hat oder umgekehrt, kann hierauf ein Rechtsmittel nicht gestützt werden (§§ 348 Abs. 4, 348a Abs. 3 **ZPO n.F.**) (vgl. aber Baumbach/Lauterbach § 321a/32: bei Besetzungsfehler liegt Entzug des gesetzlichen Richters vor und damit auch eine Gehörsverletzung; § 348/51: bei krassem Verstoß u.U. Rechtsmittelmöglichkeit) (Begr. RegE.S. 909 spricht hingegen bei §§ 348, 348a ZPO **n.F.** nur von einer »Ordnungsvorschrift«).

3) Zug- um-Zug-Leistung

Falls dem Beklagten ein Zurückbehaltungsrecht zusteht, sollte dem bei der Antragstellung gleich Rechnung getragen und die Leistung **Zug um Zug** gegen Erbringung der Gegenleistung verlangt werden (§§ 273, 274 BGB, 320, 322 ZPO).

Ist die Klage dann begründet, obsiegt der Kläger in voller Höhe und der Beklagte hat die gesamten **Kosten** zu tragen (§ 91 ZPO). Erfolgt jedoch eine Verurteilung des Beklagten Zug um Zug erst aufgrund der Geltendmachung seines Zurückbehaltungsrechts oder eines insoweit eingeschränkten Anerkenntnisses (vgl. Thomas/Putzo § 307/3), unterliegt der Kläger teilweise mit entsprechender Kostenbelastung (§ 92 Abs. 1 ZPO) (Verurteilung Zug um Zug ist ein minus gegenüber der unbeschränkten Verurteilung und kein aliud, vgl. Palandt § 274/2).

Freilich kann der Kläger zunächst abwarten, ob der Beklagte diese Einrede überhaupt geltend macht und erst daraufhin die Klage entsprechend ändern. Darin dürfte jedoch eine teilweise Klagerücknahme zu sehen sein, mit entsprechender Kostenbelastung für den Kläger und Zustimmungspflicht des Beklagten nach Beginn der mündlichen Verhandlung (vgl. §§ 264 Nr. 2, 269 ZPO).

Bei einem Antrag auf Verurteilung Zug um Zug muss die **Gegenleistung** so genau bezeichnet sein, dass sie ihrerseits zum Gegenstand einer Leistungsklage gemacht werden könnte (Thomas/Putzo § 253/11). Sonst kann das Urteil u.U. nicht vollstreckbar sein (vgl. § 756 ZPO).

> **Beispiel:**
> Nicht hinreichend bestimmt ist die Gegenleistung: »Herstellung eines lotrechten Mauerwerks in dem Gebäude...« (OLG Düsseldorf NJW-RR 1999, 793 – »welche Wände in welchen Bereichen«?).

Beachte:
Befindet sich der Beklagte in **Annahmeverzug** (§§ 293 ff., 298 BGB), sollte der Kläger noch einen Antrag auf Feststellung des Annahmeverzugs stellen (§ 256 ZPO, wobei der Annahmeverzug nicht Gegenstand einer isolierten Feststellungsklage sein kann – BGH NJW 2000, 2663).

Denn eine entsprechende gerichtliche Entscheidung erleichtert die Zwangsvollstreckung erheblich (vgl. Doms NJW 1984, 1340, Schibl NJW 1984, 1945). Während so der Kläger sofort mit der Zwangsvollstreckung beginnen kann (vgl. §§ 726 Abs. 2 ZPO; 274 Abs. 2; 322 Abs. 2 BGB), darf er andernfalls erst beginnen, wenn dem Schuldner gleichzeitig die Gegenleistung tatsächlich angeboten wird (§§ 274 Abs. 2, 322 Abs. 2 BGB; 726 Abs. 2, 756, 765 ZPO). Dies kann zu praktischen Schwierigkeiten führen, wie etwa bei einer unhandlichen Sache oder bei großer räumlicher Entfernung zwischen den Parteien.

Ein wörtliches Angebot ist bereits ausreichend, wenn der Schuldner daraufhin erklärt, dass er die Leistung nicht annehmen werde (§ 756 Abs. 2 ZPO).

4) Unbezifferter Zahlungsantrag

a) Zulässigkeit

Die Zulassung eines unbezifferten Klageantrages in den Ausnahmefällen, in welchen dem Kläger die Ermittlung der Höhe seines Anspruchs unmöglich oder – aus Gründen des Kostenrisikos – unzumutbar ist, stellt seit langem gefestigte Rechtsprechungspraxis dar (Thomas/Putzo § 253/12; Palandt § 847/14; st. Rspr. seit RG 21, 386; BGHZ 45, 91 m.w.N.). Dies kommt insbesondere in Betracht, wenn der Betrag vom Gericht rechtsgestaltend, durch gerichtliche Schätzung (§ 287 ZPO) oder nach billigem bzw. pflichtgemäßem Ermessen zu ermitteln ist.

> Durch einen unbezifferten Zahlungsantrag soll der Kläger das sonst bestehende Risiko einer Abweisung des zu viel Geforderten mit entsprechender Kostenbelastung oder der Beantragung einer zu geringen Forderung, über die das Gericht nicht hinausgehen dürfte (vgl. § 308 ZPO), vermeiden können.

Hauptanwendungsfall sind Klagen auf **Schmerzensgeld**, dessen Festsetzung im Klageantrag in das Ermessen des Gerichts gestellt werden kann.

Aufgrund des Zweiten Schadensersatzrechtsänderungsgesetzes v. 19.7.2002 besteht jetzt unter bestimmten Voraussetzungen ein Schmerzensgeldanspruch nicht nur wie bisher bei unerlaubten Handlungen, sondern auch bei Vertragsverletzungen und bei (verschuldensunabhängiger) Gefährdungshaftung (vgl. § 253 Abs. 2 **BGB n.F.** – § 847 BGB ist aufgehoben; §§ 11 S. 2 StVG – Kfz-Halterhaftung, 6 HaftpflichtG **n.F.**).

Als weitere Fälle kommen z.B. in Betracht der Entschädigungsanspruch wegen nutzlos aufgewendeter Urlaubszeit gem. § 651f Abs. 2 BGB (LG Hannover NJW 1989, 1936, str.), der Minderungsanspruch im Mietrecht (Börstinghaus NZM 1998 657; sehr str. – vgl. jetzt § 536 Abs. 1 S. 2 BGB **n.F.**: »angemessen herabgesetzte Miete«) oder das Erfordernis einer richterlichen Schätzung gem. § 287 ZPO (**a.A.** Zöller § 253/14a).

Nicht zulässig ist hingegen ein unbezifferter Klageantrag zum Auffangen des Kostenrisikos i.F. des § 254 BGB (Mitverschulden/Mitverursachung), insbesondere nach einer späteren Beweisaufnahme (Thomas/Putzo § 253/12; BGH NJW 1967, 1420).

Sofern der Anwalt einen unzulässigen unbezifferten Leistungsantrag gestellt hat, sollte er prüfen, ob ein **Wechsel** in einen zulässigen Feststellungsantrag nach § 264 Nr. 2 ZPO in Betracht kommt, was auch durch das Gericht im Wege der Umdeutung möglich ist (Zöller § 256/15c) (vgl. unten V 7).

Für die **Zulässigkeit** der Klage ist erforderlich, dass der Kläger in der Klagebegründung die Schätzungs- oder Bewertungstatsachen (z.B. Art und Schwere der Verletzung, Verschuldensgrad etc.) vorträgt.

Nach bislang h.M. müssen außerdem entweder die ungefähre Größenordnung, in der sich der Anspruch bewegen soll, oder ein Mindestbetrag angegeben werden (vgl. Zöller 23. Aufl. § 253/ 14).

Ungenügend ist daher lediglich der Vortrag, der Kläger sei erheblich verletzt worden, oder es werde die Zahlung eines »empfindlichen« Schmerzensgeldes verlangt. Auch wenn die Angabe der vorgestellten Größenordnung durch Mitteilung des Streitwertes erfolgen oder sich aus der Höhe des eingezahlten Kostenvorschusses ergeben kann (vgl. Thomas/Putzo § 253/12; BGH MDR 1982, 312), ist eine ausdrückliche Angabe, am besten im Klageantrag selbst, zu empfehlen.

Allerdings wird in den Kommentaren Thomas/Putzo (24. Aufl. § 253/12) und Palandt (61. Aufl. § 847/14) (Bearb. jeweils Thomas) unter Bezugnahme auf v. Gerlach (Richter am BGH) (VersR 2000, 525) nunmehr – entgegen den Vorauflagen – die Ansicht vertreten, Angaben zur Höhe des Anspruchs seien zur Zulässigkeit nicht mehr erforderlich.

Da die Rechtsprechung dieses Erfordernis noch nicht ausdrücklich aufgegeben hat, sind diese Angaben weiterhin zu empfehlen. Dabei besteht die Chance, dass sich das Prozessgericht an dieser jeweiligen Vorgabe – sofern einigermaßen realistisch – orientiert, anstatt einen viel zu geringen Betrag zuzusprechen. Außerdem sind diese Angaben zur Erhaltung einer Rechtsmittelmöglichkeit erforderlich (vgl. nachfolgend).

b) Bedeutung des Mindestbetrags

Die Angabe der (ungefähren) Größenordnung oder eines Mindestbetrags schränkt das Ermessen und die Entscheidungsbefugnis des Gerichts – vor allem nach oben hin – nicht ein (Thomas/Putzo § 253/12, Zöller, § 253/14, BGHZ 132, 341; BGH MDR 1986, 886 Anm. Jaeger).

> Gibt der Kläger hingegen eine Obergrenze an (z.B. »von nicht mehr als .... Euro«), kann die unbezifferte Schmerzensgeldklage in erster Instanz als eine (verdeckte) Teilklage angesehen werden. Dies hätte zur – möglicherweise nachteiligen – Folge, dass eine nachträgliche Mehrforderung verjährungsrechtlich selbständig zu beurteilen und durch die (ursprüngliche) Klageerhebung nicht gehemmt worden ist (BGH NJW 2002, 3769: Angabe einer höheren Größenordnung in der Berufungsinstanz; vgl. oben I 3 a).

Wird jedoch ein angegebener **Mindestbetrag** nicht erreicht, trägt der Kläger entsprechend seines Unterliegens die Kosten gem. § 92 Abs. 1 ZPO (vgl. Zöller § 3/16, Baumbach/Lauterbach § 92/21; Stein/Jonas § 92/6a).

Ein Teil der Rechtsprechung berücksichtigt die angegebene **Größenordnung** als Maßstab für eine Quotelung der **Prozesskosten** und bejaht ein entsprechendes Unterliegen bei einer Abweichung nach unten (BGH NJW 1984, 1807, 1810, **a.A.** zu Recht kritisch Zöller § 3/16: »unbezifferte Klageanträge«).

> Die dadurch eintretende erhebliche (sinnwidrige) Einschränkung des beabsichtigten Kostenvorteils eines unbezifferten Klageantrages könnte dadurch gemildert werden, dass das Gericht zugunsten des Klägers § 92 Abs. 2 Alt. 2 ZPO anwendet (Thomas/Putzo § 92/9: es darf idR. nicht mehr als 20 % vom Antrag abgewichen werden). Der klägerische Anwalt sollte zum Nutzen seines Mandanten das Gericht auf diese nicht immer geläufigen Gesichtspunkte unbedingt deutlich hinweisen. So zeigt nämlich die Verfahrenspraxis, dass die Vorschrift des § 92 Abs. 2 ZPO »so gut wie keine Anwendung findet und ein Schattendasein führt« (Husmann NJW 1989, 3126, der auch darauf hinweist, dass eigentlich § 91 ZPO zu Lasten des Beklagten Anwendung finden müsste). Der Gebührenstreitwert berechnet sich dabei nach dem, was der Kläger – unabhängig vom tatsächlichen Prozessausgang – erreicht hätte, wenn sein Tatsachenvortrag als wahr unterstellt wird (Zöller § 3/16: unbezifferte Klageanträge; Stein/Jonas § 2/98; Thomas/Putzo § 3/63).

Prozesstaktisch spricht einiges für die Angabe eines eher etwas höheren Betrages. Dabei bietet die Angabe lediglich einer Größenordnung noch eine gewisse Chance, bei deren Unterschreiten kostenmäßig nicht belastet zu werden.

> So übernehmen die Gerichte bei einem Versäumnisurteil in der Regel vor allem den angegebenen Mindestbetrag im Urteil, sofern er im noch angemessenen

Rahmen liegt. Bei einem zusprechenden Urteil bleiben die Gerichte erfahrungsgemäß meist (etwas) darunter. Hingegen dürfte ein Überschreiten seltener vorkommen, ohne freilich im Einzelfall ausgeschlossen zu sein (vgl. BGH MDR 1996, 886: dort hat das OLG statt des Mindestbetrages von 25000 DM ein Schmerzensgeld in doppelter Höhe zugesprochen).

Schließlich kann dies für etwaige Vergleichsverhandlungen hilfreich sein (vgl. unten 5. Teil IX 1). Zu beachten ist bei einer bestehenden Rechtsschutzversicherung, dass es bei der Einklagung deutlich überhöhter Beträge Probleme mit der Kostenerstattung geben kann (vgl. § 5 Abs. 3 b ARB 94: Kostenentscheidung muss dem Verhältnis des angestrebten zum erzielten Ergebnis entsprechen).

Dabei muss der Kläger alle objektiv erkennbaren oder vorhersehbaren Verletzungsfolgen mit berücksichtigen, weil sonst etwaige spätere Nachforderungen wegen der Rechtskraft des Ersturteils nicht mehr möglich sind (vgl. auch oben I 3 a). Für noch nicht vorhersehbare Spätschäden bzw. Komplikationen kommt die **Feststellungsklage** in Betracht (vgl. unten V 7).

Entscheidende Bedeutung haben diese Angaben für die **Berufung**.

Denn wenn der zugesprochene Betrag unter den Vorstellungen des Klägers liegt, ist jedenfalls eine **Beschwer** als allgemeines Rechtsschutzbedürfnis für die Berufung gegeben. Demgegenüber fehlt diese, wenn der angegebene Mindestbetrag zugesprochen wird bzw. sich der zuerkannte Betrag im Rahmen der angegebenen Größenordnung bzw. Betragsvorstellung hält oder diesen nicht wesentlich unterschreitet (BGH NJW 1999, 1339; MDR 1986, 886; Thomas/Putzo Vorbem. § 511/23).

In der Regel fehlt die Beschwer vor allem dann, wenn der Kläger überhaupt keine Angaben zur Höhe gemacht hat, selbst wenn er den zugesprochenen Betrag als zu gering und nicht der Billigkeit entsprechend erachtet (Thomas/Putzo 24. Aufl. Vorbem. § 511/23; zur Zulässigkeit vgl. oben).

Ist die Beschwer gegeben, muss für die Zulässigkeit der Berufung neben den sonstigen Voraussetzungen insbesondere noch die Berufungssumme erreicht sein (vgl. § 511 **ZPO n.F.**).

Obgleich es auf alle maßgeblichen Umstände des jeweiligen Falles ankommt, kann ein Hinweis auf die bei vergleichbaren Sachverhalten bereits durch die Rechtsprechung zuerkannten Beträge für den Kläger durchaus nützlich sein (vgl. auch oben IV 4 d).

Gerade weil das Gesetz für die Bemessung der Höhe der »billigen Entschädigung« (§ 253 Abs. 2 BGB) beim **Schmerzensgeld** keinerlei Kriterien aufweist, bietet sich für den Richter die Orientierung an Präjudizien an (vgl. auch Zöller § 550/14: je mehr das Gericht von Schmerzensgeld-Regelwerten abweicht, umso ausführlicher muss es begründen).

Für den Anwalt können dabei die bekannten Schmerzensgeldtabellen eine gute Hilfe darstellen. Zu berücksichtigen ist, dass die seit früheren Entscheidungen eingetretene Geldentwertung ebenso in Rechnung zu stellen ist wie die in der

Rechtsprechung zu beobachtende Tendenz, bei der Bemessung des Schmerzensgeldes nach gravierenden Verletzungen großzügiger zu verfahren als früher (OLG Köln MDR 1992, 646: Geldentwertung rechtfertigt von vornherein einen gewissen Zuschlag). Etwaige Besonderheiten des Einzelfalls, welche einen höheren Betrag rechtfertigen können, sind vom Anwalt deutlich herauszustellen.

5) Unterlassungs- und Beseitigungsklagen

Unterlassungsklagen haben praktische Bedeutung insbesondere im Bereich des gewerblichen Rechtsschutzes, im Wettbewerbs- und Presserecht, zum Schutz des allgemeinen Persönlichkeitsrechts sowie zur Abwehr von Beeinträchtigungen sonstiger geschützter Rechtsgüter (vgl. Nachbarrecht, Immissionsschutz). In diesen Fällen besteht häufig Anlass zur Erwirkung einer einstweiligen Verfügung (vgl. unten 8. Teil).

Bei der **Formulierung** von Unterlassungsanträgen ist die spätere Vollstreckung besonders mit zu berücksichtigen.

Es empfiehlt sich daher,

- das zu unterlassende Verhalten so genau wie möglich zu bezeichnen und sämtliche möglichen Verletzungsformen mit einzubeziehen.

  Sonst kann bei einer zu engen Spezifizierung unter Umständen der Schuldner eine im Ergebnis gleichwertige Handlung ungestraft vornehmen und somit den Vollstreckungstitel praktisch wirkungslos machen. Folglich wäre eine zweite Klage erforderlich, oder es stünde womöglich die Rechtskraft der ersten Entscheidung entgegen.

  Darauf, ob das Verhalten negativ oder positiv formuliert ist, kommt es nicht an (Zöller § 890/2). Zur Vermeidung von späteren Schwierigkeiten sollte aber eine negative Formulierung bevorzugt werden.

  Bei der **immissionsrechtlichen** Unterlassungsklage, bei welcher es an jeder Möglichkeit einer Quantifizierung fehlt, sind an den Gesetzeswortlaut angelehnte Anträge mit dem Gebot, allgemein (wesentliche) Störungen bestimmter Art zu unterlassen, zulässig. Dies gilt insbesondere für die Fälle von Geruchs- und Geräuschbelästigungen, trotz der Gefahr, dass sich die Auseinandersetzung der Parteien mangels konkreter Orientierungswerte in das Vollstreckungsverfahren verlagert und dort zu prüfen ist, ob die konkrete Handlung des Schuldners von dem Unterlassungsgebot erfasst wird (vgl. § 890 ZPO) (BGH NJW 1999, 356: Schweinemästerei, Zöller § 253/13b).

- die Androhung von Ordnungsmitteln sogleich mit zu beantragen (vgl. § 890 Abs. 2 ZPO).

  Denn sonst müsste ein entsprechender Beschluss gesondert beantragt werden, der dem Gegner zugestellt werden muss, was zu einer mehr oder weniger langen Verzögerung führen kann.

Ein **Vergleich** kann zwar eine wirksame Androhung nicht enthalten (Zöller § 890/12a), aber Grundlage für einen gerichtlichen Androhungsbeschluss sein. Trotzdem kann es sich empfehlen, im Vergleich auch eine Vertragsstrafe zu vereinbaren.

Daneben muss für einen schlüssigen Klageantrag die **Wiederholungsgefahr** dargelegt werden.

Hierfür besteht in der Regel eine tatsächliche Vermutung, wenn bereits ein rechtswidriger Eingriff stattgefunden hat, außer wenn das Verhalten des Beklagten eine sichere Gewähr gegen weitere Eingriffe bietet oder die tatsächliche Entwicklung einen neuen Eingriff unwahrscheinlich macht (Palandt Einf.v. § 823/24). Somit hängt die Feststellung der Wiederholungsgefahr überwiegend vom Einzelfall ab. Eine sichere Prognose hinsichtlich der gerichtlichen Entscheidung ist deshalb kaum möglich. Jedoch kann durch eine vor Klageerhebung erfolgte vergebliche Abmahnung die Wiederholungsgefahr deutlich werden und zudem die Gefahr eines sofortigen Anerkenntnisses (§ 93 ZPO) beseitigen (vgl. unten 2. Teil I 2 c).

Bei einer vorbeugenden Unterlassungsklage zur Abwehr eines künftigen rechtswidrigen Eingriffs muss die Erstbegehungsgefahr dargelegt werden. An deren Beseitigung sind dabei grundsätzlich weniger strenge Anforderungen zu stellen als an den Fortfall der durch eine Verletzungshandlung begründeten Gefahr der Wiederholung des Verhaltens in der Zukunft (BGH NJW 2002, 66).

Bei **Beseitigungsansprüchen** zur Abwehr gegenwärtiger Beeinträchtigungen (insbes. §§ 823, 1004 BGB) muss der Klageantrag hingegen nur das erstrebte Ergebnis angeben. Die Wahl der Maßnahmen obliegt dann dem Beklagten und ist gem. § 887 ZPO vom Kläger erst in der Zwangsvollstreckung zu treffen (Palandt § 1004/26).

Lediglich, wenn nur bestimmte Maßnahmen die Beseitigung gewährleisten, sind auch diese zu beantragen. Entsprechendes gilt bei Ansprüchen auf Mängelbeseitigung.

6) Stufenklage

Die Stufenklage bietet sich an, wenn der Kläger die Höhe seiner etwaigen Forderung nicht beziffern kann, weil ihm noch Informationen vom Beklagten fehlen. Praktische Bedeutung hat die Stufenklage vor allem im Familien- und Erbrecht, bei welchen die »spannungsgeladene Nähe der familiären oder sozialen Beziehungen« dazu zu führen scheint, dass Auskunft erst erteilt, Rechnung erst gelegt wird, wenn dem Verpflichteten eine entsprechende Klage zugestellt worden ist (Rixecker MDR 1985, 633).

▶ **Beispiele:**

> Ein Unterhaltsberechtigter kennt nicht die genaue Höhe des Einkommens des Verpflichteten; ein Pflichtteilsberechtigter weiß nicht, wie groß der Nachlass ist. Da in beiden Fällen häufig die erforderliche Auskunft verweigert wird, müsste zunächst auf Auskunft und in nachfolgenden Prozessen auf Versicherung der Richtigkeit sowie letztendlich auf Zahlung geklagt werden.

Die Stufenklage nach § 254 ZPO erlaubt, den Auskunftsanspruch mit dem unbezifferten Zahlungsanspruch zu verbinden und gleichzeitig einzuklagen. Kann der Kläger bereits einen Teil des Anspruches beziffern, sollte er diesen zulässigerweise mit der Stufenklage verbinden (vgl. Thomas/Putzo § 254/4).

Der **Vorteil** der Stufenklage besteht – neben der Prozessökonomie – für den Kläger vor allem darin, dass er damit auch die **Verjährung** des noch unbestimmten Leistungsanspruches hemmen kann (Palandt § 209/2). Allerdings ist der Streitwert höher als bei einer isolierten Auskunftsklage (vgl. Thomas/Putzo § 3/141).

Es sind hierbei drei Stufen zu unterscheiden, für welche jeweils materiell-rechtliche Anspruchsgrundlagen vorhanden sein müssen.

- **Erste Stufe**: Klage auf Auskunft und Rechnungslegung

  Eine allgemeine Auskunftspflicht kennt das BGB nicht. Als mögliche Anspruchsgrundlagen kommen z.B. in Betracht § 1379 BGB (Bestand des Endvermögens für den Zugewinnausgleich), § 1605 BGB (Auskunft über Einkünfte und Vermögen zur Feststellung eines Unterhaltsanspruchs), §§ 2314 (Bestand des Nachlasses), 2027 BGB (Bestand der Erbschaft und Verbleib der Erbschaftsgegenstände), § 666 BGB bei Auftragsverhältnissen und Geschäftsbesorgungsverträgen sowie § 84a ArzneimittelG n.F. (Auskunft bei Schaden durch ein Arzneimittel). Sofern kein spezieller Anspruch vorhanden ist, kann u.U. auf den allgemeinen, subsidiären Auskunftsanspruch nach § 242 BGB zurückgegriffen werden (Palandt § 261/8). Dabei stellen die §§ 259 ff. BGB keine Anspruchsgrundlage dar, sondern regeln lediglich die Art und Weise einer Auskunfts- und Rechnungslegungspflicht.

  Belege und Urkunden, die der Auskunftspflichtige vorlegen soll, müssen im Klageantrag genau bezeichnet werden (vgl. § 253 Abs. 2 Nr. 2 ZPO) (BGH NJW 1983, 1056).

- **Zweite Stufe**: Antrag auf Versicherung der Richtigkeit der Auskunft an Eides statt

  Ein Anspruch hierauf kann sich ergeben aus den §§ 259-261 BGB, aber nur unter der Voraussetzung, dass Grund zu der Annahme besteht, dass die Angaben nicht mit der erforderlichen Sorgfalt gemacht wurden. Deshalb kann es ratsam sein, diesen Antrag erforderlichenfalls erst nach Erteilung der Auskunft zu stellen bzw. zunächst nur anzukündigen.

- **Dritte Stufe**: Antrag auf Zahlung oder Herausgabe, der erst nach erteilter Auskunft beziffert werden muss, vorher auch nicht i.S. eines Mindestbetrages.

Über den **Verfahrensablauf** herrscht – auch bei Richtern – oft Unklarheit.

Sämtliche Ansprüche werden mit der Klagezustellung rechtshängig. Über jede Stufe ist getrennt zu verhandeln und mittels Teilurteil zu entscheiden. Dementsprechend darf der Anwalt in der mündlichen Verhandlung nicht alle Anträge gebündelt stellen («Antrag aus der Klageschrift«), was eine schuldhafte schadensersatzpflichtige Verletzung des Mandatsvertrages wäre (vgl. E. Schneider MDR 1969, 624: dies kann man geradezu als die – fehlerhafte – Regel ansehen). Über die Kosten wird erst in der letzten Stufe durch Schlussurteil entschieden (str.). Ist jedoch die Stufenklage unzulässig oder unbegründet, kann der Richter sogleich durch Endurteil insgesamt entscheiden. Jedes Teilurteil kann bei Vorliegen der übrigen Voraussetzungen mit der Berufung angefochten werden.

Ein Termin zur Verhandlung über die jeweils nächste Stufe wird erst auf Antrag einer Partei anberaumt, der nur sinnvoll ist, wenn die Auskunft erteilt wurde (u.U. gem. § 888 ZPO). Der Antrag kann erst nach formeller Rechtskraft des selbständig anfechtbaren Teilurteils gestellt werden (Zöller § 254/11, str.). Der Wechsel von der Auskunfts- zur Leistungsstufe ist stets zulässig, selbst wenn der Kläger z.B. anderweitig die Auskunft erhalten hat (§ 264 Nr. 2 ZPO). Den Antrag in der zweiten Stufe kann der Kläger ohne Rücknahme fallen lassen und sofort den Zahlungsantrag stellen (Thomas/Putzo § 254/6).

Wird der ersten Stufe stattgegeben, so schafft dies keine **Rechtskraft** für den Grund des Leistungsanspruchs. Der Beklagte kann sich also weiterhin verteidigen. Wird der Auskunftsantrag hingegen abgewiesen mit der Begründung, dass kein Leistungsanspruch besteht, steht die Rechtskraft dieses die Stufenklage insgesamt abweisenden Urteils einem bezifferten Leistungsantrag entgegen (Zöller § 322/13).

Umstritten ist vor allem die **Kostenfolge** bei den folgenden Varianten:

- Auskunft erteilt

Statt einseitiger Erledigung des Auskunftsanspruches ist auf die (bezifferte) Leistungsklage überzugehen (Zöller § 91a/58: Stufenklage; § 254/12; str.).

Denn sonst hat das Gericht den Antrag auf Feststellung der Erledigung der ersten Stufe durch Urteil als unzulässig abzuweisen. Denn dem Auskunftsanspruch kommt im Rahmen einer Stufenklage keine selbständige Bedeutung zu und für eine Feststellungsklage fehlt das Rechtsschutzbedürfnis.

- Kein Leistungsanspruch

Ergibt die Auskunft, dass dem Kläger kein Leistungsanspruch zusteht, sind die Kosten bei Klageabweisung oder Rücknahme des Leistungsantrages quotenmäßig zu teilen (Thomas/Putzo § 254/11; Zöller § 254/5; str.).

> Sofern der Kläger nicht die Verjährung unterbrechen muss, sollte er daher bei Zweifeln über das Bestehen eines Leistungsanspruches vor der Auskunftserteilung den unbezifferten Antrag noch nicht stellen.
>
> Umstritten ist, ob eine Erledigung der Hauptsache vorliegt. Verneint man diese, so muss nach einer Ansicht die einseitige Erledigungserklärung abgewiesen werden und der Kläger trägt die Kosten (Zöller/Greger § 254/15: Leistungsantrag bereits vor Rechtshängigkeit unbegründet; Thomas/Putzo § 254/6; BGH NJW 1994, 2895; **a.A.** Zöller/Vollkommer § 91a/58: Stufenklage – »prozessuale Erledigung des Leistungsanspruchs«; **a.A.** Quotelung).
>
> Bei einer übereinstimmenden Erledigungserklärung geht die Kostenentscheidung bei begründetem Auskunftsanspruch meistens zu Lasten des Beklagten (Baumbach/Lauterbach § 254/9; Zöller § 91a/58: Stufenklage).
>
> Der Kläger hat aber einen Schadensanspruch auf Erstattung der Prozesskosten bei einem vom Beklagten veranlassten Verfahren (insbes. aus Verzug), den er in demselben Rechtsstreit im Wege des Feststellungsantrages geltend machen kann (vgl. § 93 d ZPO für Unterhaltsklagen).

7) Feststellungsklage

a) Voraussetzungen

Mit der **positiven** Feststellungsklage kann das Bestehen eines gegenwärtigen Rechtsverhältnisses zwischen den Parteien festgestellt werden, mit der negativen Feststellungsklage das Fehlen eines solchen.

> Ein wichtiger Anwendungsbereich für die positive Feststellungsklage ist das Arbeitsrecht (vgl. Zöller § 256/11a). Im allgemeinen Zivilrecht kommt sie besonders in zwei Fällen in Betracht: Feststellung des Annahmeverzugs (vgl. oben V 3) sowie Feststellung von Zukunftsschäden (siehe sogleich).
>
> Eine Feststellungsklage kann nicht auf die Feststellung der Wirksamkeit oder Unwirksamkeit von Willenserklärungen oder sonstigen Rechtsverhältnissen gerichtet werden (BGH NJW-RR 1992, 252). Daher ist z.B. nicht auf Feststellung der Wirksamkeit einer Kündigung zu klagen, sondern dahingehend, dass das Rechtsverhältnis beendet ist. Auch Tatsachen, Vorfragen oder Elemente können nicht zum Gegenstand einer Feststellungsklage gemacht werden.
>
> Eine **negative** Feststellungs-(wider)klage kommt vor allem als Gegenmaßnahme zu einer Teilklage in Betracht (vgl. oben I 3 c). Zu beachten ist dabei, dass der einfache Antrag auf Feststellung, dass der Kläger dem Beklagten nichts schulde, un-

zulässig ist. Es bedarf vielmehr der Angabe des konkreten Schuldgrundes und Schuldgegenstandes (BGH NJW 1984, 1556).

Als Prozessvoraussetzung muss als besonderes Rechtsschutzbedürfnis ein sog. **Feststellungsinteresse** vorliegen.

Dieses liegt vor

- bei der positiven Feststellungsklage, wenn das behauptete Recht des Klägers durch eine gegenwärtige Unsicherheit gefährdet ist und das erstrebte Urteil geeignet ist, diese Gefahr zu beseitigen.

- bei der negativen Feststellungsklage, wenn sich der Gegner eines Anspruchs gegenüber dem Kläger berühmt (Zöller § 256/14a).

Dabei genügt für das Feststellungsinteresse bei einer positiven Feststellungsklage regelmäßig die drohende **Verjährung** (Zöller § 256/8a).

> Die Klage hemmt zunächst die Verjährung wegen des ganzen Anspruchs (§ 204 Nr. 1 **BGB n.F.**) (Zöller § 256/8a/17). Ist dann in dem Urteil die Leistungspflicht des Beklagten im Grunde rechtskräftig festgestellt, verjährt dieser Anspruch allenfalls in 30 Jahren (§ 197 Abs. 1 Nr. 3 **BGB n.F.**).

> Hingegen hemmt die negative Feststellungsklage ebenso wie auch die Verteidigung gegen diese die Verjährung nicht. Deshalb kann der Beklagte positive Feststellungs(-wider)klage erheben (Zöller § 256/17).

Allerdings ist die Feststellungsklage insoweit grundsätzlich **subsidiär**, als nicht bereits Leistungsklage (auch Stufenklage) erhoben werden kann.

> Wenn der Kläger seinen Anspruch bislang nur teilweise beziffern kann, ist insgesamt eine Feststellungsklage zulässig (Thomas/Putzo § 256/14). Er kann aber auch hinsichtlich des bezifferbaren Teils Leistungsklage und im Übrigen eine darüber hinausgehende Feststellungsklage erheben. Dies wird bei der Einklagung von Schadensersatzansprüchen empfohlen, um sich gegen das **Risiko** abzusichern, dass eine spätere Mehrforderung inzwischen verjährt ist, nachdem sich der Schaden aufgrund eines gerichtlichen Sachverständigengutachtens höher darstellt als ursprünglich angenommen wurde (Meyer NJW 2002, 3067; vgl. oben I 3 a).

Die Feststellungsklage wird daher **unzulässig**, wenn das Feststellungsinteresse während des Rechtsstreits wegfällt. Dann kann der Kläger zur Vermeidung einer Klageabweisung

- die Hauptsache für erledigt erklären (z.B. wenn der Beklagte bei einer negativen Feststellungsklage Widerklage auf Leistung erhebt) (Zöller § 256/7d) oder

V. Sachgerechte Klageanträge

- zur bezifferten Leistungsklage übergehen (§ 264 Nr. 2 ZPO), wenn diese jetzt möglich geworden ist. Dies ist zwar nicht unbedingt erforderlich, aber zweckmäßig (Zöller § 256/7c).

Die **Beweislast** trägt bei einer positiven Feststellungsklage wie bei einer Leistungsklage der Kläger. Bei einer negativen Feststellungsklage muss der Kläger (lediglich) die Berühmung darlegen und beweisen, der Beklagte hingegen deren Berechtigung, so als wäre er Kläger (zur Feststellungswiderklage vgl. 2. Teil III 3 b).

> Damit kann der Kläger den Beklagten mit relativ geringem Aufwand zwingen, Grund und Höhe des berühmten Anspruchs substantiiert vorzutragen und zu beweisen. Gelingt ihm das nicht oder steht das Nichtbestehen fest, ist die negative Feststellungsklage begründet und der Anspruch rechtskraftfähig verneint (Zöller §§ 256/18; 322/12). Wird die negative Feststellungsklage hingegen abgewiesen, steht damit zugleich das Bestehen des Anspruchs fest. Der Klageantrag muss dabei dahin gehen, dass der Kläger aus einem bestimmten Rechtsverhältnis nichts schuldet.

b) Haftpflichtprozess

Die Feststellungsklage ist insbesondere im Haftpflichtprozess (insbes. nach Verkehrsunfällen) – zur Unterbrechung der Verjährung – ein »fast ständiger Begleiter, der nicht von allen Tatrichtern gern gesehen« und entgegen der Rechtsprechung des BGH relativ restriktiv angewandt wird (vgl. Lepa VersR. 2001, 266 mit Darstellung der BGH-Rechtsprechung) (zum Schmerzensgeld vgl. oben I 3a; V 4).

Der Anwalt sollte daher den **Antrag** unmissverständlich formulieren. Ebenso sollte er die Feststellung der Verpflichtung des Schädigers beantragen, dem Kläger alle **künftigen Schäden** aus dem (bestimmt zu bezeichnenden) Schadensereignis zu ersetzen, sofern diese nicht auf Sozialversicherungsträger übergegangen sind (insoweit fehlt die Aktivlegitimation). Auch wenn dabei immaterielle Schäden mit umfasst sind, sollte man dies sicherheitshalber im Antrag mit aufnehmen (»Verpflichtung des Beklagten zum Ersatz aller weiteren materiellen und immateriellen Schäden«).

> Im Feststellungsantrag ist auch die vermutliche Haftungsquote des Beklagten anzugeben, um eine teilweise Klageabweisung mit entsprechender Kostenbelastung zu vermeiden. Vor allem bei Verkehrsunfällen kommt eine volle Haftung des Unfallgegners nur sehr selten in Betracht.

Es ist zulässig und sinnvoll, den Feststellungsantrag neben dem bezifferten Antrag auf Schadensersatz zu stellen. Trotzdem wird selbst bei schweren Unfällen dieser Feststellungsantrag nicht immer gestellt (Rinsche Rdnr. 78).

Dabei besteht nach der Rechtsprechung des BGH das **Feststellungsinteresse** schon dann, wenn künftige Schadensfolgen – sei es auch nur entfernt – möglich, ihre Art, ihr Umfang und ihr Eintritt aber noch ungewiss sind. Bei schweren Unfallverletzungen kann diese Voraussetzung nur verneint werden, wenn aus der Sicht des Geschädigten bei verständiger Beurteilung kein Grund bestehen kann, mit Spätfolgen immerhin zu rechnen. Auf die Wahrscheinlichkeit weiterer Schäden kommt es nicht an (Zöller § 256/8a).

> Trotz möglicher Leistungsklage wird ein Feststellungsinteresse ausnahmsweise bejaht, wenn die Abwicklung eines Versicherungsfalles voraussichtlich vereinfacht und beschleunigt wird oder wenn die Stellung und Reputation des Beklagten erwarten lassen, dass er sich an eine rechtskräftige Feststellung halten wird (z.B. bei den großen Versicherungsunternehmen) (Zöller § 256/8).

Für die Begründetheit der Feststellungsklage ist – neben der Haftung dem Grunde nach – lediglich Voraussetzung, dass mit einer gewissen Wahrscheinlichkeit aus dem festzustellenden Rechtsverhältnis noch Ansprüche entstehen können (BGH NJW 1993, 2382).

> Bei schweren Unfallverletzungen kann es genügen, dass eine nicht nur entfernt liegende Möglichkeit künftiger Verwirklichung der Schadensersatzpflicht durch das Auftreten weiterer unfallbedingter Leiden besteht.

8) Klage auf künftige Leistung

Besteht die Besorgnis, »dass der Schuldner sich der rechtzeitigen Leistung entziehen werde«, können bei einer erst in Zukunft fällig werdenden Forderung sowohl die Feststellungsklage als auch die Klage auf künftige Leistung gem. **§§ 257 ff. ZPO** in Betracht kommen (Thomas/Putzo § 259/6).

> Zweckmäßiger ist die Klage auf künftige Leistung, weil nur dadurch ein vollstreckbarer Titel erlangt werden kann. Abgesehen davon ist eine Leistungsklage selbst dann der Feststellungsklage vorzuziehen, wenn die Fälligkeit des Anspruchs nicht allzu weit entfernt liegt und zum maßgebenden Zeitpunkt der letzten mündlichen Verhandlung voraussichtlich eingetreten sein wird. Demgegenüber hat die Erhebung der Leistungsklage erst nach Fälligkeit eine verspätete Vollstreckungsmöglichkeit zur Folge. Trotzdem führt die Klage auf künftige Leistung in der Rechtspraxis ein »Schattendasein« (Henssler NJW 1989, 138).

Dabei genügt für die nach § 259 ZPO erforderliche »Besorgnis« schon ernstliches Bestreiten, nicht aber z.B. die Besorgnis der Vollstreckungsvereitelung oder der künftigen Zahlungsunfähigkeit des Schuldners (Thomas/Putzo § 259/2, Zöller § 259/3).

V. Sachgerechte Klageanträge

▶ **Beispiel:**

> Bestreitet der Mieter die Wirksamkeit einer Kündigung und erklärt, er werde nicht ausziehen, könnte der Vermieter auf Feststellung der Beendigung des Mietverhältnisses (nicht: Wirksamkeit der Kündigung, Zöller § 256/3a; BGH NJW 2000, 354,356) klagen. Räumt der Mieter die Wohnung dann aber nicht, müsste in einem weiteren Prozess auf Räumung geklagt werden. Effizienter ist es daher, bereits vor Ablauf des Mietverhältnisses eine Leistungsklage auf künftige Räumung gem. § 259 ZPO zu erheben, um damit einen vollstreckbaren Titel zu erhalten (vgl. Palandt § 556a/25; Zöller § 259/2). Zugleich kann auch das künftige Nutzungsentgelt – bei einer fristlosen Kündigung wegen Zahlungsverzugs – bis zur Herausgabe der Wohnung mit eingeklagt werden (BGH NJW 2003, 1395; vgl. Henssler NJW 1989, 138).

Hierbei kann auch **§ 259 ZPO mit § 255 ZPO** prozessökonomisch kombiniert werden (Zöller § 259/1; 255/3; BGH NJW 1999, 954).

So kann der Kläger beantragen, den Beklagten zu verurteilen

- zur Erbringung der (Primär-) Leistung innerhalb einer bestimmten Frist und

- zugleich – unter den Voraussetzungen des § 259 ZPO – zur Zahlung von Schadensersatz in bestimmter Höhe für den Fall des fruchtlosen Fristablaufs.

Jedoch setzt § 255 ZPO eine entsprechende materiell-rechtliche Anspruchsgrundlage voraus (z.B. § 250 BGB, § 283 BGB a.F.; § 281 Abs.1 **BGB n.F.**). Ohne Befugnis zur Fristsetzung wäre der Antrag daher unbegründet.

Es ist grundsätzlich ratsam, selbst keine konkrete Frist zu beantragen (vgl. Thomas/Putzo § 255/5: Dauer nach Ermessen des Gerichts).

> Denn wenn das Gericht eine längere Frist für nötig hält als beantragt, wird die Klage teilweise mit entsprechender Kostenbelastung des Klägers abgewiesen (Zöller § 255/5). Hat der Gläubiger allerdings vor allem ein Interesse an der Erlangung der Leistung selbst, speziell an der herauszugebenden Sache, sollte die Frist hingegen großzügig bemessen werden, damit er ausreichend Zeit hat, mit Hilfe des Gerichtsvollziehers danach zu forschen (vgl. §§ 758, 883 ZPO). Denn nach Ablauf der Frist ist die Erfüllung des Primäranspruchs ausgeschlossen (vgl. § 281 Abs. 4 **BGB n.F.**).
>
> Bei Zweifeln über die Unmöglichkeit kann der Gläubiger auch nur auf Leistung klagen oder nach § 281 **BGB n.F.** vorgehen. Stellt sich während des Rechtsstreits

die Unmöglichkeit heraus, muss der Kläger den Antrag auf Schadensersatz umstellen (vgl. § 283 **BGB n.F.**; § 264 Nr. 3 ZPO) (vgl. Palandt §§ 280/6, 283/1), sofern er diesen nicht bereits von vornherein hilfsweise gestellt hat. Will der Gläubiger hingegen §§ 255, 259 ZPO miteinander verbinden, wäre ein hilfsweiser Zahlungsantrag verfehlt.

Bisher konnte der Gläubiger meist ohne Beweisaufnahme über die Unmöglichkeit ein Leistungsurteil erwirken, sofern feststand, dass der Schuldner eine solche zu vertreten hat (vgl. §§ 275, 282 ZPO a.F.). Nach § 275 Abs. 1 **BGB n.F.** jedoch entfällt die primäre Leistungspflicht bei jeder Unmöglichkeit, unabhängig vom Verschulden, so dass jetzt bei der Behauptung des Schuldners von der Unmöglichkeit die dafür angebotenen Beweise zu erheben sind (vgl. Palandt Erg. § 275/34).

Beim amtsgerichtlichen Verfahren ist die **Sonderregelung** des § 510b ZPO zu beachten. Auch diese Vorschrift setzt zwar einen im sachlichen Recht vorhandenen Anspruch auf Entschädigung bei Nichterfüllung einer Handlungspflicht voraus, erleichtert aber dessen Durchführung. Insbesondere muss keine Besorgnis der Nichterfüllung wie bei § 259 ZPO vorliegen.

Allerdings besteht ein gewisses Risiko darin, dass das Gericht die Höhe der Entschädigung nach freiem Ermessen festzusetzen hat. Deshalb ist zu empfehlen, einen bestimmten Betrag zu beantragen und hierzu Ausführungen zu machen. Dabei bleibt eine etwaige (Teil-)Abweisung des Entschädigungsanspruchs ohne Kostenfolge im Urteil (Zöller § 510b/9).

VI. Verhalten bei aussichtsloser Prozesslage

Bei einer (voraussichtlich) unbegründeten Klage kommen für den Kläger folgende Reaktionsmöglichkeiten in Betracht:

Klagerücknahme, Verzicht (wegen materieller Rechtskraft endgültiger Anspruchsverlust !), Parteiänderung (falsche Partei!, vgl. oben IV 3 b), Klageauswechselung, (beiderseitige) Erledigungserklärung (Chance auf eine günstigere Kostenverteilung), Vergleich, Versäumnisurteil, Verzögerung des Verfahrens zur Erlangung etwaiger (weiterer) Beweismittel.

1) Klagerücknahme

In der Praxis drängen die Gerichte vor allem deshalb auf eine Klagerücknahme, um die Sache schnell und einfach zu erledigen. Dass der hierzu erteilte gerichtliche Hinweis auf die mangelnde Erfolgsaussicht der Klage immer auf einer eingehenden Prüfung der Sach- und Rechtslage beruht, darf bezweifelt werden. So soll es nicht selten vorkommen, dass ein

Gericht den Anwalt zur Klagerücknahme in irriger Rechtsansicht veranlasst (Bräuer AnwBl. 1999, 551).

Es empfiehlt sich vor allem bei einer angeblich verjährten Klageforderung die Fristberechnung unter Berücksichtigung sämtlicher möglicher Hemmungstatbestände nochmals selbst genau durchzuführen und hierzu erforderlichenfalls auch Akteneinsicht zu nehmen. Denn mancher Richter dürfte die Verjährungseinrede des Beklagten allzu gerne und nur oberflächlich geprüft zum Anlass nehmen, die Klagerücknahme zu empfehlen. Abgesehen davon sind gerade hier selbst bei sorgfältiger Prüfung Fehler nicht ausgeschlossen.

Eine Klagerücknahme hat jedenfalls eine Reihe von **Nachteilen und Gefahren**.

So handelt der Anwalt bei einer Klagerücknahme auf eigenes **Risiko**, sogar bei entsprechendem (fehlerhaften) Hinweis des Gerichts, wenn er sich vorher nicht gründlich vergewissert hat (OLG Köln OLG Rspr. 3/1994 S. 7 – zit. E. Schneider NJW 1998, 3696; BayObLG NJW-RR 2001, 1654: auch keine Kostenniederschlagung wegen unrichtiger Sachbehandlung; vgl. aber auch BGH NJW 1981, 576: kein Verschulden i.S. § 233 ZPO; Palandt Erg. § 280/81 a.E.). Auch ein entsprechender Protokollvermerk (»Gericht regt dringend Klagerücknahme an«) dürfte daher den Anwalt haftungsrechtlich nicht unbedingt freistellen.

Der Kläger muss bei einer Klagerücknahme vor allem auf die **Verjährung** achten, sofern der Anspruch u.U. nochmals gerichtlich geltend gemacht werden soll (vgl. § 204 Abs. 2 **BGB n.F.**). Außerdem entfällt die Bindungswirkung einer **Streitverkündung** (vgl. unten 3. Teil I).

Zwar hat er die **Kosten** des Rechtsstreits zu tragen (§ 269 Abs. 3 ZPO), welche jedoch ermäßigt sind. In jedem Falle spart er sich gegenüber einer streitigen (klageabweisenden) Entscheidung zwei Gerichtsgebühren (KV 1202) und bei Rücknahme vor einer mündlichen Verhandlung und Beweisaufnahme auch Rechtsanwaltsgebühren. Von daher empfiehlt sich eine möglichst frühzeitige Klagerücknahme.

Nicht zulässig ist es, die Klagerücknahme **nur bedingt** für den Fall der Erfolglosigkeit der Klage zu erklären (Zöller § 269/12; Baumbach/Lauterbach Grdz. §§ 128/54; 269/24; vgl. aber BVerwG NJW 2002, 3564 (LS) = NVwZ 2002, 990: darf von innerprozessualen Vorgängen abhängig gemacht werden).

Für eine Rücknahme nach Beginn der mündlichen Verhandlung des Beklagten zur Hauptsache ist dessen Einwilligung erforderlich (§ 269 Abs. 1 ZPO).

Die Einwilligung gilt als erteilt, wenn der – auf diese Rechtsfolge zuvor hingewiesene – Beklagte der Rücknahme nicht innerhalb einer Notfrist (Wiedereinsetzung möglich!) von zwei Wochen seit Zustellung des klägerischen Schriftsatzes widerspricht (§ 269 Abs. 2 **ZPO n.F.**).

Der Beklagte muss dabei bedenken, dass eine Klagerücknahme nicht in Rechtskraft erwächst und somit der Anspruch grundsätzlich nochmals eingeklagt werden kann. In der Praxis wird die Zustimmung daher häufig davon abhängig gemacht, ob der Kläger auf den Anspruch bzw. dessen nochmalige prozessuale

Geltendmachung verzichtet. Dann kommt freilich ein – ebenfalls um zwei Gerichtsgebühren ermäßigter – Klageverzicht i.S. § 306 ZPO in Betracht, was aber erfahrungsgemäß kaum erfolgt.

2) Klageauswechselung

a) Voraussetzungen

Ist die Klage deshalb unbegründet, weil der Kläger die Ansprüche verwechselt hat oder für diese nicht aktivlegitimiert ist, lässt sich eine Klageabweisung u.U. durch eine sog. **Klageauswechselung** vermeiden. Hierzu wird der bislang gestellt Klageantrag auf einen anderen Lebenssachverhalt gestützt, während der Klageantrag gleich bleibt.

Es handelt sich dabei um eine Klageänderung, bei deren Zulässigkeit nach ganz h.M. nur noch über den neuen Antrag zu entscheiden ist (Thomas/Putzo § 263/14) (zweigliedriger Streitgegenstandsbegriff/Änderung des Klagegrundes).

▶ **Beispiel:**

Wegen mangelnder Aktivlegitimation des zunächst aus eigenem Recht geltend gemachten Anspruchs wird dieser nunmehr auf **Abtretung** gestützt (OLG Hamm NJW-RR 1992, 1279) oder in **gewillkürter Prozessstandschaft** geltend gemacht (BGH MDR 1994, 305) (oben I 5a (2)). Statt eines Kaufpreisanspruchs aus dem Jahre 1999 wird nunmehr ein solcher aus einem Kaufvertrag aus dem Jahre 2002 geltend gemacht oder von Minderung wird auf Schadensersatz übergegangen (vgl. Palandt § 634/11).

Davon zu unterscheiden sind die **Klageermäßigung** ohne Änderung des Klagegrundes nach § 264 Nr. 2 ZPO und die **Antragsanpassung** wegen nachträglich veränderter Umstände bei gleich gebliebenem Klagegrund nach § 264 Nr. 3 ZPO.

▶ **Beispiel:**

Kläger fordert zunächst 3000,– Euro aus Werkvertrag und ermäßigt später die Klageforderung auf 2000,– Euro. Der Kläger ermäßigt den uneingeschränkten Zahlungsantrag auf Leistung Zug um Zug oder die Forderungshöhe wegen erfolgter Teilzahlung.

> Übergang von Herausgabeklage gem. § 985 BGB wegen des Untergangs der Sache auf Schadensersatzklage nach § 989 BGB. Übergang von Erfüllungsklage auf Schadensersatz wegen (nach Rechtshängigkeit) abgelaufener Frist gem. § 281 BGB n.F.. Statt Vertragserfüllung nach erfolgter Leistung Geltendmachung der Kosten des Rechtsstreits als Verzugsschaden.

Bei Unklarheiten über das Bestehen der Ansprüche kann die Klageänderung auch nur hilfsweise geltend gemacht werden.

Umstritten ist, ob die Ansprüche auch alternativ, d.h. nebeneinander, dem Gericht zur Auswahl stehend geltend gemacht werden können (zulässig nach Thomas/Putzo § 260/3/7; im Erg. auch BGH WM 1991, 600; **a.A.** Zöller Einl. 74).

Bei zweifelhafter Aktivlegitimation ist es am sichersten, sich vorsorglich vor Klageerhebung die Ansprüche abtreten zu lassen, was in der Praxis häufig in Reisemängelprozessen erfolgt. Insbesondere können so Probleme mit der Verjährungshemmung vermieden werden, da nur die Klage eines Berechtigten die Verjährung hemmt (vgl. Palandt § 209/9).

Uneingeschränkt **zulässig** ist eine Klageänderung nur bis zum Eintritt der Rechtshängigkeit. Danach bedarf sie der Einwilligung des Beklagten oder der Zustimmung des Gerichts wegen Sachdienlichkeit (§ 263 ZPO). Dabei wird die Einwilligung des Beklagten gem. § 267 ZPO unwiderruflich vermutet, soweit er sich in der mündlichen Verhandlung auf die geänderte Klage eingelassen hat.

> **Beachte:**
>
> Bereits das Bestreiten des neuen Sachvortrags kann als Einlassung i.S. § 267 ZPO gelten (vgl. Zöller § 333/2).

Im Übrigen dürfte von den Gerichten aus prozessökonomischen Erwägungen wohl kein allzu hoher Maßstab hinsichtlich der Sachdienlichkeit angelegt werden (vgl. Thomas/Putzo § 263/8: ist »nicht kleinlich zu beurteilen«; BGH NJW 1985, 1841: »Maßgebend ist der Gesichtspunkt der Prozesswirtschaftlichkeit«), wobei im Einzelfall nicht auszuschließen ist, dass arbeitsökonomischen Gründen der Vorrang eingeräumt wird. Eine Klageänderung ist sachdienlich, soweit ihre Zulassung bei objektiver Beurteilung den sachlichen Streitstoff im Rahmen des anhängenden Rechtsstreits ausräumt und einem weiteren Rechtsstreit vorbeugt. Dabei berührt es die Zulässigkeit nicht, wenn aufgrund der Zulassung neue Parteierklärungen und Beweiserhebungen nötig werden und dadurch die Erledigung des Rechtsstreits verzögert wird (BGH NJW-RR 1987, 58, st. Rspr.). Die Sachdienlichkeit kann im Allgemeinen nur dann verneint werden, wenn der Kläger einen völlig neuen Prozessstoff vorträgt, der das bisherige Ergebnis der Prozessführung unverwertbar machen würde (Thomas/Putzo § 263/9). Sofern jedoch zur

Zeit der Klageänderung noch kein nennenswerter Streitstoff vorhanden ist, kann diese Voraussetzung nicht angenommen werden (vgl. BGH NJW-RR 1987, 58).

Unter diesen Voraussetzungen ist eine solche Klageänderung bis zum Schluss der letzten mündlichen Verhandlung möglich. Die Verspätungsvorschrift des § 296 ZPO findet dabei ebenso wenig Anwendung wie § 274 (Einlassungsfrist) (Thomas/Putzo § 263/14a. E ; Zöller § 274/4; u.U. Terminsänderung gem. § 227 ZPO oder Schriftsatzfrist gem. § 283 ZPO). Unerheblich ist daher, ob sich der Rechtsstreit durch die Klageänderung verzögert.

In der Berufungsinstanz ist eine Klageänderung nur noch unter sehr eingeschränkten Voraussetzungen zulässig (§ 533 **ZPO n.F.**).

b) Risiken und Kosten

Zwar erfolgt weder eine (teilweise) kostenpflichtige Klageabweisung, noch ist § 269 ZPO anwendbar, jedoch trägt der Kläger analog § 96 ZPO die ausscheidbaren Mehrkosten, die der fallen gelassene Anspruch verursacht hat (z.B. Kosten einer Beweisaufnahme vor Klageänderung) (Zöller § 263/18). Im Übrigen fallen die (bisher entstandenen) Prozesskosten (aus dem einfachen Streitwert) nur einmal an, da es sich nur um einen Rechtszug handelt.

Für den Kläger besteht das Risiko, dass der Beklagte den geänderten Klageanspruch sofort anerkennt oder erfüllt. Dann können ihm unter Umständen die Kosten auferlegt werden (§§ 91a, 93 ZPO).

Eine unzulässige Klageänderung wird mit der Kostenfolge des § 91 ZPO durch Prozessurteil abgewiesen.

> Umstritten ist, ob und wie in diesem Fall über den alten Antrag bei fehlenden Erklärungen des Klägers zu entscheiden ist:
>
> Nach h.M. ist über beide Anträge zu entscheiden (Zöller § 263/17); über den alten Antrag durch klageabweisendes Versäumnisurteil (§§ 330, 333 ZPO), sofern der Kläger im gesamten letzten Verhandlungstermin zum alten Anspruch weder Anträge stellt noch verhandelt, sonst als normales streitiges Endurteil. Nach Thomas/Putzo (§ 263/17) ist über den ursprünglichen Antrag nicht mehr zu entscheiden, außer wenn er neben dem neuen Antrag (hilfsweise) aufrechterhalten wird.
>
> Angesichts dieser Unklarheiten ist es ratsam, sich selbst Gedanken zur ursprünglichen Klage zu machen und eventuell den alten Antrag aus Kostengründen zurückzunehmen. Vorteilhaft kann es für den Kläger sein, eine Zustimmung des Beklagten zu einer Erledigungserklärung zu erlangen (Kostenentscheidung gem. § 91a ZPO!).

VII. Verhalten bei nachträglicher Erfüllung

In der Praxis kommt es regelmäßig vor, dass der Beklagte den eingeklagten Anspruch (vorbehaltlos) noch vor einer gerichtlichen Entscheidung freiwillig erfüllt, insbesondere eine Geldforderung bezahlt, wodurch diese (ganz oder teilweise) erlischt (§ 362 BGB). Für das weitere Vorgehen des Klägers ist der Zeitpunkt der Erfüllung maßgebend.

Die nachfolgenden Ausführungen beziehen sich hauptsächlich auf das Klageverfahren (vgl. zu den Handlungsmöglichkeiten bei Erfüllung während eines Mahnverfahrens Wolff, NJW 2003, 553; Zöller § 696/2).

1) Nach Rechtshängigkeit

a) Vollständige Erfüllung

Unproblematisch ist die Lage, soweit die Forderung nach Rechtshängigkeit insgesamt erlischt. Der Kläger muss aber auf jeden Fall reagieren, da sonst die nunmehr unbegründete Klage abgewiesen würde und er die Kosten gem. § 91 ZPO tragen müsste.

- Der Kläger kann zunächst den Rechtsstreit **für erledigt erklären** (häufigste Reaktion in der Praxis!).

Hierbei hat es der Beklagte in der Hand, ob die Begründetheit der ursprünglichen Klage mit voller Kostenbelastung für den Beklagten, gegebenenfalls durch eine Beweisaufnahme, festgestellt wird oder nicht.

So ist der Beklagte zu einer Zustimmung nicht verpflichtet, da er sich nicht auf die Inzidentprüfung im Rahmen der nur nach billigem Ermessen zu treffenden Kostenentscheidung verweisen lassen muss (BGH NJW 1979, 1000, 1001).

Denn bei **Zustimmung** des Beklagten wird (nur) über die Kosten nach § 91a ZPO ohne (weitere) Beweisaufnahme »unter Berücksichtigung des bisherigen Sach- und Streitstandes nach billigem Ermessen« entschieden (Thomas/Putzo § 91a/46).

Danach hat der Beklagte in der Regel die Kosten zu tragen, mit Ausnahme einer sofortigen Erfüllung ohne Klageveranlassung seitens des Beklagten entsprechend § 93 ZPO.

> **Beachte:**
>
> Hat der Beklagte indes die Forderung des Klägers bestritten, besteht bei Zustimmung zur Erledigterklärung die Gefahr, dass das Gericht von einem ungewissen Prozessausgang ausgeht und Kostenteilung oder Aufhebung beschließt.

Falls der Kläger (bislang) keinerlei Beweise für die bestrittenen und entscheidungserheblichen Punkte angeboten hat, können die Kosten ihm sogar ganz auferlegt werden. Dies kann auch dann passieren, wenn der Kläger wegen der Erfüllung überhaupt nicht mehr schlüssig vorträgt.

(Vgl. aber auch Thomas/Putzo § 91a/47 a.E.: Kosten trägt grundsätzlich der Beklagte bei freiwilliger Erfüllung; vgl. andererseits Thomas/Putzo § 91a/35: die vorbehaltlose Erfüllung des Klageanspruchs erübrigt (bei einseitiger Erledigterklärung) nicht die Prüfung der Begründetheit der Klage, einschränkend Zöller § 91a/25; E. Schneider JurBüro 2002, 510: Neigung nicht weniger Gerichte, die Kosten »halbe-halbe« oder »gegeneinander« zu verteilen).

Um diesen Unwägbarkeiten aus dem Weg zu gehen, können die Parteien nach übereinstimmender Erledigungserklärung einen Vergleich nur über die Kosten schließen (Thomas/Putzo § 794/14).

Allerdings muss diesbezüglich eine Übereinstimmung erzielt werden, zumal die Vergleichsgebühr die Kosten erhöhen würde. Deshalb erfolgt dies in der Praxis äußerst selten.

- Es kann daher unter Umständen für den Kläger sicherer sein, die Klage nicht für erledigt zu erklären, sondern die **Klage zu ändern** und seinen Antrag auf Ersatz der bis dahin angefallenen Kosten einschließlich der reinen Prozesskosten umzustellen (vgl. hierzu unten VII 2).

Die Kostenentscheidung erfolgt dann nach den §§ 91ff. ZPO aufgrund eines normalen Erkenntnisverfahrens mit Beweisaufnahme.

Als **Alternative** kann eine einseitige Erledigterklärung des Klägers mit Anerkenntnis des Beklagten in Betracht kommen (Kosten gem. § 91 ZPO: Beklagter/ Anerkenntnisurteil aber kostengünstiger als streitiges Endurteil!).

> **Beachte:**
>
> Sind **Zweifel** vorhanden, ob ein erledigendes Ereignis vorliegt (z.B. Zahlung des Beklagten), ist es ratsam, den ursprünglichen Klageantrag **hilfsweise** aufrecht zu erhalten.

Denn nur dann erhält man bei Nichtvorliegen einer Erledigung und fehlender Zustimmung des Beklagten (unter kostenpflichtiger Abweisung der Feststellungsklage) noch im laufenden Verfahren eine Entscheidung über den ursprünglichen Klageantrag.

Nicht möglich ist es, mit einer hilfsweisen Erledigungserklärung eine Klageabweisung des Hauptantrages zu vermeiden (Zöllner § 91a/35; vgl. jedoch Thomas/Putzo § 91a/12/32: zulässig; str. zu den versch. Ansichten vgl. LG Hanau NJW-RR 2000, 1233).

- Riskant sind (sofortiger) **Klageverzicht** und **Klagerücknahme**.

  Eine Ansicht (OLG Frankfurt OLGZ 81, 100: h.M.) wendet § 93 ZPO analog an, wenn die ursprünglich zulässige und begründete Klage durch ein nachträgliches Ereignis unzulässig oder unbegründet wird.

  Dies ist allerdings nicht ohne **Risiko**. Zum einen kann man nie sicher sein, dass das konkrete Gericht tatsächlich die Kosten dem Beklagten auferlegt (vgl. §§ 91, 269 Abs. 3, 306 ZPO). Zum anderen ist zu bedenken, dass das aufgrund eines Verzichts (auch ohne Antrag des Beklagten) (Thomas/Putzo § 306/3) ergehende klageabweisende Urteil materielle Rechtskraft erlangt.

  Ob bei einer Klagerücknahme die Kosten dem Beklagten aufgrund eines materiell-rechtlichen Erstattungsanspruchs auferlegt werden können, erscheint auch nach der Neuformulierung des § 269 Abs. 3 S. 2 Alt. 2 ZPO **n.F.** sehr zweifelhaft. Da der Gesetzgeber hierbei auf die bisherigen Ausnahmefälle verweist, dürfte damit keine Änderung beabsichtigt gewesen sein (vgl. Begr. RegE. S. 80; Bonifacio MDR 2002, 499: die anderen Fälle müssen § 269 Abs. 3 S. 1 Alt. 1 ZPO **n.F.** gleichstehen; **a.A.** E. Schneider JurBüro 2002, 509: nicht ausgeschlossen worden und prozessökonomisch sinnvoll). Ebenso ist umstritten, ob § 269 Abs. 3 S. 3 ZPO **n.F.** analog auf die Fälle der Erledigung nach Rechtshängigkeit anwendbar ist (bejahend Bonifacio MDR 2002, 499; **a.A.** AG Berlin-Neukölln MDR 2003, 112).

  Daher ist allenfalls dann, wenn eine Vollstreckung der Kosten beim Beklagten wenig Erfolg versprechend erscheint, eine Klagerücknahme zur Kostenersparnis (zwei Gerichtsgebühren) in Erwägung zu ziehen (z.B. bei einer Räumungsklage wegen Zahlungsverzugs).

b) Teilweise Erfüllung

Bei teilweiser Erfüllung ist zunächst der Klageantrag entsprechend zu ermäßigen. Dies ist ohne Änderung des Klagegrundes nach § 264 Nr. 2 ZPO grundsätzlich zulässig.

Wegen des Verrechnungsmodus nach § 367 BGB sollte der Antrag möglichst wie folgt formuliert werden: »Der Beklagte wird verurteilt, an den Kläger 3000 Euro nebst 6 % Zinsen, hieraus seit 1.1.2001 abzüglich am 3.8.2002 bezahlter 1000 Euro, zu zahlen« (Zöller § 253/16a, § 3/16 »Teilzahlung«).

Damit erspart man sich zum einen die komplizierte Ausrechnung der Restschuld. Zum anderen gehen dem Kläger weder Zinsen noch etwas von der Hauptforderung verloren. Ein »verbreiteter Fehler« ist es hingegen, im Prozess geleistete Zahlungen trotzdem von der (verzinslichen) Hauptsumme abzuziehen. Bei entsprechender Streitwertfestsetzung führt dies auch u.U. zur Verkürzung der Gebührenansprüche und in Grenzfällen zum Verlust der Berufungsmöglichkeit (Zöller § 3/16 »Teilzahlung«; E. Schneider DRiZ 1979, 310: nahezu ausnahmslose fehlerhafte Praxis).

> **Beachte:**
>
> Diese Ermäßigung kann eine teilweise Erledigterklärung, eine teilweise Klagerücknahme (Kosten § 269 Abs. 3 ZPO!) oder einen Verzicht (Kosten § 91 ZPO) beinhalten.

Da bei fehlender Erklärung des Klägers das Gericht die Klageermäßigung auslegt, sollte der Kläger dies unbedingt klarstellen, insbesondere wenn bei Erfüllung durch den Beklagten eine Erledigungserklärung gewollt ist (Thomas/Putzo § 264/6; vgl. Zöller § 264/4a: regelmäßig teilweise Klagerücknahme).

Vor allem wenn nach vorausgehendem **Mahnbescheid** mit der Anspruchsbegründung weniger geltend gemacht wird, erfolgt in der Praxis hierzu relativ selten eine Äußerung seitens der Klagepartei.

Zumindest sollte man die teilweise Erfüllung mitteilen, da sonst das Gericht von einer stillschweigenden teilweisen Erledigungserklärung ausgehen müsste (vgl. Thomas/Putzo §§ 91a/6, 264/6). Denn nur eine solche Auslegung entspricht in der Regel dem vernünftigen Willen und der Interessenlage der (erledigt erklärenden) Partei, was maßgebend ist (vgl. BGH NJW 2001, 2094, 2095).

Sonst kann in der ermäßigten Anspruchsbegründung auch eine konkludente Teil-Rücknahme des Antrags auf Durchführung des streitigen Verfahrens nach § 696 Abs. 4 ZPO gesehen werden (Thomas/Putzo § 696/18: »in der Regel«), bei welcher nach verbreiteter Ansicht die entsprechende Anwendbarkeit von § 269 Abs. 3 ZPO bejaht wird (**a.A.** Thomas/Putzo § 696/19; Zöller § 696/2 m.w.N.: weil das Verfahren – im Gegensatz zur Rücknahme des Mahnantrags – anhängig bleibt). Der Kläger muss dann erst wieder nachträglich seine Kosten in einem neuen Prozess einklagen.

2) Zwischen Anhängigkeit und Rechtshängigkeit

Kompliziert und fehlerträchtig ist die prozessuale Situation bei Eintritt eines erledigenden Ereignisses zwischen Klageeinreichung und Zustellung der Klage. Die Rechtslage ist hierzu völlig unklar (vgl. Thomas/

Putzo § 91/36; Zöller § 91a/38ff.), wobei die Unsicherheit durch die jetzige Neufassung des § 269 Abs. 3 ZPO noch verstärkt worden ist (Bonifacio MDR 2002, 499). Deshalb sollte man sich auch nicht scheuen, hierzu das Gericht um einen konkreten Hinweis zu dessen Rechtsansicht zu bitten.

In der Praxis erfolgt in diesen Fällen meist eine Erledigterklärung durch den Kläger. Dies ist jedoch riskant.

Sofern der Beklagte zustimmt (**übereinstimmende Erledigterklärung**), ist das Gericht grundsätzlich an die Erledigungserklärungen gebunden. Es hat nur noch eine Kostenentscheidung nach § 91a ZPO zu ergehen (BGH NJW 1956, 1517; OLG Koblenz NJW-RR 2000, 1093; zum maßgeblichen Zeitpunkt für die Erfolgsprognose vgl. Zöller § 91a/16; Thomas/Putzo § 91a/48).

> Falls der Beklagte gegenüber dem Klageanspruch nichts einzuwenden hat, kann sich die Zustimmung zur Erledigterklärung des Klägers mit einem Kostenanerkenntnis empfehlen. Dann sind ihm in Anwendung des Gedankens des § 307 ZPO ohne weitere Sachprüfung zwar die Kosten aufzuerlegen (Thomas/Putzo § 91a/47; LG Hanau NJW-RR 2000, 1233: Anerkenntnis i.S. § 307 ZPO), u.U. ermäßigen sich jedoch die Gerichtsgebühren (vgl. KV Nr. 1202 b; arg. auch ein auf die Kosten beschränktes Anerkenntnisurteil ist grundsätzlich möglich, Thomas/Putzo § 307/2). Eine Ermäßigung der Gerichtsgebühren erreicht der Beklagte aber auch dadurch, indem er die Zustimmung verweigert und der Kläger die Klage nach § 269 Abs. 3 S. 3 ZPO vollständig zurücknimmt.

> Selbst in den relativ seltenen Fällen einer **Zahlung vor Anhängigkeit** können die Parteien den Rechtsstreit übereinstimmend für erledigt erklären. Nur wenn der Kläger in schuldloser Unkenntnis der Zahlung (z.B. Gutschrift auf dem Klägerkonto am Tag der Klageeinreichung) die von vornherein unbegründete Klage erhoben hat, steht ihm ein diesbezüglicher materiell-rechtlicher Schadensersatzanspruch aus Verzug zu (vgl. Palandt § 286/7). Dieser wird bei der Kostenentscheidung nach § 91a ZPO aber nur berücksichtigt, wenn sein Bestehen sich ohne besondere Schwierigkeiten, insbesondere ohne Beweisaufnahme feststellen lässt. Sonst kann der Kläger diesen Anspruch auf Kostenerstattung und Befreiung von den festgesetzten Kosten gegen den Beklagten noch in einem weiteren Prozess durchsetzen (BGH MDR 2002, 473). In den restlichen überwiegenden Fällen verbleibt es bei der Kostentragungspflicht des Klägers gem. § 91 ZPO.

Bei einer nur **einseitigen Erledigterklärung** hingegen scheidet nach h.M. eine Feststellung der Erledigung aus, da hiernach eine »Erledigung der Hauptsache« nur nach Eintritt der Rechtshängigkeit erfolgen kann (BGHZ 83, 12; **a.A.** weiter Erledigungsbegriff, Zöller § 91a/42).

> Die geänderte (Feststellungs-) Klage müsste als unbegründet abgewiesen werden. Die Kostenfolge ist dabei sehr umstritten (z.B. OLG München NJW 1976, 971:

Kosten Kläger gem. § 91 ZPO; **a.A.** Kosten sind dem Beklagten aufzuerlegen aufgrund reziproker bzw. analoger Anwendung des § 93 ZPO, wenn er zur Klage Anlass gegeben hat – bei sofortiger Erledigterklärung des Klägers, Thomas/Putzo § 91a/39 oder sofortigem Klageverzicht, Zöller § 91a/47 a.E.).

> **Beachte:**
>
> Es empfiehlt sich, bei **Zweifeln** hinsichtlich des Zeitpunktes der Klagezustellung die Erledigungserklärung unter der (zulässigen innerprozessualen) Bedingung zu erklären, dass die Klage vor Erfüllung der Forderung zugestellt wurde (KG NJW-RR 1998, 1074; OLG Nürnberg DAR 1995, 330).

Im Übrigen ist die Erledigungserklärung grundsätzlich frei widerruflich, solange sich der Beklagte ihr nicht angeschlossen und das Gericht noch keine Entscheidung über die Erledigung der Hauptsache getroffen hat (Zöller § 91a/35, jetzt ebenso BGH NJW 2002, 442).

Es bleiben dem Kläger zur Vermeidung des Risikos einer Kostenbelastung vor allem folgende **Möglichkeiten,** wobei in den beiden letzten Fällen vorausgesetzt wird, dass dem Kläger ein materiell-rechtlicher Anspruch auf Erstattung der Prozesskosten zusteht, in der Regel ein Schadensersatzanspruch aus Verzug gem. § 286 BGB (§ 280 **BGB n.F.**).

- **Klagerücknahme mit Kostenantrag**

  Nach § 269 Abs. 3 S. 3 **ZPO n.F.** bestimmt sich die Kostentragungspflicht nunmehr unter Berücksichtigung des bisherigen Sach- und Streitstandes nach billigem Ermessen, wenn der Anlass zur Einreichung der Klage vor Rechtshängigkeit weggefallen und die Klage daraufhin unverzüglich zurückgenommen wurde. Hierüber entscheidet das Gericht im laufenden Verfahren durch Beschluss auf **Antrag** (Abs. 4).

  Damit kann der Kläger die bisherige umständliche Kostenautomatik vermeiden, wonach grundsätzlich der Kläger bei Klagerücknahme die Kosten zu tragen hatte (so bereits bisher Thomas/Putzo § 269/15; Zöller § 93/2: analog § 93 ZPO; Wolff NJW 2003, 553: entsprechend im Mahnverfahren anwendbar) und sich eine neue Klage auf Kostenerstattung ersparen. Die Veranlassung zur Klage dürfte allgemein wie bei § 93 ZPO zu bestimmen sein. Dabei kann insbesondere auch einem materiell-rechtlichen Kostenerstattungsanspruch Rechnung getragen werden.

- **Klageänderung** auf bezifferte **Leistungsklage** hinsichtlich der entstandenen Kosten (h.M.) (z.B. BGH NJW 1957, 303; OLG München NJW 1966, 161; 1976, 973) (Probleme: genau ausrechnen/ noch nicht bezahlte Anwaltskosten noch kein Schaden des Klägers, insoweit nur Freistellungsanspruch).

- **Klageänderung** (§ 263 ZPO/sachdienlich oder § 264 Nr. 3 ZPO) auf (**unbezifferte**) **Feststellung,** dass der Beklagte verpflichtet ist, dem Kläger alle Kosten, die ihm in diesem Verfahren entstanden sind und noch entstehen werden, zu erstatten

    (z.B. OLG Nürnberg DAR 1995, 330; ähnlich AG Hamburg NJW-RR 1998, 1448: zum reinen Kostenantrag gewordener Feststellungsantrag; vgl. aber) (Streitwert hinsichtlich Kostenentscheidung und Entscheidung in der Hauptsache nach Klageänderung unterschiedlich!) (**a.A.** BGH NJW 1979, 1000, 1001: Antrag, dem Beklagten die Kosten aufzuerlegen, ist als Antrag in der Hauptsache wegen Unbestimmtheit und Unbestimmbarkeit nicht zulässig). Dabei kommt § 93 ZPO zu Lasten des Klägers bei sofortigem Anerkenntnis des (geänderten) Feststellungsantrags nicht in Betracht.

Ob diese beiden anderen Möglichkeiten angesichts der Neuregelung des § 269 Abs. 3 **ZPO n.F.** das **Rechtsschutzbedürfnis** fehlt, könnte zweifelhaft sein.

Es ist zu bedenken, dass bei einer Klageänderung eine strengbeweisliche Entscheidung zu treffen ist, während der Kläger auf das billige Ermessen des Gerichts – ohne Beweisaufnahme – angewiesen ist. Im letzteren Fall könnte für den Kläger ein Bestreiten des Beklagten sowie eine rechtlich schwierige Sachlage bei der Kostenverteilung nachteilig sein (Elzer NJW 2002, 2007: häufig Kostenteilung oder Kostenaufhebung i.S. von § 92 Abs. 1 ZPO; vgl. ähnlich BGH NJW 1979, 1000, 1001; vgl. unten 2. Teil I 2b). Dabei muss das Gericht vor der Billigkeitsentscheidung dem Beklagten rechtliches Gehör geben, insbesondere aber wenn die Klage vor der Klageerwiderung zurückgenommen wurde (LG Münster NJW-RR 2002, 1221).

Schließlich hat der Kläger die Kosten doch zu tragen und u.U. in einem neuen Prozess geltend zu machen, wenn das Gericht die geforderte Unverzüglichkeit verneint (vgl. aber LG München I, Beschl. v. 16.12.2002 – 23 T 21263/02: danach § 269 Abs. 3 S. 3 ZPO **n.F.** analog mit der Besonderheit, dass Kosten, die nach diesem Zeitpunkt angefallen sind, auf immer der Kläger zu tragen hat).

Der Anwendungsbereich dieser Vorschrift ist nach einer Ansicht dadurch erheblich eingeschränkt, dass eine prozessuale Kostenerstattungspflicht zwar das Bestehen eines Prozessrechtsverhältnisses und damit die Zustellung der Klage voraussetzt (LG Münster NJW-RR 2002, 1221: Neuregelung läuft weit gehend leer; Zöller 23. Aufl. § 269/8a; **a.A.** LG Düsseldorf NJW-RR 2003, 213 mit beachtlichen Argumenten), die Klage aber »unverzüglich« zurückgenommen werden muss. Darüber hinaus ist ungeklärt, ob § 269 Abs. 3 S. 3 **ZPO n.F.** auch bei Klageerhebung und Erfüllung vor Anhängigkeit anwendbar ist (vgl. Elzer NJW 2002, 2008; bejahend LG Düsseldorf NJW-RR 2003, 213: arg. Normzweck und Wortlaut). Erfolgt nach Einreichung der Rücknahmeerklärung keine Zustellung mehr, trägt die bereits angefallenen Kosten der Kläger gem. § 269 Abs. 3 S. 2 ZPO.

Deshalb muss es neben den oben dargestellten Alternativen auch weiterhin möglich sein, nach Klagerücknahme den (freigestellten) Antrag auf Kostenentscheidung nicht zu stellen, und eine neue Klage auf Kostenerstattung zu erheben (vgl. Zöller 23. Aufl. § 269/8a: »wie bisher«; ebenso Bonifacio MDR 2002, 499; differenzierend Elzer NJW 2002, 2006: nur ausnahmsweise, wenn im Einzelfall der Prozessausgang ungewiss ist – im Zweifel sollte das Rechtsschutzbedürfnis bejaht werden).

Angesichts dieser Unsicherheiten wäre eine Klagerücknahme (und Klageänderung) unter der Bedingung der Bejahung der Voraussetzungen, insbesondere der Unverzüglichkeit, in Verbindung mit einer hilfsweisen Klageänderung auf Kostenerstattung der geschickteste Weg (vgl. oben VI 1 – Wohl unzulässig).

Sofern aber ein Beschluss nach § 269 Abs. 3 ZPO n.F. ergangen ist, kommt eine anderweitige Geltendmachung dieser Kosten aufgrund eines materiell-rechtlichen Erstattungsanspruchs nicht mehr in Betracht.

Zweiter Teil: Die Verteidigung des Beklagten

Der Beklagte hat seine Verteidigungsmittel vor allem in der Klageerwiderung vorzubringen (vgl. §§ 275, 276, 277 Abs. 1 ZPO). Zur Vermeidung eines Versäumnisurteils im schriftlichen Vorverfahren muss der Beklagte rechtzeitig seine Verteidigungsabsicht anzeigen (§§ 276, 331 Abs. 3 ZPO).

> Dies sollte auch dann geschehen, wenn der Kläger in der Klageschrift kein Versäumnisurteil beantragt hat. Denn zum einen kann er den Antrag nachholen, ohne dass der Beklagte davon in Kenntnis gesetzt werden müsste (str.), und zum anderen könnte das Gericht einen solchen Antrag auch als stillschweigend gestellt ansehen (vgl. Thomas/Putzo § 331/2). Dabei ersetzt ein Widerspruch im vorausgegangenem Mahnverfahren die Anzeige nicht (Zöller §§ 276/8, 331/12).
>
> Allerdings kann diese Anzeige in manchen Fällen auch nachteilig sein, ebenso wie die routinemäßige Beantragung von Klageabweisung oder ein (vorsorgliches) pauschales Bestreiten des Klagevortrags (vgl. oben 1. Teil V 1, unten I 2 c).

Der **Klageerwiderungsschriftsatz** sollte strukturiert sein. Zu mehr Übersichtlichkeit und Verständlichkeit führt es, wenn der Beklagte die unstreitigen und akzeptierten Tatsachen zunächst am Anfang zusammenfasst und in einem Einleitungssatz in groben Zügen mitteilt, womit er sich verteidigt.

> Es empfiehlt sich eine in der Klageschrift befindliche Reihenfolge, insbesondere bei Punktesachen, zu übernehmen. Dies bietet dem Anwalt eine gewisse Kontrolle der Vollständigkeit seiner Ausführungen. Fehlt eine (sachlogische) Gliederung, kann der Beklagte durch eine eigene Gliederung (z.B. chronologisch) seine Position vor allem bei umfangreicherem Sachverhalt klarer darstellen. Bei komplexen Geschehnissen (z.B. Verkehrsunfall) kann eine vollständige und in sich geschlossene Schilderung aus eigener Sicht verständlicher sein, als nur einzelne Punkte herauszugreifen.
>
> Da nicht vorhersehbar ist, ob und inwieweit das Gericht durch den klägerischen Vortrag von eigentlich unwesentlichen Nebentatsachen und unsachlichen Äußerungen beeinflusst wird, sollte der Gegner solches nicht unwidersprochen lassen.
>
> Zuweilen versuchen manche Beklagtenvertreter durch »Nebelschießen, mit komplizierten und scharfsinningen, aber irreführenden Gedankenfolgen, mit Halbwahrheiten, mit schiefen Analogien, mit zeitraubend lesbaren und fernab liegenden Präjudizien« (Franzen NJW 1984, 2263: ultima ratio des Anwalts – standesrechtlich dubios!) einen klaren Klagevortrag zu torpedieren und das Gericht zu verwirren. Auch wenn davon im Normalfall abzuraten ist, bleibt diese Methode nicht immer ganz erfolglos.

Zweiter Teil: Die Verteidigung des Beklagten

> **Beachte:**
> Es ist zu vermeiden, dass die Klage (erst) durch den Beklagtenvortrag verständlich, schlüssig bzw. begründet wird, indem z.B. (nur) der Beklagte (substantiiert) den Vertragsabschluss oder den Eintritt bestimmter Bedingungen vorträgt.

> Denn bei unschlüssigem (bzw. unbegründetem) Klagevortrag kann die gerichtliche Entscheidung hilfsweise auf den Beklagtenvortrag (und eine andere Rechtsgrundlage) gestützt werden, wenn sich der Kläger diesen wenigstens hilfsweise zu Eigen gemacht hat (sog. Gleichwertigkeit des Parteivorbringens) (BGH NJW-RR 1994, 1405, vgl. Thomas/Putzo § 138/6; vgl. Schneider, Beil. zu ZAP 5/2001 S. 11: »wird erfahrungsgemäß vielfach von Anwälten übersehen«). Dann kann bei nachteiligem Parteivortrag sogar Geständniswirkung eintreten (vgl. Zöller § 288/3a; sog. vorweggenommenes Geständnis). Für den Kläger bedeutet dies, dass er zum Verteidigungsvorbringen des Beklagten ebenfalls eine Schlüssigkeitsprüfung anstellen und sich dieses gegebenenfalls ausdrücklich zu Eigen machen sollte.

Etwaige Rügen zur Zulässigkeit der Klage (vgl. § 282 Abs. 3 ZPO) sollten vor sämtlichen anderen Einwendungen gebracht werden, zumal der Richter diese dort normalerweise erwartet und zuerst prüft.

> Vorher sollte der Anwalt abklären, ob nicht insbesondere die Klageerhebung bei einem unzuständigen Gericht für den Beklagten sogar möglicherweise günstig wäre (vgl. oben 1. Teil I 2 b).

Da man sich auf den Erfolg eines bestimmten Verteidigungsmittels (z.B. Verjährungseinrede) nicht verlassen kann, ist es riskant, weitere Verteidigungsmittel (zunächst) zurückzuhalten (z.B. wegen Präklusion oder Vergessen!).

> Deshalb sollte insbesondere nach erhobener Rüge der örtlichen Zuständigkeit (vgl. oben 1. Teil IV 3) immer auch vorsorglich zum sachlich-rechtlichen Klagevorbringen Stellung genommen sowie zur Sache verhandelt werden. Bei Einwendungen gegen den Haftungsgrund darf nicht von einer Verteidigung gegen die Forderungshöhe abgesehen werden, auch nicht im Vertrauen darauf, einen Hinweis des Gerichts zu erhalten (vgl. BGH NJW-RR 1990, 1241).

Im Übrigen muss sich das Verhalten des Beklagten nach Art und Weise des klägerischen Angriffs sowie nach der Sach- und Rechtslage richten. Ansonsten gelten die allgemeinen Empfehlungen für die Anforderungen an den Sachvortrag bei einer Klageschrift (vgl. oben 1. Teil IV 4) in entsprechender Weise auch für die Klageerwiderungsschrift. Die Besonderheiten für die Beklagtenseite werden nachfolgend dargestellt.

I. Taktische Überlegungen

1) Ausschaltung von Zeugen

Für den Beklagten sind die taktischen Gestaltungsmöglichkeiten hinsichtlich der Erlangung von Zeugen geringer als für den Kläger. Vor allem scheidet die Herbeiführung der Zeugenstellung des Schuldners praktisch aus, da eine Schuldübernahme ohne Zustimmung des Gläubigers nicht möglich ist (§ 415 BGB).

Der Beklagte kann jedoch durch Erhebung einer sog. **Dritt-Widerklage** gegen den klägerischen Zeugen diesem die Zeugeneigenschaft nehmen (vgl. bereits oben 1. Teil I 5a (1) – gegen den Zedenten; Uhlmannsiek MDR 1996, 114; Luckey MDR 2002, 743).

> **Beachte:**
> Die Dritt-Widerklage muss noch vor Vernehmung des Zeugen erfolgen. Denn eine vor der Widerklage erfolgte Aussage des Zeugen als solche bleibt wirksam (vgl. Zöller § 373/6a).

Nach der Rechtsprechung müssen folgende Voraussetzungen für deren **Zulässigkeit** vorliegen:

- Die Widerklage muss sich auch gegen den Kläger richten.

  Der BGH hält in besonders gelagerten Fällen Ausnahmen von diesem Grundsatz für möglich, ohne jedoch die Voraussetzungen allgemein zu definieren.

  Zumindest dann, wenn sich der Gegenstand einer gegen den am Prozess nicht beteiligten Zedenten erhobenen Drittwiderklage mit dem Gegenstand der gegenüber der Klage des Zessionars hilfsweise zur Aufrechnung gestellten Forderung deckt, lässt der BGH die **isolierte Drittwiderklage** zu (BGH NJW 2001, 2094) (vgl. oben 1. Teil I 5a (1)).

- Es müssen die Voraussetzungen der nachträglichen Parteierweiterung vorliegen, analog §§ 263ff. ZPO, also Einwilligung des Dritten oder Sachdienlichkeit (**a.A.** Thomas/Putzo § 33/12: § 263 ZPO unanwendbar, sondern §§ 59, 60 ZPO. Da mit der Drittwiderklage in der Regel kein neuer Streitstoff in den Prozess eingeführt wird, dürfte sie meist auch sachdienlich sein (vgl. Thomas/Putzo § 263/8).

- Für die örtliche Zuständigkeit gilt § 33 ZPO nicht. Diese richtet sich nach den allgemeinen Vorschriften, weil es sich gegenüber dem Dritten nicht um eine Widerklage im eigentlichen Sinne handelt (h.M. Thomas/Putzo § 33/13; differenzierend Zöller § 33/23; BGH NJW 1991, 2838; 93, 2120; a.A. BGH NJW 1966, 1028) (u.U. kommt § 36 Nr. 3 ZPO in Betracht).

▶ **Beispiel:**

Häufig erfolgen Drittwiderklagen bei Schadensersatzklagen nach **Verkehrsunfällen.** Diese werden nicht nur gegen den Haftpflichtversicherer und klagenden Halter erhoben, sondern es wird der Fahrer mit einbezogen, um ihn als Zeugen für die Beweisführung der Klägerseite über den Unfallhergang auszuschalten. Sachdienlichkeit kann hier wegen der Gesamtschuldnerschaft bejaht werden (§§ 7, 18 StVG; § 3 Nr. 1, 2 PflVG; § 840 BGB; u.U. gemeinsamer Gerichtsstand gem. § 32 ZPO).

Der **BGH** hat eine solche Drittwiderklage ausdrücklich als **zulässig** angesehen, selbst wenn dadurch dem neuen Widerbeklagten die prozessuale Möglichkeit genommen wird, als Zeuge auszusagen.

(BGH NJW 1987, 3138; NJW 2001, 2094 – bei Abtretung ; ebenso LG Köln VersR 1983, 403; kritisch OLG Frankfurt VersR 1978, 259 »es ist nicht vertretbar, überflüssigerweise auch den Fahrer mitzuverklagen«; a.A. Rechtsmissbrauch: OLG Frankfurt/M. VersR 1969, 546; AG Köln VersR 1980, 272).

Es besteht allerdings die Möglichkeit,

- dass das Gericht durch **Teilurteil** vorab über die Widerklage entscheidet. Dies hat zur Folge, dass eine Vernehmung als Zeuge wieder in Betracht kommt (str., OLG Karlsruhe BB 1992, 97 hält ein solches Vorgehen für angemessen; Zöller § 33/27a: ist vorab durch Teilurteil zu entscheiden).

- dass das Gericht zur Herstellung der »Waffengleichheit« eine **Parteivernehmung** oder aber auch eine bloße Anhörung durchführt (str., vgl. Thomas/Putzo § 448/4). Schließlich bleibt u.U. noch die Verwertung einer protokollierten Aussage des Drittwiderbeklagten in einem anderen Verfahren (insbes. Strafverfahren).

2) Verhalten bei aussichtsloser Prozesslage

Eine aussichtslos erscheinende Prozesslage ist nicht immer auch tatsächlich aussichtslos. Wenn der Beklagte sich geschickt verteidigt, kann es für den Kläger sehr schwierig sein, seinen Anspruch gerichtlich durchzusetzen.

Trotz vermeintlich aussichtsloser Prozesslage kann der Beklagte seine Erfolgsaussichten vor allem dadurch beträchtlich erhöhen, dass er den klägerischen Sachvortrag möglichst lückenlos – soweit zulässig – bestreitet.

Denn für eine Klageabweisung reicht bereits eine einzige nicht bewiesene entscheidungserhebliche Tatsache aus. Dabei haben vor allem Indizienketten häufig Schwachstellen und Lücken.

Außerdem sollte natürlich die Schlüssigkeit der Klage genau geprüft werden, welche allerdings im Verlaufe des Prozesses (vor allem auf entsprechende Hinweise) ebenso nachgebessert werden kann wie die Beweisangebote. Des Weiteren sollte man sich nicht unbedingt von zahlreichen Beweisangeboten beeindrucken lassen. Gerade unter angebotenen Zeugen finden sich erfahrungsgemäß immer wieder solche Personen, welche keinerlei Angaben zum Beweisthema machen können. Schließlich bestehen auch noch während der Zeugenvernehmung gewisse Einflussmöglichkeiten auf den Inhalt der Aussage (vgl. unten 6. Teil III 1 c).

Die Kundgabe der »Kampfbereitschaft« führt oft dazu, für den Beklagten durch einen **Vergleich** noch einen kleinen Vorteil herausholen zu können. Deshalb wäre es psychologisch ungeschickt, die Beurteilung der eigenen Position als aussichtslos dem Gegner erkennen zu lassen.

Möglicherweise ist dem Kläger die ungünstige Beweislage des Beklagten nicht bewusst, vor allem dann, wenn der Beklagte eine Reihe von Gegen-Zeugen angeboten hat. Zudem könnte es sonst dem Gericht psychologisch leichter fallen, die Klage zuzusprechen, ohne (eigenen) restlichen Zweifeln oder Unklarheiten nachzugehen.

Sofern es dem Beklagten nur um eine Ratenzahlung geht, ist ein Vergleich kostenmäßig am ungünstigsten. Häufig ist der Kläger im Termin bereit, eine entsprechende Bereitschaft zu Protokoll zu erklären, sofern der Beklagte den Anspruch anerkennt. Selbst wenn der Kläger später dann (treuwidrig?!) doch keine Ratenzahlungen akzeptieren sollte, kann der Beklagte solche in der Regel während der Zwangsvollstreckung vom Vollstreckungsorgan eingeräumt bekommen.

Wenn dennoch der Prozess mit hoher Wahrscheinlichkeit verloren werden wird und ein Vergleich nicht zustande kommt, sind für den Beklagten mehrere Möglichkeiten vorhanden, die ungünstige Kostenfolge einer Verurteilung zu mindern oder sogar abzuwenden.

a) Versäumnisurteil

Ein Versäumnisurteil führt zur Verurteilung entsprechend dem schlüssigen Klageantrag (§ 331 ZPO).

Der Vorteil besteht darin, dass dem Beklagten noch eine 2-wöchige Überlegungsfrist bleibt (Einspruch!) (§§ 338, 339 ZPO) und die unterliegende Stellung nicht so deutlich wird.

Der Kläger erhält dann in der Regel die meistens beweislos zu hoch angesetzten Verzugszinsen und vorgerichtlichen Mahn- und Inkassokosten.

Es ist daher zu prüfen, ob diese (überhöhten) Kosten die Ersparnis an Gebühren übersteigen (werden) und sich ein hinsichtlich der Nebenforderungen teilweise klageabweisendes Endurteil lohnt, zumal sich bei einem Versäumnisurteil die Gerichtsgebühr nicht ermäßigt.

Im Übrigen erfordert der Erlass eines Versäumnisurteils einen entsprechenden Antrag des Klägers. Sofern in dem Rechtsstreit schon einmal mündlich verhandelt wurde, kann der Kläger eine Entscheidung nach Lage der Akten beantragen (§ 331a ZPO). Dies hat den Vorteil, dass mit Erlass der Sachentscheidung die Instanz abgeschlossen ist, da der Beklagte hiergegen keinen Einspruch einlegen kann.

b) Erfüllung

Kostengünstig ist eine **Klaglosstellung** des Klägers durch sofortige Erfüllung und außergerichtlicher Übernahme der Kosten unter Verzicht auf die Stellung eines Kostenantrages, wenn der Kläger daraufhin die Klage zurücknimmt.

Unter Umständen kann es jedoch vorteilhafter sein, die Kosten nicht außergerichtlich zu übernehmen und den Kläger dadurch zu einer **Erledigterklärung** zu veranlassen.

Der Beklagte sollte der Erledigterklärung unbedingt zustimmen, aber davor den Sachvortrag des Klägers – soweit möglich – bestreiten und Gegenbeweise anbieten.

Damit hat der Beklagte die Chance, dass das Gericht nach § 91a ZPO Kostenaufhebung beschließt und somit der Beklagte nur seine eigenen Kosten voll und die Gerichtskosten zur Hälfte zu tragen hat (vgl. § 92 Abs. 1 ZPO). Denn bei der Kostenentscheidung nach § 91a ZPO ist auf den voraussichtlichen Ausgang des Rechtsstreits abzustellen, ohne dass noch eine Beweisaufnahme (zugunsten des Klägers) stattfindet. Bei ungewissem Prozessausgang werden in der Regel die Kosten gegeneinander aufgehoben (vgl. Thomas/Putzo § 91a/48). Dies gilt umso mehr, wenn die Sach- und/oder Rechtslage sehr kompliziert ist.

> **Beachte:**
>
> Allerdings trägt grundsätzlich der **Beklagte** dann voll die Kosten, wenn er die Klageforderung vorbehalts- und kommentarlos erfüllt hat.

(OLG Frankfurt MDR 1996, 426; Thomas/Putzo § 91a/47 a.E. : »so ist grundsätzlich bei freiwilliger Erfüllung zu verfahren«; vgl. aber auch Thomas/Putzo § 91a/35: die vorbehaltlose Erfüllung des Klageanspruchs erübrigt (bei einseitiger Erledigterklärung) nicht die Prüfung der Begründetheit der Klage; differenzierend Zöller § 91a/25).

Um diese nachteilige Folge zu vermeiden, muss der Beklagte verständliche Gründe dafür vorbringen, weshalb seine Leistung keine Anerkennung der Klageforderung habe bedeuten sollen.

> Als solche Gründe werden vom OLG Frankfurt genannt: Vermeidung weiterer Kosten, Ersparnis weiteren Zeitaufwandes und Ärgers.
>
> Da allerdings im Rahmen der Kostenentscheidung nach § 91a ZPO auch der Grundgedanke des § 93 ZPO (reziprok) zugunsten des Klägers angewendet wird (Zöller §§ 91a/25; 93/2), ist es wichtig, dass der Beklagte die Veranlassung zur Klageerhebung ebenso bestreitet wie das Bestehen eines zu berücksichtigenden materiellen Kostenerstattungsanspruchs (z.B. wegen Verzugs, pVV, vgl. Zöller vor § 91/12).

Zur **Risikovermeidung** kommt für den **Kläger** – statt einer Erledigterklärung – eine Klageänderung auf Erstattung des Verzugsschadens in Betracht (vgl. oben 1. Teil VII 2).

c) Anerkenntnis

Die Beendigung des Rechtsstreits durch ein Anerkenntnisurteil (§ 307 Abs. 1 ZPO) ist für den Beklagten kostengünstiger als durch ein streitiges Urteil (Ersparnis: 2 Gerichtsgebühren; KV 1202). Ergeht das Urteil vor einer streitigen Verhandlung und vor Erörterung der Sache (vgl. § 307 Abs. 2 ZPO) erspart er sich zusätzlich Rechtsanwaltsgebühren (§§ 33, 35 BRAGO). Denn die Kosten hat im Normalfall der Beklagte zu tragen (§ 91 ZPO).

> Die Gerichtsgebühren ermäßigen sich in dieser Höhe neuerdings im Falle eines Rechtsmittelverzichts bei einem Urteil, welches sogleich im Verhandlungstermin verkündet wird (vgl. § 313a Abs. 2 ZPO n.F. Nr. 1211 KV). Hierzu kann das Gericht insbesondere durch den Rechtsmittelverzicht bereits vor der Verkündung des Urteils (§ 313a Abs. 3 ZPO) bewogen werden. Diese Möglichkeit bietet sich an, wenn der Beklagte zwar eine Verurteilung durch das Gericht akzeptiert, aber aus bestimmten Gründen nicht anerkennen will.

Sofern der Beklagte aber durch sein Verhalten zur Klageerhebung keine Veranlassung gegeben hat, sollte er bei unzweifelhaft begründeter Klage den Klageanspruch sofort anerkennen. Denn dann muss die Kostenentscheidung zu Lasten des Klägers ergehen (§ 93 ZPO) (**sofortiges Anerkenntnis**).

> Sofern umgekehrt die Klage mit großer Wahrscheinlichkeit abgewiesen werden wird, kann man in geeigneten Fällen durch Anerkenntnis eines Teilbetrages dem Kläger die Möglichkeit der Streitwertberufung nehmen. Der Kläger könnte daraufhin die Klage entsprechend erhöhen oder versuchen, die Zulassung der Berufung zu erlangen (vgl. unten 7. Teil II 1).

> **Beachte:**
>
> Falls § 93 ZPO in Betracht kommt, empfiehlt es sich, das Gericht (rechtzeitig und deutlich) darauf hinzuweisen. Die übliche Formulierung »unter Verwahrung gegen die Kosten« kann zu ungenau bzw. auslegungsbedürftig sein (vgl. Zöller § 93/6).

Ausführungen hierzu sind vor allem bei einem schriftlichen Vorverfahren – sogleich in dem anerkennenden Schriftsatz – erforderlich, da sonst der Beklagte ohne mündliche Verhandlung gem. §§ 307 Abs. 2, 91 ZPO grundsätzlich zur Kostentragung verurteilt wird.

Außerdem trägt der Beklagte hinsichtlich der Voraussetzungen des § 93 ZPO die **Darlegungs- und Beweislast** (Thomas/Putzo § 93/4).

Das hat zur Folge, dass der Beklagte z.B. auch beweisen muss, dass er keine Rechnung erhalten hat, wenn er sich auf mangelnde Kenntnis von der Verpflichtung beruft (Zöller § 93/6 »Beweislast«; OLG Naumburg NJW-RR 2000, 1666: Verlust von vier einfachen Schreiben, während zwei Schreiben förmlich zugestellt werden konnten). Hierzu muss der Beklagte wenigstens einen Sachverhalt darlegen, der den Verlust der mit gewöhnlicher Post versandten Rechnung plausibel macht (negative Tatsache!), was der Kläger daraufhin qualifiziert bestreiten muss. Selbst wenn der Beklagte auf mehrere außerprozessuale Mahnungen überhaupt nicht reagiert und nicht um Zusendung der fehlenden Rechung bittet, darf der Kläger davon ausgehen, dass der Beklagte die Rechnung erhalten hat und es nur darauf anlegt, weiter Zeit zu gewinnen (LG München I, Beschl. v. 17.7.2002, 23 T 8174/02: § 12 GOÄ).

Ob dies auch dann gilt, wenn der Zugang der Rechnung Fälligkeitsvoraussetzung ist, für die eigentlich der Kläger darlegungs- und beweispflichtig ist, ist umstritten (so z.B. OLG Frankfurt NJW-RR 1996, 62: § 16 Nr. 3 Abs. 1 VOB/B – arg. Ausnahmecharakter des § 93 ZPO). Da es nach bejahender Ansicht nicht auf die materielle Rechtslage ankommt, kann es u.U. in Bezug auf die Kostenfolge insgesamt günstiger sein, die Forderung zu bezahlen und einer Erledigungserklärung des Klägers zuzustimmen (nicht anerkennen!). Auch wenn bei der Kostenentscheidung nach § 91a ZPO der Grundgedanke des § 93 ZPO anwendbar ist, trägt grundsätzlich derjenige die Kosten, der voraussichtlich unterlegen wäre (Thomas/Putzo § 91a/48) (hier der Kläger mangels Fälligkeit der Forderung! – was letztlich nahe liegender und dem Richter leichter zu vermitteln ist).

Sofort bedeutet

- regelmäßig spätestens in der ersten mündlichen Verhandlung (nicht notwendig gleich zu Beginn der Verhandlung)
- im schriftlichen Verfahren im ersten Schriftsatz, im schriftlichen Vorverfahren (§ 276 ZPO) innerhalb der Notfrist für die Verteidigungs-

anzeige und bis zur Abgabe einer Verteidigungserklärung (Thomas/ Putzo § 93/9, noch h.M.; **a.A.**).

Dabei darf vor dem Anerkenntnis im Prozess die Forderung nicht bestritten werden, auch nicht in einem vorbereitenden Schriftsatz (Thomas/Putzo § 93/10, OLG Bremen FamRZ 1994, 1483 m.w.N., str.). Insbesondere darf im schriftlichen Vorverfahren keine Verteidigungsbereitschaft angezeigt werden (OLG München NJW-RR 1989, 571). Auch wenn sich hierbei offensichtlich ein Meinungswechsel anbahnt (so E. Schneider MDR 1998, 251; vgl. z.B. OLG Nürnberg NJW 2002, 2254t; OLG Bamberg NJW-RR 1996, 392: innerhalb der Klageerwiderungsfrist), sollte der Anwalt den sichersten Weg gehen. Er sollte nicht ungeprüft routinemäßig die Verteidigungsabsicht anzeigen, oder dies mit dem Antrag auf Klageabweisung verbinden.

Geldschulden müssen daneben nicht sofort bezahlt werden (wohl h.M., Thomas/Putzo § 93/13, BGH NJW 1979, 2041, **a.A.** Zöller, § 93/4 »Geldschulden« mwN). Zur Vermeidung von diesbezüglichen Schwierigkeiten empfiehlt es sich, vor bzw. beim Anerkenntnis zu bezahlen, zumindest aber sofortige Zahlung anzubieten.

Veranlassung zur Klageerhebung hat der Beklagte allgemein dann gegeben, wenn durch sein Verhalten vor Prozessbeginn der Kläger annehmen musste, er werde ohne Klage nicht zu seinem Recht kommen. Dies ist vor allem der Fall, wenn der Beklagte in Verzug gesetzt war (Zöller § 93/ 6 »Verzug«), den Anspruch bestritten oder die Leistung verweigert hat.

- Das bloße Überschreiten des Fälligkeitstermins ohne eine **Aufforderung** des Gläubigers zur Zahlung begründet für sich allein nicht ohne weiteres den Anlass zur Klage (Thomas/Putzo § 93/5/6; OLG Frankfurt NJW-RR 1993, 1472; OLG Naumburg JurBüro 1999, 597). Dies muss vor allem dann gelten, wenn dem Schuldner die Höhe nicht bekannt ist.

- Insbesondere bietet der nicht zahlende, eine **Rechnung** fordernde Schuldner mangels Verzugs keinen Anlass zur Klageerhebung (vgl. §§ 273, 286 **BGB** n.F.) (vgl. Palandt § 284/28/39). Legt der Kläger die Rechnung erst im Prozess vor, hat er die Kosten gem. § 93 ZPO zu tragen, wenn der Beklagte daraufhin sofort die Klageforderung anerkennt.

- Bei Kfz-Haftpflichtfällen billigt die Rechtsprechung der in Anspruch genommenen **Haftpflichtversicherung** eine Prüfungszeit von 3–4 Wochen je nach den Umständen des Einzelfalles zu (Zöller §93/6 »Haftpflichtversicherung«).

- Im **Wettbewerbsrecht** muss vor gerichtlicher Geltendmachung von Unterlassungsansprüchen grundsätzlich eine Abmahnung erfolgt sein. Erkennt der Beklagte einen Anspruch ohne vorherige Abmahnung an, so hat er keinen Anlass zur Klageerhebung gegeben (vgl. Thomas/Putzo § 93/6/7, Zöller § 93/6 »Wettbewerbsstreitigkeiten«).

- Im **Mahnverfahren** schließt die Einlegung eines Widerspruchs ein sofortiges Anerkenntnis zwar nicht notwendig aus, jedoch kann darin ein Indiz zum Anlass zur Klageerhebung gesehen werden, sofern der Widerspruch nicht auf die Kosten beschränkt wird (Thomas/Putzo §§ 93/7b/11; 694/5, str.). Insbesondere wenn die Berechtigung des Anspruchs in der Widerspruchsbegründung bestritten wird, kommt ein sofortiges Anerkenntnis nicht mehr in Betracht (Zöller § 93/6: Mahnverfahren) (vgl. Fischer MDR 2001, 1336).

II. Richtiges Bestreiten

1) Allgemeines

Der Beklagte hat durch die Möglichkeit des Bestreitens und der dadurch hervorgerufenen Beweispflicht des Klägers ein wirkungsvolles und zugleich einfaches Verteidigungsmittel in der Hand.

Nach § 138 ZPO ist zu unterscheiden zwischen dem

- ausdrücklichen und konkludenten Bestreiten (Abs. 3),
- einfachen und substantiieren Bestreiten (Abs. 2),
- Bestreiten mit Nichtwissen (Abs. 4).

Beim Bestreiten sollten Fehler möglichst vermieden werden. Denn insbesondere dessen Nachholung in der Berufungsinstanz ist nunmehr so gut wie ausgeschlossen.

> Vor allem nach § 531 Abs. 2 Nr. 3 **ZPO n.F.** sind Angriffs- und Verteidigungsmittel nur zuzulassen, wenn sie im ersten Rechtszug nicht geltend gemacht worden sind, ohne dass dies auf einer Nachlässigkeit der Partei beruht. Maßstab ist hierbei bereits die einfache Fahrlässigkeit (Begr. RegE.S. 102).
>
> Auch wenn häufig das bloße Bestreiten ausreicht, um den Prozess zu gewinnen, soll man deshalb nicht vergessen, trotzdem (sicherheitshalber) etwaige Gegenbeweise anzubieten.

a) Typische Fehler

In der Praxis finden sich häufig die folgenden Fehler bzw. Nachlässigkeiten:

- Völlig **nutzlos** ist die in Schriftsätzen regelmäßig – in unterschiedlichen Formulierungen – anzutreffende »salvatorische« Klausel, wie z.B.: »Das gesamte Vorbringen des Gegners wird bestritten, soweit es nicht ausdrücklich zugestanden wird« oder »Es wird alles bestritten«.

    (pauschales Bestreiten, vgl. Zöller § 138/10a; vgl. E. Schneider MDR 1962, 362: ein »nullum«, woraus bei Wiederholung im Schriftsatz aus dem nullum nulla werden; vgl. Doms MDR 1991, 498: stereotype, schon seit Juristengenerationen überkommene Formulierung, die in nahezu jedem Zivilprozess früher oder später vorgetragen wird).

- Ein (vorsorgliches) Bestreiten »**ins Blaue hinein**« durch einen seitens seiner Partei nicht informierten Rechtsanwalt (im Termin bei neuem Sachvortrag des Gegners) ist prozessual unbeachtlich (OLG Köln NJW-RR 1992, 572, Thomas/Putzo § 138/8). Ebenso wenig kann (wirksam) mit »Nichtwissen« bestritten werden, da sich der Anwalt die fehlenden Informationen vom Mandanten beschaffen muss (vgl. § 138 Abs. 4 ZPO) (Zöller § 138/13) (Ausweg: § 283 ZPO oder § 227 ZPO).

- In der Regel sollte **ausdrücklich** bestritten werden.

    Selbst wenn dies zu einer gewissen Monotonie führt, kann auf diese Weise verhindert werden, dass das Gericht ein in einer abweichenden Darstellung des Vorgangs liegendes konkludentes Bestreiten gem. § 138 Abs. 3 ZPO nicht erkennt und von zugestandenen Tatsachen ausgeht.

    So findet sich in der Praxis vielfach die folgende Formulierung: »Der Kläger hat noch nicht nachgewiesen, dass...« bzw. »Dies soll (bzw. »muss« oder »möge«) der Kläger erst noch unter Beweis stellen« bzw. »Der Kläger hat hierzu keine Beweismittel angeboten«. Hier kann zweifelhaft sein, ob die angesprochenen Punkte (wirksam) bestritten sind.

    Im Übrigen ist es sinnvoll, (bei komplizierten Sachverhalten) den bestrittenen Vortrag des Klägers noch einmal zusammenfassend zu wiederholen bzw. dessen Gliederung beizubehalten.

    Ferner empfiehlt es sich bei **vorweggenommenem** Bestreiten nach dem entsprechenden Vortrag der Gegenseite darauf hinzuweisen bzw. erneut zu bestreiten (vgl. BGH NJW-RR 2001, 1294: konkludentes Bestreiten nachfolgender Behauptungen in einem vorangegangenen widersprechenden Vortrag).

- Es ist darauf zu achten, dass **vollständig** bestritten wird.

    Jeder neue Schriftsatz des Gegners muss auf neues Vorbringen durchgesehen und – soweit möglich – entsprechend bestritten werden. Sicherheitshalber sollte man auch auf Behauptungen des Gegners, die man für unerheblich hält, eingehen.

Denn bei sich länger hinziehenden Prozessen mit umfangreichem Schriftsatzwechsel wird neuer entscheidungserheblicher Sachvortrag oftmals nicht mehr bestritten. Vor allem in Abrechnungs- und Punktesachen muss bis zur letzten Position »durchgehalten« werden. Um vollständig bestreiten zu können, sind auch die auf Beklagtenseite in Betracht kommenden Anspruchsgrundlagen genau zu prüfen.

Vergessen wird in der Praxis immer wieder, geltend gemachte, über dem gesetzlichen Verzugszinssatz hinausgehende Zinsen und sonstige **Nebenforderungen** (insbes. Inkassokosten) (mit Nichtwissen) zu bestreiten. Dies sollte generell erfolgen, und zwar – wie üblich – am Ende der Klageerwiderung, um vom Gericht nicht übersehen zu werden.

b) Vermeidung eines Geständnisses

Soll umgekehrt etwas als zutreffend dargestellt werden, kann es ratsam sein, hierzu überhaupt keine Erklärung abzugeben (vgl. § 138 Abs. 3 ZPO).

Auf diese Weise kann der **Gefahr** vorgebeugt werden, dass das Gericht aus ungeschickten Formulierungen ein konkludentes **Geständnis** (§ 288 ZPO) mit der Bindungswirkung des § 290 ZPO annimmt.

> Ein solches kann unter Umständen z.B. schon darin gesehen werden, dass etwas ausdrücklich »außer Streit gestellt« (Zöller § 288/3) oder indem erklärt wird, die Behauptung der Gegenseite nicht bestreiten zu wollen (BGH NJW 2000, 276; 1999). Auch die ausdrückliche Aufgabe früheren Bestreitens oder die ausdrückliche Beschränkung des Bestreitens auf die Höhe der Klageforderung kann genügen (vgl. Zöller § 288/5). Hingegen reicht Stillschweigen auf gegnerische Erklärungen nach ständiger Rechtsprechung des BGH nicht aus (BGH NJW 2000, 276).

Diese Wirkung tritt grundsätzlich erst in der mündlichen Verhandlung ein (vgl. unten 5. Teil I).

> Die Bindung wirkt im Berufungsverfahren fort (§ 532 ZPO) (§ 535 **ZPO n.F.**). Allerdings ist dort nachprüfbar, ob überhaupt ein Geständnis (in erster Instanz) vorliegt.

> Kein Geständnis können enthalten Erklärungen einer Partei bei der Parteivernehmung oder bei ihrer Anhörung (vgl. unten 5. Teil III 3) sowie in der Güteverhandlung (vgl. oben II 2).

Hingegen kommt dem bloßen Nicht-Bestreiten bzw. Schweigen auf eine gegnerische Behauptung keine Bindungswirkung zu (Thomas/Putzo § 138/18; BVerfG NJW 2001, 1565; **a.A.** OLG München MDR 1984, 321: arg. § 138 Abs. 3 ZPO).

Die bloß negative Erklärung, nicht bestreiten zu wollen, kann als positives Geständnis nur aufgefasst werden, wenn weitere Umstände hinzukommen, die dies nahe legen (Thomas/Putzo § 288/3; BGH NJW 1983, 1497).

Sofern es im Verlaufe des Prozesses – aus welchen Gründen auch immer – erforderlich wird, etwas bislang Unbestrittenes zu bestreiten, ist dies bei einem Geständnis in der Regel nicht mehr möglich. Das Bestreiten hingegen kann in der ersten Instanz grundsätzlich nachgeholt werden (Zöller § 288/3) (Grenze: §§ 296, 296a ZPO), in der Berufungsinstanz aber nur noch sehr eingeschränkt (vgl. §§ 513 Abs. 1, 531 Abs. 1 ZPO n.F.; § 525 ZPO ist aufgehoben). Das Geständnis bietet daher gegenüber einem bloßen Nichtbestreiten keinerlei Vorteile.

2) Substantiiertes Bestreiten

a) Grundsatz

Ebenso wie der Klagevortrag ist in der Praxis häufig das Bestreiten nicht ausreichend substantiiert.

Die Folge davon ist, dass das gegnerische Vorbringen gem. § 138 Abs. 3 ZPO als zugestanden gilt. Eine Nachbesserung des Bestreitens in der Berufungsinstanz ist angesichts § 531 Abs. 2 Nr. 3 ZPO n.F. kaum noch möglich.

Hier muss der Anwalt damit rechnen, dass die Gerichte die Anforderungen an den Grad der Substantiierung eher höher ansetzen. Damit ersparen sie sich eine Beweisaufnahme oder nehmen die Beweiswürdigung (unzulässigerweise) vorweg (vgl. auch unten 6 Teil II 1).

Ob **einfaches** Bestreiten ohne eine konkrete Gegendarstellung genügt, hängt von den Umständen des Einzelfalles ab (Thomas/Putzo § 138/16).

Einfaches Bestreiten genügt insbesondere nur gegenüber einem Klagevortrag, der ohne nähere Einzelheiten mitzuteilen, ausschließlich allgemeine Begriffe verwendet sowie dann, wenn es um einfache Vorgänge geht, bei denen es nur ein Entweder-Oder gibt.

Soweit es um komplexe Vorgänge oder einzelne Rechnungs- oder Schadensposten geht, ist ein begründetes Bestreiten – sofern möglich (vgl. § 138 Abs. 4 ZPO) – erforderlich. So ist z.B. ein pauschales Bestreiten sämtlicher Posten einer Rechnung unzulässig, vielmehr ist auf jeden einzelnen Posten einzugehen und u.U. eine substantiierte Gegenrechnung aufzumachen (Thomas/Putzo § 138/16; BGH NJW 1961, 828; OLG Hamm NJW 1998, 3358).

Eine widerspruchsvolle, in sich unstimmige Darlegung genügt ebenfalls nicht den Anforderungen, die an einen substantiierten Vortrag zu stellen sind (BGH NJW-RR 1992, 848).

Prozessual unbeachtlich ist deshalb auch die gebräuchliche Formulierung, wonach eine spezifizierte Forderung »dem Grunde und der Höhe nach« bestritten wird (vgl. E. Schneider, MDR 1962, 363: »gedankenlose Redensart«).

Bei einer Werklohnforderung indes kann das Bestreiten (mit Nichtwissen) der Durchführung und Notwendigkeit der Arbeiten sowie der Angemessenheit der in Rechnung gestellten Positionen ausreichend und erfolgreich sein (vgl. unten 6. Teil I 3 d).

> **Beachte:**
>
> Je genauer der Kläger seine Behauptungen im Verlauf des Prozesses vorträgt, umso substantiierter muss auch der Beklagte bestreiten. Die Anforderungen an das Vorbringen des Beklagten steigen daher während des Prozesses meistens.

▶ **Beispiel :**

Behauptet der Kläger in der Klage den Abschluss eines anspruchsbegründenden Vertrages,

- so reicht es zunächst aus, dass der Beklagte den Abschluss einfach bestreitet. Daraufhin hat der Kläger die konkreten Umstände darzulegen, die nach seiner Ansicht zu einem Vertragsschluss geführt haben. Er hat genaue Angaben zu den handelnden Personen (insbes. bei einer Gesellschaft) sowie über Zeit, Ort, Form und Inhalt der entsprechenden Willenserklärungen zu machen. Der Beklagte hat nun konkrete vorgetragene Behauptungen im Einzelnen zu bestreiten und gegebenenfalls darzulegen, warum bei einer z.B. unstreitigen Besprechung keine Einigung erzielt wurde. Ein bloßes »stimmt nicht« ist jetzt nicht mehr ausreichend.
- auch reicht es seitens des Beklagten nicht aus, etwa nur das Handeln im eigenen Namen zu bestreiten. Er muss vielmehr diejenige Person nennen, in dessen Namen er gehandelt haben will.

b) Sekundäre Darlegungslast

Ein substantiiertes Bestreiten ist nach der Rechtsprechung besonders dort erforderlich, wo die (primär) darlegungspflichtige Partei außerhalb des von ihr darzulegenden Geschehensablaufs steht und keine nähere Kenntnis der maßgebenden Tatsachen hat, während (nur) der Prozessgegner sie hat (oder leicht erlangen kann) und ihm nähere Angaben zumutbar sind

(Zöller § 138/8b, vor § 284/34; BGH st. Rspr., z.B. NJW 2003, 1449) (**sekundäre Darlegungslast**) (arg. § 138 Abs. 2 u. 4 ZPO).

Allein der Umstand, dass die Darlegung im Einzelfall der beweisbelasteten Partei wesentlich schwerer fällt als ihrem Gegner, genügt hierfür nicht (BGH NJW 1997,

129). So besteht für die nicht darlegungs- und beweispflichtige Partei keine allgemeine prozessuale Aufklärungspflicht (BGH NJW 1990, 3151).

Für den klägerischen Anwalt kann es sich hierbei empfehlen, darauf hinzuweisen, dass näherer Vertrag zu bestimmten Umständen nicht möglich ist, vielmehr aber dem Gegner

Bei Nichterfüllung der sekundären Behauptungslast gilt die Behauptung des primär Darlegungspflichtigen trotz mangelnder Substantiierung als zugestanden (§ 138 Abs. 3 ZPO).

▶ **Beispiele:**

- Eine solche sekundäre Behauptungslast wurde angenommen für einen gem. § 3 UWG auf **Unterlassung** verklagten Pressedienst, der mit der großen Anzahl und dem Rang seiner Korrespondenten geworben hatte und diese dementsprechend im Prozess zwar nicht namentlich, aber wenigstens der Zahl nach hätte mitteilen müssen (BGH NJW 1961, 826).
- Im Falle überhöhter **Telefonrechnungen** mit Einzelgesprächsnachweisen (und Löschung der Verbindungsdaten gem. § 6 Abs. 3 TDSV) hat der auf die Gebühren verklagte Telefonkunde eine sekundäre Behauptungslast (LG Kiel NJW-RR 1998, 1366; a.A.: Löschung der Daten entbindet nicht vom substantiierten Vortrag des Telefon-/Mobilfunkunternehmens: LG München I, NJW-RR 1996, 893; OLG Celle NJW-RR 1997, 568; AG Hersbruck NJW-RR 1999, 1510; AG Berlin-Charlottenburg NJW-RR 2002, 997). Ungenügend ist es jedenfalls, einfach pauschal zu behaupten, die Telefonrechnung stimme nicht.
Zu **beachten** ist, dass die AGB der Mobilfunkunternehmen häufig einen Einwendungsausschluss enthalten (vgl. z.B. OLG Köln MMR 1998, 106: wirksam/Frist 6 Wochen nach Zugang der Rechnung).
- Zur Verteidigung des Bestellers gegenüber einer Klage auf **Werklohn** reicht es nicht aus, wenn er allgemein die Mangelfreiheit als Fälligkeitsvoraussetzung bestreitet (vgl. unten 6. Teil I 3 d). Vielmehr muss der Beklagte die (wesentlichen) Mängel bzw. die Mangelerscheinungen (Symptome) konkret bezeichnen, wobei er sich zu deren Ursachen nicht zu äußern braucht (vgl. Palandt Erg. §§ 634/12; 635/3).

- Speziell bei einer **EDV-Anlage** genügt nicht die Behauptung, diese »funktioniere nicht«, »stürze regelmäßig ab« oder beim Start würden Fehler auftreten. Vielmehr ist ein konkretes »Fehlerbild« vorzutragen.

  Selbst als Laie muss der Beklagte den Mangel und seine Erscheinungsformen so genau beschreiben, dass eine Überprüfung seiner Angaben und der Ausschluss eines Bedienungsfehlers möglich sind. Es sind konkrete Angaben darüber erforderlich, bei welchen Arbeitsschritten und Programmfunktionen Störungen aufgetreten sind und in welcher Weise sich diese, z.B. durch bestimmte Fehlermeldungen bemerkbar gemacht haben (OLG Düsseldorf NJW-RR 1999, 563; vgl. aber Zahrnt NJW 2002, 1531: manche Gerichte sind in diesem Punkt sehr nachsichtig – z.B. OLG Hamm CR 1990, 715: »unkontrollierte Programmausfälle«, »temporäre Betriebsunfähigkeit«).

Die sekundäre Behauptungslast besteht vor allem bei sog. **negativen Tatsachen**. Diese darf der Beklagte nicht einfach bestreiten, sondern muss gem. § 138 Abs. 2 ZPO positive Gegenbehauptungen aufstellen (Zöller vor § 284/24; BGH NJW-RR 1999, 1152) bzw. im Einzelnen darlegen, dass die von ihm bestrittene Behauptung unrichtig ist (BGH NJW 1981, 577).

> Solche Tatsachen sind dann gegeben, wenn das materielle Recht ihr Nichtvorliegen zur Anspruchsvoraussetzung erhebt oder sonst das Nichtvorliegen eines Umstandes bewiesen werden muss (z.B. fehlende Kenntnis bei § 932 Abs. 2 BGB; unterlassene Mängelrüge bei § 377 HGB).

Dadurch erfolgt indessen keine grundsätzliche Umkehr der Behauptungs- und Beweislast. Sondern diese wird für den – primär darlegungspflichtigen –– Kläger insoweit erleichtert, als er nur die konkreten Gegenbehauptungen des Beklagten widerlegen, nicht aber alle erdenklichen gegenteiligen Möglichkeiten ausschließen muss. Hierbei dürfen allerdings an die widerlegende Beweisführung keine zu strengen Anforderungen gestellt werden (BGH NJW 1983, 1783).

▶ **Beispiele:**

- Bei einer Klage des Unternehmers auf den üblichen **Werklohn** gem. §§ 631 Abs. 1, 632 Abs. 2 BGB mit der Behauptung, eine Preisvereinbarung sei nicht getroffen worden, muss der Besteller die Vereinbarung einer bestimmten Vergütung nach Ort, Zeit und Höhe der Vergütung substantiiert darlegen (BGH NJW-RR 1992, 848; vgl. unten 6. Teil I 3 d).

- Bei einer Klage aus ungerechtfertigter Bereicherung nach § 812 BGB muss der Beklagte konkrete Tatsachen für einen bestimmten Rechtsgrund dartun. Eine bloß pauschale Behauptung ist nicht ausreichend (zum Schenkungseinwand vgl. unten 6. Teil I 3c). In beiden Fällen muss der primär darlegungspflichtige Kläger dann (lediglich) die Unrichtigkeit der Behauptung des Beklagten beweisen (Palandt §§ 632/11; 812/106).

3) Erklärung mit Nichtwissen

Ein substantiiertes Bestreiten ist nicht erforderlich, wenn es sich um Tatsachen handelt, die weder eigene Handlungen der Partei, noch Gegenstand ihrer eigenen Wahrnehmung gewesen sind. In diesen Fällen steht eine Erklärung mit Nichtwissen dem (schlichten) Bestreiten gleich, ohne Verpflichtung zu näherer Substantiierung, auch wenn der Gegner substantiiert vorträgt (§ 138 Abs. 4 ZPO). Als Folge davon, muss der Kläger die betreffenden Tatsachen beweisen.

Trägt der Beklagte in diesen Fällen trotzdem den Sachverhalt aus seiner Sicht vor, aber (mangels Kenntnis oder aufgrund fehlenden Fachwissens) nur lückenhaft, darf dieses Vorbringen deshalb nicht als unsubstantiiert zurückgewiesen werden (BGH NJW-RR 1989, 42, 43). Ferner kann bereits in der Titulierung des klägerischen Sachvortrags als »angeblich« eine Erklärung mit Nichtwissen liegen. Sicherer ist es, unbekannte Geschehnisse ausdrücklich mit Nichtwissen zu bestreiten.

Beachte:

Dem Bestreiten mit Nichtwissen kommt große praktische Bedeutung zu. Denn auf diese Weise erweitert sich der Umfang dessen, was ohne Verstoß gegen die Wahrheitspflicht bestritten werden kann, in vielen Fällen erheblich.

So können z.B. die Kausalität und die behauptete Höhe eines Schadens oder die Ortsüblichkeit des eingeklagten Werklohns bzw. die Zahl der berechneten Arbeitsstunden in der Regel mit Nichtwissen bestritten werden.

Dabei hat die Partei, bevor sie sich erklärt, eine – jedoch nicht hoch angesetzte – Informationspflicht, sich das Wissen über Geschehnisse im Bereich ihrer eigenen Wahrnehmungsmöglichkeit zu beschaffen (Thomas/Putzo § 138/20, BGH NJW 1990, 453). Erst im Fall des (glaubhaften) Misslingens der Informationseinholung ist ein Bestreiten mit Nichtwissen zulässig.

Diese Grundsätze sollte der Gegner beachten und gegebenenfalls das Gericht auf solche Informationspflichten hinweisen. Sofern hierfür gesetzte Fristen der Partei zu kurz sein sollten, muss ihr Anwalt Fristverlängerung beantragen.

Eine **Informationspflicht** besteht z.B.:

- bei Vorhandensein von Unterlagen (z.B. bei Banken).

    Ein substantiierter Vortrag ist nur dann unzumutbar, soweit die Partei glaubhaft macht, die Schriftstücke tatsächlich nicht mehr in ihren Händen zu haben, insbes. weil diese nach Ablauf der Aufbewahrungsfrist vernichtet wurden (BGH NJW 1995, 131),

- bei unter Aufsicht und Verantwortung oder Anleitung der Partei tätig gewesenen Personen (BGH NJW 1986, 3199; 1990, 453),

- bei Unternehmern über Vorgänge im eigenen Geschäfts- oder Verantwortungsbereich (Thomas/Putzo § 138/20, Zöller § 138/16).

    So ist z.B. bei einem substantiierten Vortrag des Reisenden betreffend des Vorliegens von Reisemängeln der Reiseveranstalter gehalten, nach Einholung von Informationen bei der örtlichen Reiseleitung ebenfalls substantiiert hierzu Stellung zu nehmen. Sein Vortrag, er bestreite den Klagevortrag vorsorglich mit Nichtwissen, da er keine Kenntnis von Reisemängeln habe, ist unbeachtlich (LG Frankfurt NJW-RR 1991, 378; Führich Rdnr. 514).

- bei Forderungsabtretung und Prozessstandschaft bei dem (ursprünglichen) Rechtsinhaber (Zöller § 138/16 a.E.; OLG Düsseldorf MDR 2002, 1148) (vgl. § 402 BGB),

- bei Kreditkartengeschäften muss sich der Kunde bei den einzelnen Geschäftspartnern erkundigen (OLG Hamm 1998, 3358).

Ausnahmsweise ist ein Bestreiten eigener Handlungen und Wahrnehmungen mit Nichtwissen zulässig, wenn die Partei sich nach der Lebenserfahrung glaubhaft **nicht (mehr) erinnert** und die vom Gegner behauptete Tatsache nicht gegen sich gelten lassen will (Thomas/Putzo § 138/21). Die bloße Behauptung, sich nicht zu erinnern, reicht indessen nicht aus (BGH NJW 1995, 131).

Ein »Sich-Nicht-Mehr-Erinnern« ist z.B. glaubhaft:

- bei zeitlich lange zurückliegenden Vorgängen (ohne vorhandene Unterlagen),

- bei alters- oder krankheitsbedingten Erinnerungslücken,

- bei täglicher Beschäftigung mit einer Vielzahl von ähnlichen Vorfällen – z.B. Vertragsabschlüsse im kaufmännischen Geschäftsverkehr –

ohne dass der streitgegenständliche Vorfall besonders aufgefallen sein müsste,

- bei für die Partei unbedeutenden Tatsachen.

▶ **Beispiel:**
Als nicht glaubhaft wurde ein behaupteter Erinnerungsverlust bei einem Kreditkartengeschäft angesehen mit folgendem Text auf dem Kontoauszug: »4. 4. China Palast Dresden – 84,70 DM« (OLG Hamm NJW 1998, 3358).

4) Ausgewählte Einzelfälle

a) Zugang
Der Beklagte sollte unbedingt prüfen, ob die vom Kläger angeführten rechtlich relevanten Schreiben (z.B. Kündigung, Anfechtung, Mahnschreiben, Mängelrügen etc.) ihm auch tatsächlich zugegangen sind. Falls nicht, muss er dies bestreiten, wobei auch die Erklärung mit Nicht(mehr)wissen (§ 138 Abs. 4 ZPO) möglich sein kann, falls die Schreiben weder auffindbar noch erinnerlich sind (OLG Hamm, VersR 1982, 1045).

> Da der Kläger einen Zugang bei Versendung mit einfacher Post, per Fax oder per E-Mail in der Regel nicht beweisen kann (vgl. unten 6. Teil I 3a), erfolgt ein solches Bestreiten in der Praxis häufig wahrheitswidrig.

Häufig wird vom Zahlungspflichtigen auch der Zugang einer **Rechnung** bestritten

- Erteilung einer Rechnung ist grundsätzlich **keine Fälligkeitsvoraussetzung** (Palandt §§ 271/7; 284/28; 433/23) (Ausnahmen: §§ 16 Nr. 3 VOB/B, 8 HOA, 12 Nr. 2 GOÄ; 18 BRAGO, 7 StBGebV; § 29 ADSp).

- Nach § 286 Abs. 1 und 3 **BGB n.F.** (bisher: § 286 Abs. 3 BGB n.F.) kommt der Schuldner einer Entgeltforderung grundsätzlich entweder durch Mahnung **oder** spätestens 30 Tage nach Fälligkeit und Zugang einer Rechnung oder gleichwertigen Zahlungsaufforderung in Verzug. Letzteres gilt jedoch gegenüber einem Schuldner, der Verbraucher ist, nur, wenn auf diese Folgen in der Rechnung oder Forderungsaufstellung besonders hingewiesen wurde. Dabei werden in der Praxis Rechnungen im Gegensatz zu Mahnungen noch viel seltener in beweisbarer Form versandt, so dass ein (unredlicher) Schuldner die zweite Alternative leicht unterlaufen kann.

- Im Übrigen kann das für den Verzug notwendige **Verschulden** hinsichtlich der Nichtzahlung (§ 286 Abs. 4 BGB n.F.) (Beweislast: Schuldner) fehlen, soweit ohne Rechnung Unklarheit über die Höhe der Schuld besteht.

- Schließlich kann eine Rechnung unter den Voraussetzungen der §§ 315, 316 BGB auch dazu dienen, das geschuldete Entgelt verbindlich festzulegen.

b) Echtheit von Privaturkunden

Entscheidend für die Beweiskraft von zu Beweiszwecken vorgelegten Urkunden ist ihre Echtheit (vgl. unten 6. Teil III 3b).

Will man die Beweiswirkung nicht gelten lassen, so muss man die **Echtheit der Unterschrift** bestreiten. Wird nämlich die Echtheit nicht bestritten, so wird die Urkunde als anerkannt angesehen, während sonst der Beweisführer die Echtheit zu beweisen hat (§§ 439 Abs. 3, 440 ZPO, vgl. aber § 510 ZPO, der in der Praxis meist übersehen wird).

Allerdings wird die Partei die Echtheit nur in seltenen Fällen (einer Urkundenfälschung oder bei Urkunden ohne eigene Beteiligung) bestreiten können, ohne gegen die Wahrheitspflicht zu verstoßen. Da es sich meistens um Urkunden handelt, welche die Partei selbst unterschrieben hat (z.B. Kaufvertrag, Mietvertrag, Darlehensvertrag etc.) ist auch ein Bestreiten mit Nichtwissen kaum möglich.

c) Aktivlegitimation

Manchmal werden Prozesse dadurch gewonnen, dass der Beklagte einfach die Aktivlegitimation (mit Nichtwissen) bestreitet.

Zuweilen gelingt es dem Kläger nämlich nicht, diese zu beweisen.

So werden z.B. – falls überhaupt – Grundbuchauszüge vorgelegt, bei welchen eine Zuordnung der Partei zu einem konkreten – nämlich des streitgegenständlichen – Grundstück nicht möglich ist. Bei beweistauglichen Grundbuchauszügen – welche aber meistens einige Wochen alt sind – wird nur selten deren Aktualität angezweifelt. In diesen Fällen sollte der Beweisführer eine Parteivernehmung von Amts wegen anregen, da dann eine gewisse Wahrscheinlichkeit für die Eigentümerstellung besteht (§ 448 ZPO).

Auch die Eigentümerstellung hinsichtlich eines Kraftfahrzeugs muss bei Bestreiten bewiesen werden, wobei die Eintragung im Kfz-Brief lediglich die Haltereigenschaft dokumentiert und für die Frage des Eigentums (allenfalls) ein (mehr oder weniger starkes) Indiz sein kann (§ 286 ZPO!).

Manchmal stellt sich auch heraus, dass tatsächlich die falsche Partei geklagt hat.

Dann könnte der Kläger die Klage noch retten, wenn er die Forderung vom richtigen Rechtsträger durch Abtretung erlangen oder diese in gewillkürter Prozessstandschaft geltend machen kann. Des Weiteren besteht die Möglichkeit einer Parteiänderung auf Klägerseite.

Vor allem wenn der Beklagte die Aktivlegitimation erst in der mündlichen Verhandlung bestreitet, erfolgt darauf oftmals keinerlei Reaktion des – vielleicht sogar unterbevollmächtigten – gegnerischen Anwalts. Der Prozess ist dann in den meisten Fällen – nach dem **ZPO-Reformgesetz** in der Regel endgültig – vom Beklagten gewonnen, sofern der Kläger nicht bereits in den Schriftsätzen hierzu (vorsorglich) substantiiert vorgetragen und Beweis angeboten hat.

> Dabei darf der Beklagte es nicht versäumen, vorsorglich die anderen (unzutreffenden) Punkte zu bestreiten und auch weiteren Sachvortrag zu bringen, beziehungsweise diesen zumindest anzukündigen, sofern dies das Gericht für erforderlich erachtet (vgl. OLG Düsseldorf NJW-RR 1993, 1341: Hinweispflicht!). Dies gilt auch für den Fall, dass die Passivlegitimation bestritten wird.

d) Vertragsschluss durch Vertreter

Bei behauptetem Vertragsschluss durch einen Vertreter kann die Vertretungsmacht (mit Nichtwissen) bestritten werden. Häufig wird vom Kläger weder eine Vollmachtserteilung bzw. ein Handeln im fremden Namen (schlüssig) vorgetragen noch kann er diese Behauptungen beweisen (vgl. unten 6. Teil I 3 b).

> Dies trifft vor allem bei beteiligten Gesellschaften zu, sofern die handelnde Person nicht ersichtlich der vertretungsberechtigte Geschäftsführer ist (vgl. auch oben 1. Teil IV 4 c).
>
> Besonders schwierig ist ein Beweis, wenn dem Kläger die Identität der auf Seiten des Beklagten handelnden Person nicht bekannt ist (vgl. auch unten 6.Teil III 1 a). Selbst wenn der Vertreter des Klägers als Zeuge angeboten werden könnte, erfolgt dies nicht in allen Fällen. Eine schriftliche Vollmacht wird in der Praxis nur selten vorgelegt. Hinsichtlich einer etwaigen Anscheins- und Duldungsvollmacht (vgl. Palandt § 173/9), worauf sich die Parteien dann oftmals berufen, sind deren tatsächlichen Voraussetzungen im Einzelnen vorzutragen und können vom Gegner meist (mit Nichtwissen) bestritten werden. Ein Nachweis dieser Ausnahmetatbestände gelingt dabei eher selten.

e) Erlöschenseinwand

Nicht ausreichend ist es, das Fortbestehen einer Forderung lediglich zu bestreiten. Bei Berufung auf Erlöschen einer Forderung ist anzugeben, auf welche Weise – z.B. gem. §§ 362, 365, 387, 397 BGB – diese erloschen sein soll, da es keinen einheitlichen Erlöschenstatbestand gibt.

> Dazu sind regelmäßig bestimmte Tatsachen zu behaupten, die wenigstens einen einzelnen Lebensvorgang erkennen lassen, dem aus Rechtsgründen ein Erlöschen der geltend gemachten Forderung zu entnehmen ist (BGH NJW 1997, 129).
>
> Bei Massengeschäften, bei denen zahlreiche Rechnungen mit dem gleichen Endbetrag und Datum erstellt werden, kann es für den Schuldner erforderlich sein,

weitere Angaben zu machen, die es dem Gläubiger ermöglichen, die Zahlung einem bestimmten Schuldverhältnis zuzuordnen (vgl. AG Frankfurt/M., Urt. v. 13.12.2002 – 301 C 2284/02: § 242 BGB – Erfüllung tritt erst mit Zugehen dieser Angaben ein). In diesem Fall müsste es dem Gläubiger auch erlaubt sein, mit Nichtwissen zu bestreiten.

Bei **Abrechnungsstreitigkeiten** mit mehreren Forderungen muss der Gläubiger, der die (unstreitige) Zahlung auf eine andere Forderung anrechnen will, diese darlegen und beweisen, während der Schuldner dartun muss, warum die Leistung (gerade) auf die eingeklagte Forderung anzurechnen ist (vgl. §§ 366, 367 BGB) (vgl. Palandt § 366/11).

Bei einem behaupteten **Verzicht** des Gläubigers ist zwar ein entsprechender Vertragsabschluss vorzutragen (vgl. § 397 BGB). Für die Annahme des lediglich vorteilhaften Angebots reicht es jedoch gewöhnlich aus, dass dieses zugeht und nicht durch eine nach außen erkennbare Willensäußerung des Begünstigten abgelehnt wird (BGH NJW 2000, 276; 1999, 2179: arg. §§ 151, 516 Abs. 2 BGB; Palandt §§ 151/4; 397/6: idR genügt bloßes Schweigen). Mehr ist zur schlüssigen Darlegung durch den Beklagten nicht erforderlich.

Beachte:

In der (widerspruchslosen) Einlösung eines, mit dem Vorschlag eines Teilerlasses versandten Schecks über eine die Forderung des Gläubigers mehr oder minder unterschreitende Summe (üblich bei Reiseveranstaltern als Reaktion auf die Anspruchsanmeldung wegen Reisemängeln) kann eine konkludente Annahme des entsprechenden (Vergleichs-)Angebots gesehen werden (**Erlass-/Vergleichs-/Scheckfalle**).

(vgl. Palandt § 151/2; Grams AnwBl. 2000, 620, Schönfelder NJW 2001, 492; E. Schneider MDR 2000, 857, BVerfG NJW 2001, 1200: ein solcher Schluss ist regelmäßig gerechtfertigt, es sei denn, vor der Scheckeinlösung erfolgt eine Ablehnung des Vergleichsangebots – z.B. dass der Scheck nur als Anzahlung angesehen wird; BGH NJW 2001, 2324: nicht bei krassem Missverhältnis).

III. Geltendmachung von Gegenrechten

Steht dem Beklagten gegenüber dem Kläger ebenfalls eine Forderung zu, so gibt es mehrere Möglichkeiten diese im laufenden Rechtsstreit geltend zu machen.

Entsprechend der Klägerseite muss sich auch der Beklagte darüber klar sein, welche Rechte er konkret geltend machen will. So kommen z.B. bei einer mangelhaften Werkleistung des Klägers, der den Werklohn einklagt, eine Reihe von Alternativen in Betracht (Einwand fehlender Fälligkeit, Minderung, Wandelung, Schadensersatz, Nachbesserung, Mangelbeseitigungskosten, Kostenvorschuss).

III. Geltendmachung von Gegenrechten

In der Berufungsinstanz sind Aufrechnungserklärung und Widerklage (und Klageänderung) nur noch eingeschränkt möglich (vgl. § 533 Nr. 2 ZPO n.F.).

> Damit soll verhindert werden, dass das Berufungsgericht auch über eine »Flucht in die Klageänderung/Widerklage/Prozessaufrechnung« nicht mit Tatsachenstoff konfrontiert werden kann, der nach der Neuregelung in §§ 529, 531 ZPO n.F. ausgeschlossen ist (Begr. RegE.S. 102).

1) Zurückbehaltungsrecht

Das Zurückbehaltungsrecht eignet sich gegen Ansprüche aller Art (§ 273 BGB). Allgemeine Voraussetzung ist ein fälliger Gegenanspruch aus demselben rechtlichen Verhältnis, wofür ein natürlicher und wirtschaftlicher Zusammenhang zwischen beiden Ansprüchen ausreicht.

> Ein Anspruch des Zahlungspflichtigen auf die Erteilung einer **Rechnung** besteht im kaufmännischen Verkehr immer (wegen § 14 Abs. 1 S. 1 UStG; OLG München NJW 1988, 270). Sonst besteht ein solcher Anspruch, wenn es geschäftsüblich ist und der Preis vom Schuldner nicht ohne weiteres errechnet werden kann (Palandt §§ 271/7, 433/23). Andererseits kann der Schuldner dann nicht nach 286 Abs. 3 **BGB n.F.** in Verzug kommen.

Bei gegenseitigen Verträgen kommt als besonderes Leistungsverweigerungsrecht die Einrede des nicht erfüllten Vertrages in Betracht (§ 320 BGB).

> Allerdings ist wegen vereinbarter Vorleistungspflicht diese Einrede oftmals **ausgeschlossen** (§ 320 Abs. 1 S. 1 BGB). Auch das Gesetz geht bei einigen Vertragstypen von der Vorleistungspflicht eines Vertragspartners aus (z.B. Vermieter, § 551; Dienstpflichtiger, § 614; Werkunternehmer, § 641 BGB).

> Das Zurückbehaltungs- bzw. Leistungsverweigerungsrecht kann nur im kaufmännischen Verkehr mittels Allgemeiner Geschäftsbedingungen ausgeschlossen werden (§§ 11 Nr. 2, 24 AGBG) (§§ 309, 310 **BGB n.F.**). Vorleistungsklauseln hingegen beurteilen sich nach § 9 AGBG (§ 307 BGB **n.F.**) und sind zulässig, wenn für sie ein sachlich berechtigter Grund gegeben ist und keine überwiegenden Belange des Kunden entgegenstehen (Palandt § 11/11 AGBG) (z.B. Eintrittskarten, Nachnahmeversendungen, Ehemäklervertrag).

Das Zurückbehaltungsrecht und die Einrede des nicht erfüllten Vertrages werden **im Rechtsstreit** nicht von Amts wegen berücksichtigt, sondern müssen vom Beklagten durch **Einrede** geltend gemacht werden. Dies erübrigt sich nur dann, wenn der Kläger dem Bestehen des Zurückbehaltungsrechts von sich aus Rechnung trägt und Leistung Zug um Zug verlangt.

> Die Geltendmachung führt allerdings nicht zur Klageabweisung, sondern zur **Verurteilung Zug um Zug** (§§ 274, 322 BGB; i.d.R. Kostenteilung bei Klage auf unbeschränkte Verurteilung gem. § 92 Abs. 1 ZPO). Auch erlangt der Beklagte

keinen Titel, um die ihm vom Kläger geschuldete Leistung seinerseits beitreiben zu können. Sofern der Kläger das Urteil nicht weiter verfolgt, hat der Beklagte keine Möglichkeit, seinen Gegenanspruch zu erzwingen. Allerdings ist die Geltendmachung des Zurückbehaltungsrechts u.U. auch noch mit einem verjährten Anspruch möglich (vgl. § 215 **BGB n.F.**).

2) Aufrechnung

Der Beklagte kann gegen die Klageforderung mit einer gleichartigen Gegenforderung aufrechnen und sich zu seiner Verteidigung im Prozess darauf berufen (Thomas/Putzo § 145/14).

Eine wirksame Aufrechnung führt zum Erlöschen beider Forderungen (§ 389 BGB) und damit zur **Klageabweisung**.

> Dabei erfolgen die erst im Rechtsstreit erklärten Aufrechnungen regelmäßig (im Zweifel) nur **hilfsweise** für den Fall des Bestehens des Klageforderung (Thomas/Putzo § 145/15; Palandt § 388/3).
>
> Im Übrigen muss eine Aufrechnung (ausdrücklich) erklärt werden. Nicht ausreichend ist der bloße Hinweis auf etwaige Gegenforderungen (Zöller §§ 145/11; Vor 128/19; 530/16; vgl. aber Thomas/Putzo Einl. III/11). Im Zweifel muss das Gericht jedoch fragen (§ 139 ZPO).

Bei mehreren, die Klageforderung insgesamt betragsmäßig übersteigenden Gegenansprüchen ist wegen der Rechtskraftwirkung des § 322 Abs. 2 ZPO die Reihenfolge anzugeben, in der die Gegenansprüche zur Aufrechnung gestellt werden.

Beachte:

Es empfiehlt sich, zunächst die aussichtsreichsten Gegenforderungen zur Aufrechnung zu verwenden.

> Sonst besteht die Gefahr, dass bei einer (eventuellen) Aufrechnung mit mehreren Forderungen der Beklagte im Falle einer Klageabweisung (nur) wegen der zuletzt geltend gemachten Gegenforderung zum überwiegenden Teil die Kosten zu tragen hat (§ 92 ZPO) (Zöller §§ 92/3; Thomas/Putzo §§ 3/19, 92/4). So erhöht sich der Streitwert, wenn und soweit über die hilfsweise aufgerechnete Gegenforderung rechtskraftfähig entschieden wird (vgl. § 19 Abs. 3 GKG). Bei einer Primär-Aufrechnung hingegen trägt das Kostenrisiko der Kläger (Zöller § 145/27).

Die **Verjährung** der (gleichartigen) Gegenforderungen hingegen wird (im Unterschied zum Zurückbehaltungsrecht) durch eine Aufrechnung unabhängig davon, in welcher Reihenfolge diese zur Aufrechnung gestellt wurden, gehemmt (§ 201 **BGB n.F.**).

III. Geltendmachung von Gegenrechten

Dadurch ist es möglich, die Verjährung kostenfrei zu hemmen, wenn die Klage ohne Berücksichtigung der Aufrechnung abgewiesen wird (§ 19 Abs. 3 GKG). Dies kann besonders bei umfangreichen Vertragsbeziehungen zwischen den Parteien nützlich sein. Da die Hemmung erst sechs Monate nach Erledigung des Verfahrens endet (vgl. § 204 Abs. 2 **BGB n.F.** – bisher §§ 209 Abs. 2 Nr. 3; 215 BGB) verbleibt dem Gläubiger noch Zeit, andere verjährungshemmende Maßnahmen einzuleiten.

Im Übrigen besteht ein Vorteil der Aufrechnung darin, dass diese unter bestimmten Voraussetzungen auch bei einer bereits verjährten Forderung noch möglich ist (vgl. § 215 **BGB n.F.** – bisher § 390 S. 2 BGB) (vgl. BGH NJW 1974, 1864: Haftung des Anwalts, weil er bei möglicher Verjährung der Mängelansprüche nicht wenigstens hilfsweise gegenüber der Klageforderung aufgerechnet hat).

Beachte:
Die **Gegenforderung** muss nach Grund und Höhe schlüssig und substantiiert dargelegt werden.

Nicht ausreichend und sogar **schädlich ist** die oftmals am Ende von Schriftsätzen zu findende Floskel, wonach zudem mit einer Gegenforderung hilfsweise aufgerechnet werde, die die Klageforderung weit übersteige bzw. zumindest die Klageforderung erreiche.

Erachtet das Gericht eine Hilfsaufrechnung wegen ungenügender **Substantiierung** für unwirksam, hat sich zum einen der Streitwert verdoppelt, und zum anderen hat der Beklagte wegen der Rechtskraftwirkung des § 322 Abs. 2 ZPO eine (tatsächlich bestehende) Forderung (bis zur Höhe der Klageforderung) verloren (Thomas/Putzo §§ 145/18, 322/46; Zöller § 145/16/16a). Zwar ist dann die Geltendmachung der Aufrechnung in der zweiten Instanz – im Gegensatz zu einer unbestimmten, nicht individualisierten und deshalb vom Erstgericht nicht berücksichtigten Aufrechnung – nicht »neu« i.S. §§ 531 Abs. 2, 533 **ZPO n.F.** (vgl. Zöller § 530/9/18, E. Schneider MDR 1975, 1008 Anm.), jedoch dürfte die Nachholung der Substantiierung gem. §§ 533 Nr. 2, 529, 531 Abs. 2 **ZPO n.F.** in der Regel unzulässig sein.

Im Übrigen unterliegt das der Aufrechnung als Verteidigungsmittel zugrunde liegende tatsächliche Vorbringen samt Beweismitteln den **Präklusionsvorschriften**, so dass die **Gefahr** des endgültigen Verlusts der Gegenforderung besteht (vgl. Thomas/Putzo § 322/48) (§§ 296, 282, 531 Abs. 1 **ZPO n.F.**).

Ebenso **schädlich** kann es sein, wenn man sich (weiterer) Ansprüche berühmt und mitteilt, dass man sich deren Geltendmachung vorbehält. Damit riskiert man eine negative Feststellungsklage des Gegners. In diesem Fall wäre der Beklagte gezwungen – unerwartet und unvorbereitet – den Anspruch so darzulegen und zu beweisen, als wäre er Kläger (vgl. Zöller § 256/18).

Unerheblich ist, dass die Gegenforderung unter Umständen schon in einem anderen Verfahren eingeklagt oder bereits dort zur Aufrechnung gestellt ist (**Doppelaufrechnung**).

Denn die Geltendmachung der Aufrechnung begründet keine Rechtshängigkeit der Gegenforderung (Thomas/Putzo § 145/20; BGH NJW 1999, 1179; Zöller § 145/18a hält Aussetzung gem. § 148 ZPO für angezeigt). Die Forderung ist erst dann verbraucht, sobald über sie rechtskräftig entschieden ist (§§ 389 BGB, 322 Abs. 2 ZPO).

3) Widerklage

a) Erhebung

Die Erhebung einer Widerklage ist unter erleichterten Voraussetzungen möglich.

Ein **Kostenvorschuss** ist für die Zustellung nicht erforderlich (§ 65 Abs. 1 S. 4 GKG, u.U. § 68 GKG!?). Eine Widerklage kann im Laufe des Prozesses durch Zustellung eines Schriftsatzes oder erst in der mündlichen Verhandlung erhoben werden (§ 261 Abs. 2 ZPO). Zulässig ist dies nur bis zum Schluss der mündlichen Verhandlung (§ 296a ZPO) (Thomas/Putzo § 269a/1). Die Widerklage muss ebenso wie eine Klage schlüssig und hinreichend substantiiert sein.

Die Widerklage ist kein Verteidigungsmittel, sondern ein selbstständiger **Gegenangriff**. Deswegen kann sie noch in der letzten mündlichen Verhandlung erhoben werden, ohne dass die Gefahr einer Zurückweisung wegen Verspätung gem. §§ 282, 296 ZPO bestehen würde (Thomas/Putzo § 146/2).

Als besondere **Prozessvoraussetzungen** müssen noch vorliegen: Rechtshängigkeit der Klage, dieselbe Prozessart sowie Parteiidentität.

§ 33 ZPO (Zusammenhang mit dem Klageanspruch) begründet (nur) einen **besonderen Gerichtsstand** bei dem Gericht der Klage (h.M., Thomas/Putzo § 33/1; **a.A.** z.B. BGH NJW 1975, 1228: auch besondere Prozessvoraussetzung, aber Heilung gem. § 295 ZPO möglich). Diese Voraussetzung wird relativ weit ausgelegt (vgl. Thomas/Putzo § 33/4 ff.; Zöller § 33/15 jeweils mit Beispielen).

Im Übrigen ist die Widerklage nach Rechtshängigkeit vom Fortbestand der Klage unabhängig, so dass diese nicht etwa durch Rücknahme der Klage beseitigt werden kann.

Die Widerklage muss über die Klage hinausgehen, da ihr sonst die Rechtshängigkeit der Klage entgegensteht (§ 261 ZPO).

> **Beispiel:**
> Bei einer Klage auf Feststellung des Bestehens des Eigentums ist eine Widerklage auf Feststellung, dass der Kläger nicht Eigentümer sei, unzulässig (derselbe Streitgegenstand mit entgegengesetztem Antrag). Zulässig wäre hingegen der Widerklageantrag, der Beklagte sei Eigentümer.

Der **Zuständigkeitsstreitwert** ändert sich durch eine Widerklage grundsätzlich nicht (§ 5 ZPO; beim AG vgl. aber § 506 ZPO). Der **Gebührenstreitwert** kann sich durch die Widerklage erhöhen (§§ 19 Abs. 1 GKG, 8 Abs. 1 BRAGO). Allerdings fallen die Gebühren nur einmal an.

b) Gründe für eine Widerklage
Eine Widerklage kann in vielen Fällen prozesstaktisch veranlasst und einer Aufrechnung oder der Geltendmachung des Zurückbehaltungsrechts vorzuziehen sein (vgl. E. Schneider MDR 1998, 21).

> Abgesehen davon ist sie vom **Schlichtungsverfahren** nach § 15a EGZPO ausgenommen (vgl. oben 1. Teil I 1b).

- Erlangung der Gegenleistung bei besonderem Interesse an deren Durchsetzung (z.B. Mängelbeseitigungsanspruch bei undichtem Hausdach).

> Denn ein Zug um Zug Urteil berechtigt, verpflichtet aber nicht den Kläger, dieses gegen den Beklagten zu vollstrecken bei gleichzeitigem Anerbieten der Gegenleistung gem. § 756 ZPO.

- Ausschaltung von Zeugen des Klägers mittels **Drittwiderklage** (vgl. oben 1. Teil I 5b (1)).

- Feststellungswiderklage (vgl. 1. Teil V 7).

> Diese kommt zunächst gem. § 256 Abs. 2 ZPO als **Zwischenfeststellungswiderklage** in Betracht, wenn im Laufe des Prozesses ein entscheidungserhebliches Rechtsverhältnis streitig geworden ist. Dadurch erreicht man eine Ausdehnung der Rechtskraftwirkung auf dieses Rechtsverhältnis, während sonst das Gericht darüber lediglich inzidenter ohne Rechtskraftwirkung entscheidet.
>
> Das Rechtsschutzbedürfnis für eine Zwischenfeststellungsklage liegt hierbei regelmäßig in der Vorgreiflichkeit. So reicht hierfür die Möglichkeit aus, dass das inzidenter zu klärende Rechtsverhältnis zwischen den Parteien noch über den Streitgegenstand hinaus Bedeutung gewinnen kann (Thomas/Putzo § 256/28).
>
> Eine **negative Feststellungswiderklage** kommt vor allem als Antwort auf eine Teilklage des Klägers in Betracht (vgl. oben 1. Teil I 3c). Während der Beklagte nur vorzutragen braucht, welcher Ansprüche sich der Kläger berühmt, hat der Kläger diese substantiiert darzulegen und zu beweisen (vgl. Zöller § 256/18). Wenn unklar bleibt, ob die streitigen Ansprüche bestehen, ist die negative Feststellungsklage ebenso begründet, als wenn das Nichtbestehen feststeht. Es kann aber auch nur für den Fall der Abweisung der Teilklage Hilfswiderklage auf negative Feststellung des Restanspruchs erhoben werden (Zöller § 33/26).
>
> Das Rechtsschutzbedürfnis (§ 256 Abs. 1 ZPO) entfällt jedoch bei entsprechender Klageerweiterung seitens des Klägers. Da sich damit die Feststellungswiderklage erledigt, muss der Beklagte diese zur Vermeidung einer Abweisung für erledigt erklären.

- Bei einer Klage auf Restansprüche aus einem Vertrag ist es sinnvoll, **hilfsweise** Widerklage auf Rückzahlung des bereits vom Beklagten Geleisteten zu erheben, falls Nichtigkeit (vor allem aufgrund Anfechtung) oder ein wirksamer Rücktritt in Betracht kommt (§§ 812 ff. 142, 346 BGB).

- Erlangung eines vorteilhaften Gerichtsstands bei gegenseitigen Ansprüchen.

    Nach § 33 ZPO ist das vom Kläger angerufene Gericht in der Regel für die Widerklage örtlich zuständig. Dies ist im Normalfall das Wohnsitzgericht des Beklagten (§§ 12, 13 ZPO) (vgl. i.Ü. oben 1. Teil I 2).

    Zudem muss das Amtsgericht auf Antrag des Widerklägers den Rechtsstreit an das Landgericht verweisen, wenn die Widerklage den Zuständigkeitsstreitwert des Amtsgerichts übersteigt (§§ 5, 506 ZPO). Dadurch kann man einem u.U. für die eigene Position »ungünstigen« Richter entfliehen. Zudem benötigt der sich vor dem Amtsgericht (i.d.R. aus Kostengründen) selbst vertretende Kläger beim Landgericht nunmehr einen Rechtsanwalt.

- Verhinderung des Verfahrens nach § 495a ZPO und somit der prozessualen Ausgestaltung nach dem Ermessen des Richters (vgl. oben 1. Teil II 3).

- Vermeidung der Ausschlusswirkungen der Verspätungsvorschriften mittels »Flucht in die Widerklage« (vgl. unten IV 2 c).

- Schaffung einer günstigeren Basis für Vergleichsverhandlungen.

    Durch den Gegenangriff wird dem Kläger möglicherweise die Ernsthaftigkeit und Entschlossenheit des Beklagten eher bewusst als bei einer Aufrechnung oder einem Zurückbehaltungsrecht, wo die ihm drohende »Gefahr« durch die Gegenforderung nicht so deutlich wird.

c) Verhältnis zur Aufrechnung

Der Beklagte kann wählen, ob er seine Gegenforderung durch Aufrechnung oder im Wege der Widerklage geltend macht. Da auch die Widerklage hilfsweise erhoben werden kann (Thomas/Putzo § 33/14; Zöller § 33/26), bieten sich eine Reihe von taktischen Möglichkeiten an.

Dadurch, dass man im Normalfall mit der – einfacher geltend zu machenden – Aufrechnung dasselbe Ziel erreicht, wie mit einer Widerklage, wird ihr meistens der Vorzug zu geben sein. Besteht indes ein (vertragliches oder gesetzliches) **Aufrechnungsverbot**, so kann dieses mittels der Widerklage umgangen werden. Im Urkundenprozess ist hingegen eine Widerklage nicht statthaft, sehr wohl aber eine Aufrechnung (§ 595

Abs. 1 ZPO, vgl. aber §§ 595 Abs. 2, 598 ZPO bei bestrittener Aufrechnungsforderung).

Sofern die Zulässigkeit der Aufrechnung zweifelhaft ist, sollte die Widerklage hilfsweise für den Fall der Unzulässigkeit erhoben werden (vgl. BGH NJW 1961, 1862; 1999, 1179).

Ein weiterer Vorteil der Widerklage besteht darin, dass bei drohender Zurückweisung einer Aufrechnung wegen Verspätung gem. §§ 282, 296 ZPO, die zur Aufrechnung gestellte Forderung durch eine (Eventual-) Widerklage trotzdem noch bei Gericht (vor Schluss der mündlichen Verhandlung, § 296a ZPO!) eingeführt werden kann. Eine **Präklusion** ist dann nicht möglich (vgl. unten IV 2 c).

Des Weiteren sind folgende **Varianten** zu unterscheiden:

- Die Klageforderung ist begründet.

Hier ist zu empfehlen, die Aufrechnung aus Kostengründen (ausdrücklich) unbedingt zu erklären.

Denn eine Hilfsaufrechnung oder Widerklage erhöhen den Streitwert (§ 19 Abs. 1 S. 1, Abs. 3 GKG). Die Kosten der Klageabweisung bei einer erfolgreichen Hauptaufrechnung trägt außerdem der Kläger (§ 91 ZPO) (Zöller § 145/27), sofern er nicht die Hauptsache für erledigt erklärt (Thomas/Putzo § 145/26). Eine nur hilfsweise Erledigungserklärung des Klägers ist nicht möglich (Zöller § 145/22; str.).

- Die Klageforderung ist zweifelhaft.

Hier kann der Beklagte die Aufrechnung hilfsweise für den Fall des Bestehens der Klageforderung erklären, verbunden mit der Eventualwiderklage für den umgekehrten Fall.

Dadurch bleibt der für die Aufrechnungsforderung eingeführte gesamte Sachvortrag verwertbar. Zudem erspart sich der Beklagte die Einleitung eines neuen Rechtsstreits, sofern er auf jeden Fall eine gerichtliche Entscheidung über die Gegenforderung erreichen will. Andernfalls wird die Klage abgewiesen, ohne dass noch über diese entschieden werden müsste.

- Die Gegenforderung übersteigt die Klageforderung.

Da die Aufrechnung nur in Höhe der Klageforderung zum Tragen kommt, erhält der Beklagte nur mit der Widerklage eine Entscheidung über den darüber hinausgehenden Betrag.

Hierbei empfiehlt es sich, die Widerklage hinsichtlich des Überschusses unter der Bedingung zu erheben, dass die Klage wegen der – hilfsweise geltend gemachten – Aufrechnungsforderung abgewiesen wird (vgl. BGH NJW 2002, 2183: zulässige innerprozessuale Bedingung). Für den Fall des Nichtbestehens der Klageforderung kann auch die Erweiterung der Widerklage auf die gesamte Gegenforderung erklärt werden. Durch diese Eventualwiderklage wird die **Verjährung** insgesamt gehemmt ((Palandt § 209/3; Zöller § 260/4). Hingegen hemmt die Geltendmachung der Aufrechnung die Verjährung nur bis zur Höhe der Klageforderung und erfasst nicht den darüber hinausgehenden Betrag (§ 204 Abs. 1 Nr. 5 **BGB** n.F. – bisher § 209 Abs. 2 Nr. 3 BGB).

IV. Die Vermeidung der Präklusion

Die Präklusionsvorschriften wurden von der Rechtsprechung so stark ausdifferenziert, dass viele Instanzrichter sie völlig ignorieren und jegliche Fristversäumnisse tolerieren.

> Daher sind richterliche Fristsetzungen oft nur »Scheingeschäfte« in dem Bestreben, den Prozessablauf zu straffen, während aber eigene notwendige vorbereitende Maßnahmen gem. §§ 358a, 273 ZPO hierzu unterbleiben. Nicht selten erfolgen Fristsetzungen routinemäßig und gedankenlos.

Trotzdem muss immer mit deren Anwendung gerechnet werden, insbesondere dann, wenn der Richter sich damit eine Verlängerung und Verkomplizierung des Prozesses ersparen und sich auf diese Weise eines lästigen Sachvortrags im Interesse einer »ökonomischen Arbeitsweise« entledigen kann. Zudem betrachten manche Richter die Verspätungsvorschriften als »Strafnormen« gegen nachlässige Anwälte, was sie jedoch unzweifelhaft nicht sind (z.B. BGH NJW 1999, 585).

> Der Anwalt ist hierbei verpflichtet, zur Vermeidung von Nachteilen für seinen Mandanten, auf die Einhaltung gesetzlicher und richterlicher Fristen zu achten und u.U. Fluchtmaßnahmen zu ergreifen (OLG Düsseldorf VersR 1989, 287).

> Wegen der haftungsrechtlichen Folgen (vgl. Zöller § 528/42) besteht daher ein vitales Interesse eines jeden Anwaltes, eine Zurückweisung wegen Verspätung zu vermeiden.

> Die Zurückweisungsgefahr wird indes dadurch gemindert, dass das Gericht gem. § 139 ZPO verpflichtet ist, auf eine beabsichtigte Zurückweisung hinzuweisen (Thomas/Putzo § 296/42), so dass der Anwalt die Chance hat, diese durch taktische Maßnahmen noch zu verhindern. Nach Deubner (NJW 1978, 357) soll zudem die Signalisierung der Entschlossenheit dem Gericht erster Instanz gegenüber, das Vorbringen notfalls auf dem Weg über die Berufung in den Prozess einzuführen, »gar nicht selten« dazu führen, dass eine Zurückweisung unterbleibt.

1) Zurückweisung von verspätetem Vorbringen

a) Voraussetzungen und Folgen

Die Voraussetzungen und Folgen von verspäteten Angriffs- und Verteidigungsmitteln (z.B. Behauptungen, Bestreiten, Einreden, Beweismittel, vgl. § 282 Abs. 1 ZPO) sind in den §§ 296, 296a ZPO geregelt. Daher ist die gelegentlich anzutreffende Floskel »Weiterer Sachvortrag bleibt ausdrücklich vorbehalten« völlig wirkungslos und überflüssig.

(1) §§ 296a, 296 ZPO

Nach § 296a ZPO können Angriffs- und Verteidigungsmittel **nach** Schluss der mündlichen Verhandlung nicht mehr vorgebracht werden.

Trotzdem sollte dies den Rechtsanwalt nicht davon abhalten, auch nach Schluss der mündlichen Verhandlung entscheidungserheblichen, bislang unterlassenen Sachvortrag zu bringen.

- Zum einen könnte dies das Gericht zur **Wiedereröffnung** der Verhandlung veranlassen (§§ 156 Abs. 1, 296a S. 2 **ZPO n.F.**) (vgl. unten 5. Teil VII 2).

   So muss das Gericht einen nicht nachgelassenen Schriftsatz sogar dann noch zur Kenntnis nehmen und eine Wiedereröffnung der mündlichen Verhandlung prüfen, wenn ein Urteil bereits gefällt, aber noch nicht verkündet ist (BGH NJW 2002, 1426; vgl. auch unten 7. Teil I 1a).

   Da aber die Bereitschaft hierzu in der Praxis relativ gering sein dürfte, sollte der Schriftsatz möglichst bald eingereicht werden und nicht etwa – was immer wieder vorkommt – erst einen Tag vor dem Verkündungstermin. Unter Umständen kann die rechtzeitige Ankündigung weiteren Vortrages binnen einer bestimmten Frist den Richter dazu veranlassen, diesen Schriftsatz vor Ausarbeitung des Urteils noch abzuwarten. Dies gilt besonders für angekündigte Rechtsausführungen, von denen sich der Richter vielleicht eine Erleichterung für seine Entscheidung erwartet.

   Im Übrigen ist eine Verwertung ohne wiedereröffnete Verhandlung zwar fehlerhaft, in der Praxis erfolgt dies zuweilen aber trotzdem. Deshalb sollte der Gegner – sofern noch möglich – das Gericht auf die Unzulässigkeit der Verwertung hinweisen und zu diesem Vorbringen inhaltlich Stellung nehmen.

- Zum anderen kann dieser Sachvortrag dann u.U. noch in der **Berufungsinstanz** Berücksichtigung finden.

   So kommt ein völliger Ausschluss nach § 531 Abs. 1 **ZPO n.F.** (bisher: 528 Abs. 3 ZPO) nicht in Betracht (Thomas/Putzo § 528/14).

   Allerdings sind nach § 531 Abs. 2 Nr. 3 **ZPO n.F.** neue Angriffs- und Verteidigungsmittel in der Berufungsinstanz nicht zuzulassen, wenn sie im ersten Rechtszug aus Nachlässigkeit der Partei nicht geltend gemacht worden sind. Diese Regelung erfasst auch das verspätete Vorbringen i.S. § 296a ZPO.

Einem Ausschluss kann man nach dieser Neuregelung nur entgehen, wenn man darlegen kann, dass keine Nachlässigkeit vorliegt, z.b. dass das neu vorgebrachte Beweismittel erst nach Schluss der mündlichen Verhandlung erster Instanz bekannt geworden bzw. das neue Angriffs- und Verteidigungsmittel erst danach entstanden ist (Begr. RegE.S. 101 f.). Diesbezüglich kann das Berufungsgericht die Glaubhaftmachung verlangen (§ 531 Abs. 2 **ZPO n.F.**).

Im Übrigen muss neues Vorbringens dann noch zugelassen werden, wenn dieses im ersten Rechtszug infolge eines **Verfahrensmangels**, insbesondere bei Verletzung der Hinweispflicht, unterblieben ist (§ 531 Abs. 2 Nr. 2 **ZPO n.F.**). Zweifelhaft ist, ob der erforderliche Zusammenhang bei einem Hinweis unter Verstoß gegen das Gebot frühzeitiger Erteilung (vgl. § 139 Abs. 4 S. 1 **ZPO n.F.**) entfällt, wenn die Partei hierauf eine Schriftsatzfrist nach § 139 Abs. 5 **ZPO n.F.** hätte bekommen können (vgl. unten 5. Teil VII 1b). Dabei stellt sich weiter die Frage, ob das Unterlassen eines gerichtlichen Hinweises auf diese Möglichkeit seinerseits verfahrensfehlerhaft ist.

Dabei können **Rechtsausführungen** immer vorgetragen werden, da diese nicht unter die Angriffs- und Verteidigungsmittel fallen (vgl. Thomas/Putzo § 146/2).

Eine Verwertung könnte bei neuen rechtlichen Gesichtspunkten zwar erst nach rechtlichem Gehör der anderen Partei erfolgen (Zöller § 296a/2b, vgl. auch Thomas/Putzo § 283/2: § 283 ZPO anwendbar; E. Schneider ZAP Fach 13 S. 1093). In der Praxis wird dies aber nicht immer beachtet. Abgesehen davon, dass manche Richter dies gar nicht wissen, hätte dies für ihn doch die (für ihn unangenehme) Konsequenz, den sonst entscheidungsreifen Rechtsstreit noch nicht abschließen zu können.

Nach **§ 296 ZPO** können Angriffs- und Verteidigungsmittel zurückgewiesen werden, die zwar noch **vor** Schluss der mündlichen Verhandlung vorgetragen werden

- aber **verspätet**, d.h. unter Versäumung einer vom Gericht hierfür gesetzten Frist (**Abs. 1**) oder

- unter Verletzung der **Prozessförderungspflicht** des § 282 ZPO (**Abs. 2**).

Während eine Präklusion nach Abs. 1 nur bei den im Gesetz ausdrücklich geregelten Fällen möglich ist (analoge Anwendung ist nicht zulässig, vgl. Thomas/Putzo § 296/11), entscheidet das Gericht über das Vorliegen der Voraussetzungen des Abs. 2 nach freier Überzeugung (Thomas/Putzo § 296/37).

IV. Die Vermeidung der Präklusion

Als präklusionsgefährdete **Fristen** kommen – neben der Einspruchsbegründungsfrist gem. § 340 Abs. 3 ZPO – vor allem die in § 296 Abs. 1 ZPO genannten Fristen in Betracht, nämlich

- die Klageerwiderungsfrist (§§ 275 Abs. 1 S. 1, Abs. 3, 276 Abs. 1 S. 2 ZPO) (für den Beklagten);
- Frist zur Stellungnahme auf die Klageerwiderung (§§ 275 Abs. 4, 276 Abs. 3, 277 ZPO) (für den Kläger);
- Frist zur Ergänzung oder Erläuterung des schriftlichen Sachvortrags (§ 273 Abs. 2 Nr. 1 ZPO) (für beide Parteien);
- Frist zur Vorlage von Unterlagen (§§ 142, 273 Abs. 2 Nr. 5 ZPO **n.F.**) (für beide Parteien) (vgl. unten 6. Teil III 3a (2)).

Die Verletzung einer gesetzten Frist für die Einzahlung eines **Auslagenvorschusses** für Zeugen oder Sachverständige (§§ 402, 379 ZPO) kann zum Ausschluss des Beweismittels nur unter den Voraussetzungen des § 296 Abs. 2 ZPO – ohne weitere Fristsetzung – führen (Thomas/Putzo § 379/6; fehlerhaft, wenn der Ausschluss auf § 296 Abs. 1 ZPO gestützt wird, OLG Hamm NJW-RR 1995, 1151, vgl. zum Ganzen Sass, MDR 1985, 96; bei überhöhter Vorschussanordnung vgl. Zöller § 379/6).

Da die Verspätung im Falle des **§ 296 Abs. 2 ZPO** auf einer groben Nachlässigkeit in Bezug auf die Prozessförderungspflicht beruhen muss, erfolgt eine Zurückweisung nach dieser Variante in der Praxis zwar seltener, jedoch ist sie schwieriger kalkulierbar.

So liegt **grobe Nachlässigkeit** nur dann vor, wenn die Partei ihre Prozessförderungspflicht in besonders hohem Maße vernachlässigt, was jeder Partei nach dem Stand des Verfahrens als notwendig hätte einleuchten müssen (Thomas/Putzo § 296/37). Die bloße Nichteinhaltung der mit § 282 Abs. 2 ZPO korrespondierenden Schriftsatzfrist des § 132 Abs. 1 ZPO kann eine Zurückweisung jedoch nicht rechtfertigen (BGH NJW 1997, 2244; vgl. oben 5. Teil VI 2), wobei beim Amtsgericht die mündliche Verhandlung erst bei einer entsprechenden richterlichen Anordnung durch Schriftsätze vorbereitet werden muss (§§ 78, 129, 273 Abs. 1 ZPO) (Zöller § 282/4).

Insbesondere zwingt die Prozessförderungspflicht der Parteien nicht zum Verzicht auf jegliche **Prozesstaktik** (so ausdrücklich BVerfGE 54, 117, 127) (vgl. auch Zöller §§ 282/3; 528/26).

Sofern keine Fristen gesetzt sind, kann man daher in geeigneten Fällen durchaus erst einmal das Vorbringen der Gegenseite abwarten, »bis die fortschreitende Entwicklung des Prozesses oder eine Aufforderung des Gerichts« die Einführung bestimmter Gesichtspunkte »unumgänglich machen«. Denn unterbunden werden soll lediglich ein Prozessverhalten, dass vornehmlich der Verzögerung und Verschleppung dient (BVerfGE 54, 117, 127).

Zu bedenken ist aber, dass die Einführung einer wichtigen Tatsache, deren Bedeutung für die Klage auf der Hand liegt, bei großer Verzögerung Misstrauen gegen die Richtigkeit dieser neuen Behauptung wecken kann und deswegen seinen Niederschlag in der gerichtlichen Beweiswürdigung finden kann und muss (BGH NJW-RR 1999, 573).

Dabei zu beachten, dass für eine Prozesstaktik in der Form des sukzessiven Vorbringens (nur) insofern Raum bleibt, als ein zunächst zurückgehaltenes Vorbringen nach der Prozesslage, also in erster Linie maßgeblich nach dem gegnerischen Vorbringen, noch nicht veranlasst sein darf (vgl. Zöller § 282/3). Unzulässig ist daher eine »tröpfchenweise« Information des Gerichts und des Gegners, nur um Zeit zu gewinnen oder den Gegner zu zermürben, auch wenn die Praxis oft großzügig verfährt (vgl. Baumbach/Lauterbach § 282/7/9).

Hingegen ist anerkannt, dass eine Erklärungspflicht zu vor- bzw. außerprozessualem Vorbringen des Gegners nicht besteht. Des Weiteren ist es möglich, Tatsachen oder Beweismittel für bestimmte Prozesslagen zunächst anzukündigen. Wenn das Gericht diese Tatsachen dann für erforderlich hält, muss es die Partei darauf hinweisen (Münchener Kommentar § 282/21ff.: sonst unzulässige Überraschungsentscheidung).

Im **Mahnverfahren** kommt § 296 ZPO bei Versäumung der gesetzlichen Frist von 2 Wochen zur Anspruchsbegründung nach Widerspruch und nachfolgender Abgabe an das Streitgericht mangels Verweisungsnorm nicht in Betracht (Frist gem. § 697 Abs. 1 ZPO ; Zöller § 697/4; keine analoge Anwendung des § 296 ZPO auf im Gesetz nicht ausdrücklich genannte Fälle, Thomas/Putzo § 296/11; OLG Nürnberg MDR 1999, 1151).

Präklusion droht erst bei Terminsbestimmung auf Antrag des Gegners mit gesetzter Frist zur Begründung des Anspruchs gem. § 697 Abs. 3 ZPO und deren Versäumung. Es ist jedoch auf den Ablauf der Verjährungsfrist zu achten.

Bei Einspruch gegen einen Vollstreckungsbescheid droht Präklusion ebenfalls erst bei Fristsetzung durch das Gericht gem. § 700 Abs. 5 ZPO.

Beachte :

Abweichend von § 276 Abs. 1 S. 2 ZPO können im **schriftlichen Vorverfahren** bei Eingang einer Anspruchsbegründung nach Überleitung des Mahnverfahrens in das Streitverfahren die Fristen für die Verteidigungsanzeige und die Klageerwiderung zusammenfallen und insgesamt nur zwei Wochen betragen (§ 697 Abs. 2 ZPO) (vgl. Zöller § 697/9).

Auch wenn über die Frage der Präklusion von Amts wegen zu entscheiden ist, kann es sich für die andere Partei empfehlen, das Gericht durch die **Verspätungsrüge** darauf aufmerksam zu machen.

So hat die **Zurückweisung** beispielsweise einer Klageerwiderung immerhin zur **Folge,** dass nur noch das Vorbringen des Klägers als unbestritten übrig bleibt und das Gericht nur die Zulässigkeit und Schlüssigkeit der Klage zu prüfen hat.

Ein Rechtsstreit kann daher allein aufgrund verspäteten Vorbringens verloren werden.

(2) Wirksame Fristsetzung

Die Wirksamkeit der Fristsetzung setzt nach der Rechtsprechung des BGH die Wahrung zahlreicher Förmlichkeiten voraus (vgl. Zöller § 296/9; BGHZ 76, 236 = NJW 1980, 1167):

- Die richterliche Verfügung muss ordnungsgemäß unterschrieben sein – die häufig anzutreffende bloße sog. Paraphe genügt nicht (§§ 329 Abs. 1 S. 2; 317 Abs. 2 S. 1 ZPO) (BGH VersR 1983, 33) (vgl. zur Unterschrift oben 1. Teil IV 1a).

  Da die Partei normalerweise lediglich ein Formblattschreiben von der Geschäftsstelle erhält (»im richterlichen Auftrag wird mitgeteilt«), kann eine Heilung nach § 295 ZPO wegen fehlender Kenntnis der Partei von dem Mangel praktisch nicht eintreten. Manchmal sind richterliche Verfügungen sogar überhaupt nicht unterschrieben. Um dies alles zu erfahren, ist Akteneinsicht notwendig. Vgl. aber auch OLG Frankfurt (NJW 1983, 2395): nur die Ausfertigung des Urteils sei allein für die Frage der rechtswirksamen Zustellung und die Auslösung des Fristlaufs maßgebend, denn nur sie tritt nach außen in Erscheinung, wobei ein Mangel der Unterschrift des Richters jederzeit nach § 319 ZPO berichtigt werden könne.

- Die Frist zur schriftlichen Stellungnahme des Klägers auf die Klageerwiderung (§ 275 Abs. 4 ZPO) ist durch das Gericht zu setzen, nicht durch den Vorsitzenden oder den Berichterstatter allein (h.M. OLG Köln NJW-RR 2000, 1086, Thomas/Putzo § 275/8).

  Nach § 275 Abs. 4 **ZPO n.F.** kann nunmehr (außerhalb der mündlichen Verhandlung) der Vorsitzende die Frist setzen.

- Die Verfügung muss der Partei, an die sie sich richtet, in beglaubigter Abschrift förmlich zugestellt werden (§§ 170 Abs. 1; 329 Abs. 2 ZPO) (vgl. unten 4. Teil II 4b). Eine formlose Übersendung einer Mitteilung der Geschäftsstelle genügt nicht. Zustellungsmängel können nicht durch Zugang geheilt werden (Zöller § 296/9d).

- Die Fristen für die Klageerwiderung und Replik müssen eine Belehrung über die Folgen der Fristversäumung enthalten (§§ 277 Abs. 2, 4 ZPO) (Thomas/Putzo § 296/31).

- Die Fristen zur Replik des Klägers (§ 276 Abs. 3 ZPO) dürfen nicht in einer einzigen Verfügung zusammen mit der Klageerwiderungsfrist gesetzt werden, sondern erst nach Eingang der Klageerwiderung mit deren Zustellung (vgl. Thomas/Putzo § 276/13).

Ein Ausschluss von (Verteidigungs-)Vorbringen gem. § 296 Abs. 1 ZPO ist auch dann nicht möglich, wenn die gesetzte **Frist unangemessen kurz** war, trotz der Möglichkeit einer Verlängerung der Frist gem. § 224 Abs. 2 ZPO (Thomas/Putzo § 275/7).

> Von den Gerichten wird dabei insbesondere die Situation des Beklagten häufig nicht gebührend berücksichtigt (Lange NJW 1986, 1728: Regelfall sollte nicht unter drei bis vier Wochen liegen). Vgl. Thomas/Putzo § 275/6: Mindestfrist von 2 Wochen für Klageerwiderung ist im RA-Prozess i.d.R. zu kurz und richtet sich nach dem Einzelfall, z.b. Umfang der Sache und der noch fehlenden Aufklärung, Schwierigkeit bei der Beschaffung nötiger Unterlagen, Wohnort des Beklagten, Suche nach einem geeignet erscheinenden Rechtsanwalt, Terminsvereinbarung und Besprechung mit dem Rechtsanwalt, u.U. Korrespondenz mit Versicherung, Umsetzung im Schriftsatz, dessen Absetzung im Kanzleibetrieb ; ebenso z.B. OLG Dresden NJW-RR 1999, 214; OLG Brandenburg NJW-RR 2001, 63).

> Freilich sollte und kann man sich darauf nicht verlassen, sondern sicherheitshalber bei zu kurzer Frist deren Verlängerung beantragen (vgl. unten b (1)).

(3) Verzögerung des Rechtsstreits

Eine **Zurückweisung** kommt vor allem **nicht** in Frage, wenn nach der freien Überzeugung des Gerichts die Zulassung des verspäteten Vorbringens die Erledigung des Rechtsstreits nicht (unerheblich, so. Zöller § 296/18; 528/15; str.) verzögert.

Eine **Verzögerung** liegt vor, wenn die Fristversäumung den Prozessablauf verlängert.

> Dies ist meistens der Fall, wenn bei entscheidungsreifem Rechtsstreit ein verspäteter Sachvortrag oder die Vernehmung verspätet genannter Zeugen eine (weitere) (gegenbeweisliche) **Beweisaufnahme** in einem weiteren Termin erforderlich machen (vgl. Thomas/Putzo § 296/12ff. ; Zöller § 296/11/19ff.). Wenn hingegen das Verfahren auf der Grundlage des bisherigen Vorbringens sowieso weitergeführt und z.B. ohnehin ein weiterer Beweis erhoben werden muss, kann sich verspätetes Vorbringen nicht verzögernd auswirken (z.B. BGH NJW-RR 1999, 787: noch einzuholendes Sachverständigengutachten). Die Beweisbedürftigkeit kann hierbei durch Bestreiten des verspäteten Sachvortrags herbeigeführt werden.

> Bei einer vorgelegten **Urkunde** als präsentes Beweismittel kann allenfalls das Bestreiten der Echtheit zur Verzögerung führen, da die erforderliche Einholung eines Schriftgutachtens den Prozessablauf verlängert. Bei angekündigten Urkunden indes kann eine Präklusion ausscheiden, wenn das Gericht es – wie häufig – unterlassen hat, eine zeitlich frühere Vorlage und eine Erklärung des Gegners hinsichtlich der Echtheit gem. § 273 Abs. 2 Nr. 1 ZPO anzuordnen.

Rechtsausführungen sind weder Angriffs- und Verteidigungsmittel, noch verzögern diese – da sofort verwertbar – den Rechtsstreit (vgl. Zöller § 296/4). Eine etwaige Verzögerung durch Gewährung einer **Schriftsatzfrist** gem. § 283 ZPO wäre zum einem nicht der Partei anzulasten (Zöller § 282/2b), und zum anderen ist dies eine gesetzliche Folge, die keine Zurückweisung rechtfertigen kann (vgl. unten 5. Teil VI 2).

(4) Früher erster Termin

Bei einem frühen ersten Termin scheidet eine Zurückweisung

- ohne Fristsetzung gem. **§§ 296 Abs. 2, 282 ZPO** bei Verletzung der allgemeinen Prozessförderungspflicht nach h.M. im Allgemeinen aus (Thomas/Putzo § 282/1).
- Eine Zurückweisung gem. **§ 296 Abs. 1 ZPO** bei Fristversäumnis ist grundsätzlich auch im frühen ersten Termin zulässig.

Dies kommt nur dann in Betracht, wenn der frühe erste Termin als Haupttermin konzipiert und nicht (eindeutig erkennbar) bloß ein sog. **Durchlauftermin** zur Vorbereitung des Haupttermins ist (vgl. Thomas/Putzo §§ 282/1, 296/8/17, Zöller § 296/5/22; 217/19) (sonst Überbeschleunigung).

Ein Durchlauftermin kann i.d.R. bei sog. Sammelterminen angenommen werden (vgl. BVerfG NJW 1985, 1149: 50 Sachen zur selben Zeit anberaumt, wenn das Gericht erkennbar keine, für eine Streitentscheidung erforderlichen Verfahrensvorbereitungen (vgl. § 273 ZPO) getroffen hat; wenn bei umfangreicher und/oder komplizierter Sach- und Rechtslage des Streitfalles der frühe erste Termin offensichtlich für eine abschließende streitige Verhandlung, einschließlich Beweisaufnahme, ausscheidet (vgl. OLG Frankfurt NJW 1987, 506: 15 Minuten sind zu kurz), wenn die Zeitspanne zwischen Ende der Klageerwiderungsfrist und Termin zu kurz ist, um dem Gegner noch eine Stellungnahme zu ermöglichen und Zeugen laden zu können (Zöller § 296/5; BGH NJW 1983, 575, 577: z.B. ein oder zwei Tage vor der mündlichen Verhandlung).

> **Beachte:**
>
> Selbst wenn die Gefahr einer Präklusion bei einem frühen ersten Termin in Form eines Sammeltermins sehr gering ist, kann diese nicht völlig ausgeschlossen werden (vgl. BayVerfGH NJW 1990, 1653; BVerfG NJW 1987, 2733).

Die Verspätungsvorschriften können daher hauptsächlich bei Fristen, die im **schriftlichen Vorverfahren** (Klageerwiderung und Replik) und vor dem **Haupttermin** (vgl. § 273 Abs. 2 S. 1 ZPO) gesetzt wurden, zur Anwendung kommen.

Davon ist zu unterscheiden, dass bei Entscheidungsreife der **frühe erste Termin** der letzte Termin (ohne nachfolgenden Haupttermin) sein kann (Zöller § 278/1; BGH NJW 1983, 574, 576: ein vollwertiger Termin), mit der Folge, dass **§ 296a ZPO** Anwendung findet.

b) Präventive Maßnahmen

Bevor man etwaige sog. »Fluchtwege« ergreift, sollte man prüfen, ob nicht einfachere Ausweichmöglichkeiten vorhanden sind.

In Betracht kommen folgende Maßnahmen:

(1) Antrag auf Fristverlängerung

Der Antrag muss jedenfalls grundsätzlich **vor Fristablauf** gestellt sein (Thomas/Putzo 224/6) (§§ 224 Abs. 2, 340 Abs. 3 S. 2 ZPO).

Er sollte dabei so frühzeitig vor Fristende gestellt werden, dass man bei einer Zurückweisung die Frist notfalls noch wahren kann. Unter Umständen kann es nützlich sein, sich in engem zeitlichem Zusammenhang mit der Antragseinreichung nach der Entscheidung des Gerichts (telefonisch) zu erkundigen, um den Antrag erforderlichenfalls (nachgebessert) wiederholen zu können.

Voraussetzung für eine Fristverlängerung ist nach § 224 Abs. 2 ZPO vor allem, dass »**erhebliche Gründe** glaubhaft gemacht sind«.

> In der Praxis wird eine – erstmalige – Fristverlängerung erfahrungsgemäß relativ unproblematisch gewährt.

> Eine ausdrückliche anwaltliche Glaubhaftmachung der Gründe wird generell nicht verlangt (BGH NJW 1999, 430; NJW-RR 1989, 1280; MDR 1994, 942), wobei eine anwaltliche Versicherung nichts schadet (»sicherster Weg«!). Förderlich kann sein, wenn man zuvor das Einverständnis des Gegners (telefonisch) eingeholt hat und dies dem Gericht mitteilt, obgleich es daran nicht gebunden ist. Dies gilt ebenso für die Ankündigung, den neuen Schriftsatz der Gegenpartei unmittelbar von Anwalt zu Anwalt (§ 195 ZPO) (§ 198 ZPO a.F.) zuzustellen oder auch für den Hinweis darauf, dass dem Gegner bereits auch schon einmal Fristverlängerung gewährt wurde. Hingegen kann eine »extrem späte Antragstellung« dem Gericht Anlass geben, das Vorliegen der Gründe kritisch zu würdigen (Zöller § 224/7).

> Von daher ist es nicht nötig, sich selbst eine Fristverlängerung dadurch zu gewähren, dass das **Empfangsbekenntnis** bei der Zustellung überhaupt nicht, verzögert oder mit falschem Datum zurückgeschickt wird. Dabei genügen Zweifel (des Gerichts) an der Richtigkeit des Zustellungsdatums nicht, die Beweiswirkungen der §§ 174 ZPO, 418 ZPO (§ 212 a ZPO a.F.) zu entkräften (BVerfG NJW 2001, 1563).

Während allerdings der Anwalt zur Rücksendung bislang (wohl) nicht verpflichtet war (Henke, AnwBl. 1996, 403: keine berufsrechtliche Verpflichtung, wenn nicht vorfrankiert; Baumbach/Lauterbach § 212a/9: Rücksendung ist keine prozessuale Pflicht; a.A. Markl/Meyer, GKG, vor KV 9000/10: Empfangnahme (nur) standesrechtliche Pflicht), lässt sich eine Verpflichtung jetzt dem § 174 Abs. 1 S. 2 ZPO n.F. entnehmen. Sanktionen bei einem Verstoß gegen die Rücksendepflicht sieht die ZPO jedoch nicht vor.

Über die Frage der Kostenlast für die Frankierung indes ist eine bundesweite Kontroverse zwischen Anwaltschaft und Justizverwaltung entstanden (vgl. Henke AnwBl. 2002, 713; Jaspersen ProzRB 2002, 83) (vgl. Zöller 23. Aufl. § 174/16: Kosten trägt der Adressat; ebenso BT-Dr. 14/4554 S. 31), wobei die Rücksendung – wesentlich günstiger als durch die Post – ebenso per Telefax möglich ist (§ 174 Abs. 2 S. 3 ZPO).

Auch wenn zuweilen Fristverlängerungen ohne jede Angabe von Gründen gewährt werden, sollte man sich darauf besser nicht verlassen, zumal der Anwalt in der Regel auf **anerkannte Gründe** zurückgreifen kann, die außerdem beim ersten Verlängerungsgesuch nicht substantiiert werden müssen (vgl. Zöller § 519/19; BVerfG NJW 1998, 3703).

Nützlich kann hierbei ein entsprechendes eigenes Formblatt bzw. Maske sein. Außerdem sollte man den Antrag nicht im fortlaufenden Text »verstecken«, damit dieser vom Gericht nicht (so leicht) übersehen oder übergangen werden kann.

Als solche Gründe kommen in Betracht:

- Die häufig anzutreffende, formelhaft vorgetragene »Arbeitsüberlastung« (Thomas/Putzo § 519/12; vgl. BVerfG NJW 1998, 3703; 2000, 1634 (urlaubsbedingte Arbeitsüberlastung): nähere Substantiierung und Glaubhaftmachung in der Regel (beim ersten Verlängerungsantrag) nicht erforderlich; kritisch Zöller § 227/8: nur nichts sagende Begründung),

- Erkrankungen des Anwalts oder des Personals (Thomas/Putzo § 519/12, Zöller § 519/19),

- Noch keine Besprechungsmöglichkeit mit der Mandantschaft wegen Terminsschwierigkeiten, ohne dass im Einzelnen vorzutragen ist, welche Informationen der Anwalt noch von seinem Mandanten erhalten und mit ihm besprechen wollte (BGH NJW 2001, 3552),

- Die noch erforderliche, bislang noch nicht mögliche (weitere) Rücksprache oder Informationsbeschaffung bei der Partei (BVerfG NJW 2001, 812),

- Urlaubsabwesenheit das Prozessvertreters oder der Partei (BGH NJW 2000, 2512),

- Schwebende Vergleichsverhandlungen (BGH NJW 1999, 430; jetzt vor allem deshalb, da die Erhöhung der Vergleichsquoten ein Ziel der ZPO-Reform ist).

Bei diesen Gründen besteht für den Anwalt – beim erstmaligen Verlängerungsgesuch – keine Notwendigkeit für eine fernmündliche Erkundigung bei Gericht vor Ablauf der Frist. Sofern der ablehnende Beschluss erst nach Ablauf der Frist zugeht, kommt eine Wiedereinsetzung in Betracht (BVerfG NJW 2001, 812).

> **Beachte:**
> Es empfiehlt sich im Antrag auf Fristverlängerung ein konkretes Datum bzw. einen festen Zeitraum (z.B. zwei Wochen) anzugeben.

Denn die Gerichte gewähren die Fristverlängerung vielfach antragsgemäß. Dadurch kann man eine ausreichend lange Frist (ohne Anhörung des Gegners, vgl. § 225 Abs. 2 ZPO) erhalten, während die Wahrscheinlichkeit einer weiteren Fristverlängerung (ohne besondere Gründe und ohne Einverständnis des Gegners) geringer ist.

Hat das Gericht es unterlassen, über einen rechtzeitig gestellten Antrag auf Verlängerung der Frist überhaupt zu entscheiden, ist eine Präklusion nicht zulässig (vgl. Thomas/Putzo § 296/9: Klageerwiderungsfrist). Hat das Gericht die Fristverlängerung zu Unrecht abgelehnt, ist der Beschluss zwar unanfechtbar (§ 225 Abs. 3 ZPO), jedoch ist eine Wiedereinsetzung begründet (BGH BB1997, 68; BVerwG NJW 1996, 2808; BVerfG NJW 1998, 3703; BayVerfGH MDR 1996, 1974).

Man sollte trotzdem nicht erst auf die Entscheidung der Gerichts warten, sondern so bald wie möglich den Schriftsatz einreichen. Sonst kann es passieren, dass bei Erhalt des stattgebenden Beschlusses die Frist bereits abgelaufen ist.

(2) Antrag auf Terminsverlegung

Durch eine Verlegung des Termins gewinnt man allerdings nur dann Zeit zum (weiteren) Vortrag, soweit dieser auf einen (späteren) Zeitpunkt verlegt wird. Hierfür sind »erhebliche Gründe« notwendig (§ 227 ZPO).

Eine Verlegung kann man vor allem bei Antragstellung knapp vor dem Termin erreichen (telefonischer Antrag kann genügen, Zöller § 227/24, sonst auch per Fax möglich), sowie dann, wenn als Grund z.B. noch andauernde Vergleichsver-

IV. Die Vermeidung der Präklusion

handlungen angegeben wird. Das »Einvernehmen der Parteien allein« ist zwar kein ausreichender Grund (§ 227 Abs. 1 S.3 ZPO), kann aber die Bereitschaft des Richters zur Verlegung erhöhen (vgl. im Übrigen unten 5. Teil IV 2).

Bei kurzfristigen Anträgen bleibt zudem kaum Zeit, womöglich noch die (in der Praxis indes unübliche; vgl. BGH NJW 1999, 430; NJW-RR 1989, 1280; MDR 1994, 942 zu § 224 Abs. 2 ZPO) Glaubhaftmachung zu verlangen (§ 227 Abs. 2 ZPO) oder dem Gegner vorher rechtliches Gehör zu gewähren (vgl. Thomas/Putzo § 227/33). So könnte sich dieser allenfalls einer Terminsverlegung widersetzen.

Die Entscheidung ist grundsätzlich unanfechtbar (§ 227 Abs. 4 S. 2 ZPO). Eine Anfechtungsmöglichkeit kann allenfalls bei einer unangemessen weit hinausgeschobenen Terminsbestimmung bestehen (Zöller § 252/1; Thomas/Putzo § 227/35; vgl. § 227 Abs. 4 ZPO).

Dabei muss auch ein Antrag auf Terminsverlegung (oder Fristverlängerung) kurz vor dem Termin (oder des Fristablaufs) berücksichtigt und verbeschieden werden. Unzulässig ist es, von den Parteien zu verlangen, diese Anträge »unverzüglich« bzw. »sofort« oder bis zum einem bestimmten Zeitpunkt vor dem Termin (oder Ablauf der Frist) einzureichen (vgl. E. Schneider ZAP F. 13 S. 991, ZAP-Report Justizspiegel S. 1006).

(3) Antrag auf vorbereitende Maßnahmen

Das Gericht hat bei verspätetem Vorbringen die Pflicht, durch zumutbare und geeignete Maßnahmen (vgl. §§ 273, 358a ZPO) eine drohende Verzögerung abzuwenden.

Sofern dies noch möglich ist, darf weder eine Präklusion erfolgen (Thomas/Putzo §§ 273/4; 296/9; BGH NJW 1999, 585, NJW 2001, 151; NJW-RR 2002, 646; BVerfG NJW-RR 1999, 1079) noch eine Verzögerungsgebühr nach § 34 Abs. 1 GKG verhängt werden (OLG München NJW-RR 2001, 71). Eine Fristüberschreitung ist dann relativ risikolos.

Dabei dürfte ein nicht mehr rechtzeitig einzuholender Kostenvorschuss in der Regel kein Hindernis sein, einen verspätet benannten Zeugen noch zum Termin zu laden (Thomas/Putzo § 379/1; vgl. § 379 ZPO: »kann« = Vorschussanforderung im Ermessen des Gerichts). Vielfach wird von den Gerichten anstelle des Vorschusses auch die Erklärung des Rechtsanwalts akzeptiert, wonach er die »Kostenhaftung« für die Auslagen des Zeugen übernimmt (vgl. Zöller § 379/2).

Zumutbar ist insbesondere die Vernehmung von vier bis sechs statt eines **Zeugen** (BVerfG NJW 1990, 2373; BGH NJW 1991, 1181; BGH NJW 1999, 3272: Ladung von acht Zeugen unzumutbar; BVerfG NJW-RR 1999, 1079: sechs Zeugen zumutbar).

> **Beachte:**
>
> Um dem Gericht den Einwand zu verwehren, vorbereitende Maßnahmen seien wegen des Umfangs und des damit verbundenen Zeitaufwandes nicht möglich, empfiehlt es sich, möglichst wenig Zeugen, am besten nur den wichtigsten zu benennen (vgl. Zöller 20. Aufl. 1997, § 527/18: »prozessualer Kunstfehler« wahllos zahlreiche Zeugenbeweisantritte nachzuschieben/höchstens drei Zeugen!).

Der Gegner kann jedoch die vorbereitende Ladung von Zeugen vereiteln, indem er umfangreiche Gegenbeweisangebote macht, da das Gericht zur Ladung zahlreicher Zeugen nicht verpflichtet ist (Zöller § 527/18).

Dies gilt auch, wenn die Gegenzeugen nicht mehr rechtzeitig zum Termin geladen werden können und eine Vertagung erforderlich wäre. Die Verzögerung kann in der Regel nicht bei Beantragung eines Sachverständigengutachtens aufgefangen werden (vgl. BGH NJW 1983, 1495), es sei denn, eine Gutachtenserstattung im Termin ist (bei einfachen Fragen) ausreichend und der Sachverständige kann noch rechtzeitig geladen werden.

Da in der Praxis solche vorbereitenden Maßnahmen (von Amts wegen) oft nicht erfolgen, empfiehlt sich ein entsprechender Antrag, der die in Betracht kommenden Maßnahmen (vorwiegend Zeugenladung) konkret bezeichnet. Dies gilt insbesondere dann, wenn ein (neuer) Beweisantrag nach Terminierung, aber noch rechtzeitig vor dem Termin gestellt wird.

Wenn dann ein verspätet angebotener – aber noch rechtzeitig geladener – Zeuge zum Termin nicht erscheint, kommt mangels ursächlicher Verzögerung nach Ansicht des BGH keine Zurückweisung in Betracht (vgl. Thomas/Putzo § 296/12; kritisch Zöller §§ 296/14/25; 527/18 letzter Absatz) und es muss vertagt werden.

Die sich hieraus ergebende Chance zu weiterem Sachvortrag bzw. der Berücksichtigung bereits verspäteten Vorbringens würde man freilich auch bei Benennung eines (wissentlich) untauglichen und/oder zum bereits anberaumten Termin verhinderten Zeugen erhalten. Davon muss allerdings insbesondere aus standesrechtlichen Gründen abgeraten werden.

Dagegen dürfte es nicht möglich sein, z.B. durch »versehentliche« Angabe einer falschen Hausnummer eine kausale Verzögerung zu vermeiden (arg. § 356 ZPO) (vgl. auch BGH NJW 1989, 719: Präklusion möglich, wenn die auf den verspäteten Beweisantritt erfolgte Ladung den Zeugen nicht mehr erreicht).

(4) Verspätung entschuldigen

Wenn man verspäteten Sachvortrag (spätestens im Termin) entschuldigt bzw. sich die Entschuldigung ohne weiteres aus den Umständen ergibt, kann man u.U. einer Präklusion entgehen (vgl. § 296 Abs. 1, 2 ZPO).

In Betracht kommt hierfür z.b., dass die gesetzte Frist aus nachträglicher Sicht im Hinblick auf den Umfang oder Schwierigkeit des Stoffes nicht angemessen war (Thomas/Putzo § 296/28; vgl. OLG Brandenburg NJW-RR 2001, 63) oder etwaige Informationsschwierigkeiten des Anwalts (Zöller § 296/23).

Da umstritten ist, ob nicht vorhersehbare zeitliche Arbeitsüberlastung des Anwalts entschuldigt, sollte die Verspätung damit besser nicht entschuldigt werden.

Eine Erwiderung auf neues Vorbringen des Gegners nach Fristablauf ist entweder überhaupt nicht verspätet oder nicht verschuldet. So bleiben die Parteien befugt, ihr Vorbringen auf das nach der Prozesslage Notwendige zu beschränken (vgl. § 277 Abs. 1 ZPO), welches insbesondere durch das generische Vorbringen bestimmt wird (vgl. Zöller §§ 277/1, 282/3, 296/23; vgl. oben IV 1 a (1)). Eine klare Unterscheidung zwischen völlig neuem Vorbringen und bloßen Ergänzungen ist dabei häufig nur schwer möglich.

(5) Zeugen stellen

Wenn man Zeugen zum Termin mitbringt (vgl. Zöller §296/13; Hinweispflicht des Gerichts – Thomas/Putzo § 296/9, BGH NJW 1980, 1849), wird grundsätzlich ein neuer Termin überflüssig und eine Verzögerung kann vermieden werden

(vgl. Zöller § 296/13; dagegen spricht u.U. der Grundsatz der Parteiöffentlichkeit, §§ 357 Abs. 1, 397 ZPO). Die Zeugen sind trotz fehlenden Kostenvorschusses (§ 379 ZPO) zu vernehmen (Thomas/Putzo § 379/6).

Beachte:

Der Gegner kann als **Abwehrmaßnahme** (sofort) Gegenbeweismittel anbieten oder der Vernehmung widersprechen.

Denn eine Verzögerung tritt dann ein, wenn die Vernehmung des mitgebrachten Zeugen bei einer günstigen Aussage z.B. weitere Vernehmungen nicht präsenter Gegenzeugen (oder ein Sachverständigengutachten) erforderlich machen würde oder andere unter Beweis gestellte Behauptungen entscheidungserheblich werden würden und deshalb hierfür ein neuer Termin notwendig wäre (Thomas/Putzo § 296/18; BGH NJW 1986, 2257).

Dies gilt auch dann, wenn der Gegner der Vernehmung nicht angekündigter präsenter Zeugen widerspricht und ankündigt, nach Einholung weiterer Informationen dem Zeugen Vorhaltungen zu machen (OLG Hamm MDR 1986, 766, bestätigt von BGH NJW 1986, 2257). Denn aufgrund der Gesichtspunkte der Gewährung rechtlichen Gehörs sowie der Parteiöffentlichkeit (§§ 357 Abs. 1; 397 Abs. 2 ZPO) kommt eine sofortige Vernehmung des Zeugen in diesem Fall nicht in Betracht (vgl. Zöller §§ 278/3; 296/13).

2) Fluchtmöglichkeiten

Wurden präventive Maßnahmen versäumt, stehen dem Anwalt noch eine Reihe von sog. Fluchtmöglichkeiten zur Verfügung (vgl. z.B. Abrahams AnwBl. 1999, 111, 168; E. Schneider MDR 2002, 684).

> Während sich durch das **ZPO-Reformgesetz** bei der »Flucht in die Berufung« erhebliche Einschränkungen ergeben haben, ist die in der Praxis am weitesten verbreitete »Flucht in die Säumnis«, trotz der schon seit langem dagegen vorhandenen kritischen Stimmen in der Literatur, unverändert geblieben.

Selbst wenn zu deren Ergreifung für den Beklagten meistens Veranlassung besteht, kann diese grundsätzlich auch der Kläger nutzen. Folgende Maßnahmen können zur Vermeidung der Präklusion eingesetzt werden:

Für **beide Parteien**: Flucht in die Säumnis, Flucht in die Berufung, Befangenheitsantrag, Widerrufsvergleich, Ruhen des Verfahrens, Rüge der Zulässigkeit des Rechtsweges.

Für den **Kläger**: Klage-/Parteiänderung, Klagerücknahme.

Für den **Beklagten**: Widerklage.

a) Flucht in die Säumnis

Hierzu lässt die Partei (meistens der Beklagte), die eine Zurückweisung ihres (neuen) Vorbringens befürchten muss oder bereits etwas verspätet vorgetragen hat, gegen sich ein Versäumnisurteil ergehen und legt sodann gem. § 338 ZPO Einspruch ein. Bei zulässigem Einspruch folgt daraufhin ein mündlicher Verhandlungstermin über die Hauptsache (§ 341a ZPO), aufgrund dessen das Gericht neu entscheidet (vgl. §§ 342, 343 ZPO).

> **Beachte:**
> Die Flucht in die Säumnis ist **nicht** im Einspruchstermin möglich.

> Ein Einspruch ist nur gegen ein sog. erstes Versäumnisurteil statthaft (vgl. §§ 345, 514 Abs. 2 **ZPO** n.F.) und nicht bei einem sog. zweiten Versäumnisurteil, welches im Termin nach einem Einspruch – gegen ein Versäumnisurteil oder einen Vollstreckungsbescheid – ergangen ist (vgl. §§ 341a, 700 ZPO).

Nach einer »Flucht in die Säumnis« ist der Anwalt grundsätzlich verpflichtet, auch ohne ausdrückliche Weisung des Mandanten, den Einspruch einzulegen (BGH NJW 2002, 290).

Sofern der Anwalt nach eingehender Prüfung der Erfolgsaussichten eine Fortsetzung des Verfahrens für aussichtslos erachtet, hat er rechtzeitig vor Fristablauf mit dem Mandanten Rücksprache zu halten und dessen Entscheidung einzuholen.

Es ist dabei zu unterscheiden:

- Ein bislang **unterbliebener Vortrag** kann mit der Einspruchsbegründung nachgeholt werden (§ 340 Abs. 3 ZPO). Bei Einhaltung der Einspruchsbegründungsfrist (2 Wochen) (Verlängerung möglich: § 340 Abs. 3 ZPO) liegt keine Verspätung vor.

- Bereits **verspätetes Vorbringen** bleibt zwar weiterhin verspätet (arg. § 342 ZPO). Die Frage der Verzögerung bemisst sich – ebenso wie bei Versäumung der Einspruchsbegründungsfrist mit neuem Vorbringen – jedoch danach, ob der Rechtsstreit in dem Einspruchstermin erledigt werden kann (Thomas/Putzo § 340/9).

Während verspätete Zeugenangebote im Einspruchstermin regelmäßig noch berücksichtigt werden können, dürfte dies bei Sachverständigengutachten meist ausscheiden. So ist nach Ansicht des BGH eine Beweisaufnahme sogar mit bis zu sechs Zeugen stets zumutbar, sofern es sich um einfache und klar abgrenzbare Streitpunkte handelt, die ohne unangemessenen Zeitaufwand geklärt werden können (BGH NJW 2002, 290).

Die säumige Partei verschafft sich daher nicht nur eine »Gnadenfrist« bis zum Einspruchstermin. Durch die für eine ordnungsgemäße Ladung rechtzeitige Benennung der Zeugen kann sich die säumige Partei vielmehr die volle Absolution für ihre bisherigen Verzögerungssünden verschaffen (Deubner Anm. zu BGH NJW 1982, 2559).

> **Beachte:**
>
> Wenn bereits zu Beginn des Termins die Anträge (vorbehaltlos) gestellt wurden, wie das § 137 Abs. 1 ZPO vorsieht, ist dieser Weg nicht mehr möglich (**Antragsfalle!**).

Denn dann liegt keine Säumnis mehr vor, da bereits i.S. der §§ 330, 331, 333 ZPO verhandelt wurde (vgl. Thomas/Putzo § 333/2). Eine Rücknahme der Anträge nicht möglich (vgl. Zöller §§ 1 37/1, 3; 333/1, Thomas/Putzo § 333/1), auch nicht durch die Erklärung des Anwaltes, dass er nicht mehr auftrete (Termin als Einheit!, vgl. OLG Hamm NJW 1974, 1097).

So soll ein Anwalt in der Praxis durchaus damit rechnen müssen, dass ein Gericht eine Partei bewusst in diese Antragsfalle laufen lässt (E. Schneider ZAP-Kolumne, 2. 11. 2000, S. 1269).

Bei **drohender Präklusion** empfiehlt es sich daher, vor Antragstellung diese Frage zunächst mit dem Richter zu erörtern und ihn bei der Protokollierung der Anträge u.U. sofort zu unterbrechen (§ 278 Abs. 1 ZPO; vgl. Zöller § 137/1; Baumbach/Lauterbach § 279/7; vgl. aber BVerfG Beschl.v. 13. 6. 1990, 2 BvR 407/90: Der Richter ist nicht gehalten, vor Antragstellung die Partei auf eine mögliche Verspätung bei einem erstmals im Termin offenbarten Vortrag hinzuweisen). Allerdings muss man damit rechnen, dass mancher Richter dies unter Hinweis auf § 137 Abs. 1 ZPO verweigert.

Unter Umständen ist eine Antragstellung unter der Bedingung, dass keine Zurückweisung wegen Verspätung erfolgt, zu erwägen (zw.; m.E. zulässige sog. innerprozessuale Bedingung, vgl. Thomas/Putzo Einl. III/14; 253/1; Zöller Vor § 128/20; 253/1).

Dabei gehen Rechtsprechung und Literatur überwiegend davon aus, dass ein ausdrücklicher Klageabweisungsantrag (im Gegensatz zum Klageantrag in der ersten mündlichen Verhandlung, Thomas/Putzo § 297/2; 137/1; Zöller §§ 297/2; 333/1; OLG Frankfurt NJW-RR 1998, 280; BAG NJW 2003, 1548) (vgl. § 137 Abs. 1 ZPO) allerdings nicht gestellt werden braucht. Ein »**Verhandeln**« i.S. § 333 ZPO kann beim Beklagten daher bereits allein in der Erörterung der Sach- und Rechtslage angenommen werden, so dass eine »Flucht in die Säumnis« durch bloße Nicht-Antragstellung dann ebenso wenig mehr möglich wäre (einschränkend Zöller § 297/2) wie auch eine Rücknahme des Verhandelns (Thomas/Putzo § 333/1 a.E.; OLG Frankfurt MDR 1982, 153).

Unter Umständen kann es sich empfehlen, zum Termin gar nicht erst zu erscheinen, da bei anwaltlich vertretener Partei (aus standesrechtlichen Gründen bzw. aufgrund ständiger Übung) häufig kein Versäumnisurteil beantragt und erlassen, sondern vertagt wird (vgl. Thomas/Putzo §§ 227/8; 337/3, Zöller vor § 330/12, BGH NJW 1999, 2120: kann Verschulden ausschließen, es sei denn, den Interessen des vertretenen Mandanten gebührt der Vorrang; vgl. § 13 BerufsO vom 29. 11. 1996 – diese Vorschrift wurde allerdings vom BVerfG für nichtig erklärt).

Allerdings besteht bei Nichterscheinen die **Gefahr** einer Entscheidung nach Lage der Akten, sofern in einem früheren Termin bereits einmal mündlich verhandelt wurde (§§ 331a, 251a ZPO). Gegen diese Sachentscheidung wäre dann kein Einspruch möglich.

Die Flucht in die Säumnis hat folgende **Nachteile**:

- die säumige Partei trägt selbst bei späterem Obsiegen die Säumniskosten (§ 344 ZPO) (sowie u.U. Verzögerungsgebühr gem. § 34 GKG)

- das Versäumnisurteil ist ohne Sicherheitsleistung vorläufig vollstreckbar (§ 708 Nr. 2 ZPO) (Abwehrmaßnahme: Antrag auf einstweilige Einstellung der Zwangsvollstreckung gem. §§ 719, 707 ZPO)

- **Risiko**, dass wegen kurzfristiger Terminierung (Ladungsfrist: § 217 ZPO) eine volle Berücksichtigung der (bereits) verspätet angebotenen Beweismittel scheitert (vgl. Thomas/Putzo § 341a/2).

    Das wird von einigen wenigen Rechtsanwälten (offenbar) unterlaufen, indem sie das Empfangsbekenntnis von der Ladung nicht oder erst verzögert zurücksenden (vgl. §§ 174; 217; 227; 335 Abs. 1 Nr. 2 ZPO).

    Im Übrigen obliegt es dem Gericht, im Rahmen einer umfassenden Terminsvorbereitung nach § 273 ZPO alles Zumutbare zu unternehmen, um die Folgen der Fristversäumung auszugleichen (st. Rspr. BGH NJW 2002, 290).

b) Flucht in die Berufung

Diese Fluchtmöglichkeit wurde durch das **ZPO-Reformgesetz** erheblich eingeschränkt.

   Die Verschärfung der Präklusionsvorschrift für die Berufungsinstanz ist erklärtes Ziel des Reformgesetzgebers. Es soll damit der Wertungswiderspruch beseitigt werden, wonach bislang diejenige Partei besser da stand, welche in erster Instanz Vorbringen völlig unterlassen hat, als eine Partei, die, wenn auch verspätet, noch in erster Instanz vorgetragen hat (Begr. RegE S. 60).

Dem bisherigen § 528 ZPO entspricht nun § 531 **ZPO n.F.** Es ist weiterhin zu unterscheiden zwischen Abs. 1 und Abs. 2.

(1) Zurückgewiesener Vortrag

Wird **in der 1. Instanz** ein verspäteter Vortrag »zu Recht« gem. § 296 ZPO **zurückgewiesen**, so bleibt dieser auch in der Berufungsinstanz gem. § 531 Abs. 1 **ZPO n.F.** ausgeschlossen (wie bisher gem. § 528 Abs. 3 ZPO).

Dabei sind **Rechtsfehler** bei Anwendung der Präklusionsvorschriften in der Praxis nicht selten. Daher kann es sich empfehlen, die Gerichtsakten und speziell das Urteil daraufhin genau durchzusehen (vgl. § 299 ZPO).

Mögliche Rechtsfehler :

- Fehlerhafte Fristsetzung in der 1. Instanz (vgl. oben IV 1a (2)).

- Fristversäumnis war nicht kausal für Verzögerung bzw. Überbeschleunigung (vgl. oben IV 1a (4)) bzw. es wurde zu Unrecht eine Verzögerung angenommen.

- Gericht hat Hinweispflicht verletzt (vgl. Thomas/Putzo § 296/42).

- Gericht hat es unterlassen, die Verzögerung durch vorbereitende Maßnahmen abzuwenden.

> Es ist zwar verfahrensfehlerhaft, wird aber trotzdem von den Richtern häufig praktiziert, nämlich »Schriftsätze lediglich an den jeweiligen Gegner weiterzuleiten, den Termin mechanisch anzusetzen und bis zum Verhandlungstermin den Dingen ihren Lauf zu lassen« (Zöller § 273/1) (vgl. auch E. Schneider MDR 1998, 137: »Unsitte«; ders. ZAP F. 13 S. 773: »Verletzung der Mitwirkungspflichten der Gerichte ist ein Dauerthema der Alltagspraxis«).

- Gericht hat seine Entscheidung auf eine falsche Norm gestützt (z.B. auf § 296 Abs. 1 ZPO statt Abs. 2 ZPO) bzw. nur pauschal § 296 ZPO angegeben (BGH NJW 1990, 1302; OLG Oldenburg Nds. Rpfl. 1996, 120).

- Gericht hat das Vorbringen nur pauschal zurückgewiesen, ohne konkret die verspäteten Angriffs- und Verteidigungsmittel bzw. die Tatsachen, die gesetzlichen Voraussetzungen für die Zurückweisung ausfüllen, anzugeben (vgl. Thomas/Putzo § 296/43; BGH FamRZ 1996, 1076).

- Partei hat die Verspätung in erster Instanz genügend entschuldigt (BGH NJW 1980, 1102, 1104; **a.A.** Thomas/Putzo § 528/10).

> Eine Nachholung der Entschuldigung in der zweiten Instanz ist nicht mehr möglich. Neue Entschuldigungsgründe sind (allenfalls) zu berücksichtigen, wenn die Partei diese trotz rechtlichen Gehörs in erster Instanz (schuldlos) nicht vorbringen konnte (z.B. gehindert durch Unfall/Krankenhausaufenthalt) (Zöller § 528/ 16/33). Die erstinstanzliche Annahme grober Nachlässigkeit i.S. § 296 Abs. 2 ZPO kann die Partei noch in zweiter Instanz ausräumen.

(2) Neues Vorbringen

Neu sind Angriffs- und Verteidigungsmittel, soweit sie erstmals in der Berufungsinstanz vorgebracht werden.

> Hierunter fällt auch verspätetes erstinstanzliches Vorbringen nach Schluss der mündlichen Verhandlung (vgl. § 296a ZPO). Dies gilt jedoch nicht für Tatsachen, die erst danach entstanden oder durch einen neuen Vortrag des Gegners veranlasst worden sind.

Nach der Neuregelung des § 531 Abs. 2 **ZPO n.F.** sind solche Angriffs- und Verteidigungsmittel in der Berufungsinstanz nur noch zuzulassen, wenn sie

- einen Gesichtspunkt betreffen, der vom Gericht des ersten Rechtszuges erkennbar übersehen oder für unerheblich gehalten worden ist,

- infolge eines Verfahrensmangels im ersten Rechtszug nicht geltend gemacht wurden oder

- im ersten Rechtszug nicht geltend gemacht worden sind, ohne dass dies auf einer Nachlässigkeit der Partei beruht.

> **Beachte:**
> Unberührt davon bleibt – wie bisher – dass die neuen Angriffs- und Verteidigungsmittel in der Berufungsinstanz selbst präkludiert sein können, wenn sie dort nicht rechtzeitig (vollständig) vorgebracht werden (vgl. §§ 530 **ZPO n.F.** iVm §§ 296 Abs. 1, 520 Abs. 2 ZPO n.F.).

Dabei beträgt die Berufungsbegründungsfrist in § 520 Abs. 2 ZPO **n.F.** jetzt von Hause aus zwei Monate und lässt sich einfacher berechnen. Sie beginnt mit der Zustellung des vollständig abgefassten Urteils und nicht wie bisher mit der Einlegung der Berufung (vgl. § 519 Abs. 2 S. 2 ZPO). Allerdings kann die Frist ohne Einwilligung des Gegners höchstens um bis zu einem Monat verlängert werden.

(3) Taktische Hinweise

Die Neuregelung stellt insgesamt eine Verschärfung dar, weil bislang neues Vorbringen nur dann zurückgewiesen werden konnte, wenn es die Erledigung des Rechtsstreits verzögert hat (§ 528 Abs. 1 u. 2 ZPO). Aufgrund der Vorbereitungspflicht des Gerichts kam eine Zurückweisung bislang nur selten in Betracht, so dass auch Fehler des Anwalts noch korrigiert werden konnten.

> Hierbei geht der Reform-Gesetzgeber davon aus, dass durch die neue Regelung die Erfolgsquote in der Berufungsinstanz spürbar sinken werde (BT-Dr. 14/4722 S. 158).

Da die Frage der Verzögerung nach § 531 Abs. 2 **ZPO n.F.** keine Rolle mehr spielt, ist neuer Vortrag nunmehr bei einer noch so langen Verzögerung unter den genannten Voraussetzungen zuzulassen.

Im Hinblick auf §§ 513 Abs. 1 Alt. 1 (Berufungsgründe), 531 Abs. 2 Nr. 2 **ZPO n.F.** dürfte in der Praxis gerade der Frage, ob das erstinstanzliche Gericht seiner **Hinweispflicht** nachgekommen ist, erhebliche Bedeutung zukommen.

> Auf eine gesetzwidrige Zulassung des neuen Vortrags – etwa der Gerechtigkeit und Wahrheit willen – kann die Revision nicht gestützt werden (Baumbach/Lauterbach § 531/18).

> **Beachte:**
>
> Aufgrund dieser Neuregelung kann es u.U. besser sein, eine Zurückweisung des verspäteten Vortrages in erster Instanz zu riskieren und auf etwaige Verfahrensfehler des Ausgangsgerichts zu spekulieren. Der »sichere Weg« ist jetzt freilich ein rechtzeitiger und vollständiger Sachvortrag samt Beweisangeboten in erster Instanz.

Die **bisherige Taktik**, zurückweisungsgefährdetes Vorbringen in der ersten Instanz ganz zurückzuhalten oder wieder fallen zu lassen und erst in der Berufungsinstanz (vgl. Thomas/Putzo § 528/9; BGH NJW 1998, 2977; grundlegend BGH NJW 1980, 945; **a.A.** Zöller § 296/42) (vgl. Begr. RegE.S. 60: »Wertungswiderspruch«) oder nur bedingt vorzutragen (umstr. ob zulässig: bejahend z.B. Deubner NJW 1978, 356; 1979, 343; dagegen Zöller § 296/42) ist jetzt nur noch in seltenen Ausnahmefällen Erfolg versprechend. Denn das nachträgliche Vorbringen wird im Regelfall als nachlässig i.S. des § 531 Abs. 2 Nr. 3 **ZPO n.F.** beurteilt werden müssen.

Des Weiteren ist es nicht möglich, diese Einschränkungen mittels einer Klageänderung, Widerklage oder Aufrechnungserklärung zu umgehen (vgl. Begr. RegE. S. 102). Denn in zweiter Instanz ist hierfür insbesondere erforderlich, dass diese Maßnahmen auf Tatsachen gestützt werden können, die das Berufungsgericht ohnehin nach § 529 **ZPO n.F.** zugrunde zu legen hat (§ 533 **ZPO n.F.**).

> **Beachte:**
>
> Ein bloßer Klageabweisungsantrag des Beklagten ohne jeglichen Sachvortrag in der ersten Instanz führt jetzt in der Regel zu einem völligen Ausschluss von weiteren Verteidigungsmitteln in der Berufungsinstanz und damit zum endgültigen Prozessverlust.

Man kann bzw. muss auch

- **Verfahrensfehler** suchen bzw. eigene Anwaltsfehler als Fehler des Richters darstellen (z.B. Verletzung der Hinweispflicht; ungenügende Erfassung des Parteivortrags, Mängel der Beweisaufnahme und Beweiswürdigung samt Kausalität für das Unterlassen des Sachvortrags),

- Das Gericht von **fehlender Nachlässigkeit** überzeugen, was weitaus schwieriger ist.

Eine **Nachlässigkeit** seitens der Partei liegt stets dann nicht vor, wenn das neu vorgebrachte Beweismittel erst nach Schluss der erstinstanzlichen mündlichen Verhandlung bekannt geworden bzw. das neue Angriffs- oder Verteidigungsmittel danach entstanden ist. Im Übrigen soll Maßstab für die »Nachlässigkeit« die einfache Fahrlässigkeit sein (Begr. RegE S. 101 f.) (bisher: § 528 Abs. 2 ZPO: grobe Nachlässigkeit). Bei entsprechenden Ausführungen im Berufungsurteil besteht dabei für den Anwalt die Gefahr, vom Mandanten in Regress genommen zu werden.

Die Flucht in die Berufung hat folgende **Nachteile**:

- Erhebliches Risiko, dass das (neue) Vorbringen nicht zugelassen wird,

- Klagepartei erhält in der 1. Instanz ein vorläufig vollstreckbares Urteil,

- Kosten der Berufung hat die Partei gem. § 97 Abs. 2 ZPO ganz oder teilweise zu tragen, wenn sie aufgrund des (neuen) Vorbringens obsiegt.

c) Flucht in die Widerklage

Die Widerklage wird nicht von § 296 ZPO erfasst, da es sich hierbei um den **Angriff** selbst und nicht um ein Angriffs- oder Verteidigungsmittel im Sinne dieser Vorschrift handelt (Thomas/Putzo § 146/2).

Sie kann notfalls erst im Termin erhoben werden (§§ 261 Abs. 2, 297 ZPO; § 65 Abs. 1 S. 4 GKG: grundsätzlich kein Kostenvorschuss) (vgl. unten 5. Teil IV 1) und ist bis zum Schluss der mündlichen Verhandlung, auf die das Urteil ergeht, zulässig (Thomas/Putzo § 296a/1). Bei einer mündlichen Erhebung ohne (vorbereitenden) Schriftsatz könnte jedoch die Begründung problematisch werden (vgl. § 160 Abs. 4 ZPO) (vgl. unten 5. Teil V 2).

Auf Klägerseite entspricht dies der **Flucht in die Klageänderung,** speziell Klageerweiterung (vgl. BGH NJW 1986, 2258; LM § 264 ZPO a.F. Nr. 6) (u.U. auch Parteiänderung, da Zustellung eines Schriftsatzes an die (in der Regel) nicht anwesende Partei sowie ein neuer Termin erforderlich ist, vgl. Zöller § 261/6).

Gegenüber der Klageänderung (§ 263, 267 ZPO) ist eine Klageerweiterung nicht von besonderen Zulässigkeitsvoraussetzungen abhängig (§ 264 Nr. 2 ZPO). Dabei spielt für die Frage der Sachdienlichkeit i.S. § 263 ZPO eine etwaige Verzögerung des Rechtsstreits keine Rolle (vgl. Thomas/Putzo § 263/8). Für eine Klageerweiterung kommt etwa in Betracht die Geltendmachung eines weiteren Teilbetrags bei einer Teilklage oder weiterer Zinsen oder anderer Nebenforderungen, z.B. Kosten vorgerichtlicher Mahnschreiben. Im Übrigen lässt sich eine lediglich quantitative Erhöhung ohne weiteres mit einem Rechenfehler erklären.

Wenn über die Widerklage (mit Beweisangebot) nicht im bereits anberaumten Termin entschieden werden kann (weitere Beweisaufnahme oder Vertagung zur Gewährung rechtlichen Gehörs erforderlich), verhindert diese eine Zurückweisung von bisherigem verspätetem Vortrag.

Durch die Widerklage wird dem Rechtsstreit insgesamt die Entscheidungsreife genommen. Dies hat zu Folge, dass eine Präklusion nicht mehr möglich ist. Denn nach der Rechtsprechung des BGH kommt eine Verzögerung nur in Betracht, wenn der Rechtsstreit ohne das verspätete Vorbringen im Ganzen entscheidungsreif ist (BGH NJW-RR 1999, 787). Eine Zurückweisung durch **Vorabentscheidung** über den Teil der Klage, welcher das verspätete Vorbringen betrifft, kommt gerade nicht in Betracht (BGH, vgl. Zöller §§ 296/12/43; 528/13; einschränkend BGH NJW 1986, 2258 i.F. von Rechtsmissbrauch; **a.A.** LG Berlin MDR 1983, 63; Gounalakis MDR 1997, 216).

Dies gilt »**erst recht**« (BGH NJW 1985, 3080), wenn der Beklagte die Widerklage mit verspätetem Verteidigungsvorbringen gegen die Klage stützt (sog. doppelrelevantes Vorbringen).

Bei einer Klageerweiterung dürfte ein Teilurteil ohnehin ausscheiden, da weder ein Fall der subjektiven noch objektiven Klagehäufung vorliegt. Ursprünglicher und erweiterter Klageantrag bilden einen einheitlichen, unteilbaren Streitgegenstand (vgl. § 301 ZPO) (Zöller § 301/3).

Beachte:

Der Widerbeklagte (Kläger) kann die Flucht **verhindern**, wenn er den Widerklageanspruch nicht bestreitet oder sofort anerkennt.

Dann ist (auch) die Widerklage (ohne Beweisaufnahme) entscheidungsreif und das verspätete Vorbringen kann zurückgewiesen werden.

Im letzteren Fall muss dann insoweit ein Anerkenntnisurteil ohne entsprechendem Antrag des Beklagten ergehen (Thomas/Putzo § 307/11) (in § 307 **ZPO n.F.** sind zudem jetzt die bisherigen Wörter »auf Antrag« gestrichen) und u.U. sogar mit der günstigen Kostenfolge des § 93 ZPO.

So wird die Partei vorgehen, wenn sie entweder die Widerklage für begründet erachtet oder diese nur mit einem geringen Streitwert erhoben wurde.

Auch kann das Gericht unter den Voraussetzungen des § 145 Abs. 2 ZPO – kein rechtlicher Zusammenhang – durch eine Verfahrenstrennung eine solche »Flucht« vereiteln.

Ein solcher Zusammenhang besteht stets bei einer sog. Zwischenfeststellungswiderklage gem. § 256 Abs. 2 ZPO und bei einer Eventualwiderklage für den Fall, dass die Klage begründet ist (Thomas/Putzo § 145/5).

Gegenansprüche (vgl. § 33 ZPO) (u.U. auch unbegründete, vgl. Zöller § 528/13: verdeckter Rechtsmissbrauch) zu finden, dürfte in vielen Fällen gelingen.

In Betracht kommen z.B. eine (negative) Widerklage auf Feststellung, dass dem Kläger keine weiteren, über die Klageforderung hinausgehenden Ansprüche zustehen/bei Einklagung des restlichen Kaufpreises/Werklohn kann mit der Widerklage die geleistete Anzahlung zurückverlangt werden mit der Behauptung, dass der Vertrag unwirksam bzw. nichtig sei oder Schadensersatz wegen Nichterfüllung verlangt werden/bei Aufrechnung Geltendmachung des der Klageforderung überschießenden Betrages/Gegenforderung in Verkehrsunfallsachen bei Mitverschulden/Mitursächlichkeit des Klägers.

Da sich u.U. der Gebührenstreitwert erhöht (§ 19 Abs. 1 GKG) sollte nur eine Widerklage mit einem möglichst geringen **Streitwert** erhoben werden, der allerdings wiederum nicht so niedrig sein sollte, dass der Kläger sofort anerkennt und damit die Entscheidungsreife der Widerklage herbeiführt. Auch ist an eine **Eventualwiderklage** zu denken unter der Bedingung, dass die Klage begründet ist (vgl. hinsichtl. Gebührenstreitwert § 19 Abs. 1 S. 2 GKG).

d) Sonstige Möglichkeiten

Die folgenden Maßnahmen werden in der Praxis eher seltener als Fluchtmaßnahme eingesetzt, zumal sie hierfür auch nur bedingt geeignet sind.

Untauglich ist die Streitverkündung, da diese auf den Fortgang des Verfahrens selbst keinen Einfluss hat.

- **Befangenheitsantrag**

  Ein »auch nur irgendwie möglicherweise als begründet anzusehendes Ablehnungsgesuch« zwingt das Gericht dazu, die Verhandlung zunächst zu schließen und bis zur rechtskräftigen Erledigung zu warten (vgl. § 47 ZPO; Baumbach/Lauterbach § 136/37) (vgl. unten 5. Teil VIII).

  Dadurch gewinnt man erst einmal Zeit für weiteren Sachvortrag, welche man durch Einlegung der sofortigen Beschwerde noch verlängern kann. Außerdem ist das Gericht hier verpflichtet, etwaige Verzögerungen in Bezug auf den anzuberaumenden neuen Termin durch vorbereitende Maßnahmen abzufangen.

> **Beachte:**
> Bei (offenkundig) rechtsmissbräuchlichen Ablehnungsgesuchen besteht die Wartepflicht nicht

(z.B. BGH NJW 1995, 1030: rechtsmissbräuchlich, wenn ein Ablehnungsgesuch erkennbar nur zur Verzögerung des Verfahrens dient – es kann vom abgelehnten

Richter selbst zurückgewiesen werden; LG Frankfurt/M. NJW-RR 2000, 1088; OLG Köln, NJW-RR 2000, 591 m.w.N.; Zöller § 47/3; Baumbach/Lauterbach § 136/37: lediglich unflätige oder hemmungslose Beschimpfungen brauchen nicht bearbeitet zu werden). Danach ist das Gericht nicht daran gehindert, das Urteil etwa sogleich am Ende der Sitzung zu erlassen, z.B. auch ein Versäumnisurteil, wenn der Antragsteller keinen Antrag stellt. Dies dürfte freilich nicht jedem Richter geläufig sein.

- **Widerrufsvergleich**

  Der Abschluss eines widerruflichen Vergleichs mit der Absicht, diesen zu widerrufen, ist nur ein begrenzt tauglicher Fluchtweg. Abgesehen davon, dass die Gegenpartei mitwirken muss, wird der Prozess nach Widerruf des Vergleichs normal fortgesetzt.

  Sofern der Rechtsstreit entscheidungsreif ist, beurteilt sich daher verspätetes Vorbringen **vor** Vergleichsabschluss weiterhin nach § 296 ZPO. Sachvortrag und sonstige Angriffs- und Verteidigungsmittel **nach** Vergleichsabschluss sind gem. § 296a ZPO grundsätzlich ausgeschlossen, sofern das Gericht – wie üblich – im Vergleichstermin sogleich einen Termin zur Verkündung einer Entscheidung bestimmt hat und die nachträgliche Erklärung nicht von einem Schriftsatznachlass gedeckt ist (vgl. §§ 139 Abs. 5, 283 ZPO – Antrag!).

  Lediglich wenn der Vergleichstermin noch nicht den Schluss der mündlichen Verhandlung darstellt, kann man zusammen mit dem Widerruf des Vergleichs grundsätzlich weiter vortragen, was man jedoch in der Regel auch ohne Widerrufsvergleich hätte machen können (u.U. aber §§ 282, 296 Abs. 2 ZPO!).

  Allerdings gewinnt man aufgrund der Widerrufsfrist hierfür Zeit. Unter Umständen veranlasst der ergänzende Sachvortrag das Gericht zur Wiedereröffnung einer bereits geschlossenen Verhandlung. Damit findet der verspätete Sachvortrag dann doch Berücksichtigung; wenn nicht sogar (verfahrensfehlerhaft) ohne Wiedereröffnung (vgl. oben IV 1 a (1); unten 5. Teil VII 2).

- **Ruhen des Verfahrens**

  Das Ruhen des Verfahrens ist nur insofern bedingt taktisch einsetzbar, als dies beide Parteien beantragen müssen und zudem dem Gericht diese Anordnung wegen Schweben von Vergleichsverhandlungen oder aus sonstigen wichtigen Gründen zweckmäßig erscheinen muss (§ 251 ZPO). Wenn der Gegner erkennt, dass Vergleichsbereitschaft nur zwecks Vermeidung der Präklusion signalisiert wird, dürfte er kaum einem Ruhen des Verfahrens zustimmen.

  Einer Präklusion lässt sich dadurch entgehen, dass zum einen richterliche Fristen nicht weiterlaufen (Thomas/Putzo § 251/1; § 249 ZPO) (hins. Verjährung vgl. § 204 Abs. 2 **BGB n.F.**) und zum anderen nach dem Ende des Ruhen das Verfahren – meist mit einem neuen Verhandlungstermin mit entsprechenden Vorbereitungsmöglichkeiten – nach § 273 ZPO weitergeführt werden muss.

Dabei kann das Verfahren nach dem § 251 **ZPO n.F.** (§ 251 Abs. 2 ZPO ist aufgehoben) jetzt auch vor Ablauf von drei Monaten wieder aufgenommen werden. Die bisherige Sperrfrist gilt daher nicht mehr. Es ist deshalb nicht mehr nötig, das Ruhen »unter Terminsvorbehalt« zu beantragen.

- **Klagerücknahme**

Da eine solche keine Rechtskraftwirkungen hat, kann grundsätzlich jederzeit erneut geklagt werden, mit dann umfassendem Sachvortrag. Zu beachten ist, dass der Beklagte nach Beginn der mündlichen Verhandlung in die Rücknahme einwilligen muss (§ 269 Abs. 1 ZPO).

Eine Klagerücknahme enthält jedoch eine Reihe von Risiken und Nachteilen (vgl. oben 1. Teil VI 1).

- **Rüge der Zulässigkeit des Rechtsweges**

Wenn eine Partei die Zulässigkeit des Rechtsweges gem. § 17a Abs. 3 GVG rügt, muss das Gericht darüber vorab entscheiden. Die hiergegen eingelegte sofortige Beschwerde (§ 17a Abs. 4 GVG) hindert bis zur Entscheidung hierüber den Fortgang des Verfahrens.

Dritter Teil: Die Streitverkündung

Obwohl die Streitverkündung ein sehr wirkungsvolles prozesstaktisches Mittel der ZPO ist, wird von ihr nur selten Gebrauch gemacht. Die Streitverkündung ist angebracht, wenn die Partei vermeiden möchte, dass sie nach einer Niederlage im ersten Prozess in einem zweiten Rechtsstreit mit einer dem ersten Urteil widersprechenden Begründung erneut unterliegt. Die Streitverkündung bietet eine kostengünstige und risikolose Vorbereitung eines etwaigen erforderlichen zweiten Prozesses gegen einen Dritten. Da durch die Interventionswirkung das spätere Verfahren weitgehend präjudiziert wird, kann ein zweiter Rechtsstreit häufig vermieden werden.

> Im Prinzip ist Streitverkündung nichts anders als die förmliche Benachrichtigung eines am Prozess nicht beteiligten Dritten von der Anhängigkeit eines Prozesses (Vorprozess) durch eine Partei (Streitverkünder) (vgl. grundlegend zum Ganzen BGH NJW 1983, 820). So wird der Rechtsstreit nach einer Streitverkündung wie bisher weitergeführt (vgl. §§ 67, 74 ZPO).

I. Die Interventionswirkung

1) Reichweite

Die Streitverkündung hat gegenüber dem streitverkündeten Dritten hinsichtlich des Rückgriffsanspruchs des Streitverkünders die folgenden Wirkungen, und zwar **unabhängig davon,** ob der Dritte dem Rechtsstreit beitritt oder nicht (vgl. § 74 Abs. 2 ZPO; vgl. Werres NJW 1984, 208):

- Verjährungshemmung (§ 204 Abs. 1 Nr. 6 **BGB n.F.** – bisher §§ 209 Abs. 2 Nr. 4, 215 BGB).

  > Voraussetzung ist hierfür, dass die Streitverkündung formal ordnungsgemäß, entsprechend den Anforderungen der §§ 72, 73 ZPO erfolgt ist (BGH MDR 2000, 1271; Zöller § 74/8; Palandt § 209/20).

- Interventionswirkung (§§ 74 Abs. 3, 68 ZPO).

  > Die **Interventionswirkung** hat zur Folge, dass der Dritte im, gegen ihn von der (unterstützten bzw. streitverkündenden) Hauptpartei geführten Folgeprozess nicht mit der Behauptung gehört wird, der vorangegangene Prozess sei unrichtig entschieden worden.

Dies bedeutet, dass das Gericht im **Folgeprozess** an die, das Urteil im vorangegangenen Rechtsstreit tragenden tatsächlichen und rechtlichen Feststellungen gebunden ist und diese seiner Entscheidung zugrunde legen muss.

Die Streitverkündung ist nach h.M. auch im **selbstständigen Beweisverfahren** zulässig (Thomas/Putzo § 66/2, BGH NJW 1997, 859). Die Bindungswirkung umfasst dort das Beweisergebnis (Thomas/Putzo § 68/5). Dadurch können vor allem etwaige Mängel bereits vor Klageerhebung festgestellt, die jeweiligen Verursacher benannt und die daraus resultierenden Verpflichtungen jedes einzelnen Beteiligten beziffert werden (vgl. unten 6. Teil III 2 c).

Die Interventionswirkung geht damit über die materielle Rechtskraft hinaus, welche auf die Entscheidung über den Klageanspruch beschränkt ist (§ 322 ZPO).

Damit kann der zweite (Regress-)Prozess weitgehend vor einem an sich unzuständigen Gericht vorbereitet werden, da für die Streitverkündung keine besondere örtliche Zuständigkeit gegeben sein muss. Weil aber durch die Interventionswirkung das spätere Verfahren größtenteils präjudiziert wird, kann ein (zweiter) Rechtsstreit häufig ganz vermieden werden.

Dabei unterliegen grundsätzlich nur **positive Feststellungen** der Interventionswirkung.

▶ **Beispiel:**

Von der Interventionswirkung erfasst werden der Geschehensablauf eines Unfalls oder eines Pkw-Verkaufs samt Abgabe und Inhalt arglistiger Täuschungen ; die rechtliche Bewertung eines Vertrages als Werkvertrag, wonach sich dann auch die Gewährleistungsrechte richten ; die Feststellung, dass der im Vorprozess relevante Werkvertrag gültig ist oder die herausverlangte Sache im Eigentum des Y steht.

Falls die Hauptpartei im Vorprozess wegen **Nichtfeststellbarkeit einer Tatsache** (»non liquet«) aus Beweislastgründen verliert, wirkt sich dies gegen den Dritten jedoch (nur) dann aus, soweit er im Folgeprozess beweispflichtig ist.

In diesem Fall ist er von der Beweisführung ausgeschlossen, da er den Beweis schon im Vorprozess als Streithelfer hätte führen können. Wenn die Beweislast hingegen im Folgeprozess die Hauptpartei trifft, muss und kann diese (erneut) Beweis antreten (Thomas/Putzo § 68/6, Zöller § 68/10).

▶ **Beispiel:**

Kläger verklagt den **Vertretenen** und verkündet dem Vertreter den Streit. Kann insoweit der beweispflichtige Kläger eine wirksame Stellvertretung des Vertreters nicht beweisen (§ 164 Abs. 1 BGB), wird die Klage abgewiesen. Da im Folgeprozess (Kläger gegen Vertreter) der Vertreter beweispflichtig ist (§§ 164 Abs. 2, 179 BGB), trifft ihn die Interventionswirkung und das Gericht hat von einem Eigengeschäft des Vertreters auszugehen.

Hingegen wäre bei einem Vorprozess gegen den **Vertreter** mit Streitverkündung gegenüber dem Vertretenen in dem Folgeprozess (Kläger gegen Vertretenen) der Kläger beweispflichtig mit der Folge, dass die Klageabweisung im Ausgangsprozess den Vertretenen nicht belastet (vgl. grundlegend BGH NJW 1983, 820 wo eine solche fehlerhafte Reihenfolge zu einer Anwaltshaftung geführt hat).

Die Interventionswirkung tritt **immer zugunsten** des Streitverkünders, nie zu dessen Lasten ein ; sondern nur zum Nachteil des Dritten (Thomas/Putzo § 74/4).

2) Voraussetzungen

Voraussetzungen für die Interventionswirkung sind, dass

- die Feststellungen im neuen Prozess zwischen Streitverkünder oder unterstützter Partei und Drittem streitig sind

- die vorhergehende (rechtskräftige) (Sach-)Entscheidung auf ihnen beruht, d.h., dass es sich um die die Entscheidung tragende Feststellungen handelt. Endet der Vorprozess mit einem Vergleich, tritt keine Interventionswirkung ein, weil keine gerichtliche Entscheidung ergeht (Thomas/Putzo § 68/4).

- eine wirksame bzw. zulässige Streitverkündung vorliegt, worüber aber im laufenden Prozess nicht verhandelt und entschieden wird. Bedeutung hat diese Frage nur für einen etwaigen Folgeprozess (Zöller §§ 72/1, 73/1).

- sich die unterstützte Partei auf die Interventionswirkung beruft (Thomas/Putzo § 68/2; **a.A.** von Amts wegen zu berücksichtigen: Zöller § 68/1: h.M. und BGH).

3) Beseitigung der Bindungswirkung

Die Bindungswirkung tritt nur ein, soweit der Streitverkündete die endgültige Entscheidung (noch) beeinflussen kann.

Aus diesem Grunde

- kann der Dritte die Interventionswirkung durch die **Einrede der mangelhaften Prozessführung** durch den Streitverkünder beseitigen (§ 68 ZPO).

  Hierzu muss er behaupten und erforderlichenfalls beweisen, dass er verhindert war, bestimmte Angriffs- und Verteidigungsmittel geltend zu machen, z.B. wegen schon unabänderlicher Prozesslage, oder dass ihm Angriffs- und Verteidigungs-(Beweis)mittel unbekannt waren, die von der unterstützten Partei absichtlich oder grob fahrlässig nicht vorgebracht wurden. Im Übrigen aber kann diese vollkommen untätig bleiben (Thomas/Putzo § 67/1).

  Um diese Risiko auszuschließen, empfiehlt sich daher eine möglichst frühzeitige Streitverkündung.

- können die Streitverkündungswirkungen bei nicht rechtskräftigen Urteilen noch in **zweiter Instanz** nachgeholt werden.

  Hierbei kommen zwei **Alternativen** in Betracht:

  1. Alternative :

  Die Partei verkündet dem Dritten erst **nach Einlegung der Berufung** den Streit (vgl. § 72 Abs. 1 ZPO).

  Dabei ist nicht erforderlich, dass die Partei die Berufung weiterführt. Dies kann sie dem Dritten überlassen, welcher insbesondere die Berufungsbegründung innerhalb der für die Partei laufenden Begründungsfrist einreichen muss.

> **Beachte:**
> Der Dritte muss sich dabei selbst erkundigen (z.B. mittels Rückfrage bei der Hauptpartei oder Akteneinsicht gem. § 299 ZPO), wann das vollständige Urteil der Hauptpartei zugestellt wurde (vgl. § 522 Abs. 2 ZPO n.F.).

Nimmt jedoch die Partei die Berufung zurück, steht dem Dritten der Einwand mangelhafter Prozessführung wieder zu (Zöller § 68/12).

Da durch das **ZPO-Reformgesetz** der Vortrag neuer Tatsachen in der Berufungsinstanz erheblich eingeschränkt wurde (vgl. § 531 Abs. 2 **ZPO n.F.**) und die Berufung daneben nur noch auf eine Rechtsverletzung gestützt werden kann (§ 513 Abs. 1 **ZPO n.F.**), dürfte dieser Einwand hierbei zukünftig häufiger begründet sein.

2. Alternative :

Bei bereits erfolgter Streitverkündung kann der beigetretene **Dritte** selbstständig **Berufung einlegen** bzw. in Verbindung mit der Berufungseinlegung beitreten (§ 66 Abs. 2 ZPO) (bei geringen Erfolgsaussichten allerdings nicht gefordert, vgl. Zöller § 68/12).

Auch hier muss sich der Dritte selbst erkundigen, wann das Urteil zugestellt wurde.

Denn eine Berufungseinlegung ist nur möglich, solange die Berufungsfrist für die Hauptpartei läuft (vgl. §§ 317, 517 ZPO). Eine Zustellung des Urteils an den Streitverkündeten ist nicht erforderlich (auch nicht bei Beitritt bereits vor der Urteilsverkündung; Thomas/Putzo § 67/9; allenfalls formlose Mitteilung Zöller § 67/5). Dem Dritten obliegt diesbezüglich eine Erkundigungspflicht, deren Verletzung Wiedereinsetzung ausschließt (Zöller § 67/5).

II. Voraussetzungen

1) Streitverkündungsschriftsatz

Die Streitverkündung ist bis zur rechtskräftigen Entscheidung des Rechtsstreits und im selbstständigen Beweisverfahren zulässig (§ 72 ZPO; Zöller § 66/2a). Sie erfolgt durch Einreichung eines **Schriftsatzes** beim Prozessgericht, in welchem der Grund der Streitverkündung und die Lage des Rechtsstreits anzugeben sind (§ 73 ZPO).

> **Beachte:**
>
> Es empfiehlt sich die Streitverkündung zusammen mit dem ersten bestimmenden Schriftsatz, insbesondere mit der Klage oder Klageerwiderung einzureichen, da man sich dann aufgrund einer zulässigen Verbindung in einem Schriftsatz unnötige Schreibarbeit erspart.

Außerdem ist dann die **Gefahr** geringer, dass die Streitverkündung unwirksam ist, weil man »die Lage des Rechtsstreits« nicht oder nur unvollständig angibt. Dabei ist es jedenfalls nicht erforderlich, den ganzen Akteninhalt wiederzugeben (Zöller § 73/1).

Jedenfalls muss der Streitverkündungsgrund für den Dritten erkennbar sein (vgl. BGH). Dabei ist die unzureichende Angabe in der Praxis eine häufige Fehlerquelle (Wehrberger, AnwBl. 2001, 685).

So ist es z.B. nicht ausreichend, wenn lediglich Kopien von Schriftsätzen des Prozesses beigefügt werden und sich daraus nicht eindeutig ergibt, weshalb im Falle des Unterliegens im Rechtsstreit Ansprüche auf Gewährleistung oder Schadloshaltung gegen den Streitverkündeten in Betracht kommen sollen (BGH MDR 2000, 1271). Zudem besteht hierbei die Gefahr, dass der Dritte im Folgeprozess bestreitet, die Anlagen erhalten zu haben. Dann hängt die Wirksamkeit der Streitverkündung davon ab, wie genau die Geschäftsstelle auf der Postzustellungsurkunde die zugestellten Schriftstücke vermerkt hat (erfahrungsgemäß häufig sehr ungenau).

Wirksam wird die Streitverkündung erst mit der **Zustellung** an den Dritten (§ 73 S. 3 ZPO) (v.A.w. gem. § 270 Abs. 1 ZPO).

Beachte:

Da in der Praxis zuweilen (die Streitverkündung) übersehen wird, den Streitverkündungsschriftsatz an den Dritten zuzustellen, empfiehlt es sich, die Streitverkündung optisch – am besten auf der ersten Seite – hervorzuheben und nach einer gewissen Zeit bei Gericht diesbezüglich nachzufragen.

Insbesondere wenn die Streitverkündung inmitten des Schriftsatzes erfolgt, besteht die Gefahr, dass diese übersehen wird und unbeachtet bleibt. Zudem sind die Geschäftsstellen damit nicht immer ganz vertraut und unterlassen zuweilen eine Zustellung, sofern der Richter diese nicht gesondert verfügt hat. Damit die Zustellung auch möglichst bald erfolgen kann, ist auf die richtige Angabe der Bezeichnung des Streitverkündeten samt Anschrift zu achten.

2) Streitverkündungsgrund

Für die Zulässigkeit muss eine **Streitverkündungsgrund** vorliegen (§ 72 ZPO), was von der Rechtsprechung großzügig ausgelegt wird (Thomas/Putzo § 72/6).

Hierzu muss eine Partei für den Fall des ungünstigen Ausgangs des Rechtsstreits gegen einen Dritten einen Anspruch auf Gewährleistung oder Schadloshaltung erheben können oder es muss ihr ein Anspruch des Dritten drohen. Danach ist auch eine doppelte Streitverkündung möglich, wenn diese Voraussetzung zu beiden Parteien des Vorprozesses vorliegt (vgl. Zöller § 72/11). Die Interventionswirkung tritt in diesem Fall nur im Verhältnis zur unterlegenen Partei ein.

In Betracht kommen zwei Fallgruppen:

- **Regressanspruch**

▶ **Beispiel:**

Käufer K klagt gegen seinen Verkäufer V wegen eines behaupteten, bei Übergabe bereits vorhandenen Mangels des Kaufgegenstandes. V bestreitet die Mängel und verkündet seinem Lieferanten den Streit. Da er bei einem Mangel die Sache bereits von ihm fehlerhaft erhalten haben muss, hätte er insofern seinerseits Ansprüche gegen ihn.

Rückgriffsansprüche des verurteilten Bürgen gegen den Hauptschuldner, des Beauftragten gegen den Auftraggeber, des verklagten Versicherungsnehmers gegen seinen Versicherer.

Werden im Prozess die Haftungsgrundlagen festgestellt, so stehen diese auch bindend fest im Verhältnis zum Dritten.

- **Alternative Schuldnerschaft**

Hierbei handelt es sich um Ansprüche des Streitverkünders gegen Dritte, die **alternativ** (aus dem gleichen oder einem anderen Rechtsgrund) statt des zuerst Verklagten als Schuldner der eingeklagten Leistung oder auf Schadensersatz in Betracht kommen (vgl. Zöller § 72/9). Da vielfach die Frage der Verantwortlichkeit erst im Verlaufe des Prozesses geklärt werden kann, können damit solche Unklarheiten entschärft werden, ohne dass alle möglichen Verantwortlichen (mit entsprechenden Kostennachteilen) verklagt werden müssen, sondern zunächst der »Hauptverdächtige«.

▶ **Beispiel:**

Es kommen alternativ die Vertragspartnerschaft des Vertretenen (§ 164 Abs. 1 BGB) oder des Vertreters (§§ 164 Abs. 2, 179 BGB) in Betracht (BGH NJW 1982, 281).

Der Bauherr, der oft nicht weiß, ob und welcher Bauhandwerker (Herstellungsfehler), vielleicht auch der Architekt (Planungsfehler/Verletzung der Aufsichtspflicht), der Statiker oder der Bauunternehmer für einen Mangel verantwortlich ist, kann bei einer Klage gegen einen von ihnen durch eine Streitverkündung gegen die denkbaren anderen Schuldner verhindern, dass er letztlich auf dem Mangel sitzen bleibt, weil in späteren Verfahren die Verantwortlichkeit für den Mangel jeweils anders beurteilt wird. Dabei kann z.B. der verklagte Generalunternehmer seinerseits den Subunternehmern den Streit verkünden.

Wird die Klage des Bauherrn gegen den Architekten rechtskräftig mit der Begründung abgewiesen, für den Mangel sei allein (sonst Gesamtschuldner, vgl. Palandt § 421/5) der Bauhandwerker X verantwortlich, dann würde die materielle Rechtskraft dieses Urteils für eine nachfolgende Klage gegen den Bauhandwerker X ohne Bedeutung sein (Rechtskraft wirkt nur »inter partes« gem. § 322 ZPO). Hat hingegen der Bauherr dem Bauhandwerker X den Streit verkündet, so kann dieser nicht mehr einwenden, für den Mangel sei der Architekt verantwortlich.

Ausgeschlossen sind hingegen Fälle kumulativer Haftung, insbesondere bei Gesamtschuldnern.

Hier kann der Anspruch von vornherein in vollem Umfang gegenüber dem Prozessgegner wie auch dem Dritten gegenüber geltend gemacht werden. Dies gilt aber nicht bei einer nur teilweisen kumulativen Haftung. Auch bei selbstschuldnerischer Bürgschaft scheidet eine Streitverkündung des Gläubigers gegenüber dem Bürgen aus (Zöller § 72/8).

Vor der Streitverkündung ist daher die Art der Schuldnerschaft sorgfältig zu prüfen.

III. Reaktion des Dritten

Der Streitverkündungsempfänger hat mehrere Möglichkeiten, auf eine Streitverkündung zu reagieren, wobei es ihm überlassen bleibt, ob, wann und wem er beitritt (Thomas/Putzo §§ 72/5, 74/1). Bei einer doppelten Streitverkündung kann er aber nur einer Partei beitreten. Es ist jedoch ein Rücktritt des Beitritts und ein Wechsels desselben jederzeit möglich. Des Weiteren kann er seinerseits einem weiteren Dritten den Streit verkünden (§ 72 Abs. 2 ZPO) (z.B. bei mehrstufigem Warenabsatz mit Käuferregress). Nur im Falle des Beitritts ist er am Prozess zu beteiligen, d.h. er muss zu jedem Termin geladen werden und alle Schriftsätze der Gegenseite sind ihm zu übermitteln (Thomas/Putzo § 67/1/8/9; Zöller § 67/5).

Des Weiteren kann er zunächst den Ausgang des Prozesses abwarten und erst mit der Einlegung der Berufung dem Streitverkünder beitreten (§ 66 Abs. 2 ZPO). Allerdings bestehen nach der ZPO-Reform realistische Erfolgschancen in der Berufungsinstanz praktisch nur noch bei (prozessualen oder materiellen) erstinstanzlichen Rechtsfehlern (vgl. §§ 513, 531 **ZPO n.F.**).

1) Er bleibt untätig oder lehnt den Beitritt ab

Die Interventionswirkung trifft ihn – bei Wirksamkeit der Streitverkündung – trotzdem ab dem Zeitpunkt, zu welchem der Beitritt möglich war (§§ 74 Abs. 2 u. 3, 68 ZPO). Für den Vorprozess ist die Streitverkündung in diesem Fall unbeachtlich.

> **Beachte:**
> Die Unwirksamkeit der Streitverkündung muss der Dritte im Folgeprozess in der ersten mündlichen Verhandlung rügen.

Da die Wirksamkeit bzw. **Zulässigkeit** der Streitverkündung bei unterbliebenen Beitritt (erst) im Folgeprozess geprüft wird, tritt sonst nach § 295 ZPO Heilung ein (Thomas/Putzo §§ 73/7, 295/2; Zöller § 73/2).

2) Er tritt dem Verkünder bei

Dann muss er den Rechtsstreit in der Lage annehmen, in der er sich zur Zeit des Beitritts befindet. Insbesondere wirkt die zu Lasten der Partei eingetretene Präklusion gegenüber dem Streitverkündeten (Thomas/Putzo § 67/12).

> Er kann grundsätzlich alle Prozesshandlungen vornehmen, die die unterstütze Partei selbst vornehmen könnte (§§ 67, 74 Abs. 1 ZPO).
>
> Er kann daher z.B. selbstständig Tatsachen behaupten, bestreiten, zugestehen, Beweise antreten, Rechtsmittel einlegen sowie ebenfalls einem Dritten den Streit verkünden. Allerdings dürfen die Handlungen nicht im Widerspruch zur Hauptpartei stehen (Thomas/Putzo §67/6/13). So kann er z.B. das, was die Hauptpartei bereits »unstreitig gestellt« hat, nicht mehr bestreiten.
>
> Der Beitretende kann jedoch auch rein passiv bleiben; eine Verpflichtung zur Mitwirkung besteht nicht.

Jede Erklärung des Beigetretenen in der mündlichen Verhandlung verliert ihre Wirkung, sobald sie die Hauptpartei sofort widerruft. Dies kann Anlass sein, den Beitritt zu wechseln, und den Gegner zu unterstützen.

Sofern niemand gem. § 71 ZPO beantragt, die Streitverkündung zurückzuweisen, ergeht über ihre **Zulässigkeit** keine Entscheidung. Dabei hat der Streitverkündete selbst kein Widerspruchsrecht (vgl. Bischoff MDR 1999, 787).

Im Folgeprozess wird die Zulässigkeit der Streitverkündung vom Gericht jedenfalls nicht mehr geprüft, da diese Frage durch den tatsächlichen Beitritt überholt ist (Thomas/Putzo §§ 68/3, 71/1; Zöller §§ 71/1, 74/3).

3) Er tritt dem Gegner bei

Der Dritte kann auch auf Seiten des Gegners des Verkünders beitreten (§ 66 ZPO).

▶ **Beispiel:**

Der Bauherr klagt gegen den Handwerker wegen behaupteter Mängel und verkündet dem Architekten den Streit. Der Dritte tritt dem Handwerker bei, da für ihn auch eine Entscheidung günstig ist, welche das Vorliegen von Mängeln verneint.

Die Interventionswirkung tritt dann gegenüber dem Streitverkünder in gleicher Weise ein, wie im Falle eines unterlassenen Beitritts und besteht gegenüber beiden Prozessparteien (Thomas/Putzo § 74/1).

IV. Risiken

1) Risiko des Streitverkünders

Da die Interventionswirkung nie zu Lasten des Streitverkünders eintritt, trägt er kein direktes prozessuales Risiko. Zudem steht der (nicht streitgenössische) Streitverkündete auch weiterhin als Zeuge zur Verfügung (Thomas/Putzo § 67/5; 69/1) (z.B. der streitverkündete Vertreter für das Bestehen einer Vollmacht). Allerdings wird im Falle eines Beitritts auf Seiten der Gegenpartei diese unterstützt.

Für die Frage der **Kostentragung** gilt Folgendes:

Die (geringen) Kosten, die die **Streitverkündung als solche** verursacht, sind immer (zunächst) vom Streitverkünder zu tragen (Thomas/Putzo § 73/8) (können u.U. als Nebenforderung im späteren Prozess gegen den Dritten geltend gemacht werden). Eine besondere Anwaltsgebühr entsteht durch die Streitverkündung nicht.

Für die Frage, wer die **Kosten des Dritten**, einschließlich dessen außergerichtliche (Anwalts)Kosten trägt, ist entscheidend, auf welcher Seite der Dritte beitritt (vgl. § 101 ZPO):

- auf Seiten des Streitverkünders: Kosten trägt Gegner oder Dritter.

- auf Seiten des Gegners (in der Praxis selten!): Kosten trägt Streitverkünder (nur) im Falle seines Unterliegens (**einziges Kostenrisiko!**), sonst der Dritte selbst.

  Der Streitverkünder kann jedoch beantragen, den Beitritt zurückzuweisen (§§ 71, 74 ZPO). Dann muss der Dritte sein rechtliches Interesse am Beitritt auf der Gegenseite dartun. Kann er dies nicht glaubhaft machen, ist der Beitritt unzulässig.

- bei **Nichtbeitritt** (wahrscheinlichster Fall) entstehen überhaupt keine zusätzlichen Kosten.

2) Risiko des Beitritts

Ein prozessuales Risiko des Dritten besteht im Falle des Beitritts ebenfalls nicht. Da der Beitretende nicht Partei ist, kann er auch nicht verurteilt werden (Thomas/Putzo § 67/1).

Es besteht lediglich ein geringes **Kostenrisiko**.

> Danach trägt der Beigetretene die durch den Beitritt verursachten Kosten, wenn die Hauptpartei unterliegt (§ 101 ZPO), in keinem Fall jedoch die (gesamten) Kosten des Rechtsstreits.
>
> Bei einem Vergleich ist für den Dritten grundsätzlich die zwischen den Parteien getroffene Regelung bzw. § 98 ZPO maßgebend (Thomas/Putzo § 101/4, OLG Schleswig NJW-RR 2000, 1093).

In der Regel ist ein Beitritt **zweckmäßig**, da die regressberechtigte Partei den Prozess oft mit wenig Engagement führt, weil sie in jedem Falle ihr Ziel erreicht.

> Nur bei einem Beitritt besteht für den Dritten die Möglichkeit, in den Prozess gestaltend mit eingreifen und in seinem Sinne beeinflussen zu können. Keinen Anlass zu einer aktiven Beteiligung wird er indes haben, wenn und solange die Hauptpartei den Prozess sorgfältig führt.

Hat man allerdings auf einen bereits fortgeschrittenen Prozess keine sinnvollen Einflussmöglichkeiten mehr, erscheint die Sache für die Partei aussichtslos oder sind vom Prozess unabhängige Verteidigungsmöglichkeiten vorhanden, kann es angesichts des Kostenrisikos ausnahmsweise ratsam sein, nicht beizutreten.

> Der Dritte muss sich daher vor einem Beitritt darum kümmern, wie der jeweilige Stand des Verfahrens ist. Ebenso ist zu prüfen, ob die Streitverkündung überhaupt wirksam ist. In der Praxis sind die Streitverkündungen häufig unwirksam, weil die Formalien nicht eingehalten wurden. Auch dann kann es besser sein, nicht beizutreten und im Folgeprozess die Unwirksamkeit zu rügen.

Vierter Teil: Die Wiedereinsetzung

Die Wiedereinsetzung spielt in der Praxis eine große Rolle, da die Parteien durch die Versäumung von Fristen erhebliche Rechtsnachteile erleiden können. Dies kann jedem Anwalt trotz größter Sorgfalt passieren.

> So betreffen z.B. mehr als 40% aller der Allianz Versicherungs-AG gemeldeten Anwaltsfehler Fristversäumnisse (Borgmann, BRAK-Mitt. 1998, 16). Dementsprechend gibt es hierzu eine umfangreiche, nahezu unüberschaubare Rechtsprechung, die hier nicht in allen Einzelheiten dargestellt werden kann.

> Dabei kann die Frist an sich versäumt werden, oder aber deswegen, weil der betreffende Schriftsatz zwar rechtzeitig, jedoch beim unzuständigen Gericht eingereicht wird. Der Anwalt sollte sich gerade aufgrund einiger durch die ZPO-Reform geänderter Zuständigkeiten diesbezüglich immer genau vergewissern.

Selbstverständlich sollten Fristversäumnisse soweit als möglich vermieden bzw. vorgebeugt werden.

> Dies nicht zuletzt deshalb, weil der Ersatz eines etwaigen Schadens – insbesondere durch die hinter dem Anwalt stehende Haftpflichtversicherung – das Vertrauen des Mandanten in die Zuverlässigkeit seines Anwalts häufig nicht wird wiederherstellen können (Müller NJW 1993, 682).

Hierzu ist allgemein zu empfehlen, die **Fristenbehandlung** innerhalb der Kanzlei entsprechend den Vorgaben der Rechtsprechung, vor allem denjenigen des BGH, zu organisieren.

Falls eine Verantwortlichkeit des Anwalts für eine Fristversäumung oder ein Wiedereinsetzungsantrag in Betracht kommt, ist dringend zu empfehlen, unverzüglich die eigene Berufshaftpflichtversicherung – am besten telefonisch oder per Telefax direkt an die Schadenabteilung in der Zentrale (nicht an Makler, Agentur oder Außenstelle) einzuschalten (so Grams, Allianz Versicherungs-AG, MDR 2002, 1179).

> Zum einen können deren Sachbearbeiter auf Grund ihrer einschlägigen Erfahrung sachdienliche Tips geben, und zum anderen vermeidet man dadurch jedenfalls die Verletzung der Anzeige-Obliegenheit.

Man muss auch die Möglichkeit erwägen, bei einem vorliegenden (vorläufig vollstreckbaren) Titel zusammen mit dem Antrag auf Wiedereinsetzung in eine versäumte Rechtsmittelfrist die einstweilige **Einstellung der Zwangsvollstreckung** gem. § 707 ZPO zu beantragen.

> Da im Normalfall aber nur eine Einstellung gegen Sicherheitsleistung in Betracht kommt, sollte der Antrag auch (zumindest im Hilfsantrag) entsprechend lauten.

Obgleich das Gericht bei einem Antrag auf Einstellung ohne Sicherheitsleistung diesem mit Sicherheitsleistung stattgeben muss, weisen manche Richter einen solchen Antrag (teilweise wegen fehlerhafter Formblätter!) trotzdem ab (vgl. Thomas/Putzo § 707/10). Der Beschluss ist dann grundsätzlich zwar nicht anfechtbar (§ 707 Abs. 1 ZPO), jedoch kann ihn das Gericht bis zur Endentscheidung jederzeit aufheben oder abändern. Eine Beschwerde ist daher auch immer als Änderungsantrag zu deuten (Zöller § 707/22).

Selbst wenn die Gerichte bei einem Wiedereinsetzungsantrag im Allgemeinen sehr kritisch sind, kann in zweifelhaften Fällen der Anwalt durchaus darauf hinweisen, dass nach ständiger Rechtsprechung des **BVerfG** die Anforderungen hierbei nicht überspannt werden dürfen (z.B. BVerfG NJW-RR 2002, 1004).

In jedem Falle aber muss der Antrag mit besonderer Sorgfalt erfolgen, denn in der Praxis scheitern viele Wiedereinsetzungsgesuche an vermeidbaren anwaltlichen Fehlern.

I. Voraussetzungen

1) Zulässigkeit

Eine Wiedereinsetzung kommt – in der Regel auf Antrag, § 236 ZPO – nur bei Versäumung einer **Notfrist** und einer **Rechtsmittelbegründungsfrist** in Betracht (**§ 233 ZPO n.F.**).

Notfristen sind nur diejenigen Fristen, die (vorwiegend) in der ZPO als solche bezeichnet werden (§ 224 Abs. 1 ZPO), insbesondere

- die Einspruchsfrist (bei Versäumnisurteil oder Vollstreckungsbeschluss – §§ 339 Abs. 1, 700 Abs. 1 ZPO) sowie
- die Berufungsfrist (§ 517 **ZPO n.F.**).

Nach der ZPO-Reform sind einige neue Fristen als Notfristen ausgestaltet: Widerspruch des Beklagten bei Klagerücknahme gem. § 269 Abs. 2 S. 2 **ZPO n.F.**; Einlegung der Rügeschrift im Abhilfeverfahren gem. § 321a Abs. 2 S. 2 **ZPO n.F.** .

Nicht möglich ist eine Wiedereinsetzung daher vor allem bei Versäumung der in § 296 Abs. 2 ZPO bezeichneten Fristen, bei Verjährungs- und Vergleichswiderrufsfristen sowie bei richterlichen Fristen.

> **Beachte:**
>
> Die **Frist** für ein Wiedereinsetzungsgesuch ist kurz – zwei Wochen ab Wegfall des Hindernisses (§ 234 ZPO) und nicht erst ab Mitteilung des Gerichts von der versäumten Frist.

Nach § 233 ZPO ist eine Wiedereinsetzung auch in die versäumte **Frist** zur Wiedereinsetzung statthaft.

> **Beachte:**
> Weder die Wiedereinsetzungsfrist noch Notfristen können verlängert werden (vgl. § 224 Abs. 2 ZPO), wobei letztere erst mit wirksamer Zustellung zu laufen beginnen (vgl. unten 4 b).

Es stelle daher eine Fehlerquelle dar, wenn das Gericht auf die Versäumung einer gesetzlichen Frist hinweist und Gelegenheit gibt, dazu innerhalb einer bestimmten Frist Stellung zu nehmen. Der Anwalt darf nicht irrtümlich davon ausgehen, die Frist für die Wiedereinsetzung in die versäumte Wiedereinsetzungsfrist sei (konkludent) verlängert worden (vgl. so bei OLG Frankfurt OLGReport Frankfurt 2002, 202). Allenfalls könnte dann noch geltend gemacht werden, der Irrtum und die Fristversäumnis seien unverschuldet i.S. § 233 ZPO, weil wesentlich vom Gericht durch einen missverständlichen Hinweis mit veranlasst (vgl. Zöller § 233/23 – Rechtsirrtum; BGH NJW 1999, 3051).

Zu den erforderlichen Angaben gem. § 236 Abs. 2 ZPO gehört auch die **Darlegung der Rechtzeitigkeit** i.S. § 234 ZPO (Thomas/Putzo § 236/5; BGH NJW 1998, 2678; 2000, 592).

Hierzu muss der Zeitpunkt ersichtlich sein, an dem das **Hindernis** behoben war, durch das die Partei ohne ihr Verschulden von der Einhaltung der Frist abgehalten worden ist. Dabei ist dieses nicht erst dann behoben, wenn die bisherige Ursache der Verhinderung beseitigt ist, sondern schon dann, wenn das Fortbestehen des Hindernisses nicht mehr als unverschuldet angesehen werden kann. Deshalb sollte entsprechender Vortrag sorgfältig erfolgen.

Die Tatsachen, welche die Einhaltung der Frist des § 234 Abs. 1 ZPO ergeben, müssen daher (ebenfalls) innerhalb der zweiwöchigen Antragsfrist vollständig vorgetragen sein. Gerade dieses Erfordernis wird in der Praxis häufig übersehen.

Nach Ablauf dieser Frist **nachgeschobene Tatsachen** bleiben unberücksichtigt (Ausschlussfrist). Allerdings gilt dies nach Ansicht des BGH nicht für die Erläuterung unklarer oder Ergänzung unvollständiger Tatsachen (vgl. Thomas/Putzo § 236/6), worauf man sich erforderlichenfalls zwar berufen kann, aber nicht verlassen sollte. Die Abgrenzung ist in vielen Fällen nicht eindeutig zu treffen.

Es empfiehlt sich daher, den Antrag nicht erst – wie in der Praxis üblich – am letzten Tag der Frist zu stellen, damit man fehlende oder unvollständige Angaben – u.U. nach einem Hinweis des Gerichts – noch rechtzeitig nachtragen kann.

Schließlich muss innerhalb der Antragsfrist die versäumte **Prozesshandlung** nachgeholt werden, die zweckmäßigerweise mit dem Wiedereinsetzungsantrag verbunden werden kann.

Ist die Nachholung erfolgt, kann auch Wiedereinsetzung **von Amts wegen** gewährt werden, soweit die Gründe für die unverschuldete Fristversäumung aktenoder offenkundig sind (§ 236 Abs. 2 S. 2 ZPO) (Thomas/Putzo § 236/9) (insbes. bei PKH-Antrag, vgl. BGH NJW-RR 2000, 1590; 2001, 570; NJW 2002, 2180).

Bei Versäumung der Berufungsbegründungsfrist ist zu beachten, dass ein Antrag auf Verlängerung dieser Frist die nachzuholende Prozesshandlung, also die Rechtsmittelbegründung nicht ersetzt (Thomas/Putzo § 236/8). Der Anwalt muss daher die Berufung innerhalb der Frist des § 236 Abs. 2 ZPO begründen und nicht innerhalb der beantragten (längeren) Verlängerungsfrist.

Mit dem Justizmodernisierungsgesetz ist beabsichtigt, die Frist des § 234 Abs. 1 ZPO für die Rechtsmittelbegründung auf einen Monat zu verlängern (Art. 1 Nr. 7 des Referentenentwurfs).

2) Begründetheit

Begründet ist der Antrag auf Wiedereinsetzung allgemein bei unverschuldeter (vgl. § 276 BGB) Fristversäumung (§ 233 ZPO). Dabei ist auf die Partei, ihren gesetzlichen Vertreter und auf ihre Bevollmächtigten (§ 85 Abs. 2 ZPO) abzustellen (Thomas/Putzo § 233/12, 85/12). Eigenes Verschulden des bevollmächtigten Anwaltes hat die Partei daher immer zu vertreten.

> **Beachte:**
>
> Ein Verschulden **Dritter,** insbesondere des Kanzleipersonals oder anderer Hilfspersonen hindert die Wiedereinsetzung nicht.

Der Wiedereinsetzungsantrag ist bereits dann unbegründet, wenn sich aufgrund des dargelegten Sachverhalts nicht ausschließen lässt, dass die Fristversäumung auf einem Verschulden seitens der **Partei** beruht (BGH NJW 1997, 327).

Bei Verschulden können andere mitwirkende unverschuldete Umstände (z.B. unzuständiges Gericht leitet den Schriftsatz nicht an das zuständige Gericht weiter) die Partei nicht entlasten (vgl. Thomas/Putzo § 233/14: Mitursächlichkeit).

> **Beachte:**
>
> Um einen Wiedereinsetzungsgrund schlüssig vortragen zu können, muss man sich zuvor mit der (neuesten) Rechtsprechung und deren Anforderungen, die ständig immer mehr ausdifferenziert werden, vertraut machen (vgl. zur Rspr. des BGH Müller NJW 1993, 681; 1995, 3224; 1998, 497; 2000, 322; aktuelle Rspr. hierzu insbes. in den BRAK-Mitteilungen; vgl. i.Ü.z.B. die umfangreiche alphabetische Zusammenstellung bei Zöller § 233/23).

Sofern nicht alles im Sinne der Rechtsprechung Erforderliche dargelegt wird, ist der Wiedereinsetzungsantrag bereits von vornherein unbegründet, da dann »nicht auszuschließen ist, dass der Prozessbevollmächtigte schuldhaft eine der Partei zurechenbare Ursache für die Verspätung« gesetzt hat (BGH NJW 2000, 82; 2002, 2180: »Alles das lässt die Antragsschrift im Dunkeln«, statt zu ihrer Büroorganisation »einen geschlossenen Sachverhalt vorzutragen«). Da oft nur Nuancen ausschlaggebend sein können, sollten die Einzelheiten möglichst genau vorgetragen werden. Hieran scheitern erfahrungsgemäß viele Wiedereinsetzungsanträge.

Hinzu kommt, dass die Gerichte einem Wiedereinsetzungsgesuch gegenüber von Natur aus misstrauisch sind und es akribisch durchleuchten (Borgmann, BRAK-Mitt. 1999, 171).

Unverschuldet ist die Fristversäumung grundsätzlich, wenn die (bedürftige) Partei innerhalb der (Rechtsmittel-)Frist einen ordnungsgemäßen **Prozesskostenhilfeantrag** gestellt hat und vernünftigerweise nicht mit einer Ablehnung zu rechnen brauchte (Zöller § 233/23 – Prozesskostenhilfe) (vgl. oben 1. Teil 1 c).

Dabei ist zu beachten, dass hierfür die Erklärung über ihre persönlichen und wirtschaftlichen Verhältnisse nach dem amtlichen Vordruck vollständig ausgefüllt nebst dazugehörigen Belegen beim zuständigen Gericht eingereicht werden muss (vgl. § 117 Abs. 3, 4 ZPO) (vgl. BGH MDR 2001, 1312; OLG Hamm MDR 2000, 1094). Gerade an der Vollständigkeit mangelt es in der Praxis häufig.

Das Rechtsmittel muss dann vor Entscheidung über das PKH-Gesuch nicht eingelegt werden (vgl. Zöller §§ 114/28; 233/23; 234/6). Eine Einlegung unter der Bedingung, dass Prozesskostenhilfe bewilligt wird, wäre – im Gegensatz zur Klageerhebung – nicht zulässig (Thomas/Putzo § 518/4). Der Antrag auf Bewilligung von Prozesskostenhilfe an sich wahrt zwar die Berufungsbegründungsfrist nicht, in der Regel aber enthält er diese zugleich (vgl. Thomas/Putzo § 519/2; Zöller § 519/39: unzulässig, wenn die Begründungsschrift als »Entwurf« bezeichnet ist). Sofern die Frist noch verlängert werden kann (vgl. § 520 Abs. 2 ZPO **n.F.**) stellt das Versäumnis des Anwalts, einen Verlängerungsantrag zu stellen, ein Verschulden gem. § 233 ZPO dar (vgl. BGH NJW 1999, 3271; OLG Köln OLGReport 2002, 186).

3) Glaubhaftmachung

Die zur Begründung der Wiedereinsetzung vorgetragenen Tatsachen müssen gem. § 236 Abs. 2 ZPO glaubhaft gemacht werden. Hierzu gehören nicht nur die zur unverschuldeten Fristversäumnis führenden Tatsachen, sondern auch diejenigen, aus denen sich die Rechtzeitigkeit des Wiedereinsetzungsantrages ergibt.

Für die Glaubhaftmachung als besondere Form der Beweisführung genügt – im Gegensatz zur vollen Beweisführung – der Nachweis einer überwiegenden Wahrscheinlichkeit für die Richtigkeit des Vorbringens (Zöller § 294/1/6). Die Beweiserhebung ist hierbei nicht an die Formen der ZPO gebunden, muss aber sofort, d.h. im Zeitpunkt der Entscheidung des Gerichts möglich sein (§ 294 Abs. 2 ZPO).

Die Glaubhaftmachung ist nicht an die Ausschlussfrist des § 234 ZPO gebunden und kann nachgeholt werden.

Die für eine Wiedereinsetzung mit dem Antrag vorzubringenden Tatsachen (nicht deren rechtliche Beurteilung!) müssen spätestens bis zum Schluss der mündlichen Verhandlung bzw. bis zur Entscheidung über den Antrag glaubhaft gemacht werden. Da eine mündliche Verhandlung über den Antrag nur selten stattfindet (vgl. § 341 ZPO: Verwerfung des Einspruchs) ist es zweckmäßig und risikoloser, die Glaubhaftmachung bereits in dem Wiedereinsetzungsantrag vorzunehmen, verbunden mit der Nachholung der versäumten Prozesshandlung (innerhalb der Antragsfrist) (§ 236 Abs. 2 ZPO) (Thomas/Putzo § 236/7). Selbst wenn man bis zu einer entsprechenden Aufforderung seitens des Gerichts soll warten können (so Zöller § 236/7), ist es ratsam, die Glaubhaftmachung zumindest anzukündigen.

Bei gerichts- bzw. aktenkundigen Tatsachen ist eine Glaubhaftmachung natürlich nicht notwendig. Es schadet jedoch nicht, wenn der Rechtsanwalt schriftsätzlich darauf hinweist.

Als geeignete **Mittel** der Glaubhaftmachung (vgl. § 294 ZPO) kommen in Betracht:

- eidesstattliche Versicherung (der Partei selbst oder Dritter, insbes. der Kanzleiangestellten).

  Obgleich nach der Rechtsprechung des BGH **eine eigene Sachdarstellung** der Auskunftsperson erforderlich ist, findet sich in der Praxis häufig nur eine pauschale Bezugnahme auf den anwaltlichen Schriftsatz (BGH VersR 1988, 860: »weit verbreitete Unsitte«, vgl. Thomas/Putzo § 294/2; Zöller § 294/4; offen gelassen aber bei BGH NJW 2000, 1367). Auch wenn dies manchen Gerichten genügt, sollte vom Anwalt auch hier der »sicherste Weg« gewählt werden. Es ist daher eher angebracht, eine detaillierte eidesstattliche Versicherung vorzulegen und im Schriftsatz hinsichtlich der Einzelheiten hierauf zu verweisen.

  Auf keinen Fall sollte der Anwalt hierbei das Personal zu einer falschen Aussage veranlassen. Abgesehen von der Strafbarkeit, macht er sich dadurch nur erpressbar und riskiert zudem die Anwaltszulassung.

- anwaltliche – eidesstattliche – Versicherung.

  Neben der eidesstattlichen Versicherung des Anwalts (BGH NJW 1999, 3051) ist auch die anwaltliche Versicherung über Vorgänge, die der Rechtsanwalt in seiner Berufstätigkeit wahrgenommen hat, ein geeignetes Mittel zur Glaubhaftmachung (Zöller § 294/5; Thomas/Putzo § 294/2; vgl. § 104 Abs. 2 ZPO).

  Dabei muss darauf geachtet werden, dass die Versicherung mit der Darstellung im Wiedereinsetzungsgesuch übereinstimmt. Sonst kann die Glaubhaftmachung scheitern, wenn dort (zunächst) ein anderer, die Wiedereinsetzung nicht rechtfertigender Sachverhalt vorgetragen wird (vgl. BGH NJW 2002, 1429).

- Vorlage von Schriftstücken (auch unbeglaubigter Kopien, Thomas/Putzo § 294/29) (z.B. Einlieferungsschein bei der Post, Kopien des Postausgangsbuches der Kanzlei sowie des Fristen- oder Wiedervorlagekalenders; unterschriebene Erklärungen von Dritten, vgl. § 416 ZPO).

- im Falle einer mündlichen Verhandlung grundsätzlich nur präsente Beweismittel, insbesondere mitgebrachte Zeugen (§ 294 Abs. 2 ZPO).

    Eine Ladung von Zeugen findet in der Regel nicht statt (allenfalls gem. § 273 ZPO, sofern dies ohne Verfahrensverzögerung möglich ist, Zöller § 294/3 str.). Ungenügend ist daher lediglich ein Beweisantrag durch Benennung der Zeugen. Daher sollte der Anwalt, der die Wiedereinsetzungsgründe glaubhaft machen kann, den Termin selbst wahrnehmen.

Wenn sich der Anwalt allein auf die Rechtzeitigkeit eines eingegangenen Antrags – entgegen dem gerichtlichen **Eingangsstempel** beruft – genügt Glaubhaftmachung nicht, sondern es ist voller Gegenbeweis nötig (vgl. §§ 418 Abs. 1, 445 Abs. 2 ZPO) (vgl. BGB VersR 1991, 896; NJW 2000, 1872: wegen der Beweisnot der betroffenen Partei dürfen die Anforderungen nicht überspannt werden).

Beachte:

Es sollte daher in solchen Fällen zumindest **hilfsweise** Wiedereinsetzung beantragt werden (vgl. BGH NJW 2000, 2280).

Denn hierfür reicht die Glaubhaftmachung des rechtzeitigen Einwurfs in den Gerichtsbriefkasten aus (vgl. BGH VersR 1983, 491).

Am sichersten ist es, sich bei der persönlichen Einreichung eines bestimmenden Schriftsatzes eine Abschrift von der Einlaufstelle des Gerichts mit Datum gegenzeichnen zu lassen (vgl. Thomas/Putzo § 129/9). Dann ersetzt der Beglaubigungsvermerk auf der Abschrift sogar die eingereichte Urschrift, falls diese versehentlich nicht unterschrieben oder an den Rechtsanwalt wieder zurückgegeben wurde.

4) Fristenberechnung

Voraussetzung der Einhaltung der Fristen ist ihre korrekte Berechnung. Da diesbezüglich auch den Richtern Fehler unterlaufen können, empfiehlt es sich, wenn das Gericht von einer Fristüberschreitung ausgeht, dies selbst nochmals genau zu überprüfen.

> Gegebenenfalls ist hierzu auch Akteneinsicht zu nehmen. Vor allem bei (rechtzeitiger) Übermittlung des Schriftsatzes per Telefax und (verspäteter) Nachsendung des Originals kann es passieren, dass das Gericht versehentlich oder fälschlicherweise nur das Datum des Originals beachtet (vgl. oben 1. Teil IV 1 b).

Der **Fristbeginn** einer gesetzlichen Frist ist jeweils in der ZPO gesondert geregelt und beginnt in der Regel mit der ordnungsgemäßen Zustellung (vgl. § 329 Abs. 2 S. 2 ZPO) (z.B. Einspruchsfrist – § 339 Abs. 1 ZPO; Berufungsfrist – § 517 **ZPO n.F.**). Eine **richterliche Frist** beginnt ebenfalls grundsätzlich mit der Zustellung des Schriftstücks, in dem die Frist festgesetzt ist oder mit der Verkündung der Entscheidung, durch welche die Frist bestimmt wurde (§§ 221, 329 ZPO). Im Falle der Zustellung laufen die Fristen für jede Partei gesondert. Bei Verkündung laufen die Fristen auch dann, wenn keine Partei trotz ordnungsgemäßer Ladung im Verkündungstermin anwesend war (§§ 329, 312 ZPO).

Abweichend davon kann der Richter einen anderen Fristbeginn bestimmen (selten) oder das Ende nach einem Datum (z.B. bis zum 3.5.) (statt nach Zeitraum) festlegen (häufiger) (vgl. Thomas/Putzo § 225/3).

> Bei der Zustellung gegen **Empfangsbekenntnis** (§ 174 ZPO) (§ 212 a ZPO a.F.) ist das Schriftstück an dem Tag zugestellt, an welchen der Empfänger, insbesondere der Anwalt, vom Zugang Kenntnis erlangt und es empfangsbereit entgegengenommen hat (Zöller 23. Aufl. § 174/11). Daher erfolgt der Zugang nicht bereits schon mit Eingang in der Kanzlei. Die notwendige Empfangsbereitschaft fehlt, wenn der Anwalt die Unterschrift verweigert oder äußert, er betrachte die Zustellung als unwirksam und weise das Schriftstück deshalb zurück (Zöller 23. Aufl. § 174/6). Der Mangel des Empfangswillens des Rechtsanwalts kann dabei nicht nach § 189 ZPO geheilt werden (vgl. Zöller 23. Aufl. §§ 174/6 a.E.; 189/10).

Nach § 222 Abs. 1 ZPO gelten für die **Berechnung** der Fristen grundsätzlich die Vorschriften des BGB. Es gelten daher die §§ 187, 188 BGB. Die Zuhilfenahme eines Kalenders kann die Berechnung erheblich erleichtern und sicherer machen, insbesondere erkennt man so leicht die Sonn- und Feiertage.

- Relevant ist meistens **§ 187 Abs. 1 BGB.**

> Im Regelfall ist für den Anfang einer Frist in der ZPO die Zustellung, als Ereignis maßgebend. Dieser Tag wird bei der Berechnung nicht mitgezählt, so dass die relevanten Wochen- und Monatsfristen nach § 188 Abs. 2 1.Alt. BGB mit Ablauf desjenigen Tages enden, der durch seine Benennung oder seine Zahl dem Zustellungstag entspricht. Die Frist lässt sich danach relativ einfach berechnen.

▶ **Beispiel:**

Einspruchsfrist 2 Wochen (§ 339 Abs. 1 ZPO): Bei Zustellung des Versäumnisurteils am Dienstag (z.B. 1.1.02) endet die Frist am Dienstag in zwei Wochen (z.B. 15.1.02) (= Benennung) (24 Uhr) (14+1).

Berufungsfrist 1 Monat (§ 519 **ZPO n.F.**): Bei Zustellung des Urteils am 11.4.02 endet die Frist am 11.5.02 (= Zahl des Folgemonats). Fehlt der entsprechende Tag am Monatsende, endet die Frist am letzten Tag des Monats (§ 188 Abs. 3 BGB), z.B. 31.3. bis 30.4.

- Der Einfluss von **Sonn-, Feier- und Samstagen** ist in § 222 Abs. 2 und 3 ZPO geregelt.

  Fällt das Ende der Frist auf einen Sonntag, einen gesetzlichen Feiertag (keine Feiertage sind der 24.12. und 31. 12.) oder einen Samstag, endet die Frist hiernach mit Ablauf des nächsten Werktages. Unerheblich ist es, wenn sich solche Tage innerhalb der Frist befinden oder wenn an einem solchen Tag zugestellt wird. Dies gilt auch für eine richterliche Datumsfrist (insbes. bei Fristverlängerung) (Zöller § 222/1).

▶ **Beispiel:**

Bei Zustellung des Versäumnisurteils am Samstag, den 5.1.02 endet die Einspruchsfrist nicht am Samstag, den 19.1.02, sondern am Montag, den 21.1.02. Endet die Frist am Freitag, ist dieser aber ein gesetzlicher Feiertag, so endet die Frist erst am darauf folgenden Montag.

- **Fristverlängerung**

  Bei einer Fristverlängerung wird die neue Frist nach § 224 Abs. 3 ZPO von dem Ablauf der vorigen Frist an berechnet, sofern nicht das Gericht im einzelnen Fall etwas anderes bestimmt hat.

  Bei einer datumsmäßig bestimmten Frist erübrigt sich diese Berechnung. Zu beachten ist, dass Notfristen nicht verlängert werden können (vgl. § 224 Abs. 2 ZPO) (zum Antrag auf Fristverlängerung oben 2. Teil IV 1 b (1).

▶ **Beispiel:**

Im vorherigen Beispiel beginnt eine Verlängerung erst am Dienstag, den 22.1.02 zu laufen. Eine zweiwöchige Verlängerung würde dann z.B. am 5.2.02 enden.

- **Fristwahrung**

  Eine Frist ist gewahrt, wenn das Schriftstück vor Fristablauf in die Verfügungsgewalt des zuständigen Gerichts kommt (vgl. Zöller § 270/6/6a). Weitere Voraussetzungen auf Seiten des Gerichts, etwa eine besondere Entgegennahme, sind nicht erforderlich.

  Hierfür kommt z.B. in Betracht Abgabe auf der Geschäftsstelle oder bei einer hierfür eingerichteten Einlaufstelle. Dabei dürfen die Fristen bis zuletzt ausgeschöpft werden, auch wenn kein Nachtbriefkasten vorhanden ist (Zöller § 222/8). Der rechtzeitige Einwurf in den Gerichtsbriefkasten wahrt die Frist daher auch dann, wenn er außerhalb der üblichen Dienstzeiten (z.B. um 23 Uhr 59) erfolgt und erst nach Fristablauf geleert wird. Bei einer gemeinsamen Einlaufstelle mehrerer Gerichte geht der Schriftsatz mit Einwurf nur bei dem Gericht ein, an welches er gerichtet ist, sonst erst nach seiner Weiterleitung an das zuständige Gericht. Dem entsprechend liegt überhaupt kein Eingang bei Gericht vor, wenn ein (versehentlich) an eine Anwaltskanzlei adressiertes Kuvert zwar bei der Posteingangsstelle eingeworfen, vom Gericht aber an die Anwaltskanzlei weitergeleitet wird (BGH NJW 1990, 2822).

  Auch eine Übermittlung per Telefax oder E-Mail ist möglich (vgl. unten II 3 b sowie oben 1 Teil IV 1 b).

II. Typische Verhinderungsfälle

1) Büropersonal und Büroorganisation

Die häufigsten Fehler bei der Fristversäumung sind Ausführungsfehler des Büropersonals der Anwaltskanzlei (vgl. z.B. Thomas/Putzo § 233/15/42/43).

> **Beachte:**
>
> Hierbei kommt eine Wiedereinsetzung nur dann in Betracht, wenn ausgeschlossen werden kann, dass der Rechtsanwalt die Fristversäumung durch ein eigenes vorwerfbares Fehlverhalten verursacht hat (BGH NJW 1999, 429).

Eine Fristversäumung wegen **Arbeitsüberlastung** ist ebenso wenig unverschuldet (BGH NJW 1996, 997, VGH München NJW 1998, 1507) wie bei (zu) geringem Personalbestand (BGH NJW 1999, 3783; 2000, 1664: dann erhöht sich die eigene Sorgfalt des Anwalts).

Fristversäumnisse können insbesondere auch bei den üblichen Zustellungen gegen **Empfangsbekenntnis** nach § 174 ZPO (§ 212a ZPO a.F.) eintreten (vgl. Borgmann, BRAK-Mitt. 1998, 270).

Dies kann z.B. passieren, wenn der Eingangsstempel der Kanzlei auf dem gerichtlichen Schriftstück (versehentlich) als Fristbeginn betrachtet wird, da dieser mit dem Zustellungszeitpunkt nicht immer übereinstimmt. Riskant ist es auch, den Empfang eines Urteils ohne vorgelegte Handakte zu bescheinigen. Daher sollten Urteile und Empfangsbekenntnisse sicherheitshalber überhaupt nicht gestempelt werden (vgl. OLG Düsseldorf BRAK-Mitt. 1998, 269: Wuppertaler Zustellungsverfahren: Gericht übersendet Urteilsausfertigung nach der Zustellung nochmals formlos; BGH NJW 2001, 1579; MDR 2002, 1332: versehentlich falsch eingestellter Datums-Eingangsstempel wurde als Fristbeginn betrachtet, wobei an den Beweis der Unrichtigkeit strenge Anforderungen zu stellen sind – bloße Zweifel genügen nicht, es ist der volle Beweis des Gegenteils zu führen; vgl. auch BGH NJW 1999, 2120: Rechtsanwalt darf Empfangsbekenntnis über eine Zustellung erst unterzeichnen und zurückgeben, wenn Ablauf der Frist in Handakte und Fristenkalender notiert ist; BSG NJW 2001, 1597: erforderlich ist auch den Zustellungszeitpunkt zu notieren).

a) Allgemeine Anforderungen

Erforderlich ist eine einwandfreie **Büroorganisation,** um vermeidbare Ursachen für die Versäumung von Fristen in größtmöglichen Umfang ausschließen (z.B. BGH NJW 1999, 429; BAG NJW 2001, 1595).

Allerdings ist eine fehlerhafte Büroorganisation dann nicht relevant, wenn im Einzelfall eine eindeutige konkrete **Weisung** vorlag, bei deren Befolgen der Fehler nicht passiert wäre (Thomas/Putzo § 233/15/43; BGH NJW 2000, 2823).

> So muss z.B. eine Anweisung vorhanden sein, bei deren Einhaltung unabhängig vom Verschulden des Anwalts bei der Unterzeichnung eines **falsch adressierten Schriftsatzes** etwaige Fristen mit Sicherheit gewahrt werden (BGH NJW 2000, 2511; vgl. auch BGH NJW 2000, 82: wegen fehlender Postleitzahl verzögerte Briefzustellung; BGH NJW 1990, 2822: fehlerhaft an die gegnerische Anwaltskanzlei adressiert; BGH NJW 2002, 2180: **unzureichende Frankierung,** wobei dem Anwalt eine erhebliche Gewichtsüberschreitung auffallen und er das Porto prüfen muss, sofern er den Brief persönlich in den Händen gehalten hat). Nicht ausreichend ist hierfür die Anweisung an die Kanzleimitarbeiter, bei Gericht telefonisch nachzufragen und sich z.B. die Fristverlängerung bestätigen zu lassen. Hierbei besteht die Gefahr, dass sich die Angestellten – wegen der falschen Adressierung – an das falsche Gericht wenden und daher eine unrichtige Antwort erhalten.
>
> Bei generellen Anweisungen muss der Vortrag erkennen lassen, dass diese Anweisung in dem betreffenden Anwaltsbüro tatsächlich so gehandhabt wird (BGH NJW-RR 1997, 1153).

Ein Verschulden fehlt, wenn **zuverlässigen Büroangestellten,** die mit der übertragenen Aufgabe hinreichend vertraut sind, ohne dass sie im Einzelfall besonders belehrt werden müssen, Fehler unterlaufen

(Thomas/Putzo § 233/41). Dabei dürfen dem Büropersonal vor allem rein büromäßige Aufgaben, die keine juristische Schulung verlangen, überlassen werden (z.B. Adressierung, Frankierung, Überprüfung bestimmender Schriftsätze auf die erforderliche Unterschrift, Absenden eines Telefax). Der Anwalt kann auf eine fehlerfreie Erledigung dieser Aufgaben vertrauen und braucht das Ergebnis nicht regelmäßig zu überprüfen (BGH NJW-RR 1990, 1149; BVerfG NJW-RR 2002, 1004).

> Jedoch muss der Rechtsanwalt seine Bürokräfte sorgfältig **auswählen** und auf ihre Eignung und Zuverlässigkeit hin laufend **überwachen** (BGH NJW 1972, 2269: Zwei monatliche Stichproben erforderlich) und eingehend allgemein **belehren**. Er muss dartun, dass und wie er sein Büropersonal überwacht. Nicht ausreichend ist allein der Vortrag, es handle sich um eine zuverlässige Bürokraft (BGH NJW 1999, 2120). Auf die Ausführung mündlich und bestimmt erteilter konkreter **Anweisungen** darf sich der Rechtsanwalt verlassen, ohne die Ausführung anschließend überprüfen zu müssen (vgl. Thomas/Putzo § 233/43; BGH NJW 2000, 2823; 2001, 1579; NJW-RR 2002, 60).

b) Fristenkontrolle

Außerdem muss eine hinreichend sichere **(Post)Ausgangskontrolle** dergestalt vorhanden sein, dass die rechtzeitige Erledigung fristgebundener Sachen täglich anhand des **Fristenkalenders**, welcher unabdingbar ist, überprüft wird.

> Der Rechtsprechung hat die darzulegenden Voraussetzungen hinsichtlich der **Organisation der Fristenkontrolle** in der Kanzlei des Anwalts für eine Wiedereinsetzung in zahlreichen Urteilen konkretisiert (vgl. BGH NJW 1996, 1900; 1997, 327, 2120; 1999, 582; 2000, 1957; 3006; 2001, 76, 1577, 2003, 1528; VersR 2001, 214, BAG NJW 2003, 1269; BVerfG NJW 2001, 1567).

> Unerlässlich ist insbesondere, dass tatsächliche Ende einer Frist in den Fristenkalender zu notieren (BGH NJW 2001, 2975; 2002, 443). Die Eintragung einer regelmäßig erforderlichen Vorfrist mit entsprechender Wiedervorlageanweisung genügt allein nicht für eine sichere Ausgangskontrolle.

> Während der Rechtsanwalt die Berechnung der üblichen Fristen normalerweise einer geschulten und zuverlässigen Bürokraft übertragen darf (vgl. Zöller § 233/23: Übertragung auf Büropersonal), sollte er die Berechnung bei einer Gesetzesänderung während der Übergangszeit am besten persönlich vornehmen (vgl. OLG Frankfurt ZAP 2002, Fach 1 S. 155: Berufungsbegründungsfrist nach der ZPO-Reform muss Anwalt selbst berechnen). Dabei können Übergangsvorschriften immer wieder eine Fehlerquelle bei der Fristberechnung sein. Die Unkenntnis des Rechtsanwalts von einer solchen Vorschrift entschuldigt die Partei nicht (OLG Stuttgart MDR 2002, 1220: ZPO-Reform).

> Im Übrigen kann hier auf die Einzelheiten nicht weiter eingegangen werden. Festzustellen ist nur, dass die Anforderungen von der Rechtsprechung an die anwaltliche Fristenkontrolle sehr hoch sind.

Es kann auch (ausschließlich) ein **EDV-gestützter Fristenkalender** geführt werden, der jedoch keine hinter der manuellen Führung zurückbleibende Überprüfungssicherheit bieten darf.

> Bei einem solchen Kalender, dessen besondere Gefahren sowohl in der ungewollten als auch bewussten Löschung der Daten bestehen, müssen die Eingaben durch Kontrollausdrucke überprüft werden (BGH NJW 1999, 592). Weiter darf die versehentliche Kennzeichnung einer Frist als erledigt nicht dazu führen, dass die Sache am Tag des Fristablaufs im Fristenkalender nicht mehr auftaucht und bei einer Endkontrolle nicht erkannt werden kann (BGH NJW 2000, 1957). Im Störfalle muss durch entsprechende Vereinbarungen gewährleistet sein, dass eine Serviceunternehmen die Reparatur unverzüglich durchführt oder den Versuch unternimmt, zuvor dafür zu sorgen, dass die gespeicherten Fristen ausgegeben werden (BGH NJW 1997, 327).

Beantragte Fristverlängerungen muss der Rechtsanwalt selbst überprüfen und darf sie erst eintragen, wenn sie gewährt sind (Thomas/Putzo § 233/44). Allerdings begründet sein Vertrauen auf die versehentlich falsche Auskunft seiner sonst zuverlässigen Sekretärin über die telefonische Bewilligung einer beantragten Fristverlängerung kein Verschulden (BGH NJW 1996, 1682).

> Im Übrigen ist ein Vertrauen auf die Bewilligung der beantragten Fristverlängerung nur gerechtfertigt bei vorheriger Zusage durch den Vorsitzenden (nicht der Geschäftsstelle) oder wenn bei dem ersten Verlängerungsgesuch ein erheblicher Grund vorgebracht wird und die Bewilligung der Fristverlängerung mit großer Wahrscheinlichkeit erwartet werden konnte (vgl. (kritisch) Zöller § 233/23: Fristverlängerung; BGH NJW 1999, 430: Berufungsbegründungsfrist; BVerfG NJW 1998, 3703; NJW-RR 2002, 1007). In diesem Falle darf das Unterlassen einer Rückfrage bei Gericht vor Ablauf der Frist dem Anwalt nicht als Verschulden angelastet werden. Jedoch muss die beantragte (und u.U. stillschweigend gewährte) Verlängerung eingehalten werden (BGH NJW 1994, 55; BayObLG MDR 1981, 409). Die (zu Unrecht) abgelehnte Fristverlängerung ist dann bedeutungslos.

2) Briefbeförderung

Bei Versendung von Briefen und Päckchen ist eine Verzögerung durch die Deutsche Post AG **unverschuldet,** insbesondere bei einer ungewöhnlich langen Beförderungsdauer (Thomas/Putzo § 233/28).

> Maßgebend ist hierbei die **normale Postlaufzeit,** wobei sich der Absender auf amtliche Laufzeitangaben verlassen darf (Zöller § 233/23: Postverkehr; vgl. BVerfG NJW 2000, 2657; NJW-RR 2002, 1005: Kurierdienst eines Anwaltsvereins).
>
> So erreicht eine Briefsendung, die an einem Werktag vor 18.30 Uhr in den Briefkasten geworfen wird, nach Angaben der Deutschen Post AG mit einer Wahrscheinlichkeit von 93% den Empfänger am nächsten Tag (BGH NJW 1999, 2118).

(BVerfG NJW 2001, 744: ein am Freitag vor der letzten Leerung eingeworfener Brief erreicht nach Auskunft der Deutschen Post AG vom 12. 4. 2000 den Empfänger bei normalem Postlauf spätestens am folgenden Montag; BVerfG NJW 2001, 1566: Regellaufzeit von einem Tag innerorts (1998) auch bei unvollständiger Adressierung – hier : fehlende Hausnummer und Postleitzahl des OLG Düsseldorf; vgl. aber auch BAG NJW 2000, 1669: Postlaufzeiten im normalen Briefverkehr von fünf, sechs oder mehr Tagen sind heute keine Seltenheit mehr unter Hinweis auf Baumbach/Lauterbach § 233/39: »seit der Privatisierung der Post... sind möglicherweise keine wirkliche Seltenheit mehr«).

Differenzierungen danach, ob die Verzögerung auf einer zeitweise besonders starken Beanspruchung der Leistungsfähigkeit bzw. verminderten Dienstleistung der Post beruht, etwa vor Feiertagen oder an Wochenenden, sind unzulässig (BVerfG NJW-RR 2000, 726; NJW 2001, 1566).

Die Frist darf zwar bis zum letzten Tag ausgeschöpft werden. Dadurch wird jedoch die Sorgfaltspflicht erhöht (Thomas/Putzo § 233/13, vgl. Späth NJW 2000, 1621).

Ein Eilbrief am letzten Tag der Frist genügt z.B. den Sorgfaltsanforderungen nicht (Thomas/Putzo § 233/29; LSG Rheinland-Pfalz NJW-RR 1993, 1216; VGH Kassel NJW 1993, 750: Telefax verwenden!). Auch scheidet eine Wiedereinsetzung bei einer Adressierung an ein unzuständiges Gericht aus, wenn der fristgebundene Schriftsatz nicht so rechtzeitig eingereicht wird, dass er bei Weiterleitung im »ordentlichen Geschäftsgang« noch fristgerecht beim zuständigen Gericht eingegangen wäre (BGH NJW 2000, 2511; BVerfG NJW 1995, 3173; vgl. Zöller § 233/ 2b: einige Tage vor Fristablauf reicht wegen der heutigen Belastung der Justizbediensteten nicht aus).

Die verbreitete Praxis, dass Schriftsätze erst am letzten Tag der Frist eingereicht werden, ist nicht ohne **Risiko**. Der Anwalt kann dann nur hoffen, dass er sogleich vom Gericht über die falsche Adressierung telefonisch oder per Fax in Kenntnis gesetzt wird. Eine Verpflichtung hierzu besteht jedoch nicht (BVerfG NJW 2001, 1343).

3) Telefax

a) Richtige Telefaxnummer

Entscheidend für den Zugang ist vor allem die richtige Telefaxnummer.

Bei irrtümlichem Übersenden eines Telefax an eine **falsche Telefaxnummer** kommt eine Wiedereinsetzung daher grundsätzlich nicht in Betracht (§ 233 ZPO) (Thomas/Putzo § 233/53). Dies ist zwar anders, wenn der Anwalt das Telefax an eine ihm vom Gericht mitgeteilte falsche Nummer sendet (BGH NJW 1989, 589). Wenn es trotz zahlreicher Versuche jedoch nicht gelingt, eine Telefaxverbindung unter dieser Nummer herzustellen, muss der Anwalt diese auf ihre Richtigkeit überprüfen (BGH NJW 1999, 383).

Der anwaltlichen Sorgfaltspflicht bei der **Ermittlung** der richtigen Telefaxnummer ist mit einer bloßen Auskunft bei der Telekom nicht Genüge getan (BGH NJW 1994, 2300; a.A. BAG NJW 2001, 1594).

> Sofern es sich um ein Gericht handelt, bei dem der Rechtsanwalt zugelassen ist, muss die richtige Telefaxnummer zuverlässig bekannt sein (BGH NJW 1994, 2300). Amtliche Bekanntmachungen der Gerichte sind stets im Hinblick auf eine Änderung der Telefaxnummer zu **beachten** (BGH NJW 1994, 1661). Unverschuldet ist es hingegen, wenn der Rechtsanwalt bzw. sein Personal auf die Richtigkeit der Fax-Nummer in einem privaten Verzeichnis (hier: des Deutschen Anwaltsverlags) vertraut hat (BGH VersR 1997, 853).

Der Rechtsanwalt kann zur Ermittlung der richtigen Telefaxnummer und zum Absenden eines Telefax **zuverlässiges Personal** beauftragen (BGH NJW 1995, 668, 2106; 2000, 1044).

> Der Rechtsanwalt muss hierbei die möglichen und zumutbaren organisatorischen Maßnahmen treffen, um eine Übermittlung an eine falsche Telefaxnummer auszuschließen (BGH NJW 1995, 668; 2000, 1043). Sofern er die ständige Überprüfung der Richtigkeit der Nummern angeordnet hat, ist es unverschuldet, wenn die in seiner Kanzlei verwendeten Faxnummern nicht stets dem neuesten Stand entsprechen (BGH CR 1994, 531).
>
> Auch ein **versehentliches Verwählen** bei der Wahl der sonst richtigen Telefaxnummer durch Büroangestellte kann unverschuldet sein, wobei allerdings die erforderliche Ausgangskontrolle durchgeführt worden sein muss (vgl. unten 3b). Dabei soll eine hohe Verwechslungsgefahr bestehen, wenn die Nummer aus einer neben dem Telefaxgerät befindlichen Liste abgelesen wird (BGH NJW 2001, 1071). Dieser muss durch geeignete Kontrollen vorgebeugt werden, z.B. durch die Anweisung, die Nummer aus der Liste mit dem Sendeprotokoll zu vergleichen.

b) Übermittlungsstörungen

In der Regel trägt der Faxempfänger das Risiko des Eingangs bzw. Ausdrucks der Fernkopie, während der Faxabsender die Verantwortung dafür trägt, dass der zu übermittelnde Schriftsatz vom Sendegerät fehlerfrei eingelesen und gesendet wird.

> Im Normalfall ist ein Telefax bei Gericht erst eingegangen, wenn es auf der gerichtseigenen Empfangsanlage vollständig ausgedruckt ist, auch wenn dies nach Dienstschluss erfolgt (Zöller § 270/6d). Wenn aber der Schriftsatz dort infolge technischer Störungen (z.B. Papier-/Datenstau) nicht vollständig und fehlerfrei ausgedruckt wird und sich der Gesamtinhalt des Schriftsatzes auf andere Weise einwandfrei ermitteln lässt, z.B. mittels nachgesandten Original (BVerfG NJW 1996, 2857; BGH NJW 1995, 665; 2001, 1581: Empfangsprotokoll des Gerichts weist mehr Seiten aus, als ausgedruckt wurden), ist bereits dann von einem Zugang auszugehen, wenn der Inhalt vollständig durch elektrische Signale vom Sendegerät des Absenders zum Empfangsgerät des Gerichts übermittelt wird.

Für **elektronische Dokumente** ist in § 130a Abs. 3 ZPO nunmehr geregelt, dass ein solches eingereicht ist, sobald die für den Empfang bestimmte Erklärung des Gerichts es aufgezeichnet hat (also auch Signalzugang) (vgl. Bacher MDR 2002, 669).

Ist dem Rechtsanwalt das **Scheitern** der Übermittlung per Fax zu einem Zeitpunkt bekannt, in dem noch eine anderweitige Übermittlung in Betracht kommt, so muss nach einer Ansicht im Wiedereinsetzungsverfahren das Fehlen oder die Unmöglichkeit anderer Übermittlungsmöglichkeiten (z.B. per Telefaxgerät eines Kollegen oder einer sonstigen Stelle) dargelegt und glaubhaft gemacht werden (BGH NJW-RR 1996, 1275; BayObLG NJW-RR 1998, 418; OVG Hamburg NJW 2000, 1667).

> Vgl. aber auch BVerfG NJW 1996, 2857; 2000, 1636: »Von einem Rechtsanwalt, der sich und seine organisatorischen Vorkehrungen darauf eingerichtet hat, einen Schriftsatz weder selbst noch durch Boten oder per Post, sondern durch Fax zu übermitteln, kann daher beim Scheitern der gewählten Übermittlung infolge eines Defekts des Empfangsgeräts oder wegen Leitungsstörungen nicht verlangt werden, dass er unter Aufbietung aller nur denkbaren Anstrengungen innerhalb kürzester Zeit eine andere als die gewählte Zugangsart sicherstellt«.

Beachte:

Bei fristgebundenen Prozesshandlungen ist mit der Übermittlung durch Telefax so **rechtzeitig** zu beginnen, dass bei normalem Verlauf der Übertragung mit einem vollständigen Ausdruck des Schriftstücks, insbesondere der (letzten) Seite mit der Unterschrift, vom Empfangsgerät bis zum Ablauf der Frist um 24. 00 Uhr zu rechnen ist.

Angesichts der zahlreichen Entscheidungen hierzu scheint die Absendung in »letzter Minute« kein Ausnahmefall zu sein

> (BVerfG NJW 1996, 2857; BGH NJW-RR 2000, 1591: Unterschrift der Berufungsbegründung auf der letzten Seite; BFH NJW 2001, 991: Eingang um 0 Uhr zu spät; BGH NJW 1994, 2098: 2 Minuten vor Fristablauf ist fahrlässig zu spät; BVerfG NJW 2000, 574: Zeitreserve von 2 Minuten bei einem 11-seitigen Schriftsatz (jedenfalls) zu wenig und daher Fristversäumnis verschuldet; BGH NJW-RR 2001, 1072: zweite Seite mit Unterschrift fehlt).

Bei der Beurteilung des Verschuldens darf nicht unberücksichtigt bleiben, dass der Anwalt aufgrund eines zuvor abgesandten Faxes mit einer kürzeren als der durchschnittlichen Übertragungszeit rechnen durfte (BGH NJW-RR 2001, 916: Absendung von elf Fax-Seiten um 23. 57 Uhr, wobei dieselbe Anzahl zuvor in 2 Minuten und 34 Sekunden übermittelt wurden).

c) Bedeutung des Sendeberichts

Durch die Vorlage des Sendeberichts über die ordnungsgemäße Übertragung kann eine rechtzeitige und an die richtige Empfängernummer gerichtete Absendung eines Telefax **glaubhaft** gemacht werden.

(OLG Karlsruhe NStZ 1994, 201; OLG Köln NJW 1995, 1228: zusammen mit einer eidesstattlichen Versicherung ; LG Hamburg NJW-RR 1994, 1486: Vermutung der Richtigkeit)

Nach BGH MDR 1993, 387 genügt eine eidesstattliche Versicherung der mit der Übermittlung betrauten Bürokraft, dass sie sich anhand des Sendeprotokolls von der ordnungsgemäßen Funktion und dem richtigen Empfänger überzeugt hat ohne dass dieses vorgelegt werden muss.

Diese Entscheidung ist vor allem dann relevant, wenn der Sendebericht nicht mehr auffindbar ist. Dabei stellt der BGH ausdrücklich fest, dass eine rechtliche Notwendigkeit, den Ausdruck aufzubewahren nicht besteht.

Davon zu unterscheiden ist der Beweis des Zugangs von abgesandten Telekopien, wofür der Sendebericht nach h.M. nicht ausreicht (vgl. . unten 6. Teil I 3a (3)).

Der Anwalt hat zum Zwecke der **Endkontrolle** den Sendebericht eines Telefax auf Ordnungsgemäßheit der Absendung und etwaige Übermittlungsfehler zu überprüfen (BGH NJW 1994, 1879).

Insbesondere muss dieser daraufhin kontrolliert werden, dass die richtige Empfängernummer gewählt wurde (BayObLG NJW 1995, 668; BGH NJW 2001, 1071) und dass alle zu sendenden Seiten ausweislich des Sendeprotokolls gesendet wurden, insbesondere bei Stapelzuführung (BGH NJW-RR 2001, 1072; OLG Karlsruhe JurBüro 1998, 313; OLG Brandenburg NJW-RR 2000, 1447). Sind Angestellte damit befasst, muss eine entsprechende Weisung erteilt worden sein.

Jedenfalls, wenn der Sendebericht die ordnungsgemäße Übermittlung bestätigt, kann der Rechtsanwalt von einer telefonischen **Nachfrage** zwecks Überprüfung des rechtzeitigen Eingangs absehen, auch wenn der letzte Tag der Frist erreicht ist (LG Hamburg NJW-RR 1994, 1486, vgl. auch BGH NJW-RR 1992, 1021). Erst dann dürfen Fristen im Fristenkalender gelöscht werden (BGH NJW 1998, 907; OLG Nürnberg MDR 1993, 386).

Stattdessen kann die Überprüfung des Sendeberichts durch einen Kontrollanruf beim Empfänger ersetzt werden, wobei die allgemeine Anweisung genügt, die Frist erst danach zu streichen (BGH NJW-RR 2002, 60).

4) Fehlende Kenntnis

Fehlende Kenntnis von der Zustellung einer gerichtlichen Entscheidung begründet die Wiedereinsetzung, wenn sie unverschuldet ist. Häufigen Anlass zur Wiedereinsetzung gab bisher die Ersatzzustellung durch Niederlegung (§§ 181, 182 ZPO) und wird künftig auch die Zustellung durch Einlegen in den Briefkasten geben (§ 180 ZPO).

▶ **a) Beispiele**

- **Vorenthalten** der Sendung von Angehörigen, welche diese in Empfang genommen haben und wenn die Partei nicht damit rechnen musste (BGH LM § 233 Nr. 73; unverschuldet).

- **Nichtabholen** der niedergelegten Sendung trotz Mitteilung aufgrund Versäumnis (Thomas/Putzo § 233/34).

  Grundsätzlich **verschuldet**, jedoch **unverschuldet** bei vorübergehender Abwesenheit von der Wohnung (BGH JZ 1977, 762), ohne dass der Empfänger besondere Vorkehrungen für den Empfang treffen muss (vgl. BVerfG NJW 1976, 1537: höchstens 6 Wochen Urlaubsabwesenheit), es sei denn, er musste mit einer Zustellung rechnen (insbes. anhängiger Prozess) (BGH NJW 1986, 2958; VersR 1979, 644: Auszug aus der ehelichen Wohnung; OLG Köln VersR 1993, 1127: bei Umzug ins Ausland mit unbekanntem Aufenthalt verschuldet).

- **Benachrichtigungszettel** vermutlich versehentlich mit Werbesendungen **weggeworfen,** insbes. weil in eine Werbesendung hineingerutscht:

  Verschuldet: OLG München NJW-RR 1994, 702, auch wenn sich einige Postsendungen angehäuft haben sollten, LG München I, Beschl.v. 8. 1. 1998, 13 T 23820/97, LAG Köln MDR 1994, 1245: bei generellem Wegwerfen der Werbesendungen ohne jegliche Durchsicht, ähnlich FG Köln, NJW-RR 1994, 703: verschuldet bei Fehlen jeglicher Durchsicht der Post, im Übrigen (bei Entgegennahme und Durchsicht).

  Unverschuldet, da ein Durchblättern Seite für Seite der Werbesendung daraufhin, ob nicht zufällig ein anderes Schriftstück dort hineingerutscht ist, die Anforderungen an die Sorgfaltspflicht überspannt, so auch **BGH NJW 1994, 2898: 2001, 571:** auch bei völlig einwandfreier Empfangsorganisation gelegentlich unvermeidbar, dass ein Benachrichtigungszettel verloren geht, z.B. weil er zwischen Werbematerial gerät.

- Keinen **Benachrichtigungszettel** erhalten, weil **abhanden gekommen**

  Unverschuldet (vgl. LG München I, Beschl.v. 8. 1. 1998, 13 T 23820/97: (zur Glaubhaftmachung) nicht ausreichend die allgemeine Behauptung, Postsendungen seien schon öfters abhanden gekommen), **BGH NJW 1994, 2898**: Unkenntnis des Empfängers trotz Einwurf des Benachrichtigungszettels sowie die **Unaufklärbarkeit** des Abhandenkommens indiziere allein noch nicht dessen mangelnde Sorgfalt bei der Postannahme, ausreichend sei eine regelmäßige Kontrolle des Briefeingangs und bislang eingeworfene Post noch nie verloren gegangen (vgl. auch BGH NJW-RR 1999, 428: es kann nicht verlangt werden, dass etwas vorgetragen wird, was nicht aufklärbar ist).

Verschuldet: bei mangelhafter Briefkastenanlage, es sei denn, die Partei hat als Mieter darauf keinen Einfluss (LAG Köln MDR 1994, 1245; strenger LG Köln MDR 1994, 1245: bei mangelhaftem Briefkasten verschuldet, wenn nicht zumindest der Mieter seinen Vermieter um Abhilfe gebeten hat; hins. Gemeinschaftsbriefkasten vgl. LG Neuruppin NJW 1997, 232, Eyinck NJW 1998, 206; Westphal NJW 1998, 2413; BGH NJW 2001, 832).

b) **Wirksame Zustellung**

Voraussetzung ist, dass die **Zustellung überhaupt wirksam** vorgenommen wurde. Nur dann besteht die Notwendigkeit einer Wiedereinsetzung, da Notfristen nur bei wirksamer Zustellung in Lauf gesetzt werden (Thomas/Putzo § 187/2; auch bei Zustellung an Prozessunfähigen, Thomas/Putzo § 171/4; Zöller § 52/13; sehr str.) (aber jetzt gem. § 189 ZPO Heilung von Zustellungsmängeln auch bei Notfristen möglich!). Der Anwalt sollte dies sicherheitshalber selbst prüfen und sich nicht (allein) auf das Gericht verlassen.

Bei einem Versäumnisurteil läuft die Frist auch dann ab wirksamer Zustellung, wenn das Urteil wegen fehlerhafter Ladung zum Termin nicht hätte erlassen werden dürfen (vgl. § 335 Abs. 1 Nr. 2 ZPO) (Zöller §§ 338/1; 339/1). In diesem Fall können der säumigen Partei nicht die abtrennbaren Kosten der Säumnis nach § 344 ZPO auferlegt werden.

Beachte:

Bei einer Zustellung gegen Empfangsbekenntnis kann sich eine Unwirksamkeit u.U. aus der fehlenden Unterschrift des Anwalts ergeben, weil dieses – was in der Praxis oft der Fall ist – nur mit einer bloßen sog. Paraphe oder einem Faksimile-Stempel unterzeichnet ist (vgl. aber Zöller §§ 198/13, 187/11: Rechtsanwalt kann sich darauf nicht berufen – Rechtsmissbrauch!).

Wird entgegen § 172 ZPO (§ 176 ZPO a.F.) an die Partei selbst und nicht an den Prozessbevollmächtigten zugestellt, ist die Zustellung und damit auch die Fristsetzung unwirksam (Thomas/Putzo § 176/6).

Nach § 174 ZPO können Schriftstücke jetzt auch durch Telekopie und in elektronischer Form zugestellt werden. Das Empfangsbekenntnis kann dann auf demselben Weg zurück übermittelt werden.

Die **Zustellungsurkunde** bekundet bei einer Ersatzzustellung insbesondere, dass zu einem bestimmten Zeitpunkt das Schriftstück bzw. die schriftliche Mitteilung über die Niederlegung in den gemäß der Zustelladresse richtigen Briefkasten des Adressaten geworfen wurde (§§ 180, 181, 182 ZPO).

Dabei kann die Beweiskraft der Zustellungsurkunde gem. § 418 Abs. 2 ZPO (vgl. § 182 Abs. 1 S. 2 ZPO) durch den Beweis des Gegenteils widerlegt werden, wofür Glaubhaftmachung bei § 236 Abs. 2 ZPO genügen soll (Zöller § 418/4). Es müssten dann wohl auch die übrigen Voraussetzungen für eine Wiedereinsetzung vorliegen.

Für den **Gegenbeweis** muss nach dem Vorbringen der Partei eine gewisse Wahrscheinlichkeit für die Unrichtigkeit der bezeugten Tatsachen dargelegt werden. Es müssen konkrete Umstände dargelegt werden, die ein Fehlverhalten des Postzustellers bei der Zustellung und damit eine Falschbeurkundung in der Postzustellungsurkunde zu belegen geeignet sind (BVerwG NJW 1986, 2127, BFH NJW 1997, 3264; OLG Düsseldorf NJW 2000, 2831 mit Einzelheiten für erforderlichen Sachvortrag; BVerfG NJW-RR 2002, 1008: nur eine pauschale Behauptung reicht nicht).

Dies ist praktisch **kaum möglich.** Insbesondere genügen bloße Zweifel an der Richtigkeit der urkundlichen Feststellung nicht.

Nicht ausreichend ist allein die eidesstattliche Versicherung dahingehend, den Benachrichtigungszettel des Postzustellers nicht erhalten zu haben und dass der Briefkasten täglich kontrolliert wird (BVerwG NJW 1986, 2128; OLG Düsseldorf NJW 2000, 2831). Denn nach der allgemeinen Lebenserfahrung kann ein darin liegender Zettel vor der Durchsicht der eingegangenen Sendungen in Verlust geraten oder bei der Durchsicht der Aufmerksamkeit entgangen sein.

Beachte:

Unwirksam ist die Ersatzzustellung jedoch, wenn die Partei am Zustellungsort nicht mehr gewohnt hat bzw. dann ist erst recht glaubhaft, dass sie kein Schriftstück bzw. keinen Benachrichtigungszettel erhalten hat.

Dabei gilt die Beweiskraft der Zustellungsurkunde gem. 418 ZPO nicht dafür, dass der Zustellungsadressat unter der Zustellungsanschrift auch wohnt (Thomas/Putzo § 181/13). Der Postzustellungsurkunde kommt hierfür lediglich ein (beweiskräftiger) Indizwert zu (OLG Karlsruhe NJW 1997, 3183, BVerfG NJW-RR 1992, 1084, BGH NJW 1992, 1963).

> Da das Gericht (deshalb) bei vorhandener Postzustellungsurkunde (zunächst) von einer wirksamen Zustellung ausgeht, sollte der Anwalt bei Wohnungswechsel seines Mandanten den dokumentierten Zustellungszeitpunkt mit dessen damaligem Wohnsitz vergleichen.
>
> Eine **Wohnung** in diesem Sinne befindet sich dort, wo die Person ihren räumlichen Lebensmittelpunkt hat, insbesondere dort übernachtet. Unerheblich ist eine vorübergehende Abwesenheit (z.B. Urlaub, Krankenhausaufenthalt) oder eine fehlende ordnungsbehördliche Meldung (Thomas/Putzo § 181/2 f.; Zöller § 181/5).

Jedoch reicht zur **Entkräftung** der Indizwirkung der Postzustellungsurkunde ein bloßes Bestreiten nicht aus.

> Vielmehr müssen in diesem Fall mittels einer plausiblen und schlüssigen Darstellung klare und vollständige Angaben über die tatsächlichen Wohnverhältnisse gemacht werden (BGH FamRZ 1990, 143, NJW 1992, 1963, OLG München, FamRZ 1990, 1439, vgl. auch OLG Karlsruhe, NJW-RR 1992, 700, OLG Düsseldorf FamRZ 1990, 75, OLG Köln RPfleger 1975, 260).
>
> Es ist näher darzulegen, seit wann die Partei nach Aufgabe der ursprünglichen Wohnung am neuen Aufenthaltsort wohnhaft sein will und vor allem, ob sie schon zum Zeitpunkt der Zustellung dort ihren regelmäßigen Lebensmittelpunkt hatte. Hierfür besonders geeignet ist die Vorlage von Mietverträgen oder Meldebescheinigungen (OLG Frankfurt a.M. NJW-RR 1997, 957; BGH NJW 1992, 1963: Meldebescheinigung und eidesstattliche Versicherung; BGH NJW-RR 1990, 506: Polizeiliche Meldung als Beweisanzeichen).

Unwirksam ist eine Ersatzzustellung durch Niederlegung auch dann, wenn die Mitteilung über die Niederlegung lediglich durch den Briefschlitz der Haustüre ohne Auffangeinrichtung in das Innere eines Mehrparteienhauses geworfen wird (OLG Köln JurBüro 1979, 607) (ebenso wenig ist Ersatzzustellung bei Schließfachanlagen möglich; BGH NJW 2001, 832: wirksam bei Einwurf in Gemeinschaftsbriefkasten) (vgl. jetzt § 180 ZPO).

Entgegen bisheriger Regelung (vgl. § 184 Abs. 2 ZPO a.F.) ist eine Ersatzzustellung durch Niederlegung (und durch Einlegen in den Briefkasten) jetzt auch generell bei **juristischen Personen** bzw. bei Gewerbetreibenden, die ihre Geschäfte über besondere Geschäftslokale abwickeln, möglich (§§ 180, 181 ZPO).

Vierter Teil: Die Wiedereinsetzung

Diese sind zustellungsrechtlich natürlichen Personen gleichgestellt. Damit sind die erheblichen Schwierigkeiten bei der Zustellung insbesondere bei geschlossenen Geschäftslokalen beseitigt.

Fünfter Teil: Die mündliche Verhandlung

I. Chancen und Risiken

Sobald es zur mündlichen Verhandlung im Rechtsstreit kommt, entsteht eine zusätzliche Verantwortung für den Anwalt. Die Verhandlung ist das Kernstück des Zivilprozesses. Sie kann ein erhebliches Tempo erreichen und rasche Reaktionen erfordern. Sie setzt die volle Beherrschung des Tatsachenstoffes und der Rechtslage voraus. Sie kann durch prozessuale, unerwartete Maßnahmen erschwert werden. Sie hat die Unwägbarkeiten des Streitgesprächs zum Gegenstand (so wörtlich und zutreffend Hartmann, Kostengesetze, 27. Aufl. 1997, § 31/55 BRAGO; vgl. auch Zuck, ZAP-Kolumne 2000, S. 766: »faktisch hohes Überraschungspotential«).

> Gerade in der mündlichen Verhandlung reagieren Rechtsanwälte auf neue Prozesssituationen überhaupt nicht, ungeschickt oder falsch. Dies passiert überwiegend bei **Unterbevollmächtigten**, da sie mit dem Akteninhalt häufig nicht ausreichend vertraut sind (vgl. OLG Düsseldorf NJW 1982, 1888: Anwaltskartell: keine ordnungsgemäße Prozessführung und grob nachlässig; vgl. aber OLG München NJW-RR 2001, 66: bei Unmöglichkeit einer sofortigen Stellungnahme einer auswärtigen, durch einen Korrespondenzanwalt vertretenen Partei zu in der Verhandlung erteilten Hinweisen muss nach § 278 Abs. 4 ZPO vertagt werden – jetzt aber vgl. § 139 Abs. 5 **ZPO n.F.**).

> Da man auch mit Verfahrensfehlern des Gerichts rechnen muss, hat der Anwalt in der mündlichen Verhandlung »hellwach und misstrauisch« zu sein (E. Schneider ZAP-Kolumne 2000, S. 1269), und die Partei bzw. ihr Prozessbevollmächtigter müssen »das ihre dazu beitragen, dass ihre Rechte am Prozess nicht verkürzt werden« (BGH NJW 1988, 2302). Ferner darf der Anwalt nie dem Gericht zuliebe auf ein Recht des Mandanten verzichten oder eine günstige prozessuale Position aufgeben, wenn kein Vorteil für ihn damit verbunden ist (E. Schneider, Anwalt 12/2001 S. 17; MDR 1991, 299).

Vor allem die mündliche Verhandlung bietet die **Gelegenheit**

- einen für die Partei günstigen Aspekt besonders herausstellen zu können, der sonst womöglich in den zahlreichen Schriftsätzen untergegangen wäre,

- den Sachverhalt durch die Partei persönlich überzeugend darzustellen (vgl. unten III) und bei dem Richter Interesse für den Fall zu wecken sowie Verständnis für den eigenen Standpunkt zu erlangen,

- Fehlinterpretationen, Missverständnisse und falsche Schlüsse des Gerichts zu vermeiden.

Manchmal wird erst durch die mündliche Erörterung beim Gericht das notwendige Problembewusstsein für den Streitfall erzeugt. Zudem fördert die direkte Kommunikation der Beteiligten die richtige Erfassung der Komplexität des Geschehens.

Dabei kann Rechtsanwälten der weitere Vortrag nicht generell untersagt werden (vgl. § 157 Abs. 2 ZPO). Gegen Ablesen und bei zu weitschweifigen Erklärungen hingegen kann das Gericht einschreiten (§§ 136 Abs. 2, 137 ZPO), wobei aber grundsätzlich ein Recht der Partei selbst auf den (freien) mündlichen Vortrag in der Verhandlung besteht (vgl. §§ 136 Abs. 3, 137 Abs. 2u. 4, 138, 139 Abs. 1, 278. 285 ZPO).

- die Ansicht des Gerichts zur Sach- und Rechtslage zu erfahren, rechtliche Hinweise einzufordern und zu erhalten und u.U. sofort darauf zu erwidern,

- etwaige bisherige eigene Fehler zu korrigieren, noch weitere Angriffs- und Verteidigungsmittel vorzubringen sowie die Klage zu ändern.

Dies alles ist nur bis zum Schluss der mündlichen Verhandlung in der ersten Instanz möglich (§ 296a ZPO; vgl. oben 2. Teil IV 1a (1)). In der Berufungsinstanz hingegen braucht nach der ZPO-Reform sowohl neuer Tatsachenvortrag als auch eine Klageänderung nur noch sehr selten berücksichtigt werden (vgl. §§ 518 Abs. 1; 529 Abs. 1 Nr. 1; 531 Abs. 2, 533 **ZPO n.F.**).

- einen Prozessvergleich auszuhandeln und abzuschließen.

Vorsicht ist geboten

- wenn etwas als zutreffend dargestellt werden soll.

Denn darin kann ein konkludentes **Geständnis** mit Bindungswirkung gem. § 290 ZPO gesehen werden (vgl. oben 2. Teil II 1b).

Von einem schriftsätzlich angekündigten Geständnis, kann man in der mündlichen Verhandlung wieder abrücken. Prozessual wirksam wird ein Vorbringen nämlich grundsätzlich erst mit Vortrag in der mündlichen Verhandlung (vgl. Thomas/Putzo § 129/1; Zöller § 288/5) (Ausnahme: schriftliches Verfahren).

Daher sollte man den Gegner bzw. das Gericht nicht unbedingt voreilig darauf aufmerksam machen. Dies ist aber bereits dann gefahrlos möglich, nachdem die Gegenpartei im Termin den Antrag vorbehaltlos gestellt hat, wodurch ein in den Schriftsätzen enthaltenes Geständnis nunmehr wirksam erklärt ist (vgl. unten IV 1).

- wenn auf etwas verzichtet werden soll.

  Ein Verzicht ist grundsätzlich unwiderruflich. Um zu verhindern, dass insbesondere bei einem Einverständnis mit einer bestimmten prozessualen Vorgehensweise ein konkludenter Verzicht unterstellt werden kann, ist es zweckmäßig, sich ausdrücklich die bisherigen bzw. etwaigen weiteren Rechte vorzubehalten.

  So wird z.B. von manchen Gerichten ein anwaltlich vorbehaltlos erklärter Verzicht auf die Begründung einer gerichtlichen Entscheidung – auch vor deren Verkündung – als stillschweigend erklärter Rechtsmittelverzicht ausgelegt (OLG Köln MDR 2000, 472; 2002, 109: § 91a Beschluss; Zöller § 567/15, Thomas/Putzo § 514/8). Das wesentliche Argument der Kritiker (vgl. E. Schneider MDR 2000, 987), nämlich der § 514 ZPO a.F., woraus gefolgert wurde, dass ein Verzicht vor Urteilserlass nicht möglich ist, dürfte nunmehr mit den §§ 515, 313a Abs. 3 ZPO n.F. entfallen sein.

  Zur Vermeidung speziell dieses Risikos sollte der Anwalt daher sicherheitshalber einem nicht zugleich als Rechtsmittelverzicht gewollten Begründungsverzicht den Zusatz »ohne Verzicht auf Rechtsmittel« hinzufügen (OLG Köln MDR 2002, 109: »kann von anwaltlich vertretenen Parteien erwartet werden«) (auf Protollierung achten, vgl. § 165 ZPO – Wirksamkeit eines Verzichts davon aber unabhängig, Zöller § 162/6) (i.F. Rechtsmittel- und Begründungsverzicht aber Ersparnis von zwei Gerichtsgebühren, Nr. 1211 b Anl. 1 n.F. zum GKG iVm. § 313a Abs. 1 ZPO n.F.).

  Vorsicht ist auch geboten bei Verzicht auf einen Zeugen (vgl. unten 6. Teil III 1a).

- bei Verfahrensfehlern und mangelnder Zuständigkeit

  Sofern die Partei dies in der mündlichen Verhandlung nicht rechtzeitig rügt, kann Heilung eintreten (§§ 39, 295 ZPO).

  Dies ist jetzt umso bedeutender, als nach der ZPO-Reform die Berufung sowie neue Angriffs- und Verteidigungsmittel hauptsächlich auf Verfahrensfehler gestützt werden können. Der Verlust des Rügerechts in der ersten Instanz wirkt in der Berufungsinstanz fort (§ 534 **ZPO n.F.**).

- beim persönlichen Auftreten.

  Der Anwalt und auch die Partei selbst sollten es vermeiden, in der mündlichen Verhandlung (besonders) »negativ« aufzufallen und sich nicht provozieren lassen. Auf »Privatfehden« mit dem Richter sollte tunlichst verzichtet werden. Unsachlichen Äußerungen – sei es vom Gegner oder vom Gericht – sollte man am besten ruhig aber bestimmt entgegentreten.

  Es kann nicht ausgeschlossen werden, dass sonst – zumindest unbewusst – (nachteilige) Voreingenommenheiten und gewisse Antipathien beim Richter entstehen. Dabei personifiziert sich gewissermaßen die nicht persönlich anwesende Partei für den Richter vornehmlich in der Person ihres Prozessbevollmächtigten, wobei manche Richter Rechtsanwälten gegenüber von vornherein eher kritisch eingestellt sind. Durch persönliche Angriffe gegen den Richter bzw. dessen fachlicher Kompetenz, unterschwellige vermeintliche Drohungen, unsachliche Äußerungen gegenüber der anderen Seite oder auch nur durch ein unangebracht überhebliches, forsches Auftreten riskiert man eine für die Partei nachteilige innere Einstellung auch eines zunächst wohlgesinnten Richters.

Auch wenn die lautstarke Selbstdarstellung des Anwalts den anwesenden Mandanten möglicherweise zunächst beeindruckt, kann dadurch die Enttäuschung über einen verlorenen Prozess sicherlich nicht ausgeglichen werden. Erfolgreiche Prozesstaktik muss – vor allem im Interesse des eigenen Mandanten – mit der »Prozesspsychologie« harmonieren. Ihre Reduktion ausschließlich auf die Eigeninteressen kann das Gegenteil dessen bewirken, was erstrebt wird (so zutreffend E. Schneider MDR 1987, 725).

Dabei ist zu bedenken, dass viele Ergebnisse wertende Entscheidungen sind, die von ganz individuellen, kaum verifizierbaren Tendenzen subjektiv geprägt sind. Es gibt häufig eben nicht nur die »richtige« Rechtsanwendung für den zu entscheidenden Einzelfall, sondern mehrere sich widersprechende, aber trotzdem allesamt vertretbare Lösungsmöglichkeiten. Außerdem ist die für die Entscheidung notwendige »persönliche Gewissheit« allein des Tatrichters (BGHZ 53, 245, 256) von der Wahrheit einer Behauptung naturgemäß personengebunden und kaum nachprüfbar.

So kann derjenige, der sein »Handwerk versteht, nahezu jede Entscheidung begründen oder zumindest wasserdicht machen« und damit die »Willens-Bestandteile« seines Urteils kaschieren (Lamprecht DRiZ 1988, 162). Auch wird behauptet, dass die Praxis die juristischen Methoden der Rechtsfindung dazu benutzen würde, um »die nach dem eigenen Vorverständnis des jeweiligen Juristen angemessenste Entscheidung nach außen lege artis zu begründen, d.h. scheinzubegründen« (Esser, Vorverständnis und Methodenwahl in der Rechtsfindung, 2. Aufl. 1972, S. 7 – zit. Schwöbbermeyer ZRP 2001, 571; Reinelt ZAP-Sonderheft S. 63: es gibt irrationale Tendenzen im Recht).

Ebenso hat der Richter prozessual einen weiten Handlungsspielraum (Baumbach/Lauterbach § 139/13), nicht zuletzt aufgrund von unbestimmten, kaum definierbaren Rechtsbegriffen und »kann« Bestimmungen.

So schreibt Rinsche (Prozesstaktik, 4. Aufl. 1999, Rdnr. 169) treffend: »Man täusche sich nicht: In Fällen, die auf des Messers Schneide stehen, kann die Verärgerung eines Richters (ohne dass es diesem bewusst wird) durchaus prozessentscheidend sein«.

II. Die Güteverhandlung

Mit Einführung der Güteverhandlung wird der Schlichtungsgedanke im Zivilprozess institutionalisiert. Damit soll zum einen die hohe Belastung der Zivilgerichtsbarkeit abgebaut werden, und zum anderen eine gütliche Streitbeilegung in einem möglichst frühen Prozessstadium erreicht werden (Begr. RegE S. 62). Denn eine gütliche Einigung dient dem Rechtsfrieden nachhaltiger als eine Streitentscheidung durch Urteil. Leitbild hierbei ist der Gütetermin im arbeitsgerichtlichen Verfahren. Ob diese Ziele damit erreicht werden, muss allerdings stark bezweifelt werden.

> So wird die Güteverhandlung in der Literatur allenthalben kritisiert. Beispielhaft sei hier nur die prägnante Äußerung Schellhammers erwähnt:»Der Versuch, den Richter auf eine kleinlich-bürokratische Manier zu zwingen, jeder mündlichen Verhandlung eine Güteverhandlung vorauszuschicken, um so die Zahl der Vergleiche zu erhöhen und die Berufung überflüssig zu machen, wird fehlschlagen, da er jeglicher praktischen Vernunft ermangelt« (MDR 2001, 1082). Zudem ist die Anlehnung an das arbeitsgerichtliche Güteverfahren wegen der dort meist völlig anderen Interessenlage als in den zivilrechtlichen Streitigkeiten verfehlt (vgl. Hansens AnwBl. 2002, 125; BT-Dr. 14/4722 S. 147: ablehnende Stellungnahme des Bundesrates).

Nach der **Übergangsvorschrift** des § 26 Nr. 2 EGZPO ist eine Güteverhandlung nur bei denjenigen Verfahren erforderlich, welche ab dem 1. 1. 2002 anhängig geworden sind.

> Der Gesetzesantrag des Landes Hessen vom 10.12.02 (BR-Dr. 911/02) hat zum Ziel, die obligatorische Güteverhandlung mittels einer Bundesratsinitiative wieder abzuschaffen, weil diese Neuregelung zu gravierenden Störungen des gerichtlichen Verfahrens und zu beträchtlichen Mehrbelastungen der Gerichte geführt habe, ohne dass dem ein positiver Ertrag gegenüber stünde. Schon im Gesetzgebungsverfahren war der Bundesrat gegen deren Einführung (BT-Dr. 14/4722 S. 147 Nr. 4). Möglicherweise sind daher die folgenden Ausführungen inzwischen überholt.

1) Voraussetzungen

Nach §§ 278, 279 **ZPO n.F.** hat der mündlichen Verhandlung in erster Instanz (vgl. § 525 **ZPO n.F.**) grundsätzlich eine **Güteverhandlung** vorauszugehen, es sei denn

- es hat bereits ein Einigungsversuch vor einer außergerichtlichen Gütestelle stattgefunden (z.B. ein Schlichtungsverfahren nach § 15a EGZPO)

- oder die Güteverhandlung erscheint erkennbar aussichtslos (vgl. hierzu Foerste NJW 2001, 3103).

  Nicht ausdrücklich geregelt ist, was nach einem **schriftlichem Vorverfahren** geschehen soll. Auch wenn die Intention des Gütetermins, eine schnelle Einigung ohne viele Schriftsätze zu erzielen, bei einem schriftlichen Vorverfahren in der Regel nicht mehr erfüllt werden kann, ist es sicherlich nicht im Sinne des Gesetzgebers, durch Anordnung des schriftlichen Vorverfahrens den Gütetermin zu unterlaufen (vgl. auch arg. § 279 Abs. 1 **ZPO n.F.**, §§ 272, 275 ZPO : »Haupttermin«; Baumbach/Lauterbach § 279/4 Begr. RegE S. 84: »gilt für alle Termine der mündlichen Verhandlung«).

  Eine Güteverhandlung ist insbesondere im **Einspruchstermin** durchzuführen (Foerste NJW 2001, 3104 **a.A.** arg. § 341a ZPO als Sonderregelung). Im Verfahren nach **§ 495a ZPO** hingegen kann das Gericht nach seinem Ermessen von einer Güteverhandlung absehen, sofern überhaupt eine mündliche Verhandlung stattfindet (vgl. oben 1. Teil II 3).

  Nach der Stellungnahme der Koalitionsfraktionen zum Regierungsentwurf der ZPO-Reform (BT-Dr. 14/6036 S. 117 – Beschlussempfehlung und Bericht des Rechtsausschusses) werde sich eine gütliche Streitbeilegung im Rahmen der Güteverhandlung insbesondere anbieten bei Konflikten, die aus einer dauerhaften Beziehung erwachsen, wie dies etwa der Fall sei bei Mietrechtsstreitigkeiten und sonstigen Dauerschuldverhältnissen, aber auch bei Nachbarschaftsstreitigkeiten und sonstigen, aus einer persönlichen Beziehung resultierenden Streitigkeiten.

  Die Anordnung oder Nicht-Anordnung eines (u.U. auch gesonderten) Gütetermins dürfte nicht (separat, vgl. § 534 **ZPO n.F.**) anfechtbar sein (vgl. Zöller §§ 273/5d : kein Recht auf Entscheidung ; 567/35). Zweifelhaft ist, ob bei Zurückweisung eines entsprechenden Gesuchs die sofortige Beschwerde statthaft ist (§ 567 Abs. 1 Nr. 2 **ZPO n.F.**) (vgl. Hartmann NJW 2001, 2581; Foerste NJW 2001, 3104; Thomas/Putzo § 567/14).

2) Ablauf des Gütetermins

In der Güteverhandlung hat das Gericht den Sach- und Streitstand mit den Parteien unter freier Würdigung aller Umstände zu erörtern und, soweit erforderlich Fragen zu stellen (§ 278 Abs. 2 **ZPO n.F.**). Die erschienenen Parteien sollen persönlich gehört werden, deren Erscheinen nach § 278 Abs. 3 **ZPO n.F.** auch angeordnet werden soll. Da die Güteverhandlung nicht Teil der mündlichen Verhandlung ist, besteht hierbei nicht die Gefahr eines Geständnisses (§§ 288, 290 ZPO). Als Zweck dieser Verhandlung wird in Abs. 2 die gütliche Beilegung des Rechtsstreits genannt.

Die (eigentliche) mündliche Verhandlung soll sich im Regelfall bei Erfolglosigkeit der Güteverhandlung dieser unmittelbar anschließen (§ 279 Abs. 1 S. 1 ZPO **n.F.**).

II. Die Güteverhandlung

Eine gesonderte Güteverhandlung kommt dabei z.B. dann in Betracht, wenn der Durchführung der mündlichen Verhandlung noch Hindernisse entgegenstehen, wenn etwa im Hinblick auf eine zunächst günstig eingeschätzte Vergleichschance eine weitere Verfahrens- und/oder Terminsvorbereitung, insbesondere etwa die Ladung von Zeugen, unterblieben ist oder wenn die Güteverhandlung nur teilweise erfolgreich war und mit einem bedingten oder widerruflichen Vergleich endete (Begr. RegE.S. 84).

Die Beweisaufnahme ist nach § 279 Abs. 2 **ZPO n.F.** für den Haupttermin nach der streitigen Verhandlung vorgesehen und deshalb wohl auch im Gütetermin unzulässig (ebenso i.E. Foerste NJW 2001, 3104).

Jedenfalls ist das Gericht in diesem Prozessstadium zu Beweiserhebungen nicht verpflichtet (Begr. RegE.S. 83).

Ob eine Antragstellung im Gütetermin zulässig ist, erscheint zweifelhaft. Erforderlich jedenfalls ist sie nicht. Umstritten ist, ob eine Urteilsverkündung im Gütetermin möglich ist (vgl. Wieser MDR 2002, 11: bejahend für Verzichts- und Anerkenntnisurteile sowie für die Antragstellung). Ein Versäumnisurteil kann im Gütetermin selbst jedenfalls nicht ergehen (arg. § 279 Abs. 1 **ZPO n.F.**).

Folgende **Varianten bei Nichterscheinen** sind zu unterscheiden, wobei Nichterscheinen der Parteien nicht zu verwechseln ist mit dem Nichtbefolgen der Anordnung des persönlichen Erscheinens (vgl. Begr. RegE. S. 83).

- Die nicht erschienene Partei ist (anwaltlich) vertreten.

Dann kann das Gericht gleichwohl eine Güteverhandlung durchführen. Jedoch kann auch vertagt werden, wenn es die persönliche Anhörung der Parteien als wichtig ansieht und nicht ein wiederholtes Fernbleiben anzeigt, dass eine solche Verhandlung aussichtslos ist (Foerste NJW 2001, 3104). Das hat freilich für die persönlich erschienene Partei samt deren Prozessbevollmächtigten die nachteilige Konsequenz, zu einem zweiten Termin nochmals erscheinen und u.U. von weit entfernt anreisen zu müssen.

Wegen der Nichtbefolgung der persönlichen Ladung kann **Ordnungsgeld** entsprechend § 141 ZPO verhängt werden (vgl. hierzu unten III 2).

Dabei wird einerseits vertreten, dass die Festsetzung eines Ordnungsgeldes unzulässig ist, wenn sich eine Partei gegen einen Gütetermin ausgesprochen hat (Wieser MDR 2002, 11). Andererseits aber wird befürwortet, diese Sanktion jetzt nach der ZPO-Reform vermehrt und unabhängig davon einzusetzen, ob das Ausbleiben zu einer Verzögerung des Rechtsstreits geführt hat oder nicht (so jetzt Zöller 23. Aufl. § 141/12; **a.A.** LAG Niedersachsen MDR 2002, 1333).

- Eine Partei ist säumig i.S. §§ 330, 331 ZPO (§ 78 gilt auch hier!).

> **Beachte:**
> In der sich anschließenden mündlichen Verhandlung kann ein Versäumnisurteil ergehen oder ein Endurteil im Verfahren nach § 495a ZPO.

> Zu einer ordnungsgemäßen Ladung als Voraussetzung eines Versäumnisurteils gem. § 335 Abs. 1 Nr. 2 ZPO gehört dabei auch die Mitteilung, dass sich (einer erfolglosen Güteverhandlung) die mündliche Verhandlung anschließt (Zöller 23. Aufl. § 278/20; Baumbach/Lauterbach § 279/4).

- Beide Parteien sind säumig.

> In diesem Fall ist zwingend das Ruhen des Verfahrens anzuordnen (§ 278 Abs. 4 ZPO n.F.). Dann muss aber bei Fortsetzung des Prozesses, was jederzeit auf (Termins-)Antrag einer Partei möglich ist, die Güteverhandlung grundsätzlich nachgeholt werden. Bei »sinnlos wiederholtem Ausbleiben« indes sollte das Gericht wie nach einer gescheiterten Güteverhandlung verfahren (Baumbach/Lauterbach § 278/34).

3) Taktische Hinweise

Sofern man eine Verzögerung des Verfahrens und erhöhten Aufwand durch einen etwaigen **gesonderten Gütetermin** – ohne unmittelbar sich anschließender mündlicher Verhandlung (vgl. auch § 278 Abs. 5 S. 1 **ZPO n.F.**) – vermeiden möchte, sollte man dem Gericht rechtzeitig mitteilen, dass außergerichtliche Vergleichsverhandlungen gescheitert sind bzw. eine gütliche Beilegung des Rechtsstreits in keinem Falle in Betracht kommt.

> Dann kann das Gericht von der Aussichtslosigkeit einer Güteverhandlung ausgehen (vgl. Wieser MDR 2002, 10: dann in der Regel aussichtslos, Foerste NJW 2001, 3104: persönlicher Widerspruch beider Parteien dürfte eine Güteverhandlung unzulässig machen). Das verbietet es natürlich nicht, in der mündlichen Verhandlung trotzdem einen Vergleich zu schließen.

> Hingegen kann es – wie oben unter Ziff. II 2 dargestellt – riskant und nutzlos sein, überhaupt nicht bzw. nur ohne die Partei zum Termin zu erscheinen.

In geeigneten Fällen kann der Anwalt das Gericht auf die Begründung der Beschlussempfehlung des Rechtsausschusses zum Entwurf des **ZPO-Reformgesetzes** (BT-Dr. 14/6036 S. 117) hinweisen.

> Danach solle sich eine gütliche Streitbeilegung im Rahmen der Güteverhandlung insbesondere anbieten bei Konflikten, die aus einer dauerhaften Beziehung

erwachsen, wie dies etwa der Fall sei bei Mietrechtsstreitigkeiten und sonstigen Dauerschuldverhältnissen, aber auch bei Nachbarschaftsstreitigkeiten und sonstigen, aus einer persönlichen Beziehung resultierenden Streitigkeiten. Eine Güteverhandlung erscheint daher untunlich z.B. bei einmaligen, rein wirtschaftlichen Streitigkeiten zwischen (anonymen) Unternehmen (vgl. auch Foerste NJW 2001, 3104: bei Großunternehmen, die grundsätzlich oder in Streitigkeiten dieser Art nie vergleichsbereit sind). Zumindest dürfte in diesen Fällen das persönliche Erscheinen der (gesetzlichen) Vertreter entbehrlich sein.

Einen Gütetermin erspart sich die Klagepartei samt Anwalt – vorläufig oder endgültig – auch bei Erlass eines Versäumnisurteils im schriftlichen Vorverfahren (vgl. oben 1. Teil V 1).

Falls der Beklagte weder außergerichtlich, noch im Widerspruch gegen einen Mahnbescheid Einwendungen gegen die Klageforderung erhoben hat und keine zu erwarten sind, sollte man dies dem Gericht in der Klageschrift deutlich mitteilen, verbunden mit dem Antrag auf Einleitung eines schriftlichen Vorverfahrens.

Denn dann ist die Wahrscheinlichkeit größer, dass das Gericht keinen frühen ersten Termin bzw. Gütetermin ansetzt, sondern ein schriftliches Vorverfahren verfügt. Im Falle eines Versäumnisurteils (gem. § 331 Abs. 1 ZPO beantragen!) erspart sich der (u.U. weiter vom Prozessgericht ansässige) Klägeranwalt eine unnötige mündliche Verhandlung.

Sofern eine Partei allerdings (ausnahmsweise) einen Gütetermin wünscht, kann sie diesen durchaus anregen bzw. **beantragen**. Dies wird nämlich oftmals zur Folge haben, dass eine Güteverhandlung im Zweifel nicht mehr erkennbar aussichtslos erscheint und deshalb durchzuführen ist (BT-Dr. 14/6036 S. 121).

Dabei ist weder das Absehen noch die Anberaumung (gegen den Willen einer Partei) mit der sofortigen Beschwerde anfechtbar (Wieser MDR 2002, 10).

Eine gesonderte Gebühr für die (Mehr)Tätigkeit des Anwalts in der Güteverhandlung, welche gebührenrechtlich zum Rechtszug gehört, wurde durch das **ZPO-Reformgesetz** nicht eingeführt (vgl. zu den Gebühren i.Ü. Enders JurBüro 2001, 617).

Nicht bestätigt hat sich die Ansicht, wonach der separate Gütetermin die Regel werden wird (so Hinz NZM 2001, 603), selbst wenn vermutlich einige Richter dies als indirektes Druckmittel zur Erlangung eines Vergleiches benutzen.

Vielmehr führen zahlreiche Richter aus Zeitgründen die Güteverhandlung lediglich formularmäßig durch bzw. sehen von vornherein ganz davon ab (so wie z.B. früher nach altem Scheidungsrecht der erforderliche Sühneversuch nach § 608 ZPO a.F. behandelt wurde, vgl. E. Schneider NJW 2001, 3757: Schütteln die

Prozessbevollmächtigen – auf die Frage des Gerichts, ob eine gütliche Einigung möglich ist – die Köpfe, ist damit der Güteversuch gescheitert; vgl. Zierl, NJW-Editorial Heft 39/2002: es zeichnet sich ab, dass doch ein Großteil der Richter nach Möglichkeiten sucht, die Güteverhandlung zu vermeiden bzw. sie nur in Verbindung mit einem frühen ersten oder Haupttermin anzuberaumen«).

III. Teilnahme des Mandanten

1) Zweckmäßigkeit der Teilnahme

Die Parteien dürfen natürlich an der mündlichen Verhandlung teilnehmen.

Die Frage, ob es zweckmäßig ist, dem Mandanten die Teilnahme zu empfehlen, muss der Anwalt im jeweiligen Einzelfall entscheiden. Die zuweilen zu lesende Bemerkung, wonach diejenige Partei, welche persönlich erscheint, regelmäßig »der Dumme« ist, ist in dieser Allgemeinheit keinesfalls zutreffend (vgl. Lange NJW 2002, 480 Fn. 50: »Wer seine Partei lieb hat, lässt sie zu Hause«).

So kann die Anwesenheit der Partei durchaus **nachteilig** sein:

- Er kann insbesondere Fragen des Gerichts und des Gegners ausgesetzt sein, ohne deren Bedeutung für den Rechtsstreit zu erkennen und sich deshalb ungeschickt einlässt,

  während sonst u.U. eine Vertagung oder Schriftsatzfrist zwecks Rücksprache mit dem Mandanten erlangt werden kann (vgl. z.B. Thomas/Putzo § 370/1: bei nicht voraussehbarem überraschendem Ergebnis der Beweisaufnahme oder bei Fragen, die der Anwalt nicht ohne Rücksprache mit seinem Mandanten beantworten kann). Durch die Äußerungen der Partei kann möglicherweise die gesamte Strategie des Anwalts zunichte gemacht werden.

- Bei Ablehnung von Vergleichsvorschlägen durch die Anwälte besteht die Gefahr, dass das Gericht Druck auf die anwesenden Parteien ausübt und den Vergleichsabschluss später reut.

- Die Äußerungen einer sehr emotional auftretenden Partei können zu gewissen Spannungen führen, den Gegner provozieren und das Gericht negativ beeinflussen. Unter Umständen ist der Gegner dann zu einem – für die Partei günstigen – Vergleichsabschluss nicht mehr bereit.

Die Hoffnung, dass durch die Anwesenheit von Parteien die Vergleichsbereitschaft erhöht wird, ist daher »meist ein Trugschluss« (Zierl, NJW-Editorial, Heft 39/2002).

Ferner kann durch die Art des Auftretens der Partei die gegnerische Darstellung des Sachverhalts u.U. für das Gericht plausibel und glaubwürdig werden (vgl. bereits oben I), z.B. wenn ein sehr aggressiv und kräftig wirkender Beklagter die behauptete Körperverletzung des Klägers bestreitet (vgl. z.B. auch OLG Hamburg MDR 2000, 115: dafür »dass insbesondere die Telefonate [des, sein Zeithonorar einklagenden Rechtsanwaltes] mit der Beklagten selbst oft zeitraubend gewesen sein können, [...] hat sie in der Verhandlung mit ihren mündlichen Ausführungen ein Beispiel gegeben«).

Die Anwesenheit der Partei kann aber auch **vorteilhaft** sein:

- Der (sachkundige) Mandant kann komplizierte Sachverhalte dem Gericht verständlich machen bzw. Fragen beantworten. Der Anwalt wird hierzu häufig ebenso wenig in der Lage sein, wie auf Äußerungen der Gegenpartei sofort zu erwidern.

- Unter Umständen sieht sich das Gericht veranlasst, der persönlich anwesenden Partei mehr Hinweise zu erteilen als einem Rechtsanwalt. Insbesondere wenn die Partei »zur Aufklärung des Sachverhalts« persönlich geladen wurde, ist das Gericht verpflichtet, ihr Gelegenheit zu geben, einen etwaigen unzureichenden Tatsachenvortrag zu vervollständigen (BGH NJW-RR 1999, 605).

- In machen Fällen kann nicht ausgeschlossen werden, dass die unmittelbare Schilderung der Ereignisse durch die Partei das Gericht vor allem in Zweifelsfällen oder bei noch ungeklärten Restfragen überzeugt (vgl. § 286 ZPO) (vgl. z.B. OLG Frankfurt MDR 1979, 762: überzeugendes Auftreten des Beklagten) oder zur Parteivernehmung von Amts wegen führt (vgl. OLG Celle VersR 1982, 500: der in der Verhandlung von der Persönlichkeit beider Parteien gewonnene Eindruck).

- Wenn es z.B. um Schmerzensgeld wegen Körperverletzung geht, kann der unmittelbare Anblick der sichtbaren Folgen beim Kläger einen günstigen Einfluss auf die Höhe des Schmerzensgeldes haben (z.B. bei Gesichtsverletzung entstellende Narben erkennbar!).

- Vorteilhaft kann die Teilnahme auch bei der Beweisaufnahme oder Anhörung des Gegners sein, um ergänzende Fragen stellen zu können. Hier hängt dies wiederum von der Person der jeweiligen Partei ab, da erfahrungsgemäß viele Parteien nicht in der Lage sind, (konkrete) Fragen zu stellen.

- Für den Anwalt besteht der Vorteil, dass ein etwaiger Vergleich unwiderruflich abgeschlossen werden kann.

Damit kann er sich Erklärungs- und Überzeugungsarbeit beim Mandanten ersparen. Denn es ist in der Regel davon auszugehen, dass das Gericht zum Zwecke eines Vergleichsabschlusses entsprechende Ausführungen im Termin macht. Besonders bei »uneinsichtigen« Mandanten kann dies für den Anwalt hilfreich sein. Wenn der Mandant sogleich die Fragen des Gerichts beantworten kann, muss der Anwalt nicht erst – vielfach mühsam – bei ihm außergerichtlich nachfragen.

Angesichts dessen empfiehlt es sich, den persönlich teilnehmenden Mandanten vorher über den Ablauf einer mündlichen Verhandlung samt etwaigen Unwägbarkeiten zu informieren und die Vorgehensweise abzusprechen.

2) Anordnung des persönlichen Erscheinens

Eine Äußerungspflicht der Partei besteht selbst dann nicht, wenn gem. § 141 ZPO deren persönliches Erscheinen angeordnet ist (Thomas/Putzo § 141/4; Zöller § 141/8/9 – jedoch §§ 138, 286 ZPO!).

Trotzdem kann bei unentschuldigtem Ausbleiben einer Partei ein **Ordnungsgeld** verhängt werden (vgl. Zöller § 141/12).

Auch wenn viele Richter davon nur zurückhaltend Gebrauch machen dürften (vgl. Zöller § 141/12), muss immer damit gerechnet werden. Denn manche Gerichte sehen die Verhängung von Ordnungsgeld gewissermaßen als eine Ungehorsamstrafe wegen Missachtung des Gerichts und des Gesetzes an (z.B. OLG München NJW-RR 1992, 827; **a.A.** Zöller 23. Aufl. § 141/12; LAG Frankfurt NJW 1965, 1042: kein allgemeiner Autoritätsschutz der Gerichte schlechthin).

Voraussetzungen sind insbesondere,

- dass das Ausbleiben nicht entschuldigt ist (z.B. wegen großer Entfernung, Krankheit, sonstiger dringender Geschäfte) (Zöller § 141/13; Thomas/Putzo § 141/5);

- dass die Anordnung einen Hinweis auf die Folgen des Ausbleibens enthält und als Zweckangabe »zur Aufklärung des Sachverhalts« angefügt ist, was in der Praxis häufig nicht erfolgt (Thomas/Putzo § 141/6; Zöller § 141/10; einschränkender OLG München MDR 1987, 147: Gericht muss zu erkennen geben, welche Ergänzungen oder Erläuterungen es im Termin erwartet) (Terminsladung genau lesen!);

- dass Aufklärung auch tatsächlich noch erforderlich (OLG Brandenburg MDR 2001, 411) bzw. die Sache auf Grund des Ausbleibens nicht entscheidungsreif ist (OLG Brandenburg NJW-RR 2001, 1649)

III. Teilnahme des Mandanten

(vgl. Zöller 23. Aufl. § 141/12: insbes. nicht bei Vergleichsabschluss; str.);

- dass kein Vertreter oder Prozessbevollmächtigter erscheint, der zur Abgabe der gebotenen Erklärungen, insbesondere zur einem Vergleichsabschluss, ermächtigt, und zur Aufklärung des Tatbestandes in der Lage ist (§ 141 Abs. 3 ZPO).

Dabei hängt es vom jeweiligen Richter ab, welchen Anforderungen diese Vollmacht entsprechen muss. Während manchen Richtern die mündliche anwaltliche Versicherung ausreicht, bestehen andere auf die Vorlage einer diesbezüglichen (besonderen) Vollmacht. Deshalb sollte der Anwalt eine solche im Original sicherheitshalber immer in der Verhandlung dabei haben, welche Anerkenntnis und Verzicht mit einschließen muss (Zöller § 141/18; OLG München NJW-RR 1992, 827: Vollmacht gem. § 81 ZPO genügt nicht). Nach einer Ansicht (Baumbach/Lauterbach § 141/50; AG Königstein NJW-RR 2003, 136) muss der Vertreter bereit und ermächtigt sein, einen etwaigen Prozessvergleich unbedingt abzuschließen. Im Übrigen kommt der Anwalt als Vertreter in diesem Sinne nicht in Betracht, wenn es auf höchstpersönliche Kenntnisse der Partei ankommt (Baumbach/Lauterbach § 141/48), weil der Wissensstand des Vertreters dem der Partei entsprechen muss (Zöller § 141/17).

> **Beachte:**
> Für den (Prozess-) Bevollmächtigten selbst besteht ebenfalls keine Pflicht, sich zur Sache einzulassen. Weigert sich der Vertreter daher, eine Erklärung abzugeben, kann kein Ordnungsgeld verhängt werden (Zöller § 141/19).

Am sichersten indes vermeidet man das Risiko eines Ordnungsgeldes durch die Aufhebung der gerichtlichen Anordnung. Angesichts der vorhandenen Unwägbarkeiten sollte der Anwalt versuchen, zunächst dies zu erreichen.

So kann sich das Gericht insbesondere dann zu einer Aufhebung veranlasst sehen, wenn der Anwalt vor dem Termin mitteilt, dass sein Mandant zu keiner Erklärung bereit oder fähig (weil mit der Sache nicht befasst) ist, zumal die Anordnung in der Praxis zuweilen nur routinemäßig und gedankenlos erfolgt.

Im Übrigen ist nach § 141 Abs. 1 S. 2 ZPO von der Anordnung des persönlichen Erscheinens abzusehen, wenn einer Partei wegen großer Entfernung oder aus sonstigem wichtigen Grund die persönliche Wahrnehmung des Termins nicht zuzumuten ist.

Erfolgt eine solche Anordnung trotzdem, sollte man das Gericht auf solche Umstände hinweisen (z.B. berufliche Termine, Urlaub) und um Aufhebung bitten, wobei die Ankündigung der Vorlage einer Vollmacht nach § 141 Abs. 3 ZPO noch unterstützend wirken kann. Manche Richter akzeptieren eine telefonische Erreichbarkeit der Partei (per Mobiltelefon) während der Sitzung.

Das OLG Celle (NJW-RR 2002, 72) hat sogar einen Befangenheitsantrag für begründet erachtet, weil der Richter ohne erkennbaren Grund auf der Anordnung des persönlichen Erscheinens einer über 300 km vom Gerichtsort wohnenden Partei beharrt hat, obwohl sie mitgeteilt hat, dass sie sich in ihrem Jahresurlaub befinden werde (vgl. § 141 Abs. 1 S. 2 ZPO). In diesem Fall war zudem nicht abzusehen, welcher Aufklärungsbedarf nach der angekündigten anwaltlichen Klageerwiderung überhaupt noch bestehen würde und warum er gegebenenfalls allein durch die Partei persönlich befriedigt werden sollte.

3) Parteianhörung

Mit der (informatorischen) Anhörung der Partei dürfen nach h.M. lediglich Unklarheiten und Lücken im Parteivortrag beseitigt und geklärt werden (Thomas/Putzo Vorbem. § 445/2; BGH MDR 1967, 834). Sie kann deshalb nicht zum Gegenstand der Beweiswürdigung gemacht werden. Trotzdem soll sich eine weit verbreitete Praxis der Zivilgerichte dieser zur direkten Wahrheitsermittlung bedienen (Meyke MDR 1987, 358) und sie faktisch als Beweismittel verwenden (Schöpflin NJW 1996, 2134).

Bei dieser Handhabung kann vor allem eine etwaige »drohende« aufwändige Beweisaufnahme vermieden werden, wenn das Gericht bereits durch die Äußerungen der beweisbelasteten Partei vom Vorliegen der streitigen Tatsache überzeugt ist.

So hat auch der **BGH** in einer Entscheidung aus dem Jahre 1952 festgestellt, dass das Gericht seine Überzeugung allein auf das Vorbringen einer Partei stützen darf (BGH LM § 286 ZPO Nr. 4), ohne dass der hierzu angebotene Beweis noch erhoben werden müsste (§ 286 ZPO) (BGH NJW 1982, 940 Anm. Deubner). Nach einer jüngeren Entscheidung indes sollen bestrittene, erhebliche Tatsachenbehauptungen in der Regel mit den in der ZPO vorgesehenen Beweismitteln bewiesen werden müssen (BGH NJW 1997, 1988). Die Frage, ob der Tatrichter seine Entscheidung auf eine Anhörung stützen kann, soll sich grundsätzlich nur stellen, wenn sich die Partei in Beweisnot befindet, d.h. ihr keine Beweismittel zur Verfügung stehen oder diese nicht ausreichen.

Deshalb ist darauf zu achten, dass eine Anhörung des Gegners nicht in einer **Parteivernehmung** ausartet, welche nur unter bestimmten engen Voraussetzungen zulässig ist (Zöller Vor § 445/1; vgl. unten 6. Teil III 4 – dort auch zur Parteianhörung bei sog. Vier-Augen-Gespräche).

Die Verwertung der Aussagen einer Partei als Beweismittel, ohne ausdrücklich als Partei vernommen zu sein, ist allerdings ein Verfahrensfehler. Die Parteiäußerungen können aber einen Anfangsbeweis als Voraussetzung für eine Parteivernehmung schaffen (§ 448 ZPO).

Außerdem darf die **Parteianhörung** im Rahmen der (freien) Beweiswürdigung als Inhalt der Verhandlungen (vgl. § 286 Abs. 1 ZPO) berücksichtigt werden.

So darf das Gericht einer Parteierklärung, auch wenn sie außerhalb einer förmlichen Parteivernehmung erfolgt ist, sogar den Vorzug vor den Bekundungen eines Zeugen geben (BGH NJW 1999, 364); zumindest kann diese als gleichwertig angesehen werden (vgl. BGH NJW-RR 1990, 1061: bei Interessenverflechtung des Zeugen). Von daher wird das oben angesprochene Verbot, die Anhörung zu Beweiszwecken zu verwenden, freilich erheblich relativiert. Eine Abgrenzung von zulässiger und unzulässiger Anhörung ist letztlich kaum möglich. Eine Beweisgebühr löst die Anhörung jedenfalls nicht aus (Thomas/Putzo § § 141/2; str.).

Für die Beurteilung der Glaubwürdigkeit etwaiger noch zu vernehmender Zeugen dürfte es im Allgemeinen günstiger sein, wenn die Parteianhörung in deren Abwesenheit stattfindet (vgl. Zöller § 278/2), obgleich diese nicht von der öffentlichen Verhandlung ausgeschlossen werden können (vgl. §§ 394 ZPO, 169 GVG). Hierauf ist seitens des Prozessbevollmächtigten besonders bei mitgebrachten Zeugen zu achten.

Freilich sollte hierbei »Anlass zur Skepsis und Zurückhaltung« bestehen, die Feststellung von streitigen Tatsachen ohne unterstützende Anhaltspunkte allein auf die eigene Aussage einer Partei als der am Verfahren am meisten Interessierten zu stützen (Lange NJW 2002, 481). In der Praxis haben Aussagen von Zeugen grundsätzlich erheblich mehr Gewicht als die Äußerungen von Parteien.

Dabei kann das Gericht die Partei zwar auch gegen den Willen des Prozessbevollmächtigten direkt befragen (vgl. §§ 137 Abs. 4; 278 Abs. 2 S. 3 ZPO **n.F.** – vgl. § 278 Abs. 1 a.F.). Eine Einlassungspflicht besteht aber nicht, so dass die Partei auch Tatsachenvortrag zurückhalten darf (vgl. Zöller § 141/1/8).

Sofern die Gegenseite sehr gesprächsbereit ist, sollte der Anwalt diese Gelegenheit nutzen und selbst Fragen stellen, um z.B. etwaige Widersprüche aufzuzeigen. Zuweilen weichen tatsächlich die mündlichen Äußerungen der Partei von der Darstellung in den Schriftsätzen ab. Denn es fällt leichter, dem Anwalt eine einseitig gefärbte Version zu geben, als sie vor Gericht unter den Augen und Ohren des Prozessgegners, der den Sachverhalt ebenso genau kennt, wiederzugeben (so Lange NJW 2002, 478).

Zur Vermeidung ungünstiger Äußerungen des Mandanten kann es daher im Einzelfall ratsam sein, dass dieser nur über seinen Anwalt antwortet. So ist der

Rechtsanwalt allgemein verpflichtet, den Mandanten vor unüberlegten Erklärungen zu warnen (BGH NJW 2000, 1944). Wenn sich der Vortrag der Partei und ihres Anwaltes widersprechen, ist bei der Würdigung nach § 286 ZPO regelmäßig der Parteierklärung der Vorzug zu geben (Thomas/Putzo § 78/7). Bei überraschenden Fragen sollte der Anwalt daher am besten um eine kurze Unterbrechung bitten, um sich mit dem Mandanten besprechen zu können.

Zwar kann das Gericht auch die Verweigerung einer Auskunft nach § 286 ZPO würdigen. Es ist jedoch »nur schwer vorstellbar«, wie ein Gericht daraus für die Partei nachteilige Schlüsse ziehen will (Meyke MDR 1987, 360; im Gegensatz zu § 446 ZPO).

Die Partei braucht ihre Weigerung nicht zu begründen, allerdings kann die Angabe eines plausiblen Grundes verhindern, dass insgeheim doch vermutet wird, sie habe etwas zu verbergen. Dies gilt insbesondere dann, wenn die Partei vorgibt, nichts zu wissen, der Gegner aber darlegt, worauf das Wissen der Partei beruhen kann (vgl. Zöller § 446/1). So kann der Anwalt – vor allem bei einer zu umfangreichen Anhörung – z.B. auf die Bestimmungen der §§ 445 ff. ZPO verweisen oder darauf, dass die ebenfalls persönlich geladene Gegenpartei sich der Anhörung durch ihr Fernbleiben entzogen hat.

Eher geringe Gefahr besteht jedenfalls in Bezug auf ein gerichtliches Geständnis (vgl. oben 2. Teil II 1b).

Denn die Erklärungen einer Partei bei einer Anhörung oder ihrer Einlassung nach § 137 Abs. 4 ZPO können nicht als Geständnis angesehen werden, was nicht unbestritten ist (Thomas/Putzo § 288/4; Zöller § 288/3c). Allerdings lassen sich Sachvortrag und die Erklärung eines Geständnisses nicht immer klar voneinander trennen (vgl. § 289 ZPO), wobei auch im Anwaltsprozess die Partei selbst ein wirksames Geständnis abgeben kann (BGHZ 8, 235; **a.A.** Zöller § 288/3c).

IV. Die Antragstellung

1) Form und Bedeutung

Nach § 137 Abs. 1 ZPO wird die **mündliche Verhandlung** durch die Antragstellung eingeleitet.

Demnach kann vorher noch nicht von einer Verhandlung gesprochen werden, selbst wenn der Sach- und Streitstand bereits erörtert worden ist (OLG Dresden NJW 1997, 765; OLG Frankfurt NJW-RR 1998, 280; Thomas/Putzo § 137/1, einschränkend § 333/1, str.). Daher erfordert »mündliches Verhandeln« i.S. § 128 Abs. 1 ZPO beides.

Die bloße **Stellung der Sachanträge** ist jedoch dann ein Verhandeln, wenn – regelmäßig – darin zugleich stillschweigende Bezugnahme auf das vorbereitende schriftsätzliche Vorbringen liegt (vgl. § 137 Abs. 3 ZPO) (Thomas/Putzo § 333/2) (zum Klageabweisungsantrag vgl. oben 2. Teil IV 2a).

IV. Die Antragstellung

Dann wird in aller Regel der gesamte, bis zum Termin angefallene Akteninhalt, einschließlich der in Bezug genommenen und vorgelegten Schriftstücke Gegenstand der Verhandlung und ist vom Gericht zu verwerten (vgl. Thomas/Putzo § 137/3; Zöller §§ 137/1, 333/1).

Die Anträge sind nach § 297 Abs. 1 ZPO zwar grundsätzlich aus den vorbereitenden Schriftsätzen zu verlesen. Üblich ist jedoch die **Bezugnahme** auf die Schriftsätze, welche die Anträge enthalten (§ 297 Abs. 2 ZPO).

Mit Zustimmung des Vorsitzenden (§ 297 Abs. 1 ZPO) können die Anträge im Termin auch **mündlich zu Protokoll** erklärt werden. Normalerweise wird dies gestattet.

Andernfalls muss der Antrag – u.U. nach einer kurzen Unterbrechung – auf Papier gebracht und das Schriftstück als Protokollanlage vorgelegt und verlesen werden (§§ 297, 160 Abs. 5 ZPO, vgl. auch § 496 ZPO). Dies ist relevant, wenn unvorbereitet im Termin die Klage erweitert bzw. Widerklage erhoben werden soll – vor allem zum Zwecke der Vermeidung der Präklusion. Der Gegner kann dies nicht verhindern, insbesondere nicht durch Verweigerung der Annahme des Schriftstückes oder der Genehmigung des Protokolls (vgl. §§ 160 Abs. 3 Nr. 2, 162 Abs. 1, 261 Abs. 2 ZPO) (vgl. Thomas/Putzo § 162/2).

Aufgrund der Einheit der mündlichen Verhandlung müssen Klageanträge grundsätzlich nur einmal und nicht in jedem Termin oder nochmals nach einer Beweisaufnahme wiederholt werden. Bei deren Unterbleiben darf kein Versäumnisurteil ergehen (Zöller § 297/8; 332/2; Thomas/Putzo § 285/1).

Bei Stellung der Sachanträge ist darauf zu achten, dass nicht ein Antrag übersehen oder ein bereits überholter Antrag gestellt wird. Es empfiehlt sich, den **aktuellen Antrag** zusammenzufassen, wenn die Anträge im Laufe des Verfahrens mehrfach geändert wurden.

Entscheidet das Gericht über die Klage, obwohl überhaupt kein Antrag gestellt wurde, rechtfertigt dies wegen eines Verstoßes gegen §§ 137, 308 ZPO im Berufungsverfahren die Aufhebung des erstinstanzlichen Urteils (OLG Koblenz MDR 2002, 415). Gibt das Sitzungsprotokoll die gestellten Anträge nicht oder nur unvollständig wieder, sollte dessen Berichtigung beantragt werden (vgl. unten V 2).

An die Antragstellung und den Beginn der mündlichen Verhandlung knüpfen sich eine Reihe von **Rechtsfolgen:**

- Klagerücknahme erfordert Einwilligung des Beklagten (§ 269 Abs. 1 ZPO).

    Nach § 269 Abs. 2 **ZPO n.F.** gilt die Einwilligung aber als erteilt, wenn der Beklagte der Zurücknahme nicht innerhalb einer Notfrist (Wiedereinsetzung möglich!) von zwei Wochen seit der Zustellung des Schriftsatzes widerspricht und er zuvor auf diese Folge hingewiesen worden ist.

- Zuständigkeitsbegründung (§ 39 ZPO) und anzunehmende Einwilligung in eine Klage- (und Partei-)änderung (§ 267 ZPO) durch rügelose bzw. widerspruchslose Einlassung (vgl. oben 1. Teil III 3).
- Heilung von Verfahrensmängeln gem. § 295 ZPO, welche bis in der Berufungsinstanz weiterwirkt (§ 534 **ZPO n.F.**). Dabei kommt der Rüge von Rechtsverletzungen nach der ZPO-Reform eine zentrale Bedeutung zu (vgl. §§ 156, 321a, 513, 529, 531, 545, 576 **ZPO n.F.**).
- Verlust des Ablehnungsrechts wegen Besorgnis der Befangenheit (§ 43 ZPO).
- Eintritt der Geständniswirkung (§ 288 ZPO) (vgl. OLG Saarbrücken MDR 2002, 109).
- Begründung der Rechtshängigkeit der im Laufe des Prozesses erhobenen Ansprüche (§ 261 Abs. 2 ZPO).
- Entstehung der Verhandlungsgebühr (§ 31 Abs. 1 Nr. 2 BRAGO) (die anzurechnende Erörterungsgebühr entsteht mit Erörterung der Sach- und Rechtslage; § 31 Abs. 1 Nr. 4; Abs. 2 BRAGO).
- Präklusionswirkung (vgl. §§ 296, 296a ZPO).

Der Antragstellung selbst kommt keine Präklusionswirkung zu. Jedoch muss zur Vermeidung einer drohenden Präklusion in der mündlichen Verhandlung sachgerecht reagiert werden. Dies gilt auch für den Gegner für etwaige Abwehrmaßnahmen. Durch eine voreilige Antragstellung kann man sich auch Fluchtmöglichkeiten, insbesondere die Flucht in die Säumnis verbauen (vgl. oben 2.Teil IV 2a).

2) Antrag auf Terminsverlegung

In der anwaltlichen Praxis sind Anträge auf Terminsverlegung häufig erforderlich. Die Gerichte jedoch sind ihnen »spinnefeind«, weil sie ihre Terminsplanung durchkreuzen (E. Schneider ZAP F. 13 S. 1163: ein Dauerproblem der forensischen Praxis).

Die Terminsverlegung kann auch zur Vermeidung einer etwaigen Präklusion eingesetzt erden (vgl. oben 2. Teil IV 1 b (2)).

Da die Termine von den Gerichten in der Regel einseitig, ohne Absprache mit den Anwälten anberaumt werden, empfiehlt es sich, bereits bekannte Verhinderungen (z.B. gebuchten Urlaub) dem Gericht rechtzeitig und deutlich anzuzeigen mit der Bitte um Berücksichtigung.

a) Vermeidung eines Versäumnisurteils

Wenn man zu der Verhandlung nicht erscheint, droht der Erlass eines – ohne Sicherheitsleistung vorläufig vollstreckbaren – Versäumnisurteils (§§ 330, 331, 708 Nr. 2 ZPO), auch in Folgeterminen (§ 332 ZPO).

Lediglich wenn das Gericht davon ausgeht, dass die Einlassungs- oder Ladungsfrist zu kurz bemessen oder die Partei ohne ihr Verschulden am Erscheinen verhindert ist, muss die Verhandlung vertagt werden (§ 337 ZPO).

> Ein Versäumnisurteil ist auch dann zulässig und auf Antrag zu erlassen, wenn die säumige Partei **anwaltlich vertreten** ist (Zöller vor § 330/12; § 13 BerufsO vom 29. 11. 1996 wurde vom BVerfG, NJW 2000, 347 für nichtig erklärt; vgl. auch BGH NJW 1999, 2120; **a.A.** wohl Thomas/Putzo § 337/3 bzgl. § 337 ZPO allerdings unter Hinweis auf § 13 BerufsO). In diesem Fall kann jedoch Vertagung der Verhandlung gem. § 227 ZPO in Betracht kommen (Thomas/Putzo § 227/8).

Beachte:
Um ein Versäumnisurteil zu vermeiden, sollte entweder Terminsverlegung beantragt werden oder etwaige unverschuldete Hinderungsgründe dem Gericht spätestens zum Termin mitgeteilt werden.

Bei angezeigten unvorhergesehenen **kurzfristigen Verhinderungen** (z.B. Verkehrsstau) muss das Gericht mit dem Erlass eines Versäumnisurteils angemessen warten, andernfalls ist das Nichterscheinen unverschuldet

> (Thomas/Putzo § 337/3; Zöller Vor § 330/12; BerlVerfGH NJW-RR 2000, 1451: auch in einer Großstadt muss man sich – nach der BGH-Rspr. (z.B. BGH MDR 1999, 178) – auf unvorhersehbare Verkehrsunfälle und damit verbundene Staus nicht einstellen und keine Zeitreserve einplanen).

> Die in der Praxis übliche Wartezeit liegt vor Erlass eines Versäumnisurteils bei 15 Minuten (Zöller Vor § 330/12; E. Schneider MDR 1999, 1034; 1998, 577: absolute Mindestwartepflicht; Münchener Kommentar § 337/21: gewohnheitsrechtlich verfestigt – bewusste Nichtbeachtung verstößt gegen Art. 103 Abs. 1 GG, vgl. BVerfG NJW 1987, 2067).

> Bestehen Zweifel an der Richtigkeit der angegebenen Gründe, kann das Gericht zunächst trotzdem verhandeln und einen Verkündungstermin anberaumen. Geht innerhalb einer bestimmten Frist keine (glaubhafte) Entschuldigung ein, so kann das Gericht durch Versäumnisurteil entscheiden, andernfalls beraumt es einen neuen Verhandlungstermin an (vgl. Baumbach/Lauterbach § 337/5). Hierauf sollte die erschienene Partei hinwirken, um etwaige vom Gegner beabsich-

tigte Verzögerungen zu vermeiden, sofern nicht eine Entscheidung nach Lage der Akten in Betracht kommt (vgl. § 331a ZPO).

Ist hingegen der Anwalt zur angesetzten Terminsstunde erschienen, dürfte er als entschuldigt anzusehen sein, wenn sich der Aufruf verzögert, ihm weiteres Zuwarten nicht mehr zumutbar war (insbes. wegen anderer Terminspflichten) und er dies dem Gericht mitgeteilt hat (Zöller § 220/3; Baumbach/Lauterbach § 220/5: Wartepflicht von einer Stunde grundsätzlich zumutbar).

> Zuvor freilich sollte der Anwalt versuchen, eine förmliche Terminsverlegung zu erreichen. Unter Umständen führt die Mitteilung von der eigenen Terminskollision zu einer vorgezogenen Verhandlung.

b) Erhebliche Gründe

Da nach § 227 Abs. 1 ZPO ein Termin lediglich aus »erheblichen Gründen« verlegt werden kann, sollten solche Gründe vorgetragen werden.

> Hingegen ist ein in dem Zeitraum 1. Juli bis 31. August (frühere **Gerichtsferien** vom 15. 7. bis 15. 9.) fallender Termin auf Antrag zwingend zu verlegen (§ 227 Abs. 3 ZPO) (mit Ausnahmen). Der Antrag muss nicht begründet werden. Allerdings muss der Verlegungsantrag innerhalb einer Woche nach Zugang der Ladung oder Terminsbestimmung erfolgen (Ausschluss-Frist!, vgl. § 224 Abs. 2 ZPO).

> Da dies manchen Gerichten noch nicht bekannt zu sein scheint (Soehring, NJW 2001, 3319: stößt man nicht selten auf völlige Unkenntnis oder Überraschung), kann es sich empfehlen, bei der Antragstellung ausdrücklich auf § 227 Abs. 3 ZPO hinzuweisen, nicht zuletzt deshalb, weil der ablehnende Beschluss unanfechtbar ist (§ 227 Abs. 4 S. 3 ZPO).

Zu **beachten** ist, dass nach **§ 227 Abs. 2 ZPO** als »erheblicher Grund« insbesondere die mangelnde Vorbereitung einer Partei sowie die Ankündigung, nicht zu erscheinen ausscheidet, es sei denn, die Partei entschuldigt dies genügend. Als genügende Entschuldigung ist nicht anzusehen eine zu späte Mandatierung des Prozessbevollmächtigten (Thomas/Putzo § 227/10).

Das »Einvernehmen der Parteien allein« ist (eigentlich) ebenfalls kein erheblicher Grund.

> Dies wird in der Praxis zuweilen durch behauptete außergerichtliche **Vergleichsverhandlungen** umgangen (vgl. Zöller § 227/7). Kaum ein Richter wird in Erwartung einer für ihn mühelosen Erledigung des Rechtsstreits die begehrte Terminsverlegung nicht vornehmen. Dies erfolgt in gleicher Weise bei der übereinstimmenden Ankündigung der Parteien, zur Verhandlung nicht zu erscheinen. Denn in diesem Fall müsste – nach der Anordnung des Ruhens des Verfah-

rens – (auf Antrag) ohnehin ein neuer Termin stattfinden, es sei denn, die Voraussetzungen für eine Entscheidung nach Lage der Akten liegen vor (vgl. § 251a ZPO) (bisherige 3-monatige Sperrfrist nach § 251 Abs. 2 ZPO a.F. ist aufgehoben!).

Am sichersten erreicht man eine Terminsverlegung, wenn die Partei bzw. deren Prozessbevollmächtigter ohne Verschulden am Erscheinen **verhindert** ist (§ 227 Abs. 2 Nr. 1 ZPO).

Die diesbezüglich am häufigsten vorgetragenen und von den Gerichten in der Regel **akzeptierten Gründe** sind:

- Terminskollision (u.U. Abwägung erforderlich, welcher Termin leichter zu verlegen ist; Beweistermin hat grundsätzlich Vorrang vor bloßem Verhandlungstermin; Zöller § 227/6).
- eine langfristig geplante Auslandsreise (Zöller § 227/6f.) oder der bevorstehende (Jahres)Urlaub (vgl. Thomas/Putzo § 227/6ff.; Zöller § 227/6: regelmäßig nur bei langfristig geplanter Auslandsreise erheblich);
- unvorhergesehene Erkrankung des sachbearbeitenden Anwalts.

Hierbei darf der Antrag grundsätzlich nicht mit der Begründung abgelehnt werden, ein anderes Mitglied der Sozietät könne und müsse den Termin wahrnehmen und sich in die Sache einarbeiten (Zöller § 227/6; Thomas/Putzo § 227/6; **a.A.** LG Lübeck MDR 1999, 57 mit abl. Anm. Schneider ; BVerwG NJW 1995, 1231 bei Terminskollision).

Um einer Diskussion mit dem Gericht von vornherein aus dem Weg zu gehen, empfiehlt es sich, im Verlegungsantrag gleich auf etwaige Verhinderungen der Sozietätskollegen hinzuweisen.

Die Antrag auf Terminsverlegung muss förmlich beschieden und kurz begründet werden (§ 227 Abs. 2 ZPO).

In der Praxis wird dies häufig nicht eingehalten werden. In einer Entscheidung des OLG Karlsruhe (MDR 1991, 1195: lediglich konkludente Ablehnung durch Schweigen des Gerichts ist nicht zulässig, wenn der Antrag erstmals und so rechtzeitig gestellt ist, dass eine förmliche Entscheidung und deren Mitteilung an die Parteien vor dem Termin noch möglich ist) führte dies dazu, dass eine Richterablehnung als begründet erachtet wurde (dort: Gericht hat Antrag, den Termin zur mündlichen Verhandlung aufzuheben und im schriftlichen Verfahren zu entscheiden, nicht beschieden.). Aber auch bei ungerechtfertigter Weigerung, einen Termin zu verlegen, kann ein Befangenheitsgesuch begründet sein (vgl. unten VIII 2 – Verfahrensverstöße).

V. Kontrolle der Protokollierung

1) Beweiskraft des Protokolls und des Tatbestands

Hinsichtlich der **Beweiskraft** des Protokolls ist zu unterscheiden:

- Die Einhaltung der für die mündliche Verhandlung vorgeschriebenen **Förmlichkeiten** kann nur durch das Protokoll bewiesen werden (§ 165 ZPO).

    Hierunter fallen insbesondere die Tatsache der Verlesung bzw. Stellung der Sachanträge. Fehlt im Protokoll eine Feststellung darüber, dass die Sache erörtert wurde, kann es nach Abschluss eines Vergleiches im einzigen Termin Probleme mit der Festsetzung der Verhandlungs-/Erörterungsgebühr geben (§ 31 Abs. 1 Nr. 2 u. 4 BRAGO).

    Bei einem Vergleich kann das in § 162 ZPO zwingend vorgeschriebene Vorlesen und Genehmigen ebenfalls nur durch das Protokoll bewiesen werden. Andernfalls ist der Vergleich unwirksam (vgl. unten IX 2d).

- Davon nicht erfasst wird der **Inhalt von Parteierklärungen** in der mündlichen Verhandlung, welche in der Entscheidung – auch ohne schriftsätzliche Ankündigung – berücksichtigt werden müssen (Thomas/Putzo § 128/9). Hierfür gilt hingegen die Beweiskraft des **Tatbestands des Urteils**.

    Nach § 314 ZPO beweist die Beurkundung (positiv), dass etwas vorgetragen ist. Das Schweigen des Tatbestandes beweist nach h.M. (negativ), dass eine Erklärung nicht abgegeben wurde (Thomas/Putzo § 314/1). Vorher eingereichte Schriftsätze sind durch den Tatbestand überholt (BGH NJW 1999, 1339) bzw. § 314 ZPO beweist auch, dass in der mündlichen Verhandlung anders vorgetragen wurde als in früheren Schriftsätzen (BGH NJW 1996, 3343; vgl. Ball ZGS 2002, 148). Allerdings können fehlende Angaben im Tatbestand durch entsprechende Angaben in den Entscheidungsgründen ersetzt werden (Zöller § 313/11).

    Da das Verfassen des Tatbestandes von manchen Richtern nur als lästige Pflicht betrachtet wird, ist dieser häufig auch sehr ungenau und teilweise unrichtig. Dabei wird die Bedeutung des Tatbestandes von den Anwälten oft unterschätzt.

Neben der Möglichkeit der **Tatbestandsberichtigung** kann die Beweiskraft nur durch ausdrückliche Feststellung im **Sitzungsprotokoll** entkräftet werden (§ 314 S. 2 ZPO), aber nicht durch den Inhalt der Schriftsätze und auch nicht durch übereinstimmende Erklärungen der Parteien. Dabei kann das Sitzungsprotokoll ebenfalls (auf Antrag oder von Amts wegen) bei Unrichtigkeit berichtigt oder ergänzt werden.

V. Kontrolle der Protokollierung

> **Beachte:**
> **Tatbestandsberichtigung: Antragsfrist** 2 Wochen (§ 320 ZPO) – **Protokollberichtigung** »jederzeit« möglich (§ 164 Abs. 1 ZPO).

Bedeutung hat dies für die Frage, ob ein Angriffs- oder Verteidigungsmittel, vor allem ein Beweisantrag, »neu« i.S. § 531 Abs. 2 **ZPO n.F.** und daher in der Berufungsinstanz nur sehr eingeschränkt zuzulassen ist.

Ungeklärt ist, ob dem Tatbestand eine erhöhte Bedeutung jetzt deswegen zukommt, weil nach § 529 Abs. 1 Nr. 1 **ZPO n.F.** das **Berufungsgericht** seiner Verhandlung und Entscheidung grundsätzlich die erstinstanzlich festgestellten (und vorgetragenen) Tatsachen zugrunde zu legen hat (vgl. Ball NZM 2002, 411: »neue zentrale Bedeutung des Tatbestands«).

Nach einer Ansicht soll Prozessstoff nur noch der im Tatbestand des erstinstanzlichen Urteils beurkundete Sachverhalt sein (Schellhammer MDR 2001, 1145; Grunsky NJW 2002, 800: § 559 Abs. 1 ZPO **n.F.** analog).

Nach anderer Ansicht sind sämtliche in erster Instanz vorgetragenen und in den Schriftsätzen dokumentierte Tatsachen zu berücksichtigen, auch wenn sie nicht im Tatbestand aufgenommen wurden (Barth NJW 2002, 1702; Greger NJW 2002, 3051; AG Frankfurt a.M. NJW 2002, 2328: arg. § 531 Abs. 2 Nr. 1 ZPO **n.F.** – erst recht – daher Zurückweisung eines Antrags gem. § 320 ZPO; Stackmann NJW 2003 Fn. 19: die Bindung spielt keine Rolle, wenn Gegenstand der Rüge das Übergehen des entsprechenden Vortrags ist).

Überzeugend erscheint hingegen die Differenzierung zwischen dem unrichtigen und dem unvollständigen Tatbestand (so Ball – Richter am BGH! – ZGS 2002, 147). Hiernach ist der Entscheidung das aus dem Tatbestand ersichtliche Parteivorbringen zugrunde zu legen, auch wenn dieser den Parteivortrag unrichtig wiedergibt, soweit sich nicht aus dem Sitzungsprotokoll Abweichendes ergibt (»nahezu unüberwindliche Beweiskraft des Tatbestands«). Die Parteien können auch nicht mit Erfolg unter Hinweis auf erstinstanzliche Schriftsätze geltend machen, der Tatbestand des angefochtenen Urteils sei unrichtig und begründe deshalb Zweifel an der Tatsachenfeststellung i.S. § 529 Abs. 1 Nr. 1 **ZPO n.F.** (Ball NZM 2002, 412).

Danach hat das Berufungsgericht z.B. von einem Nichtbestreiten in erster Instanz auszugehen, wenn im Tatbestand des erstinstanzlichen Urteils ein Tatsachenvortrag der Parteien als unstreitig bezeichnet wird und auch im Sitzungsprotokoll kein Bestreiten vermerkt ist, unabhängig von einem anderweitigen Inhalt der Schriftsätze.

Hingegen kann die Unvollständigkeit des Tatbestands keinen Beweis für die Vollständigkeit des wiedergegebenen Parteivortrags erbringen (arg. § 313 Abs. 2 ZPO) und nach § 529 Abs. 1 Nr. 1 ZPO **n.F.** zur erneuten Tatsachenfeststellung führen. Es müssen hierbei »erst recht« die »alten Tatsachen« (vgl. § 529 Abs. 1

Nr. 2 ZPO **n.F.**) Berücksichtigung finden, die bereits in erster Instanz vorgetragen, aber nicht zu einer Feststellung als wahr oder unwahr geführt haben, weil sie z.B. unstreitig waren.

In der Revision indes darf das Gericht in jedem Fall nur das Parteivorbringen berücksichtigen, das aus dem Tatbestand oder dem Sitzungsprotokoll ersichtlich ist (§ 561 Abs. 1 ZPO; vgl. aber auch BGH, NJW 1993, 2530) (§ 559 **ZPO n.F.**).

Deshalb müssen die Anwälte beider Parteien jetzt den Tatbestand auf dessen Vollständigkeit und Richtigkeit hin genauer als bisher untersuchen (vgl. Ball ZGS 2002, 150: zur Vermeidung von Haftungsrisiken), wobei zu beachten ist, dass tatbestandliche Feststellungen auch in den Entscheidungsgründen enthalten sein können (vgl. Zöller § 320/4).

Während dabei die obsiegende Partei vor allem prüfen muss, ob der Tatbestand die Entscheidung trägt und keine zu ihren Lasten fehlerhaften Feststellungen enthält, sollte die unterlegene Partei darauf achten, ob nicht das Gericht ein entscheidungserhebliches Bestreiten oder einen Beweisantrag unbeachtet gelassen hat.

Der Anwalt darf dabei nicht wegen der Monatsfrist für die Berufungseinlegung (§ 517 **ZPO n.F.**) und der zweimonatigen Begründungsfrist (§ 520 Abs. 2 **ZPO n.F.**) die relativ kurze Frist für den Antrag auf Tatbestandsberichtigung aus den Augen verlieren (beide Fristen beginnen mit der Zustellung des vollständigen Urteils!).

Unter Umständen kann die allgemeine und in Urteilen weithin übliche, den Tatbestand abschließende Formulierung – »Im Übrigen wird Bezug genommen auf die gewechselten Schriftsätze nebst Anlagen (gar nur: auf die Akte)« – zur Berücksichtigung des gesamten Akteninhalts führen (vgl. § 313 Abs. 2 S. 2 ZPO) (Balzer NJW 1995, 2452: Pauschalverweisung **a.A.** Thomas/Putzo § 313/25; OLG Hamburg MDR 1988, 974: Pauschalverweisung nicht zulässig, was allgemeine Auffassung sei; vgl. auch OLG Oldenburg MDR 1989, 551: sinnentleertes Ritual rein fiktionalen Charakters mit pseudojuristischer Färbung). Allerdings genießt der Tatbestand wiederum Vorrang, wenn die dortige Darstellung dem Inhalt eines in Bezug genommenen Schriftstücks widerspricht (Ball ZGS 2002, 149), vor allem wenn nur eine pauschale Bezugnahme erfolgt ist (BGH NJW 1996, 3343: »wegen der weiteren Einzelheiten«).

Von daher ist es wichtig, dass neues relevantes **mündliches Vorbringen im Termin** – z.B. ein Beweisantrag, eine Abänderung des schriftsätzlich Vorgetragenen oder ein Bestreiten - zu Protokoll genommen wird.

Dies gilt besonders für Geständnisse des Gegners, welche häufig während der mündlichen Verhandlung leichtfertig (konkludent) abgegeben werden (vgl. aber oben III 3 a.E.). Allerdings wird das Vorliegen eines Geständnisses von sämtlichen Beteiligten ebenso oft gar nicht erkannt.

Unbedingt sind **Verfahrensrügen** (vgl. § 295 ZPO) bzw. Zustimmungserklärungen (z.B. zur Widerklagerücknahme) zwecks Beweisbarkeit im Protokoll festzuhalten.

Da die Chance einer Erinnerung des Richters und somit einer Tatbestandsberichtigung mit dem Zeitablauf immer geringer wird, empfiehlt es sich, bereits unverzüglich nach Erhalt des Protokolls eine notwendige **Berichtigung** bzw. Ergänzung zu beantragen. In der Regel erhalten die Parteien das geschriebene Protokoll nämlich wesentlich früher als das vollständige Urteil.

Gegen die Ablehnung eines **Berichtigungsantrages** ist die Beschwerde nach h.M. grundsätzlich unstatthaft.

> Dies gilt ausnahmsweise nicht, wenn die Beschwerde nicht auf den Inhalt des Protokolls zielt, sondern die beantragte Berichtigung als unzulässig abgelehnt wird, also die Frage der Protokollierungsbedürftigkeit strittig ist (OLG Düsseldorf NJW-RR 2002, 863; Thomas/Putzo § 164/5; weiter gehender: Baumbach/Lauterbach § 164/14; OLG Koblenz: zulässig, es kommt aber nur auf die Äußerungen des Richters und Protokollführers an). Es steht dabei nicht im Ermessen des Gerichts, sondern es ist dessen Pflicht, ein nachweislich unrichtiges Sitzungsprotokoll zu berichtigen. Unerheblich ist dabei, dass die Auswirkungen der Berichtigung derzeit unerheblich oder nicht überschaubar sind.
>
> Unter Umständen kann ein abgelehnter und aktenkundiger Berichtigungsantrag aber »ein wichtiger Anhaltspunkt für das Berufungsgericht werden« zur Entscheidung über die Frage, ob Zweifel an der Richtigkeit und Vollständigkeit der entscheidungserheblichen Feststellungen begründet sind (Doms NJW 2002, 779) (vgl. § 529 Abs. 1 Nr. 1 **ZPO n.F.**).

2) Protokollierungsantrag

Protokolliert das Gericht nicht bereits von sich aus das Entsprechende, kann ein entsprechender **Antrag** (nur bis zum Schluss der mündlichen Verhandlung) gestellt werden (§ 160 Abs. 4 ZPO).

Hierüber entscheidet das Gericht durch unanfechtbaren Beschluss nach seinem Ermessen, wobei der Inhalt des gestellten Protokollierungsantrags nicht ins Protokoll aufgenommen werden muss (Thomas/Putzo § 160/13; Zöller § 160/14; **a.A.** Baubach/Lauterbach § 160/21: Beschwerde in bestimmten Fällen denkbar).

> In Einzelfällen kann aber u.U. mittels Beschwerde gegen einen, die Protokollberichtigung ablehnenden Beschluss die Unanfechtbarkeit umgangen werden (vgl. oben V 1).
>
> Eine Pflicht zur Protokollierung von Parteierklärungen oder Beweisanträgen besteht jedenfalls nicht (§ 160 Abs. 3 Nr. 2 ZPO betrifft nur Sach- nicht Prozessanträge; § 160 Abs. 3 Nr. 4 ZPO gilt nicht für Parteierklärungen). Deshalb kann es z.B. Probleme geben bei einer Klageänderung oder Widerklage, insbesondere wenn diese auf einen neuen Sachverhalt gestützt werden.

Jedoch ist ein (mündliches) Geständnis im Protokoll festzustellen (§§ 160 Abs. 3 Nr. 3, 510 a ZPO). Zwar ist die Protokollierung kein Wirksamkeitserfordernis, jedoch sollte der Anwalt wegen der Beweiskraft des Protokolls unbedingt auf dieser bestehen. Die Gefahr, dass der Gegner dann erst auf die drohende Bindungswirkung aufmerksam gemacht wird und daraufhin ein »Rückzugsgefecht« über den Inhalt der Erklärung beginnt (so E. Schneider MDR 1991, 297, der deshalb davon abrät), muss dabei als das »geringere Übel« in Kauf genommen werden.

Die Aufnahme von Prozessanträgen und sonstigen Erklärungen ist gem. § 160 Abs. 2 ZPO nur erforderlich, wenn es sich nach dem Ermessen des Richters um einen »wesentlichen Vorgang« handelt (vgl. OLG Köln NJW-RR 1999, 288: weiter Ermessensspielraum, Zöller § 160/6: aber zweckmäßig) (vgl. auch § 510a ZPO). Hierzu gehört soll z.B. auch die Erwiderung der Parteien auf Hinweise des Gerichts gehören (Zöller § 160/3).

Bei **Ablehnung** bleibt nur die Möglichkeit, die Erklärungen oder Vorgänge schriftlich in das Verfahren einzuführen (Zöller § 160/14) oder nachträglich einen Antrag auf Protokollberichtigung gem. § 164 Abs. 1 ZPO zu stellen.

Falls die Einreichung eines Schriftstücks nicht sofort in der mündlichen Verhandlung gelingt, kann man versuchen, den Schluss der mündlichen Verhandlung hinausgeschoben zu bekommen, z.B. mittels Anträgen auf Schriftsatzfrist oder Vertagung, notfalls durch Fluchtmaßnahmen (vgl. oben 2. Teil IV 2). Wenn auch dies keinen Erfolg hat, sollte man trotz § 296a ZPO noch einen entsprechenden Schriftsatz einreichen (vgl. oben 2. Teil IV 1a (1)).

Wegen der erheblichen Bedeutung des Protokollinhalts und der erfahrungsgemäß nur geringen Wahrscheinlichkeit einer nachträglichen Ergänzung im Wege der Protokollberichtigung, sollte man sich nicht so schnell mit der Weigerung des Gerichts und der üblichen Floskel – »Die Sach- und Rechtslage wurde mit den Parteien erörtert« – zufrieden geben, sondern unbedingt auf eine Protokollierung bestehen.

So führt in der Praxis manchmal auch eine gewisse Hartnäckigkeit zum Erfolg, wenngleich u.U. mit dem Risiko der Belastung des Verhandlungsklimas. Dabei kann man aber trotzdem sachlich, ruhig und höflich bleiben, ohne eine negative emotionale Beeinflussung des weiteren richterlichen Handelns, insbesondere bei der Entscheidungsfindung hervorzurufen.

Als Notmaßnahme kann man auch einen Befangenheitsantrag in Betracht ziehen (vgl. z.B. OLG Köln NJW-RR 1999, 288: begründet, wenn der Richter ohne triftige Gründe »Anträge« der einen Partei in das Protokoll aufnimmt, »Anträge« der anderen aber nicht; LG Bochum AnwBl. 1978, 101: Weigerung allein noch kein Befangenheitsgrund).

Dies gilt auch bei einer verfahrenswidrigen Weigerung, Schriftsätze entgegenzunehmen (KG MDR 2001, 1435; E. Schneider ZAP-Justizspiegel 2002 S. 675: Gehörsverletzung – Anwalt sollte Schriftsatz einfach auf den Richtertisch legen, wodurch dieser in die Verfügungsgewalt des Gerichts gerät; vgl. Zöller § 270/6/6a:

eine Mitwirkung des Gerichts in der Form der Entgegennahme ist nicht erforderlich), wobei möglicherweise bereits dessen bloße Ankündigung die Verweigerungshaltung des Richters beseitigen kann. Im Übrigen sollte eine Ablehnung durch den Vorsitzenden beanstandet und eine Kammerentscheidung beantragt werden (vgl. §§ 140, 295 ZPO).

VI. Der Schriftsatznachlass

1) Voraussetzungen und Folgen

Es gehört zum gerichtlichen Alltag, dass Schriftsätze kurz vor oder erst im Verhandlungstermin übergeben werden. Ferner kommt es häufig vor, dass sich eine Partei erst in der mündlichen Verhandlung, etwa nach einem Hinweis des Gerichtes zu bestimmten Punkten erklärt (zur Schriftsatzfrist auf einen gerichtlichen Hinweis vgl. unten VII 1).

In diesem Fall kann der **Gegner**

- einer Bezugnahme gem. § 137 Abs. 3 ZPO **widersprechen** und so u.U. erreichen, dass das Gericht diese als unangemessen ausschließt (Zöller § 132/3a: Gerichte sollten dies stärker beachten; vgl. auch § 129 ZPO). Der Inhalt kann dann nur noch mündlich eingeführt werden, verlesen ist grundsätzlich unzulässig (§§ 137 Abs. 2, 3, 157 Abs. 2 ZPO);

- gem. § 283 ZPO eine **Schriftsatzfrist** erhalten, wenn der Schriftsatz neues Vorbringen enthält und die Partei sich hierzu wegen der nicht rechtzeitigen Mitteilung nicht erklären kann. Hierzu rechnen neben Tatsachenbehauptungen, Anträgen, Beweismitteln, Einwendungen, auch bloße Rechtsausführungen (h. M.; Thomas/Putzo § 283/2; unklar Zöller § 283/2a und widersprüchlich Thomas/Putzo § 132/2). Dies gilt daher auch für die Vorlage von Fotokopien (Urteile oder Rechtsliteratur) erstmals im Termin (vgl. OLG München Beschl. v. 12.7.2002 – 23 W 1775/01 – Anm. E. Schneider ZAP F. 13 S. 1093).

Unzulässig ist es, beiden Parteien (auf den gleichen verspäteten Schriftsatz) Schriftsatznachlass zu gewähren (Zöller § 283/3).

Nicht rechtzeitig ist ein schriftsätzliches neues Vorbringen, wenn es unter Abkürzung der Wochenfrist des § 132 Abs. 1 ZPO erfolgt. Da § 132 ZPO lediglich eine Mindestfrist ist, kann die Rechtzeitigkeit je nach Art und Umfang des späten Vorbringens unter gebotener Berücksichtigung der für den Gegner zumutbaren Erwiderungsmöglichkeit auch eine längere Frist erfordern (Zöller § 283/2b; **a.A.** wohl Thomas/Putzo § 283/2).

Unabhängig davon muss der Beklagte im frühen ersten Termin eine Frist zur schriftlichen Klageerwiderung erhalten, wenn er auf die Klage noch nicht oder nicht ausreichend erwidert hat und ihm hierzu ausnahmsweise noch keine Frist gesetzt war (§ 275 Abs. 3 ZPO).

Beachte:

Für die Gewährung einer Schriftsatzfrist ist ein **Antrag** erforderlich, der immer wieder (insbes. bei Zustellung knapp vor dem Termin/widerruflichem Vergleich) vergessen wird. Es sollte auch darauf geachtet werden, dass der Antrag (zwingend) ins **Protokoll** aufgenommen wird (vgl. § 160 Abs. 3 Nr. 2 ZPO ; für die Verfahrensrüge in der 2. Instanz bei Nichtgewährung).

Schriftsatzfrist sollte dann ebenfalls – **vorsorglich** – beantragt werden, wenn man vom Erfordernis einer (weiteren) Beweisaufnahme mit neuem Verhandlungstermin (vgl. § 370 ZPO) ausgeht. Hält das Gericht nämlich den Rechtsstreit für entscheidungsreif, ergeht ein Urteil unter Verwertung des nicht rechtzeitigen und unter Umständen unbestrittenen Vorbringens des Gegners (§ 138 Abs. 3 ZPO).

Dabei ist unbeachtlich ein sofortiges Bestreiten »**ins Blaue hinein**« oder mit Nichtwissen, wenn dem Rechtsanwalt (im Termin) mangels Information nicht sogleich eine Erklärung auf den gegnerischen Vortrag möglich ist (vgl. oben 2. Teil II 1a). Allerdings ist dies einem bloßen Bestreiten kaum anzusehen, sofern es nicht ausdrücklich nur »vorsorglich« erfolgt.

Ferner stellt es kein konkludentes Bestreiten i.S. § 138 Abs. 3 ZPO dar, wenn der Beklagtenvertreter im Termin nur Klageanweisung beantragt und erklärt, er habe keine Information (Thomas/Putzo § 138/17).

Ein Schriftsatznachlass ist meistens für die Partei von **Vorteil**.

Denn dadurch erhält die Partei praktisch das »letzte Wort«.

Bei drohender Überschreitung der gewährten Schriftsatzfrist sollte ein Verlängerungsantrag gem. § 224 Abs. 2 ZPO und u.U. zugleich ein Antrag auf Verlegung des Verkündungstermins (§ 227 ZPO) gestellt werden.

Wegen § 296a ZPO hat die verspätet vortragende Partei kein Recht, auf den nachgelassenen Schriftsatz nochmals zu erwidern, sofern nicht das Gericht die Verhandlung gem. § 156 **ZPO n.F.** wieder eröffnet. Hierzu kann allerdings auch ein nicht zu berücksichtigender Erwiderungsschriftsatz Veranlassung geben (Thomas/Putzo § 283/7; §156/7) (daher u.U. Schriftsatzfrist voll ausschöpfen).

> **Beachte:**
>
> Deshalb kann es in (erkennbar) entscheidungsreifen Fällen manchmal besser sein, auf eine Schriftsatzfrist zu verzichten und u.U. direkt auf das neue Vorbringen zu erwidern.

Es ist außerdem möglich, die Schriftsatzfrist (sicherheitshalber) nur **hilfsweise** (vorsorglich) für den Fall (bedingt) zu beantragen, dass das neue Vorbringen entscheidungserheblich ist bzw. die Entscheidung zu Lasten der Partei ausfällt. Dies ermöglicht dem Gericht in jedem Falle eine sofortige Entscheidung, während es sonst auch ohne Entscheidungserheblichkeit des neuen Vorbringens zunächst die Schriftsatzfrist gewähren muss (Thomas/Putzo § 283/2; **a.A.** Zöller § 283/2a) (m.E. keine Ausschlussgefahr in der Berufung gem. § 531 Abs. 2 Nr. 3 ZPO **n.F.**).

Zwar darf die Erwiderung nur das nicht rechtzeitige neue Vorbringen betreffen, jedoch wird dies in der Praxis nicht sonderlich streng gehandhabt (vgl. OLG Koblenz NJW-RR 2001, 65: wesentlicher **Verfahrensmangel** i.S. § 539 ZPO, wenn ohne Wiedereröffnung der Verhandlung verwertet wird), nicht zuletzt deshalb, weil eine klare Trennung oft nicht möglich ist.

Es ist daher jeweils zu überlegen, ob ein Schriftsatz knapp vor oder im Termin überhaupt noch eingereicht bzw. übergeben werden soll. Erfahrungsgemäß wiederholen viele Schriftsätze oft nur das bereits Vorgetragene mit dem **Risiko**, dass der Gegner dennoch Schriftsatzfrist erhält, insbesondere wenn vielleicht auch nur eine kurze Passage ein neues, womöglich noch unerhebliches Vorbringen enthält. Zu berücksichtigen ist ferner, dass sich in der Regel durch eine Zustellung von Anwalt zu Anwalt (§ 195 ZPO) ein schnellerer Zugang des Schriftsatzes beim Gegner erreichen lässt, als durch den Umweg über das Gericht.

Auf jeden Fall muss entscheidungserhebliches Vorbringen (spätestens) in diesem letzten Schriftsatz unter Beweis gestellt werden. Denn sonst bleibt dies bei Bestreiten im nachgelassenen Schriftsatz des Gegners beweislos.

Ist der Beklagte im Termin säumig, kann sich der Kläger durch die späte Übergabe eines Schriftsatzes die Möglichkeit der Erlangung eines Versäumnisurteils verbauen (vgl. § 335 Abs. 1 Nr. 3 ZPO). Im Termin sollte der Anwalt daher einen mitgebrachten Schriftsatz erst vorlegen, wenn der Gegner anwesend ist.

2) Verhältnis zu § 296 ZPO

Während sich die Frage der Rechtzeitigkeit i.S. des § 283 ZPO (im Anwaltsprozess) nach § 132 ZPO beurteilt, richtet sich die Frage der Verspätung allein nach den §§ 296, 282 ZPO.

Daher kann ein Vorbringen bei bloßer Nichteinhaltung der Fristen des § 132 ZPO nicht wegen Verspätung gem. § 296 ZPO zurückgewiesen werden (BGH

NJW 1997, 2244). Allerdings dürfte ein Vorbringen eine Woche vor oder sogar erst im Termin in der Regel tatsächlich verspätet sein. Beim Amtsgericht kommt ein Verstoß gegen § 282 Abs. 2 ZPO nur in Betracht, wenn eine Anordnung nach § 129 Abs. 2 ZPO getroffen wurde, was in der Praxis aber relativ selten ist.

Jedoch findet **§ 283 ZPO** auch bei verspätetem Vorbringen i.S. des **§ 296 ZPO** Anwendung.

Hieraus ergibt sich:

- Die gegnerische Partei hat wegen ihrer Erklärungspflicht nach § 138 Abs. 2 ZPO kein Recht, die Einlassung ganz zu verweigern und das Gericht (damit) zur Zurückweisung des Vorbringens zu zwingen (Thomas/Putzo § 283/1; vgl. aber § 335 Abs. 1 Nr. 3 ZPO: kein Versäumnisurteil gegen den Beklagten zulässig).

    Erklärt sie sich nicht, so ist das nicht rechtzeitige Vorbringen gem. § 138 Abs. 3 ZPO als zugestanden anzusehen. Wenn dem Prozessbevollmächtigten Informationen seiner Mandantschaft fehlen, ist eine Erklärung mit Nichtwissen nicht möglich (§ 138 Abs. 4 ZPO). Auf das Antragsrecht nach § 283 ZPO hat das Gericht in diesem Falle hinzuweisen (Thomas/Putzo § 283/1).

- Die allein durch die Einräumung einer Schriftsatzfrist nach § 283 ZPO herbeigeführte Verzögerung rechtfertigt **keine Zurückweisung** eines unentschuldigt verspäteten Vorbringens. Nur wenn aufgrund der Ausführungen im nachgelassenen Schriftsatz entscheidungserhebliche, unter Beweis gestellte Fragen streitig werden und daher einer Beweisaufnahme und/oder eines neuen Verhandlungstermins bedürfen, kommt eine Verzögerung des Rechtsstreits in Betracht. Die Frage der Verzögerung kann daher erst nach der Erwiderung des Gegners beurteilt werden (vgl. Thomas/Putzo § 283/1; Zöller §§ 283/3; 296/16).

> **Beachte:**
>
> Verspätetes (entscheidungserhebliches) Vorbringen des Gegners muss somit spätestens im nachgelassenen Schriftsatz – soweit unter Beachtung der Wahrheitspflicht möglich – unbedingt bestritten werden.

Im Termin mündlich – verspätet – vom Gegner Vorgetragenes könnte zwar sofort bestritten werden, sofern es nicht »ins Blaue hinein geschieht« (vgl. oben 2. Teil II 1a). Allerdings kann dies den Gegner dazu veranlassen, hierfür gleich Beweismittel anzubieten und z.B. auch sofort eine präsente Urkunde vorzulegen, was er sonst vielleicht vergessen hätte. Falls die Beweislast dann auch noch bei ihm liegt, kommt bei fehlendem Beweisangebot zwar keine Präklusion, aber eine Beweislastentscheidung zu seinen Lasten in Betracht.

VII. Die richterliche Hinweispflicht

1) Umfang und Bedeutung

a) Die Neufassung des § 139 ZPO

Die in den bisherigen §§ 139, 278 Abs. 3 ZPO geregelte Aufklärungs- und Hinweispflicht als die »Magna Charta des Zivilprozesses« (Baumbach/Lauterbach § 139/1) befindet sich nunmehr ausschließlich in § 139 ZPO n.F.. Hierbei handelt es sich nicht nur um eine bloße Zusammenfassung, sondern die Neufassung enthält auch einige Änderungen.

So ist durch die Streichung des Wortes »rechtlich« im bisherigen § 278 Abs. 3 ZPO klargestellt, dass sich die Hinweispflicht (nunmehr) auf übersehene **tatsächliche und rechtliche** Gesichtspunkte erstreckt (§ 139 Abs 2 **ZPO n.F.**). Im Zweifel ist ein Hinweis erforderlich (Baumbach/Lauterbach § 139/40).

Das Gericht ist allerdings nach Ansicht des BVerfG (NJW 1996, 3202; NJW-RR 2002, 69) nicht verpflichtet, auf seine **Rechtsauffassung** hinzuweisen oder ein **Rechtsgespräch** zu führen. Vielmehr muss, auch wenn die Rechtslage umstritten oder problematisch ist, ein Verfahrensbeteiligter grundsätzlich alle vertretbaren rechtlichen Gesichtspunkte von sich aus in Betracht ziehen und seinen Vortrag darauf einstellen.

Ein Verfahrensbeteiligter muss aber erkennen können, auf welche Gesichtspunkte es für die Entscheidung ankommen kann. Insbesondere darf das Gericht nicht ohne vorherigen Hinweis auf einen rechtlichen Gesichtspunkt abstellen, mit dem auch ein gewissenhafter und kundiger Prozessbeteiligter selbst unter Berücksichtigung der Vielfalt vertretbarer Rechtsauffassungen nicht zu rechnen brauchte (sonst unzulässige Überraschungsentscheidung).

Sofern das Gericht einen Gesichtspunkt anders beurteilt als **beide Parteien**, muss es gem. § 139 Abs. 2 S. 2 **ZPO n.F.** nunmehr darauf hinweisen und Gelegenheit zur Äußerung dazu geben.

Eine Hinweispflicht besteht vor allem in den Fällen, in denen die Erforderlichkeit ergänzenden Vortrags von der Bewertung des Gerichts im Einzelfall abhängt (BGH NJW 1999, 1264), speziell bei nicht zu erwartenden Anforderungen an den Sachvortrag (BVerfG NJW 1991, 2823; BGH NJW-RR 1993, 569). Bei erkennbar mehrdeutigem Sachvortrag muss das Gericht sein Fragerecht ausüben, damit der Partei eine Klarstellung ihres Vorbringens ermöglicht wird (BGH NJW-RR 2002, 1071).

Keine Hinweispflicht besteht hingegen, wenn der Mangel oder die zu entscheidende Rechtsfrage sozusagen klar »auf der Hand« liegt (vgl. Zöller § 356/4; BGH NJW-RR 2002, 501) oder wenn eine Partei die ihr eröffnete Gelegenheit zur Äußerung (aus prozesstaktischen Gründen) bewusst nicht nutzt (vgl. BGH NJW-RR 1990, 1241, 1243: bewusstes Zurückstellen von Vortrag zur Schadenshöhe bei angestrebter abgesonderter Verhandlung über die Zuständigkeit und den Haftungsgrund; NJW 2002, 2180: Partei vermeidet es, die entscheidenden Punkte anzusprechen).

Dabei sind allgemeine und pauschale Hinweise nicht ausreichend.

Ein Hinweis lediglich auf mögliche Bedenken, z.B. gegen die Zulässigkeit, die Schlüssigkeit bzw. Substantiierung der Klage ist ebenso nichts sagend wie auch die Frage an die Parteien, ob noch etwas vorgetragen werden soll (vgl. OLG Hamm MDR 1977, 940). Vielmehr muss das Gericht auf den fehlenden Sachvortrag unmissverständlich hinweisen (BGH NJW 2002, 3317). Es ist sogar verpflichtet die Partei zur Ergänzung des mangelnden tatsächlichen Vorbringens aufzufordern (BGH NJW 1986, 776; OLG Brandenburg NJW-RR 2002, 1215: bloße Erörterung in der mündlichen Verhandlung genügt nicht).

Erkennt das Gericht, dass die Partei einen Hinweis falsch aufgenommen hat, so muss es den Hinweis präzisieren (BGH NJW 1999, 1264). Falls auch der daraufhin erfolgte Vortrag der Partei nicht als hinreichend angesehen werden soll, muss ein weiterer Hinweis erteilt werden (OLG München NJW-RR 1997, 1425). Dies gilt bei einem Hinweis im Termin umso mehr, wenn dort für die Partei (nur) ein (amtlich bestellter) Vertreter seines Prozessbevollmächtigten auftritt (BGH NJW 1999, 2123). Das Gericht darf auch nicht ohne vorherigen Hinweis von einer geäußerten Auffassung bzw. eines von ihm erweckten Eindrucks später abweichen (vgl. BGH NJW 2002, 3317, 3320).

Es kann deshalb nützlich sein, das eigene Verständnis eines Hinweises dem Gericht mitzuteilen. Damit kann auch der Gefahr vorgebeugt werden, dass das Berufungsgericht einen Verfahrensmangel mit der Begründung verneint, der Hinweis sei doch unmissverständlich gewesen und neuen Sachvortrag nicht zulässt (vgl. § 531 Abs. 2 Nr. 3 **ZPO n.F.**).

Abgesehen davon sind Hinweise nach § 139 Abs. 4 **ZPO n.F.** »so früh wie möglich« zu erteilen und daher in der mündlichen Verhandlung in der Regel (eigentlich) zu spät.

Es ist aber weiterhin nicht Aufgabe des Gerichts, durch Fragen oder Hinweise neue Anspruchsgrundlagen, Einreden oder Anträge einzuführen, die in dem Vorbringen der Parteien nicht zumindest andeutungsweise bereits eine Grundlage haben (Begr. RegE S. 77; vgl. Baumbach/Lauterbach § 139/67).

Die Praxis vieler Instanzgerichte hat dem jedoch bislang kaum entsprochen, insbesondere in Bezug auf die mangelnde Substantiierung.

Die Gründe hierfür dürften in einer Kenntnisnahme der Schriftsätze erst knapp vor dem Termin, in dessen mangelnder Vorbereitung sowie in dem Bestreben liegen, möglichst keine Beweisaufnahme durchführen zu müssen, um den Rechtsstreit schnell und problemlos erledigen zu können. Dies wiederum dürfte im Wesentlichen auf der großen Arbeitsbelastung der erstinstanzlichen Gerichte beruhen (Rensen AnwBl. 2002, 640).

Obgleich inhaltlich im Wesentlichen alles beim Alten geblieben ist (Rensen AnwBl. 2002, 639; Schaefer NJW 2002, 852) und der Gesetzgeber lediglich die bisherige obergerichtliche Rechtsprechung kodifiziert hat, wird die Hinweispflicht jetzt möglicherweise aufgrund der besonderen Betonung in einer zentralen gesetzlichen Vorschrift von den Gerichten ernster genommen und nicht mehr so »lax gehandhabt« (Neuhaus MDR 2002, 438) wie bisher.

Nach E. Schneider (ZAP-Kolumne 2002, 857) sollen indes erste Erfahrungsberichte die Befürchtung bestätigen, dass sich an der »Verweigerungshaltung« der meisten Richter nichts ändern, sondern die Instanzpraxis »in den neuen Schuhen des Gesetzgebers« den alten Trott fortsetzen werde.

In jedem Falle aber wird die Bedeutung der Hinweispflicht in der Praxis angesichts der erheblichen Einschränkungen in der Berufungsinstanz sowie der Möglichkeit des Abhilfeverfahrens zunehmen (vgl. unten VII 2).

Trotz alledem hängt die Erfüllung der Hinweispflicht letztlich vom einzelnen Richter und seiner Grundeinstellung ab. Zwar wird es daher »unterlassene Offenheit und fehlende Fairness als Ausdruck menschlicher Grenzen« im Zivilprozess vereinzelt ebenso geben, wie Richter, deren Hinweise mit »Endurteil« überschrieben sind (vgl. Schaefer NJW 2002, 853), ein grundsätzliches Misstrauen gegenüber dem Gericht wäre aber sicherlich verfehlt (so auch Doms NJW 2002, 778).

(Vgl. auch Schellhammer MDR 2001, 1081: »Gesetze sind mit der nötigen Mehrheit leicht zu ändern, Menschen, die das Gesetz anwenden sollen, ändert man nicht so leicht«; E. Schneider NJW 1994, 2268: »Mit bloßen Gesetzesänderungen lassen sich keine Verhaltensänderungen bewirken« unter Hinweis auf die zahlreichen früheren erfolglosen ZPO-Novellen; ders. ZAP-Kolumne 2002, 857: aufgrund erster Erfahrungsberichte scheint alles beim Alten zu bleiben).

Beachte:
Falls man sich hinsichtlich eines Punktes unsicher ist, sollte man diesbezüglich **konkret** um einen Hinweis unter Bezugnahme auf § 139 ZPO n.F. bitten, u.U. mit der Ankündigung, auf den Verstoß gegen die Hinweispflicht gegebenenfalls die Berufung zu stützen. Bei unklarem Hinweis sollte eine Präzisierung verlangt werden.

Denn dann scheut sich der Richter eher, die (ihm idR. sehr wohl bekannte) Hinweispflicht stillschweigend zu »übersehen« und – mehr oder weniger – bewusst verfahrenswidrig einen geforderten Hinweis zu unterlassen. Außerdem ist für das Berufungsgericht in solchen Fällen die Verletzung deutlich erkennbar.

Bezweifelt werden darf die Annahme, dass Fragen des Anwalts die Hilfsbereitschaft des Richters aktivieren und dieser psychologisch motiviert werde, sein besseres Wissen (vor dem Urteil) kund zu tun (so aber E. Schneider, Anwalt 12/2001 S. 16).

Freilich kann man durch gehäufte konkrete Anträge und Bitten auch versuchen, ein aussichtsreiches Berufungsverfahren vorzubereiten. Denn es ist nicht damit zu rechnen, dass das Gericht sämtliche erbetene Hinweise erteilt.

Die häufig am Ende der Schriftsätze zu findende stereotype Bitte um einen richterlichen Hinweis, falls das Gericht weiteren Sach- oder Rechtsvortrag für erforderlich halten sollte, ist hingegen völlig nutzlos und daher überflüssig (vgl. Zöller § 139/13: »Diese Floskel hat keinerlei Rechtswirkung«; BGH NJW-RR 1990, 1241, 1243: »verpflichtet für sich allein das Gericht nicht dazu«).

Vorteilhaft kann dabei auch sein, wenn man am »Heimatgericht« klagt und bei Gericht bekannt ist. Denn u.U. ist der Richter dann eher geneigt, einen Hinweis zu erteilen oder bei Unklarheiten kurz nachzufragen.

Hierzu kann man natürlich eine telefonische Anfrage bei Gericht versuchen. Allerdings hängt es vom einzelnen Richter ab, ob er fernmündlich Auskünfte bzw. Hinweise erteilt und ob er überhaupt erreichbar ist. Ein Anspruch auf telefonische Erreichbarkeit des Richters besteht jedenfalls nach der ZPO nicht (vgl. LAG Sachsen MDR 2001, 516: generelle Anweisung an die Geschäftsstelle, keine Telefonanrufe der Prozessbeteiligten durchzustellen ist kein Befangenheitsgrund).

Sicherer ist es natürlich, die Sach- und Rechtslage jeweils selbst genau zu überprüfen und **im Zweifel** zu den nicht für entscheidungserheblich erachteten Punkten Stellung zu nehmen und hierfür Beweise anzubieten.

Denn der Rechtsanwalt darf nicht ohne weiteres einen Sachvortrag im Vertrauen darauf zurückhalten, noch einen, für den Fall der Erforderlichkeit erbetenen gerichtlichen Hinweis zu erhalten (BGH NJW-RR 1990, 1241). Dies gilt ebenso für die Neufassung der Hinweispflicht nach der ZPO-Reform. Diese kann nicht »als Freibrief für schlampigen, unsubstantiierten oder unvollständigen Sachvortrag« aufgefasst werden, was aber nach Feststellungen vieler Amtsrichter ein nicht unerheblicher Teil der Anwälte macht (Zierl, NJW-Editorial Heft 39/2002). Der Anwalt muss vielmehr durch eingehenden Vortrag bewirken, dass das Gericht von seiner Hinweispflicht Gebrauch machen kann und muss. Wer den Sachvortrag auf wenige Worte beschränkt, kann nicht erwarten, dass er vom Gericht ausführliche und fundierte Hinweise erhält (Doms NJW 2002, 778).

b) Anspruch auf Schriftsatznachlass

Hinweise des Gerichts sollte man ernst nehmen und entsprechend darauf reagieren (z.B. noch zur Schlüssigkeit vortragen, die Klage ändern oder Beweisanträge stellen). Dies gilt nach der ZPO-Reform umso mehr.

So ist nach § 531 Abs. 2 Nr. 2 **ZPO n.F.** ein neuer, erstmaliger Sachvortrag in der Berufungsinstanz u.a. dann nicht mehr möglich, soweit der Vortrag nicht infolge eines Verfahrensmangels, speziell eines fehlenden Hinweises in der ersten Instanz unterblieben ist.

Dabei darf das Gericht seine Entscheidung auf einen hingewiesenen Gesichtspunkt nur dann stützen, wenn es den Parteien noch Gelegenheit zur Äußerung dazu gegeben hat (vgl. § 139 Abs. 2, 5 ZPO **n.F.** Art. 103 GG).

Sofern das Gericht hierzu keine Frist gesetzt hat, ist die Erklärung der Partei in angemessener Frist einzureichen, in der Regel innerhalb von 2 Wochen (vgl. Zöller vor § 128/6).

Beachte:

In der mündlichen Verhandlung sollte auf einen Hinweis des Gerichts **Schriftsatzfrist** beantragt und dargelegt werden, dass eine sofortige Erklärung nicht möglich ist.

Denn nach § 139 Abs. 5 **ZPO n.F.** soll das Gericht auf **Antrag** einer Partei eine Frist bestimmen, in der sie die Erklärung in einem Schriftsatz nachbringen kann, sofern ihr eine sofortige Erklärung zu einem gerichtlichen Hinweis nicht möglich ist. Der Vorteil einer solchen Schriftsatzfrist liegt dabei auf der Hand.

Die fristgerecht nachgebrachten (hinweisbezogenen) Angriffs- und Verteidigungsmittel sind vom Gericht (auch nach dem Schluss der mündlichen Verhandlung) zu berücksichtigen (§ 296a S. 2 **ZPO n.F.**).

Ist der Mandant persönlich anwesend, dürften viele Richter die Gewährung einer Schriftsatzfrist ablehnen. Das Gericht sollte aber »verständige Rücksicht« nehmen, wobei die Partei die Äußerung bedenken und ihre Tragweite absehen können muss und nicht für die etwaige Unfähigkeit oder Unerfahrenheit ihres Anwalts bestraft werden darf (Baumbach/Lauterbach § 139/44).

Aufgrund dieser Soll-Regelung ist der Schriftsatznachlass bei Vorliegen der Voraussetzungen regelmäßig zu gewähren, es sei denn, es liegt ein atypischer Fall vor, etwa wenn mit dem Antrag lediglich eine Prozessverschleppung beabsichtigt ist (BT-Dr. 14/6036 S. 120; Begr. RegE S. 78: »Verpflichtung des Gerichts, den Parteien eine angemessene Reaktion zu ermöglichen«).

Dabei ist fraglich, ob das Gericht die Partei wiederum auf diese Möglichkeit bzw. das Erfordernis der Antragstellung hinweisen muss (wohl grundsätzlich ebenso wenig wie bei § 283 ZPO).

Mit dieser Bestimmung wurde zwar lediglich die bisherige Ansicht in Literatur und Rechtsprechung kodifiziert (vgl. z.B. Zöller § 278/8a; Thomas/Putzo § 278/ 6; BGH NJW 1999, 1264, 2123; 1986, 776: Gericht muss ausreichend Zeit für eine Erklärung gewähren; OLG Brandenburg NJW-RR 2002, 1215: die Erörterung in der mündlichen Verhandlung genügt nicht; OLG Celle NJW-RR 1995, 499: zwei Wochen zu kurz, insbes. bei umfangreichem und verwickeltem Sachverhalt).

Für den Anwalt ist dies jedoch insofern ein Gewinn, als er sich jetzt auf eine gesetzliche Vorschrift stützen kann und es keines Rückgriffs mehr auf Kommentare und Rechtsprechung bedarf. Allerdings sind Bestrebungen vorhanden, den § 139 Abs. 4 und 5 **ZPO n.F.** wieder abzuschaffen (vgl. Gesetzesantrag des Landes Hessen vom 10.12.02 im Bundesrat, BR-Dr. 911/02) (vgl. oben Vorbemerkung).

Das erforderliche rechtliche Gehör dürfte trotzdem weiterhin durch Vertagung gewährt werden können (§§ 227, 278 Abs. 4 ZPO; Thomas/Putzo § 278/9; OLG Köln NJW-RR 1998, 1076; OLG München NJW-RR 2001, 66: bei Unmöglichkeit einer sofortigen Stellungnahme eines auswärtigen Korrespondenzanwalts). Notfalls kann man auch in die Säumnis fliehen. Angesichts der neu eingeführten Vorprüfung durch das Berufungsgericht (§ 522 Abs. 2 **ZPO n.F.**) kann sich dies u.U. als der sicherste Weg darstellen.

Für den Gegner kann es sich empfehlen, im Termin vorsorglich eine Schriftsatzfrist auf die gegebenenfalls daraufhin eingehende Erklärung der Partei zu beantragen und damit seinen Anspruch auf rechtliches Gehör einzufordern.

Denn im Gegensatz zur Situation bei § 283 ZPO ist es hier nicht zu rechtfertigen, dass der einen Partei das »letzte Wort« verbleibt. In diesen Fällen hat das Gericht daher in der Regel ins schriftliche Verfahren überzugehen oder einen weiteren Verhandlungstermin anzuberaumen (vgl. §§ 156, 227 ZPO) (Greger NJW 2002, 3049), was beides durch Abs. 5 nicht ausgeschlossen werden sollte (vgl. BT-Dr. 14/6036 S. 120; 14/4722 S. 147). Dabei bietet vor allem eine Vertagung die Gewähr für den Gegner, dass er noch Gelegenheit erhält, auf das nachträgliche Vorbringen zu erwidern. Andernfalls sollte er bei neuem Vorbringen im nachgereichten Schriftsatz Wiedereröffnung der Verhandlung beantragen (§ 156 Abs. 2 Nr. 1 ZPO **n.F.**).

Insofern könnte der Antrag auf Schriftsatzfrist ausnahmsweise **nachteilig** sein. Es kann daher geschickter sein, soweit möglich, sofort auf den Hinweis in der mündlichen Verhandlung zu erwidern. Denn manchmal vergessen die gegnerischen Anwälte daraufhin Schriftsatzfrist nach § 283 ZPO zu beantragen (vgl. oben VI 1; unten 3b).

2) Rechtsfolgen bei Verletzung

Nach § 139 Abs. 4 **ZPO n.F.** sind Hinweise **aktenkundig** zu machen, wobei eine bestimmte Form oder ein bestimmter inhaltlicher Umfang nicht vorgeschrieben sind.

VII. Die richterliche Hinweispflicht

Selbst wenn diese Dokumentationspflicht wieder beseitigt werden sollte (vgl. den entsprechenden Gesetzesantrag des Landes Hessen vom 10.12.02 im Bundesrat, BR-Dr. 911/02), so fragt es sich, auf welche Weise sonst die Einhaltung der Hinweispflicht nachgewiesen werden kann. Deshalb bestand bisher schon eine Notwendigkeit dies aktenkundig zu machen, speziell nach § 160 Abs. 2 ZPO auch eine Pflicht die erteilten Hinweise als »wesentlichen Vorgang« der Verhandlung zu protokollieren (vgl. Zöller §§ 160/3, 278/9; ebenso Begr. RegE. S. 78, wonach dem § 139 Abs. 4 S. 1 **ZPO n.F.** offensichtlich nur eine klarstellende Funktion zugedacht war).

Eine lediglich floskelartige Formulierung dürfte dem jedoch nicht genügen. Unzureichend ist in jedem Falle der bisherige Standardsatz »Die Sach- und Rechtslage wurde mit den Parteien erörtert«.

Die Erteilung der Hinweise kann ausschließlich durch den Inhalt der Akten (z.B. Protokoll, Aktenvermerk, ausnahmsweise auch durch Feststellungen im Urteil, wenn deren Dokumentation versehentlich unterblieben ist – Begr. RegE S. 78; BT-Dr. 14/6036 S. 120) bewiesen werden. Gegen den Inhalt der Akten ist nur der Nachweis der Fälschung zulässig.

> **Beachte:**
> Wenn sich die Erteilung des Hinweises nicht aus den Akten ergibt, ist der Beweis erbracht, dass der Hinweis nicht erteilt worden ist.

Die obsiegende Partei hat daher jetzt stärker darauf zu achten, ob erteilte Hinweise im Protokoll oder im Tatbestand festgehalten sind, um dem Gegner keinen Anfechtungsgrund zu liefern. Dies gilt für die andere Partei nur für falsche Hinweise, um in der Berufung vortragen zu können, darauf entsprechend falsch reagiert zu haben (vgl. § 531 Abs. 2 Nr. 2 **ZPO n.F.**). Im Übrigen wird der Verstoß gegen die Hinweispflicht besonders deutlich, wenn eine entsprechende Bitte seitens des Anwalts – in der mündlichen Verhandlung im Protokoll – dokumentiert ist.

Bei Unrichtigkeiten kommt ein Berichtigungsantrag in Betracht (vgl. oben V 1). Während der mündlichen Verhandlung empfiehlt sich ein entsprechender Protokollierungsantrag nur, wenn man mit hoher Wahrscheinlichkeit den Rechtsstreit gewinnen wird. Außerdem sollte man jetzt vor Einlegung von Rechtsmitteln auch (mittels Akteneinsicht) prüfen, welche schriftlichen richterlichen Vermerke über erteilte Hinweise sich in den Akten befinden und ob die Hinweise tatsächlich erfolgt sind bzw. den Prozessbevollmächtigten erreicht haben (vgl. BVerfG NJW 1995, 2095; bei schriftlichem Hinweis Nachweis möglich durch förmliche Zustellung, zurückgesandte Empfangsbescheinigung oder bei Erwiderung der Partei).

Ein unterlassener und erforderlicher Hinweis ist ein **Verfahrensfehler.**

Neben der Verletzung der Vorschriften der ZPO liegt auch eine Nichtgewährung des Anspruchs auf »rechtliches Gehör« vor (Art. 103 Abs. 1 GG). Eine Heilung durch Unterlassen der Rüge fehlender Aufklärung ist naturgemäß nicht möglich (BGH NJW 1999, 1702).

Es kommen daher eine Reihe von prozessualen Reaktionsmöglichkeiten für den Anwalt in Betracht:

- **Wiedereröffnung** der mündlichen Verhandlung

  Nach § 156 Abs. 2 **ZPO n.F.** muss das Gericht die Wiedereröffnung einer geschlossenen mündlichen Verhandlung anordnen, wenn es einen entscheidungserheblichen und rügbaren Verfahrensfehler (§ 295 ZPO), insbesondere eine Verletzung der Hinweis- und Aufklärungspflicht (§ 139 ZPO) oder eine Verletzung des Anspruchs auf rechtliches Gehör, feststellt (so auch die bisherige Rechtsprechung, vgl. BGH NJW 2000, 143; Thomas/Putzo § 156/2).

> **Beachte:**
> Obgleich das Gericht die Wiedereröffnung von Amts wegen anordnen muss, empfiehlt sich u.U. ein entsprechender **Antrag** (mit Begründung), wenn der Anwalt nachträglich einen Verfahrensfehler erkennt.

Zum einen ist die Bereitschaft zur Wiedereröffnung oft sehr gering, und zum anderen verhindert der Antrag später die Annahme, die Partei habe hierauf verzichtet (vgl. § 295 Abs. 1 ZPO).

Ein solcher Antrag empfiehlt sich allerdings nicht, wenn eine erhöhte Wahrscheinlichkeit erkennbar ist, den Rechtsstreit zu gewinnen. Denn durch eine Wiedereröffnung erhält auch der Gegner Gelegenheit weiter vorzutragen (vgl. § 296a ZPO).

- **Berufung**

  Ist eine Entscheidung bereits ergangen, scheidet eine Wiedereröffnung der mündlichen Verhandlung aus. Die Hinweispflicht hat dann aber für die Berufung große praktische Bedeutung. Denn deren Verletzung stellt eine der wenigen realistischen Möglichkeiten dar, noch in die Berufungsinstanz zu kommen.

  Wenn die Entscheidung auf dieser Rechtsverletzung beruht, kann darauf die Berufung gestützt werden (§ 513 Abs. 1 **ZPO n.F.**) (vgl. Begr. RegE.S. 101). Bei entsprechendem Antrag kann das Berufungsgericht unter Aufhebung des Urteils das Verfahren an das erstinstanzliche Gericht zurückverweisen, sofern aufgrund dieses (wesentlichen) Mangels eine umfangreiche oder aufwendige Beweisaufnahme notwendig ist (§ 538 Abs. 2 Nr. 1) (vgl. Zöller § 278/9, Thomas/Putzo §§ 278/12;

139/2; 539/6, z.B. OLG Frankfurt, NJW 1989, 722) (vgl. Piekenbrock, NJW 1999, 1363: »willkommene Gelegenheit für das Berufungsgericht«).

Zudem ist in der Berufungsinstanz neues Vorbringen (Angriffs- und Verteidigungsmittel) zuzulassen (§ 531 Abs. 2 Nr. 2 **ZPO n.F.**).

- **Abhilfeverfahren**

Sofern das Urteil mit der Berufung nicht anfechtbar ist (vgl. § 511 Abs. 2 **ZPO n.F.**), kommt bei Verletzung des Anspruchs auf rechtliches Gehör als Rechtsbehelf das Abhilfeverfahren gem. § 321a **ZPO n.F.** in Betracht (vgl. unten 7. Teil I).

- **Verfassungsbeschwerde**

In Einzelfällen kann – nach Erschöpfung des Rechtsweges – auch eine Verfassungsbeschwerde zu erwägen sein (vgl. unten 7. Teil I 2). So wurde bisher die weit überwiegende Zahl aller Verfassungsbeschwerden mit einer Verletzung des Anspruchs auf Gewährung rechtlichen Gehörs begründet, wobei die Erfolgsquote aber minimal ist.

3) Sonderfälle

a) Anwaltlich vertretene Partei

Nach der h.M. besteht die Hinweispflicht grundsätzlich auch gegenüber einer anwaltlich vertretenen Partei (vgl. BGH NJW-RR 1991, 256).

Allerdings ist deren Umfang grundsätzlich geringer als gegenüber einer sog. Naturalpartei.

Vgl. Zöller § 139/13; BVerfG NJW 1987, 2733, 2736; 95, 3173: »Risikosphäre der Partei«; WuM 2002, 23: keine Hinweispflicht bei fehlender Aktivlegitimation und entsprechender substantiierter Darlegungen, da der Anwalt dies »bei Anwendung der gebotenen Sorgfalt und unter Berücksichtigung der in gängigen Kommentaren bzw. Handbüchern vertretenen Auffassungen« hätte erkennen können; Zimmermann § 139/6: »sonst könnte man den Anwaltszwang abschaffen und Schreibbüros einschalten«; kritisch auch Renk DRiZ 1996, 102.

Ein Hinweis ist jedenfalls erforderlich zur Vermeidung von Überraschungsentscheidungen, wenn in Betracht kommt, dass der Anwalt (offensichtlich) etwas übersehen und deshalb den Sachverhalt unvollständig vorgetragen oder einen sachdienlichen Antrag nicht gestellt hat.

Die sehr umstrittene gegenteilige Auffassung des VIII. Zivilsenats des **BGH** in einer Entscheidung (NJW 1984, 310) wonach eine Hinweispflicht auf die Unschlüssigkeit einer Klage bei einer anwaltlich vertretenen Partei gänzlich verneint wurde, wird von der Rechtsprechung allgemein abgelehnt

(z.B. OLG Köln NJW-RR 2001, 1724; OLG Schleswig, NJW 1986, 3146, Frankfurt NJW 1989, 722, Düsseldorf NJW 1989, 1489, Köln ZIP 1989, 604, Hamm AnwBl. 1984, 93; unklar ob **a.A.** OLG Nürnberg, MDR 2000, 227).

Auch der **BGH** selbst ist davon inzwischen wieder abgerückt (z.B. NJW-RR 1997, 441; OLG Köln NJW-RR 2001, 1724; vgl. zur Entwicklung dieser BGH-Rspr. Schaefer NJW 2002, 850):

»Auf Bedenken gegen die Zulässigkeit (oder **Schlüssigkeit**) der Klage muss das Gericht gem. § 139 ZPO grundsätzlich auch eine anwaltlich vertretene Partei hinweisen. Dies gilt insbesondere dann, wenn der Anwalt die Rechtslage falsch beurteilt oder ersichtlich darauf vertraut, sein schriftsätzliches Vorbringen sei ausreichend« (vgl. BGH NJW-RR 2002, 1436; NJW 2002, 3317; 1999, 1264: »jedenfalls dann«; NJW 2001, 2548, 2549: »insbesondere dann«; MDR 1993, 469: Hinweispflicht auf mangelnde **Substantiierung** auch im Anwaltsprozess).

Auch der Gesetzgeber des **ZPO-Reformgesetzes** hat – sicherlich in Kenntnis dieser Problematik – bei der Neufassung der Hinweisvorschrift des § 139 **ZPO n.F.** keine diesbezügliche Einschränkung gemacht, zumal auch beim Amtsgericht die Parteien im Regelfall anwaltlich vertreten sind.

Trotzdem muss man in der Praxis immer noch damit rechnen, dass sich manche Gerichte auf die überholte Entscheidung des BGH stützen.

Vgl. Neuhaus MDR 2002, 441: »auch heute noch ab und an«; so z.B. AG München, Urt.v. 28. 1. 1998, 122 C 25949/97; LG Zweibrücken – vgl. OLG Zweibrücken, Urt.v. 17. 3. 1999 – 1 U 89/98, ZAP 1999, F. 1 S. 92; vgl. auch OLG Köln NJW-RR 2001, 1724: Unterlassen eines Hinweises angesichts dieses BGH-Urteils kein eindeutiger und offenkundiger Verstoß gegen Verfahrensrecht in Bezug auf § 8 Abs. 1 GKG; BVerfGE 52, 131, 161: »Das Fachgericht ist (...) grundsätzlich nicht gehalten, den Parteivortrag zum Nachteil des Gegners schlüssig zu machen (...)«, vor allem dort nicht »wo die für den Rechtsstreit wesentlichen Sach- und Rechtsprobleme den anwaltschaftlich vertretenen Parteien bekannt« sind (ähnlich Zierl, NJW-Editorial Heft 39/2002).

b) Hinweis durch Gegner

Das Gericht braucht nach h.M. – zumindest gegenüber einer anwaltlich vertretenen Partei – Hinweise grundsätzlich nicht zu wiederholen, die bereits der Gegner gegeben hat.

(Zöller §139/12, 278/7 Thomas/Putzo §§ 139/12; 278/8, Baumbach/Lauterbach § 139/46/55/83: sei es auch in einem im Übrigen verspäteten Vortrag ; RGZ 150, 161, BGH NJW 1980, 224; 1984, 310; BVerfGE 52, 161; BayVerfGH NJW 1992, 1094 (einhellige Rechtsauffassung); OLG Nürnberg MDR 2000, 227; OLG Oldenburg NJW-RR 2000, 949, **a.A.** Schneider MDR 2000, 752: »verstößt gegen das Gesetz«).

Allgemein gehaltene Rügen, wie z.B. das Klagevorbringen sei nicht hinreichend substantiiert, reichen hierfür nicht (OLG Köln NJW-RR 2001, 1724).

Außerdem ist ein gerichtlicher Hinweis bzw. eine Rückfrage geboten, wenn für das Gericht offensichtlich ist, dass der Prozessbevollmächtigte einer Partei die vom dem Prozessgegner erhobenen Bedenken falsch aufgenommen hat (BGH NJW 2001, 2548, 2549: Bedenken gegen die Fassung des Klageantrags oder die Schlüssigkeit der Klage).

In § 139 Abs. 2 ZPO n.F. ist nunmehr ausdrücklich geregelt, dass das Gericht auf einen Gesichtspunkt hinweisen muss, den das Gericht anders beurteilt als **beide** Parteien.

> Hieraus ergibt sich m.E. (im Umkehrschluss), dass die bisherige h.M. zur vorliegenden Problematik weiterhin bzw. erst recht vertretbar ist.

Ob die Partei auf unschlüssigen oder unsubstantiierten Sachvortrag des Gegners hinweisen sollte, erscheint **prozesstaktisch** zweifelhaft.

> Nach einer Ansicht soll der Anwalt hierzu haftungsrechtlich sogar verpflichtet sein (OLG Köln AnwBl. 1984, 92; Baumbach/Lauterbach § 139/55).

Denn dadurch ist erfahrungsgemäß meistens der Gegner veranlasst, noch ergänzend vorzutragen und damit den Mangel zu beseitigen.

> Dem kann man auch nicht sicher dadurch entgehen, dass man den Hinweis erst in der (letzten) mündlichen Verhandlung gibt. Denn dann müsste der Gegner noch (ausreichend) Gelegenheit zum ergänzenden Sachvortrag erhalten (Vertagung oder Schriftsatzfrist). Freilich dürfte manchen Richtern die Möglichkeit zur unmittelbaren Stellungnahme im Termin, ggf. nach kurzer Unterbrechung der Verhandlung diesbezüglich als ausreichend erscheinen.

Allerdings gibt es regelmäßig Fälle, in welchen der Gegner die (schriftsätzlichen) Hinweise der anderen Partei nicht ernst nimmt oder übersieht. Da dann möglicherweise ein Hinweis des Gerichts im Hinblick auf die h.M. unterbleibt, kann es sich in geeigneten Fällen durchaus empfehlen, zusätzlich zum sonstigen Sachvortrag das gegnerische Vorbringen als unsubstantiiert zu bezeichnen (z.B. bei Sach-/Reisemängeln).

> Sofern der Hinweis sich bereits in einem Schriftsatz befindet und der Gegner hierauf noch nicht reagiert hat, ist es taktisch unklug, diesen nochmals in der mündlichen Verhandlung zu wiederholen. Spätestens dann reagieren die meisten Anwälte sofort und versuchen den mangelhaften Sachvortrag zu heilen. Dem gegenüber ist die Wahrscheinlichkeit eher größer, dass das Gericht einen solchen anwaltlichen Hinweis nicht übersieht und seine Entscheidung darauf stützt.

c) Substanzloses Vorbringen

Eine Hinweispflicht wird zuweilen verneint bei nicht nur ergänzungsbedürftigem, sondern »**substanzlosem**« Vorbringen

(BGH NJW 1982, 1708, 1710 a.E.: unzulängliche Substantiierung – ablehnend Anm. Deubner unter Hinweis darauf, dass die Hinweispflicht nach dem Gesetz auch bei grober Nachlässigkeit besteht; OLG Düsseldorf NJW-RR 1995, 636; OLG Nürnberg JurBüro 1999, 486; sogar das BVerfG, NJW 1999, 1856 verwendet diesen Begriff; Baumbach/Lauterbach § 139/83/87: Gericht darf die von Anfang an völlig unschlüssige Klage nicht durch seine Hinweise erst erfolgreich machen).

So wurde z.B. die Behauptung, an einem Kraftfahrzeug seien Lackschäden vorhanden als substanzlos angesehen, da nicht mitgeteilt worden sei, wo genau sich die Lackschäden befunden hätten (OLG Rostock ZfSch 1997, 215 – zit. Piekenbrock NJW 1999, Fn. 48).

Dem kann man nur durch einen möglichst detaillierten und umfassenden Sachvortrag vorbeugen.

Da der ZPO-Reformgesetzgeber davon absehen wollte, den Gerichten inhaltlich engere Vorgaben als das bisherige Recht zu machen (vgl. Begr. RegE.S. 77), lässt sich diese Ansicht wohl auch zukünftig (in Ausnahmefällen) noch vertreten (vgl. § 139 Abs. 1 S. 2: »ungenügende Angaben... ergänzen«) (**a.A.** Rensen AnwBl. 2002, 635: der richterlichen Willkür sei dadurch Tür und Tor geöffnet).

4) Praxisrelevante Beispiele

Aus der Fülle der hierzu vorhandenen Rechtsprechung werden hier nur einige praxisrelevante Beispiele aufgezählt. Im Übrigen sei auf die Darstellung in den ZPO-Kommentaren verwiesen. Bei der Suche nach Verfahrensfehlern dürfte man dort häufig fündig werden, um entsprechende Rechtsmittel und Rechtsbehelfe darauf stützen zu können.

In den folgenden ausgewählten Fällen muss das Gericht einen Hinweis erteilen:

- Fehlende **Zulässigkeit** der Klage (§ 139 Abs. 2 ZPO; Thomas/Putzo § 139/11).

- Unrichtige juristische **Bezeichnung** des Beklagten (OLG Hamm MDR 1977, 940: nicht rechtsfähige Schule statt deren Träger; m.E. übertragbar auf Geschäftsbezeichnungen).

- Klarstellung unklarer **Anträge**/Bezifferung geltend gemachter Teilbeträge.

- Fehlende bzw. zweifelhafte **Schlüssigkeit** (vgl. oben 3a).

- Mangelnde **Substantiierung** (Thomas/Putzo § 139/10, BGH NJW-RR 1993, 570; OLG Frankfurt NJW 1989, 722).

- **Unvollständigkeit** des Vortrags zur Höhe einer (nur) dem Grunde nach ausreichend dargelegten Schadensersatzforderung (BGH NJW 2001, 75; 2002, 3317), insbesondere wenn die, »zur Aufklärung des Sachverhalts« geladene Partei persönlich anwesend ist (BGH NJW-RR 1999, 605).

- Unsubstantiiertes **Bestreiten** (str., vgl. Baumbach/Lauterbach § 139/58; Zöller § 138/10: im Zweifelsfall muss das Gericht aufklären, ob Bestreiten durch schlüssiges Verhalten vorliegt).

- Ungenügende pauschale **Bezugnahme** auf Anlagen oder Beiakten (Baumbach/Lauterbach § 139/60).

- Antragsrecht nach § 283 ZPO auf Gewährung eines **Schriftsatznachlasses** (Thomas/Putzo § 283/1) (wohl nur bei verspätetem Vorbringen des Gegners und nicht allgemein, vgl. BGH NJW 1985, 1539).

- Von den Parteien erkennbar falsch beurteilte **Beweislast** (Thomas/Putzo § 278/10; Zöller vor § 284/16).

- Fehlender **Beweisantrag/Beweismittel**, vor allem bei möglicher Unklarheit über die Beweislast (Thomas/Putzo § 139/8) oder wenn dies offensichtlich vergessen wurde (Zöller § 139/10) (OLG Köln NJW 1995, 2116).

- Ungenügende Bestimmtheit des Beweismittels (Zeuge N.N.) oder des **Beweisthemas** (Thomas/Putzo § 139/8).

- Fehlende, im Schriftsatz genannte **Urkunden** (BGH NJW 1991, 2081; OLG Köln CR 1992, 546).

- **Widersprüche** zwischen dem schriftsätzlichen Vortrag und den dazu eingereichten Unterlagen (BGH BGH Report 2003, 511).

- Gericht will ein für notwendig erachtetes **Sachverständigengutachten** nicht von Amts wegen gem. § 144 ZPO erholen. Wenn der Hinweis erfolglos bleibt, ist das Gericht nicht verpflichtet dieses von Amts wegen anzuordnen (Thomas/Putzo § 144/1).

- Wenn ein **Zeuge**, der nicht mehr rechtzeitig geladen werden kann, gestellt werden kann (BGH NJW 1980, 1848).

- Gericht beabsichtigt von der **höchstrichterlichen Rechtsprechung** (BVerfG NJW 1998, 1853: strengere Handhabung von Verfahrensvorschriften; BAG BB 1988, 487) oder von einer bei den Zivilgerichten üblichen Verfahrensgestaltung ((BVerfGE 84, 188, 191) abzuweichen.

- Gericht will von einer **allgemein vertretenen Rechtsauffassung** abweichen (BVerfG NJW-RR 2002, 69; BayOblGZ 86, 285; LG Hamburg NJW 1988, 215).

VIII. Befangenheitsanträge

1) Ablehnung wegen Besorgnis der Befangenheit

a) Taktische Überlegungen

Die Stellung eines Befangenheitsantrages sollte nicht leichtfertig oder aus einer momentanen Verärgerung heraus erfolgen. Bei der Frage, ob dies taktisch zweckmäßig ist, ist eine Reihe von Gesichtspunkten zu berücksichtigen.

Dem zuweilen in der Literatur zu findenden Ratschlag, auf unangemessenes Verhalten des Richters öfters auf der Stelle mit einem Ablehnungsgesuch zu reagieren (vgl. z.B. E. Schneider MDR 1991, 299), ist mit Vorsicht zu begegnen.

So kann die Ablehnung eine **Chance** bedeuten, wenn zu erkennen ist, dass der jetzige Richter die Rechts- und Sachlage für die eigene Partei eher ungünstig beurteilt. Sofern die Ablehnung begründet ist, wird nämlich ein anderer Richter mit der Sache befasst.

Jedenfalls erreicht dadurch »der kühle Rechner« (Gloede NJW 1972, 2068) in der Regel eine Verzögerung des Verfahrens und gewinnt damit Zeit für ergänzenden Sachvortrag und unter Umständen noch erforderliche Recherchen. Denn eine Entscheidung über das Ablehnungsgesuch benötigt erfahrungsgemäß eine gewisse Zeit. Durch Einlegung der sofortigen Beschwerde gegen eine ablehnende Entscheidung kann dann noch eine weitere Verzögerung herbeigeführt werden. Ein Befangenheitsantrag kann daher auch der Vermeidung der Präklusion dienen (vgl. oben 2. Teil IV 2 d).

So besteht nach h.M. die **Wartepflicht** gem. § 47 ZPO grundsätzlich bis zur rechtskräftigen Erledigung des Ablehnungsgesuchs (Zöller § 47/1; Thomas/Putzo § 47/1), so dass der Ablauf der Frist für die sofortige Beschwerde nach § 46 Abs. 2 ZPO bzw. die Entscheidung des Beschwerdegerichts abzuwarten ist.

Allerdings ist seitens des Bundesjustizministeriums mit dem geplanten Justizmodernisierungsgesetz beabsichtigt, die ZPO dahingehend zu ändern, dass in Anlehnung an § 29 Abs. 2 StPO das erkennende Gericht auch nach einem Ablehnungsgesuch grundsätzlich weiter verhandeln darf (Art. 1 Nr. 2 ReferentenE). Damit soll verfahrensverschleppenden Gesuchen entgegengewirkt werden.

Ein Befangenheitsantrag indes, der dazu dienen soll, Richter, die eine dem Gesuchssteller missliebige Rechtsauffassung vertreten, aus dem Verfahren zu drängen, ist rechtsmissbräuchlich und daher unbeachtlich (Hess. LSG MDR 1986, 436).

Andererseits ist zu bedenken, dass nach einem **unbegründeten Befangenheitsantrag** der Richter spätestens jetzt befangen sein könnte bzw. das Urteil besonders sorgfältig und unangreifbar zu begründen sucht und zwar gegen den Antragsteller (vgl. unten VIII 2: Reaktion auf das Ablehnungsgesuch).

> Die Ablehnung eines Befangenheitsgesuches ist in der Praxis der Regelfall. Nur ein ganz geringer Bruchteil hat in der Praxis Erfolg (vgl. kritisch Thomas/Putzo § 42/9: »missverstandene Kollegialität« – »im Zweifel sollte einem Ablehnungsgesuch stattgegeben werden« – ebenso LG München I NJW-RR 2002, 861; vgl. aber E. Schneider ZAP-Kolumne 2002, 665: die Erfolgsquote der Ablehnungen steigt).
>
> Die Neuregelung des § 45 Abs. 2 **ZPO n.F.**, wonach bei Ablehnung eines Amtsrichters nunmehr ein anderer Richter des Amtsgerichts über das Gesuch entscheidet (statt wie bisher das LG oder OLG), lässt – aus psychologischen Gründen – erwarten, dass die Erfolgsquoten noch weiter abnehmen (vgl. E. Schneider MDR 2001, 1400: derjenige Richter muss entscheiden, der mit seinem Kollegen in der Gerichtskantine Kaffee zu trinken pflegt – gruppenpsychologisch ist das völlig verfehlt) (vgl. auch § 27 Abs. 3 StPO).
>
> Dies insbesondere dann, wenn mangels anderweitiger Regelung im Geschäftsverteilungsplan der Vertreter des abgelehnten Richters entscheidet, welcher bei Stattgabe des Gesuchs das Verfahren dann auch bearbeiten muss.
>
> Vor allem bei kleineren Amtsgerichten, bei welchen der Anwalt häufig mit demselben Richter zu tun hat, kann die Gefahr eines gespannten Verhältnisses bestehen. Letztlich hängt dies von der Persönlichkeit des einzelnen Richters ab.
>
> Übertrieben erscheint es aber, wenn Rinsche (Prozesstaktik, Rdnr. 352) meint, dass der abgelehnte Richter ohne ein klärendes persönliches Gespräch – mit einem gewissen zeitlichen Abstand – auf lange Zeit ein »gestörtes Verhältnis« zum Anwalt haben wird und allenfalls in eisig-höflicher Weise mit ihm die späteren Verhandlungen führen werde (vgl. auch E. Schneider [Urteilsanmerkung] MDR 1999, 58: unverkennbare Tendenz, Ablehnungsgesuche als Missachtung des Gerichts anzusehen).

Sinnvoll und zu empfehlen ist ein Befangenheitsantrag daher allenfalls nur in **Ausnahmefällen**, wenn das Gericht tatsächlich befangen zu sein bzw. sich offensichtlich bereits in seiner Entscheidungsbildung nachteilig für die eigene Partei festgelegt zu haben scheint.

Auch bei groben und eindeutigen **Verfahrensfehlern** oder bei einem ungehörigen Ton kann ein Befangenheitsantrag bzw. dessen in Aussicht stellen als (letzte) Abwehrreaktion in Betracht kommen.

Dies kann dem Richter die Fehlerhaftigkeit seines Verhaltens bewusst machen und gegebenenfalls »zu einem weniger emotionalen Verhandlungsklima« führen (Rinsche, Prozesstaktik, Rdnr. 352). Vor allem wegen des mit einem solchen Gesuch verbundenen zusätzlichen Arbeitsaufwands für den Richter (Abgabe einer dienstlichen Stellungnahme, u.U. neuer Termin mit erneuter Vorbereitung etc.), besteht bei einer bloßen »Androhung« durchaus eine gewisse Aussicht auf Erfolg.

Dabei dürfte es zulässig sein, den Befangenheitsantrag unter der (innerprozessualen) Bedingung zu stellen, dass der Richter ein bestimmtes prozessordnungswidriges Verhalten nicht aufgibt. Sonst ist es dem Richter verwehrt, vor Erledigung des Ablehnungsgesuchs weiter zu verhandeln (vgl. § 47 ZPO) (vgl. E. Schneider ZAP-Kolumne 2002, 665; F. 13 S. 750, der davon abrät, das Ablehnungsgesuch zurückzunehmen, wenn der Richter trotz Ablehnung unter Änderung seiner bisherigen Haltung weiter verhandelt).

Hierbei ist zu bedenken, dass der Richter im weiteren Verlauf des Rechtsstreits vermutlich (auch) mit seinen Äußerungen vorsichtiger sein wird. Dies nimmt dem Anwalt die Möglichkeit, die (wirkliche) Ansicht des Richters erkennen und darauf inhaltlich reagieren zu können.

Gegebenenfalls kann in solchen besonderen Fällen ausnahmsweise auch die Ankündigung einer **Dienstaufsichtsbeschwerde** helfen, obgleich dadurch in Anbetracht der richterlichen Unabhängigkeit kein direkter Einfluss auf die Verfahrensgestaltung durch das Gericht genommen werden kann. Allerdings erlaubt die richterliche Unabhängigkeit keine Rechtsverletzungen.

Es ist daher manchen Richtern sicherlich unangenehm, wenn ein verfahrenswidriges Verhalten mittels Dienstaufsichtsbeschwerde aufgedeckt und justizintern bekannt wird (vgl. E. Schneider Beilage zu ZAP 19/2000 S. 14; ZAP F. 13 S. 279; Braunschneider ProzRB 2003, 49). Es ist daher denkbar, dass der ein oder andere Richter dann im weiteren Verlauf des Verfahrens sein fehlerhaftes Verhalten ändert.

So haben z.B. drei Kammern des LG München I eine rechtlich zweifelhafte Fristverlängerungspraxis nach Intervention der Präsidentin des Landgerichts auf Initiative einiger Anwälte aufgegeben (vgl. Reinelt ZAP-Sonderheft S. 68; E. Schneider ZAP-Justizspiegel 2001, 582).

Allerdings sollte dies nur sehr behutsam erfolgen, um nicht in die Nähe einer (versuchten) strafbaren Nötigung von Amtsträgern zu kommen. Die Androhung einer Dienstaufsichtsbeschwerde oder einer Presseveröffentlichung wird jedenfalls (bislang) nur dann als rechtswidrig angesehen, wenn eine entstellte Darstellung angedroht wird (vgl. Tröndle/Fischer § 240/ 52). Zu bedenken ist ferner, dass eine unberechtigte Dienstaufsichtsbeschwerde auch als falsche Anschuldigung (§ 164 StGB) oder als Beleidigung (§ 185ff. StGB) angesehen werden kann (vgl. Baumbach/Lauterbach § 136/43). Im Übrigen ist eine Beschwerde über Fehler der Prozessführung des Richters sowie die Ausübung von Kritik »das Recht, ja die Aufgabe des Rechtsanwalts« (BVerfG NJW 1989, 3148: in satirischer Form zulässig)

b) Richtige Antragstellung und Rechtsmittel

Das **Gesuch** kann sogleich in der Verhandlung schriftlich oder mündlich vorgebracht werden.

Es ist verfahrenswidrig, wenn ein Richter sich weigert, ein mündliches Gesuch entgegenzunehmen (u.U. ein neuer Ablehnungsgrund). Es sollte dessen Aufnahme (samt Begründung) ins Protokoll beantragt werden (§ 160 Abs. 4 S. 1 ZPO; Thomas/Putzo § 44/1). Kaum eine praktische Bedeutung kommt hingegen der Möglichkeit zu, das Gesuch (auch) vor der Geschäftsstelle zu Protokoll zu erklären (§ 44 Abs. 1 ZPO).

Das Ablehnungsrecht steht nur den Parteien, nicht dem Prozessbevollmächtigten selbst zu (§ 42 Abs. 3 ZPO). Selbst wenn der Anwalt freilich regelmäßig für die von ihm vertretene Partei handelt, sollte er das Gesuch sicherheitshalber ausdrücklich **namens der Partei** einreichen.

> **Beachte:**
>
> Eine Ablehnung ist **nicht mehr möglich**, wenn die Partei sich ohne Geltendmachung des ihr bekannten Ablehnungsgrundes in eine Verhandlung eingelassen oder Anträge gestellt hat (§§ 43, 44 Abs. 4 ZPO).

Entsteht der Ablehnungsgrund in der mündlichen Verhandlung, muss sofort reagiert werden. Am Sichersten ist es, das Gesuch sogleich zu erklären sowie Antragstellung und weitere Verhandlung zu verweigern (vgl. Zöller § 43/6; unklar Thomas/Putzo § 44/4). Der Anwalt sollte sich nicht in eine Erörterung von Verfahrensfragen verwickeln lassen, wobei grundsätzlich auch Prozessanträge schädlich sind. Die Gefahr des Verlusts des Ablehnungsrechts kann auch bei bloßen Vertagungsanträgen bestehen (str., vgl. Zöller § 43/5); im Gegensatz zu Anträgen auf Unterbrechung der Sitzung zwecks Beratung mit der Partei oder auf Erteilung von Protokollabschriften (BVerwG NJW 1964, 1870; Günther NJW 1986, 281 Fn. 80).

Verhandelt der Richter jedoch entgegen § 47 ZPO weiter, verliert die Partei durch Verhandlung und Antragstellung zur Abwendung eines Versäumnisurteils das Ablehnungsrecht nicht (Zöller § 43/8).

Die Ablehnung muss sich auf einen einzigen oder mehrere einzelne **Richter** beziehen.

Unzulässig ist grundsätzlich, das Gericht oder einen ganzen Spruchkörper als solches abzulehnen (Thomas/Putzo §§ 42/1, 44/2; Zöller §§ 42/3/6 a.E., 44/2; vgl.

hierzu Günther NJW 1986, 281). Der jeweilige Richter muss in der Regel eindeutig individualisierbar und die Begründung spezifisch personenbezogen sein. Da etwaige Auslegungszweifel zu Lasten des Ablehnenden gehen, sollte der Richter am besten namentlich bezeichnet werden. Dabei hat jede ablehnungsberechtigte Partei das Recht auf Bekanntgabe der Namen der am Verfahren mitwirkenden Richter (Zöller § 43/3). Es können allerdings durchaus sämtliche Richter eines Spruchkörpers abgelehnt werden, wenn diese an den im Rechtsstreit erheblichen Vorgängen persönlich beteiligt waren, z.B. an einer Beschlussfassung durch Mitunterzeichnung (OLG Köln MDR 1979, 1027: die Kammer hat den Beklagten durch Beschluss auf den übersehenen Ablauf der Verjährung hingewiesen; BVerwG MDR 1976, 783; BGH NJW 1974, 55).

Nach einer Ansicht stellt eine Erklärung, wonach der Richter wegen Befangenheit abgelehnt und eine **Begründung** hierzu nachgereicht werde, überhaupt kein Ablehnungsgesuch dar (OLG Köln MDR 1964, 423; NJW-RR 1996, 1339; Zöller § 44/2; **a.A.** Thomas/Putzo § 44/2: kann nachgebracht werden).

Nach OLG Köln ist das Gericht zudem nicht verpflichtet, eine anwaltlich vertretene Partei auf die Notwendigkeit sofortiger Begründung hinzuweisen. Es bedarf dann überhaupt keiner Entscheidung über das »unechte« Gesuch und folglich auch keiner Vorlage an das übergeordnete Gericht.

Es ist daher eine Begründung jedenfalls in ihrem wesentlichen Kern mit dem Gesuch einzureichen oder zu Protokoll zu erklären. Auch wenn die ablehnende Partei hierfür grundsätzlich keinen Anspruch auf Schriftsatzfrist hat, ist es natürlich nicht ausgeschlossen, dass das Gericht ihr auf entsprechenden Antrag trotzdem eine solche gewährt. Vor allem, wenn der Partei in der mündlichen Verhandlung keine Gelegenheit gegeben wird, den Ablehnungsgrund zu Protokoll zu geben, muss das Gericht gewisse Zeit abwarten (OLG Schleswig, OLG Report Schleswig 2002, 307: die übliche Frist von 14 Tagen).

Das Ablehnungsgesuch ist gem. § 44 Abs. 2 ZPO **glaubhaft** zu machen.

Hierzu kann auf das Zeugnis des abgelehnten Richters Bezug genommen werden (vgl. § 44 Abs. 2 u. 3 ZPO) oder/und eine eidesstattliche Versicherung des Prozessbevollmächtigten (nicht der Partei!) eingereicht werden. Eine Bezugnahme sollte freilich nur dann erfolgen, wenn die Stellungnahme des Richters bereits bekannt ist. Denn viele Richter sind bestrebt, in ihren dienstlichen Äußerungen den objektiven Ablehnungstatbestand zu verwässern, etwa durch eine lückenhafte oder abgeschwächte Darstellung oder Bewertung des Sachverhalts (E. Schneider ZAP-Kolumne 2002, 665). Vor allem wird so gut wie kein Richter eine etwaige Befangenheit eingestehen. Denn Richter empfinden offensichtlich die Tatsache, befangen zu sein, als Makel (Lamprecht DRiZ 1988, 163; vgl. die zuweilen anzutreffende überflüssige Floskel »Ich fühle mich nicht befangen«, Thomas/Putzo § 44/3).

Die Mittel zur Glaubhaftmachung können bis zur Entscheidung über das Ablehnungsgesuch nachgebracht werden (Thomas/Putzo § 44/2) (vgl. i.Ü. oben 4. Teil I 3).

Gegen den Beschluss, durch den das Gesuch für unbegründet erklärt wird, kann **sofortige Beschwerde** eingelegt werden (§ 46 Abs. 2 ZPO).

> Diese ist binnen einer Notfrist (Wiedereinsetzung möglich!) von zwei Wochen einzulegen (§ 569 Abs. 1 **ZPO n.F.**). Nach § 571 Abs. 2 **ZPO n.F.** kann man nunmehr eine Frist für die Begründung setzen bei deren Versäumung Präklusion in Betracht kommt. Das kann man u.U. verhindern, indem der Beschwerdeführer eine Begründung innerhalb einer selbst bestimmten Frist ankündigt.

c) Praktische Ratschläge

Der Anwalt sollte bei einem Ablehnungsgesuch in der mündlichen Verhandlung die folgenden allgemeinen Verhaltensregeln beachten (vgl. E. Schneider ZAP 1996 F. 13 S. 460). So ist gerade die unvermittelte Situation im Termin diesbezüglich besonders fehleranfällig.

> E. Schneider weist zu Recht darauf hin, dass abgelehnte Richter sich manchmal mit dem Ablehnungsverfahren nicht genügend auskennen und dass solche Unkenntnis, die für einen Anwalt haftungsbegründend wäre, leicht dazu verführt, irgendwelche ungeprüften Ansichten als juristische Wahrheiten auszugeben.

- Sich (deshalb) nie vom Gericht verunsichern oder gar in die Irre führen lassen.
- Dem Widerstand des Gerichts gegen die Form der Befangenheitsablehnung nicht nachgeben.
- Grundsätzlich nur einen einzigen, möglichst namentlich bezeichneten Richter ablehnen.
- Bei einem in der Verhandlung entstandenen Befangenheitsgrund sofort das Ablehnungsgesuch mit kurzer Begründung vorbringen und weder weiter verhandeln noch Anträge stellen.
- Die Aufnahme des Gesuchs und der Gründe – zumindest in ihrem Kern – ins Protokoll beantragen. Bei Weigerung des Gerichts die Ablehnung auch hierauf stützen.
- Das Gesuch möglichst sachlich begründen, um dessen Zurückweisung als rechtsmissbräuchlich zu vermeiden.
- Bei unsachlichen Äußerungen des Richters als Reaktion auf das Gesuch, dieses sogleich auch damit begründen.
- Bei Zurückweisung gleich noch im Termin sofortige Beschwerde einlegen (mündlich zu Protokoll oder schriftlich).
- Bei Verstoß gegen die Wartepflicht des § 47 ZPO das Ablehnungsgesuch sofort auch auf diesen Verfahrensfehler stützen und nicht mehr

auftreten, allenfalls – zur Vermeidung eines Versäumnisurteils – nur unter Vorbehalt.

- Sofort glaubhaft machen durch Bezugnahme auf die dienstliche Äußerung des Richters, durch Benennung des Protokollführers und anderer anwesender Personen einschließlich des Gegenanwalts als Zeugen.

2) **Ausgewählte Befangenheitsgründe**

Hinsichtlich der umfangreichen **Kasuistik** sei zunächst auf die einschlägigen Kommentierungen verwiesen (z.B. Thomas/Putzo § 42/12; Zöller § 42/22 ff.).

Hier sollen nur einige besonders praxisrelevante Gründe angesprochen werden:

- **Verfahrensverstöße**

    Hierbei muss es sich entweder um grobe prozessuale Fehler oder um eine Häufung davon handeln.

    Vgl. Zöller § 42/24/28; KG MDR 2001, 1435: Weigerung im Termin Schriftsätze und neuen mündlichen Vortrag entgegenzunehmen; BayObLG NJW-RR 2001, 642: grundlose Verweigerung von Akteneinsicht und ein Verstoß gegen das rechtliche Gehör durch eine übereilte Entscheidung – einen Tag nach Fristablauf – vgl. aber BVerfG NJW 1999, 1176: kein leichtfertiger Umgang mit dem Anspruch auf rechtliches Gehör; OLG Karlsruhe MDR 1991, 1195: Häufung prozessualer Fehler;. Ablehnung eines berechtigten Antrages auf Terminsverlegung – Zöller § 42/23; OLG Zweibrücken MDR 1999, 113: Bezeichnung des Rechtsstreits als »Kleckerles«-Angelegenheit.

    Sehr umstritten ist, ob ein erteilter Hinweis auf Einreden und Gegenrechte, z.B. Verjährung, Aufrechnung oder Zurückbehaltungsrecht einen Befangenheitsgrund darstellt, wenn eine Partei diese Verteidigungsmittel nicht von sich aus in den Prozess eingeführt hat (vgl. Zöller §§ 139/11; 42/27; verneinend KG NJW 2002, 1732 unter Hinweis auf die Neufassung des § 139 ZPO; vgl. oben 5. Teil VII 1a). Freilich nützt eine begründete Ablehnung des hinweisenden Richters der Gegenpartei letztlich nichts mehr, da sich die Gegenpartei von der Erhebung der Verjährungseinrede sicherlich nicht abhalten lässt und diese dadurch nicht ihre Wirkung verliert.

- **Unsachliche Äußerungen**

    Zum Beispiel schroffer und ungehöriger Ton im Schriftverkehr (Eingabe gehöre in den »Papier-Abfalleimer«), Bezeichnung der Verhandlungsführung des Anwalts als »Kinkerlitzchen«, abfällige, höhnische, kränkende, beleidigende Wortwahl; unangebracht bissige Ironie, Bezeichnung der Höhe der Klageforderung als »utopisch«, unangemessene Mimik und Gestik während des Parteivortrags, abwertende Kritik gegenüber der Prozessführung des Anwalts (Zöller § 42/22/22a), Äußerung des Richters, dass er sich schon vor dem Termin gedacht habe, dass Frau Rechtsanwältin H in eine »Präklusionsfalle« tappen könne (LG München I NJW-RR 2002, 861), Bezeichnung des Sachvortrags einer Partei als (versuchten) Prozessbetrug (OLG Frankfurt NJW-RR 1997, 1084 – anders, wenn bereits eine feste, unverrückbare Erkenntnisgrundlage gegeben ist).

- **Verletzung der Wartepflicht**

  Nach ganz h.M. lösen offenkundig rechtsmissbräuchliche Ablehnungsgesuche die Wartepflicht nach § 47 ZPO nicht aus (LG Frankfurt/M. NJW-RR 2000, 1088; OLG Köln, NJW-RR 2000, 591 m.w.N.; Zöller § 47/3; OLG Frankfurt/M. MDR 1992, 409).

  Die Verletzung der Wartepflicht kann dabei selbst wiederum einen **Ablehnungsgrund** darstellen (OLG Köln NJW-RR 2000, 591). Ein Verstoß gegen die Wartepflicht bei später als unbegründet zurückgewiesener Beschwerde gilt indes nachträglich als geheilt (Zöller § 47/5).

  Entscheidet der abgelehnte Richter selbst über das Gesuch (str., so Zöller § 42/6, Thomas/Putzo §§ 42/5; 45/4; **a.A.** LG Frankfurt/M. NJW-RR 2000, 1088; vgl. auch OLG Braunschweig MDR 2000, 846 mwN) ist hierbei jedenfalls eine Begründung erforderlich, durch die nachvollziehbar wird, dass der abgelehnte Richter sich der an die Selbstentscheidung verfassungsrechtlich zu stellenden Anforderungen bewusst war (SächsVerfGH NJW-RR 1999, 287).

- Es ist grundsätzlich nicht möglich, mittels **Angriffe** auf den Richter (Beleidigungen, Beschimpfungen, Dienstaufsichtsbeschwerden etc.) eine Befangenheit **absichtlich** herbeizuführen (Zöller § 42/6/29; OLG Koblenz OLGReport Koblenz 2003, 21: Vorwurf der Rechtsbeugung; vgl. Knoche MDR 2000, 371).

  Weil aber gerade unsachliche Angriffe (trotzdem) die Unparteilichkeit des Richters beeinträchtigen können, sollten diese besser unterbleiben. Zumindest bringen sie keinen Nutzen für die vertretene Partei, sondern können allenfalls dem anwaltlichen Ruf schaden.

  Ausnahmsweise wurde ein Befangenheitsgrund z.B. vom OLG Zweibrücken (MDR 1994, 832) angenommen bei verunglimpfender Kritik, die das Maß dessen übersteigt, was ein Richter bei der Ausübung seines Amtes ohne Beeinträchtigung mit Gelassenheit ertragen und als unerheblich und unwesentlich beiseite lassen muss und kann (Prozesspartei trägt vor, dass ihr gesagt wurde, »dass sowohl die fachliche als auch die menschliche Qualifikation von Richter W. nicht unbestritten und dass gravierende Fehlurteile bei ihm keine Seltenheit seien«). Im Übrigen können diese Angriffe aber zu unsachlichen Reaktionen führen, welche dann ihrerseits einen Ablehnungsgrund bilden können.

- **Reaktion auf das Ablehnungsgesuch**

Zum Beispiel eine unangemessene und unsachliche Stellungnahme des Richters in der dienstlichen Äußerung oder aufbrausende und übertriebene Reaktion auf das Ablehnungsgesuch (Zöller § 42/22a/24) oder wenn aus der Stellungnahme ersichtlich ist, dass der Richter im aktuellen Verfahren nicht mehr bereit ist, seine eigene (rechtlich nicht vertretbare) Rechtsauffassung kritisch zu überprüfen und ggf. abzuändern, können ein Ablehnungsgesuch im nachhinein rechtfertigen.

(Vgl. LAG Sachsen MDR 2001, 516: »Ich werde das weitere Prozessvorbringen des Beklagtenvertreters kritisch prüfen« – Anm. E. Schneider S. 517: »Freudsche Fehlleistung«; LG Berlin, NJW-RR 1997, 315: Richterin hat sehr verärgert reagiert und erklärt: »Doch, das nehme ich persönlich« und »Das werde ich mir merken«; KG MDR 2001, 1435: der Richter hat unter Hinweis darauf, dass »das hier verwendete Formular bereits mehrfach und ohne Erfolg Gegenstand von Ablehnungsgesuchen gegen mich und andere Kollegen gewesen« sei, die Rücknahme des Gesuchs nahe legt. Der Inhalt der dienstlichen Äußerung lautete: »Ich bin nicht befangen«).

Zwar kann eine unsachliche Stellungnahme durch eine ebenso unsachliche und den Richter persönlich angreifende Begründung des Ablehnungsgesuchs herausgefordert werden. Jedoch besteht hierbei die Gefahr, dass das Kontrollgericht dann (aus richterlicher Solidarität) von vorneherein zur Zurückweisung des Gesuchs neigt.

Selbst wenn das Gericht der Partei keine Möglichkeit gibt, ein Ablehnungsgesuch überhaupt anzubringen bzw. dessen Protokollierung verweigert, sondern die Verhandlung einfach weiterführt, kann dies einen Befangenheitsgrund darstellen (OLG Köln NJW-RR 1998, 857).

- Persönliche **Spannungen** zwischen Richter und Anwalt

Auch (starke) persönliche Spannungen zwischen Richter und Prozessbevollmächtigten können eine Besorgnis der Befangenheit begründen. Allerdings genügen hierfür im Allgemeinen (sachliche) Meinungsverschiedenheiten über die Korrektheit des anwaltlichen Verhaltens oder Fragen richterlicher Verhandlungsleitung nicht (Zöller § 42/13).

IX. Der Prozessvergleich

1) Vergleichsstrategie

Eine besonders erfolgreiche Vergleichsstrategie aufzuzeigen ist (jedenfalls für einen Juristen) schwierig (vgl. hierzu Handel, Vors. Richter am LG; Anm. hierzu Hauenschild AnwBl. 1998, 252). Es dürfte viel vom eigenen Verhandlungsgeschick abhängen. Jedenfalls findet in der Regel die vergleichsbereite Partei durch das Gericht Unterstützung, welchem durch einen Vergleich eine unter Umständen langwierige Beweisaufnahme sowie ein (kompliziertes) Urteil erspart bleibt (»des Richters liebstes Kind«, Bühren, AnwBl. 2001 S. 97).

> Der Vergleich als besonders rasche Form der Erledigung kommt nicht nur der persönlichen Bequemlichkeit des Richters entgegen, sondern auch den Verhaltenserwartungen der beurteilenden und dienstaufsichtsführenden Justizorgane (so zutreffend Stürner DRiZ 1976, 205; Baumbach/Lauterbach § 278/7), von welchen eine überdurchschnittlich hohe Vergleichsquote erfahrungsgemäß als besondere Qualifikation angesehen wird. Außerdem ist der Vergleich mittlerweile zu einer Art »Überlebensstrategie« geworden, ohne welchen die Zivilgerichte heute nicht mehr »über die Runden kommen« (Thalmair Mitteilungen Münchener Anwaltverein e.V. Heft 8/9 2002 S. 14).
>
> Abgesehen davon soll das Gericht nach dem Gesetz »in jeder Lage des Verfahrens auf eine gütliche Beilegung des Rechtsstreits oder einzelner Streitpunkte bedacht sein« (vgl. § 278 Abs. 1 **ZPO n.F.**), was allerdings auch weiterhin kein Auftrag zur richterlichen Arbeitserleichterung ist, sondern zur Befriedung der Parteien (Zöller § 279/1).

So ist es ein erklärtes Ziel der ZPO-Reform, die Vergleichsquoten zu erhöhen (vgl. Begr. RegE S. 58: »sind unbefriedigend«). Dem soll die – in der Regel obligatorische – der mündlichen Verhandlung vorgeschaltete Güteverhandlung dienen (§§ 278 Abs. 2, 279 **ZPO n.F.**).

In der Praxis üben manche Gerichte zu diesem Zweck mehr oder weniger großen **Druck** auf die Parteien aus.

> Dieser kann sich aufgrund dieser »gesetzlichen Schlichtungsermunterung« durch das **ZPO-Reformgesetz** künftig womöglich noch erhöhen (vgl. Ebel ZRP 2001, 313: Dann läge der Richter im Trend).

Falls man einen Vergleichsabschluss als nicht tunlich erachtet, sollte der Anwalt sich davon nicht beeinflussen und nicht unter Zeitdruck setzen lassen. Vergleichsbereitschaft ist nicht erzwingbar (Thomas/Putzo § 279/2).

> Das Gericht darf auf den Willen einer Partei insbesondere nicht mit der Äußerung einwirken, ein Urteil bestimmten Inhalts sei bereits beschlossen und werde

verkündet, wenn die Partei sich nicht vergleicht (Thomas/Putzo § 794/4). Hingegen ist es durchaus zulässig, wenn das Gericht den Parteien seine nach dem bisherigen Verlauf gewonnene Rechtsansicht darlegt und ihnen die Risiken (Kosten, Dauer, Rechtmittel) vor Augen führt, die ihnen nach seiner Auffassung bei Fortführung des Rechtsstreits erwachsen (BGH NJW 1966, 2399; Zöller 23. Aufl. § 278/1: legitim, darf aber nicht als Druckmittel eingesetzt werden). In Bezug auf die (etwaigen) weiteren Kosten ist zu berücksichtigen, dass eine mögliche finanzielle Entlastung gemindert wird durch die anwaltliche Vergleichsgebühr.

Wendet das Gericht die »Ermüdungsstrategie« an, kann man sich ohne die Gefahr eines Versäumnisurteils aus dem Sitzungssaal nur entfernen, wenn zuvor schon verhandelt wurde (vgl. oben 2. Teil IV 2 a) (vgl. Zöller § 333/1).

Ob sich der gerichtliche Vergleichsvorschlag in der Regel an der (vorläufigen) Beurteilung der jeweiligen Sach- und Rechtslage orientiert, lässt sich hier nicht beurteilen. Wenn das Gericht dies aber getan hat, wird es sich normalerweise nicht weigern, den Vorschlag auf Anfrage des Anwalts auch zu begründen. Hieraus kann dann ersichtlich sein, wie ein etwaiges Urteil lauten wird bzw. ob noch eine Aussicht (z.B. durch die Beweisaufnahme oder weiteren Sachvortrag) auf eine günstigere Entscheidung besteht.

Der **Rechtsanwalt** ist in jedem Falle aus dem Anwaltsvertrag verpflichtet, die Vor- und Nachteile eines Vergleichsabschlusses dem Mandanten darzulegen und ihn vor unüberlegten Erklärungen zu warnen (BGH NJW 2000, 1944; vgl. Palandt Erg. § 280/82; Edenfeld MDR 2001, 972). Vor Abschluss hat der Anwalt sich grundsätzlich der vorherigen Zustimmung des Mandanten zu versichern (BGH NJW 2002, 292).

Der am Vergleichsabschluss beteiligte Anwalt trägt bei der Beratung des Mandanten eine besondere Verantwortung, zumal beim Laien nach der Lebenserfahrung eine Neigung vorhanden ist, im Rechtsstreit entsprechend der Empfehlung des Anwalts zu verfahren (BGH NJW 1966, 2399, 2401). So soll kaum eine Verfahrenssituation für den Anwalt haftungsrechtlich riskanter sein als der Abschluss eines Prozessvergleichs (E. Schneider ZAP-Kolumne 2002, 1099). Er kann sich insbesondere nicht darauf verlassen, dass ihn der gerichtliche Vergleichsvorschlag entlastet (vgl. hierzu eingehend OLG Frankfurt NJW 1988, 3269). Ein im Vertrauen auf einen unrichtigen Hinweis des Gerichts abgeschlossener Prozessvergleich ist auch nicht (wegen Wegfalls der Geschäftsgrundlage) unwirksam (OLG Hamm NJW-RR 1997, 1429: alleinige Risiko der Partei).

Sofern nach der Prozesslage begründete Aussicht besteht, dass im Falle einer Entscheidung ein wesentlich günstigeres Ergebnis zu erzielen ist, hat der Anwalt von einem Vergleich abzuraten (BGH NJW 1993, 1328). Eine Prozessprognose anzustellen ist freilich sehr schwierig und meistens mit vielen Unsicherheitsfaktoren behaftet.

Aufgrund der, durch das **ZPO-Reformgesetz** stark geminderten Berufungschancen kann man jedenfalls nicht mehr auf eine Abänderung einer nachteiligen Entscheidung in der zweiten Instanz spekulieren. Zudem kann die Möglichkeit, einen Vergleich – nach verlorener erster Instanz – noch in der zweiten Instanz abschließen zu können, ausgeschlossen sein. Denn nach § 522 Abs. 2 ZPO **n.F.** kann eine aussichtslose Berufung vom Berufungsgericht ohne mündliche Verhandlung durch nicht anfechtbaren Beschluss zurückgewiesen werden.

Diese Aufklärungspflicht des Anwalts besteht selbst dann, wenn er meint, das von ihm ausgehandelte Ergebnis sei schon das Äußerste, was bei der Gegenseite zu erreichen ist (BGH NJW 2002, 292; 1993, 1325).

Hierbei ist immer damit zu rechnen, dass den Mandanten der Vergleichsabschluss im Nachhinein reut und er den nachgegebenen Betrag vom Anwalt ersetzt haben will.

Aus richterlicher Erfahrung kann zur Vergleichsstrategie nur angemerkt werden, dass es unter Umständen nützlich sein kann, möglichst viel zu fordern bzw. Gegenforderungen geltend zu machen sowie möglichst viele Beweismittel anzubieten.

Denn bei völlig ungeklärter Sach- und Rechtslage, vor allem bei zahlreichen Einzelpositionen, wird häufig die Klagesumme geteilt, was der »schwächeren« Partei nützen kann. Zudem ist es leichter, sich herunterhandeln zu lassen als den Gegner heraufzuhandeln. Sind zu dem Termin bereits Zeugen geladen, so ist zu bedenken, dass der Gegner nach einer für ihn günstigen Beweisaufnahme in der Regel nicht mehr vergleichsbereit sein wird bzw. nur noch zu für ihn wesentlich besseren Bedingungen.

Vergleichsfördernd ist gelegentlich auch der Hinweis auf die eigene (angeblich) dürftige finanzielle Situation mit dem Angebot sofort (oder in Raten) zu zahlen, wenn ein Teil der Schuld erlassen wird.

Sofern man bereits von vornherein auf einen Vergleich abzielt, empfiehlt es sich, etwaige (u.U. auch zweifelhafte) (Gegen-) Forderungen (mit einer Widerklage) gleich mit in den Prozess als Verhandlungsmasse einzubringen.

Stellt man diese hingegen erst bei den Vergleichsverhandlungen in Aussicht, so ist der (unvorbereitete) Gegner häufig nicht bereit, diese mit zu berücksichtigen. Ferner können durch aufwendiges und gekonntes »Nebelschießen« (Franzen NJW 1984, 2262; vgl. oben 2. Teil vor I) unter Umständen die Vergleichsbereitschaft der Gegenseite und die Vergleichsbemühungen des Gerichts erhöht werden.

In strafrechtlich relevanten Fällen kann sich ein zuvor gestellter Strafantrag gegen den Gegner als nützliche Verhandlungsmasse erweisen. So ist es nämlich zulässig, dass sich eine Partei verpflichtet, einen Strafantrag (oder eine Strafanzeige) zurückzunehmen (Thomas/Putzo § 794/16).

Wenn der Gegner überhaupt nicht vergleichsbereit erscheint, können eine eingehende Erörterung der Sach- und Rechtslage sowie eine selbstbewusste Darstellung der eigenen Position zuweilen doch noch zu einem

Vergleichsabschluss führen. Hierfür ist es hilfreich, bereits vor dem Termin mit dem Mandanten etwaige Spielräume für Zugeständnisse abgeklärt zu haben.

> Manchmal kann die Bereitschaft des Gegners zum Vergleichsabschluss auch dadurch erhöht werden, indem die Partei im Termin anbietet, den Vergleichsbetrag (ganz oder teilweise) sogleich in bar bzw. per Scheck zu zahlen. Auch die Protokollierung einer Präambel (»Ohne Anerkennung einer Rechtspflicht aus rein prozessökonomischen Erwägungen« – obgleich freilich der Vergleich verpflichtend ist), einer Entschuldigung oder einer Goodwill-Erklärung erleichtert zuweilen den Parteien den Abschluss.

> Dabei ist die Erklärung des Gegenanwalts, sein Mandant sei zu weiteren Zugeständnissen keinesfalls bereit, häufig genauso unwahr, wie die Härte und Prozessentschlossenheit nur vorgespiegelt ist.

Zu bedenken ist jedoch,

- dass protokollierte Vergleichsangebote nach Ablehnung unter Umständen vom Gericht als für die Partei akzeptable Mindestangebote angesehen werden können, an welchen es sich dann auch in seiner Entscheidung orientiert.

- dass ein abgeschlossener Vergleich an sich – unabhängig vom materiellen Inhalt – auch nachteilig sein kann (vgl. unten 3 b).

2) Grundlagen eines Vergleichsabschlusses

a) Der widerrufliche Vergleich

Wenn die Parteien im Termin nicht persönlich anwesend sind, sollte ein Vergleich grundsätzlich nur **widerruflich** geschlossen werden.

> Es besteht immer die Gefahr, in der oftmals zermürbenden Vergleichsverhandlung Fehler bei der Formulierung zu machen. Außerdem sollte aus haftungsrechtlichen Gründen erst die Genehmigung des Mandanten eingeholt werden.

> Inwiefern der häufig kolportierte Spruch »Wer widerruft, verliert!« bei dem ein oder anderen Richter zutreffend sein mag, kann hier nicht beurteilt werden. Der Wahrheitsgehalt dieses Spruches dürfte generell eher gering sein. Wenn man ganz sicher gehen will, kann man für den Widerruf einen (plausiblen) Grund angeben und nochmals seinen guten Willen bekunden.

> Sofern man selbst nicht widerrufen will, kann es sich empfehlen dies rechtzeitig dem Gegner mitzuteilen, um damit vielleicht dessen Widerrufsneigung abzuschwächen.

Auch wenn die Gerichte aus Eigeninteresse oftmals die (persönlich anwesenden) Parteien zu einem unwiderruflichen Vergleich drängen, ist das Gericht nach ganz überwiegender Meinung in jedem Falle verpflichtet, den Vergleich widerruflich zu protokollieren (vgl. § 160 Abs. 3 Nr. 1 ZPO; **a.A.** Münchener Kommentar § 794/71; u.U: aber § 141 Abs. 3 S. 1 ZPO – vgl. oben III 2).

Der Rechtsanwalt darf sich diesem Druck nicht beugen, wobei manche Anwälte die Einwilligung des Mandanten während der Verhandlung telefonisch erholen. Dies erscheint jedoch nicht ohne Risiko, nicht zuletzt wegen Beweisschwierigkeiten im Streitfalle mit dem eigenen Mandanten.

> **Beachte:**
>
> Bei einem Widerrufsvorbehalt (aufschiebende Bedingung) besteht die **Gefahr** einer Fristversäumung mit entsprechender Haftung des Rechtsanwaltes.

Bei Versäumung der **Widerrufsfrist** ist der Vergleich wirksam. Eine Wiedereinsetzung in den vorherigen Stand ist nach h.M. nicht möglich (Thomas/Putzo § 794/23) (einschränkend BGH NJW 1974, 106: WE möglich, wenn dies »Treu und Glauben« gebietet).

Zu beachten ist, dass diese Frist nicht vom Gericht verlängert werden kann (Thomas/Putzo § 224/5). Sofern für die Frist eine bestimmte Dauer vereinbart ist (z.B. Widerruf innerhalb zwei Wochen), beginnt sie im Zweifel bereits mit dem Vergleichsabschluss und nicht erst mit Erhalt des Protokolls (Thomas/Putzo § 794/20).

Dieser Gefahr eines verspäteten Widerrufs kann man durch Vereinbarung entsprechend längerer Widerrufsfristen, eines Bestätigungsvorbehaltes oder der Anwendung der Wiedereinsetzungsvorschriften (in der Praxis zwar selten, aber zulässig – vgl. Zöller § 233/7) begegnen.

Notfalls kann bei zu knapper Frist versucht werden, noch vor Fristablauf eine Fristverlängerung mit dem Gegner zu vereinbaren (nach h.M. keine Protokollierung erforderlich, Thomas/Putzo § 224/1; Zöller § 794/10c; str.; **a.A.** noch Thomas/Putzo 22. Aufl. § 224/1/5).

Eine Rücknahme des (auch nur »vorsorglich« erklärten) Widerrufs ist nicht möglich (Thomas/Putzo § 794/22), sondern muss gegebenenfalls neu abgeschlossen und protokolliert werden. Ebenso ist ein auch nur formlos oder konkludent erklärter (vorzeitiger) Verzicht auf den Widerruf bindend (Thomas/Putzo § 794/24).

Aus haftungsrechtlichen Gründen sollte der rechtzeitige und formgerechte Eingang bei Gericht in beweisbarer Form sichergestellt werden (BGH NJW 1995, 522). Dazu kommen in Betracht Einschreiben (mit Rückschein) und Übermittlung per Boten. Ein Widerruf ist auch mittels Telefax möglich (Thomas/Putzo § 794/21; Palandt § 126/11; BVerfG MDR 2000, 836) (vgl. nunmehr § 127 Abs. 2 BGB). Als Nachweis des Eingangs bietet sich hierbei eine telefonische oder schriftliche Eingangsbestätigung des Empfängers an.

Bei versäumter Widerrufsfrist kann der Vergleich in seltenen Einzelfällen durch eine **Anfechtung** gem. §§ 119, 123 BGB beseitigt werden (vgl. Thomas/Putzo § 794/35; BGH NJW 1966, 2399: Anfechtbarkeit wegen Drohung seitens des Gerichts). Die Unwirksamkeit ist nach h.M. auf Antrag grundsätzlich im alten Rechtsstreit geltend zu machen (vgl. Thomas/Putzo § 794/36f.).

Zur Vermeidung von Unklarheiten über die **Wirksamkeit** des Widerrufs sollte der Prozessvergleich folgende Punkte enthalten (vgl. Schapernack MDR 1996, 883):

- einen bestimmten Tag bis zu welchem der Widerruf möglich ist,
- dass der Widerruf nur schriftlich möglich ist,
- den Empfänger der Widerrufserklärung.

Zwar gilt für das **Fristende**, wenn es auf einen Samstag, Sonntag oder Feiertag fällt, grundsätzlich § 193 BGB, mit der Folge, dass der nächste Werktag maßgebend ist (Zöller § 794/10c; Palandt § 779/29: §§ 186 BGB ff.). Etwaige spätere Auslegungszweifel lassen sich von vornherein vermeiden, indem der Anwalt darauf achtet, dass als datierter letzter Tag der Frist ein Werktag vereinbart wird. Bei einer vereinbarten Schriftform ist regelmäßig diejenige des § 126 BGB gemeint (vgl. § 127 BGB; OLG Hamm NJW 1992, 1705; BAG NJW 1989, 3035) (Unterschrift!).

Es empfiehlt sich außerdem, als **Empfänger** das Prozessgericht zu bestimmen. Dann ist ein Widerruf gegenüber dem gegnerischen Prozessbevollmächtigten grundsätzlich unwirksam und Fristablauf erst um 24.00 Uhr des letzten Tages der Widerrufsfrist (OLG München NJW 1992, 3042; Thomas/Putzo § 794/21), wobei es auf den Eingang bei Gericht ankommt (BGH NJW-RR 1989, 1214: unerheblich ist das Ende der Dienstzeit oder die fristgerechte Entgegennahme durch die zuständige Geschäftsstelle).

Umstritten ist der Adressat, wenn dieser nicht (ausdrücklich oder stillschweigend) vereinbart ist (Zöller § 794/10a: nur der anderen Prozesspartei und nicht dem Gericht gegenüber; **a.A.** Thomas/Putzo § 794/22: im Zweifel beide; Palandt § 779/29). Deshalb ist in diesem Fall der »sicherste Weg«, den Widerruf gegenüber der anderen Partei zu erklären, am besten freilich zusätzlich gegenüber dem Gericht.

b) Inhalt und Formulierung

Der Prozessvergleich wird zwischen den Parteien des Rechtsstreits abgeschlossen.

Es können allerdings auch am Verfahren nicht beteiligte **Dritte** mit einbezogen werden, was erfahrungsgemäß nicht selten erst eine umfassende Einigung zwischen allen Beteiligten ermöglicht. Diese müssen jedoch dem Verfahren zum Zwecke des Vergleichsabschlusses beigetreten und entweder persönlich anwesend oder ordnungsgemäß vertreten sein, wobei im Anwaltsprozess hierfür kein Anwaltszwang besteht (Thomas/Putzo § 794/9/12; BGHZ 86, 160, str.). Dabei beschränkt sich die Mitwirkung des Dritten darauf, dass er seine Verpflichtungserklärung zu Protokoll gibt, wodurch der Gläubiger einen vollstreckbaren Titel erhält (vgl. § 794 Abs. 1 Nr. 1 ZPO). Er ist daher nicht Partei.

Der **Inhalt** muss den Streitgegenstand ganz oder teilweise durch gegenseitiges Nachgeben regeln. Insoweit wird der Rechtsstreit dadurch beendet. Auch wenn durch den Vergleich bereits ergangene Titel (z.B. Vollstreckungsbescheid, Versäumnisurteil, Vorbehaltsurteil) ohne weiteres wirkungslos werden (Thomas/Putzo § 794/28), kann es zur Verhinderung einer etwaigen unzulässigen Vollstreckung hilfreich sein, wenn der Kläger auf die Rechte hieraus im Vergleich ausdrücklich verzichtet.

Es können auch solche Rechtsverhältnisse mit erfasst werden, die nicht Prozessgegenstand sind.

Der Gegenstand des Vergleichs muss lediglich der Verfügung der Parteien unterliegen und darf keinen gesetzwidrigen (§ 134 BGB) oder sittenwidrigen (§ 138 BGB) Inhalt haben.

Allgemein ist zu empfehlen, den **Vergleichstext** möglichst selbst zu formulieren.

Denn dann kann man leichter etwaige Lücken bzw. Schwachstellen erkennen. Der Anwalt sollte sich nicht aufgrund etwaigen Drängens seitens des Gerichts oder des Gegners unüberlegt mit einer vorgeschlagenen Formulierung zufrieden geben. Hilfreich ist hierbei sicherlich eine vorherige schriftliche stichpunktartige Fixierung der wesentlichen Punkte. Denn allzu leicht wird bei den oftmals verzwickten und sich über eine gewisse Zeit erstreckenden Vergleichsgesprächen etwas vergessen.

> **Beachte:**
>
> Vollstreckbare Leistungen sind mit **vollstreckungsfähigem Wortlaut** zu formulieren (z.B. sind genau anzugeben der zu zahlende Betrag, die zu beseitigenden Mängel oder die herauszugebenden Gegenstände).

Der Anwalt sollte sich daher vor dem Abschluss Gedanken machen, ob und wie der Vergleich zu vollstrecken ist. Zur Kontrolle kann man sich in die Situation des Vollstreckungsorgans, speziell des Gerichtsvollziehers versetzen, der allein aus dem, für sich heraus verständlichen Vergleichstext erkennen können muss, was er im Einzelnen zu vollstrecken hat (vgl. Zöller § 704/4). Zur Konkretisierung können dem Vergleich Anlagen beigefügt werden (vgl. unten IX 2 d).

Außerdem sollte die Regelung möglichst **klar und eindeutig**, im Zweifel eher ausführlicher als zu knapp formuliert werden, um späteren Auslegungsstreitigkeiten über den Umfang des Vergleichs vorzubeugen (vgl. BGH NJW 2002, 1048: Pflicht des Anwalts bei Vergleichsabschluss dafür zu sorgen). Des Weiteren ist einfachen und praktikablen Lösungen der Vorzug zu geben (z.B. keine Bedingungen, Gegenleistungen oder Rückabwicklungen). In jedem Falle ist auf die vollständige und richtige Niederlegung des Willens des Mandanten zu achten.

Im Übrigen sind folgende Punkte besonders zu **beachten**:

- Bei mehreren Zahlungspflichtigen ist anzugeben, ob diese als **Teil- oder Gesamtschuldner** haften sollen.

  Bei Gesamtschuldnerschaft besteht der Vorteil für den Gläubiger darin, dass er von jedem der Schuldner den ganzen Betrag verlangen und vollstrecken kann (vgl. § 421 BGB). Sofern bei mehreren Gläubigern auch noch eine etwaige Gesamtgläubigerschaft, im Vergleichstext mit aufgenommen ist, steht dieses Recht jedem einzelnen Gläubiger zu (vgl. § 428 BGB).

- Problematisch sind **Anrechnungsklauseln**,

  welche z.B. wie folgt lauten: »Die Parteien sind sich einig, dass vom Antragsgegner geleistete Zahlungen in Anrechnung zu bringen sind«. Aufgrund inhaltlicher Unbestimmtheit ist ein solchermaßen formulierter Vergleich nicht vollstreckungsfähig (OLG Zweibrücken MDR 2002, 541; **a.A.** OLGReport Zweibrücken 2002, 480). Insbesondere ist es dem Vollstreckungsorgan verwehrt, auf Überweisungsbelege oder gar privatschriftliche Zahlungsaufstellungen zurückzugreifen. Zur Vermeidung dieses Risikos sollten auf jeden Fall die bereits bezahlten Beträge beziffert werden.

- Geht es um die Abgabe von **Willenserklärungen,** so sollten diese besser schon im Vergleich selbst mit abgegeben werden (sonst Vollstreckung nach § 888 ZPO, Thomas/Putzo § 894/3).

  Bei einem Verzicht auf Ansprüche sollte sicherheitshalber die Annahmeverklärung des Schuldners ausdrücklich mit aufgenommen werden (vgl. § 397 Abs. 1 BGB: Erlassvertrag!).

- Bei **Unterlassungs- und Handlungsansprüchen** kann es für eine etwaige Durchsetzung u.U. besser sein, eine Vertragsstrafe im Vergleich mit aufzunehmen.

- Bei **Herausgabeansprüchen** sind unklare Sammelbegriffe zu vermeiden.

  Denn es kann nicht dem Gerichtsvollzieher überlassen bleiben, aus einer Vielzahl von im Gewahrsam des Schuldners befindlichen Gegenständen diejenigen herauszusuchen, die unter einen im Vergleich verwendeten Sammelbegriff fallen. Vielmehr müssen die betreffenden Gegenstände identifizierbar bezeichnet sein, wozu dem Vergleich auch Aufstellungen beigefügt werden können (vgl. unten IX 2 d).

Nicht vollstreckungsfähig sind insbesondere die folgenden Formulierungen: Der Schuldner ist verpflichtet, Belege bzw. Urkunden herauszugeben, »soweit vorhanden« oder »aus denen die Richtigkeit des Zahlenmaterials der Rechnungslegung entnommen werden kann« oder »über die Höhe der Einkünfte Belege vorzulegen« (OLG Köln MDR 1993, 83).

Ungenügend für einen Räumungstitel wäre es, wenn es lediglich heißen würde »Die Parteien sind sich einig, dass das Mietverhältnis zum … endet«. Vielmehr muss die Pflicht zur Besitzaufgabe eindeutig zum Ausdruck kommen (vgl. AG Schöneberg NJW-RR 1991, 1488).

Hierbei kann es sich empfehlen, Fristen zu bestimmen und (Schadensersatz-) Regelungen für den Fall der Nichterfüllung zu vereinbaren (vgl. E. Schneider MDR 1997, 1091 mit einem anschaulichen Beispiel eines missratenen Prozessvergleichs).

- Bei **Abgeltungsklauseln** ist zu bedenken, dass – sofern nur die streitgegenständlichen Ansprüche abgegolten werden – der Schuldner nach Abschluss des Vergleichs auch bereits bestandene Gegenrechte (z.B. Aufrechnung, Zurückbehaltungsrecht) ausüben und mit der Vollstreckungsgegenklage geltend machen kann (§ 767 Abs. 2 ZPO gilt nicht für den Prozessvergleich, Thomas/Putzo § 767/25). Es kann sich daher u.U. empfehlen, Einredefreiheit zu vereinbaren.

Riskant ist es hingegen, eine umfassende Abgeltung (mit Einmalzahlung) zu vereinbaren, insbesondere wenn mögliche **Spätschäden** in Betracht kommen können. Der Rechtsanwalt darf einen (bindenden) Abfindungsvergleich mit nicht unerheblicher Tragweite regelmäßig nur schließen, wenn der Mandant hierüber belehrt ist und zugestimmt hat (BGH NJW 1994, 2085). Dabei ist ein Abfindungsvergleich zur Regulierung der Schäden aus einer Körperverletzung regelmäßig von erheblicher Tragweite, sofern es sich nicht um Verletzungen einfacher Art handelt und aller Voraussicht nach mit Spätfolgen nicht gerechnet werden muss.

Zu den zustimmungsbedürftigen Verletzungen rechnet der BGH z.B. auch das bei Verkehrsunfällen häufig auftretende und in der Gerichtspraxis nicht immer erst genommene **HWS-Schleudertrauma**, welches erfahrungsgemäß zu den Unfallverletzungen gehört, die diagnostisch schwer fassbar sind und deren Verlauf schwierig vorherzusagen ist.

Es empfiehlt sich daher, den Mandanten eingehend und nachweisbar zu belehren (insbes. über das Risiko etwaiger Fehleinschätzungen der künftigen Entwicklung sowie dass bei Verwirklichung dieser Risiken grundsätzlich keine Schadensersatzansprüche mehr geltend gemacht werden können). **Im Zweifel** sollte der Anwalt von einem Abfindungsvergleich eher abraten (Edenfeld MDR 2001, 974).

Zur Vermeidung von späteren Unklarheiten sollten die von der Abgeltung ausgenommenen Punkte deutlich bezeichnet werden. Dabei muss unbedingt sichergestellt werden, dass materielle Zukunftsschäden nicht **verjähren** (vgl. BGH NJW 2003, 1524, OLG Hamm MDR 1999, 388; Palandt Erg. § 199/14/31) (z.B. mittels Verzicht auf die Verjährungseinrede) (vgl. auch 1. Teil V 7 b).

- Die Vergleichsforderung ist grundsätzlich sofort im gesamten Umfang **fällig** (§ 271 Abs. 1 BGB) und vollstreckbar.

  Benötigt der Schuldner hierfür gewisse Zeit, sollte eine entsprechende Frist im Vergleich ausdrücklich vereinbart werden.

- Bei **Ratenzahlungsvereinbarungen** ist neben dem jeweiligen Fälligkeitstermin die genaue Höhe der einzelnen Raten anzugeben.

  Häufig werden hiermit noch besondere **Klauseln** für den Fall der Nichtzahlung bzw. der Säumnis verbunden. Zu beachten ist, dass bei den sog. Wiederauflebungs- und Rücktrittsklauseln im Gegensatz zu den Verfalls- und Erlassklauseln der Gläubiger bei Erteilung einer vollstreckbaren Ausfertigung für den Zahlungsrückstand beweispflichtig ist (§ 726 Abs. 1 ZPO; vgl. Thomas/Putzo §§ 724/8; 726/14; Zöller § 726/14; BGH BNotZ 1965, 544; vgl. Münzberg RPfleger 1997, 413).

  Da man bei Fälligstellung lediglich des Restes damit rechnen muss, dass die Vollstreckungsorgane vom Gläubiger einen Nachweis über die bisherige Abrechnung zur Zahlung verlangen (vgl. Thomas/Putzo § Vorbem. § 704/16/20), sollte bei Rückstand die gesamte Forderung ohne Rücksicht auf die Abrechnungslage fällig gestellt werden und nicht nur der jeweilige Kapitalrest.

  Bei solchen Klauseln sollte unbedingt die Formulierung »Rückstand« im Sinne unterlassener bzw. nicht pünktlicher Zahlung gewählt werden, da im Gegensatz hierzu »Verzug« ein Verschulden voraussetzt (§ 286 Abs. 4 **BGB n.F.**), worüber Streit entstehen kann.

  Schließlich sollte sowohl an eine Verzinsung gedacht, für deren Höhe sich die gesetzliche Regelung anbietet. Zudem ist es zweckmäßig klarzustellen, ob vom Schuldner zu erstattende Kosten in der Ratenzahlungsregelung mit enthalten sein sollen. Sonst wären diese sofort fällig und könnten den Schuldner in unbedachte Zahlungsschwierigkeiten bringen, mit dem Risiko des Eintritts einer Verfallklausel wegen Ratenrückstandes.

- Des Weiteren ist es oftmals ratsam, auch eine **Beweislastregelung** mit in den Vergleich aufzunehmen.

  Um späteren Schwierigkeiten (bei der Vollstreckung), insbesondere bei den Zusatzklauseln einer Ratenzahlungsvereinbarung vorzubeugen, kann es sich empfehlen, im Vergleich zu bestimmen, dass der Schuldner für die rechtzeitige Zahlung (bzw. sonstige Leistung) darlegungs- und beweispflichtig ist. Als maßgebender Zeitpunkt für die Erfüllung sollte am besten die Gutschrift des jeweiligen Betrages auf dem Konto (der Partei oder ihres Prozessbevollmächtigten) bestimmt werden (sog. Rechtzeitigkeitsklausel) (vgl. zur Auslegung bei fehlender diesbezüglicher Vereinbarung OLG Nürnberg JurBüro 1999, 486).

c) Kostenregelung

Das Zustandekommen eines Vergleichs hängt in vielen Fällen (nur noch) von der Verteilung der Kosten ab. Denn diese ist oft maßgebend dafür, ob sich der Vergleich im Ergebnis für eine Partei überhaupt lohnt.

Manchmal ist die (teilweise) Übernahme der Kosten durch den Gegner leichter zu erreichen, wenn der Streitwert möglichst niedrig angesetzt werden kann und somit die von ihm zu tragenden Kosten geringer sind. Dabei können die Gerichts- und außergerichtlichen Kosten unterschiedlich verteilt werden.

Kostengünstig ist es auch, wenn sogleich nach Einführung in den Sach- und Streitstand durch das Gericht und Parteianhörung (§ 278 Abs. 1 ZPO) ohne Antragstellung und ohne Erörterung der Vergleich geschlossen wird. Dann fallen bei den Anwaltskosten weder eine Erörterungsgebühr noch eine Verhandlungsgebühr an, bei der (zusätzlichen) Vergleichsgebühr (neben der Prozessgebühr) verbleibt es freilich (§ 23 BRAGO).

Bei der **Kostenregelung** im Vergleich ist beachten, dass die Vereinbarung im Zweifel – nur – die notwendigen Kosten i.S. des § 91 Abs. 1 S. 1 ZPO erfasst.

Zur Vermeidung späterer Unklarheiten und Auslegungsschwierigkeiten sollte daher speziell die Kostentragungspflicht bezüglich eines vorangegangenen selbständigen Beweisverfahrens, einer Streitverkündung, eines Privatgutachtens, einer Säumnis sowie die Kosten einer bereits erfolgten Vollstreckung im Vergleich stets mit geregelt werden (vgl. Thomas/Putzo §§ 89/13, 91a/48/59, 73/8; Zöller §§ 103, 104/21 »Kosten der Zwangsvollstreckung«, sehr str.). Zu beachten ist, dass Kostenaufhebung und Kostenteilung nicht dasselbe sind. So ist bei wesentlich höheren außergerichtlichen Kosten einer Partei für diese Kostenteilung günstiger, da dann jede Partei die Hälfte der gesamten Prozesskosten zu tragen hat, während bei Kostenaufhebung jede Partei ihre Kosten selbst trägt (vgl. § 92 Abs. 1 ZPO).

Als **Alternativen** kommen vor allem in Betracht: Teilklagerücknahme und Anerkenntnisurteil/ Anerkenntnisurteil mit (protokolliertem) Verzicht des Klägers auf Kostenerstattung/ Klagerücknahme und Verzicht des Beklagten auf Kostenerstattung bzw. Kostenantragstellung (vgl. § 269 Abs. 4 ZPO).

Nach 269 Abs. 2 **ZPO n.F.** hat bei einer Klagerücknahme der Kläger die Kosten des Rechtsstreits zu tragen, soweit nicht bereits rechtskräftig über sie erkannt ist oder sie dem Beklagten aus einem anderen Grund aufzuerlegen sind.

Danach können dem Kläger die Kosten nicht auferlegt werden, wenn der Beklagte durch außergerichtlichen Vergleich zur Kostentragung verpflichtet ist oder wenn er zuvor wirksam auf die Kostenerstattung verzichtet hat (Begr. RegE S. 80).

Im Übrigen ermäßigen sich die **Kosten** bei Beendigung des Verfahrens durch Anerkenntnisurteil oder Klagerücknahme – ebenso wie bei einem Vergleich – um zwei Gerichtsgebühren (KV Nr. 1202 - Kostenverzeichniss zum GKG). Außerdem fällt keine anwaltliche Vergleichsgebühr an.

Folgende **Kostenregelungen** sind bei einem Prozessvergleich möglich:

- Sofern die Parteien nichts anderes vereinbart haben, sind die Kosten des Vergleichs nach § **98 ZPO** als gegeneinander aufgehoben anzusehen (vgl. § 92 Abs. 1 ZPO).

- Die Parteien können jedoch auch die Anwendung des § 98 ZPO ausschließen, indem sie die Kostenregelung gerichtlicher Entscheidung unterstellen.

    Diese Entscheidung ergeht dann gem. **§ 91a ZPO** entsprechend dem mutmaßlichen Ausgang des Rechtsstreits (Thomas/Putzo § 98/4). Hierbei kann, muss aber nicht der Vergleichsinhalt berücksichtigt werden (Thomas/Putzo § 91a/48; **a.A.** OLG Stuttgart NJW-RR 1999, 147: nur Sach- und Streitstand). Die Entscheidung wird daher häufig auf Kostenaufhebung lauten (vgl. oben 1. Teil VII 1 a). Da im Übrigen für die Quotelung der jeweilige Streitwert maßgebend ist, kann es sich in Zweifelsfällen (insbes. bei mehreren Ansprüchen) zur Vermeidung ungewollter Überraschungen empfehlen, vorher Streitwertfestsetzung zu beantragen.

    Allerdings verursacht ein Kostenbeschluss zusätzliche Kosten. So fallen hierbei drei Gerichtsgebühren an, da der Ermäßigungstatbestand KV Nr. 1202c nicht eingreift (OLG München MDR 1996, 424; im Gegensatz zum Kostenvergleich nach Hauptsacheerledigung, OLG München MDR 1996, 209).

    Haben sich die Parteien außergerichtlich auch hinsichtlich der Kostenverteilung verglichen, so hat das Gericht bei der (zwingend erforderlichen) Kostenentscheidung nach § 91a ZPO dies zugrundezulegen (OLG Brandenburg NJW-RR 1999, 654: KV 1202 analog; einschränkend Thomas/Putzo § 91a/48: Kostenregelung kann übernommen werden).

    Die gerichtliche Kostenentscheidung ist nach §§ 91a Abs. 2; 99 Abs. 2 (analog), 567 ZPO mit der **sofortigen Beschwerde** anfechtbar. Zu beachten ist, dass ein Verzicht auf eine Begründung als stillschweigender Rechtsmittelverzicht ausgelegt werden kann (OLG Köln MDR 2002, 109).

Beachte:

Bei bestehender **Rechtsschutzversicherung** muss die vereinbarte Kostenquote dem Verhältnis des Obsiegens zum Unterliegen (§ 2 Abs. 3 Nr. a ARB 75) bzw. dem Verhältnis des angestrebten zum erzielten Ergebnis (§ 5 Abs. 3 b ARB 94) entsprechen, um volle Kostenerstattung zu erhalten

---

Dabei dürfen seitens der Rechtsschutzversicherung die Erfolgsaussichten bzw. das Prozessrisiko auch dann nicht berücksichtigt werden, wenn die Kostenregelung auf einem an den Erfolgsaussichten orientierten Vorschlag des Gerichts beruht (entgegen Seutemann, MDR 1996, 558 reicht hiernach eine kurze Protokollierung der rechtlichen Beurteilung des Gerichts zur Verpflichtung der Rechtsschutzversicherung nicht aus).

Wenn sich das Erfolgsverhältnis nicht (objektiv exakt) bestimmen lässt, müsste der Versicherer eine Kostenaufhebung akzeptieren. Problematisch dürfte es sein, wenn die Parteien die Kostenfrage offen lassen und damit die Kostenaufhebung nach § 98 ZPO zwangsläufig gilt, diese aber – zu Lasten der versicherten Partei – nicht dem Verhältnis von Obsiegen und Unterliegen entspricht. In Zweifelsfällen sollte jedenfalls die Zustimmung der Rechtsschutzversicherung eingeholt werden (widerruflicher Vergleich!).

Bei Abschluss eines Vergleiches mit einem **PKH-berechtigten Beklagten** ist zu bedenken, dass damit die kostenrechtliche Privilegierung nach § 58 Abs. 2 S. 2 GKG entfällt.

Dies bedeutet die Gefahr der Zweitschuldnerhaftung des Klägers für die Gerichtskosten nach §§ 49, 54, 58 GKG, welche bei einer gerichtlichen (Kosten-)Entscheidung hingegen ausgeschlossen sein würde (nach ganz h.M. keine analoge Anwendung des § 58 Abs. 2 S. 2 ZPO; vgl. Zöller §§ 122/23 ff.; 123/617; BVerfG NJW 2000, 3271; a.A. OLG Oldenburg JurBüro 1988, 343, sofern die Kostenregelung »auf Anraten des Gerichts« zustande gekommen ist; vgl. Vester NJW 2002, 3225: der Anwalt muss seinem Mandanten davon abraten, in einem solchen Fall einen Vergleich abzuschließen).

Während dem (obsiegenden) Kläger bei einer gerichtlichen Entscheidung die vorausbezahlten Gerichtskosten (auf Antrag) von der Staatskasse zurückzuerstatten sind (BVerfGE 1999, 3186), steht ihm bei einem Prozessvergleich (nur) ein Erstattungsanspruch gegen den (vermögenslosen) Beklagten zu.

Die Anwälte beider am Vergleich beteiligten Parteien müssen daher zur Vermeidung eines eigenen Haftungsrisikos ihre Mandanten vor Abschluss entsprechend aufklären.

Als **Ausweg** bietet sich in beiden Fällen an, die Kostenentscheidung im Vergleich gerichtlicher Entscheidung zu unterstellen.

Denn zum einen gilt hierfür die Ausschlussklausel der ARB (Allgemeine Bedingungen für die Rechtsschutzversicherung) nicht, und zum anderen stellt der Kostenbeschluss eine gerichtliche Entscheidung i.S. des § 54 Nr. 1 GKG dar. Die Parteien können dem Gericht natürlich einen (übereinstimmenden) Vorschlag über die Kostenquotelung unterbreiten. Dabei dürfte ein (vorheriger oder angekündigter) Verzicht auf Rechtsmittel und Begründung dem Gericht die gewünschte Entscheidung erleichtern, bei welcher das Gericht – wie oben dargestellt – einen gewissen Spielraum besitzt.

d) Protokollierung

Der in der mündlichen Verhandlung geschlossene Vergleich ist nur wirksam, wenn er formgerecht **protokolliert** ist.

Hierzu gehört, dass das Protokoll den Beteiligten vorgelesen und darin vermerkt ist, dass dies geschehen und die Genehmigung erteilt wurde (Zöller §§ 160/5, 162/6). Bei einem auf Tonträger aufgenommenen Protokoll muss dieses nochmals vorgespielt werden (§ 162 ZPO).

Hierauf können die Beteiligten nicht verzichten (PfälzOLG Zweibrücken Rpfleger 2000, 461). Nicht genügend ist ferner die Feststellung »laut diktiert« (Zöller § 160/5). Unter Umständen kann eine Protokollberichtigung (§ 164 ZPO) helfen, wobei die Beweismöglichkeit, dass die Verlesung oder sonstige Eröffnung erfolgt und die Feststellung genehmigt worden ist, nicht durch § 165 ZPO eingeschränkt ist (Thomas/Putzo § 165/2; BGH VersR 2001, 81: Protokollvermerk für § 127a BGB indes nicht erforderlich). Bei erfolgter Protokollierung gelten die §§ 415, 418 Abs. 1 ZPO.

Bei der Protokollierung sollte man genau zuhören, da diese vom Gericht häufig schnell durchgeführt wird.

> **Beachte:**
>
> **Urkunden,** durch welche die Verpflichtung konkretisiert wird (z.B. Sachverständigengutachten, Verzeichnisse), müssen dem Protokoll als Anlage beigefügt, verlesen oder zur Durchsicht vorgelegt und genehmigt werden (§§ 160 Abs. 3 Nr. 1, Abs. 5; 162 ZPO).

Eine bloße Bezugnahme hierauf genügt nicht, da sich Umfang und Inhalt des Anspruchs aus dem Prozessvergleich selbst ergeben müssen (Thomas/Putzo § 794/11/14; vgl. oben IX 2 b).

Bei Fehlen dieser Anlagen oder eines entsprechenden Protokollvermerks ist der Prozessvergleich unwirksam, so dass der Rechtsstreit noch nicht beendet und das Verfahren auf Antrag einer Partei fortzusetzen ist

(vgl. Zöller § 160/5; E. Schneider MDR 1997, 1091; OLG Hamm BauR 2000, 1231: Bauunternehmer hat sich verpflichtet, die in einem Sachverständigengutachten festgestellten Baumängel zu beseitigen). Die dadurch nicht gehinderte Zwangsvollstreckung kann gem. § 707 ZPO auf Antrag einstweilen eingestellt werden (Thomas/Putzo § 794/41, str.).

Vor allem das **Verlesen** der Anlagen dürfte in der Praxis immer wieder vergessen werden. Wenn ein in das Protokoll aufgenommener Vergleich durch ein dem Protokoll als Anlage beigefügtes Schriftstück vervollständigt wird (z.B. Verzeichnis der herauszugebenden Gegenstände) ist also der protokollierte Vergleich vorzuspielen bzw. vorzulesen und die ergänzende Anlage zur Durchsicht vorzulegen oder vorzulesen. Dieser Vorgang sowie die Genehmigung sind sodann im Protokoll zu vermerken.

e) **Schriftlicher Vergleich**

Nach § 278 Abs. 6 ZPO n.F. kann ein gerichtlicher Vergleich nunmehr auch dadurch geschlossen werden, dass die Parteien einen **schriftlichen** Vergleichsvorschlag des Gerichts durch Schriftsatz gegenüber dem Gericht annehmen und das Gericht das Zustandekommen und den Inhalt durch Beschluss feststellt.

Damit kann man sich in geeigneten Fällen den mit der Wahrnehmung eines eigenen Protokollierungstermins verbundenen Zeitaufwand ersparen.

> Dem gerichtlichen Vorschlag, der vielleicht nur routinemäßig eine hälftige Teilung der Klageforderung vorsieht, sollte man keinesfalls (deswegen) vorschnell (ohne Widerrufsvorbehalt) zustimmen, sondern ihn erst sorgfältig dahingehend prüfen, ob Änderungen angebracht sind, wie z.B. eine andere Quotelung, die Hinzufügung etwaiger Abgeltungsklauseln oder den Vorbehalt bestimmter Ansprüche bei einer vom Gericht vorgeschlagenen umfassenden Abgeltung. Zur Vereinfachung kann eine telefonische Vorbereitung und Verständigung sinnvoll sein.

> So kann der feststellende Beschluss nicht (mit sofortiger Beschwerde) angefochten, sondern nur bei Unrichtigkeiten entsprechend § 164 ZPO (jederzeit) berichtigt werden (Abs. 6 S. 3) (vgl. § 567 Abs. 1 ZPO; Abramenko, NJW 2003, 1356 – erhebliche Rechtsunsicherheit!).

Von der Praxis wird diese neue Möglichkeit des Vergleichsabschlusses weitgehend begrüßt und soll sich bereits bewährt haben (Zierl, NJW-Editorial Heft 39/2002), obgleich für den Anwalt neben der Prozess- und Vergleichsgebühr keine weiteren Gebühren anfallen (OLG München JurBüro 2003, 248; E. Schneider ZAP F. 13 S. 1114; **a.A.** Enders JurBüro 2003, 1: § 35 BRAGO analog; Siemon 2003, 61).

Allerdings kann es sich im Einzelfall empfehlen, einen Vergleich sicherheitshalber wie bisher in einer mündlichen Verhandlung protokollieren zu lassen. Denn es sind eine Reihe gesetzlich nicht geregelter Fragen vorhanden:

- Da eine modifizierte Annnahme – was nicht selten vorkommt – Ablehnung bedeutet (vgl. § 150 Abs. 2 BGB) müsste das Gericht für den Abschluss eigentlich erst nochmals einen entsprechenden Vergleichsvorschlag (als seinen eigenen) den Parteien übermitteln (vgl. Zöller 23. Aufl. § 278/24; **a.A.** OLG Naumburg Beschl. v. 26.5.2002 – 1 U 13/02: durch nichts zu rechtfertigender Formalismus, wenn beide Parteien den abweichenden Vergleichstext unterzeichnen; Foerste NJW 2001, 3105: Übermittlung des modifizierenden Schriftsatzes an den Gegner mit der Aufforderung zur Stellungnahme genügt). Außerdem müssten die Parteien wohl selbst dem Gericht einvernehmlich einen (außergerichtlich ausgehandelten) Vergleichsvorschlag unterbreiten können, welchen es sich dann zu Eigen machen kann.

- Unklar ist, ob ein solcher Vergleich nur in der Güteverhandlung geschlossen werden kann, wobei aber jede Verhandlung über einen Vergleich eine Güteverhandlung sein dürfte (so Schellhammer, MDR 2001, 1082; Zöller 23. Aufl. § 279/24 und Foerste NJW 2001, 3105: nicht an eine Güteverhandlung gebunden).

- Wie ist zu verfahren, wenn das Gericht seinen Vergleichsvorschlag beschlussmäßig feststellt und dabei etwaige gewünschte Änderungen der Parteien übersehen oder die Geschäftsstelle den Vergleichsvorschlag den Parteien versehentlich unrichtig mitgeteilt oder eine Partei überhaupt nicht zugestimmt hat? (vgl. Begr. RegE. S. 82 verweist auf §§ 123, 134, 154 BGB).

- Darf auch ein unzuständiges Gericht den Beschluss erlassen (§§ 39, 295, 504 ZPO?).

- Kann das Gericht für die Annahme des Vorschlags eine Frist setzen? (bejahend Foerste NJW 2001, 3104 unter Hinweis auf den Vorentwurf BT-Dr. 14/163 S. 23). Welche Folgen hat die Fristversäumung einer oder beider Parteien?

- Ersetzt der schriftliche Vergleich ebenso wie ein protokollierter Vergleich die notarielle Beurkundungswirkung des § 127a BGB (verneinend Zöller 23. Aufl. § 279/25)?

- Stellt der Feststellungsbeschluss einen Vollstreckungstitel dar? Obgleich dieser im unverändert gebliebenen § 794 Abs. 1 Nr. 1 ZPO nicht ausdrücklich erwähnt ist, wird dies jedenfalls allgemein angenommen (vgl. Begr. RegE. S. 82: der so geschlossene Vergleich ist »in seiner Verkörperung durch den Beschluss« Vollstreckungstitel).

3) Vor- und Nachteile

Als Entscheidungshilfe oder Merkposten sind nachfolgend stichwortartig die wesentlichen Vor- und Nachteile eines Vergleichsabschlusses aufgelistet. Maßgebend ist natürlich auch hier der konkrete Einzelfall.

a) Vorteile

- Vollstreckbarer Titel (§ 794 Abs. 1 Nr. 1 ZPO): ohne langwierige Beweisaufnahme und Rechtsweg, schnelle Vollstreckung möglich, Minderung der Gefahr der Verschlechterung der Vollstreckungsmöglichkeiten.

- Volles Prozessrisiko eines ungünstigen Ausgangs wird abgefangen (sofortige Beendigung des Prozesses mit überschaubaren Wirkungen).

- Kostenersparnis im frühen Stadium des Prozesses (keine Beweisaufnahme, Vermeidung hoher Sachverständigenkosten, Ermäßigung um zwei Gerichtsgebühren – jedoch anwaltliche Vergleichsgebühr!).

- Ersparnis von Zeit, Arbeitsaufwand und Ärger (besonders wenn zu Beginn des Prozesses abgeschlossen, keine Beeinträchtigung des eigenen Unternehmens bei Mitarbeitern als Zeugen).
- Abwendung eines drohenden Ordnungsgeldbeschlusses gem. § 141 ZPO (vgl. oben III 2).
- Bei Ratenzahlung mit Verfallklausel u.U. keine unsichere Vollstreckung nötig.
- Flexible und umfassende Regelung (Gesamtbereinigung) der Rechtsbeziehungen der Parteien möglich (z.B. auch für die Zukunft bei Dauerschuldverhältnissen; Miterledigung weiterer anhängiger Verfahren).
- Einbeziehung Dritter möglich (z.B. Regelung des Innenverhältnisses bei Gesamtschuldner, Einbeziehung der Haftpflichtversicherung).
- Versöhnende Funktion, ohne Prestigeverlust (insbes. bei Nachbarschaftsstreitigkeiten).
- Keine nachteilige Präjudizwirkung, aber in Parallelverfahren als Verhandlungsargument (trotzdem) nutzbar.

b) Nachteile und Gefahren
- Gegebenenfalls (teilweiser) Verzicht auf eine zustehende Forderung bzw. auf einen günstigeren Ausgang des Rechtsstreits.
- Keine Streitverkündungswirkungen (Thomas/Putzo § 68/4).

   Ein im Termin persönlich anwesender oder vertretener Streitverkündungsempfänger in den Vergleich mit einbezogen werden. Da bei einem Vergleich über die Hauptsache in der Berufungsinstanz ein noch nicht rechtskräftiges erstinstanzliches Urteil wirkungslos wird, soweit es nicht ausdrücklich aufrechterhalten wird (Zöller § 794/13), können die Streitverkündungswirkungen z.B. durch teilweise Klagerücknahme und Berufungsrücknahme in vollem Umfange u.U. noch gerettet werden.

- Nicht vollstreckbar, da Inhalt zu unbestimmt.
- Es werden Verzugszinsen und sonstige Nebenkosten vergessen bzw. man lässt sich leicht runterhandeln.
- Höhere Anwaltskosten (zusätzliche Gebühr – es sei denn, Vergleichsabschluss ohne vorherige Erörterung und Antragstellung; jedoch nur eine Gerichtsgebühr).

- Bei einem PKH-berechtigten Beklagten entfällt die kostenrechtliche Privilegierung nach § 58 Abs. 2 S. 2 GKG.
- Keine Rechtskraft (vgl. § 322 ZPO).

  Es sind daher später möglich: Anfechtung, Rücktritt oder Berufung auf den Wegfall der Geschäftsgrundlage.
- Keine Haftung des Sachverständigen gem. § 839a BGB, weil sich die Parteien unter dem Eindruck eines (unerkannt) unrichtigen Strafrechtes vergleichen.

  Aber Haftungsgefahr für den Anwalt, wenn er bereits auf Grund einfacher Fahrlässigkeit das (mindestens) grob fahrlässig unrichtig erstattete Gutachten nicht als solches erkennt; vgl. Huber, NJW-Editorial Heft 19/2003).

Sechster Teil: Die Beweisaufnahme

Die Zivilprozessordnung geht von dem Grundsatz der Pflicht des Gerichts zur Erschöpfung der Beweisaufnahme aus; d.h. das Gericht muss grundsätzlich alle angetretenen und angebotenen Beweise erheben, soweit nicht ein bestimmter Grund zur Ablehnung des Antrags gegeben ist. Eine solche Ablehnung ist aus verfahrensrechtlichen (z.B. bei Verspätung oder unwirksamer Beweisantrag) oder beweisrechtlichen Gründen möglich (BGHZ 53, 245, 259) (vgl. Thomas/Putzo § 284/2/6; Zöller Einl. Rdnr. 96; vor § 284/8a/12).

> Letzteres kommt entsprechend § 244 Abs. 3 StPO in Betracht, wenn die unter Beweis gestellte Tatsache unerheblich, bereits erwiesen oder offenkundig ist, wenn das Beweismittel unzulässig, unerreichbar oder völlig ungeeignet ist oder wenn die behauptete Tatsache als wahr unterstellt wird, wobei die Wahrunterstellung nicht zum Nachteil der Gegenpartei verwertet werden darf, wenn diese Behauptung bestritten ist (Thomas/Putzo § 284/4).

Allerdings sind viele Richter bemüht, »mit allen möglichen prozessualen Ausflüchten und Tricks um Beweisaufnahmen herumzukommen« (E. Schneider MDR 2000, 189), so dass Beweisanträge sorgfältig formuliert werden sollten (vgl. unten II). Ein in der Praxis beliebter Ablehnungsgrund ist die Bewertung des Sachvortrages als unsubstantiiert (vgl. oben 1. Teil 4 c).

> Sofern die Beweiserheblichkeit fehlerhaft wegen vermeintlich unzureichender Substantiierung verneint wird, liegt ein **Verfahrensfehler** bzw. eine Rechtsverletzung vor, worauf die Berufung gestützt werden kann (vgl. § 513 Abs. 1 **ZPO n.F.**) (Zöller § 539/16; OLG München NJW-RR 2001, 66; vgl. insgesamt E. Schneider MDR 1998, 997).

Zuweilen führen die Gerichte Beweisaufnahmen durch, obwohl diese unter Zugrundelegung der Beweislastverteilung oder mangels Entscheidungserheblichkeit überflüssig sind.

Grund hierfür ist eine mangelhafte Bearbeitung der Akte und dass damit die Sache ohne größere eigene Arbeit zunächst »weg vom Tisch« ist. Dies trifft vor allem bei (unnötigen) Sachverständigengutachten zu, was für die kostentragende Partei durchaus von Bedeutung ist.

Der Beweisbeschluss ist nicht gesondert anfechtbar (§ 355 Abs. 2 ZPO). Man sollte in solchen Fällen aber an § 8 GKG denken, wonach Kosten, die bei richtiger Behandlung der Sache nicht entstanden wären, nicht erhoben werden. Da eine **Kostenniederschlagung** nur selten von Amts wegen erfolgt, muss ein entsprechender Antrag gestellt werden.

Dies kann in Betracht kommen, wenn eine Beweisaufnahme nach dem Sach- und Streitstand offensichtlich überflüssig oder nicht zulässig ist. Hierzu gehören Beweiserhebungen über nicht (mehr) streitige Tatsachen sowie über erkennbar nicht beweiserhebliche Umstände (OLG München MDR 1998, 1437: dort hat zudem die Partei in 5 Schriftsätzen auf die fehlende Beweisbedürftigkeit hingewiesen) oder aufgrund eines Ausforschungsbeweises (vgl. OLG Naumburg, Beschl. v. 27.6.02 – 14 WF 83/02: Kosten eines trotzdem erholten Sachverständigengutachtens sind daher nicht zu erheben).

Mit dem Justizmodernisierungsgesetz ist beabsichtigt, dem Richter die Möglichkeit zu geben, vom Strengbeweisverfahren im Einvernehmen mit den Parteien abzusehen.

In Art. 1 Nr. 9 des Referentenentwurfs (§ 284 S. 2 – JuMoG) wird bestimmt, dass das Gericht im Einverständnis mit den Parteien die Beweise in der ihm geeignet erscheinenden Art aufnehmen kann. Damit kann es sich in geeigneten Fällen über die Beschränkung auf die gesetzlichen Beweismittel und über den Grundsatz der Unmittelbarkeit der Beweisaufnahme hinwegsetzen.

I. Die Beweislast

1) Die Beweislastverteilung

Sich hierüber Gedanken zu machen ist erforderlich, damit die beweisbelastete Partei die entsprechenden Beweisanträge stellt. Zweifellos ist die Frage der Beweislast auch für die Beurteilung der Erfolgschancen von erheblicher Bedeutung. Zur Vermeidung fehlerhafter und unnötiger Beweisbeschlüsse kann es sich in komplizierteren Fällen empfehlen, Ausführungen zur Beweislastverteilung zu machen, vor allem wenn die Gegenpartei die Beweislast trägt. Hierzu kann es hilfreich sein, Spezialliteratur (z.B. Baumgärtel, Handbuch der Beweislast im Privatrecht) einzusehen.

a) Grundregel

Die Verteilung der **Beweislast** entspricht grundsätzlich der Darlegungslast.

Dabei gilt als (ungeschriebene) Grundregel, dass jede Partei die tatsächlichen Voraussetzungen einer ihr günstigen Rechtsnorm behaupten und beweisen muss (vgl. Zöller Vor § 284/17).

I. Die Beweislast

- Der Kläger muss die abstrakten Tatbestandsmerkmale einer anspruchsbegründenden Norm durch den Vortrag von Tatsachen ausfüllen (Schlüssigkeit).

- Der Beklagte muss bei schlüssigem Klägervortrag die Tatsachen vortragen und gegebenenfalls beweisen, die den Eintritt der dem Kläger günstigen Rechtswirkung hindern oder diese Wirkung vernichten oder hemmen.

Ausnahmsweise können Darlegungs- und Beweislast auseinander fallen.

> Wird z.B. der voll machtslose Vertreter in Anspruch genommen, so muss der Kläger vortragen, dass dieser keine Vertretungsmacht hatte, während die Beweislast (für das Vorliegen insbes. einer Vollmacht) hingegen dem Vertreter obliegt (§ 179 BGB).

Spezielle Beweislastregelungen finden sich im materiellen Recht.

> Darin gibt es sowohl ausdrückliche Beweisregelungen (z.B. §§ 179 Abs. 1; 355 Abs. 2 S. 4; 363 BGB) als auch gesetzliche Vermutungen (z.B. §§ 476 **BGB n.F.**; 1006 BGB). Bei einem Regel-Ausnahmeverhältnis ist diejenige Partei für die tatsächlichen Voraussetzungen des Ausnahmefalls beweisbelastet, die sich darauf beruft (vgl. Thomas/Putzo Vorbem. § 284/24). Eine solche Konstellation lässt sich häufig den Formulierungen des Gesetzestextes wie z.B. »es sei denn, dass«, »sofern nicht«, »dies gilt nicht, wenn« entnehmen.

Die beweisbelastete Partei hat zunächst die Beweismittel für den **Hauptbeweis,** die andere für den **Gegenbeweis** anzubieten (sog. Beweisführungslast).

So muss der Kläger die klagebegründenden Tatsachen und der Beklagte die von ihm vorgebrachten Einredetatsachen voll beweisen, d.h. den Hauptbeweis führen.

Dabei ist der Gegenbeweis bereits dann geführt, wenn die Überzeugung des Gerichts von der Wahrheit der beweisbedürftigen Tatsache erschüttert ist, die getroffenen Feststellungen unsicher werden und der Richter somit letztlich gar keine Überzeugung mehr hat (Thomas/Putzo Vorbem. § 284/8) (»non liquet«). Nicht erforderlich ist hierfür das Gegenteil zu beweisen, was Hauptbeweis wäre. Für den Gegenbeweis kann bereits ein einziges Beweismittel ausreichen, auch wenn der anderen Partei zahlenmäßig mehr Beweismittel zur Verfügung stehen, was erfahrungsgemäß oft der Fall ist (so auch BGHZ 53, 245, 260). In der Praxis führt die Vernehmung von Gegenzeugen in den meisten Fällen zu einem non liquet (Einmahl NJW 2001, 473).

Im Fall der **Beweislosigkeit** (sog. non liquet) bestimmen die Beweislastregeln, zu wessen Gunsten bzw. Lasten in diesem Fall zu entscheiden ist. Der Mangel der Aufklärbarkeit wirkt hierbei zum Nachteil derjenigen Partei, die für den betreffenden Umstand die Beweislast trägt.

Besondere praktische Bedeutung hat dies, weil die Gerichte es in vielen Fällen vorziehen, nach der Beweislast zu entscheiden, anstatt diffizile Beweiswürdigungen vorzunehmen.

b) Sonderfälle

Die Rechtsprechung verteilt die Beweislast zunehmend nach Verantwortungs- und **Gefahrenbereichen,** wonach derjenige die maßgebenden Tatsachen zu beweisen hat, in dessen ausschließlicher Einflusssphäre sie sich abgespielt haben (vgl. § 282 BGB a.F.) (Thomas/Putzo Vorbem. § 284/26 ff., Palandt § 282/6 ff., 823/169).

Dadurch tritt in einigen Fällen eine **Umkehr der Beweislast** ein, was natürlich für den Gläubiger vorteilhaft ist.

> Im Gegensatz zu einer bloßen Umkehr der Beweisführungslast aufgrund bestimmter Indizien bzw. Umstände geht ein »non-liquet« zu Lasten des beweispflichtigen Schuldners.

Beachte:

Bei besonderen Beweislastverteilungen sollte der Anwalt der begünstigten Partei unbedingt entsprechende Ausführungen machen, um zu verhindern, dass das Gericht routinemäßig von der normalen Beweislastverteilung ausgeht.

Eine solche besondere Beweislastverteilung kommt vor allem in den folgenden **Fallgruppen** in Betracht:

> Positive Vertragsverletzung, Arzthaftungsfälle bei groben Behandlungsfehlern, Produzentenhaftung (vgl. auch ProdHaftG; § 84 ArzneimittelG **n.F.**), Ansprüche im Rahmen einer Schadensversicherung bei der Gruppe der versicherten Entwendungen (Kfz- und Einbruchdiebstahl) (vgl. Prölls/Martin § 49/24 ff. VVG; Zöller vor § 284/32; Thomas/Putzo § 286/2; Palandt § 823/220) (hinsichtlich Beratungsfehlern des Anwalts vgl. Fischer, NJW 1999, 2996; Borgmann NJW 2000, 2953; 2002, 2145; zu Beweislast und Beweismittel im Anwaltshaftungsprozess vgl. Seidl, AnwBl. 2000, 107; Jorzik MDR 2001, 481).
>
> Darüber hinaus ist eine Beweislastumkehr aus Billigkeitsgründen im Einzelfall unzulässig (BGH NJW-RR 1997, 892).

Diese richterrechtlichen Beweislastregeln sind jetzt teilweise in § 280 Abs. 1 S. **2 BGB n.F.** normiert. Darin ist eine allgemeine Beweislastregelung für **schuldrechtliche Pflichtverletzungen** enthalten, somit auch für die Fälle der Schlechtleistung (§§ 241 Abs. 2, 281 Abs. 1 **BGB n.F.**).

Wenn hiernach die objektive Pflichtverletzung fest steht bzw. der Gläubiger diese bewiesen hat, wird das Verschulden des Schuldners gesetzlich vermutet. Dieser muss daher das mangelnde Verschulden beweisen. Für den Beweis der Pflichtverletzung können die bisherigen Grundsätze der Beweislastverteilung nach Gefahrenbereichen weiter herangezogen werden (Palandt, Erg. § 280/34).

Eine weitere für die Praxis wichtige gesetzlich geregelte Beweislastumkehr findet sind jetzt speziell für den **Verbrauchsgüterkauf** in § 476 **BGB n.F.**.

> Danach wird vermutet, dass die Sache bereits bei Gefahrübergang mangelhaft war, wenn sich der Sachmangel innerhalb von sechs Monaten seit Gefahrübergang zeigt. Es muss daher der Verkäufer (im Regelfall) nachweisen, dass dieser Sachmangel nicht bereits schon bei Gefahrübergang vorhanden war (vgl. § 292 ZPO: »Beweis des Gegenteils«). Der Käufer, der Ansprüche aus einem Sachmangel geltend macht (vgl. §§ 434, 437 **BGB n.F.**), braucht daher entgegen der Grundregel nur das Auftreten des Mangels während der genannten Frist darlegen und beweisen.

c) Beweisvereitelung

Die Rechtsprechung und zivilprozessuale Literatur berücksichtigen eine Beweisvereitelung hauptsächlich bei der Beweiswürdigung oder billigen Beweiserleichterungen zu. Im Einzelfall kann dies jedoch bis zur Beweislastumkehr führen (vgl. Thomas/Putzo § 286/18; kritisch Zöller Vor § 284/22).

> Eine allgemeine gesetzliche Regelung ist in der ZPO nicht vorhanden. Es finden sich allerdings einzelne wichtige Ausprägungen des allgemeinen Grundsatzes im Bereich des Urkundenbeweises (§§ 427,441 Abs. 3, 444 ZPO), der Parteivernehmung (§§ 446, 453 Abs. 2, 454 Abs. 1 ZPO) sowie nunmehr auch beim Augenschein (§ 371 Abs. 3 ZPO **n.F.**).

Beweisvereitelung liegt nach der Rechtsprechung vor, wenn eine Partei »dem beweisbelasteten Gegner die Beweisführung schuldhaft bzw. ohne triftigen Grund unmöglich macht oder erschwert, indem sie vorhandene Beweismittel vernichtet, vorenthält oder ihre Benutzung erschwert« (Thomas/Putzo § 286/17).

> »Dies kann vorprozessual oder während des Prozesses durch gezielte oder fahrlässige Handlungen geschehen, mit denen bereits vorhandene Beweismittel vernichtet oder vorenthalten werden. Eine Beweisvereitelung kann aber auch in einem fahrlässigen **Unterlassen einer Aufklärung** bei bereits eingetretenen Schadensereignis liegen, wenn damit die Schaffung von Beweismitteln verhindert wird, obwohl die spätere Notwendigkeit einer Beweisführung dem Aufklärungspflichtigen bereits erkennbar sein musste« (BGH NJW 1989, 79, 81).

Allerdings vermag nach der Ansicht des BGH »nur ein **vorwerfbares, missbilligenswertes Verhalten** den mit beweisrechtlichen Nachteilen verbundenen Vorwurf der Beweisvereitelung zu tragen« (BGH NJW-RR 1996, 1534). Davon kann keine Rede sein, wenn die Aussagegenehmigung verweigernde Partei Anlass zur Besorgnis hat, dass der Zeuge aufgrund der mandantschaftlichen Verbundenheit bzw. unter dem Eindruck einer drohenden Schadensersatzpflicht dazu neigen könnte, einseitig den Rechtsstandpunkt zu untermauern. Zur Verneinung einer Beweisvereitelung reicht aber als »triftiger Grund« nicht jede prozesstaktische Überlegung aus.

▶ **Beispiele:**

Beseitigung von Beweismitteln (BGH VersR 1968, 58: Beseitigung von Reifen bei Verkehrsunfall); Rechtsanwalt legt im Prozess seines Mandanten gegen ihn die Handakten nicht vor (OLG Köln MDR 1968, 674); Nichtangabe von Adressen von Unfallzeugen (BGH NJW 1960, 821); Verweigerung der Entbindung des Arztes als Zeuge von der Schweigepflicht (OLG München NJW-RR 1987, 1021); Beklagter Arzt verweigert Vorlage von Röntgenaufnahmen (BGH NJW 1963, 389) oder unterlässt medizinisch zweifelsfrei gebotene Befunde zu erheben und zu sichern (BGHZ 99, 391); Vernichtung der Originale nach Mikroverfilmung durch einen Versicherer (BGH NJW-RR 2000, 1471: Beweislastumkehr für die Fälschung der Unterschrift auch ohne Pflichtverstoß gem. § 242 BGB).

Besonders interessant scheint mir die Entscheidung des OLG Celle NJW-RR 1997, 568 zu sein:

Dort wurde eine Beweislastumkehr zu Lasten eines Telefonkunden (unter Beachtung des Rechtsgedankens des § 242 BGB) angenommen, weil dieser zunächst den Eindruck erweckt hat, dass er die Höhe der Rechnung nicht bestreiten wolle und die Richtigkeit erstmals nach Löschung der Verbindungsdaten bestritten hat. Dabei hat das Gericht insbesondere darauf abgestellt, dass bei lebensnaher Betrachtung zu erwarten gewesen wäre, dass ein Telefonkunde, wenn er eine ihm zugesandte Rechnung für ungewöhnlich hoch hält, sich sogleich, jedenfalls in angemessener Frist, mit Einwendungen an das Unternehmen wendet (weil ihm bekannt sein muss, dass die Aufzeichnungen nur begrenzte Zeit aufbewahrt werden).

Auch wenn es sich bei dieser Entscheidung um einen Sonderfall handelt, sind in der Praxis ähnliche Fallkonstellationen immer wieder anzutreffen, insbesondere dass der Beklagte auf zahlreiche Mahnungen nicht reagiert und erstmals im Prozess Anspruchsgrund und Höhe bestreitet (vgl. z.B. LG München I, Beschl. v. 17.7.2002, 23 T 8174/02: Nichtanwendung des § 93 ZPO, da der Beklagte zunächst auf drei Mahnungen nicht reagiert und die fehlende Rechnung nicht moniert hat, wobei die Mahnungen ein Grund gewesen wären, sich sogleich zu melden; vgl. oben 2. Teil I 2 c).

Im Übrigen gilt auch hier, dass grundsätzlich keine Partei verpflichtet ist, dem Gegner das Material für den Prozesssieg zu verschaffen, über das er nicht schon von sich aus verfügt (BGH NJW 1997, 128) (vgl. aber § 142 Abs. 1 **ZPO n.F.**).

2) Anscheinsbeweis

a) Wesen und Voraussetzungen

Der (gewohnheitsrechtlich anerkannte) Anscheinsbeweis (»prima facie«) erleichtert die Beweisführung, ohne die Beweislast umzukehren (vgl. Thomas/Putzo § 286/12 ff.; Zöller Vor § 284/29 ff.; Palandt vor § 249/163 ff., § 823/168).

Aufgrund des Anscheinsbeweises können Tatsachen, für deren Vorliegen bei einem **typischen Geschehensablauf** eine allgemeine Lebenserfahrung spricht, als erwiesen angesehen werden, ohne dass insoweit eine Beweiswürdigung stattfinden muss.

Beim Anscheinsbeweis kann von einem feststehenden **Erfolg** auf eine bestimmte **Ursache** oder von einer feststehenden Ursache auf einen bestimmten Erfolg geschlossen werden.

> Ungeeignet für einen solchen Beweis sind individuelle Verhaltensweisen bzw. Willensentschließungen, z.B. die Ursächlichkeit einer arglistigen Täuschung oder das Vorliegen von Vorsatz.

Die Basis des Anscheinsbeweises (typischer Geschehensablauf bzw. Erfolg) muss feststehen und ist – wenn bestritten – vom Kläger zunächst voll zu beweisen, bevor die Beweiswirkung eintreten kann. Es können daher seitens des Gegners zuerst die Voraussetzungen in Frage gestellt werden.

> Hierfür ist es ausreichend, wenn Tatsachen behauptet und – falls bestritten – (voll) bewiesen werden, aus denen sich die ernsthafte Möglichkeit eines anderen Geschehensablaufs ergibt (vgl. § 292a ZPO). Der Beweis des Gegenteils indes ist nicht erforderlich. Gelingt es, die **Überzeugung** des Gerichts zu **erschüttern**, so greift die ursprüngliche Beweisführungslast wieder ein, d.h. es muss nunmehr der volle Beweis erbracht werden.

In der Praxis wird nicht so genau differenziert und meistens sogleich der **Gegenbeweis** erhoben (vgl. Zöller Vor. 3 284/29: »fehlerhaft«).

> Es handelt sich hierbei eigentlich nicht um eine Beweislastumkehr. Im Ergebnis freilich hat der Anscheinsbeweis eine ähnliche Wirkung. Denn die »Last«, den Anscheinsbeweis zu erschüttern obliegt dem Gegner, während für den Kläger die Last entfällt, den konkreten Einzelnachweis zu führen.

Kommt ein Anscheinsbeweis in Betracht, so braucht das Gericht für die unter Beweis gestellte Tatsache keine weiteren Beweise zu erheben und kann sich zur Begründung allein hierauf berufen. Dabei muss der Richter allgemeine Erfahrungssätze, die ähnlich den Rechtsnormen für ihn bindend sind, von sich aus beachten.

> **Beachte**
> Da die in Betracht kommenden typischen Geschehensabläufe nicht abschließend festliegen, ist vor allem bei Beweisnot zu prüfen, ob nicht ein solcher Beweis in Betracht kommt.

Bei entsprechender Argumentation lassen sich (noch) eine Reihe von solchen Geschehensabläufen finden, wobei die Typizität letztlich der Richter nach seiner Lebenserfahrung beurteilt (vgl. Prölls/Martin § 49/22 VVG: »Es gibt eine große Vielfalt typischer Geschehensabläufe im Leben«). Auch wenn hierfür bloße Wahrscheinlichkeiten nicht genügen, gehen manche Gerichte dann trotzdem (fehlerhaft) von einem Anscheinsbeweis aus.

Sofern ein Anscheinsbeweis (noch) nicht in Betracht kommt, kann die **allgemeinen Lebenserfahrung** trotzdem – im Rahmen der (freien) Beweiswürdigung gem. § 286 ZPO – Bedeutung erlangen. Zumindest können mit ihrer Hilfe fehlende konkrete Indizien bei der Beweiswürdigung überbrückt werden (BGH NJW 1998, 79, 81; Thomas/Putzo Vorbem. § 284/15).

Da die Gerichte oftmals viel zu starr im herkömmlichen Beweismittelsystem denken, empfiehlt es sich für die beweisbelastete Partei, in geeigneten Fällen entsprechend vorzutragen. So lassen sich bei vernünftiger, lebensnaher Betrachtungsweise streitige Geschehensabläufe zuweilen relativ leicht klären. Dabei können auch Wahrscheinlichkeiten dem Gericht helfen, etwaige Zweifel zu überwinden (vgl. Meyke NJW 1989, 2036; vgl. BGH NJW 1984, 2888: wie wahrscheinlich die Darstellung ist, kann sich auf die Beweisführung und Beweiswürdigung auswirken; NJW 1993, 3259; 1994, 3295: »aus der Sicht eines vernünftig urteilenden Menschen«; zum sog. Immer-so-Beweis vgl. unten III 1 c (2)). Auch aus der konkreten Interessenlage können Rückschlüsse gezogen werden (vgl. z.B. BGH NJW 1994, 3295; 1998, 531; 2002, 2873; NJW-RR 1988, 962). Dies kann im Ergebnis dann zu einer Veränderung der Beweislast führen.

▶ **Beispiel:**

Bei Ladenkäufen besteht nach der Lebenserfahrung die Vermutung, dass Zahlung erfolgt ist, sofern die Ware übergeben wurde (z.B. beim Brötchenkauf beim Erwerb von Elektroartikeln in einem der Fachmärkte). Behauptet der Verkäufer, die Ware sei nicht bezahlt worden, trägt er hierfür – entgegen dem Regelfall – die Beweislast (LG Coburg, Urt. v. 6.12.2002, 32 S 121/02; LG Aurich NJW-RR 1999, 1225: für Nachnahmesendungen).

Die widerspruchslose Hinnahme von Rechnungen bzw. deren vorbehaltslose Begleichung kann unter bestimmten Umständen ein Beweisindiz sein (vgl. Palandt § 781/8; Werner/Pastor Rdnr. 2041 mit Rechtsprechungsübersicht; bei Saldoausgleich u.U. (negatives) deklaratorisches Schuldanerkenntnis, Palandt § 781/9).

Zudem entscheiden manche Richter zuweilen ergebnisorientiert bzw. nach eigenen vorpositiven Richtigkeitsüberzeugungen (Eser, zit. Röhl S. 111). So wird häufig die dogmatische Begründung erst gesucht, nachdem das Ergebnis feststeht (Brehm AnwBl. 1983, 197).

> Wäre daher ein mögliches Ergebnis nach dem sog. gesunden Menschenverstand völlig unverständlich, sehr ungewöhnlich oder absolut ungerecht, sollte die davon betroffene Partei deutlich darauf hinweisen. Dabei kann man, bekanntermaßen mit Hilfe des juristischen Instrumentariums (z.B. §§ 242 BGB, 286 ZPO, Gesetzes- und Vertragsauslegung), das für richtig erkannte Ergebnis meistens rechtlich einwandfrei begründen.

b) Beispiele

Der Anscheinsbeweis wird von der Rechtsprechung vorwiegend zur Feststellung der Fahrlässigkeit und des Kausalzusammenhangs herangezogen, vor allem bei **Verkehrsunfällen**.

Bei Auffahren auf ein vorausfahrendes Fahrzeug stellt die bekannte, von der Rechtsprechung entwickelte Beweisregel »Wer auffährt hat Schuld« den klassischen Anscheinsbeweis dar (Gegenbeweis z.B. wenn das Fahrzeug plötzlich die Fahrspur gewechselt hat oder zurückgerollt ist). Das Abkommen eines Pkws von der Straße bei gerader und übersichtlicher Fahrbahn spricht nach allgemeiner Lebenserfahrung ebenfalls für einen schuldhaften Fahrfehler des betreffenden Kraftfahrers (überhöhte Geschwindigkeit oder Unaufmerksamkeit) (vgl. BGH NJW 1996, 1828: nicht aber, wenn der Pkw unmittelbar zuvor bei Gegenverkehr überholt worden ist).

Nunmehr enthält § 292a ZPO einen gesetzlich geregelten Anscheinsbeweis hinsichtlich der Echtheit einer qualifizierten **elektronischen Signatur**. Aber auch andere aktuelle Probleme werden von manchen Gerichten mittels Anscheinsbeweis gelöst.

▶ Aus der umfangreichen Judikatur sollen hier nur einige **Beispiele** angeführt werden (vgl. i.Ü.z.B. Zöller Vor § 284/30 ff.). So wurde ein Anscheinsbeweis angenommen:

- Bei Verwendung einer **EC-Karte** an Geldautomaten dafür, dass dies unter Verwendung der Originalkarte und der PIN erfolgte und der Berechtigte mit seiner Geheimzahl nicht sorgfältig umgegangen ist oder der Karteninhaber selbst verfügt hat (Verschulden).

(Palandt § 675f/24; 9/62 AGBG; offen gelassen BGH NJW 2001, 286; OLG Stuttgart NJW-RR 2002, 1274 – mit gelungener Entkräftung des Anscheinsbeweises; a.A. OLG Hamm 1997, 1711; LG Berlin NJW-RR 1999, 1213: weist u.a. darauf hin, dass ein Ausspähen insbesondere aufgrund der minimalen Abschirmvorrichtungen an den Geldautomaten durchaus im Bereich des Wahrscheinlichen liegt; LG Dortmund u. AG Duisburg NJW-CoR 1999, 498 (LS): da Errechnen der Geheimzahl aus der Karte selbst möglich ist, sogar neueste Verschlüsselungsmechanismen sind entschlüsselbar; AG München NJW-RR 2001, 1057: die theoretischen Möglichkeiten, die PIN-Nummer zu erhalten, reichen zur Erschütterung eines Anscheinsbeweises aus).

So werden immer wieder Fälle bekannt, in welchen Dritte mittels technischer Vorrichtungen an die Geheimzahl gelangen (z.B. mit Hilfe einer Minikamera und einem Kartenlesegerät, vgl. Münchner Merkur, 23. 1. 01 S. 9 – Abhebungen mindestens i.H. von 150 000,– DM) und die Daten auf Blanko-Karten übertragen.

- Zutreffende automatische Aufzeichnung von Gebühreneinheiten beim **Telefon**, wenn eine Zählerüberprüfung keine Fehlfunktion ergeben hat und Anscheinsbeweis dafür, dass diese Gebühreneinheiten vom jeweiligen Telefonkunden ausgelöst wurden (Kausalität).

   Überwiegende Rspr. ; vgl. z.B. OLG Koblenz NJW-CoR 2000, 48 (LS); LG Bielefeld NJW-RR 1999, 1512; LG Kiel NJW-RR 1998, 1366: sekundäre Darlegungslast des Telefonkunden bei Einzelgesprächsnachweisen und Löschung der Verbindungsdaten gem. § 6 Abs. 3 TDSV; weitere Rspr.Nachw. bei Mankowski NJW 2002, 2825 Fn. 41 – a.A. wohl LG München I, NJW-RR 1996, 893: Löschung der Daten entbindet nicht von substantiiertem Vortrag/unklar ob Einzelgesprächsnachweise vorhanden waren, ebenso AG Ebersberg NJW-RR 2000, 1087 (Partei hat auf Einzelgebührennachweis verzichtet); AG Hersbruck NJW-RR 1999, 1510; differenzierend LG Ulm MDR 1999, 472: entscheidend, ob der Dienstanbieter den Kunden über Beweisnachteile bei gewünschter Löschung seiner Daten belehrt hat; OLG Celle NJW-RR 1997, 568: aber Umkehr der Beweislast, wenn der Kunde zunächst den Eindruck erweckt, dass er die Höhe der Telefonrechnung nicht bestreiten wolle und diese erstmals nach Löschung der Aufzeichnungen bestreitet.

   Eine **Erschütterung des Anscheinsbeweises** kann bei Vervielfachung bisheriger durchschnittlicher Telefonrechnungen (**Gebührensprung**) oder bei sehr hohen Gesprächskosten in Betracht kommen (LG Berlin NJW-RR 1996, 895: 18000, – DM innerhalb von 4 Tagen; a.A. BPatG NJW-CoR 1998, 434 (LS): keine Entkräftung des Anscheinsbeweises). Nach AG Bonn (NJW-RR 2002, 1426) ist hierfür ausreichend, dass zumindest ein berechnetes Telefongespräch nicht geführt worden sein kann.

- Wird einem Patienten, der zu keiner HIV-gefährdeten Risikogruppe gehört und durch die Art seiner Lebensführung keiner gesteigerten HIV-Infektionsgefahr ausgesetzt ist, Blut eines Spenders übertragen, der an Aids erkrankt ist, und wird bei ihm und bei anderen Empfängern dieses Blutes später eine **Aids-Infektion** festgestellt, so spricht ein Anscheinsbeweis dafür, dass er vor der Bluttransfusion noch nicht HIV-infiziert war, und ihm das HIV erst mit der Transfusion übertragen wurde. Erkrankt auch der Ehegatte des Blutempfängers an Aids, so spricht ein Anscheinsbeweis ferner dafür, dass er von dem Blutempfänger angesteckt wurde (BGH NJW 1991, 1948; Kausalität).

3) Einzelfälle

a) Zugang

Auf den Zugang einer Willenserklärung kommt es in vielen Fällen an (z.B. bei Kündigungen, Mahnungen bzw. Rechnungen für Verzug; Mängelrügen; vgl. Palandt § 130/5).

Die **Beweislast** für den Zugang eines Schreibens hat derjenige, der sich darauf beruft, in der Regel der Erklärende.

> **Beachte:**
>
> Der Empfänger kann relativ risikolos – wahrheitswidrig – den behaupteten Zugang bestreiten und dadurch den Beweispflichtigen in Beweisnot bringen.

Ob der Absender im Prozess überhaupt eine Chance hat, den Zugang beweisen zu können, hängt wesentlich von der Art der Zustellung ab. In Betracht kommen die folgenden Zustellungsformen:

(1) Schreiben mit einfacher Post

Im Normalfall werden Schreiben mit **einfacher Post** versandt.

Es besteht für diese Versendungsart nach der Rechtsprechung **kein Anscheinsbeweis,** dass eine zur Post gegebene Sendung den Empfänger erreicht, da Postsendungen (sogar Einschreibesendungen) verloren gehen können (Palandt § 130/21, BVerfG NJW 1991, 2757).

<small>Aufgrund der hohen Wahrscheinlichkeit eines Zugangs (vgl. Schneider, Die Klage im Zivilprozess S. 28: Auskunft der Deutschen Post AG: Verlustquote für 1999: 0, 0008%, d.h. von 125 000 Briefsendungen geht statistisch gesehen nur eine Sendung verloren, ders. MDR 1984, 281) liegen zwar die Voraussetzungen für eine</small>

Parteivernehmung des Empfängers vor (§§ 445, 448 ZPO), die aber wenig Aussicht auf Erfolg verspricht.

Mit dem häufig in der Praxis angebotenen Nachweis für die Absendung kann somit kein Beweis für den Zugang erbracht werden, sofern nicht aus dem vorprozessualen Verhalten, vor allem aus der Korrespondenz auf den Zugang rückgeschlossen werden kann (vgl. Baumgärtel § 130/6).

Es kann sich daher empfehlen, einem späteren Bestreiten des Empfängers vorsorglich dadurch zu begegnen, indem man ihn zu einer Äußerung über den Zugang veranlasst.

Teilweise wird jedoch ein Anscheinsbeweis bei **mehreren**, mit einfacher Post abgesandten Schreiben, die sämtlich nicht zum Absender zurückgelangt sind, bejaht.

(Vgl. LG München I Beschluss v. 21. 9. 98, 13 T 16124/98: bei 2 Schreiben; ebenso bereits LG Hamburg VersR 1992, 85 bei einer Reihe von Schreiben in engem zeitlichen Zusammenhang abgesandt; AG Grevenbroich MDR 1990, 437: Vier Briefe im Abstand von jeweils einigen Wochen; OLG Naumburg JurBüro 1999, 597: es obliegt dem Empfänger, wenigstens einen Sachverhalt darzustellen, der eine gewisse Plausibilität für den Verlust der vier Schreiben ermöglicht).

Sofern man hierbei einen Anscheins-Beweis bejaht, kann der Empfänger freilich zusätzlich den Inhalt, die ordnungsgemäße Adressierung und Frankierung (mit Nichtwissen) **bestreiten,** wobei kaum ein Erklärender bei der Absendung daran denkt, dafür Beweisvorsorge zu treffen.

Soweit es auf die Rechtzeitigkeit ankommt, muss auch der **Zeitpunkt des Zugehens** bewiesen werden (Palandt § 130/21). Auch hierfür gibt es nach der überwiegenden Meinung keinen Anscheinsbeweis.

Sofern allerdings der Zugang unstreitig oder bewiesen ist und nur Unklarheit über den Zeitpunkt besteht, hat der Gegner einen konkreten (anderen) Zugangszeitpunkt als von der beweisbelasteten Partei behauptet, substantiiert darzulegen. Dabei gilt die gesetzliche Vermutung des § 270 Abs. 2 S. 2 ZPO (LG Frankfurt NJW-RR 1987, 569).

(2) Einschreiben

Sicherer ist das Einschreiben.

Die Deutsche Post AG bietet zwei Formen an:

- **Übergabe-Einschreiben**

  Bei dieser herkömmlichen Form des Einschreibens muss die Übergabe vom Empfänger quittiert werden.

  Wenn der Adressat oder ein sonstiger Empfangsberechtigter vom Postzusteller nicht angetroffen wird, ist eine Einschreibesendung auch dann nicht zugegangen, wenn daraufhin ein Benachrichtigungszettel über die Hinterlegung bei der Post hinterlassen wird (Palandt § 130/7, BGH NJW 1998, 976).

Da die Sendung erst mit der Abholung von der Post zugeht (z.B. BAG NJW 1997, 146), können durch eine verspätete Abholung vom Absender einzuhaltende Fristen vereitelt werden. Probleme kann es auch geben, wenn keine brauchbare Empfangseinrichtung vorhanden ist oder wenn die Echtheit der Unterschrift bestritten wird.

Dabei ist es unerheblich, ob das Einschreiben mit oder ohne **Rückschein** versandt wurde. Der vom Empfänger unterschriebene und an den Absender zurückgelangte Original-Rückschein kann jedoch den Beweis des Zugangs erleichtern.

Beachte:

Der **Inhalt** des dem Empfänger übersandten Schreibens muss indes gesondert bewiesen werden (vgl. AG Köln, ZMR 1977, 278)

Allerdings dürfte der Empfänger substantiiert darzulegen haben, was Inhalt der Sendung gewesen sein soll, wenn er den vom Absender behaupteten Inhalt bestreitet (sonst § 138 Abs. 3 ZPO).

(Vgl. OLG München NJW 1994, 527 für erhaltenes Telefax; vgl. Prölls/Martin § 39/10 VVG: Vermutung spricht dafür, dass der Brief, die bei dem Versicherer übliche Mahnung enthielt, soweit keine Anhaltspunkte dafür vorliegen, welche andere wichtige Mitteilung der Versicherer hätte machen können). Dabei soll ein Erfahrungssatz dafür sprechen, dass regelmäßig nur Erklärungen von einer gewissen Bedeutung per Einschreiben versandt werden (Baumgärtel § 130/10).

Falls er – nach seinem Vorbringen – nur ein leeres Blatt (bei Telefax) erhalten oder der Briefumschlag überhaupt nichts enthalten oder eine Seite (natürlich die maßgebende) gefehlt hat, können vom Empfänger natürlich keine weiteren Angaben verlangt werden.

Dem Einwand eines leeren Kuverts soll durch Verwendung von Fensterbriefumschlägen vorgebeugt werden können (Benedict, NVwZ 2000, 168 Fn. 13: kann gänzlich ausgeschlossen werden).

Wird jedoch die beim Postamt hinterlegte Sendung vom Adressaten **nicht abgeholt**, ist diese nicht zugegangen.

Allenfalls wenn der Absender daraufhin unverzüglich einen **zweiten Zustellungsversuch** unternimmt, kann der Empfänger sich nach einer Ansicht gem. § 242 BGB nicht auf einen fehlenden Zugang berufen und ein Zugang durch den ersten Zustellversuch wird fingiert (BGH NJW 1998, 977) (**a.A.** wohl die h.M. – Rückwirkungslösung – BGH LM § 130 Nr. 1: Empfänger kann sich u.U. gem.

§ 242 BGB bei ihm zurechenbaren Zugangshindernissen lediglich nicht auf die Verspätung berufen).

Unklar ist, ob der zweite Zustellungsversuch ohne weiteres dem ersten entsprechen darf. Nach Ansicht des BGH (NJW 1998, 977) hängt die Art dieses zweiten Versuchs von den konkreten Umständen, wie den örtlichen Verhältnissen, dem bisherigen Verhalten des Adressaten, den Möglichkeiten des Erklärenden und von der Bedeutung der abgegebenen Erklärung ab. Freilich wird ein juristischer Laie kaum auf den Gedanken kommen, dass er durch einen zweiten Zustellversuch nach Fristablauf die Frist noch wahren kann.

Bei grundloser **Annahmeverweigerung,** obwohl der Adressat mit dem Eingang rechtserheblicher Mitteilungen seines Vertrags- oder Verhandlungspartners rechnen musste, oder bei arglistiger **Zugangsvereitelung** oder Verzögerung ist ein erneuter Zustellversuch nicht erforderlich. Der Zugang wird ebenfalls fingiert (BGH NJW 1998, 977).

Bei alledem trägt der Erklärende die **Beweislast.** Sofern bestritten, muss er bei einer nicht abgeholten Sendung beweisen, dass er den Benachrichtigungszettel tatsächlich erhalten bzw. gewusst hat, wer der Absender ist. Dabei ist dieser aus dem Niederlegungsschein nicht erkennbar.

- **Einwurf-Einschreiben**

    Beim »Einschreiben Einwurf« wird die Sendung mit der Tagespost in den Hausbriefkasten oder das Postfach des Empfängers eingeworfen. Dieser Einwurf wird vom Briefzusteller dokumentiert. Einer Unterschriftsleistung des Empfängers bedarf es nicht. Das Einwurfeinschreiben geht dem Empfänger zu, sobald mit der Leerung des Hausbriefkasten zu rechnen ist. Dem Empfänger ist es daher nicht möglich, den Zugang zu vereiteln.

    Eine Kombination aus Übergabe- und Einwurfeinschreiben stellt der »Post Express« dar. Scheitert die Übergabe, wird die Sendung in den Briefkasten geworfen (vgl. Dübbers/Kim NJW 1998, 2265).

    Die Dokumentation des Einwurfs durch den Postzusteller könnte den **Beweis des Einwurfs** erbringen. Allerdings wird der Auslieferungsbeleg – ebenso wie beim Übergabe-Einschreiben – nach dem Einscannen zentral für ganz Deutschland in einem Lesezentrum der Deutschen Post AG zerstört. Die Daten bleiben dort drei Jahre lang elektronisch gespeichert. Auf Wunsch erhält der Absender davon einen schriftlichen Auszug mit dem Einwurf-Datum (vgl. zum Ganzen instruktiv Reichert NJW 2001, 2523).

Damit scheidet ein Urkundenbeweis nach § 416 ZPO aus, wobei damit auch nicht die Richtigkeit des Inhalts bewiesen werden könnte. Wegen der privaten Rechtsnatur der Deutschen Post AG würde auch keine öffentliche Urkunde mit der (vollen) Beweiswirkung des § 418 ZPO vorliegen. Ebenso wenig Erfolg versprechend erscheint es, den Briefzusteller als Zeugen zu benennen. Zwar wird er vermutlich bestätigen, den Auslieferungsbeleg grundsätzlich immer richtig auszufüllen; an den konkreten Brief indes wird er sich nicht mehr erinnern können (vgl. LG Potsdam NJW 2000, 3722; siehe auch unten III 1 c (2)).

Die Frage des Beweises bleibt daher letztlich der freien richterlichen Beweiswürdigung überlassen (§§ 371, 286 ZPO), was bekanntlich unsicher ist.

In der **Literatur** wird die Praxistauglichkeit dieser Zustellungsform überwiegend eher skeptisch beurteilt (vgl. z.B. Hosenfeld NZM 2002, 96: Lotteriespiel, ob der Nachweis des Zugangs gelingen wird oder nicht; Bauer/Diller NJW 1998, 2795: Kunstfehler, diese Form der Zustellung, welche in der arbeitsrechtlichen Literatur empfohlen wird, zu wählen; Friedrich VersR 2001, 1092: kein Anscheinsbeweis; Reichert NJW 2001, 2524: in Zweifelsfällen Übergabe-Einschreiben mit Rückschein verwenden; a.A. Benedict, NVwZ 2000, 167: ein starkes zusätzliches Indiz für den Zugang; Palandt § 130/21: Anscheinsbeweis, wenn der Einwurf ordnungsgemäß dokumentiert wurde).

In der **Rechtsprechung** hingegen wird von einigen Gerichten dem Einwurf-Einschreiben durchaus ein gewisser erhöhter Beweiswert zugemessen (vgl. AG Paderborn NJW 2000, 3722: Anscheinsbeweis – Entkräftung möglich durch Beweis, dass bei Leerung des Briefkastens das Schreiben nicht vorgefunden wurde; LAG Hamm Urt. v. 22.5.02 - 3 Sa 847/01: Zugang durch Aussage des Zustellers als Zeugen bewiesen; LG Berlin Beschl. v. 19.4.01, 61 T 117/00: bei Zustellung mittels Einwurfeinschreibens schlichtes Bestreiten des Zugangs nicht ausreichend; a.A. LG Potsdam NJW 2000, 3722: keine tatsächliche Vermutung für Zugang, da Fehlleitungen nicht ausgeschlossen werden können – dort wurde zudem der Beleg noch vor dem Einwurf in den Briefkasten in der Postfiliale vom Zusteller abgenommen und ausgefüllt).

(3) Telefax

Nach überwiegender Auffassung geht ein an eine Privatperson gerichtetes **Telefax** (bereits bzw. erst) mit Beendigung des ordnungsgemäßen Ausdrucks beim Empfänger zu. Bei Geschäftsleuten erfolgt der Zugang (erst) während der (üblichen) Geschäftszeiten (Palandt § 130/7; LG Hamburg RRa 1999, 141; kritisch Ultsch NJW 1997, 3008 Fn. 16).

> **Beachte:**
> Wenn der Empfänger den Ausdruck bestreitet und/oder das Vorliegen eines Defekts an seinem Empfangsgerät behauptet, kann ein Zugang im Normalfall nicht bewiesen werden.

Denn nach überwiegender Meinung vermag (auch) der **Sendebericht** mit dem »**OK**«-**Vermerk** keinen Anscheinsbeweis für den Zugang begründen. Durch ihn werde nur die Herstellung der Verbindung zwischen dem Sende- und dem Empfangsgerät angezeigt, für die geglückte Übermittlung der Daten und das Ausbleiben von Störungen besitze das Sendeprotokoll hingegen keinerlei Aussagewert. Denkbare Fehlerquellen seien etwaige technische Störungen und Bedienungsfehler. Zudem bestünden Manipulationsmöglichkeiten des Sendeberichts.

> (BAG MDR 2003, 91; BGH NJW 1995, 665 (Urt.v. 7. 12. 1994): »OK«-Vermerk allenfalls ein Indiz ; OLG Köln, NJW 1995, 1228, OLG München NJW 1993, 2447, KG NJW 1994, 3172, OLG Dresden, NJW-RR 1994, 1485: obwohl grundsätzlich hohe Wahrscheinlichkeit für Zugang, LG Hamburg NJW-RR 1994, 1486: nur tatsächliches Indiz, § 286 ZPO!; AG Düsseldorf NJW-RR 1999, 1510; Zöller § 518/18e;
>
> **a.A.** OLG München NJW 1994, 527; MDR 1999, 286: weil die Übertragungssicherheit sehr hoch ist und Hinweis auf die Möglichkeit des Empfängers, einen abweichenden Geschehensablauf durch Vorlage der Empfangsaufzeichnungen nachzuweisen, aus denen sich Übertragungsfehler ersehen lassen. Die Einschätzung des BGH aus dem Jahre 1994 vermag der Senat in Anbetracht der rasanten Entwicklung der Telekommunikation und ihrer Technik jetzt nicht mehr zu teilen; LG Osnabrück NJW-RR 1994, 1487).

Vor allem bei fristwahrenden Schreiben ist daher eine Übermittlung per Telefax mit gewissen Risiken verbunden. Ob eine Wiederholung der Faxsendung einen Anscheinsbeweis begründen kann, erscheint fraglich.

Diese **Risiken** kann man allenfalls dadurch vermindern, in dem man sich (unmittelbar) nach Versendung (telefonisch) vom Empfänger den vollständigen Erhalt durch einen Zeugen bestätigen lässt, was freilich auch vom Rechtsanwalt selbst erfolgen kann. Zum Beweis des Zugangs geeignet ist auch ein vom Empfänger zurückgefaxtes Empfangsbekenntnis. Schließlich kann man durch eine wiederholte Versendung zu verschiedenen, auseinander liegenden Zeiten zumindest die Indizwirkung erhöhen.

(4) E-Mail

Neben der bereits alltäglichen Übersendung per Telekopie gewinnt die **Übermittlung per E-Mail** und Internet immer mehr an Bedeutung. Große Teile des kommerziellen wie des anwaltlichen Rechtsverkehrs werden auf diese Weise bereits abgewickelt (Mankowski NJW 2002, 2822).

> Insbesondere ist seit dem 1. 8. 2001 (Formvorschriftenanpassungsgesetz) im Privatrechtsverkehr auch die elektronische Form geregelt und unter bestimmten Voraussetzungen der Schriftform gleichgesetzt (vgl. §§ 126a, 127 Abs. 3 BGB) (vgl. auch das FernAbsG. BGBl. I 2000, 897).

I. Die Beweislast

Allerdings bereitet der **Beweis des Zugangs** große Schwierigkeiten, wobei Erklärungen per E-Mail mit Eingang im elektronischen Briefkasten des Providers zugehen

> (vgl. Palandt § 130/7a: bei Eingang zur Unzeit am folgenden Tag; Nowak MDR 2001, 841; Bacher MDR 2002, 669; Ultsch NJW 1997, 3007; Vehslage AnwBl. 2002, 86; LG Nürnberg-Fürth NJW-RR 2002, 1721) (vgl. §§ 130, 147 BGB).

Zudem hat der Empfänger die volle Beweislast dafür, dass die E-Mail wirklich vom angegebenen Absender stammt. Weil dies in der Regel nicht gelingt, mehren sich die instanzgerichtlichen Entscheidungen, in welchen Vertragsschlüsse verneint werden, sogar bei Verwendung eines Passworts innerhalb eines bestimmten Systems (vgl. Mankowski NJW 2002, 2822; ders., CR 2003, 44 – bejaht Anscheinsbeweis).

> So hat z.B. das AG Erfurt (MMR 2002, 127 = JurPC 71/2002 – Internetauktion – Anm. Winter JurPC 109/2002) entschieden, dass der E-Mail Ausdruck auch in Verbindung mit dem richtigen Passwort kein ausreichendes Indiz für die Identität des Absenders ist – im Gegensatz zu der Verwendung von sog. TAN-Nummern im Rahmen des Internetzahlungsverkehrs mit den Banken (ebenso OLG Köln, CR 2003, 55: weder Anscheinsbeweis noch Beweislastumkehr; LG Bonn CR 2002, 293; LG Konstanz CR 2002, 609; AG Bonn NJW-RR 2002, 1363: E-Mail Ausdruck hat keinerlei Beweiswert aufgrund Manipulationsmöglichkeiten – auch diejenige durch den Empfänger selbst, Redeker, NJW 2002 Heft 44 S. XVIII: »relativ simpel«; Roßnagel/Pfitzmann, NJW 2003, 1209: kein Anscheinsbeweis – eine E-Mail entspreche allenfalls einer in Druckbuchstaben mit Bleistift geschriebenen unterschriftslosen Postkarte).

Der **Empfänger** kann sich auch nicht auf die Vermutungen der §§ 416, 440 Abs. 2 ZPO berufen (Zöller 23. Aufl. § 292a/2) (vgl. §§ 286, 371 Abs.1 S. 2: frei vom Gericht zu würdigender Augenscheinsbeweis – mit allerdings sehr geringem Beweiswert). Auch Zeugen dürften meist nicht vorhanden bzw. der beweisbelasteten Partei nicht bekannt sein. Am ehesten kann der Beweis der Identität gelingen, wenn sich der Absender auf seine Erklärung im nachfolgenden außergerichtlichen Schriftverkehr berufen hat oder die gesamten Umstände (erforderliche Sachkenntnis/Vorgeschichte) für die Urheberschaft des angegebenen Absenders sprechen (i.E. so wohl auch LG Hannover WuM 2000, 412). Ansonsten beruht die Annahme der Identität lediglich auf der Behauptung des Absenders. Eine Überprüfung, wer den Rechner zur Datenübertragung genutzt hat, ist kaum möglich.

Als **Absender** einer rechtserheblichen E-Mail sollte man daher auf eine umgehende Bestätigung des vollständigen Empfangs bestehen, was später den Beweis des Zugangs erleichtert, sofern dieser dann überhaupt bestritten wird. Als Beweismittel könnten zwar auch die sog. log-files (Datenprotokolle) des Servers beim Provider in Betracht kommen, allerdings werden diese aus datenschutzrechtlichen Gründen bereits nach kurzer Zeit gelöscht.

Zwar enthält § 292a ZPO eine Beweiserleichterung für den Empfänger einer elektronischen Willenserklärung, die eine Signatur nach dem Signaturgesetz aufweist. Jedoch tendiert der Verbreitungsgrad gegen Null. Die Prognosen für die Durchsetzung der elektronischen Signatur in der Zukunft sind düster (Mankoswki NJW 2002, 2827: »ist und bleibt voraussichtlich eine Totgeburt«).

Damit sind derzeit bei unsignierten E-Mails »Schutzbehauptungen unwillig gewordener Gegenparteien« die Erklärung sei nicht zugegangen oder »stamme doch gar nicht von ihnen, Tor und Tür geöffnet« (Mankowski NJW 2002, 2822).

(5) Förmliche Zustellung

Die sicherste Zustellungsart ist weiterhin – neben der Zustellung durch einen **Boten**, der den Inhalt des Briefes kennt bzw. persönliche Übergabe unter Zeugen – die förmliche Zustellung.

Dies kann geschehen durch Vermittlung des **Gerichtsvollziehers** (§ 132 Abs. 1 BGB, § 192 ZPO). Auf besonderen Antrag hat er selbst zuzustellen (vgl. § 193 ZPO; 19, 21 GVGA – Geschäftsanweisung für Gerichtsvollzieher).

> Der Rechtsanwalt verletzt daher seine Sorgfaltspflicht und kann sich schadensersatzpflichtig machen, wenn er diesen **sichersten Weg** nicht geht. (vgl. OLG Nürnberg NJW-RR 1991, 414: Empfänger hat Zugang einer fristgebundenen mit einfachem Brief versandten arbeitsrechtlichen Kündigung bestritten).

Wer den Kosten-Aufwand scheut, sollte den Brief am besten sowohl per (Einwurf-)Einschreiben als auch mit einfacher Post und per Fax versenden. Denn das Bestreiten des Zugangs durch den Empfänger wäre dann wenig glaubwürdig.

Man kann auch in der **Klageschrift** eine materiell-rechtliche Willenserklärung mit abgeben, was in der Praxis häufig bei Kündigungen von Wohnraummietverhältnissen erfolgt (vgl. oben 1. Teil IV 1c).

> Dadurch kann sowohl der Inhalt des zugestellten Schriftstücks als auch der Zeitpunkt des Zugangs bewiesen werden (vgl. §§ 192ff. ZPO, 418 ZPO). Zudem ist eine Zustellungsvereitelung wegen der Möglichkeiten einer Ersatzzustellung praktisch ausgeschlossen (außerdem: Urkundsprozess möglich!).

Sofern der Adressat anwaltlich vertreten ist, kann eine Zustellung von Anwalt zu Anwalt gem. § 195 ZPO (§ 212a ZPO a.F.) in Betracht kommen.

b) Stellvertretung

Wird der **Vertretene** in Anspruch genommen, trägt der Kläger die Darlegungs- und Beweislast für das Handeln in fremdem Namen und das Bestehen einer Vertretungsmacht (§ 164 BGB).

Wird hingegen der **Vertreter** in Anspruch genommen, so trägt dieser die Beweislast für seine Vertretungsmacht sowie dafür, dass er nicht im eigenen Namen aufgetreten ist (§§ 164 Abs. 2, 179 Abs. 1 BGB) (Palandt § 164/18). Wenn ihm der Beweis nicht gelingt, haftet der Vertreter selbst, sofern nicht der Vertretene den Vertrag genehmigt (§ 179 Abs. 1 BGB).

> Obwohl bei Bestreiten der Vertretungsmacht der Vertreter bzw. der Vertretene als Zeuge in Betracht kommen, gelingt in der Praxis der Beweis der Vertretungsmacht zuweilen nicht. Dabei fehlt es meistens bereits an einem schlüssigen Sachvortrag (vgl. oben 1. Teil IV 4b (2)).

Beachte:

Bei **zweifelhaften** Vertretungsverhältnissen kann es daher u.U. taktisch geschickter sein, (zunächst) den (beweispflichtigen) Vertreter zu verklagen. Zudem kommt meistens eine Streitverkündung in Betracht, wobei es dann vorteilhaft sein kann, den Vertretenen zu verklagen und dem Vertreter den Streit zu verkünden (vgl. oben 3. Teil).

Hierbei ist an die zahlreichen **Sonderfälle** zu denken, welche im Alltag bzw. Geschäftsleben eine große Rolle spielen. Diesbezüglich muss aber ausreichend vorgetragen sein.

> Z.B. Anscheins- und Duldungsvollmacht (vgl. Palandt § 179/9 ff.); Vertretungsmacht aufgrund besonderer Stellung bzw. Funktion (vgl. Palandt § 173/21), insbes. § 56 HGB; tatsächliche Vermutung bei erkennbar unternehmensbezogenen Geschäften (Palandt § 164/2/18); § 1357 BGB bei Ehegatten; § 1629 BGB bei Minderjährigen.

c) Schenkungseinwand

Gegenüber der Klage auf Rückzahlung eines bestimmten Geldbetrages wird in der Praxis häufig Schenkung eingewandt. Da der Kläger (Gläubiger) grundsätzlich die **Behauptungs- und Beweislast** für die anspruchsbegründenden Tatsachen trägt, muss er beweisen, dass die Hingabe des Geldes als **Darlehen** erfolgt ist (Palandt §§ 516/19, 607/22) (keine echte Einwendung sondern Klageleugnen).

Selbst wenn die Parteien zunächst offen gelassen haben, ob eine hingegebene Geldsumme als Schenkung oder als Darlehen gelten soll, muss der Geldgeber die Behauptung des Empfängers widerlegen, man habe sich später auf Schenkung geeinigt (OLG Schleswig MDR 1982, 317).

> Hingegen trifft den Beklagten die Beweislast für die Behauptung, der Kläger habe ihm die Darlehnsschuld nachträglich im Wege der Schenkung erlassen.

Beruft sich der Kläger für seine Rückforderung auf § 812 BGB, hat er das Fehlen des behaupteten Rechtsgrundes, also die Nichtschenkung zu beweisen (Palandt § 812/106; vgl. oben 2. Teil III 2 b).

Der **Beweis** könnte vor allem durch etwaige Zeugen oder einen vorhandenen Schuldschein geführt werden.

Dabei kann ein **Schuldschein** unterschiedliche beweis-rechtliche Bedeutung haben, was von der Auslegung der in ihm enthaltenen Erklärungen abhängt (vgl. Baumgärtel § 607/18 ff.; Palandt §§ 371/2, 607/22; BGH NJW 2001, 2096, 2099; 1986, 2571; JR 1978, 413).

Die in einem Schuldschein enthaltene Bestätigung, ein Darlehen empfangen zu haben, kann entweder ein abstraktes oder kausales Schuldanerkenntnis oder eine bloße Wissenserklärung als sog. Zeugnis gegen sich selbst (ähnlich einer schlichten Quittung) (vgl. auch unten III 3 b) darstellen.

In den ersten beiden Fällen führt die Vorlage eines Schuldscheins zur einer Beweislastumkehr, d.h. der Schuldner muss beweisen, dass die Verpflichtung nicht entstanden ist. In der Regel dient ein Schuldschein jedoch dazu, eine bereits bestehende Darlehensverbindlichkeit zur Beweissicherung und Beweiserleichterung zu bestätigen. In diesem Fall kann der in der Regel durch den Schuldschein erbrachte Hauptbeweis schon durch einen Gegenbeweis entkräftet werden.

Unter Umständen kommen dem Gläubiger Beweiserleichterungen zugute. Hierbei kann nur im Einzelfall entschieden werden, ob insbesondere bei engen persönlichen oder verwandtschaftlichen Beziehungen zwischen den Beteiligten ein Darlehen oder eine Schenkung anzunehmen ist (vgl. Baumgärtel § 607/6 ff.)

So spricht z.B. nach OLG Koblenz (MDR 1998, 540) eine tatsächliche Vermutung für eine Darlehensgewährung, wenn bei einer noch jungen Liebesbeziehung ein Partner das nicht unerheblich überzogene Bankkonto des anderen ausgleicht. Bei Verlobten soll auch die Begleichung persönlicher Verbindlichkeiten, die mit der beabsichtigten Eheschließung nicht in Zusammenhang stehen, als stillschweigende Darlehensgewährung anzusehen sein. Hingegen kann bei nicht schenkungssteuerpflichtigen Zuwendungen unter Ehegatten in der Regel von einer Schenkung ausgegangen werden, nicht aber bei Tilgung von Geschäftsschulden. Während bei Zuwendungen zwischen Partnern nichtehelicher Lebensgemeinschaften eine tatsächliche Vermutung gegen das Vorliegen eines Darlehensvertrages spricht, wird man bei einer Geldhingabe unter nicht näher bekannten Personen im Zweifel von einem Darlehen ausgehen dürfen.

d) Werkvertrag

Die in der Praxis beim Werkvertrag relevanten Streitpunkte betreffen im Wesentlichen die Frage etwaiger Mängel des Werkes, die Erforderlichkeit der Arbeiten sowie die Höhe der Vergütung. Hierbei gibt es

I. Die Beweislast

vielfältige Beweislastvarianten, die in der Praxis häufig Schwierigkeiten bereiten.

Wendet der Besteller gegenüber der eingeklagten Vergütung **Mängelrechte** ein, kommt der »Abnahme« für die Beweislast entscheidende Bedeutung zu.

Denn mit der **Abnahme** (vgl. § 640 BGB) kehrt sich die Beweislast um. So hat bis zur Abnahme der Unternehmer die Mangelfreiheit und Vollständigkeit seiner Werkleistung darzulegen und erforderlichenfalls zu beweisen. Nach der Abnahme trägt die Beweislast der Besteller (Zöller Vor. § 284/19; Palandt Erg. §§ 634/12; 641/14) (vgl. oben 1. Teil IV 4 b (2); 2. Teil II 2 b).

Dabei wird die Vergütung erst mit Abnahme »des vertragsmäßig hergestellten Werkes« fällig (§§ 640, 641 BGB). Ihre berechtigte Verweigerung wegen vorhandener Mängel hindert die Fälligkeit (vgl. Palandt Erg. §§ 640/8: fehlende Abnahmereife; 641/4) und die Vergütungsklage ist als zur Zeit unbegründet abzuweisen (Palandt § 641/2).

Aufgrund der jetzigen Möglichkeit des Unternehmers, durch Fristsetzung die Fälligkeit herbeizuführen (vgl. § 640 Abs. 1 S. 3 **BGB n.F.**) ist zweifelhaft, ob er vor einer Vergütungsklage diese Möglichkeit nutzen muss oder ob er – wie bisher – unmittelbar auf Zahlung klagen kann (vgl. Palandt Erg. § 641/4).

Für die **Erforderlichkeit** des dem Vergütungsanspruch zugrunde gelegten Leistungsumfangs sowie für diesen selbst, trifft die Darlegungs- und Beweislast regelmäßig den Unternehmer.

Ist die **Höhe des Werklohns** nicht speziell vereinbart, so gilt die übliche Vergütung als vereinbart (§ 632 Abs. 2 BGB).

Verlangt der Unternehmer die vereinbarte Vergütung, muss er die (bestrittene) Vereinbarung beweisen. Verlangt der Unternehmer die übliche Vergütung, muss er beweisen, dass die vom Besteller behauptete bestimmte Vergütung nicht vereinbart ist (vgl. Palandt § 632/11; oben 2. Teil II 2 b). Mit diesem Einwand der Festgeldabrede wird in der Praxis häufig versucht, den Anspruch des Unternehmers auf die (höhere) übliche Vergütung zu Fall zu bringen. Denn gelingt ihm der Beweis nicht, steht ihm nur der (geringere) Werklohn zu, der sich aus der behaupteten Preisvereinbarung ergibt, wobei an diese Beweisführung keine strengen Anforderungen zu stellen sind (BGH NJW-RR 1992, 848).

Dabei ist die Entgeltlichkeit einer Werkleistung der Regelfall. Zwar muss grundsätzlich der Unternehmer die »Umstände« i.S. § 632 Abs. 1 BGB beweisen, jedoch dürften ihm hierbei meist Erfahrungssätze zu Hilfe kommen (vgl. z.B. BGH NJW 1987, 2742: Erfahrungssatz, dass Architekten üblicherweise nur entgeltlich tätig werden; vgl. Palandt §§ 612/4, 632/4: idR. Entgeltlichkeit, wenn die Leistung in den Rahmen des ausgeübten Hauptberufs gehört) (vgl. auch §§ 611 Abs. 1; 653 Abs. 1 BGB). Den Ausnahmefall muss dann der Besteller beweisen (z.B. Werkleistung für Verwandte oder Freunde).

Insbesondere muss eine **Zeitvergütung** vereinbart sein.

Der Unternehmer muss daher eine solche (bestrittene) Vereinbarung substantiiert vortragen und beweisen. Beim BGB-Bauvertrag kann eine Abrechnung nach Stundenlöhnen bei kleineren Leistungen auch als die übliche Vergütung anzusehen sein (Werner/Pastor Rdnr. 1210).

Außerdem trägt er die Darlegungs- und Beweislast für die von ihm aufgewandten Stunden (vgl. zur Bedeutung von Stundenlohnzetteln unten III 3 c). Bei einem Bauwerkvertrag ist hierzu darzulegen, welcher Arbeiter auf welcher Baustelle an welchen Tagen wie viel Stunden welche Arbeiten ausgeführt hat (Werner/Pastor Rdnr. 1215), wobei der Stundenlohnvertrag in der Baupraxis aber die Ausnahme ist.

Bei einer vereinbarten zeitabhängigen Vergütung muss der Besteller – (entgegen der Grundregel) nicht der Auftragnehmer die Angemessenheit – beweisen, dass der geltend gemachte Zeitaufwand überhöht ist (BGH NJW 2000, 1107; a.A. Werner/Pastor Rdnr. 1211). Dabei ist diese Vergütung, anders als es beim Dienstvertrag der Fall sein mag, grundsätzlich von Quantität und Qualität der Leistung nicht unabhängig. Vielmehr ist der Unternehmer zu einer wirtschaftlichen Betriebsführung verpflichtet (§ 242 BGB). Da der Besteller im Allgemeinen keine konkreten Kenntnisse darüber haben kann, was sich in der Sphäre des Unternehmers zugetragen hat, können an die Substantiierung seines Vorbringens indes keine hohen Anforderungen gestellt werden (BGH NJW 2000, 1107).

e) Mängelanzeige im Reiserecht

Im Reisemängelprozess berufen sich die beklagten Reiseveranstalter häufig auf die fehlende bzw. verspätete Mängelanzeige. Denn nach § 651d Abs. 2 BGB tritt die Minderung nicht ein, »soweit es der Reisende schuldhaft unterlässt, den Mangel anzuzeigen«.

Die dogmatische Einordnung einer solche Anzeige und entsprechend auch die Darlegungs- und Beweislast sind umstritten (vgl. zur Bedeutung von Mängelprotokollen unten III 3 c).

Für das tatsächliche Vorliegen eines Mangels jedoch trägt die Darlegungs- und Beweislast unzweifelhaft der Reisende (Palandt § 651d/6).

Es werden folgende Auffassungen vertreten:

- Der Reisende ist beweispflichtig für die Mängelanzeige, da (formelle) Anspruchsvoraussetzung, es sei denn, er kann die Unterlassung entschuldigen oder die Nutzlosigkeit eines Abhilfeverlangens dartun (BGH NJW 1985, 132; LG Hannover NJW-RR 1990, 1020).

- Der Reiseveranstalter ist beweispflichtig dafür, dass die Anzeige schuldhaft unterlassen wurde, weil § 651 d Abs. 2 BGB Ausschlusstatbestand bzw. Einwendung (Palandt § 651d/6; LG Frankfurt NJW-RR 1988, 1451).

- Vermittelnde Meinung (wohl h.M., Tempel S. 428, 473; Münchener Kommentar § 651d/15; Baumgärtel § 651d/3; grundlegend und ausführlich LG Frankfurt NJW-RR 1986, 540).

Einwendungstatbestand, so dass sich der Reiseveranstalter zunächst auf den Ausschlusstatbestand berufen muss. Falls der Reisende dem widerspricht, hat der Reiseveranstalter darzulegen und gegebenenfalls zu beweisen, dass eine Möglichkeit der Mängelanzeige bestand (z.B. Erreichbarkeit des örtlichen Reiseleiters, Person, Ort und Sprechstunde der Reiseleitung).

Sodann hat der Reisende substantiiert darzulegen, dass und wann er den Mangel bei der angegebenen Stelle bzw. wem gegenüber gerügt hat. Dabei wäre z.B. auch die Behauptung ungenügend, er habe die Reiseleiterin nicht angetroffen, wenn nicht vorgetragen wird, an welchem Tag er um welche Uhrzeit vergeblich versucht hat, bei ihr vorzusprechen (vgl. LG Kleve NJW-RR 1997, 1207).

Gelingt dem Reiseveranstalter im konkreten Einzelfall nachzuweisen, dass die behauptet Mängelanzeige tatsächlich nicht stattgefunden hat, hat er zugleich bewiesen, dass eine Anzeige nicht erfolgt ist (arg. unterbliebene Mängelanzeige als sog. Negativtatsache, die grundsätzlich von niemanden bewiesen werden kann, sondern nur ein ensprechender substantiierter Sachvortrag, LG Kleve NJW-RR 1997, 1207) (vgl. auch Zöller vor § 284/24).

Ein im Falle einer Beweisaufnahme über die behauptete Mängelanzeige – meist – (so Führich Rdnr. 271; Mitreisende als gegenbeweisliche Zeugen!) eintretendes »non-liquet« geht dann zu Lasten des Reiseveranstalters, d.h. es verbleibt bei dem Normaltatbestand des § 651d Abs. 1 BGB, der Minderung des Reisepreises.

Dass das Unterlassen der (rechtzeitigen) Anzeige ausnahmsweise nicht schuldhaft war, hat der Reisende ebenso darzulegen und zu beweisen (§§ 282, 285 BGB a.F. analog) wie die Tatsachen, aus denen sich ausnahmsweise eine Entbehrlichkeit der Mängelanzeige herleiten lässt. Hingegen trägt der Reiseveranstalter zuletzt die Beweislast dafür, dass er bei (rechtzeitiger) Anzeige zur Abhilfe bereit und in der Lage gewesen wäre.

Auch Führich vertritt (Rdnr. 271) diese differenzierende Meinung. Allerdings hat danach der Reisende zuerst substantiiert die Mängelanzeige vorzutragen, wobei der Name der Reiseleitung nicht genannt werden braucht (str.). Erst danach müsse sich der Veranstalter auf den Ausschlusstatbestand des § 651d Abs. 2 BGB berufen.

II. Wirksame Beweisanträge

1) Inhaltliche Anforderungen

Für einen wirksamen Beweisantrag ist erforderlich die Behauptung einer bestimmten Tatsache und Angabe eines bestimmten Beweismittels zum Beweis der Tatsachenbehauptung.

Ausreichend ist ein Beweisantrag zu einem bestrittenen, erheblichen Vorbringen, wenn die Behauptung der beweisbelasteten Partei konkret genug ist, um eine Stellungnahme des Gegners zu ermöglichen und die Erheblichkeit des Vorbringens zu beurteilen (BGH NJW-RR 1996, 56; OLG Köln NJW-RR 1999, 1155; OLG München MDR 2000, 1097).

Unbeachtlich sind

- ein **pauschaler** Beweisantritt für den gesamten und umfangreichen Tatsachenvortrag (»Dies alles können beweisen...«),
- der Vortrag einer bloßen, der Beweisaufnahme nicht zugänglichen **Rechtsbehauptung**.

Um eine solche handelt es sich, wenn z.B. vorgetragen wird, dass ein Vertrag mit dem Beklagten abgeschlossen oder dass der Gegenstand »gekauft« worden sei.

Es sind diejenigen Tatsachen konkret darzulegen, aus welchen der behauptete rechtliche Schluss gezogen werden kann, insbesondere auf welche Weise eine bestimmte Regelung Vertragsinhalt geworden sein soll. Hierzu muss ersichtlich sein, ob insoweit bereits ein gemeinsamer, übereinstimmender Wille der Vertragsparteien (bei Gesellschaften ihrer vertretungsberechtigten natürlichen Personen) bestand, der jeder weiteren Auslegung vorginge oder ob sich eine derartige Rechtsfolge erst aufgrund einer normativen Auslegung der beiderseitigen Erklärungen ergeben soll (OLG Nürnberg JurBüro 1999, 486).

Rechtsbegriffe selbst sind keinem Beweis zugänglich. Allerdings können einfache, allgemein geläufige Rechtsbegriffe als Tatsachen angesehen werden, wenn sie mit bestimmten tatsächlichen Umständen verbunden sind (z.B. Eigentum, Kauf, Miete, Schenkung, Darlehen) (Thomas/Putzo Vorbem. § 253/36; Vorbem. § 284/13).

Bei Nichtbestreiten kann das Gericht von deren Vorliegen ausgehen (Zöller § 138/11a; OLG Köln, OLG Report Köln 2003, 90). Sonst kann es sich empfehlen, diese sog. juristischen Tatsachen in Einzelvorgänge aufzuspalten. Dies gilt insbesondere, wenn ersichtlich ist, dass die Parteien den Rechtsbegriff inhaltlich verschieden verstehen. Kommt es z.B. auf die Frage des Eigentums an, ist darzulegen, dass und auf welcher Grundlage der Kläger mit dem Besitzerwerb Eigentum erworben hat, sofern nicht die gesetzliche Vermutung des § 1006 BGB eingreift (vgl. BGH NJW 2002, 2102). Ohne konkrete Tatsachenangaben könnte ein Antrag auf Zeugenvernehmung sonst unter Umständen als unzulässiger Ausforschungsbeweis abgewiesen werden.

Wie kompliziert der Beweis einer selbst alltäglichen Rechtstatsache sein kann, zeigt folgendes

▶ **Beispiel:**

Bei Kraftfahrzeugen ist der Kraftfahrzeugbrief kein unmittelbares Beweismittel für das bestrittene Eigentum, sondern kann lediglich die Haltereigenschaft belegen, welche wiederum nur ein Indiz für das Eigentum des Halters darstellt (vgl. auch § 1006 Abs. 1 ZPO). Da der Eigentumserwerb bei beweglichen Sachen im Regelfall nach § 929 BGB erfolgt, müssen die Umstände vorgetragen und bewiesen werden, aus denen sich der objektive Tatbestand dieser Vorschrift ergibt. Dabei kann die Vorlage des Kaufvertrages wegen der Abstraktheit des Übereignungsgeschäfts nur dessen Rechtsgrundlage darstellen. Für die zum Erwerb des Eigentums erforderlichen tatsächlichen Handlungen hingegen kann dies auch wieder nur ein Indiz sein. Diese Indizien können durch andere Indizien entkräftet werden.

- ein **Beweisermittlungsantrag**, der nicht dem Beweis vom Beweisführer vorgetragener Tatsachen dient, sondern lediglich der Ausforschung von Tatsachen oder der Erschließung von Erkenntnisquellen (Ausforschungsbeweis) (Zöller vor § 284/5, Thomas/Putzo §284/3). Dies kann auch dann vorliegen, wenn dem Beweisantrag ein widersprüchlicher Sachvortrag zugrunde liegt (vgl. LG Köln NJW-RR 2000, 132).

Eine Zurückweisung kann in vielen Fällen durch bloße Änderung der Formulierung des Beweisantrages vermieden werden, z.B. »dass« etwas vorliegt, und nicht »ob«. Beweisthemen sind somit als Behauptungen zu formulieren und nicht als Fragen.

Zulässig ist es, eine tatsächliche Aufklärung auch hinsichtlich solcher Punkte zu verlangen, über welche die Partei kein zuverlässiges Wissen besitzt und auch nicht erlangen kann.

Es ist deshalb – ohne Verletzung der Wahrheitspflicht – zulässig, auch eine nur **vermutete Tatsache,** welche man für wahrscheinlich hält, zu behaupten und unter Beweis zu stellen (BGH NJW-RR 1988, 1529; NJW-RR 1999, 361; einschränkend Zöller Vor § 284/5), insbesondere wenn die Kenntnis von Einzeltatsachen nur bei einem Sachkundigen vorhanden ist (BGH NJW 2000, 2814, 2003, 1400 – vor allem bei medizinischen Fragen).

Davon zu unterscheiden sind unter Beweis gestellte Tatsachen, die zwar in das Gewand einer bestimmt aufgestellten Behauptung gekleidet sind, jedoch »aufs Geratewohl« gemacht, gleichsam »**ins Blaue hinein**« aufgestellt bzw. erkennbar »aus der Luft gegriffen« sind (z.B. Ungereimtheiten und Auffälligkeiten des gegnerischen Vortrags) (Thomas/Putzo § 284/3, BGH NJW-RR 1996, 1212; 2000, 208; 2002, 1433; OLG Köln NJW-RR 1999, 1154: unbeachtlich bei rein spekulativen Vorbringen bzw. Phantasien der Parteien). Dies gilt ebenso, wenn die Erheblichkeit der behaupteten Tatsache mangels näherer Bezeichnung nicht beurteilt werden kann (BGH NJW 1991, 2707).

Bei der Annahme von (offensichtlicher) Willkür oder Rechtsmissbrauch in diesem Sinne ist jedoch Zurückhaltung geboten; in der Regel wird nur das Fehlen jeglicher tatsächlicher Anhaltspunkte für das Vorliegen des behaupteten Sachverhalts diese rechtfertigen können (BGH NJW-RR 1999, 361; OLG München MDR 2000, 1096). Nur in Zweifelsfällen hat die Partei die Anhaltspunkte oder ihre Erkenntnisquelle darzulegen (BGH NJW-RR 2002, 1433, 1435).

Nicht erforderlich ist, dass die Partei das **Beweisergebnis** im Sinne einer vorweggenommenen Beweiswürdigung wahrscheinlich macht (Zöller vor § 284/5b/10a, Thomas/Putzo § 284/7).

Grundsätzlich muss der Beweisführer auch nicht darlegen, aufgrund welcher Umstände der Zeuge Kenntnis von der behaupteten Tatsache haben soll bzw. welche Anhaltspunkte er für die Richtigkeit der in das Wissen eines Zeugen gestellten Behauptung hat. Dies ist nur für in der Person eines Dritten bestehende innere Tatsachen erforderlich (Zöller Vor § 284/5a; BGH NJW- RR 1987, 590, NJW 1992, 2489: weil eigentlich Indizienbeweis – Anwesenheit des Zeugen bei Vertragsabschluss) (BGH NJW-RR 2002, 1433; Zöller Vor § 284/10a: Beweismittel grundsätzlich geeignet).

Dem entsprechend darf das Gericht einen Beweisantrag nicht wegen voraussichtlicher bzw. wahrscheinlicher Erfolglosigkeit ablehnen (Thomas/Putzo § 284/7).

Ein Verfahrensfehler ist es auch, wenn das Gericht von einer (weiteren) Beweiserhebung absieht, weil es bereits vom Gegenteil der Behauptung überzeugt sei (Thomas/Putzo § 284/6; BGH NJW-RR 2002, 1073).

Diese unzulässigen **Beweisantizipationen** kommen in der Praxis häufig vor, insbesondere verdeckt unter dem Mantel (angeblicher) mangelnder Substantiierung. Daher kann es sich empfehlen, deutlich zu machen, warum der Zeuge den Sachvortrag bestätigen kann (z.B. selbst gesehen) und welche Schlüsse (insbes. bei Indizbeweisen) daraus in Bezug auf die streitige Tatsache gezogen werden können.

2) Tauglichkeit von Zeugen

Jede Person ist grundsätzlich als Zeuge tauglich, ebenso Kinder ab etwa vier bis fünf Jahren (Thomas/Putzo § 284/7; Zöller § 373/3; vor § 284/10a; BGH NJW 2000, 3720).

Ein Zeuge ist lediglich in Ausnahmefällen ein ungeeignetes Beweismittel, z.B. ein Kleinstkind, ein Blinder hinsichtlich optischer Wahrnehmungen oder auch ein

Zeuge, der sich auf sein Zeugnisverweigerungsrecht berufen hat (vgl. § 386 Abs. 3 ZPO).

Im Übrigen kommt im Zivilprozess jemand als Zeuge nur in Betracht, wenn er nicht als Partei zu vernehmen ist (vgl. oben 1. Teil I 5). Die Frage der Neutralität oder einer besonderen Nähe zu einer Partei ist hierbei völlig unerheblich, und kann nur bei der Beweiswürdigung berücksichtigt werden.

Auch der prozessbevollmächtigte Anwalt kann Zeuge sein (vgl. Zöller § 373/3/5). Während seiner Vernehmung ist die Partei nicht säumig, da die Verhandlung erst nach Erledigung der Beweisaufnahme beginnt (vgl. §§ 367, 370 ZPO).

Nicht ausreichend für eine **Zurückweisung** ist auf jeden Fall die Eigenschaft als Ehepartner, Verwandtschaft, Freundschaft, Beteiligung, Regresspflicht, Interesse des Zeugen am Ausgang des Rechtsstreits

(Thomas/Putzo § 284/7) (vgl. BGH NJW 1984, 2039: jedoch Indiz, dem nicht in jedem Fall von vornherein jede Bedeutung für die Beweiswürdigung abgesprochen werden kann; NJW 1988, 566 – Aufgabe der sog. Beifahrerrechtsprechung; ebenso bereits BGH MDR 1975, 39 – bzgl. Aussagen von Besatzungsmitgliedern unfallbeteiligter Schiffe ; Thomas/Putzo § 286/2; Zöller § 286/13; ebenso OLG Köln VersR 1972, 1176 (LS) bzgl. Verwandten als Zeugen ; BVerfG NJW-RR 1995, 441 hins. eines am Ausgang des Rechtsstreits interessierten Zeugen).

Da landläufig Ehefrauen nicht als gerichtstaugliche Zeugen angesehen werden, ist es geschickter, den Mandanten nicht nach etwaigen Zeugen zu fragen, sondern danach, wer alles beim relevanten Geschehen anwesend war.

Hierzu schreibt der Bundesgerichtshof:

»Es gibt keinen Erfahrungssatz des Inhalts, dass die Aussagen der Insassen unfallbeteiligter Kraftfahrzeuge stets von einem ›Solidarisierungseffekt‹ beeinflusst und deshalb grundsätzlich unbrauchbar sind. Ebenso wenig können Aussagen von Unfallzeugen, die mit einem Unfallbeteiligten verwandt oder verschwägert sind, als von vornherein parteiisch und unzuverlässig gelten. Zwar sind bei der Würdigung der Zeugenaussagen die verwandtschaftliche oder freundschaftliche Verbundenheit mit einem Beteiligten jeweils gebührend zu berücksichtigen. Es geht (...) nicht an, einer Zeugenaussage aus solchen Gründen ohne weitere Würdigung von vornherein jeglichen Beweiswert abzusprechen, wenn ihre Richtigkeit nicht durch sonstige Umstände bestätigt wird« (BGH NJW 1988, 566).

»Es verstößt gegen den Grundsatz der freien Beweiswürdigung, wenn der Tatrichter die Glaubwürdigkeit eines Zeugen allein deshalb verneint, weil der Zeuge einer der Prozessparteien nahe steht oder am Abschluss des dem Prozess zugrunde liegenden Vertrages beteiligt war und bei seiner Vernehmung keine Umstände zutage getreten sind, die die von vornherein angenommenen Bedenken gegen die Glaubwürdigkeit des Zeugen zerstreut hätten (LS). Es gibt keinen Erfahrungssatz des Inhalts, dass Zeugen, die einer Prozesspartei nahe stehen und/oder am Abschluss des dem Prozess zugrunde liegenden Vertrages beteiligt waren, von vornherein als parteiisch und unzuverlässig zu gelten haben und ihr Aussagen unbrauchbar sind« (BGH NJW 1995, 955).

Trotz alledem dürfte vermutlich mancher Richter bei den Instanzgerichten noch genau so denken, wie es einmal das AG München (NJW 1987, 1425) in einem Urteil pointiert formuliert hat:

»Das Gericht war in seiner bisherigen Praxis schon mit ca. 2000 Straßenverkehrsunfällen beschäftigt und hat es noch niemals erlebt, dass jemals einer der beteiligten Fahrer schuld gewesen wäre. Es war vielmehr immer so, dass jeweils natürlich der andere schuld gewesen ist. Das Gericht hat es auch noch nie erlebt, dass jemals ein Fahrer, der als Zeuge oder Partei vernommen wurde, eigenes Fehlverhalten eingeräumt oder zugestanden hätte. Wenn dies einmal tatsächlich passieren sollte, dann müsste man schlicht und einfach von einem Wunder sprechen (…). Aus dem vorstehend Gesagten vermag nun der unbefangene Leser des Urteils schon unschwer zu erkennen, was die Zeugenaussage eines Fahrers eines unfallbeteiligten Fahrzeuges vor Gericht wert ist: nämlich gar nichts.«

Selbst wenn ein Zeuge nur **mittelbare Tatsachen** (Hilfstatsachen) bekunden kann, muss ihn der Richter trotzdem vernehmen. Ablehnen kann er die Beweiserhebung nur dann, wenn die behaupteten Indizien – ihre Richtigkeit unterstellt – ihn von der Wahrheit der Haupttatsache nicht überzeugen würden (Thomas/Putzo Vorbem. § 284/11).

Denn mittelbare Tatsachen können geeignet sein, logische Rückschlüsse auf den unmittelbaren Beweisgegenstand zu rechtfertigen. Dabei ist das Absehen von der Beweiserhebung keine verbotene vorweggenommene Beweiswürdigung. Überzeugungskräftig ist dies, wenn andere Schlüsse aus den Indiztatsachen ernstlich nicht in Betracht kommen (BGHZ 53, 245, 260).

Solche **Indizien** (Anzeichen) bekundet auch der sog. **Zeuge vom Hörensagen**, nämlich (nur) Äußerungen Dritter über die entscheidungserheblichen Tatsachen (vgl. BGH NJW 1984, 2039; NJW-RR 1990, 1276: fremdes Gespräch mit angehört).

Entgegen manchen anwaltlichen Vorstellungen in der Praxis ist ein solcher Beweisantrag deshalb grundsätzlich zulässig (BGH NJW-RR 2002, 1433; Zöller Vor § 284/10a: auch bezüglich innerer Tatsachen einer bestimmten Person). Dabei ist der Beweisführer nicht gehalten, in erster Linie etwaige unmittelbare Zeugen zu benennen.

Die Frage des (regelmäßig geringeren) Beweiswertes der Aussage eines mittelbaren Zeugen ist allein bei der Beweiswürdigung zu berücksichtigen. Bei einem solchen Zeugen besteht ganz allgemein eine erhöhte Gefahr der Entstellung oder Unvollständigkeit in der Wiedergabe der ihm von Dritten übermittelten Tatsachen. Dabei ist der Beweiswert umso geringer, je größer die Zahl der Zwischenglieder ist (BGH NJW 2000, 3505: »Schon dieser Gesichtspunkt mahnt zur Vorsicht«).

Da der in Betracht kommende Indizschluss oft nicht ohne weiteres ersichtlich ist, sollte dieser beim Beweisantrag erläutert werden (vgl. auch Zöller § 286/9a: der Zusammenhang muss beim Beweisantritt schlüssig dargelegt werden).

Besondere Vorsicht ist angebracht, wenn der Zeuge nur ihm gegenüber bekundete **Äußerungen der Partei** wiedergibt, obgleich diese nicht völlig ohne Beweiswert sind (§ 286 ZPO!) (z.B. Schilderung des Vorfalls gegenüber dem behandelnden Arzt unmittelbar nach einer Körperverletzung).

> Sie können glaubwürdig sein, wenn sie vorprozessual zu einem Zeitpunkt und in einer Situation erfolgt sind, bei welcher für die Partei (noch) keinerlei Veranlassung zu unrichtigen Angaben bestand. Gegebenenfalls kann dadurch auch die für eine Parteivernehmung von Amts wegen erforderliche »Anfangswahrscheinlichkeit« begründet werden (vgl. unten III 4 b).

3) Taktische Hinweise

Der **Beweisantrag** sollte gleich mit der Tatsachen-Behauptung verbunden und im Schriftsatz hervorgehoben werden.

> Hierfür kann man eigentlich erst abwarten, ob bzw. was der Gegner bestreitet. Dieser wiederum kann bestreiten, ohne Gegenbeweis anzutreten, solange der Kläger nicht Beweis für seine Behauptungen angeboten hat (vgl. Baumbach/Lauterbach § 282/7; kein Verstoß gegen §§ 282, 296 Abs. 2 ZPO).
>
> Es besteht aber die Gefahr, dass man notwendige Beweisanträge (zunächst) vergisst und der verspätete Beweisantritt präkludiert ist. Zumindest sollten solche Tatsachen, deren Bestreiten zu erwarten ist, sicherheitshalber gleich unter Beweis gestellt werden. Dies ist häufig aus der Vorkorrespondenz ersichtlich. Regelmäßig bestritten wird z.B. die Schadenshöhe oder die Ortsüblichkeit des Werklohns. Keinesfalls darf man jetzt einzelne Beweismittel für das Berufungsverfahren aufsparen (vgl. Stackmann 2002, 781: gelegentlich zu beobachtende Prozesstaktik) (vgl. § 531 Abs. 2 **ZPO n.F.**).
>
> Für jedes Beweisthema sollte zweckmäßigerweise ein gesonderter Absatz verwendet werden.
>
> Bei einer übertriebenen Verwendung von Absätzen besteht die Gefahr, dass das Gericht den Beweisantrag als nur auf den letzten Absatz bezogen ansieht. Hierbei ist es sicherer, den Beweisantrag mehrmals zu wiederholen. Zur Vermeidung von Unklarheiten sollte das Beweisangebot immer unterhalb der streitigen Behauptung bzw. des jeweiligen Absatzes stehen.

Des Weiteren empfiehlt es sich, das Gericht auf **unerledigte**, aber relevante Beweisanträge hinzuweisen. Dabei brauchen (schriftsätzliche) Beweisanträge in der mündlichen Verhandlung nicht ausdrücklich wiederholt zu werden (OLG Hamm NJW-RR 1997, 764).

> Sofern das Gericht einen relevanten Beweisantrag nicht beachtet, kann der Zeuge noch im Termin mitgebracht werden. Dies bietet die Chance, dass er dann doch noch vernommen wird (vgl. hierzu oben 2. Teil IV 1b (5)).

Vorsorglich sollten für entscheidungserhebliche (bestrittene) Punkte, bei welchen die Beweislast unklar ist, Beweise angeboten werden (vgl. BGH NJW 1995, 521, 522: Rechtsanwalt muss im Zweifel die Beweislast seines eigenen Mandanten in Rechnung stellen), nicht zuletzt wegen der jetzt noch stärker eingeschränkten Möglichkeit, diese noch in der Berufungsinstanz nachzureichen. Abgesehen davon können die Beweise erforderlichenfalls auch für den Gegenbeweis herangezogen werden.

Vor allem wenn der ausnahmsweise nicht beweisbelastete Kläger Beweismittel anbietet, sollte z.B. mit dem üblichen Zusatz »unter Verwahrung gegen die Beweislast« deutlich gemacht werden, dass die Beweislast beim Gegner liegt. Vor allem wenn der Beklagte überhaupt keine Beweismittel angegeben hat, kann es passieren, dass das Gericht fälschlicherweise den Kläger für beweisbelastet hält und hierauf sein Urteil stützt. Wenn indes der Gegner zahlreiche Beweise angeboten hat, darf der Anwalt sich nicht dazu verleiten lassen, ohne weiteres von dessen Beweislast auszugehen und eigene Beweisanträge unterlassen.

Wie das Gericht die Beweislastverteilung und Beweisbedürftigkeit beurteilt, ist normalerweise aus dem Beweisbeschluss zu erkennen. Dies bietet die Chance, bislang unterlassene Beweisanträge (insbes. zum Gegenbeweis) nachzutragen und den Richter auf eine etwaige unrichtige Beweislastverteilung hinzuweisen. In der Praxis wird der Beweisbeschluss von den Anwälten erfahrungsgemäß relativ selten überprüft. Wird dann erst in oder nach der Verhandlung reagiert, ist es in der Regel für weitere Beweisanträge zu spät (vgl. §§ 296, 296a ZPO).

Es empfiehlt sich aber, bei neuen Zeugen deren Ladung zum bereits anberaumten Beweistermin ausdrücklich zu beantragen bzw. den Zeugen zum Termin mitzubringen. Sonst besteht die Gefahr, dass der Zeuge dann überhaupt nicht mehr vernommen wird.

Allerdings **sollte man vermeiden**, mehr oder weniger für alles, auch für absolut unstreitiges oder unerhebliches Vorbringen, Beweisanträge zu stellen.

Denn dies kann dazu führen, dass die Beweisanträge vom Gericht insgesamt mit weniger Sorgfalt gelesen und relevante Beweisanträge übersehen werden.

Bei der Angabe sehr vieler Zeugen kann das Gericht geneigt sein, zu versuchen – z.B. mittels erhöhter Anforderungen an den Substantiierungsgrad des unter Beweis gestellten Tatsachenvertrags –, den Rechtsstreit möglichst ohne deren Vernehmung beenden zu können. Denn sonst müsste es u.U. sämtliche angebotenen Zeugen vernehmen (Grundsatz der Erschöpfung der Beweismittel!) (vgl. oben vor I).

III. Beweismittel

1) Zeugen

Zeugen sind in der Gerichtspraxis die wichtigsten bzw. häufigsten, aber zugleich auch die problematischsten Beweismittel. Kein anderes Beweismittel ist so anfällig gegen Verfälschung wie der Zeugenbeweis (Zöller § 373/10), die Fehlerquellen hierbei sind zahlreich (vgl. z.B. Baumbach/Lauterbach Übers § 373/5/6). Man ist aber vielfach auf die Zeugenaussage angewiesen, besonders im Verkehrsunfallprozess.

Für den Anwalt bieten sich bei geschicktem Vorgehen, vor allem bei der Vernehmung der Zeugen durchaus gewisse Einflussmöglichkeiten zu Gunsten der von ihm vertretenen Partei.

a) Die Benennung der Zeugen

Im Allgemeinen empfiehlt es sich, die Zeugen bereits in der Klageschrift anzugeben.

> Dies kann verhindern, dass ein Zeuge vergessen oder präkludiert wird. In manchen Fällen kann dies dazu führen, dass der Beklagten diese Punkte gar nicht (mehr) bestreitet.

> Sofern man zu viele Zeugen angibt, besteht die Gefahr von Widersprüchen in deren Aussagen und der Erzeugung eines gewissen Unmuts beim Richter, insbesondere wenn einige der Zeugen zum Beweisthema überhaupt nichts aussagen können. Es kann daher sinnvoll sein, nur die »sichersten« Zeugen zu benennen. Nicht ohne Risiko ist es, Zeugen zu nennen, die im »Lager« der Gegenpartei stehen.

Die Zeugen sind im Beweisantrag ausreichend konkretisiert mit **Namen** und ladungsfähiger **Anschrift** anzugeben (§ 373 ZPO) (BVerwG NJW 1999, 2608: nicht Postfach). Überwiegend akzeptieren die Gerichte hierbei wohl die gebräuchliche Formulierung »zu laden über den Kläger/Beklagten« (**a.A.** LG Hagen MDR 1984, 1034; Baumbach/Lauterbach § 373/4).

- Das regelmäßig anzutreffende Beweisangebot »**Zeugnis N.N.**« ist unbeachtlich und kann bei der Terminsladung übergangen werden (Zöller § 356/4: richterlicher Hinweis nicht erforderlich; str.) (Lat.: »nomen nominandum«, »nihil nomen«; »nomen nescio«, »nullum nomen«) (»prozessuales Nichts« - E. Schneider MDR 1987, 725).

  > Dies entspricht – entgegen manchen anders lautenden Bekundungen in der Literatur – auch der Rechtsprechung des BGH. Danach ist eine Fristsetzung zur Beibringung des Namens nur dann erforderlich, wenn der mit »N.N.« bezeichnete

Zeuge hinreichend individualisierbar ist (vgl. BGH NJW 1998, 2368: der mit N.N. bezeichnete Mitarbeiter der Klägerin des zuständigen Referats »IV a 4«, der die betreffenden Zahlen ermittelt hat). Sonst genügt dies für einen Beweisantritt grundsätzlich nicht (so ausdrücklich BGH NJW 1983, 1905, 1908; 1987, 3077: kein Hinweis bei anwaltlich vertretener Partei erforderlich; NJW-RR 1989, 1323) (offen gelassen in NJW 1989, 227, 1998, 981: fraglich, ob überhaupt beachtlich oder von vorneherein unbeachtlich) (zum Ganzen vgl. Reinecke MDR 1990, 767).

Die Nachreichung der erforderlichen Angaben in der Berufungsinstanz ist ein neuer Beweisantrag (Zöller § 527/11) und daher nur noch eingeschränkt möglich (vgl. §§ 527, 528 ZPO – §§ 530, 531 Abs. 2 **ZPO n.F.**).

- Sind noch Chancen vorhanden, den Namen ausfindig zu machen, sollte der Zeuge anderweitig so weit als möglich **individualisiert** werden.

    Man kann z.B. angeben »Der Sachbearbeiter der Versicherung X, der für den Buchstaben Y zuständig ist« oder »Zeuge Hans Müller, ladungsfähige Anschrift wird nachgereicht« oder »der sachkundige Bankangestellte N.N.« (insbes. zum Beweis des Zinsschadens) (vgl. Zöller § 356/4), derjenige Mitarbeiter des zuständigen Referats der Partei, der die betreffenden Zahlen ermittelt hat (BGH MDR 1998, 855).

    Denn dann darf das Gericht nicht von dessen Vernehmung absehen, ohne dem Beweisführer zuvor eine **Frist zur Beibringung** der fehlenden Daten gem. § 356 ZPO gesetzt zu haben (BGH NJW 1998, 2368; Thomas/Putzo § 356/3) (Ausschlussfrist!, Verlängerung gem. § 224 Abs. 2 ZPO möglich; wirksam nur bei förmlicher Zustellung – vgl. § 329 Abs. 2 S. 2 ZPO, BGH NJW 1989, 227) (§ 296 ZPO nicht anwendbar – Thomas/Putzo § 296/26; BGH NJW 1993, 1926).

    Es soll vorkommen, dass zunächst ein Zeuge mit erfundener Anschrift und/oder Namen bzw. ungeeignete Zeugen angegeben werden. Damit gewinnt man Zeit, den richtigen Zeugen namentlich ausfindig zu machen (vgl. § 360 ZPO). Die richtigen Zeugen werden erst dann in Auswechselung der bisherigen vor dem Beweistermin benannt.

- Wenn anzunehmen ist, dass der **Gegner** die Personalien des **Zeugen kennt** (z.B. dessen Arbeitnehmer oder Familienangehöriger), sollte er zugleich aufgefordert werden, diese zu nennen.

    Falls die nicht beweisbelastete Partei einen nur ihr bekannten Zeugen grundlos nicht nennt, kann dies als Beweisvereitelung angesehen und bei der Beweiswürdigung zu ihren Lasten berücksichtigt und der verhinderte Beweis als geführt angesehen werden (BGH NJW 1960, 821, vgl. oben I 1c).

Bei **Verzicht** auf einen benannten Zeugen (§ 399 ZPO) ist Vorsicht geboten. Es ist umstritten, ob ein Verzicht nur für die jeweilige Instanz wirkt (so Zöller § 399/3; **a.A.** Thomas/Putzo § 399/1: grundsätzlich auch für den 2. Rechtszug). Anders könnte es zwar sein, wenn ausdrücklich nur für die jeweilige Instanz verzichtet wird, dennoch besteht das **Risiko** mit dem Zeugen für den gesamten Rechtszug ausgeschlossen zu sein (vgl. BGH MDR 2002, 1267: Berufungsgericht muss nachfragen).

b) **Schriftliche Aussagen**
Die Verwertung einer, von einer Partei eingeholten **schriftlichen Aussage** des Zeugen als Urkundenbeweis ohne vorherige gerichtliche Anordnung ist nur möglich, wenn beide Parteien einverstanden sind (§ 295 ZPO, Zöller §§ 363/5a; 377/11). Eine Vernehmung kann nicht durch die Beibringung eidesstattlicher Versicherungen der Zeugen ersetzt werden (nur Mittel zur Glaubhaftmachung gem. § 294 ZPO; u.U. aber dadurch Anfangswahrscheinlichkeit für § 448 ZPO!).

> Davon zu unterscheiden sind Aussagen von Zeugen, die z.B. im Ermittlungs- oder Strafverfahren protokolliert wurden (vgl. unten III 3a (3)).

Eine **schriftliche Befragung** ohne Zustimmung der Parteien ist durch das Gericht gem. § 377 Abs. 3 ZPO möglich (Thomas/Putzo 377/3).

> Dabei ist der Zeuge nicht verpflichtet, eine schriftliche Auskunft zu geben (Zöller § 378/10).

> Nicht zulässig ist es, eine ohne gerichtliche Anordnung eingereichte schriftliche Erklärung des Zeugen nachträglich zu einer Aussage i.S. dieser Vorschrift zu machen (Zöller § 378/11).

Es sollte auf jeden Fall vor der Durchführung der schriftlichen Vernehmung auf eine klare und vollständige Formulierung der Beweisfrage geachtet und eine entsprechende Ergänzung beantragt werden (vgl. § 360 ZPO).

Da eine solche trotzdem oft mangelhaft ist (z.B. die Beweisfragen werden nur mit »ja« oder »nein« beantwortet), stellt sich die Frage, ob der Kläger eine **mündliche Vernehmung** erzwingen kann.

> So ordnet nach § 377 Abs. 3 ZPO das Gericht die Ladung des Zeugen (von Amts wegen oder auf Antrag) nach seinem Ermessen an, wenn es dies zur weiteren Klärung der Beweisfrage für notwendig erachtet. Das Gericht muss jedoch den Zeugen laden, wenn eine Partei dies beantragt, um ihm Fragen zu stellen. Dabei müssen weder die Fragen vorher mitgeteilt werden noch ist darzulegen, warum eine mündliche Befragung für notwendig erachtet wird (vgl. § 397 ZPO ; Zöller § 377/10a ; 397/2; 398/2; LG Berlin NJW-RR 1997, 1289; **a.A.** Baumbach/Lauterbach § 397/5; BVerfG NZV 1993, 185: Art. 103 Abs. 1 GG umfasst nicht die Garantie, dass eine Zeugenvernehmung unmittelbar in der mündlichen Verhandlung erfolgt).

> Abgesehen davon, kann bereits bei bekannt werden der beabsichtigten schriftlichen Vernehmung auf eine mündliche Vernehmung, notfalls im Wege der Rechtshilfe (§ 375 ZPO) hingewirkt werden.

Ein **Antrag** auf Ladung und persönliche Vernehmung des Zeugen ist grundsätzlich zu empfehlen.

> Hierzu hat E. Schneider (MDR 1998, 1133) treffend festgestellt: »Was ein Zeuge weiß, was er sagen will und gerne verschweigen möchte, das lässt sich nur Auge in Auge, durch Frage, Antwort und Beobachtung herausfinden – wenn überhaupt. Ein schriftlicher Bericht ist dazu jedenfalls untauglich.«
>
> Dies dürfte besonders bei Zeugen gelten, die in näherer Verbindung zu einer Partei stehen (z.B. Angehörige, Freunde, Mitarbeiter) (vgl. Zöller § 378/8: schriftliche Befragung wird idR. ausscheiden).

Die **Ladung** des Zeugen wird in der Regel von der Zahlung eines Auslagenvorschusses abhängig gemacht (§ 379 ZPO).

> Davon nicht gedeckt ist die Anordnung einer Frist, innerhalb derer die Einzahlung dem Gericht gegenüber nachzuweisen ist (Bräuer, AnwBl. 1999, 552). Da es oft relativ lange dauert, bis das Gericht Nachricht von der Einzahlung erhält, empfiehlt es sich, diese sogleich (u.U. unter Vorlage des Einzahlungsbeleges/Kontoauszugs) mitzuteilen bzw. dass sich der Anwalt im Übrigen für die Kostenhaftung verbürgt (vgl. Zöller § 379/2; § 54 Nr. 2 GKG).

c) Die Zeugenvernehmung

Jeder Zeuge ist einzeln und in Abwesenheit der später anzuhörenden Zeugen zu vernehmen (§ 394 Abs. 1 ZPO). Die Öffentlichkeit der Verhandlung erlaubt es Zeugen jedoch, vor dem Beginn der Vernehmung des ersten von ihnen im Sitzungssaal zu verbleiben. Personen, die als Zeugen in Betracht kommen könnten (»mitgebrachte Zeugen«), dürfen ebenso während der Zeugenvernehmung anwesend sein, wie bereits entlassene Zeugen (vgl. Baumbach/Lauterbach § 394/4; Zöller GVG § 169/13) (§ 169 GVG).

> Das Gericht kann daher diesen Personen die Anwesenheit im Sitzungssaal nicht verbieten, sondern diese allenfalls darum bitten, während der Zeugenvernehmung einstweilen vor dem Saal (freiwillig) zu warten (BGH MDR 1988, 791). Der Anwalt des Beweisführers sollte hierauf bedacht sein, um etwaige Angriffspunkte gegen deren Glaubwürdigkeit auszuschließen. Dabei kann eine sog. informatorische Anhörung eine Entscheidungshilfe dafür bieten, ob diese auch tatsächlich als Zeugen benötigt werden; deren förmliche Vernehmung indes kann dadurch nicht ersetzt werden (BGH NJW-RR 1998, 1601).
>
> Ebenso ist es in machen Fällen sinnvoll, der Entlassung eines bereits vernommenen Zeugen zu widersprechen. Dadurch erhält man sich die Möglichkeit, diesem Zeugen etwaige Vorhalte aus der widersprechenden Aussage anschließend vernommener Zeugen zu machen (vgl. §§ 394 Abs. 2, 398 ZPO).

(1) Video-Vernehmung

Die Zeugenvernehmung findet grundsätzlich an der Gerichtsstelle (Gerichtsgebäude) statt (vgl. § 219 ZPO). Ist ein Zeuge am Erscheinen verhindert oder befindet sich der Wohnsitz weit entfernt, erfolgt die Vernehmung in der Regel durch den ersuchten Richter (§ 375 ZPO) oder im Wege der schriftlichen Beantwortung der Beweisfrage (§ 377 Abs. 3 ZPO).

Nach § 128a Abs. 2 **ZPO n.F.** können Zeugen, Sachverständige und Parteien im Einverständnis mit den Parteien nunmehr auch im Wege der Bild- und Tonübertragung an einem anderen Ort vernommen (sowie belehrt und vereidigt) werden (vgl. auch §§ 375, 479 **ZPO n.F.**) (**Videovernehmung**).

> Nach bestrittener Ansicht ist weitere Voraussetzung der Antrag einer Partei und das Einverständnis des Zeugen selbst (Baumbach/Lauterbach § 128a/3/4: arg. Art. 1, 2 GG; **a.A.** Schultzky NJW 2003, 316).

Die Verhandlung wird zeitgleich in Bild und Ton an den Ort, an dem sich die Parteien, Bevollmächtigten und Beistände aufhalten und in das Sitzungszimmer übertragen. Eine Aufzeichnung der Übertragung lässt das Gesetz jedoch nicht zu (Abs. 3 S. 1).

Ein Anspruch auf Vernehmung in dieser Weise besteht nicht. Auch kann aus der Regelung kein Anspruch abgeleitet werden, dass das Gericht mit entsprechenden technischen Möglichkeiten (als notwendige Voraussetzung hierfür) ausgestattet wird (BT-Dr. 14/6036 S. 120). Des Weiteren ist eine isolierte Anfechtung der Anordnung oder Versagung der Teilnahme an der Verhandlung bzw. Vernehmung im Wege der Videokonferenz nicht möglich (Abs. 3 S. 2).

> Abgesehen davon ist es aufgrund der damit verbundenen Kosten völlig ungewiss, ob und wann die technischen Möglichkeiten hierfür bei den Gerichten geschaffen werden. Außerdem bleibt abzuwarten, ob sich die Videokonferenz in Zukunft im Zivilprozess durchsetzen wird (so die Prognose von Schultzky NJW 2003, 318).

> Womöglich möchten dann entsprechend ausgerüstete (auswärtige) Starkanzleien nur noch vom eigenen »Videoroom« aus verhandeln (Hartmann, NJW 2001, 2583). Während im Strafverfahren diese dort bereits sei einigen Jahren mögliche Vernehmungsart kaum genutzt wird (vgl. NJW Heft 48/2001 S. LII), sind die ersten Erfahrungen des Finanzgerichts Köln mit der neuen Technik ausgesprochen positiv (Schaumburg ZRP 2002, 313; Videokonferenzen sind nach der Finanzgerichtsordnung seit 1.1.2001 möglich).

> Bei einer solchen Vernehmung verblasst der persönliche Eindruck, der für die Beurteilung der Glaubwürdigkeit eine Rolle spielen kann. Außerdem dürfte es aus psychologischen Gründen für den Zeugen ohne direkten Blickkontakt mit den Beteiligten leichter sein, eine unwahre oder unvollständige Aussage zu machen und aufrechtzuerhalten.

Außerdem: »Kann die Kamera erkennen, ob der auswärtig vor ihr aussagende Zeuge mit der linken Hand nach hinten »abschwört«? Oder er von einem »Teleprompter« abliest, sonstige stumme Zeichen aus dem dortigen »Off« erhält? usw.« (Hartmann NJW 2001, 2583).

Der Vorteil gegenüber einer lediglich schriftlichen Aussage besteht vor allem in der Möglichkeit unmittelbar nachzufragen. Im Übrigen würde diese Möglichkeit gerade in Fällen mit Auslandsberührung zweifellos zu erheblicher Zeit- und Kostenersparnis führen, vorausgesetzt natürlich, dass bei den ausländischen Stellen (Gerichte, Anwaltskanzleien) die nötige Technik vorhanden ist und entsprechende Rechtshilfeabkommen bestehen. Dann aber kann zur Ausschöpfung aller Beweismittel u.U. eine Videovernehmung geboten sein, wenn andernfalls der Zeuge unerreichbar bleiben würde (vgl. Zöller 23. Aufl. § 128a/7) (vgl. auch § 375 Abs. 1 Nr. 2, 3 **ZPO n.F.**).

Wenn die Übertragung jedoch auch nur für »entscheidende Sekunden« gestört ist, kann sich die Frage der Verwertbarkeit bzw. Wiederholung der gesamten Beweisaufnahme stellen (vgl. Baumbach/Lauterbach § 128a/7), da dies für die zuzuschaltende Partei eine Versagung des rechtlichen Gehörs bedeutet.

(2) **Ausübung des Fragerechts**

Die Zeugen werden grundsätzlich vom Gericht vernommen.

Hierbei ist zunächst ein vorhergehender **zusammenhängender Bericht** des Zeugen nicht nur gesetzlich vorgeschrieben (§ 396 ZPO) sondern auch »vernehmungspsychologisch sinnvoll«, weil dieser mehr oder weniger spontan ist und nicht durch Fragen bzw. bestimmten Erwartungshaltungen beeinflusst und verfälscht wird (Rüßmann, DRiZ 1985, 45).

Ein Verstoß hiergegen ist ein **Verfahrensfehler** und macht die Aussage unverwertbar, sofern dieser von den Parteien gerügt wurde (vgl. § 295 ZPO; Zöller § 396/1).

In der Praxis dürfte es viele ungeduldige Richter geben, die bei einer kurzen Sprechpause des Zeugen oder bei Äußerungen, die nicht (sofort) den Kern des Beweisthemas treffen, sogleich mit konkreten Einzelfragen die Vernehmung weiterführen. Dies hat zur Folge, dass der Zeuge nur noch auf Fragen wartet und antwortet, so dass z.B. wichtige Randbeobachtungen untergehen und spontane Erinnerungen ausbleiben.

Nach § 397 Abs. 2 ZPO hat der Vorsitzende den Rechtsanwälten zu gestatten, an den Zeugen unmittelbar Fragen zu richten.

Dieses **Fragerecht** sollte unbedingt ausgeübt werden. Denn manchmal geben sich die Gerichte bereits mit einer kurzen Beantwortung des Beweisthemas zufrieden (entgegen § 396 Abs. 2 ZPO) und übernehmen die Aussage unkritisch, insbesondere wenn der Zeuge die Behauptungen des Beweisführers bestätigt.

Dies gilt vor allem bei der Vernehmung durch einen ersuchten Richter (§ 375 ZPO). Wenn in dem Vernehmungstermin – wie so oft – nur eine Partei anwaltlich vertreten ist, kann die Gegenpartei durch die Einseitigkeit der Fragen benachteiligt werden. Bei beabsichtigter Teilnahme kann es ratsam sein, sich sicherheitshalber selbst nach dem Termin zu erkundigen, da eine Zustellung der Terminsbestimmung des anderen Gerichts an die Parteien nicht erforderlich ist und bestimmte Postlaufzeiten fingiert werden (§ 357 Abs. 2 ZPO). Der Hauptbevollmächtigte muss einen etwaigen unterbevollmächtigten Anwalt selbst informieren, da die Terminsnachricht nur an ihn geht (vgl. Baumbach/Lauterbach § 357/6; Zöller §§ 217/1; 375/6: Ladungsfrist gem. § 217 ZPO gilt entsprechend).

Dabei werden ohne – vor oder während der Vernehmung gefertigte – Notizen wichtige Fragen im Termin allzu leicht vergessen. Hilfreich ist es sicher, die Akte und etwaige andere Vernehmungsprotokolle vorher gründlich studiert zu haben.

Dass dem Tatrichter zur Beurteilung der Richtigkeit einer Zeugenaussage die umfangreichen Erkenntnisse der Vernehmungspsychologie zur Verfügung stehen (so Zöller § 373/10; Einmahl NJW 2001, 469) mag theoretisch richtig sein, ist jedoch völlig praxisfern (vgl. E. Schneider MDR 1984, 1055: »Es fehlt am aussagepsychologischen Problembewusstsein«). So wäre zum Erlernen einer professionellen Vernehmungstechnik eine intensive praktische Schulung erforderlich, welche durch die Justizverwaltung nicht angeboten wird (Kirchhoff, MDR 2000, 189: ob dies auch nicht finanzierbar ist, wie Kirchhoff meint, sei dahingestellt).

Auch wenn der Richter bei einer Befragung durch den Anwalt ungeduldig wird, sollte man sich dadurch nicht beeinflussen lassen. Nützlich kann es sein, den Sinn der Frage dem Gericht zu erläutern.

Unter Umständen kann auch hier eine gewisse Hartnäckigkeit sowie das Bestehen auf einen förmlichen Beschluss (§ 397 Abs. 3 ZPO) dem Anwalt einen gewissen Freiraum für seine weiteren Fragen verschaffen. Die Protokollierung einer abgelehnten Frage kann in der Berufungsinstanz nützlich sein (vgl. §§ 513, 529 Abs. 1 Nr. 1 **ZPO n.F.**). In manchen Fällen kann es freilich psychologisch geschickter sein, auf eine nicht besonders wichtige Frage zu verzichten, statt eine negative Beeinflussung der Verhandlungsatmosphäre zu riskieren.

Durch eine weitere und eingehende **Befragung** lässt sich aber häufig herausfinden,

- ob der Zeuge tatsächlich eigene Wahrnehmungen unverfälscht bekundet;

Erfahrungsgemäß geben viele Zeugen nur das wieder, was sie von Dritten erfahren haben bzw. vermengen dies mit eigenen Wahrnehmungen, ohne dies von sich aus kenntlich zu machen (»Zeuge vom Hörensagen«).

Durch die vorherige mehrfache Erörterung des Geschehens mit Anderen kann es ebenso zu verfälschenden Beeinflussungen kommen wie auch durch anderweitige, vor allem suggestive Vernehmungen (z.B. im Ermittlungsverfahren). Die Erinnerung hieran ist dann häufig stärker, als an den Vorgang selbst.

Die Wahrnehmung wird sehr oft um den selbst nicht wahrgenommenen Ursachenzusammenhang ergänzt, so dass der Zeuge nur eine bloße Vermutung wiedergibt, ohne dies kenntlich zu machen.

So beantworteten z.B. nach einer Untersuchung 35% der (am Unfallort) befragten Zeugen, die nach eigenen Angaben die »Pre-Crash-Phase« bei einem Verkehrsunfall nicht mitbekommen hatten (sog. Knallzeugen), dennoch die Frage, woher das Fahrzeug kam und zwar überwiegend falsch (vgl. zur Irrtumsanfälligkeit der Aussage von Unfallzeugen ausführlich Einmahl NJW 2001, 469). Ähnliche Fehlerquellen finden sich auch bei Aussagen zum Inhalt eines Gespräches zwischen Dritten, das der Zeuge selbst aber nur teilweise mit angehört hat.

- ob Unsicherheiten oder Widersprüche in der Aussage des Zeugen vorhanden sind;

Wenn man Zeugen eindringlich fragt, ob sie wirklich hundertprozentig sicher sind, werden manche Zeugen unsicher und die anfangs klar die Beweisfrage bestätigende Aussage wird nicht mehr aufrechterhalten oder stark eingeschränkt. Oft stellt sich heraus, dass der Zeuge keineswegs bei den gesamten Vertragsverhandlungen anwesend war, so dass seiner Aussage u.U. weit weniger Gewicht beizumessen ist. Hierbei empfehlen sich klare einzelne Fragen. Sonst könnten der Zeuge und die Gegenpartei etwaige Widersprüche leicht mit Verständnisschwierigkeiten erklären.

Auch **Vorhalte** von Aussagen des Zeugen, die dieser in anderen Verfahren, insbesondere im Ermittlungs- bzw. Strafverfahren gemacht hat, führen oft zu Unsicherheiten und Widersprüchen in seiner jetzigen Aussage.

Um Widersprüche zu entdecken, ist es bei längeren Vernehmungen hilfreich, sich die wesentlichen Punkte der Aussage, u.U. auch wörtlich zu notieren. Denn häufig wird dann von der Gegenseite behauptet, dass der Zeuge dies aber vorher so nicht gesagt habe.

Bei vorhandenen Widersprüchen oder Unwahrscheinlichkeiten sollte man den (gegnerischen) Zeugen nicht nach einer Erklärung fragen. Sonst kann es ihm u.U. gelingen seine Aussage noch stimmig zu machen.

Die **Glaubwürdigkeit** des Zeugen lässt sich umso leichter anzweifeln, wenn dieser womöglich auch noch zu der Partei in einer besonderen geschäftlichen oder persönlichen Beziehung steht, was häufig der Fall ist. Völlig neutrale Zeugen sind im Zivilprozess erfahrungsgemäß eher selten.

Auch wenn Aussagen von Zeugen, die mit der Partei verwandtschaftlich, freundschaftlich oder geschäftlich verbunden sind, oder sonst am Ausgang des Rechtsstreits interessiert sind, als nicht von vornherein parteiisch und unzuverlässig gelten, so können diese Umstände sowohl die Erinnerung im Sinne der eigenen Partei unbewusst beeinflussen als auch zu einer bewussten Falschaussage führen. So wird auch nicht selten im Kreis der Familie oder Freunde über die bevorstehende Aussage ausführlich gesprochen, bis sich eine gemeinsame Auffassung über das Geschehen gebildet hat, geprägt von dem am besten Informierten und am meisten Interessierten, der Prozesspartei. Bei Unternehmen ist der sachkundige Mitarbeiter auch der Informant des Prozessbevollmächtigten, der ohnedies meist über den Gang der Verhandlung unterrichtet wird (so teilweise wörtlich Lange NJW 2002, 476).

- ob der Zeuge die Unwahrheit gesagt hat.

Zwar ist der Irrtum häufiger als die bewusst falsche Zeugenaussage, letztere ist aber leichter aufzudecken (so Einmahl NJW 2001, 469). So soll es gar nicht so leicht sein, die Wahrheit zu verbergen, wenn Gericht und Partei sich konzentriert um eine Aufklärung bemühen. Dabei hat eine Aussage, die »allen Vorhalten uneingeschränkt standhält, die sich weder durch Fangfragen noch durch falsche Fährten beeinflussen lässt« eine hohe Vermutung der Wahrheit für sich (Meyke NJW 1989, 2035; vgl. auch sehr anschaulich zu Wahrheits- und Lügensignalen Bender/Nack, Tatsachenfeststellung vor Gericht, 2. Aufl. 1995). Ob der Richter jedoch durch den Eindruck, der Zeuge sage die Unwahrheit in jedem Falle veranlasst wird, weiter nachzufragen, um die Wahrheit herauszufinden (so Meyke NJW 1989, 2032), darf bezweifelt werden. Zuweilen geht der Richter bereits mit einer gewissen Überzeugung in die Beweisaufnahme, wodurch die Bereitschaft, eine bestätigende Zeugenaussage kritisch zu hinterfragen, aus psychologischen Gründen herabgesetzt sein dürfte.

Bei der Bewertung von Zeugenaussagen hat sich in der Gerichtspraxis »unter der Hand« die folgende **Beweisregel** herausgebildet:

»Dem Zeugen ist zu glauben, wenn nicht ganz gewichtige Anhaltspunkte dagegen sprechen, die sich auch in die Entscheidungsgründe schreiben lassen.«

(Foerste NJW 2001, 321; Reinecke MDR 1986, 630 – Die Krise der freien Beweiswürdigung im Zivilprozess oder Über die Schwierigkeit, einem Zeugen nicht zu glauben; vgl. Einmahl NJW 2001, 470: nach einer Untersuchung wurde in Fällen, in denen nur eine Partei einen Zeugen aufzubieten hatte, diesen Zeugen in ca. 97% aller Fälle geglaubt; vgl. E. Schneider NJW 2001, 3757 u. Kirchhoff MDR 1999, 1474: von etwa 1400 untersuchten Zeugenvernehmungen wurden lediglich etwa 65 Zeugen nicht geglaubt).

Und dies, obwohl der Zeuge das schlechteste, weil irrtumsanfälligste Beweismittel ist. Trotzdem findet eine Beweiswürdigung bei Zeugen kaum statt. Die Aussagen werden meist nahezu unkritisch dem Urteil ohne Beachtung von irgendwelchen Glaubwürdigkeitskriterien zugrunde gelegt, obwohl jeder Irrtum bei jeder Person möglich ist (Kirchhoff MDR 2001, 666). Vielmehr arbeiten die Gerichte bei der Beurteilung von Zeugenaussagen regelmäßig mit bloßen »Alltagstheorien« (vgl. instruktiv zu Beurteilungskriterien Kirchhoff MDR 1999, 1474; Stimpfig MDR 1995, 451).

Meyke (MDR 1987, 360) weist zu Recht darauf hin, dass es dem Gericht (meist) an greifbaren Anhaltspunkten fehlt, um ein etwa verbleibendes Unbehagen nachvollziehbar artikulieren zu können. Dem gegenüber bedarf es kaum einer Begründung, wenn einem Zeugen geglaubt wird. So findet sich in den Entscheidungsgründen häufig nur die übliche floskelhafte Formulierung »aufgrund der glaubhaften Aussage des Zeugen X« (vgl. kritisch Bull DRiZ 1972, 205: diese Wendung ist keine Begründung, sondern eine Bequemlichkeit).

Die **Gegenpartei** kann daher nur versuchen, Anhaltspunkte aufzuzeigen bzw. solche durch aktive Mitwirkung bei der Zeugenvernehmung zu erlangen, die gegen die Glaubwürdigkeit sprechen.

Hierzu ist es hilfreich, wenn man sich die möglichen Fehlerquellen vor Augen hält (vgl. hierzu Baumbach/Lauterbach Übers § 373/5). Wenig Erfolg versprechend ist es dagegen meistens, wenn Unrichtigkeiten lediglich in Nebenpunkten gefunden werden, die Aussage im Kerngeschehen jedoch unangreifbar bleibt. So sind Erinnerungslücken im Randbereich völlig normal (Kirchhoff MDR 1999, 1474). Wenn der Anwalt sich bei seinen Fragen allzu sehr nur auf dort vorhandene Unsicherheiten konzentriert, könnte der Zeuge bestrebt sein, die Hauptpunkte erst recht zu bestätigen. Denn damit kann er sich selbst als brauchbaren Zeugen noch retten und die an ihn vom Beweisführer und u.U. (aus seiner Sicht) auch vom Gericht gestellten Erwartungen erfüllen. Hierzu kann der Beweisführer sowohl den Zeugen nach der gegnerischen Befragung bitten, abschließend nochmals kurz die Richtigkeit seiner Aussage zum entscheidungsrelevanten Geschehen zu bestätigen als auch das Gericht auf die Unerheblichkeit des Randgeschehens hinweisen.

> **Beachte:**
> Eine zu hartnäckige, aggressive und spitzfindige Befragung eines glaubwürdig erscheinenden Zeugen ist nicht ohne Risiko.

Dadurch kann womöglich eine (unbewusste) Solidarisierung des Gerichts mit ihm und letztlich mit der gegnerischen Partei eintreten. Ebenso kann es passieren, dass der (zweifelnde oder parteiische) Zeuge, der bislang nur ausweichend und ungenau geantwortet hat, nunmehr zugunsten der ihm nahe stehenden Partei aussagt.

Vgl. Rinsche (Prozesstaktik Rdnr. 162): »Es zeugt nicht von anwaltlichem Können, wenn ein Prozessbevollmächtigter die von der Gegenseite benannten Zeugen mit großer Lautstärke anbrüllt und sie dadurch zu verunsichern sucht. Nicht selten führt das nur zu einer ›Verhärtung‹ der Sachdarstellung des angegriffenen Zeugen«.

Dabei ist zu bedenken, dass die **Erinnerung** nicht auf Knopfdruck reproduziert werden kann, sondern auch die Wiedergabe ein dynamischer Prozess ist, zu dessen Optimierung es auf Assoziationen und auf Entspanntheit ankommt (Kirchhoff MDR 2000, 188 – mit Ratschlägen zur Vernehmungstechnik).

Besonders schwierig ist für die Zeugen eine datumsmäßige Einordnung von Geschehnissen. Erfahrungsgemäß unterlaufen hier selbst Zeugen, die sich sorgfältig um exakte Aussagen bemühen, gravierende Fehler (OLG Schleswig NJW 1991, 304). Dies gilt erfahrungsgemäß ebenso für Zeitangaben, Geschwindigkeits-, Entfernungs- und Mengenschätzungen.

Die Irrtumsanfälligkeit ist vor allem beim **Verkehrsunfall** (Aussagen zum Unfallhergang/Geschwindigkeit der beteiligten Fahrzeuge) besonders hoch (vgl. hierzu ausführlich Einmahl NJW 2001, 469). Hierbei kann es hilfreich sein, wenn der Zeuge seine Wahrnehmungen anhand einer selbst gefertigten Skizze erläutert.

Häufig kann man die Erinnerung des Zeugen dadurch wecken, indem parallele Ereignisse desselben Tages in Erinnerung gerufen werden. So erinnert sich z.B. der Zeuge deshalb daran, dass er den streitgegenständlichen Vorfall im August gegen 18 Uhr beobachtet hat, weil er um 18 Uhr 30 zu einer Grillfeier bei Freunden eingeladen war und bereits dorthin aufbrechen wollte (vgl. zur Verbesserung der Erinnerungsleistung durch das »kognitive Interview«, Kirchhoff MDR 2000, 188).

So soll bei alltäglichen Einzelheiten die Frage nach dem Grund der Erinnerung eine (geringe) Chance bieten, Glaubwürdigkeitskriterien zu gewinnen, da diese nur behalten werden, wenn irgendein Umstand emotional erregt oder Interesse weckt (Kichhoff MDR 2001, 666).

Wenn möglicherweise relevante Aufzeichnungen vorhanden sein können, sollte bei Gericht rechtzeitig vor dem Termin angeregt werden, dem Zeugen aufzugeben, diese zur Vernehmung mitzubringen (§ 378 ZPO).

Der Beweisgegner sollte darauf achten, ob der Zeuge nur den »**Normalfall**« darstellt, aber zum konkreten Geschehensablauf letztlich keine Angaben machen kann.

Viele Zeugen machen bei ihrer Aussage diesbezüglich keinen Unterschied, so dass auch hier konkretes Nachfragen den Nutzen der Aussage für die beweisbelastete Partei sehr stark einschränken kann.

Unter Umständen kann es trotzdem zur Beweisführung ausreichen, wenn – was häufig der Fall ist – der Zeuge sich zwar nicht mehr konkret erinnert, jedoch ganz sicher ist, dass die übliche, von ihm geschilderte Vorgehensweise immer eingehalten wurde.

So reicht dies nach einer verbreiteten Rechtsprechung zum Beweis des ärztlichen Aufklärungsgesprächs – sofern nicht wichtige Gründe im Einzelfall dagegen sprechen – regelmäßig aus (vgl. OLG Karlsruhe NJW 1998, 1800; OLG Hamm VersR 1995, 661: unerheblich ist, dass der Arzt das Gespräch nicht dokumentiert hat; Jorzig MDR 2001, 481: sog. **Immer-so-Beweis** speziell durch Arzthelferinnen als Zeugen; BGH NJW 1986, 2885: wichtiges Indiz auch im Einzelfall).

Wenn der Zeuge sich nicht mehr erinnert, versuchen viele Anwälte mit der Frage »können Sie es ausschließen, dass ...« trotzdem noch Nutzen aus der Aussage zu ziehen.

Meines Erachtens ist eine solche Frage für den Beweisführer in der Regel wenig Erfolg versprechend. Weiß der Zeuge nichts, kann er natürlich kaum etwas mit Sicherheit ausschließen, zumal viele Geschehnisse schon längere Zeit zurückliegen. Bereits hieraus ist der geringe Erkenntniswert einer solchen Antwort ersichtlich. Durch die verneinende Antwort ist zudem das Positivum noch keineswegs bewiesen. Eine solche Aussage steht einer bloßen Vermutung näher als der Bekundung einer Tatsachenfeststellung. Außerdem kann diese Fragestellung für den Beweisführer nachteilig sein, falls der Zeuge wider Erwarten meint, doch etwas ausschließen zu können, z.B. weil sonst entsprechende Notizen vorhanden sein müssten.

(3) Unzulässige Fragen

Unzulässige Fragen des Gerichts oder Gegners sollten sofort beanstandet werden (§§ 140, 397 Abs. 3 ZPO).

Zwar ist der daraufhin ergehende Beschluss des Gerichts selbst unanfechtbar, jedoch kann eine rechtsirrige Ablehnung oder Zulassung einer Frage **Rechtsmittel** gegen das Urteil begründen. Ohne Herbeiführung eines Gerichtsbeschlusses indessen kann das Rechtsmittel hierauf nicht gestützt werden (Thomas/Putzo § 140/5; 397/2). Hierzu sollte die nicht zugelassene Frage zweckmäßigerweise am besten wörtlich ins Protokoll aufgenommen werden, wenngleich eine diesbezügliche Pflicht des Gerichts nicht besteht (vgl. oben 5. Teil V 2).

Dabei lässt sich oft durch eine Umformulierung die Zulassung einer beanstandeten Frage erreichen.

Unzulässig sind insbesondere (vgl. Zöller §§ vor § 284/5/5a; 397/4; 398/4):

- Fragen, die **mit dem Beweisthema nichts zu tun haben oder Werturteile** und nicht tatsächliche Wahrnehmungen zum Gegenstand haben (Zöller § 373/1: Wertung ist dem Zeugen verwehrt).

    Äußert ein absolut glaubwürdiger Zeuge seine Einschätzung vom Geschehensablauf, ist es nicht ausgeschlossen, dass das Gericht in seiner Entscheidungsbildung dadurch beeinflusst wird. Dabei ist allerdings eine Tatsachenbekundung ohne jede Wertung oft nicht möglich (Zöller § 373/1).

    Jedoch sind solche Fragen zulässig, die für die Beurteilung der Zuverlässigkeit der Bekundungen erforderlich erscheinen, insbesondere nach Ort, Zeit und Umständen der behaupteten Tatsachen (vgl. § 396 Abs. 2 ZPO) (vgl. OLG Köln NJW-RR 1999, 1155; BGH NJW-RR 1998, 1409; NJW 2000, 3287).

    Dass sich die Fragen im engsten Raum des Beweisbeschlusses halten müssten, ist ein verbreiteter und schädlicher juristischer Aberglaube (vgl. Baumbach/Lauterbach § 396/5: Prozesswirtschaftlichkeit und Wahrheitsermittlung verlangen weitherzige Fragestellung; Thomas/Putzo § 396/2: nicht engherzig). Erforderlichenfalls ist einem Widerspruch des Gerichts im Termin sofort mit einem entsprechenden Beweisantrag zu begegnen.

- Fragen zur **Ausforschung** von Tatsachen, der Erschließung von Erkenntnisquellen, die es vielleicht ermöglichen, bestimmte Tatsachen zu behaupten und sodann unter Beweis zu stellen. Die Grenzen sind hierbei freilich fließend.

Davon zu unterscheiden sind Fragen nach Einzelheiten, insbesondere auch nach Ort, Zeit und Umständen behaupteter Abreden, zur Beurteilung der Zuverlässigkeit und **Glaubwürdigkeit** der Bekundungen, die im Einzelfall sorgfältig zu ermitteln sind (vgl. § 395 Abs. 2 S. 2 ZPO) (BGH NJW 1984, 2888). Denn (unbewusste) Beeinflussungen und persönliche Beziehungen, spielen bei Zeugen erfahrungsgemäß eine große Rolle (Baumbach/Lauterbach § 395/4). Da die Gerichte diesbezüglich manchmal relativ gutgläubig bzw. blauäugig sind, sollte darauf der Anwalt ein besonders Augenmerk legen. Gegen die Glaubwürdigkeit kann z.B. sprechen, wenn der Zeuge mit Entschiedenheit die Behauptung einer Partei – obwohl lange Zeit zurückliegend – im Detail bestätigt, im Übrigen aber hinsichtlich des Randgeschehens keinerlei Erinnerung zu haben scheint.

- **Suggestivfragen**, welche die Antwort bereits beinhalten bzw. nahe legen, z.B. nur mit »ja« oder »nein« zu beantworten sind (statt : Trug Herr X einen schwarzen Hut? besser: Hatte Herr X eine Kopfbedeckung oder welche Farbe hatte der Hut des Herrn X?).

Hierbei besteht die **Gefahr**, dass der Zeuge seine eigenen Erinnerungsbedenken zurückstellt zugunsten einer klaren Aussage, um weiteren Nachfragen aus dem Weg zu gehen (Rüßmann DRiZ 1985, 46: stark suggestiv; Zöller §§ 396/1; 397/4; Baumbach/Lauterbach § 396/3: ein sehr verbreiteter und abträglicher Unfug). Außerdem suggerieren vor allem Auswahlfragen, dass eine Möglichkeit die richtige sein muss (vgl. Kirchhoff, MDR 2000, 187)). Die Beeinflussungsgefahr des Zeugen besteht freilich auch dann, wenn eine solche Frage nicht zugelassen wird, da er diese zuvor vernommen hat.

Hierbei kann auch die **Wortwahl** einen gewissen Einfluss haben. So wurde z.B. Versuchspersonen eine Filmaufnahme eines Verkehrsunfalls vorgeführt. Anschließend wurden sie zur Geschwindigkeit befragt. Bei der Frage »Mit welcher Geschwindigkeit haben die Fahrzeuge sich berührt?« lag der Mittelwert bei 45 km/h, bei der Frage »Mit welcher Geschwindigkeit krachten die Fahrzeuge aufeinander?« hingegen bei 60 km/h (Einmahl NJW 2001, 472 Fn. 36).

- Fragen, die **bereits beantwortet** sind (Thomas/Putzo § 397/2).

Hier besteht die **Gefahr**, dass der Zeuge eine für die Partei günstige Aussage einschränkt bzw. sich dann nicht mehr so genau erinnert. Erfahrungsgemäß werden Zeugen immer unsicherer, je öfter man sie dasselbe fragt. Dann sollte auf jeden Fall die vorangegangene Aussage ebenfalls protokolliert werden, damit das Gericht beide Aussagen würdigen kann und muss. Auch bei einer Diskussion mit dem Zeugen kann es zu einer Veränderung seiner bisherigen Aussage kommen.

An den selbst benannten Zeugen sollten daher möglichst kurze und präzise Fragen gestellt werden. Sofern der Gegenzeuge sich nicht erinnert ist eine (bestätigende) Nachfrage zu vermeiden. Positive Randbemerkungen sollte man hingegen aufgreifen.

Allerdings muss es zulässig sein, bei Zweifeln an der Richtigkeit der Aussage nochmals nachzufragen.

(4) Verhalten nach der Beweisaufnahme

Im Anschluss an die Beweisaufnahme hat das Gericht gem. § 279 Abs. 3 ZPO n.F. erneut den Sach- und Streitstand und, soweit bereits möglich, das Ergebnis der Beweisaufnahme mit den Parteien zu erörtern (bisher: § 278 Abs. 2 S. 2 ZPO) (sog. Schlusserörterung).

> Es muss den Parteien zumindest Gelegenheit zur Beweiserörterung gegeben werden (vgl. § 285 ZPO). Bei Unzumutbarkeit sofortiger Äußerung, insbesondere bei mündlicher Gutachtenserstattung im Termin zu schwierigen Fragen, muss der nicht sachkundigen Partei nach Vorliegen des Protokolls noch Gelegenheit zur Stellungnahme gegeben werden (vgl. Zöller § 285/2). Dabei sind auch Ausführungen in einem nicht nachgelassenen Schriftsatz vom Gericht zur Kenntnis zu nehmen (BGH NJW 1988, 3202). Zudem hat das Gericht grundsätzlich darzulegen, ob es die unter Beweis gestellte Behauptung als bewiesen erachtet, zumindest muss es die wesentlichen Aspekte der Beweiswürdigung zur Diskussion stellen (Zöller 23. Aufl. § 279/5). Hieraus kann – insbesondere für die beweisbelastete Partei – erkennbar sein, dass es noch weiterer Beweismittel bedarf.

Wird dies unterlassen, liegt ein **Verfahrensfehler** seitens des Gerichts vor und das Beweisergebnis bzw. die Beweisaufnahme darf im Urteil nicht verwertet werden (Zöller 23. Aufl. §§ 279/6; 285/1; Thomas/Putzo § 285/1). Durch rügeloses Verhandeln können die Parteien aber auf ihr Erörterungsrecht – nicht auf die Erfüllung der vorgenannten Informationspflicht – verzichten oder sich mit einer nachzureichenden schriftlichen Stellungnahme begnügen (vgl. § 295 Abs. 1 ZPO) (Zöller 23. Aufl. § 279/7).

> Die erfolgte Erörterung muss aus dem Protokoll ersichtlich sein. Fehlt ein entsprechender Vermerk, so gilt die Verhandlung wegen der formellen Beweiskraft des Protokolls als unterblieben (BGH MDR 2001, 830 – Anm.E. Schneider MDR 2001, 781). Aus der Nichtprotokollierung ist nach § 165 ZPO zu schließen, dass die Parteien keine Gelegenheit zur abschließenden Stellungnahme hatten (BGH NJW 1990, 121). Einem formelhaften und unrichtigen Vermerk, dass eine solche Erörterung erfolgt ist, sollte man sich daher widersetzen.

Nach der Beweisaufnahme kann sich die Notwendigkeit **weiteren Sachvortrags** ergeben.

> Sofern z.B. ein Zeuge einen der Partei günstigen Sachverhalt mitteilt, der bisher von keiner Partei vorgetragen wurde, muss (bzw. sollte) sich die Partei diesen Vortrag **zu Eigen machen,** um vom Gericht berücksichtigt werden zu können (BGH NJW-RR 1990, 507: arg. Parteimaxime; vgl. aber auch BGH NJW 2001, 2177: Partei macht sich die bei einer Beweisaufnahme zu Tage tretenden Umstände jedenfalls hilfsweise zu Eigen, soweit sie ihre Rechtsposition zu stützen geeignet sind).

Falls man dies nicht sofort im Termin (vgl. § 370 Abs. 1 ZPO) vortragen kann, gibt es eine Reihe von Möglichkeiten einer **Präklusion** nach § 296a ZPO zu entgehen:

- Bei überraschendem Ergebnis und Notwendigkeit der Rücksprache mit der Partei ist zu vertagen oder Schriftsatzfrist zu gewähren (Thomas/Putzo § 370/1; Zöller § 370/1).

- Die bekannten »Fluchtmöglichkeiten«, wobei eine Säumnislage auch dann vorliegt, wenn der Rechtsanwalt nach Erledigung der Beweisaufnahme in einem gesonderten Beweistermin nicht mehr auftritt oder nicht verhandelt (§§ 285, 332, 367, 370 ZPO; Thomas/Putzo § 332/2; 333/1).

    Allerdings kann in diesem Fall auf Antrag des Gegners Entscheidung nach Aktenlage ergehen (§ 331a ZPO). Hingegen ergeht bei einer Beweisaufnahme (Vernehmung von prozessleitend geladenen Zeugen) nach vorheriger Verhandlung im gleichen Termin (vgl. § 278 Abs. 2 ZPO) ein streitiges Urteil (OLG Hamm MDR 1974, 407).

- Ein lediglich beweiswürdigender Schriftsatz bzw. Rechtsausführungen sind jederzeit zulässig (Zöller § 296a/2, Thomas/Putzo § 146/2).

    Der Anwalt kann z.B. versuchen, etwaige Widersprüche oder Unsicherheiten in der Zeugenaussage dem Gericht bewusst zu machen. Hilfreich kann sein, darauf hinzuweisen, dass die Abweichungen in den Zeugenaussagen nicht unbedingt auf einer (bewussten) Falschaussage (der gegnerischen Zeugen) beruhen, sondern überwiegend auf Wahrnehmungs- und Erinnerungsfehlern. Ist das Gericht noch unentschlossen, können solche Ausführungen die Entscheidung im Einzelfall durchaus beeinflussen. Insbesondere könnte es dem Richter leichter fallen, einer Zeugenaussage den Vorzug zu geben, da er die Zeugen (der Gegenseite) nicht der Falschaussage bezichtigen bräuchte. Die anwaltliche Beweiswürdigung verliert allerdings an Überzeugungskraft, wenn nur die Aussagen der eigenen Zeugen herausgestellt und diejenigen der Gegenzeugen übergangen oder pauschal als unrichtig bezeichnet werden.

    Sofern eine Entscheidung am Ende der Sitzung ergeht, sollte der Schriftsatz möglichst schnell gefaxt oder – besser noch – per Boten zum zuständigen Richter gebracht werden. Abgesehen davon kann bzw. sollte auch mündlich über das Beweisergebnis unmittelbar nach der Beweisaufnahme verhandelt werden (vgl. §§ 279 Abs. 3 **ZPO n.F.**, 285 Abs. 1 ZPO).

    Es erscheint dabei nicht unproblematisch, dass in der Praxis die Gegenpartei oft keine Gelegenheit erhält, hierzu Stellung zu nehmen bzw. ihr dieser Schriftsatz schon gar nicht mehr zugeleitet wird (arg. rechtliches Gehör sowie § 283 ZPO anwendbar! – vgl. oben 6. Teil VI).

d) Protokollierung der Zeugenaussage

Es sollte auf die **Protokollierung** der Zeugenaussage durch das Gericht (vgl. § 160 Abs. 3 Nr. 4 ZPO) geachtet werden, da es vielfach auf Ungenauigkeiten, Widersprüche und Nuancen in der Aussage ankommt und sich selbst ein Richter nicht immer gewissen Voreingenommenheiten über den Ausgang einer Beweisaufnahme mit Blick auf das bereits gedanklich entworfene spätere Urteil entziehen kann.

> So wird davon gesprochen, dass »der Richter selten etwas ins Protokoll diktiert, das der Zeuge nicht gesagt hat, oft aber, was er so nicht gesagt hat. Die feinen, aber immer deutlichen Nuancen lassen erkennen, wie dieser Satz des Zeugen später im Urteil auftauchen wird: Er wird passen« (Senfft, Richter und andere Bürger, 1988 S. 53, zit. Kirchhoff MDR 2000, 187 Fn. 8). Nach Rüssmann (DRiZ 1985, 47) drohe die größte Verfälschungsgefahr aus dem Glattschleifen der Aussage auf das rechtsrelevante Kerngeschehen im »anwendungs-gerechten Juristenjargon«.
>
> Es ist z.B. ein großer Unterschied, ob der Zeuge über die Frage des Vertragsabschlusses nichts (mehr) weiß oder ob er (positiv) weiß, dass ein Vertrag nicht geschlossen wurde. Bei der Formulierung, »dass ein Vertrag geschlossen wurde, kann ich nicht bestätigen«, oder »kann ich nicht sagen« bleibt dies unklar. Auch ist es z.B. für die spätere Beweiswürdigung von Bedeutung, wenn der Zeuge zwar erklärt, dass eine Zahlung geleistet oder ein Vertrag abgeschlossen wurde, ohne jedoch konkret angeben zu können wann und auf welche Weise.
>
> So wird z.B. der Gewissheitsgrad einer Aussage völlig verfälscht, wenn sich statt »Ich glaube, das Fahrzeug kam von rechts« im Protokoll »Das Fahrzeug kam von rechts« wieder findet.

Es wäre daher am besten, wenn die Aussage des Zeugen möglichst in direkter Rede – wortgetreu – in dessen Diktion protokolliert wird, ebenso wie die ihm gemachten Vorhalte.

Gegen die Formulierung können die Beteiligten **Einwendungen** erheben, die zu protokollieren sind (§ 162 Abs. 1 S. 3 ZPO). Über den Wert der Einwendungen hat später das Gericht frei zu befinden.

Dabei ist zu bedenken, dass das Vernehmungsprotokoll vor allem erhebliche Bedeutung für das **Berufungsverfahren** hat.

> Denn das Berufungsgericht ist nach § 529 **ZPO n.F.** an das Ergebnis der Beweisaufnahme grundsätzlich gebunden, sofern dieses rechtsfehlerfrei zustande gekommen ist. Dabei kann gerade auch eine begründete protokollierte Verweigerung der Genehmigung des Protokolls ein konkreter Anhaltspunkt für »Zweifel der Richtigkeit oder Vollständigkeit der entscheidungserheblichen Feststellungen« (§ 529 Abs. 1 Nr. 1 **ZPO n.F.**) begründen.

e) Verwertungsverbote

Häufig sind in der Praxis Zeugen, die über eine **Mithörschaltung** das Telefongespräch zwischen den Parteien – ohne Wissen (und Einwilligung) der anderen Partei – mit angehört haben, die einzigen Beweismittel.

Hierbei war bislang umstritten, ob ein solches Beweismittel verwertbar ist (vgl. Lenz/Meurer MDR 2000, 73).

Verwertbar z.B. BAG NJW 1983, 1691; BGH NJW 1982, 1397: Telefongespräch mit geschäftlichen Inhalt auch bei einem privaten Telefonanschluss; OLG Düsseldorf NJW 2000, 1578; Thomas/Putzo § 286/8.

Unverwertbar: z.B. BAG NJW 1998, 1331: auch bei einem geschäftlichen Gespräch, OLG Karlsruhe MDR 2000, 847: entsprechender Sachvortrag auch dann unverwertbar, wenn unbestritten) (arg. Verletzung des Persönlichkeitsrechts).

Differenzierend Zöller § 286/15b: nur bei Gesprächen erkennbar persönlichen Inhalts, nicht bei geschäftlichen Gesprächen.

Nunmehr hat das **BVerfG** (NJW 2002, 3619, ebenso BGH NJW 2003, 1727) die Frage der Zulässigkeit der Vernehmung von Mithörzeugen und die Verwertbarkeit ihrer Aussagen sowohl bei **privaten als auch bei geschäftlichen Telefongesprächen** klar verneint.

In dieser Entscheidung betont das Gericht, dass die Gewährleistung des allgemeinen Persönlichkeitsrechts insbesondere vor dem Hintergrund neuartiger Gefährdungen der Persönlichkeitsentfaltung geboten ist, die in Begleitung des wissenschaftlich technischen Fortschritts auftreten. Der Schutz des Rechts am gesprochenen Wort hänge weder davon ab, ob es sich bei den ausgetauschten Informationen um personale Kommunikationsinhalte oder gar besonders persönlichkeitssensible Daten handelt, noch komme es auf die Vereinbarung einer besonderen Vertraulichkeit der Gespräche an. Auf dieses Recht könne sich auch eine juristische Person des Privatrechts berufen. Der Schutz der Vertraulichkeit könne durch Einwilligung aufgehoben werden. Das bloße faktische Verbreitetsein von Mithöreinrichtungen bzw. die Üblichkeit des heimlichen Mithörens in bestimmten Bereichen (z.B. im Geschäftsverkehr) könne eine fehlende Einwilligung nicht ersetzen. Dabei könne die Einwilligung auch konkludent erteilt werden. Kann etwa der andere Teilnehmer an der Geräuschkulisse (z.B. öffentliche Telefonzelle oder Gespräch mit Mobiltelefon jeweils ohne räumliche Abtrennung) oder anderweitig erkennen, dass sein Partner nicht in einem abgeschlossenen Raum telefoniert, vermag er selbst zu entscheiden, ob er das Gespräch fortsetzen oder sich inhaltlich auf die Mithörmöglichkeit Dritter einstellen will.

Es ist daher besser, wenn ein Zeuge vorhanden ist, der sein Wissen nur vom (einseitig) mitgehörten Telefongespräch der einen Partei erlangt oder/und ihm die Partei den Gesprächsinhalt (unmittelbar) nach dem Telefonat mitgeteilt hat (Indiz !).

Hierzu hat aber das **BVerfG** (aaO.) ausdrücklich festgestellt, dass der Sprecher im **privaten Bereich** gerade wegen des Inhalts des Gesprächs ein schutzwürdiges Interesse daran hat, dass Dritte hiervon keine Kenntnis erhalten (»Schutz der Privatspähre«). Entsprechende Äußerungen seien unabhängig davon geschützt, wie der Inhalt an einen Dritten gerät, also auch dann, wenn der Gesprächspartner entgegen einer Vertraulichkeitserwartung des Sprechers einem Dritten von dem Gesprächsinhalt berichtet.

> **Beachte:**
>
> Wurde zunächst vorgetragen, dass der Zeuge das Gespräch über eine Mithöreinrichtung vernommen hat, so ist es wenig glaubwürdig, wenn später – u.U. nach entsprechendem Hinweis des Gerichts – die Art und Weise der Kenntniserlangung entsprechend angepasst wird.

Vielmehr bietet sich dann eine Anhörung oder eine Parteivernehmung beider Gesprächspartner an (so BVerfG aaO.: »falls andere Beweismittel nicht zur Verfügung stehen«, wie z.B. eine schriftliche Bestätigung der Abreden).

Unzulässig ist nach bisher einhelliger Ansicht jedenfalls ein **heimliches Mitschneiden** von (Telefon)Gesprächen prinzipiell auch über Besprechungen in geschäftlichen Angelegenheiten (Thomas/Putzo § 286/8, vor 371/6; Zöller § 286/15b).

Verwertbar sind die auf diese Weise gewonnenen Beweismittel ausnahmsweise dann, wenn dem Interesse an der Beweiserhebung besondere Bedeutung für die Rechtsverwirklichung einer Partei zukommt.

> Die wird etwa in Fällen angenommen, in denen sich der Beweisführer in einer Notwehrsituation oder einer notwehrähnlichen Lage befindet (vgl. z.B. BGH NJW 1988, 1016 – Aufnahmen zur Dokumentation erpresserischer Drohungen oder ähnlicher strafbarer Handlungen; NJW 1982, 277 – zur Feststellung der Identität eines anonymen verleumdenden Anrufers).

Nicht ausreichend ist allein das allgemeine private Interesse, sich über den Inhalt eines Gesprächs ein Beweismittel zu verschaffen, um dieses dann in einem etwaigen Prozess zur Durchsetzung zivilrechtlicher Ansprüche zu verwenden (BGH NJW 2003, 1727; BVerfG aaO.).

> **Beachte:**
>
> Auf die (entscheidungserhebliche) Verletzung eines Verwertungsverbotes kann die Berufung gestützt werden (vgl. §§ 513, 529 Abs. 1 Nr. 1 ZPO n.F.).

f) Zeugen im Ausland

Deren Vernehmung bietet in der Praxis erhebliche Schwierigkeiten, denn zumindest werden dadurch die Kosten erhöht (Übersetzungskosten, Kosten für einen Vertrauensanwalt der Botschaft, etc., vgl. 379 ZPO) und der Rechtsstreit zieht sich erfahrungsgemäß sehr in die Länge.

> Solche Zeugen werden häufig im Reiseprozess von Reiseveranstaltern (als Gegenzeugen) angeboten, z.B. Reiseleiter oder Hotelpersonal, bei welchen zusätzlich erschwerend hinzukommt, dass deren Aufenthaltsort oftmals wechselt.

> Sofern eine Partei ein Interesse an einer Verzögerung der gerichtlichen Entscheidung hat, kann sie dies durch Angabe von entscheidungserheblichen Zeugen im Ausland leicht erreichen.

> Unter Umständen können diese Schwierigkeiten aber dazu führen, dass das Gericht Möglichkeiten sucht, ohne diese Zeugen entscheiden zu können, z.B. durch erhöhte Anforderungen an den Substantiierungsgrad des Sachvortrags.

Eine **Vernehmung** durch das Prozessgericht selbst im Ausland kommt im Normalfall wegen zu großer Entfernung zum Zielgebiet nicht vor.

> Außerdem dürfen deutsche Gerichte auf dem Gebiet fremder Staaten nur mit deren Zustimmung sowie mit Zustimmung der Bundesregierung, die über die Landesjustizverwaltung einzuholen ist, tätig werden (Zöller § 363/1/6).

> Nach § 128a **ZPO n.F.** bietet sich hierfür nunmehr – im Einverständnis der Parteien – eine Vernehmung im Wege der Bild- und Tonübertragung an (Videokonferenz) (vgl. oben III 1 c (1)). Inwieweit diese Erleichterung von der Praxis angenommen wird, bleibt abzuwarten.

In Betracht kommen indes folgende Möglichkeiten, wobei ein **Verwertungsverbot** besteht, soweit aus dem Ausland unter Verstoß gegen Völkerrecht oder gegen deutsches Recht Beweise beschafft wurden (Zöller § 363/5b).

> Das Gericht hat nach § 286 ZPO eine Pflicht zur möglichst vollständigen Aufklärung des Sachverhalts (BGH NJW 1992, 1768), insbesondere zur Erhebung angetretener Beweise (Zöller vor § 284/8a). Bleibt etwa eine versuchte Ladung vor das Prozessgericht erfolglos, so hat das Gericht die Beweiserhebung im Ausland zu veranlassen (Leipold ZZP 105 (1992), 507 – Anm. zu BGH NJW 1992, 1768; Thomas/Putzo § 355/4).

(1) Ladung vor das Prozessgericht

Dies erfolgt nur sehr selten. Denn die Ladung ist kompliziert und das Erscheinen ist nicht nach § 380 ZPO erzwingbar. Da zudem die Anreise mit hohen Kosten verbunden ist, ist eine Ladung selten zweckmäßig (Zöller § 377/1a).

> In der Praxis überlässt das Gericht die formlose Bitte an die Zeugen, (freiwillig) zu erscheinen, meist der beweispflichtigen Partei (Zöller § 363/5: völkerrechtskonform). Ein Anspruch der Parteien auf Ladung durch das Gericht besteht im Übrigen grundsätzlich nicht (arg. § 363 ZPO) (vgl. Thomas/Putzo § 355/4: Ausnahme vom Unmittelbarkeitsgrundsatz).

Hängt die Beurteilung der Glaubwürdigkeit des im Ausland vernommenen Zeugen wesentlich von dessen persönlichen Eindruck ab und ist das Vernehmungsprotokoll diesbezüglich – wie meist – unergiebig, kann es geboten sein, die Wiederholung seiner Vernehmung gem. § 398 Abs. 1 ZPO vor dem Prozessgericht zumindest zu versuchen und ihn andernfalls im Wege der Rechtshilfe erneut zu vernehmen (BGH NJW 1990, 398: beide Parteien hatten die Vernehmung beantragt und der Zeuge soll nach Angaben des Klägers bereit gewesen sein, vor einem deutschen Gericht zu erscheinen und auszusagen).

(2) Schriftliche Befragung

Eine schriftliche Befragung gem. § 377 Abs. 3 ZPO (u.U. auch per Telefax) durch das deutsche Gericht ist nach h.M. völkerrechtlich nicht zulässig (Thomas/Putzo § 363/5; BGH NJW 1984, 2039; **a.A.** Zöller § 363/5/8: im § 495a ZPO Verfahren auch telefonisch; Tempel S. 475: davon wird zunehmend Gebrauch gemacht).

Im Übrigen führt diese nur dann zu einem Ergebnis, wenn der Zeuge freiwillig die Beweisfragen beantwortet (vgl. Thomas/Putzo § 377/2: nicht erzwingbar).

In der Praxis wird nicht selten der beweispflichtigen Partei gestattet, selbst eine schriftliche Erklärung des Zeugen im Ausland einzuholen (Zöller § 363/5a). Deren Verwertung als Urkundenbeweis erfordert aber das Einverständnis beider Parteien (vgl. oben III 1b).

(3) Vernehmung im Ausland

Letztlich bleibt die Vernehmung im Ausland über ein förmliches internationales Rechtshilfeersuchen oder durch einen Bundeskonsul (§§ 183, 363 ZPO).

Auch dieses Verfahren ist aufwändig (vgl. § 363 ZPO). Inwieweit ein Rechtshilfeersuchen zum Erfolg führt, hängt vor allem vom jeweiligen Land und dessen Kooperationsbereitschaft ab, in welchem die Vernehmung durchgeführt werden soll.

Das Gericht kann in Ausnahmefällen die Beweiserhebung der beweisführenden Partei selbst überlassen (§ 364 ZPO, z.B. wenn die ausländischen Behörden untätig bleiben bzw. die eingeleitete ausländische Zeugenvernehmung über ein Jahr lang auf sich warten lässt und kaum Aussicht auf ihre Durchführung besteht oder wenn mit dem ausländischen Staat keine diplomatischen Beziehungen bestehen (vgl. Thomas/Putzo § 364/1; BGH MDR 1989, 233; Tempel S. 475: bei mehrfachem Wechsel des Aufenthaltsorts des Zeugen). Nach fruchtlosem Ablauf einer gesetzten Frist (§ 364 Abs. 2 ZPO) bleibt das Beweismittel dann praktisch in der jeweiligen Instanz ausgeschlossen. Dieses Verfahren wird jedoch selten praktiziert (Zöller § 364/2).

> **Beachte:**
> Falls die Beweisaufnahme durch Ersuchen einer ausländischen Behörde auf solche Schwierigkeiten stößt, dass damit der Zeugenbeweis ausscheidet, bleibt dem Beweisführer die Möglichkeit, einen **Urkundenbeweis** zu führen und selbstständig schriftliche Erklärungen der Zeugen (unter Versicherung an Eides statt) (Zeugnisurkunde) vorzulegen (BGH MDR 1970, 135; NJW 1984, 2039).

Dabei ist der Beweiswert einer eidesstattlichen Versicherung angesichts § 156 StGB durchaus mit dem einer Zeugenaussage gleichzusetzen (OLG Frankfurt/aM. AnwBl. 1978, 310).

Sofern keine Möglichkeit (in absehbarer Zeit) erfolgreich ist, scheidet der Zeuge wegen **Unerreichbarkeit** als Beweismittel aus, wobei sich das Gericht zuvor ernstlich bemüht haben muss, die Aussage beizubringen (Thomas/Putzo § 284/7; Zöller Vor § 284/11a) (vgl. § 356 ZPO).

2) Sachverständigengutachten

a) Bedeutung in der Praxis

Wenn hinsichtlich einer entscheidungserheblichen Frage ein gerichtlich angeordnetes Sachverständigengutachten vorliegt, entscheidet sich fast ausnahmslos danach der Prozess.

> Denn die Gerichte schließen sich in aller Regel (mit stereotypen Leerformeln) den »überzeugenden und widerspruchsfreien Ausführungen des Sachverständigen« an (nach einer empirischen Untersuchung erfolgt dies in 95% der Fälle, vgl. Sendler NJW 1986, 2909: ärztliche Sachverständige als »Richter im weißen Kittel«).
>
> Wollte das Gericht davon abweichen, so müsste es nach der Rechtsprechung des BGH seine abweichende Überzeugung begründen und dabei erkennen lassen, dass die Beurteilung nicht von einem Mangel an Sachkunde geprägt ist (Thomas/Putzo § 286/3). Hierzu sind die Gerichte in der Regel jedoch z.B. in schwierigen bautechnischen oder medizinischen Fragen oder bei Messungen und Berechnungen im Bereich des Immissionsschutzrechts nicht in der Lage.
>
> Diese strengen Anforderungen an den Tatrichter begründen gleichsam die »beweisrechtliche Vermutung der Richtigkeit eines Gutachtens« (E. Schneider MDR 1985, 199). Es ist deshalb für ihn einfacher, die Entscheidung auf den vom Sachverständigen festgelegten Wahrscheinlichkeitsgrad zu stützen, statt sich selbst eine eigene persönliche Überzeugung zu bilden (vgl. Zöller § 286/19).
>
> Speziell im Arzthaftungsprozess darf das Gericht einen groben Behandlungsfehler entgegen den medizinischen Ausführungen des Sachverständigen nicht aus eigener Wertung bejahen (BGH NJW 2002, 2944).

Dabei kann das Ergebnis in manchen Fällen durchaus davon abhängen, welcher Sachverständige gerade gewählt wurde, vor allem im medizinischen Bereich (vgl. Oehler ZRP 1999, 285).

Hierbei können auch etwaige finanzielle oder persönliche Beziehungen des Gutachters zur Partei eine Rolle spielen. Die Justiz indes ist häufig »blind gegenüber den Verflechtungen ihrer Gutachter« (vgl. Lanz ZRP 1998, 337; vgl. OLG Celle NJW-RR 2003, 135: Tätigkeit als Privatgutachter für die Versicherungswirtschaft kein Ablehnungsgrund), zumal dem Sachverständigen insoweit bislang auch keine Anzeigepflicht zukommt.

Die Sachverständigen werden vom Gericht ausgewählt, wobei viele Richter einfach irgendeinen Gutachter beauftragen, ohne sich irgendwelche Gedanken zu machen (Lanz ZRP 1998, 339). Es kann daher in besonderen Fällen sinnvoll sein, wenn sich die Parteien auf eine bestimmte – kompetente und wirklich neutrale – Person einigen (vgl. § 404 ZPO). Da von einer Partei einseitig vorgeschlagene Sachverständige vom Gegner regelmäßig abgelehnt werden und das Gericht bei vorhandenen Alternativen meistens von deren Bestellung absieht, besteht eine gewisse Chance, auf diese Weise unliebsame Sachverständige zu verhindern. Es bleibt aber die Möglichkeit, vom bevorzugten Sachverständigen ein Privatgutachten anfertigen zu lassen (vgl. sogleich unten 2b (2)).

Da die Gerichte erfahrungsgemäß von der möglichen Beweiserhebung von Amts wegen (§ 144 ZPO) sehr zurückhaltend Gebrauch machen, empfiehlt sich in der Regel ein entsprechender **Antrag**.

Damit das Gericht den Antrag nicht ohne weiteres übersehen bzw. ausweichen kann, sollte hierauf sicherheitshalber in der mündlichen Verhandlung nochmals hingewiesen bzw. der Antrag wiederholt werden. Zum Beweisantritt gem. § 403 ZPO genügt zwar die summarische Bezeichnung der zu begutachtenden Frage (Thomas/Putzo § 403/1). Trotzdem empfiehlt sich eine möglichst genaue Darlegung der Gegebenheiten zur Vermeidung des Risikos, dass das Gericht den Beweisantritt als Ausforschungsbeweis oder mangels ausreichend bestimmter Anknüpfungstatsachen ablehnt (so z.B. bei OLG München MDR 2000, 393).

Bei strafrechtlich relevanten Sachverhalten wird häufig **Strafanzeige** erstattet, um die Klärung der Sachverständigenfrage auf Staatskosten zu erreichen (vgl. Lilie/Orben ZRP 2002, 156: in Arzthaftungsprozessen, wobei der Nutzen wegen der erheblichen Dauer der Ermittlungen und der mit dem Zeitablauf einhergehenden Beweisführungsschwierigkeiten für den Zivilprozess eher gering sei).

> **Beachte:**
>
> Bei einem Sachverständigenbeweis von Amts wegen darf das Gericht dessen Einholung nicht von einem Vorschuss nach §§ 379, 402 ZPO abhängig machen.

(BGH NJW 2000, 743 – OLG Naumburg : 15000, – DM: Thomas/Putzo § 144/1; Zöller §§ 379/3; 144/1), was manchmal indes geschehen soll, um Druck auszuüben, wenn eine Partei vor der hohen Entschädigung für den Sachverständigen zurückschreckt (Schneider MDR 2000, 751) (jedoch kann Vorschuss gem. § 68 Abs. 3 GKG angefordert werden, Thomas/Putzo § 144/1).

Ebenso wenig besteht eine Vorschusspflicht bei bewilligter Prozesskostenhilfe (§ 122 ZPO).

Hierbei ist immer abzuklären, ob der Mandant bei kleinen Streitwerten bzw. bei nur noch geringem streitigem Restbetrag oder bei einer durchaus im üblichen Rahmen liegenden Höhe des Klageanspruchs das durch ein Sachverständigengutachten wesentlich erhöhte **Kostenrisiko** in Kauf nehmen will.

Manchmal kann sich ein Gutachten aufgrund der Möglichkeiten nach § 287 ZPO (Schadensschätzung und Vernehmung des Beweisführers) erübrigen (vgl. auch §§ 441 Abs. 3 S. 2, 633 Abs. 3 S. 2 **BGB n.F.**). Hierauf sollte man das Gericht in geeigneten Fällen hinweisen.

Ferner ist zu prüfen, ob für ein Erfolg versprechendes Gutachten überhaupt ausreichende Anknüpfungstatsachen oder vielleicht andere Beweismittel vorhanden sind. Ein (trotzdem) beantragtes und erholtes Gutachten würde sonst nur unnötige Kosten verursachen. Hat man neben einem Sachverständigengutachten noch Zeugen angeboten, muss man damit rechnen, dass das Gericht zunächst oder ausschließlich das Gutachten erholt.

Dies lässt sich nicht dadurch vermeiden, indem man das Sachverständigengutachten nur unter der Bedingung beantragt, dass das Ergebnis der Zeugenvernehmung zum Beweis der behaupteten Tatsachen dem Gericht nicht ausreicht (vgl. Zöller Vor § 128/20 a.E.). Es bleibt dann nur die Möglichkeit, das häufig nur routinemäßig erfolgte Bestreiten der Anspruchshöhe nicht weiter aufrecht zu erhalten.

Um zu vermeiden, dass nach Erholung eines teureren Gutachtens die Klage bereits dem Grunde nach in der Berufung abgewiesen wird, kann es sich empfehlen, hierüber zunächst eine rechtskräftige Entscheidung im Wege eines **Grundurteils** zu erlangen (§ 304 ZPO). Obgleich dessen Erlass im Ermessen des Gerichts liegt, erscheint ein Antrag einer oder beider Parteien unter Darlegung der Zweckmäßigkeit eines Grundurteils sehr förderlich. Denn solche Urteile ergehen in der Praxis relativ selten. Man muss man sich hierbei aber bewusst sein, dass ein Grundurteil von den Gerichten dann wiederum oft vorschnell erlassen wird (Zöller § 304/1).

Die Haftung des gerichtlichen Sachverständigen auf Ersatz des Schadens, der einer Partei durch eine gerichtliche Entscheidung entsteht, die auf einem unrichtigen Gutachten beruht, ist jetzt gesetzlich in § 839a Abs. 1 **BGB n.F.** geregelt.

Voraussetzung ist der – nur schwer zu erbringende – Nachweis von Vorsatz oder grober Fahrlässigkeit. Außerdem muss es sich regelmäßig um eine letztinstanzliche Entscheidung Handeln (Vgl. §§ 839a Abs. 2 **BGB n.F.**, 839 Abs. 3 BGB) (kein Prozessvergleich).

b) Entkräftung eines Gutachtens

Ein Sachverständigengutachten zu Fall zu bringen ist nur sehr schwer möglich. Dies aber erscheint meist als einzige Chance, einer Verurteilung unter Zugrundelegung des Gutachtens zu entgehen.

(1) Prozessuale Möglichkeiten

- Zunächst können die Parteien **Einwendungen** gegen das Gutachten vorbringen und den Sachverständigen befragen, wenn das Gericht das Erscheinen des Sachverständigen zum Termin (zur Erläuterung des schriftlichen Gutachtens) angeordnet hat.

Hierbei bietet sich die Herbeiführung einer ergänzenden schriftlichen Stellungnahme des Sachverständigen an, was von den Gerichten überwiegend so gehandhabt wird. Dies wird in vielen Fällen die Zweifelspunkte ausreichend klären.

Das Gericht muss aber den Sachverständigen **laden**, wenn eine Partei die Ladung beantragt, auch wenn dem Gericht das schriftliche Gutachten vollständig und überzeugungsfähig erscheint und eine Erläuterung nicht für erforderlich hält (Thomas/Putzo § 411/5; Zöller § 411/5a; BVerfG NJW-RR 1996, 183; BGH NJW 1986, 2886; vgl. zum Ganzen Pantle MDR 1989, 312) (arg. Fragerecht gem. §§ 402, 397 Abs. 1, 411 Abs. 3 ZPO).

Zu beachten ist hierbei, dass ein solcher Antrag (als rechtsmissbräuchlich) aber (nur dann) **abgelehnt** werden kann,

wenn bei einem vollständigen und überzeugungsfähigen Gutachten die Notwendigkeit einer Erörterung überhaupt nicht begründet wird, wenn die an den Sachverständigen zu richtenden Fragen nicht genau genannt werden oder nur beweisunerhebliche Fragen angekündigt werden (BVerfG NJW-RR 1996, 183, Zöller § 411/5a) bzw. die Fragen eindeutig beantwortet sind, ohne dass insoweit ein Erläuterungsbedarf besteht oder zumindest nachvollziehbar geltend gemacht wird (OLG Oldenburg NJW 1999, 178).

Allerdings dürfen bei nur geringer Sachkunde einer Partei an ihre Einwendungen keine hohen Anforderungen gestellt werden (BGH NJW 2003, 1400; anders bei medizinischen Fragen).

Auch nach einem Ergänzungsgutachten hat die Partei ein Recht darauf, den Sachverständigen hierzu mündlich zu befragen, sofern neue und ernst zu nehmende Bedenken gegen Teile des Gutachtens erhoben werden (BGH NJW 1986, 2886).

Die Einwendungen und der Antrag müssen **rechtzeitig**, insbesondere innerhalb einer vom Gericht gesetzten Frist mitgeteilt werden (vgl. § 411 Abs. 4 ZPO). Denn bei Verspätung droht eine Zurückweisung nach §§ 282, 296 ZPO (vgl. Münchener Kommentar § 411/17/18).

Der **Antrag** ist spätestens in dem – nächsten – Verhandlungstermin zu stellen, in dem das Gutachten von den Parteien vorgetragen wird (BGH NJW 1961, 2308;

NJW-RR 1997, 1487). Danach kann die Partei die Anhörung nicht mehr erzwingen, vielmehr entscheidet das Gericht darüber nach Ermessen (§§ 402, 398 Abs. 1 ZPO). Insbesondere lebt der in erster Instanz durch Nichtausübung verlorene prozessuale Anspruch der Partei in der Berufungsinstanz nicht wieder auf.

Unabhängig davon ist jedoch die **Ladung von Amts wegen** geboten, wenn das Gutachten zur Behebung von Zweifeln oder zur Beseitigung von Unklarheiten und Widersprüchen der mündlichen Erläuterung bedarf (Zöller § 411/5). Hierbei kann ein verspäteter Antrag freilich immer eine entsprechende Anregung sein.

Dabei steht das unmittelbare **Fragerecht** jedenfalls dem Anwalt und nach Ermessen des Gerichts auch den Parteien zu (§§ 402, 397 ZPO). Dritte Personen, z.B. Privatsachverständige haben kein Fragerecht und müssen dies durch den Anwalt ausüben. Da dies zeitintensiv ist, kann man versuchen zu erreichen, dass das Gericht eine unmittelbare Befragung (ausnahmsweise) gestattet, obgleich dies in § 397 ZPO nicht vorgesehen ist.

Enthalten die mündlichen Ausführungen des Sachverständigen gegenüber dem früheren schriftlichen Gutachten neue und ausführlichere Beurteilungen, muss der Partei unter Umständen Gelegenheit gegebenen werden, nochmals Stellung nehmen zu können, nachdem sie sich etwa selbst anderweitig sachverständig beraten hat. Ein solcher Wunsch sollte im Anschluss an die Beweisaufnahme unbedingt kundgetan werden, da die Partei sonst dieses Recht verlieren kann (BGH NJW 1988, 2302: Arzthaftungsprozess).

- Der Anwalt sollte genau prüfen, ob der Sachverständige von den **richtigen Anknüpfungstatsachen** ausgegangen ist und nicht etwa einen unbewiesenen, widerlegten oder irrelevanten Sachverhalt zugrunde gelegt hat.

  Es empfiehlt sich daher, bei einem Augenscheintermin des Sachverständigen zu erscheinen, um zu verhindern, dass der Gegner dem Sachverständigen einen abweichenden Sachverhalt unterbreitet.

- Ebenso wichtig ist es, dass der Sachverständige aus den richtigen Tatsachen auch richtige, insbesondere nachvollziehbare logische **Schlussfolgerungen** gezogen hat.

  Da manche Richter zuweilen nur die »Zusammenfassung« am Ende des Gutachtens lesen, sollte auch geprüft werden, ob diese den Inhalt, einschließlich etwaiger Einschränkungen oder besondere Voraussetzungen zutreffend wiedergibt.

- Ein Sachverständiger kann wegen Besorgnis der **Befangenheit** abgelehnt werden (§ 406 ZPO).

  Eine solche Ablehnung hat in der Praxis erfahrungsgemäß nur selten Erfolg. Da Sachverständige als Naturwissenschaftler aber häufig mit den zivilprozessualen Regeln und Denkweisen nicht vertraut sind, können Ablehnungsgründe in manchen Fällen durchaus gefunden werden.

Voraussetzung ist allgemein, dass die Partei aus ihrer Sicht mit einer plausiblen, gedanklich nachvollziehbaren Erklärung Zweifel an der Unbefangenheit des Sachverständigen haben kann. Maßgebend ist dafür die Sicht einer einigermaßen verständigen Partei, nicht Querulantentum oder übersteigertes Misstrauen (vgl. Zöller § 42/9).

Eine Ablehnung rechtfertigen kann es z.B., wenn ein gerichtlich bestellter Sachverständiger zum Besichtigungstermin nur eine Partei zugezogen oder bei einer Partei Informationen eingeholt hat oder wenn er mit überzogener Ausdrucksweise Kritik an einem von der Partei vorgelegten Privatgutachten übt (OLG Oldenburg NJW-RR 2000, 1166: Privatgutachter habe »keine Ahnung«), was gegebenenfalls durch gezielte Fragen gefördert werden kann. Dies gilt ebenso für zuweilen vorkommende einseitige negative Bewertung der Partei und deren Anwalt (vgl. OLG Köln MDR 2002, 53: Sachverständiger bezeichnete die Äußerungen des Anwalts – »ein außerordentlich oberflächlich und lapidares Gutachten, welches mit schneller Hand geschrieben wurde« – als »flegelhaft« und »rüpelhaft«).

Es kann leicht vorkommen, dass der Sachverständige sich außergerichtlich in eine Sachdiskussion mit einer Partei über die Richtigkeit seiner gutachterlichen Ausführungen einlässt und in diesem Zusammenhang andeutet, dass noch weitere – bislang nicht gerügte – Mängel oder Mängelursachen vorhanden sein könnten (vgl. OLG München Beschl.. v. 6.5.1999, 28 W 1494/99: Befangenheitsgrund, weil allein die »Optik« maßgebend ist, auch wenn er Sachverständige sich dem Anruf der Partei grundsätzlich nicht entziehen konnte und sich subjektiv in einer Verteidigungsstellung sah und möglicherweise eine prompte Antwort auch als ein Gebot der Höflichkeit ansah).

Ebenso treffen Sachverständige zuweilen eigenmächtig Feststellungen über den ihnen erteilten Gutachtensauftrag hinaus, ohne zuvor auf eine Ergänzung der Beweisfragen hingewirkt zu haben (vgl. OLG Celle NJW-RR 2003, 135: Befangenheitsgrund).

Im Übrigen ist besonders auf die **Frist** für den Ablehnungsantrag nach § 406 Abs. 2 ZPO zu achten.

Diese darf nicht verwechselt werden mit einer vom Gericht nach § 411 Abs. 4 ZPO gesetzten Frist zur inhaltlichen Stellungnahme zum Gutachten (vgl. Zöller § 406/11). Wenn sich der Ablehnungsgrund erst aus dem Inhalt des Gutachtens ergibt, ist der Antrag unverzüglich nach dessen Kenntnis – so früh wie möglich – zu stellen, sonst spätestens innerhalb von zwei Wochen nach Verkündung oder Zustellung des Beschlusses über die Ernennung des Sachverständigen. Man darf also nicht erst abwarten, ob das Gutachten für die Partei ungünstig ausfällt. Bei Fristversäumung kann der Anwalt versuchen, sich auf mangelndes Verschulden i.S. § 406 Abs. 2 S. 2 ZPO zu berufen und darauf hinweisen, dass ihm eine angemessene Prüfungs- und Überlegungsfrist zusteht (vgl. Zöller § 406/11; OLG Brandenburg NJW-RR 2001, 1433: in aller Regel zwei Wochen-Frist – einmonatige Überlegungsfrist ist zu lang).

Bei begründeter Ablehnung kann der Beweisführer ihn jedoch als **sachverständigen Zeugen** benennen bezüglich seiner Wahrnehmungen bei einer Augenscheinseinnahme (§ 414 ZPO; vgl. Zöller § 414/2 a.E.). Ebenso kann die Partei selbst bei dem abgelehnten Sachverständigen ein Privatgutachten in Auftrag geben und dieses vorlegen. Dadurch können u.U. für den Beweisführer günstige Feststellungen des Sachverständigen noch gerettet werden.

- Erfolgversprechender ist die Erholung eines **weiteren Gutachtens** eines anderen Sachverständigen, welches allerdings nur ausnahmsweise geboten ist.

Allgemeine Voraussetzung ist nach § 412 ZPO, dass das Gericht das Gutachten für ungenügend erachtet. Dabei darf – im Gegensatz zu Zeugenaussagen – die Einschaltung eines zweiten Gutachters aber auch dann abgelehnt werden, wenn das erste Gutachten bereits das Gegenteil der behaupteten Tatsache bewiesen hat (BGHZ 53, 245, 258).

Nach der Rechtsprechung kommt ein zweites Gutachten vor allem in Betracht bei substantiierten Einwendungen gegen das erste schriftliche Gutachten, wenn diese nicht von vornherein widerlegbar sind (BGH VersR 1985, 188, Thomas/Putzo § 412/1) oder es sich um einen schwierigen Fall handelt (BGH NJW 1986, 1930), grobe Mängel besitzt oder die Sachkunde des ersten Gutachters zweifelhaft ist bzw. der neue Gutachter über überlegene Forschungsmittel verfügt oder wenn es in anderer Weise nicht aufklärbare Widersprüche enthält (Thomas/Putzo § 412/1).

Obgleich das Gericht diese Voraussetzungen gem. § 286 ZPO selbständig prüfen müsste, empfiehlt sich ein ausdrücklicher und begründeter Antrag seitens der vom Gutachten nachteilig betroffenen Partei.

Falls die beiden Gutachten zu unterschiedlichen Ergebnissen kommen, kann insbesondere bei besonders schwierigen Fragen ausnahmsweise noch die Erholung eines sog. **Obergutachtens** in Frage kommen, wenn der Richter ohne einleuchtende, logisch nachvollziehbare Begründung nicht einem den Vorzug geben kann (Thomas/Putzo § 412/3).

Dabei kennt die ZPO weder diesen Begriff, noch normiert sie eine irgendwie geartete Reihenfolge unter verschiedenen Gutachten. Als Obergutachter wird in der Praxis ein Sachverständiger verstanden, der auf Grund überragender Sachkunde oder besonderer Autorität die durch gegensätzliche Auffassung mehrerer Sachverständiger entstandenen Zweifel zu klären hat (Baumbach/Lauterbach § 412/4; Thomas/Putzo § 412/3).

(2) **Bedeutung eines Privatgutachtens**
Gerade ein **Privatgutachten** einer Partei kann dazu führen, dass Einwendungen vom Gericht ernst genommen werden (BGH NJW 1986, 1930; Thomas/Putzo Vorbem. § 402/5; problematisch kann allerdings die Kostenerstattung sein! – vgl. BGH NJW 2003, 1398; Thomas/Putzo

§ 91/48 ff.). So haben Anträge auf Erholung eines zweiten (gerichtlichen) Gutachtens in der Regel nur dann Aussicht auf Erfolg, wenn die Einwendungen durch ein Privatgutachten gestützt werden.

Denn das Gericht hat sich damit ebenso sorgfältig auseinander zu setzen und auf eine weitere Aufklärung des Sachverhalts hinzuwirken, als wenn es sich um die abweichende Stellungnahme eines von ihm bestellten weiteren Gutachters handeln würde (BGH VersR 1980, 533; NJW 1998, 2735: Arzthaftungsprozess; OLG Saarbrücken NJW-RR 1999, 719; BGH NJW 1992, 1459: schriftliche Ergänzung des Gutachtens/Ladung des Sachverständigen/weiteres Gutachten gem. § 412 ZPO).

Dabei sind gerade in Arzthaftungsprozessen die Äußerungen medizinischer Sachverständiger kritisch auf ihre Vollständigkeit und Widerspruchsfreiheit zu prüfen, vor allem bei Widersprüchen aufgrund von Privatgutachten (BGH NJW 1996, 1597), gerade weil manche Sachverständige Behandlungsfehler nur sehr zurückhaltend ansprechen (BGH NJW 1999, 3410).

Es ist **verfahrensfehlerhaft**, wenn nicht dargelegt wird, warum das Gericht der Ansicht des gerichtlichen Sachverständigen den Vorzug gibt bzw. warum es dessen Ausführungen für »überzeugend« hält (OLG Zweibrücken NJW-RR 1999, 1156).

Die unkritische Übernahme z.B. von Bewertungsansätzen im Gutachten und Ergänzungsgutachten eines gerichtlichen Sachverständigen verletzt das Gebot **rechtlichen Gehörs,** wenn ein Privatgutachten zu deutlich anderen Bewertungsergebnissen gelangt (BVerfG NJW 1997, 122: hier : zur Ermittlung des Wertes eines Unternehmens im Rahmen des Zugewinnausgleichs).

Zur Erfüllung all dieser Voraussetzungen dürfte dem Gericht meist die erforderliche Sachkunde fehlen, so dass die Einholung eines zweiten Gutachtens häufig unumgänglich sein wird, sofern die noch offenen Fragen nicht bereits durch die Anhörung des Sachverständigen geklärt werden konnten.

Sonst kann ein **Privatgutachten** als Sachverständigengutachten im Prozess nur mit Zustimmung beider Parteien verwertet werden (BGH, Thomas/Putzo vor § 402/5; **a.A.** Zöller § 402/2).

Sofern das Gericht dieses Gutachten zur Beantwortung der Beweisfrage für ausreichend hält, ist die Einholung eines gerichtlichen Gutachtens entbehrlich (BGH VersR 1989, 587).

Soweit die Ausführungen im Privatgutachten nicht ausreichen, um die von einer Partei zum Beweisthema angestellten Überlegungen und die von ihr in ihrem Vortrag angesprochenen aufklärungsbedürftigen Fragen zu beantworten, muss der Richter auf Antrag der Partei einen Sachverständigen hinzuziehen und eine schriftliche oder mündliche Begutachtung anordnen. Dabei kommt es nicht darauf an, ob die Behauptung der Partei in der anderen Begutachtung eine Stütze findet oder nicht (BGH NJW 2002, 2324, st. Rspr.).

Im Übrigen ist ein Privatgutachten urkundlich belegter (qualifizierter) **substantiierter Parteivortrag.**

(BGH NJW-RR 1994, 255, st. Rspr.; Thomas/Putzo Vorbem. § 402/5), den das Gericht im Rahmen freier Beweiswürdigung – ohne Einholung eines weiteren Gutachtens – auch bei Widerspruch einer Partei (ausnahmsweise, meist bei besonders einfacher Sachlage, sonst nur Beweis dafür, welche Erklärungen vom Privatgutachter abgegeben worden sind, nicht aber für die inhaltliche Richtigkeit, OLG Oldenburg NJW-RR 2000, 949) für zuverlässig und ausreichend halten kann (Zöller § 402/2: urkundenbeweisliche Verwertung). Es ist dann Sache des Gegners der vorlegenden Partei, den Gegenbeweis anzubieten, am besten durch Antrag auf Einholung eines (gerichtlichen) Sachverständigengutachtens.

Dadurch ist die **Gegenpartei** gezwungen, zumindest entsprechend substantiiert zu bestreiten (vgl. Müther MDR 1998, 1336), was in der Praxis häufig nicht erfolgt. Es verbleibt meistens beim bloßen Widerspruch gegen die Verwertung des Privatgutachtens als solches.

Der Privatgutachter kann allerdings auch als (sachverständiger) **Zeuge** über seine Feststellungen bei der Besichtigung des Streitobjekts vernommen werden (Beweisantrag erforderlich!).

Damit kann das Privatgutachten beweisrechtlich letztlich doch wieder Berücksichtigung finden, wenngleich dieser Zeuge (streng genommen) nur zu einem Beweisthema gehört werden kann, das zulässiger Gegenstand eines Zeugenbeweises ist. Die Abgrenzung ist im Einzelfall schwierig.

Vernimmt das Gericht den Privatgutachter zu Sachverständigenfragen, so hat es ihn damit zum gerichtlichen Sachverständigen bestellt, über dessen Aussage sich das Gericht daher nicht mehr »einfach hinwegsetzen« kann (BGH BauR 1994, 524).

Im Übrigen handelt die beweispflichtige Partei grob nachlässig, wenn sie lediglich ein Privatgutachten vorlegt und keinen Beweisantrag auf Einholung eines gerichtlichen Gutachtens stellt (OLG Oldenburg NJW-RR 2000, 949) (§§ 528 Abs. 2, 282 Abs. 1 ZPO).

c) Beweissicherungsgutachten

Praktische Bedeutung hat die schriftliche Begutachtung durch einen Sachverständigen im selbständigen Beweisverfahren nach **§ 485 ZPO** neben Arzthaftungs- und Straßenverkehrsverfahren vor allem in Bauprozessen, wo es meist darum geht, Mängel an einem Bauvorhaben sowie den hierfür jeweils Verantwortlichen von mehreren Beteiligten festzustellen. Zudem wird durch die Zustellung des Antrages die Verjährung gehemmt (§ 204 Abs.1 Nr. 7 **BGB n.F.**).

Sechster Teil: Die Beweisaufnahme

> **Beachte:**
> Der Anwalt sollte den Beweiserhebungen im selbständigen Beweisverfahren dieselbe kritische Aufmerksamkeit widmen, wie im Hauptsacheprozess.

Denn eine solche Begutachtung, welche regelmäßig außerhalb eines Streitverfahrens erfolgt, hat nach § 493 Abs. 1 ZPO dieselbe **Bedeutung** wie ein erst im Prozess eingeholtes Gutachten. So folgt auch die Beweisaufnahme den hierfür geltenden allgemeinen Vorschriften (§ 492 ZPO).

Daraus folgt insbesondere, dass

- eine **Ablehnung** des Sachverständigen wegen der Besorgnis der Befangenheit im selbständigen Beweisverfahren möglich ist (§ 406 ZPO), im Hauptsacheprozess hingegen nur in Ausnahmefällen (Thomas/Putzo § 487/6),

- im Hauptsacheprozess eine **erneute Begutachtung** nur ausnahmsweise unter den – in der Praxis nur selten vorliegenden – engen Voraussetzungen des § 412 ZPO zulässig ist (Zöller § 493/2; vgl. auch § 485 Abs. 3 ZPO),

- das Gutachten grundsätzlich schriftlich erstattet und **eine mündliche Anhörung** des Sachverständigen im selbständigen Beweisverfahren beantragt werden kann (§ 411 Abs. 3 ZPO) (vgl. Zöller §§ 411/5a, Vor § 485/7, 492/1: auch noch im Hauptsacheprozess),

- der Gegner einen eigenen **Gegenantrag** stellen (z.B. Erweiterung der Beweisfrage) und Gegenbeweis antreten kann (Zöller §§ 485/3, 487/4; Thomas/Putzo § 485/1, zu den Zulässigkeitsvoraussetzungen vgl. OLG Jena MDR 1997, 1160, str.),

- eine **Streitverkündung** zulässig ist (vgl. oben 3. Teil I 1),

- **Einwendungen**, die Begutachtung betreffender **Anträge** und Ergänzungsfragen **rechtzeitig** mitzuteilen sind.

Dies hat entweder innerhalb einer vom Gericht hierfür gesetzten Frist oder innerhalb eines angemessenen Zeitraums (nach Erledigung der Beweisaufnahme) zu erfolgen (§ 411 Abs. 4 ZPO).

Bei verspätetem Vortrag ist Präklusion nach §§ 282, 296 ZPO möglich (zweifelhaft, ob für den Hauptsacheprozess bindend bzw. ob eine gesetzte Frist weiter wirkt; unklar Zöller §§ 492/1, 493/2; OLG Hamm BauR 2000, 1372: jedenfalls unter den Voraussetzungen der §§ 398, 412 ZPO zulässig; OLG Düsseldorf BB 1988, 721: Partei trifft beim Unterlassen einer möglichen und zumutbaren Einwendung die volle Beweislast dafür, dass das im Beweissicherungsverfahren erzielte Beweisergebnis unzutreffend ist).

Die Dauer des Zeitraums, welcher noch als angemessen angesehen werden kann richtet sich allgemein nach dem Umfang und dem Schwierigkeitsgrad des Gutachtens. Jedenfalls sind regelmäßig 6 Monate ab Übersendung des schriftlichen Gutachtens an die Parteien zu lang (OLG Köln BauR 1998, 591; OLG Frankfurt BauR 1994, 139: auch bei sehr umfangreichem Gutachten) und 4 Monate dürften im Normalfall die Obergrenze darstellen (vgl. z.B. OLG München BauR 2001, 837: auch bei einem fachlich komplexen und umfangreichen Gutachten; OLG Köln NJW-RR 1998, 210: 4 Monate bei einfach gelagertem Sachverhalt zu lang; LG Dortmund NJW-RR 2001, 714: 1 Monat).

Da in der Praxis das Ende des selbständigen Beweisverfahrens häufig vorverlegt wird, um Anhörungsanträgen nicht stattgeben zu müssen (ZAP Fach 1 S. 196), sollten die dargestellten Grenzen möglichst nicht voll ausgenutzt werden.

In der Praxis wird vielfach von sämtlichen Beteiligten dem selbständigen Beweisverfahren und den erstatteten Gutachten wenig Sorgfalt gewidmet. Unter Umständen kann eine Partei sich das zunutze machen, abgesehen von der Notwendigkeit einer Beweissicherung bei drohendem Beweismittelverlust und bevorstehender Verjährung.

So sind die **Voraussetzungen** für die Anordnung eines Sachverständigengutachtens relativ gering (vgl. § 485 ZPO); das »rechtliche Interesse« in § 485 Abs. 2 ZPO ist weit auszulegen (Thomas/Putzo § 485/7) und das Gericht darf im Übrigen nicht zu hohe Anforderungen stellen (Zöller § 487/4). Unerheblich ist die Frage, ob das Beweismittel für einen etwaigen späteren Hauptsacheprozess relevant ist sowie dessen Erfolgsaussicht (Thomas/Putzo § 485/4). Mittels der Begutachtung kann daher eine gewisse Ausforschung betrieben werden, insbesondere kann der Antragsteller ermitteln lassen, wer z.B. für einen bestimmten Baumangel verantwortlich ist (vgl. §§ 485 Abs. 2, 494 ZPO).

Da der Beweisbeschluss nicht anfechtbar ist, kann der Gegner dessen Änderung, insbesondere eine Einschränkung durch das erlassende Gericht nur durch eine Anregung bzw. Erhebung von Einwendungen erreichen (vgl. § 490 Abs. 2 S. 2 ZPO) (KG MDR 1999, 564).

Im selbständigen Beweisverfahren werden namentliche **Vorschläge** des Antragstellers in Bezug auf die Person des Sachverständigen erfahrungsgemäß eher akzeptiert als im Urteilsverfahren, obgleich diese (im Gegensatz zu früher) für das Gericht nach h.M. nicht bindend sind (§§ 492 Abs. 1, 404 Abs. 1 S. 1 ZPO) (Thomas/Putzo § 487/399; **a.A.** Baumbach/Lauterbach § 487/5) (Ausnahme: Einigung der Parteien auf einen bestimmten Sachverständigen § 404 Abs. 4 ZPO).

Außerdem werden die vorgegebenen Fragen vom Gericht häufig unverändert und ohne genauere Prüfung im Anordnungsbeschluss übernommen. Einwendungen des Antraggegners hinsichtlich des Beweisthemas und des erstellten

Gutachtens erfolgen ebenso selten wie Anträge auf persönliche Anhörung des Sachverständigen.

Für die Frage der **Verwertung** des Gutachtens im Streitverfahren gilt Folgendes:

- **von Amts wegen**, wenn sich eine Partei – ohne besondere Antragstellung – auf die darin festgestellten Tatsachen beruft (§§ 493 Abs. 1; 285 Abs. 2 ZPO). Im Gegensatz zum Privatgutachten ist hierfür die Zustimmung des Gegners nicht erforderlich.

  Da dem Streitgericht das Vorhandensein eines solchen Gutachtens erfahrungsgemäß nicht immer ohne weiteres bekannt ist (anders Zöller § 493/1), sollte der Antragsteller ein nachteiliges Gutachten tunlichst nicht erwähnen, wenn er angesichts dessen trotzdem noch Klage erhoben hat. Ein vorteilhaftes Gutachten hingegen sollte nicht nur erwähnt, sondern am besten mit vorgelegt werden, um die Kenntnisnahme durch das Streitgericht sicherzustellen.

- die **Zulässigkeit** des selbständigen Beweisverfahrens ist keine Voraussetzung der späteren Verwertung der Beweise (Thomas/Putzo § 493/1).

  Vor allem nur dann, wenn eine Partei von einem Ortstermin nicht (nachweisbar) benachrichtigt war, ist das Gutachten nicht verwertbar (Thomas/Putzo § 493/2; Zöller § 493/4). Hierbei ist darauf zu achten, der Verwertung rechtzeitig zu widersprechen, um den Eintritt der Heilungswirkung des § 295 ZPO zu verhindern.

- Es muss **Identität** der Parteien gegeben sein.

  Es ist daher zu empfehlen, möglichst alle in Betracht kommenden Schuldner als Antragsgegner zu nennen oder ihnen (kostenrechtlich günstiger) den Streit zu verkünden (z.B. bei einem Bauvorhaben den Bauunternehmer, Handwerker, Subunternehmer, Architekten; vgl. oben 3. Teil).

3) Urkunden

Es ist immer vorteilhaft, wenn sich eine Partei auf Schriftstücke berufen kann. Sofern dieses dann noch vom Gegner stammt, ist dieser jedenfalls zunächst erklärungspflichtig dafür, wie dieses Schriftstück zu seinem abweichenden Vortrag passt.

Beachte:

Die bloße Vorlage von Urkunden als Beweismittel kann fehlenden tatsächlichen Sachvortrag nicht ersetzen. Dies gilt besonders z.B. für Rechnungen und Lieferscheine, wobei Rechnungen auch keinen Beweis für die erbrachte Leistung erbringen können.

---

a) Beweisantritt

(1) Urkunde beim Beweisführer

Befindet sich die Urkunde in Händen des Beweisführers, wird der Urkundenbeweis gem. §§ 420, 595 Abs. 3 ZPO angetreten durch die **Vorlage** der Urkunde.

Nicht ausreichend ist das bloße Anerbieten der Vorlage – wie es in der Praxis oft geschieht (Thomas/Putzo § 420/2; Zöller § 420/1). Grundsätzlich sind etwaige Grundbuch- und Handelsregisterauszüge vorzulegen (vgl. unten 3 a (3)).

Jedoch hat das Gericht die Partei in der mündlichen Verhandlung bei angekündigten Urkunden zur Vorlage und damit zum Beweisantritt **aufzufordern** (Zöller § 420/3; BGH NJW 1986, 428, OLG Frankfurt NJW-RR 1987, 656). Das Gericht kann eine Partei ohne entsprechenden Hinweis keinesfalls als beweisfällig behandeln, wenn diese erkennbar davon ausgeht, dass sich die Urkunde bereits bei den Akten befindet (§ 139 ZPO) (vgl. auch § 356 ZPO) (BGH NJW 1986, 428).

Häufig wird in anwaltlichen Schriftsätzen die Vorlage der entsprechenden Urkunde für den Bestreitensfall angekündigt. Erfahrungsgemäß wird dies dann jedoch oft **vergessen**, so dass es sich empfiehlt, die Urkunden dem Schriftsatz sicherheitshalber (in Kopie) gleich beizulegen.

Als Auswege bei **vergessenen Urkunden** kommen in der mündlichen Verhandlung im Prinzip dieselben Fluchtmöglichkeiten wie bei einer drohenden Präklusion in Betracht oder (falls nicht präkludiert) ein Beweisantrag auf Zeugenvernehmung (jeweils neuer Termin erforderlich; sonst ausgeschlossen nach § 296a ZPO) (vgl. auch BGH FamRZ 1996, 1067: Pflicht zur Wiedereröffnung der Verhandlung bei nachträglicher Einreichung von Belege, deren Beibringung in der mündlichen Verhandlung zugesagt war, § 156 ZPO). Sonst kann ohne entsprechende Reaktion des Anwalts aufgrund Beweisfälligkeit der Prozessverlust drohen.

(2) Urkunde beim Gegner oder bei Dritten

Befindet sich die **Urkunde beim Gegner** (z.B. die Original-Vertragsurkunde)**, so wird der Beweis angetreten durch den Antrag, dem Gegner die Vorlage der Urkunde aufgeben (§ 421 ZPO).

Die Vorlage kann nicht erzwungen werden. Wenn der Gegner aber trotz Vorlegungspflicht nach §§ 422, 423 ZPO die Urkunde nicht vorlegt, so können gem. § 427 ZPO die Behauptungen des Beweisführers über den Inhalt der Urkunde als bewiesen angenommen oder eine vom Beweisführer vorgelegte Abschrift als richtig angesehen werden. Dies gilt allerdings nicht, wenn der Gegner unwiderlegbar behauptet, die Urkunde nicht (mehr) zu besitzen und nach ihr sorgfältig geforscht zu haben (vgl. § 426 ZPO).

Daneben kann das Gericht nach §§ 142 Abs. 1, 273 Abs. 2 Nr. 5 ZPO n.F. – unabhängig von einem Beweisantritt – anordnen, dass eine Partei die in ihrem Besitz befindlichen Urkunden vorlegt, auf die sich eine Partei bezogen hat. Entgegen der bisherigen Regelung des § 142 ZPO a.F. sowie entgegen § 423 ZPO gilt dies somit auch für solche Urkunden, auf die sich nur die Gegenpartei bezogen hat, selbst wenn diese nicht darlegungs- und beweispflichtig ist oder die Unterlagen ihr ungünstig sind. Sofern die Voraussetzungen für einen Beweisantritt nach § 421 ZPO nicht vorliegen, kann eine solche Anordnung vom Anwalt angeregt werden.

▶ **Beispiel:**

Der beklagte Ersatzpflichtige kann die Vorlage der Rechnung einer durchgeführten Reparatur anregen, wenn sich der klagende Geschädigte zum Nachweis des (fiktiven) Verkehrsunfall-Schadens auf ein Schätzgutachten beruft. Die tatsächlichen Reparaturkosten stellen gegenüber einem Schätzgutachten ein aussagekräftiges Indiz für die Höhe der erforderlichen Kosten dar (vgl. Greger NJW 2002, 1477).

Zwar ist auch diese Anordnung weder anfechtbar noch erzwingbar. An deren Nichtvorlage können sich aber beweisrechtliche Folgen knüpfen (§ 286 ZPO) (Begr. RegE.S. 78 verweist auf § 427 ZPO), so dass Urkunden einer Partei auch gegen deren Willen im Prozess Bedeutung erlangen können. Hierbei ist zu berücksichtigen, dass diese Vorschriften nicht die Befugnis verleihen, »schutzwürdige Geheimbereiche« von Verfahrensbeteiligten auszuforschen (BT-Dr. 14/6036 S. 120).

Der Anwalt muss darauf achten, welche Urkunden er in seinen Schriftsätzen erwähnt. Dabei kann die Existenz von weiteren Urkunden auch aus eingereichten Unterlagen hervorgehen, welche daher zuvor entsprechend durchgesehen werden sollten.

Befindet sich die **Urkunde bei einem Dritten**, so wird der Beweis angetreten durch den Antrag, zur Herbeischaffung der Urkunde (durch die beweisführende Partei) eine Frist zu bestimmen oder die Vorlegung (gegenüber dem Dritten) anzuordnen (§ 428 **ZPO n.F.**).

Eine Fristsetzung für die Vorlage ist nur Erfolg versprechend, wenn der Beweisführer einen materiell-rechtlichen Anspruch gegen den Dritten auf Vorlage bzw. Herausgabe hat. Während er dann aber wie bislang – notfalls im Wege der Klage (vgl. § 429 ZPO) – die Urkunde selbst herbeizuschaffen muss, ist die gerichtliche Vorlageanordnung unmittelbar an den Dritten gerichtet.

Dabei sind nach § 142 Abs. 2 ZPO n.F. Dritte nunmehr prozessual zur Vorlegung verpflichtet, soweit ihnen dies zumutbar ist und ihnen kein Zeugnisverweigerungsrecht (vgl. §§ 383, 384 ZPO) zusteht (bisher: § 429 ZPO). Deshalb kann insbesondere der gegnerische Anwalt nicht zur Herausgabe der Handakten, insbesondere des Schriftwechsels mit seiner Partei aufgefordert werden (vgl. § 383 Abs. 1 Nr. 6 ZPO). Sofern der Antrag die Rechtsschutzversicherung betrifft, dürfte die entscheidende Frage sein, ob ihr die Herausgabe z.B. der Korrespondenz mit dem Anwalt zumutbar ist. Auch Ärzten steht ein Zeugnisverweigerungsrecht zu, sofern sie nicht von der Verpflichtung zur Verschwiegenheit entbunden sind (§ 385 Abs. 2 ZPO) (vgl. LG Saarbrücken, VersR 03, 234 – Klage des Versicherungsnehmers gegenüber seiner Krankenversicherung).

Die Begründung des Regierungsentwurfs (Begr. RegE.S. 92), wonach das Gericht dem Gesuch auf Anordnung der Urkundenvorlegung (nur) dann zu entsprechen hat, wenn es davon überzeugt ist, dass die Urkunde sich im Besitz des Dritten befindet, hat im Gesetzeswortlaut indes keinen Niederschlag gefunden. So ist bei einem Antrag nach § 428 ZPO lediglich glaubhaft zu machen, dass sich die (existierende) Urkunde in den Händen des Dritten befindet. Für die Anordnung von Amts wegen nach § 142 ZPO n.F. ist nichts dergleichen ausdrücklich im Gesetz vorgesehen (vgl. Greger NJW 2002, 3050: Anordnung der Vorlage einer Urkunde möglich, wenn nach allgemeiner Erfahrung mit dem Vorhandensein einer solchen zu rechnen ist).

Die Neuregelung kann zum Zwecke der Prozessverschleppung missbraucht werden. Denn es ist zu erwarten (so Zekoll/Bolt NJW 2002, 3133), dass die am Prozess unbeteiligten Personen sich häufig durch zwei Instanzen gegen die Vorlageanordnung wehren werden (vgl. §§ 142 Abs. 2 S. 2, 387 ZPO). So wird es vor allem auch Streit geben über die äußerst unklare Voraussetzung der »Zumutbarkeit« (vgl. Begr. RegE. S. 79: Berücksichtigung berechtigter Interessen des Dritten). Ferner kann gegen die möglichen Ordnungsmittel bei Nichtbefolgung sofortige Beschwerde eingelegt werden (§ 390 ZPO).

Die Partei, welche sich auf die Urkunde bezieht, wird dadurch keinesfalls von ihrer Darlegungs-und Substantiierungslast befreit.

Keinesfalls ist mit der Regelung des § 142 ZPO n.F. eine unzulässige Ausforschung bezweckt. Diese gibt dem Gericht nicht die Befugnis, unabhängig von einem schlüssigen Vortrag zum Zwecke der Informationsgewinnung Urkunden anzufordern (BT-Dr. 14/6036 S. 120).

(3) Urkunden in anderen Akten

Nicht selten sind in anderen Akten (z.B. Strafakten, Insolvenzakten) für das Zivilverfahren relevante Schriftstücke (z.B. Vernehmungsniederschriften, Urteile, Sachverständigengutachten) enthalten.

Diese können als Urkundenbeweis im Zivilprozess auch gegen den Widerspruch einer Partei verwertet werden (§ 286 ZPO; vgl. § 14 Abs. 2 Ziff. 1 EGZPO) (Zöller § 526/3; BGH VersR 1970, 322, NJW 1995, 2856: mit allerdings geringerem Beweiswert als eine unmittelbare Vernehmung; NJW 2000, 1420: regelmäßig keine verfahrensrechtlich zulässige Beurteilung der Glaubwürdigkeit dieser Zeugen möglich; BVerfG NZV 1993, 185: kein Verstoß gegen Art. 103 Abs. 1 GG). Eine Zeugenaussage aus einem strafrechtlichen Ermittlungsverfahren ist jedoch nur dann verwertbar, wenn dort eine erforderliche Belehrung des Zeugen erfolgt ist

(Thomas/Putzo § 383/10; Zöller § 373/9; 383/21; vgl. BGH NJW 2003, 1123 – differenzierend bei unterbliebener strafprozessualer Belehrung der Partei als Beschuldigter) (§ 295 ZPO beachten!).

Ein (rechtskräftiges) **Strafurteil** stellt eine Beweisurkunde dar, auf die der Tatrichter auch seine Überzeugung stützen kann (BGH NJW-RR 1988, 1527: u.U. anders bei einem Strafurteil, das in abgekürzter Form und daher ohne Beweiswürdigung ergangen ist). Zu beachten ist dabei aber, dass den Parteien im Strafverfahren die Zeugenstellung zukommt und Strafurteile häufig (auch) auf deren Aussage beruhen. In diesem Falle sollte die Gegenpartei das Gericht durchaus darauf hinweisen, dass der Beweiswert eines solchen Urteils (wohl) eher gering ist. Dies gilt erst recht für bloße Strafbefehle ohne mündliche Verhandlung. Dabei dürfte eine Einspruchsrücknahme in der Regel gegen den Beklagten sprechen, sofern er hierfür nicht plausible Gründe überzeugend darlegt (z.B. schlechte oder fehlende anwaltliche Beratung, Ausübung von Druck seitens des Strafrichters oder der Staatsanwaltschaft).

Nach den derzeitigen Vorschlägen des Bundesjustizministeriums zu einem Justizmodernisierungsgesetz (JuMoG) soll der Zivilrichter grundsätzlich an tatsächliche Feststellungen in vorgängigen rechtskräftigen Strafurteilen gesetzlich gebunden werden (Art. 1 Nr. 15 ReferentenE. § 415a ZPO-JuMoG) und die Vernehmung eines Zeugen im Zivilprozess soll unter bestimmten Voraussetzungen durch die Verwertung der Niederschrift seiner Vernehmung im Strafverfahren ersetzt werden (Art. 1 Nr. 13 ReferentenE. § 374 ZPO-JuMoG).

Als **Beweisantritt** reicht es nicht aus, nur pauschal die Beiziehung der Akten anzubieten bzw. zu beantragen, sondern es sind die einzelnen Schriftstücke darin zu benennen (sonst unzulässige Beweisermittlung/Beibringungsgrundsatz!) (vgl. § 432 ZPO).

So ist z.B. anzugeben, welche konkreten Vernehmungsniederschriften beigezogen werden sollen (BGH NStZ 1998, 276). Freilich ist deren Berücksichtigung am sichersten gewährleistet, wenn gleich Kopien der entsprechenden Aktenstücke vorgelegt werden, insbesondere auch bereits ergangene Urteile in einem etwaigen Strafverfahren.

Der Inhalt gleichwohl beigezogener Akten, auf den sich keine Partei substantiiert bezogen hat, gehört selbst dann nicht zum Prozessstoff, wenn die Akte ausweislich des Sitzungsprotokolls zum Gegenstand der mündlichen Verhandlung gemacht wurde (OLG Hamm NJW-RR 2002, 504; BGH NJW 1994, 3295).

Im Übrigen besteht nach der ZPO kein allgemeines Recht auf Beiziehung von Verfahrensakten eines anderen Prozesses. Der Anwalt kann zwar eine Beiziehung oder eine Amtsauskunft (als zulässiges Beweismittel) nach § 273 Abs. 2 Nr. 2 ZPO anregen, es besteht aber weder ein Recht auf Entscheidung hierüber noch ist die Unterlassung einer Beschwerde zugänglich (Zöller §§ 273/5, 567/33). Die erfolgten Maßnahmen sind den Parteien jedenfalls mitzuteilen (§ 273 Abs. 4 S. 1 ZPO), andernfalls verstößt deren Verwertung gegen den Grundsatz des rechtlichen Gehörs (Thomas/Putzo § 273/14; BVerfG NJW 1994, 1210).

III. Beweismittel

> **Beachte:**
> Urkunden, welche sich der Beweisführer selbst beschaffen kann, müssen hingegen von ihm zum Beweis vorgelegt werden (§§ 420, 432 Abs. 2 ZPO) (z.B. Grundbuch- und Handelsregisterauszüge; Strafakten – OLG Hamm NJW-RR 2002, 504) (Zöller § 432/5).

Allerdings muss eine beantragte **Zeugenvernehmung** trotz Verwertung anderer Akten, insbesondere darin enthaltener Vernehmungsniederschriften, durchgeführt werden. Es ist dann nicht zulässig, anstelle der Vernehmung die protokollierte Aussage zu verwerten (BGH NJW-RR 1988, 1527; Thomas/Putzo § 286/11) (primärer Beweisantrag und nicht Wiederholung der Beweisaufnahme nach Ermessen des Gerichts i.S. § 398 ZPO).

Nach wohl h.M. ist ein ausdrücklicher **Antrag** erforderlich (Zöller § 373/9; BGH VersR 1970, 322; BGH NJW-RR 1992, 1214). Nach Thomas/Putzo soll im Widerspruch des Gegners hinsichtlich einer Verwertung von Vernehmungsniederschriften ein konkludenter Antrag auf Vernehmung des Zeugen liegen (Thomas/Putzo § 286/11). Selbst wenn die Einverständniserklärung mit der beweismäßigen Verwertung nicht ohne weiteres den Verzicht auf eine beantragte Vernehmung bedeutet (OLG Hamm NJW-RR 2002, 1653), ist es ratsam, dies sicherheitshalber ausdrücklich klarzustellen.

Ein solcher Antrag ist bei einer ungünstigen Aussage regelmäßig zu empfehlen, da man nur so die Chance hat, von dieser »wegzukommen«, welche zudem von der Beweislastsituation im Strafverfahren geprägt ist. Natürlich kann die beweisbelastete Partei bei Zweifeln an der Überzeugungskraft der urkundlichen Aussage diesen Antrag stellen, wobei diese erste Vernehmung im Normalfall der Wahrheit am Nahesten kommt. Denn mit Zeitablauf verblassen viele Erinnerungen.

Bei einem **Sachverständigengutachten** aus einem anderen Verfahren muss das Gericht einen Sachverständigen hinzuziehen und eine (schriftliche oder mündliche) Begutachtung anordnen, wenn die urkundenbeweislich herangezogenen Ausführungen nicht ausreichen, um die von einer Partei zum Beweisthema angestellten Überlegungen und die in ihrem Vortrag angestellten aufklärungsbedürftigen Fragen zu beantworten (BGH NJW 2002, 2324; st. Rspr.).

Es kommt nicht darauf an, ob die Behauptung der Partei in der urkundenbeweislich herangezogenen Begutachtung eine Stütze findet oder nicht. Einem entsprechenden Antrag einer Partei muss das Gericht auf jedem Fall nachgehen.

b) Beweiswirkung

Unterzeichnete Privaturkunden begründen vollen Beweis dafür, dass die in ihnen enthaltenen Erklärungen von dem Aussteller abgegeben sind (§ 416 ZPO).

> Diese **formelle Beweiskraft** gilt nur für den Text, der über der Unterschrift steht (vgl. §§ 416, 440 Abs. 2 ZPO) (Thomas/Putzo §§416/2; 440/2).

Davon nicht mit erfasst wird die **materielle Beweiskraft** der Urkunde, also Zugang, inhaltliche Richtigkeit (speziell auch hinsichtlich des angegebenen Datums), Vollständigkeit und rechtliche Wirksamkeit der Erklärung (Thomas/Putzo § 416/3/5). Dies unterliegt sämtlich der richterlichen Beweiswürdigung (§ 286 ZPO).

Die Rechtsprechung bedient sich hierbei (widerlegbarer) **tatsächlicher Vermutungen**:

- So enthält z.B. eine **Quittung** ein außergerichtliches Geständnis hinsichtlich des Leistungsempfangs und als solches ein Indiz für die Wahrheit der zugestandenen Tatsache; denn erfahrungsgemäß pflegt niemand ohne Not eine ihm ungünstige Tatsache zuzugeben, der nicht von ihrer Wahrheit überzeugt ist (OLG Saarbrücken MDR 1997, 1107; OLG Köln NJW 1993, 3079 u. BGH NJW-RR 1988, 8881: Beweiswert einer Bankquittung ist sehr hoch und kann nur in Ausnahmefällen erschüttert werden; Palandt § 368/4) (vgl. §§ 368, 363 BGB).

- Speziell der **Schuldschein** über ein Darlehen beweist nach § 416 ZPO, dass der Schuldner eine entsprechende Erklärung abgegeben, nicht jedoch auch, dass er die Darlehenssumme erhalten hat. Hierfür spricht nach der Lebenserfahrung eine tatsächliche Vermutung (RGZ 72, 279), welche durch jeden Gegenbeweis entkräftet werden kann (BGH NJW 2001, 2096, 2099; vgl. oben I 3 c).

- Insbesondere spricht eine tatsächliche Vermutung dafür, dass eine von beiden Vertragspartnern **unterschriebene Urkunde** über ein Rechtsgeschäft die Willenserklärungen der Parteien richtig und vollständig wiedergibt (Thomas/Putzo § 416/3; Palandt § 125/15; st. Rspr. des BGH). Speziell diese Vermutung wird praktisch wie eine Beweisregel gehandhabt, ohne dass noch eine Beweiswürdigung im Einzelfall stattfindet.

- Eine **ärztliches Attest** hat die tatsächliche Vermutung der Richtigkeit für sich (vgl. BAG MDR 1997, 581: Arbeitsunfähigkeitsbescheinigung; **a.A.** LAG München NJW 1989, 998 unter Hinweis darauf, dass Ärzte keine »Übermenschen« seien, denen in größerem Maße als anderen die Fähigkeit gegeben wäre, unwahre Angaben ihrer Patienten zu durchschauen. Für den Beweiswert ist daher m.E. entscheidend, ob die attestierte Krankheit bzw. Verletzung objektiv verifizierbar ist oder nicht).

Im Übrigen gilt der Inhalt einer Urkunde (als Parteivortrag) als unstreitig, wenn der Gegner die Richtigkeit nicht bestreitet (§ 138 Abs. 3 ZPO).

Die **Beweislast** für außerhalb der Urkunde liegende Umstände trifft dann die Partei, die sich darauf beruft (BGH NJW 1999, 1702; 2002, 3164).

An den Beweis der Unrichtigkeit, Unvollständigkeit oder eines vom Urkundentext abweichendes Auslegungsergebnis sind dabei strenge Anforderungen zu stellen, insbesondere wenn der Verwender eines Formulars geltend macht, zu seinen Gunsten sei eine mündliche Nebenabrede getroffen worden. Der Widerlegbarkeit stehen dabei Schriftformklauseln nicht entgegen, da diese jederzeit formlos und stillschweigend aufgehoben werden können (Palandt § 125/14 BGB; § 4/5 AGBG).

Aufgrund der lediglich formellen Beweiskraft ist auch noch eine Irrtumsanfechtung gem. § 119 Abs. 1 BGB möglich mit der Begründung, das Unterschriebene nicht (vollständig) gelesen oder verstanden zu haben. Im Übrigen ist ein solcher Einwand jedoch unerheblich. Denn wer vorbehaltlos unterschreibt, ohne vom Inhalt der Urkunde Kenntnis zu nehmen, unterwirft sich damit ohne weiteres der in der Urkunde enthaltenen Verpflichtung (Zöller § 416/11).

Für die Anwendung dieser Grundsätze ist indes kein Raum, wenn die Vertragsurkunde – wie so oft in der Praxis – **unklar oder mehrdeutig** ist (BGH NJW 2002, 1500).

Die Aufklärung des Inhalts der Urkunde muss nach den allgemeinen Beweislastregeln erfolgen. Dabei hat die **Auslegung** von Vertragserklärungen in Zweifelsfällen den mit dem Rechtsgeschäft verfolgten Zweck und die beiderseitige Interessenlage zu berücksichtigen und grundsätzlich davon auszugehen, dass beide Parteien mit der vereinbarten Regelung ihre Interessen wahren wollen. Dabei kann für die Ermittlung des tatsächlichen Vertragswillens der Beteiligten auch deren nachträgliches Verhalten durchaus Bedeutung haben (BGH MDR 1997, 331). Im Übrigen können zur Auslegung insbesondere herangezogen werden die Begleitumstände des Vertragsabschlusses, dessen Entstehungsgeschichte sowie Äußerungen der Parteien außerhalb der Urkunde (BGH NJW 2002, 3164).

Die oben genannte Beweisregel gilt dabei nur für »echte« **Urkunden in der Urschrift.**

Vorzulegen ist daher grundsätzlich das Original (Thomas/Putzo § 416/1). Dabei muss der Inhalt vom angeblichen Aussteller herrühren. Bei Privaturkunden, deren Unterschrift echt ist, wird dies für den übrigen Inhalt vermutet (§ 440 Abs. 2 ZPO).

Wird die **Echtheit** nicht bestritten, so wird die Urkunde als anerkannt angesehen, während sonst der Beweisführer die Echtheit zu beweisen hat (§§ 439 Abs. 3, 440 Abs. 1 ZPO). Beim Amtsgericht allerdings muss die Partei zuvor zur Erklärung über die Echtheit aufgefordert worden sein (§ 510 ZPO). Erkennt diese die Echtheit an, so hat dies die Folge eines Geständnisses (§ 288 ZPO) (OLG Saarbrücken MDR 2002, 109).

Den Einwand, der Text sei **verfälscht** oder vereinbarungswidrig nach der Unterzeichnung eingesetzt worden, muss bei Echtheit der Unterschrift der Unterzeichner beweisen (§ 292 ZPO, Thomas/Putzo § 440/2; Zöller §§ 440/3, 416/5: BGH NJW 1986, 3086: gilt auch bei Blankounterschriften und Blankettmissbrauch). Dabei kann bei Auffälligkeiten im Schriftbild die Beweiskraft aufgehoben sein (§ 419 ZPO). Im Übrigen kann der Beweis auch durch den Antrag auf Parteivernehmung des Gegners geführt werden (§ 292 S. 2 ZPO) (BGH NJW 1988, 2741).

Zum **Beweis** der Echtheit bleibt – neben dem Zeugenbeweis und in Ausnahmefällen mittels Augenschein durch das Gericht selbst – meistens nur die (nicht ganz billige) Schriftvergleichung, die erfahrungsgemäß jedoch nicht immer zur einem sicheren Nachweis führt (Beweisantrag vgl. § 441 Abs. 2 ZPO).

Denn ob und inwieweit eine gutachterliche Aussage möglich ist, hängt nicht zuletzt von der Ergiebigkeit der fraglichen Schreibleistung (materielle Beschaffenheit, Umfang und Eigenprägung) und der Güte des Vergleichsschriftmaterials ab. Vor allem bei einer kurzen, paraphenförmigen Schreibweise und einer geringen graphischen Komplexität sind hochwertige Urheberschaftsaussagen nicht zu erwarten. Häufig verhindern Unzulänglichkeiten im Schriftmaterial eine schlüssige Wahrscheinlichkeitsaussage gänzlich, vor allem bei Vernichtung der Originale nach Mikroverfilmung (vgl. BGH NJW-RR 2000, 1471: in diesem Fall aber Beweislastumkehr für die Fälschung der Unterschrift).

Die Frage, ob aus prozesstaktischen Gründen die Echtheit vom Gegner vorgelegter Dritturkunden grundsätzlich (mit Nichtwissen) bestritten werden soll, kann nicht allgemein beantwortet werden. So ist in Anbetracht der regelmäßig hohen Sachverständigenkosten nicht nur die Beweislast des Gegners mit in die Überlegungen einzubeziehen, sondern auch zu bedenken, dass Urkunden mit gefälschter Unterschrift als Beweismittel im gewöhnlichen Zivilprozess nur sehr selten vorgelegt werden (E. Schneider MDR 1987, 725: Bestreiten in aller Regel nur ein Pyrrhussieg).

Eine **Abschrift** unterliegt freier Beweiswürdigung, selbst wenn es sich um eine beglaubigte Abschrift handelt (Thomas/Putzo §§ 416/1, 420/2; Zöller § 286/14; BGH NJW 1980, 1047; differenzierend Thomas/Putzo § 435/1; **a.A.** Zöller §§ 592/15, 597/5).

Falls der Gegner den Inhalt vorgelegter **Abschriften** nicht bestreitet, insbesondere sich zum Inhalt rügelos einlässt, wird dadurch der Beweis für die Echtheit und Existenz des Originals sowie die Übereinstimmung der Abschriften mit ihm bzw. die Beglaubigung bei öffentlichen Urkunden (vgl. § 435 ZPO) entbehrlich (§ 138 Abs. 3 ZPO; Zöller §§ 435/1, 439/2; OLG Köln DB 1983, 105). Auch wenn in der Praxis in der Regel eine Abschrift ausreicht, sollte die Originalurkunde in der Verhandlung immer vorgelegt werden können.

Dies gilt auch **für sonstige** (insbes. nicht unterschriebene) **Urkunden.**

Deren Beweiswert hat das Gericht ebenfalls nach § 286 ZPO frei zu würdigen. Sie sind folglich durchaus zum Beweis geeignet und in der Praxis nicht selten (z.B. Rechnungen, Quittungen, Kontoauszüge, Notizen etc.).

In Bezug auf **Zeitnotizen des Rechtanwalts** (bei vereinbartem Zeithonorar) hat z.B. das OLG Hamburg (MDR 2000, 115) festgestellt, dass ihnen ein erheblicher

Beweiswert zukommt. Den Aufzeichnungen darüber, welche Zeit der Anwalt für welche Angelegenheit aufgewandt hat, sei zu folgen. Der Beweiswert sei nur dann anders zu bewerten, wenn Anhaltspunkte dafür vorhanden wären, dass es sich um gefälschte Aufzeichnungen handelt. Beweispflicht sei insoweit der Beklagte. Dabei ergäben sich solche Anhaltspunkte nicht bereits aus der Verwendung verschiedenfarbiger Kugelschreiber. Diese Entscheidung lässt sich sicherlich auch auf andere Berufsgruppen übertragen, wenn die berechneten Arbeitsstunden bestritten sind (z.B. Steuerberater, Architekten etc.).

Elektronische Dokumente und deren Ausdruck gelten nach der ZPO nicht als Urkunden, da dadurch keine originäre menschliche Gedankenäußerung bekundet wird, sondern nur die Tatsache der Eingabe und Programmierung von Daten (Zöller vor § 415/2).

So wird der Beweis eines solchen Dokuments nach § 371 S. 2 ZPO auch durch Vorlegung oder Übermittlung der Datei angetreten (Augenscheinsbeweis).

Im Übrigen sind die elektronischen Dokumente jetzt in § 126a BGB, §§ 130a, 292a, 299 Abs. 3, 299a ZPO (vgl. auch 174 Abs. 3 ZPO) geregelt (aufgrund Formanpassungsgesetz vom 13. 7. 2001; BGBl. I S. 1542 – seit 1. 8. 2001 in Kraft).

c) **Einzelfälle**

(1) **Vorprozessualer Schriftwechsel**

Besondere Bedeutung kann dem meistens vorhandenen vorprozessualen Schriftwechsel der Parteien zukommen.

- So kann es etwa als **Indiz** angesehen werden, wenn der Beklagte in der außergerichtlichen Korrespondenz die Bezahlung einer nunmehr bestrittenen Forderung zugesagt hat.

    Nach der Rechtsprechung des BGH können Bestätigungserklärungen eines Schuldners – wie etwa die durch eine Zahlungszusage zum Ausdruck gebrachte Erfüllungsbereitschaft – als »Zeugnis« des Erklärenden »gegen sich selbst« gewertet werden, das jedenfalls den Schluss auf die Richtigkeit des Vorbringens des Gläubigers zulässt und darüber hinaus sogar zu einer Umkehr der Beweislast führen kann (Palandt § 781/6; BGH NJW 1976, 1259; NJW-RR 1991, 1214; NJW 2001, 2096: kann durch jeden Gegenbeweis entkräftet werden). Urkundlichen Beweiswert für die Richtigkeit ihres Inhalts haben die Schreiben als Privaturkunden nicht.

- Bei Hinzutreten weiterer Umstände kann eine darin enthaltene Behauptung eine Wahrscheinlichkeit für deren Richtigkeit begründen und damit Anlass zu einer Parteivernehmung nach § 448 ZPO sein (BGH NJW 1989, 3222).

- Abgesehen davon, dass Schreiben selbst Willenserklärungen enthalten bzw. als kaufmännische Bestätigungsschreiben Rechtswirkungen erzeugen können, ist es zuweilen möglich, aus dem Schriftwechsel gewisse Rückschlüsse zu ziehen.

So können sich dadurch der Wille der Parteien in Bezug auf eine vorhergehende und nunmehr streitige Vereinbarung ermitteln oder sonstige Auslegungsfragen klären lassen (vgl. BGH MDR 1997, 331: Berufungsgericht hat den Schriftwechsel zu Unrecht unberücksichtigt gelassen; MDR 2002, 1240; MDR 1987, 117, 1988, 22; Brandenburgisches OLG MDR 1999, 1501). Ebenso lässt sich z.b. das Bestreiten des Zugangs eines bestimmten Schreibens oder die Verneinung der Identität des Absenders einer E-Mail leicht als unwahr aufdecken, wenn diese Sendungen im nachfolgenden Schriftverkehr vom Empfänger bzw. Absender mehr oder weniger direkt angesprochen bzw. darauf Bezug genommen wird. Dies gilt auch für die Behauptung, etwas nicht zu wissen bzw. gewusst zu haben.

Im Übrigen dürften die Äußerungen der noch nicht anwaltlich vertretenen Parteien in der Vorkorrespondenz, wenn noch nicht mit einem Rechtsstreit gerechnet wird, häufig unverfälschter sein, als während eines Prozesses.

- Schließlich enthalten die Schreiben der Gegenseite oftmals wichtige Informationen in Bezug auf deren Identität vor allem bei Gesellschaften, worauf man sich aber nicht immer verlassen kann (vgl. oben 1. Teil IV 3 a, c), oder auch im Hinblick auf mögliche Zeugen.

- Die Verwendung des unternehmenseigenen Briefpapiers kann für eine Anscheins- oder Duldungsvollmacht der unterzeichnenden Person sprechen, ebenso wenn der Name eines bereits aus der Gesellschaft ausgeschiedenen Mitgliedes noch im Briefkopf aufgeführt ist (vgl. Palandt § 173/15).

(2) **Stundenlohnzettel**

Bei Bauwerksarbeiten und vereinbarter Zeitvergütung (vgl. oben I 3 d) führen vom Besteller – oft ohne nähere Überprüfung und Kontrollmöglichkeit – unterschriebene **Stundenlohnzettel** zu einer Umkehr der Beweislast.

Der Auftraggeber muss die Unrichtigkeit der darin nach Art und Umfang als erbracht bezeichneten Arbeiten sowie seine Unkenntnis hiervon bei der Unterzeichnung beweisen (z.B. KG KGReport Berlin 2002, 361: deklaratorisches Schuldanerkenntnis; Werner/Pastor Rdnr. 2026, 2027), während hierfür sonst der Unternehmer beweispflichtig ist (vgl. Palandt § 632/11). Hierzu soll er substantiiert darlegen müssen, in welchem Umfang einzelne in Rechnung gestellte Stunden nicht erforderlich waren (KG KG Report Berlin 2002, 361: Stundenlohnzettel würden sonst ihren Sinn verlieren; OLG Karlsruhe, Urt. v. 15.10.02 – 17 U 96/01).

Für die Erforderlichkeit der ausgeführten Arbeiten bzw. des Stundenaufwands sowie für die Vereinbarung einer Vergütung nach geleisteter Zeit erbringt der Stundenlohnzettel hingegen keinen Beweis

(BGH NJW-RR 1995, 80; OLG Frankfurt NJW-RR 2000, 1470; Werner/Pastor Rdnr. 1215 a.E.; **a.A.** OLG Hamburg BauR 2000, 1491: Anerkenntnis auch hinsichtlich der grundlegenden Abrede einer Abrechnung nach Arbeitsstunden).

Außerdem muss der Unternehmer die ausgeführten Leistungen substantiiert vortragen (vgl. KG NJW-RR 2000, 1690: Zeiterfassungsbögen, aus denen sich lediglich entnehmen lässt, welcher Arbeiter an welchem Tag wie viele Stunden auf welchem Bauvorhaben geleistet haben soll, reichen dafür nicht aus – erforderlich sind vielmehr Angabe der eingesetzten Personen nebst ihrer Funktion, die Art des Einsatzes und die konkret ausgeführten Arbeiten).

(3) Reisemängelprotokoll

Zum Beweis im Reisemängelprozess berufen sich die Parteien in vielen Fällen auf ein, vom Reiseleiter am Urlaubsort angefertigtes Mängelprotokoll.

Die Reisenden dafür, dass die Mängel vorlagen und angezeigt wurden, die Reiseveranstalter, dass die Anzeige erst kurz vor Reiseende erfolgt ist und nicht alle im Prozess behaupteten Mängel – weil nicht im Protokoll aufgeführt – angezeigt wurden (vgl. §§ 651e, 651 f BGB).

Hierzu behaupteten die Reisenden meist, sie hätten viel früher die Mängel mündlich gerügt bzw. bei Verlangen einer schriftlichen Protokollierung der Rüge sei ihnen mitgeteilt worden, diese schriftliche Fixierung könne man später vor Antritt der Heimreise nachholen.

Da den Aussagen der vom Reisenden benannten Angehörigen und Mitreisenden die Aussagen des Reiseleiters entgegenstehen, kann ein solches Mängelprotokoll ausschlaggebend sein.

Mit Hilfe dessen kann jedenfalls der Nachweis für die **Anzeige der Mängel** im Wege des Urkundenbeweises erbracht werden (vgl. oben I 3 e). Jedoch muss der Reisende beweisen, dass auch weitere, im Protokoll nicht aufgeführte Mängel angezeigt wurden (vgl. oben III 3 b).

Allerdings ist eine solche Niederschrift für den **Zeitpunkt der Mängelanzeige** wenig aussagekräftig.

Hierzu hat das LG Frankfurt (NJW-RR 1986, 540) festgestellt:

»Das Gericht lehnt es im Hinblick auf die Funktion des Mängelprotokolls und die aus einer Vielzahl von Verfahren gewonnene gerichtsbekannte Tatsache, dass es üblicherweise erst zum Schluss der Reise angefertigt wird, obwohl mündliche Mängelrügen vorher erfolgt sind, ab, den Zeitpunkt der Protokollerrichtung im Rahmen der Beweiswürdigung über die früher erfolgte mündliche Rüge zu berücksichtigen. Dies würde nicht gelten, wenn im Protokoll – von der Unterschrift des Reisenden gedeckt – ein Vermerk über den Zeitpunkt der erstmals erfolgten Rüge enthalten wäre.«

Im Übrigen ist die Bedeutung einer vorbehaltlosen Unterzeichnung einer Mängelliste für die Frage des **Vorliegens der Mängel**, wofür grundsätzlich der Reisende beweispflichtig ist, umstritten.

Folgende Ansichten werden hierzu vertreten:

- Nach § 286 ZPO zu würdigendes Indiz für deren Vorliegen (Baumgärtel § 651c/2), wobei auch in der schriftlichen Mängelanzeige nicht enthaltene Mängel geltend gemacht werden können (Baumgärtel § 651d/5).
- Nur Nachweis hinsichtlich der Mängelanzeige (Münchener Kommentar § 651d/4; LG Hannover NJW-RR 1988, 1454; LG Berlin NJW-RR 1989, 1213).
- Deklaratorisches Anerkenntnis (festgestellte Mängel können vom Reiseveranstalter nicht mehr bestritten werden), auch mit dem Vermerk: »zur Kenntnis genommen«, nicht aber wenn das Mängelprotokoll so abgefasst ist, dass der Reiseteilnehmer den eingeschränkten Beweiswert der Urkunde ohne weiteres erkennen kann, wie z.B. »Die Erstellung der Niederschrift bedeutet keine Anerkennung der Beanstandung« oder »unter Vorbehalt einer späteren Überprüfung« oder »Empfang bestätigt« (LG Frankfurt NJW-RR 1989, 309: auch mit dem Vermerk »zur Kenntnis genommen«; Führich Rdnr. 256).
- Beweislastumkehr (vgl. Führich Rdnr. 256 Fn. 16).

(4) Schuldbekenntnis an der Unfallstelle

Ein Schuldbekenntnis nach einem Verkehrsunfall stellt in aller Regel weder ein konstitutives noch ein deklaratorisches Schuldanerkenntnis nach § 781 BGB dar.

> Im Normalfall fehlt einer solchen Erklärung der rechtsgeschäftliche Charakter. Es handelt sich vielmehr nur um eine Äußerung, mit der der Erklärende unter Verwendung eines (einfachen) Rechtsbegriffs zusammenfassend zum Unfallhergang Stellung nimmt (BGH NJW 1984, 799; Palandt § 781/10). Dies gilt erst recht bei nur mündlichen Erklärungen (vgl. Baumgärtel § 781/32 mwN.).
>
> Im Einzelfall kann jedoch eine andere Wertung möglich sein, wenn die Parteien unter den konkreten Umständen dazu Anlass gehabt haben, ihre Beziehungen – ganz oder teilweise – dem Streit oder der Ungewissheit über den Unfallhergang zu entziehen und sie insoweit auf eine das Haftpflichtverhältnis verstärkende vertragliche Grundlage zu stellen (BGH NJW 1984, 799: z.B. wenn der Erklärung ein Gespräch der Beteiligten über Haftpflichtansprüche vorausgegangen ist). Eine abstrakte Vermutung für einen Anerkenntnisvertrag gibt es nicht (BGH NJW 1982, 996).
>
> Dabei würde der Vorteil eines rechtsgeschäftlichen Schuldanerkenntnisses für den Erklärungsempfänger im mehr oder weniger umfassenden Ausschluss von Einwendungen bestehen (vgl. Palandt §§ 780/9, 781/4).

Jedoch verbessert ein solches Bekenntnis die **Beweislage** des Erklärungsempfängers. So muss er die, einen Schadensersatzanspruch begründenden Behauptungen erst dann beweisen, wenn dem Erklärenden der Nachweis der Unrichtigkeit des Anerkannten gelungen ist.

Dabei hat es der BGH dahingestellt sein lassen, ob dies auf einer Umkehr der Beweislast beruht oder ob in der Erklärung nur ein »Zeugnis gegen sich selbst« mit entsprechender Indizwirkung zu sehen ist (NJW 1984, 799; 1982, 996: starkes Indiz). Vor allem wenn der Erklärungsempfänger dadurch abgehalten wurde, auf einer polizeilichen Unfallaufnahme und damit auf einer Beweissicherung zu bestehen, wird die Annahme einer Beweislastumkehr vertreten (Baumgärtel § 781/33; a.A. Tempel S. 587: deklaratorisches Anerkenntnis – auch bei mündlichen Erklärungen).

(5) Übergabeprotokoll

Bei der Übergabe und Rückgabe einer Miet- oder Leasingsache (insbes. Mietwohnung und Kfz-Leasing) wird üblicherweise ein Protokoll erstellt, was in der Regel von beiden Vertragsparteien unterschrieben wird.

Dieses kann unterschiedliche rechtliche Bedeutung haben, was letztlich nur im Einzelfall durch Auslegung zu ermitteln ist.

- **Beweissicherung**

Der Zweck eines solchen Protokolls besteht in erster Linie darin, dass der Erhalt der Mietsache (Schlüsselübergabe!) sowie deren tatsächlicher Zustand beweissicher festgehalten werden (Beweismittelschaffung).

Es erleichtert zumindest den Beweis und kann gegebenenfalls zu einer Umkehr der Beweislast führen (vgl. § 286 ZPO; §§ 363, 368 BGB) (BGH NJW 1988, 204; LG Aachen WuM 1981, 163: »typisches Übergabeprotokoll«; KG Grundeigentum 2003, 524) (vgl. auch oben III 3 c (1)).

Zweifelhaft erscheint die Auffassung, dass der Mieter tatsächliche Feststellungen dann nicht mehr soll bestreiten können (so aber Blank/Börstinghaus § 548 BGB Rdnr. 6; Schmitt/Futterer § 556 BGB Rdnr. 82).

- **Schuldanerkenntnis**

Wenn der Mieter darüber hinaus Erklärungen abgibt, z.B. dass er die Kosten für die Renovierung oder Schadensbeseitigung übernimmt, kann darin ein deklaratorisches Schuldanerkenntnis liegen. Dies hat zur Folge, dass der Mieter Einwendungen tatsächlicher und rechtlicher Art ausgeschlossen ist, die er bei Abgabe kannte oder mit denen er gerechnet hat (vgl. Palandt § 781/4).

Ein konstitutives Schuldanerkenntnis, wodurch neben der Verpflichtung aus dem Mietvertrag eine neue, rechtlich selbständige Verpflichtung begründet wird, kann hingegen nur in Ausnahmefällen angenommen werden (Schmitt/Futterer aaO. Rdnr. 84; LG Aachen WuM 1981, 163: so außergewöhnlich, dass es insoweit einer eindeutigen Formulierung bedarf) (vgl. §§ 780, 781 BGB).

- **Negatives Schuldanerkenntnis**

Ein solches Protokoll soll ferner dazu dienen, Streit der Parteien über den Zustand des Mietobjekts und das Vorhandensein von Schäden zu vermeiden und spätere Einwendungen der Parteien auszuschließen.

Sofern der Vermieter darin (vorbehaltlos) bestätigt, dass die Mietsache im vertragsgemäßen bzw. mangelfreien Zustand zurückgegeben wurde, liegt hierin ein negatives Schuldanerkenntnis bzw. ein Verzicht zugunsten des Mieters, das etwaige Ansprüche des Vermieters zum Erlöschen bringt (vgl. § 397 Abs. 2 BGB).

Der Mieter kann nur für diejenigen Schäden verantwortlich gemacht werden, die im Übergabeprotokoll vermerkt sind, nicht aber für weitere bekannte oder erkennbare Schäden (vgl. Sternel IV Rdnr. 612; Palandt § 397/9; LG Hamburg ZMR 1999, 405; AG Köln WuM 2001, 154: Wohnung »ordnungsgemäß« übergeben; BGH NJW 1983, 446, 448; OLG Celle MDR 1998, 149: Kfz-Leasingvertrag).

Ohne eine ausdrückliche Regelung im Protokoll besteht keine Vermutung für die eine oder andere Auslegungsvariante (Schmid ZMR 1999, 407 – Anm. zu LG Hamburg).

So sind an die Feststellung eines gewollten Verzichts allgemein strenge Anforderungen zu stellen, wobei es ein Erfahrungssatz ist, dass ein Erlass nicht zu vermuten ist (vgl. Palandt § 397/4). Insbesondere wenn der tatsächliche (schlechte) Zustand der Wohnung bei Rückgabe offenkundig ist, kann man dem Vermieter nicht ohne weiteres einen Verzichtswillen hinsichtlich seiner (offensichtlichen) Ansprüche unterstellen.

Im Übrigen muss diejenige Partei, die sich auf eine (weitergehende) rechtsgeschäftliche Bedeutung beruft, das Zustandekommen der entsprechenden Vereinbarung darlegen und beweisen (Einwendung!).

4) Parteivernehmung

a) Bedeutung

Wenn keinerlei sonstige Beweismittel vorhanden sind, bleibt als letzte Möglichkeit, die Partei selbst als Beweismittel im Wege der Parteieinvernahme heranzuziehen. Für den **Beweisantritt** reicht der in den Schriftsätzen häufig anzutreffende stereotypische Antrag auf »Parteivernehmung« (eigentlich) nicht aus und ist strenggenommen unbeachtlich (Zöller § 446/5). Es muss angegeben werden, welche Partei vernommen werden soll. Denn die Voraussetzungen sind verschieden.

Zu unterscheiden sind:

- Vernehmung des Beweisführers auf Antrag (§ 447 ZPO)
- Vernehmung der Gegenpartei auf Antrag (§ 445 ZPO)
- Vernehmung einer oder beider Parteien von Amts wegen (§§ 287, 448 ZPO)
- Parteianhörung (vgl. oben 5. Teil III 3)

Die Voraussetzungen einer Parteivernehmung auf Antrag liegen nur selten vor, da jeweils der Gegner einverstanden sein muss.

Am einfachsten ist die **Vernehmung der Gegenpartei** zu erreichen, da das Gericht bei Weigerung, sich vernehmen zu lassen nach freier Überzeugung die behauptete Tatsache als erwiesen ansehen kann (§§ 446, 453, 454 ZPO). Dies vor allem dann, wenn die Ablehnung ohne überzeugende triftige Gründe erfolgt oder der Wahrung anderer Interessen den Vorrang einräumt (Thomas/Putzo § 446/1). Erklärt der Gegner, nichts zu wissen, so können nachteilige Schlüsse daraus nur gezogen werden, wenn der Antragsteller darlegt, worauf das Wissen beruhen kann (Zöller § 446/1).

Die Vernehmung des Gegners hat naturgemäß nur geringe Erfolgsaussichten und die Aussage wird fast immer seinem Sachvortrag entsprechen. Weil diese dadurch aber Beweiswert erlangt, sollte man die Parteivernehmung nur ausnahmsweise beantragen.

Trotzdem ist sie nicht generell als völlig untauglich anzusehen, da bei einer beeideten Falschaussage (vgl. § 452 ZPO) eine Strafbarkeit wegen Meineides droht. In der Praxis ist der Parteieid zwar im Zivilprozess nahezu »ausgestorben« (E. Schneider MDR 1987, 726). Jedoch wird der zu vernehmenden Partei durch den »symbolischen Akt des Platzwechsels« und die Belehrung »die Verbindlichkeit der Aussage und die mit ihrer Aussage verbundene Verantwortung für die Entscheidung stärker vor Augen geführt als bei einer formlosen Anhörung« (Lange NJW 2002, 483). So sind die Parteien bei einer förmlichen Vernehmung erfahrungsgemäß meist aussagebereiter, was der Anwalt durch intensives Fragen und Konfrontation der Partei mit etwaigen Ungereimtheiten oder anderweitigen Beweisergebnissen nutzen sollte.

Hingegen dürfen aus der Verweigerung des Einverständnisses zur **Vernehmung des Beweisführers,** keine nachteiligen Schlüsse gezogen werden (Zöller § 447/4). Wird der Beweisführer trotzdem vernommen, ohne dass die Voraussetzungen des § 448 ZPO vorliegen, darf die Aussage bei Rüge der Gegenpartei nicht verwertet werden (§ 295 ZPO) (vgl. Zöller § 447/4).

Keinesfalls darf man voreilig sein Einverständnis erteilen, da dieses unwiderruflich ist (Zöller § 447/3). Bei Unsicherheiten über die Beweislast kann man folgende zulässige Erklärung abgeben: »Beweis: Vernehmung des Gegners, falls ich beweispflichtig bin« oder »mit der Vernehmung des Gegners bin ich einverstanden, falls ich beweispflichtig bin« (Baumbach/Lauterbach § 447/6). Dadurch vermeidet man die Gefahr, dass das Einverständnis dem beweispflichtigen Gegner zu seiner Vernehmung verhilft. Im Übrigen kann sich die Partei sicherheitshalber schon vorsorglich der Vernehmung des Gegners widersetzen, insbesondere wenn dieser keine (sonstigen) Beweismittel angeboten hat.

Der Gläubiger sollte sich daher bei einem Mangel an sonstigen Beweismitteln rechtzeitig überlegen, ob nicht eine Abtretung der Klageforderung in Betracht kommt, damit er als Zeuge vernommen werden kann (vgl. oben 1. Teil I 5a (1)).

Da die Neigung der Gerichte sehr gering ist, eine **Parteivernehmung von Amts wegen** durchzuführen, sollte eine solche in geeigneten Fällen – zusätzlich zu etwaigen Beweisanträgen – unbedingt angeregt werden, um das Gericht zur Prüfung zu veranlassen. Hierbei kann es hilfreich sein, die für die Richtigkeit des eigenen Vortrages sprechenden Umstände aufzuzeigen und insbesondere im Falle der Beweisnot den Gesichtspunkt der Waffengleichheit zu betonen.

So muss nach Ansicht des BGH das Gericht in nachprüfbarer Weise darlegen, weshalb sie von einer Parteivernehmung von Amts wegen abgesehen hat, wenn sich eine Partei in Beweisnot befindet, sie Parteivernehmung beantragt hat und für die Richtigkeit ihres Vortrags eine gewisse Wahrscheinlichkeit spricht (BGH NJW 1990, 1721; kritisch Zöller § 448/4a) (vgl. i.Ü. II 4 b). Etwaige Bedenken gegen den Beweiswert einer Parteivernehmung können allenfalls in die Beweiswürdigung einfließen (BVerfG NJW 2001, 2531).

Sofern die Partei bereits in einem anderen Verfahren ausgesagt hat (z.B. im Ermittlungsverfahren), ist zu erwägen, ob nicht die urkundliche Verwertung der Aussage in Betracht kommt, was nach § 286 ZPO grundsätzlich möglich sein müsste, entsprechend wie bei Zeugenaussagen.

Möchte das Gericht eine Partei (versehentlich oder rechtsirrig) als Zeuge vernehmen, muss dies vom Gegner rechtzeitig gerügt werden, da dieser Verfahrensfehler sonst gem. § 295 ZPO geheilt werden kann (vgl. Thomas/Putzo §§ 295/2, 448/5). Gerade wenn der gesetzliche Vertreter einer juristischen Person als Zeuge benannt wird, ist die Unzulässigkeit einer solchen Vernehmung nicht immer sofort ersichtlich.

Das Gericht hat die Aussage der Partei nach § 286 ZPO frei zu würdigen (§ 453 ZPO).

Für den Beweiswert kann es günstiger sein, wenn die Partei bei Einvernahme von Zeugen nicht anwesend ist (Zöller § 453/1) (grundsätzlich darf die Partei aber anwesend sein, vgl. §§ 451, 394 ZPO).

b) Vernehmung von Amts wegen

Eine solche Vernehmung – einer oder beider Parteien – kommt in Betracht, wenn die Ergebnisse der Verhandlung und einer etwaigen Beweisaufnahme nicht ausreichen, um zur Wahrheitsfindung zu gelangen (**§ 448 ZPO**).

> Hierbei besteht rechtlich kein Aussagezwang (wohl aber faktisch, wegen §§ 446, 453 Abs. 2, 454 ZPO wenn nachvollziehbare Gründe fehlen), worüber aber nicht belehrt werden muss (Baumbach/Lauterbach § 451/3).

Voraussetzung ist, dass alle angebotenen, zulässigen und erheblichen Beweise erhoben sind und noch kein voller Beweis geführt ist, jedoch eine **gewisse Wahrscheinlichkeit** für die Richtigkeit der zu beweisenden Tatsache spricht (BGH NJW 1999, 363 – st. Rspr.) – und zwar

- aufgrund einer vorausgegangenen Beweisaufnahme,
- auch ohne Beweisaufnahme aufgrund der Lebenserfahrung (Thomas/Putzo § 448/2),
- aufgrund des sonstigen Verhandlungsinhalts (z.B. positiver Eindruck aus einer vorangegangenen Parteianhörung, Zöller § 448/4),
- aufgrund vorprozessualer Behauptung (insbes. in der Korrespondenz), sofern weitere Umstände hinzutreten (BGH NJW 1989, 3222).

§ 448 ZPO kommt hingegen nicht zur Anwendung, wenn sich widersprechende Parteibehauptungen gänzlich beweislos gegenüber stehen – ungeachtet etwa der Vorlage von vorprozessualen Schreiben, in denen die streitige Tatsache lediglich behauptet wird (Zöller § 448/4).

> Die **Beweisnot** einer Partei allein führt nicht dazu, dass an ihre Behauptungen ein geringerer Wahrscheinlichkeitsmaßstab anzulegen ist. Verneint der Richter in diesem Falle die Wahrscheinlichkeit, ist an die Begründung eine erhöhte Anforderung zu stellen; es muss erkennbar sein, dass er die Beweisnot der Partei in Erwägung gezogen hat. Auch ein unverschuldeter Mangel an Beweismitteln rechtfertigt keine Vergünstigung gegenüber der anderen Partei (BGH MDR 1990, 705; vgl. kritisch Zöller § 448/4a).

> Hingegen entfällt bei § 287 Abs. 2 S. 3 ZPO (Entstehung und Höhe eines Schadens, nicht jedoch haftungsbegründende Kausalität) das Erfordernis einer »gewissen Wahrscheinlichkeit« des Schadenseintritts und die Subsidiarität gegenüber anderen Beweismitteln (Zöller § 287/6). Diese Schätzungsvernehmung kommt auch in Betracht, wenn der Schaden nicht genau substantiiert ist (Thomas/Putzo § 287/12).

Welche Partei bzw. ob beide Parteien zu vernehmen sind, steht im pflichtgemäßen **Ermessen** des Gerichts. Dieses richtet sich – ohne Rücksicht auf die Beweislast – vor allem nach der Wahrscheinlichkeit der Behauptungen, dem bisherigen Verhandlungsergebnis, dem bisherigen Verhalten der Parteien im Prozess, der vermutlich besseren Kenntnis der Tatsachen, insgesamt nach der größeren Vertrauenswürdigkeit (Thomas/Putzo § 448/4).

> Vgl. Zöller § 448/5: Vernehmung beider Parteien ist oft angezeigt; Thomas/Putzo § 448/4: von der Vernehmung nur der beweispflichtigen Partei ist zurückhaltend Gebrauch zu machen; LG Mönchengladbach NJW-RR 1998, 501: nur die (beweisbelastete) Partei, für deren Vortrag eine überwiegende Wahrscheinlichkeit spricht; BGH NJW 1999, 363: bestimmt sich allein danach, welche Partei zum Beweisthema eigene Wahrnehmungen machen kann – dies kann ohne weiteres auch der Prozessgegner des Beweisführers sein.

> **Beachte:**
> Die neuere Rechtsprechung hat hierzu eine eigene Fallgruppe des sog. **Gesprächs unter vier Augen** entwickelt.

Nach einer Ansicht gebietet der Grundsatz der **Waffengleichheit** bei entscheidungserheblichen Gesprächen zwischen dem Zeugen einer Partei (meist ein Mitarbeiter) und der anderen Partei selbst, beide Gesprächspartner, also auch die benachteiligte Partei – unabhängig von ihrer prozessualen Stellung ohne Ermessensspielraum des Gerichts und (teilweise) ohne einschränkende Voraussetzungen – über den Inhalt des Gesprächs zu vernehmen.

> Vgl. Thomas/Putzo § 448/4; BGH NJW 1999, 363: kann im Rahmen der Ermessensentscheidung berücksichtigt werden – aber ohne Aufgabe der Notwendigkeit der Anfangswahrscheinlichkeit; EuGHMR NJW 1995, 1413; OLG Zweibrücken NJW 1998, 167; zur Waffengleichheit vgl. Zöller Einl. 102.
>
> **a.A.** OLG München NJW-RR 1996, 958, auch dann keine Parteivernehmung, wenn es sich bei dem einzigen vorhandenen Zeugen etwa um den Ehepartner, sonstige Verwandte, einen Geschäftspartner oder eine sonstige befreundete Person handelt; zustimmend Zöller § 448/2a und LG Mönchengladbach NJW-RR 1998, 501; LAG Köln MDR 2001, 712: Entscheidung des EuGHMR ist auf die deutsche Rechtslage nicht übertragbar.
>
> Dies soll ebenso gelten, wenn sich eine Partei durch **Forderungsabtretung** die Zeugenstellung verschafft hat (Thomas/Putzo § 448/4; Kluth/Böckmann MDR 2002, 616; BGH WM 1980, 1073: Parteivernehmung sei vom Tatrichter zu erwägen; in BGH NJW 1999, 364: offen gelassen ob zwingend, kann jedoch im Rahmen der Ermessensentscheidung berücksichtigt werden; **a.A.** LG Mönchengladbach NJW-RR 1998, 501).

Nach Ansicht des **BGH** (NJW 1999, 363) und des **BVerfG** (NJW 2001, 2531: arg. Anspruch auf rechtliches Gehör und Gewährleistung eines effektiven Rechtsschutzes) kann dem Grundsatz der Waffengleichheit dadurch genügt werden, dass die durch ihre prozessuale Stellung bei der Aufklärung des Vieraugengesprächs benachteiligte Partei nach § 141 ZPO persönlich angehört wird (ebenso Zöller § 448/2a; Thomas/Putzo § 286/2; OLG Zweibrücken NJW 1998, 167: vor allem, wenn die Aussage eines Zeugen gewürdigt werden soll, bei dem eine Interessenverflechtung und eine mehr »formale« Zeugenstellung zu gewärtigen ist; LG Berlin MDR 2000, 882).

> Obgleich die Anhörung keines Antrages bedarf, empfiehlt es sich, diese hilfsweise neben der Parteivernehmung zu beantragen. Denn wenn bereits ein Zeuge zu einem strittigen Punkt vernommen wurde und diesen bestätigt hat, dürfte das Gericht in der Regel wenig Neigung haben, dann noch die (Gegen-)Partei zu vernehmen oder anzuhören.

5) Augenschein

a) Bedeutung

Als unmittelbarer Beweis aufgrund der größeren Informationsnähe geht die Einnahme eines Augenscheins durch das Gericht der Zeugenvernehmung vor (vgl. BGH MDR 1961, 249; KG NJW 1980, 894: im Gegensatz zu einer Zeugenaussage ein wesentlich offensichtlicherer Beweis). Während Zeugenaussagen dem Richter nur einen Gedankeninhalt vermitteln, kann er sich beim Augenschein selbst »ein Bild machen«.

> Es erscheint ratsam, dass sich der Anwalt vor Beantragung eines Augenscheins das Objekt selbst ansieht, um entscheiden zu können, ob die Augenscheineinnahme zugunsten seines Mandanten förderlich sein kann. Auch kann es u.U. nützlich sein, wenn die Partei zum Augenscheintermin einen Privatgutachter mit hinzuzieht, was zulässig ist (Thomas/Putzo § 372/4).

Allerdings machen die Richter davon angesichts des in der Regel nicht unerheblichen Aufwandes eher zurückhaltend Gebrauch.

> Deshalb erscheint auch trotz § 144 ZPO ein entsprechender **Antrag** empfehlenswert.

> Allerdings kann ein diesbezüglicher Antrag (§ 371 ZPO) abgelehnt werden, wenn ein Augenschein nach gerichtlichem Ermessen zur Wahrheitserforschung nicht erforderlich ist (Zöller § 371/3; BGH; vgl. auch §§ 219, 144 ZPO), insbesondere wenn der Richter sich durch andere Beweismittel einen sicheren Eindruck von den entsprechenden Örtlichkeiten machen kann (Thomas/Putzo §§ 371/2, 284/6), etwa durch Zeugen oder Sachverständigengutachten.

Das Unterlassen eines Augenscheins kann lediglich in Grenzfällen, wenn der persönliche Eindruck unerlässlich ist, verfahrensfehlerhaft sein (Zöller § 144/2; vgl. aber auch Thomas/Putzo § 284/2: die angebotenen Beweise sind zu erschöpfen). Das ist z.B. der Fall, wenn es auf das eigene Empfinden des Tatrichters ankommt, wie etwa bei der Frage der Lästigkeit eines Geräusches (BGH NJW 1992, 2019: die Grenze kann nur aufgrund einer wertenden Beurteilung festgelegt werden).

Vor allem bei Gegebenheiten im Ausland, insbesondere bei Reisevertragssachen, scheidet eine Ortsbesichtigung praktisch aus. Möglicherweise kann sich das Gericht zukünftig durch einen »Tele-Augenschein« ein »Bild machen« (vgl. § 128a ZPO n.F.) (vgl. Schultzky NJW 2003, 314, 316).

Schließlich ist ein Augenschein nicht erzwingbar (Ausnahme: § 371a ZPO). Wird ein solcher von den Parteien verweigert, hat dies unterschiedliche prozessuale Auswirkungen (vgl. Thomas/Putzo vor § 371/3; § 357/1).

Nach § 144 Abs. 1 ZPO n.F. kann das Gericht einer **Partei** eine **Frist** zur Vorlage eines in ihrem Besitz befindlichen Gegenstandes **setzen**. Bei Fristversäumnis kommt Präklusion gem. § 296 Abs. 1 **ZPO n.F.** in Betracht.

Vereitelt eine Partei die ihr zumutbare Einnahme des Augenscheins, können die Behauptungen des Gegners über die Beschaffenheit des Gegenstandes als bewiesen angesehen werden (§ 371 Abs. 3 **ZPO n.F.**).

Eine Vereitelung liegt vor, wenn die Gegenpartei die Herausgabe des Anscheinsobjekts verweigert, es zerstört oder beiseite schafft oder zur Duldung einer ihr zumutbaren Augenscheins nicht bereit ist (Begr. RegE S. 91).

Nach § 144 Abs. 2 **ZPO n.F.** sind nunmehr auch **Dritte** zur Vorlegung oder Duldung verpflichtet, soweit nicht eine Wohnung betroffen ist, ihnen dies zumutbar ist und sie kein Zeugnisverweigerungsrecht besitzen.

Der Beweisantritt ist in § 371 Abs. 2 **ZPO n.F.** geregelt. Bei unberechtigter Nichtbefolgung der gerichtlichen Anordnung können Ordnungs- und Zwangsmittel verhängt werden (§§ 386 bis 390).

b) Vorlage von Lichtbildern

(1) Beweiswirkung

Der Vorlage von Fotografien oder Videoaufnahmen kommt besondere Bedeutung zu (insbes. bei Mängeln im Gewährleistungsprozess, Straßenführung im Verkehrsunfallprozess, Grundstückslage in einer Nachbarstreitigkeit, äußere Verletzung bei Schmerzensgeldklagen).

Beachte:

Zum Beweisantritt sind die Fotos bzw. das Filmmaterial entsprechend § 420 ZPO **vorzulegen**, spätestens in der mündlichen Verhandlung.

Nicht ausreichend ist das bloße Anerbieten der Vorlage – wie es in der Praxis oft geschieht (Thomas/Putzo § 420/2; Zöller § 420/1). Dabei ist Entscheidungsgrundlage nur, was Gegenstand der mündlichen Verhandlung war (Thomas/Putzo § 128/6).

Bei Filmaufnahmen kann es die Beweisaufnahme erleichtern, wenn die Gegenpartei und das Gericht jeweils eine Kopie erhalten, um sich die Aufnahmen außerhalb der Verhandlung selbst anzusehen. Sind beide Parteien damit einverstanden, dürften dem keine verfahrensrechtlichen Hindernisse entgegenstehen (vgl. § 295 ZPO). Sonst kann möglicherweise die mangelhafte technische Ausstattung des Gerichts ein tatsächliches Hindernis darstellen.

Es handelt sich hierbei richtigerweise um eine **Augenscheinseinnahme** (Zöller Vor § 415/2). Wenn diese zu Beweiszwecken erfolgt und der Rechtsanwalt an der Beweisaufnahme teilnimmt, entsteht eine Beweisgebühr gem. § 31 Abs. 1 Nr. 3 BRAGO. Es reicht indes nicht aus, dass sich das Gericht über eine unstreitige Tatsache nur eine bessere Anschauung verschaffen will (Hartmann § 31/143 ff. BRAGO), wobei Fotos in der Tat grundsätzlich geeignet sind, umfangreichen Sachvortrag zu ersetzen oder erst verständlich und anschaulich zu machen.

Es sollten **aussagekräftige** Fotos, am besten von unterschiedlichen Perspektiven aufgenommen, vorgelegt werden. Wenig hilfreich sind schlechte Schwarz-Weiß Fotokopien von Lichtbildern, die in der Regel überwiegend dunkel bzw. kontrastarm sind und kaum Einzelheiten erkennen lassen. Nützlich ist es auch, die Fotos zu beschriften bzw. zu nummerieren, so dass sich diese dem vorgetragenen Sachverhalt klar zuordnen lassen.

Aus nahe liegenden Gründen sollte man sie **nicht nur lose** dem Schriftsatz beilegen. Es bieten sich hierzu z.B. spezielle Klarsichthüllen zum Einstecken der Fotos an. Im Gegensatz zu Fotografien, welche in verschlossenen Kuverts »versteckt« sind, geraten diese und z.B. auch (Farb-)Kopien davon beim Durchblättern der Akte zwangsläufig ins Blickfeld des Richters (Kostenanspruch hierfür gem. § 91 I ZPO oder als Schadensersatz). Bei eventuellem Verlust der Fotos kann es zur kurzfristigen Ersatzbeschaffung nützlich sein, die Negative in der Handakte zu haben.

Wenn der **Gegner** deren Authentizität bzw. Identität des Augenscheinsobjekts (Zeitpunkt/Ort der Aufnahme) nicht bestreitet, kann das Gericht die Fotos verwerten und von einer weiteren Beweisaufnahme, insbesondere von einem gegenständlichen Augenschein absehen (vgl. Zöller vor § 284/12; § 371/3).

Sofern die Beweisfrage allein durch den unmittelbaren optischen Eindruck entschieden werden kann, brauchen m.E. etwaige Gegenzeugen nicht mehr vernommen zu werden. Denn dessen Aussagekraft ist einer Zeugenaussage absolut überlegen.

Wird die Unzulänglichkeit der Fotos als Beweismittel jedoch konkret bestritten, muss Beweis angeboten werden durch Vernehmung des Fotografen.

In der Praxis erfolgen seitens der Prozessbevollmächtigten häufig keinerlei Äußerungen zu den vom Gegner vorgelegten Fotos.

Bei digitalen Fotos ist zu bedenken, dass diese – zumindest von Laien – nachträglich leichter manipuliert werden können, als herkömmliche analoge Bilder, bei welchen zudem Veränderungen anhand des Originalnegativstreifens unschwer nachzuweisen sind (vgl. Mühlhausen/Prell NJW 2002, 99; dagegen Bleutge/Uschold NJW 2002, 2766: kein Unterschied zu analogen Bildern, wobei falsche Digitalbilder durch Spezialisten sogar eher zu detektieren seien).

Weit größer ist die Verfälschungsgefahr durch die Wahl des Sichtwinkels und Bildausschnitts. Ebenfalls die Vorlage zahlreicher Fotos, etwa zur Dokumentation von Mängeln, die jeweils dasselbe Objekt aus unterschiedlichen Perspektiven zeigen, kann das Ausmaß der Mängel erheblich größer als in Wirklichkeit erscheinen lassen.

(2) **Verwertungsverbote**

Bei der Vorlage von Fotos wird in der Praxis die Frage der Verwertbarkeit nur sehr selten geprüft bzw. von der Gegenpartei gerügt. Dabei gibt es auch hier (von der Verfassung abgeleitete) Verwertungsverbote (vgl. allgemein Zöller § 286/15a; vgl. OLG Karlsruhe MDR 2000, 847 zu den verschiedenen Ansichten, Thomas/Putzo § 286/7).

Eine besondere praktische Bedeutung erhält diese Problematik aufgrund der vorhandenen technischen Möglichkeiten. So lassen sich z.B. Videokameras im Mikro-Format leicht in alltäglichen Gegenständen verstecken.

Unzulässig ist ein Eingriff in den absolut geschützten Kernbereich der privaten Lebensgestaltung, z.B. die Aufzeichnung von geschlechtsbezogenen Handlungen, selbst wenn diese im Freien ausgeübt werden (BGH NJW 1998, 763 Nr. 3/III).

Bei unverwertbaren Lichtbildern dürfen die Aussagen von Zeugen über deren Inhalt nicht verwertet werden. Andernfalls könnte das auf einem Beweiserhebungsverbot beruhende Beweisverwertungsverbot unschwer umgangen werden (OLG Karlsruhe NJW 2002, 2799: verdeckte Videoüberwachung).

Soweit die Aufnahmen in der Öffentlichkeit, **im sozialen Außenbereich** erfolgen und weder in die Intim- noch Privatsphäre eingegriffen wird, ist das (abzuwägende) Gewicht des Eingriffs in das allgemeine Persönlichkeitsrecht gering.

Da das Interesse an der Wahrheitsfindung und Durchsetzung berechtigter Ansprüche in diesem Fall überwiegt, wird eine Aufnahme zu Beweiszwecken als **zulässig** erachtet.

(KG NJW 1980, 894: spielendes Kind; OLG Schleswig NJW 1980, 352: Diebstahl; OLG Düsseldorf NJW-RR 1998, 241: Körperverletzung, die in Ermangelung anderer zuverlässiger Beweismittel sonst nicht nachgewiesen werden kann; **a.A.** OLG Hamm JZ 1987, 308 mit abl. Anm. Helle; zur (gezielten) Videoüberwachung vgl. LG Braunschweig NJW 1998, 2457; BGH NJW 1995, 1955: verneinend, offen gelassen, wenn damit die Erlangung von Beweismitteln bezweckt wird; vgl. auch LG Itzehoe NJW-RR 1999, 1394: maßgeblich Abwägung im Einzelfall; BayObLG NJW 2002, 2893: Videoüberwachung im Kaufhaus).

Der Arbeitsplatz zählt nicht schon als solcher zu dem grundgesetzlich und persönlichkeitsrechtlich geschützten Bereich privater Lebensgestaltung. Unerheblich soll auch sein, dass ein Zeuge sein Wissen durch eine heimliche Beobachtung über den Monitor einer Videoanlage erworben hat (OLG Schleswig a.a.O.).

Dabei führt die Vorlage der Aufnahmen in einer Gerichtsverhandlung nicht zu einer (unzulässigen) Veröffentlichung, da dort nur ein begrenzter Personenkreis zugegen ist (KG a.a.O.) bzw. darf dies zum Zwecke der Rechtspflege geschehen (§ 24 KunstUrhG).

IV. Beweisrechtliche Verfahrensfehler

1) Bedeutung für die Berufung

Wenn das Gericht gegen beweisrechtliche Vorschriften verstoßen hat, liegt ein Verfahrensfehler und damit auch eine **Rechtsverletzung** vor (vgl. §§ 286, 546 ZPO).

> **Beachte:**
> Wegen etwaiger Heilungsmöglichkeit nach §§ 295, 534 **ZPO n.F.** sind Verfahrensfehler bei bekannt werden rechtzeitig zu rügen.

Beweisrechtliche Verstöße haben vor allem für eine mögliche **Berufung** erhebliche Bedeutung:

a) Berufungsgrund

Auf die Rechtsverletzung kann die Berufung gestützt werden (§ 513 Abs. 1 **ZPO n.F.**).

Sämtliche Rechtsverletzungen bzw. Verfahrensmängel müssen innerhalb der Begründungsfrist vorgebracht und damit das Ergebnis des erstinstanzlichen Urteils infrage gestellt werden (vgl. § 529 Abs. 2 **ZPO n.F.**). Ein Nachschieben von weiteren Rechtsverletzungen ist nicht möglich (Schellhammer MDR 2001, 1143 f.).

b) Notwendigkeit neuer Tatsachenfeststellung

Aufgrund einer fehlerhaften Beweisaufnahme oder Beweiswürdigung können »konkrete Anhaltspunkte Zweifel an der Richtigkeit oder Vollständigkeit der entscheidungserheblichen Feststellungen begründen und deshalb eine **erneute Feststellung** gebieten« (§ 529 Abs. 1 Nr. 1 ZPO n.F.). In diesem Falle erhält man ausnahmsweise die Chance, in der zweiten Instanz durch eine erneute Tatsachenfeststellung zu einem günstigerem Urteil zu kommen (vgl. §§ 513 Abs. 1, 529, 531 ZPO n.F.).

> Durch die Streichung des Beiwortes »ernstlich« in der Fassung des Regierungsentwurfs (»ernstliche Zweifel«) sollte verdeutlicht werden, dass die Anforderungen an die Voraussetzungen einer erneuten Überprüfung im Interesse einer zutreffenden Tatsachenfeststellung und einer materiell gerechten Entscheidung nicht überspannt werden dürfen (vgl. BT-Dr. 14/6036 S. 118) (vgl. aber Hartmann NJW 2001, 2591: scharfe Anforderungen sind an solche, wie stets eng auszulegende Ausnahmen zu stellen).

> Ausreichend sind bereits **vernünftige Zweifel**, d.h. wenn aus der Sicht des Berufungsgerichts eine gewisse – nicht notwendig überwiegende – Wahrscheinlichkeit dafür besteht, dass im Falle der Beweiserhebung die erstinstanzliche Feststellung keinen Bestand haben wird (BT-Dr. 14/6036 S. 124). Insbesondere sollen solche Zweifel an der Richtigkeit einer Gerichtsentscheidung immer schon dann begründet sein, wenn ein einzelner tragender Rechtssatz oder eine erhebliche Tatsachenfeststellung mit schlüssigen Gegenargumenten in Frage gestellt werden kann (BT-Dr. 14/6036 unter Hinweis auf BVerfG (Beschl.v. 23. 6. 2000 – 1 BvR 830/00).

Umstritten ist, ob die Zweifel mit der **Berufungsbegründung** dargelegt sein müssen (so Schellhammer MDR 2001, 1144: arg. § 520 Abs. 3 Nr. 3 ZPO n.F. ; a.A. Hinz NZM 2001, 605: Berücksichtigung von Amts wegen, arg. § 529 ZPO n.F.). Bejahendenfalls können diese allenfalls im Rahmen des § 530 **ZPO n.F.** nachgeschoben werden, um Berücksichtigung zu finden.

> Hierbei wird erwartet »eine vertiefte inhaltliche Auseinandersetzung« mit den Tatsachenfeststellungen im angefochtenen Urteil, aus der heraus sich konkrete Anhaltspunkte für die Zweifel ergeben. Nicht erwartet werden können hingegen Ausführungen zu nur dem Berufungsgericht bekannten gerichtskundigen Tatsachen (Begr. RegE S. 96).

Sofern diese Voraussetzungen vorliegen muss nach § 538 Abs. 1 **ZPO n.F.** das Berufungsgericht grundsätzlich die notwendigen Beweise erheben und in der Sache selbst entscheiden (vgl. §§ 526, 527 **ZPO n.F.**: entscheidender und vorbereitender Einzelrichter).

> Es kann indes unter Aufhebung des Urteils das Verfahren an das erstinstanzliche Gericht insbesondere dann **zurückverweisen**, wenn aufgrund eines wesentlichen

Mangels eine umfangreiche oder aufwendige Beweisaufnahme notwendig ist (§ 538 Abs. 2 Nr. 1). Weitere Voraussetzung ist jetzt ein Antrag einer Partei. Als Gesichtspunkte für eine solche Antragstellung kommen in Betracht die Erlangung von Zeitgewinn sowie die Frage, von welchem Gericht die sorgfältigere Beweisaufnahme zu erwarten ist. Außerdem erlangt man dadurch erneut die Berufungsmöglichkeit.

Während bisher eine Beweisaufnahme vor dem Berufungsgericht nur in 10,7% der vor dem Landgericht und in 14, 2% der vor dem OLG erledigten Berufungsverfahren stattfand, dürften die Beweisaufnahmen nach Berufungseinlegung noch weiter abnehmen.

Im Normalfall hingegen hat das Berufungsgericht nach § 529 Abs. 1 Nr. 1 **ZPO n.F.** seiner Verhandlung und Entscheidung die vom Gericht festgestellten Tatsachen zugrunde zu legen, d.h. es ist an die erstinstanzliche Beweisaufnahme und Würdigung gebunden (**keine zweite Tatsacheninstanz** mehr!). Daher muss der Anwalt künftig in der Beweisstation verstärkt nach Rechtsfehlern suchen und u.U. »alle denkbaren Fußangeln in Form von Beweis- und sonstigen Anträgen auslegen« (Flotho BRAK-Mitt. 2000, 108).

Die Benennung neuer Beweismittel wird nur dann Anlass zum Eintritt in eine erneute Beweisaufnahme sein, wenn ihnen ausschlaggebende Bedeutung in Bezug auf entscheidungserhebliche Punkte zukommen kann (BT-Dr. 14/6036 S. 123).

2) Beispiele

Als beweisrechtliche **Verfahrensfehler** kommen z.B. in Betracht:

- Verkennen der Beweislast (Baumbach/Lauterbach § 529/3);

- Übergehen wirksamer und erheblicher Beweisantritte (Zöller vor § 284/8a; es ist daher darauf zu bestehen, dass mündlich gestellte Beweisanträge protokolliert werden);

- Beweisaufnahme bei unzulässigem Ausforschungsbeweis (Zöller vor § 284/5/11) (vgl. OLG Köln VersR 1977, 577: über offensichtlich unsubstantiierte Forderungen).

- Beweisantizipation (vorweggenommene Beweiswürdigung);

    insbes. bei Ablehnung einer Beweisaufnahme mit der Begründung, das Gegenteil sei (u.U. aufgrund von Indizien) bereits bewiesen (BGH MDR 2002, 963; Zöller vor § 284/10/12) oder unterlassener Vernehmung einen Zeugen wegen (vermuteter) Unglaubwürdigkeit (vgl. Zöller vor § 284/10a; oben II 2).

- Verstoß gegen Beweiserhebungs- und Verwertungsverbote;

- Verstoß gegen die Aufklärungspflicht (vgl. § 396 Abs. 2 ZPO; vgl. BGH NJW 1992, 1768) (u.U. auch unklare und lückenhafte Vernehmungsprotokolle);

- Verstoß gegen § 286 ZPO bei unzureichender Beweiserhebung oder -würdigung (Begr. RegE.S. 100) (z.B. bei unaufgeklärten Widersprüchen in den Zeugenaussagen) bzw. die beweiswürdigenden Erwägungen entbehren einer festen, lückenlosen Tatsachengrundlage, so dass sie letztlich nur Vermutungen wiedergeben (BT-Dr. 14/6036/123);

- Missachtung des § 279 Abs. 3 **ZPO n.F.** (Schlusserörterung) (vgl. Thomas/Putzo § 285/1: Unverwertbarkeit der Beweisaufnahme im Urteil; Zöller 23. Aufl. §§ 279/6, 285/1: kann im Berufungsverfahren zur Aufhebung des Urteils führen) (vgl. oben III 1c, (4));

- Übersehen einer Urkunde, die im Widerspruch zu einer erheblichen Zeugenaussage steht, oder eines persönlichen Umstandes, der die Glaubwürdigkeit eines Zeugen erschüttert;

- Verwechselung von Personen (Baumbach/Lauterbach § 520/34);

- Unauflösbare Widersprüche zwischen dem Protokoll der Vernehmung und den daraus gezogenen Schlüssen;

- Verstöße der Beweiswürdigung gegen Denkgesetze oder allgemein anerkannte Erfahrungssätze oder Zuwiderlaufen gerichtsbekannter Tatsachen (BT-Dr. 14/6036 S. 123).

Siebter Teil: Neue Anfechtungsmöglichkeiten

Durch das Gesetz zur Reform des Zivilprozesses wurden einige neue Anfechtungsmöglichkeiten gegenüber Entscheidungen erster Instanz eingeführt. Bei Urteilen, die bislang wegen Nichtereichen der Berufungssumme rechtskräftig waren, können nunmehr das Abhilfeverfahren und die Zulassungsberufung in Betracht kommen.

> Daneben ist die Sprungrevision zum BGH jetzt auch gegen die im ersten Rechtszug erlassenen Endurteile des Amtsgerichts möglich (§ 566 **ZPO n.F.**; § 133 GVG). Im Übrigen ist die bisherige Streitwertrevision durch eine reine Zulassungsrevision mit Nichtzulassungsbeschwerde ersetzt worden (vgl. §§ 543, 544 **ZPO n.F.**) (zu Änderungen des Revisionsverfahren insgesamt vgl. Büttner MDR 2001, 1201). Die an Stelle der weiteren Beschwerde getretene Rechtsbeschwerde erfordert ebenfalls eine – gesetzliche oder gerichtliche – Zulassung (vgl. § 574 **ZPO n.F.**). Die Einführung einer Abhilfebefugnis bei der in der ZPO nunmehr nur noch gegebenen sofortigen Beschwerde gegen erstinstanzliche Beschlüsse erweitert ebenfalls die Rechtsschutzmöglichkeiten für die unterlegene Partei (vgl. §§ 567, 572 **ZPO n.F.**).

> Damit wird das Ziel des Reformgesetzgebers erreicht, streitwertabhängige Zugangsbarrieren zum Rechtsmittel abzubauen (RegE S. 1) (Begr. RegE S. 59).

Aufgehoben wurden hingegen das Rechtsbescheidsverfahren und die Divergenzberufung in Wohnraummietsachen (§§ 511a Abs. 2, 541 ZPO a.F.) (Übergangsvorschrift § 26 Nr. 6 EGZPO).

Dieser Sonderregelungen bedarf es aufgrund der jetzt möglichen Zulassungsberufung nicht mehr.

I. Abhilfeverfahren

Mit Einführung dieses Verfahrens in § 321a **ZPO n.F.** soll zum einen das Bundesverfassungsgericht entlastet werden, und zum anderen soll damit das Bedürfnis des erstinstanzlichen Gerichts, vorwiegend unbeabsichtigte Verletzungen des Anspruchs auf rechtliches Gehör (Art. 103 Abs. 1 GG) bei Beanstandung korrigieren zu können (Begr. RegE.S. 63), befriedigt werden.

> Wegen einer Reihe von Unklarheiten und Ungereimtheiten darf die Ausgereiftheit dieser Neuregelung bezweifelt werden (vgl. E. Schneider ZAP-Kolumne 2002, 1385: »legislative Missgeburt«); ders. ZAP F. 13 S. 420; »Psychologisch gesehen ein Schildbürgerstreich«.

1) Selbstkorrektur der ersten Instanz

a) Voraussetzungen

Der § 321a ZPO n.F. ermöglicht nunmehr dem erstinstanzlichen (Amts- oder Land-) Gericht eine Selbstkorrektur seiner eigenen Urteile unter den Voraussetzungen, dass

- eine **Berufung** nach § 511 Abs. 2 ZPO n.F. **nicht zulässig** ist (fehlende Beschwer und nicht zugelassen), und

- das Gericht des ersten Rechtszuges den Anspruch auf **rechtliches Gehör** in entscheidungserheblicher Weise **verletzt** hat.

Entscheidungserheblichkeit liegt vor, wenn nicht ausgeschlossen werden kann, dass das Gericht ohne die Verletzung des Anspruchs auf rechtliches Gehör zu einer anderen Entscheidung gekommen wäre (Begr. RegE S. 85 zu Nr. 49). Dies gilt auch dann, wenn die Gehörsverletzung nur einen Teil der Ansprüche, einen Nebenanspruch oder den Kostenausspruch berührt. Fernr könnte das Abhilfeverfahren u.U. auf die Nichtzulassung der Berufung (vgl. unten II) gestützt werden (Hartmann NJW 2001, 2587).

Nicht erforderlich ist daher, dass die Entscheidung für den Rügeführer tatsächlich günstiger ausgefallen wäre (Zöller 23. Aufl. § 321a/10).

In der Gerichtspraxis kommen **Verletzungen des rechtlichen Gehörs** – zumeist unabsichtlich – immer wieder vor, wie z.B. in den folgenden Fällen (vgl. Zöller 23. Aufl. Vor § 128/3ff.; § 321a/6):

- Nichtberücksichtigung eines rechtzeitig eingegangenen Schriftsatzes, weil er dem Richter von der Geschäftsstelle versehentlich nicht bzw. erst nach Erlass des Urteils vorgelegt wird, in eine falsche Akte geraten oder sonst verloren gegangen ist (sog. Pannenfälle).

- Nichtberücksichtigung des Sachvortrages der Parteien, insbesondere erheblicher Beweisanträge (BVerfG NJW-RR 2001, 1006) oder deren Rechtsausführungen (BVerfG NJW 1983, 383; NJW-RR 1993, 383; WuM 1999, 383).

Das Gericht muss die Ausführungen der Parteien zumindest zur Kenntnis genommen haben und in Erwägung ziehen. Dabei sind Schriftsätze, die vor Hinausgabe einer Entscheidung an die Beteiligten eingehen, unabhängig davon zu berücksichtigen, ob die Entscheidung von den Richtern bereits unterschrieben ist (BayObLG NJW-RR 1999, 1685; OLG Zweibrücken OLGReport Zweibrücken 2002, 344: bei Zweifeln hins. der Kenntnisnahme ist von einem rechtzeitigen Eingang auszugehen; NJW-RR 1987, 576: eine schriftliche Entscheidung ist erst erlassen, wenn sie (von der Geschäftsstelle) zur Zustellung zur Post gegeben wird; vgl. § 331 Abs. 3 S. 1 a.E.; Zöller § 309/3; 310/1).

Das Gebot auf rechtliches Gehör ist erst dann verletzt, wenn sich im Einzelfall klar ergibt, dass das Gericht dieser Verpflichtung nicht nachgekommen ist (BVerfG NJW-RR 2002, 68, 70).

Dies kann z.B. der Fall sein, wenn das Gericht darauf im Urteil überhaupt nicht eingeht, obgleich das Gericht nicht verpflichtet ist, sich mit jedem Vorbringen in den Entscheidungsgründen ausdrücklich zu befassen, namentlich nicht bei letztinstanzlichen, mit ordentlichen Rechtsmitteln nicht mehr angreifbaren Entscheidungen (BVerfG WuM 2002, 140). Dies soll auch gelten, wenn das Gericht den Kern des Vorbringens der Parteien überhaupt nicht erfasst oder grob missverstanden hat (z.B. Bezeichnung von Unstreitigem als streitig und umgekehrt) (Zöller 23. Aufl. § 321a/9).

Selbst wenn sich das Gericht nicht ausreichend Zeit genommen hat, um die rechtzeitig eingegangenen Schriftsätze nach Ablauf der von ihm gesetzten Frist zu prüfen, kann der Anspruch auf rechtliches Gehör verletzt sein (BVerfG NJW 1995, 2095: Zugang der Entscheidung an den Betroffenen gegen 8.45 Uhr, wobei am Abend des Vortrages fristgerecht noch Schriftsätze eingereicht wurden, bei einem aus drei Mitgliedern bestehenden Senat).

- Die Entscheidung ist vor Ablauf der gesetzten Äußerungsfrist ergangen (Zöller Vor § 128/6; BVerfGE 49, 215; 61, 41; BayObLG MDR 1981, 409) oder das Gericht hat neues Vorbringen in einem nicht nachgelassenen Schriftsatz zu Lasten des Gegners berücksichtigt (BVerfGE 55, 99).

Eine zu kurze Frist verletzt ebenfalls den Anspruch auf rechtliches Gehör (Zöller § 495a/9).

- Fehlerhafte Anwendung von Präklusionsvorschriften (Zöller 23. Aufl. § 321a/7; OLG Koblenz MDR 2002, 415).

- Unterlassen von notwendigen Hinweisen (vgl. oben 5. Teil VII) oder der Schlusserörterung (§ 279 Abs. 3 ZPO **n.F.**, vgl. oben 6. Teil III 1c (4)).

Wenig praxisrelevant erscheint die Streitfrage, ob der Gehörsbegriff der ZPO weiter ist als der verfassungsrechtliche gem. Art. 103 Abs. 2 GG (so Zöller 23. Aufl. § 321a/5/6; **a.A.** Rensen AnwBl. 2002, 639: nur Kernbereich der Hinweispflicht – m.E. arg. § 156 Abs. 2 Nr. 1 ZPO **n.F.** sowie Begr. RegE. S. 85 erwähnt ausdrücklich Art. 103 Abs. 1 GG). Denn in den meisten Fällen wird die Verletzung der richterlichen Hinweispflicht zugleich eine Verletzung des Anspruchs auf rechtliches Gehör im verfassungsrechtlichen Sinne darstellen.

Noch ungeklärt ist die Frage der (**analogen**) **Anwendung** des § 321a ZPO **n.F.** auf andere entscheidungserhebliche Verfahrens-Grundrechtsverletzungen (z.B. gesetzlicher Richter, faires Verfahren, Willkürverbot) (bejahend Lipp NJW 2002, 1702; Müller NJW 2002, 2743; E. Schneider AnwBl. 2002, 623; ders. ZAP F. 13 S. 646).

> Hierfür spricht zwar, dass mit der Einführung dieser Vorschrift gerade das BVerfG von einer Korrektur objektiver Verfahrensfehler entlastet werden sollte, die instanzintern einfacher und ökonomischer behoben werden können (Begr. RegE S. 85; vgl. BGH NJW 2002, 1577: keine außerordentliche Beschwerde, sondern der Verfassungsverstoß ist auf **Gegenvorstellung** hin durch das Ausgangsgericht zu korrigieren). Gegen die Annahme einer sog. planwidrigen Lücke als Voraussetzung für eine Analogie spricht jedoch die vom Gesetzgeber bewusst getroffene Beschränkung auf Gehörsverletzungen (vgl. auch BGH NJW 2002, 1577: »der Gesetzgeber des ZPO-Reformgesetzes hat die Problematik der Verletzung von Verfahrensgrundrechten gesehen«).
>
> Analog anwendbar ist § 321a ZPO n.F. aber nach wohl überwiegender Ansicht bei unanfechtbaren **Beschlüssen** (a.A. Zöller/Vollkommer 23. Aufl. § 321a/4 – anders Zöller/Gummer § 567/18a: Gegenvorstellung) (vgl. auch unten I 2a). Heftig umstritten ist, ob das Abhilfeverfahren nur im erstinstanzlichen Verfahren oder auch im **Berufungsverfahren** statthaft ist (arg. dagegen der Wortlaut; Zöller 23. Aufl. § 321a/4; OLG Oldenburg NJW 2003, 149; **a.A.** OLG Celle NJW 2003, 906: auch statthaft bei Beschluss gem. § 522 Abs. 2 ZPO; Müller NJW 2002, 2745; E. Schneider AnwBl. 2002, 622; ders. ZAP F. 13 S. 1151; Thomas/Putzo 24. Aufl. § 321/18).

Das Abhilfeverfahren erfolgt nicht von Amts wegen, sondern ausschließlich auf **Rüge** der durch das Urteil beschwerten Partei. Dabei ist eine form- und fristgerechte Rüge **Zulässigkeitsvoraussetzung** (vgl. § 321a Abs. 4 **ZPO n.F.**).

> Einen besonderen zusätzlichen Kostenvorschuss erfordert das Abhilfeverfahren nicht.

Sofern das Gericht seine Entscheidung von sich aus korrigieren möchte, kann es eine Antragstellung lediglich anregen. Eine direkte Empfehlung kann aber unter Umständen zur Ablehnbarkeit führen (Hartmann NJW 2001, 2587). Im Übrigen besteht wohl keine Belehrungspflicht (vgl. Baumbach/Lauterbach § 139/57/79).

Durch die rechtzeitige Einlegung der Rüge wird die **Rechtskraft** zwar gehemmt (§ 705 S. 2 **ZPO n.F.**).Dennoch sind die Urteile wirksam und (ohne Sicherheitsleistung) vorläufig vollstreckbar (vgl. §§ 708 Nr. 11 ZPO).

> Auf Antrag der unterlegenen Partei kann die **Zwangsvollstreckung** (unter erleichterten Voraussetzungen ohne Sicherheitsleistung) einstweilen eingestellt werden. (§§ 713, 321a Abs. 6 **ZPO n.F.**, 707 Abs. 1 S. 1 (nicht : S. 2!), Abs. 2 ZPO). Es kann sich empfehlen, den Antrag gleich in der Rügeschrift zu stellen.

Das Verfahren kann daher auch zum Zwecke der Verzögerung missbraucht werden.

Hierbei wird zwar in der Begründung zum Entwurf des **ZPO-Reformgesetzes** (Bt-Dr. 14/4722 S. 156) davon ausgegangen, dass sich der Rechtskrafteintritt bei unbegründeten Rügen um höchstens einen Monat (zwei Wochen für die Einlegung, zwei Wochen für die Entscheidung) verzögern dürfte. Deshalb sei durch das Abhilfeverfahren keine erhebliche Verfahrensverzögerung zu befürchten. Zutreffend weist Hinz aber darauf hin, dass die Gerichte dazu neigen, zunächst die Schriftsätze (gelegentlich ungelesen) eine gewisse Zeit lang an die jeweiligen Gegner zur Stellungnahme weiterzuleiten, bevor sie sich mit der Sache befassen (Hinz WM 2002, 8).

Dem **Gegner** ist nach Abs. 3 – soweit erforderlich – Gelegenheit zur Stellungnahme zu geben, natürlich unter Übersendung der Rügeschrift.

Die Anhörung darf allenfalls unterbleiben, soweit das Gericht die Rüge von vornherein als unzulässig oder unbegründet erachtet (Begr. RegE S. 86). Sonst ist ihm eine ausreichende Frist zu geben (vgl. Baumbach/Lauterbach § 321a/41: in einem nicht zu komplizierten Fall mögen 2–3 Wochen genügen – keine überfallartigen Schnellfristen!).

Es sollte dann prüfen, ob u.U. eine Berichtigung des Tatbestands, der Entscheidungsgründe oder des Sitzungsprotokolls in Betracht kommt (§§ 164, 319, 320 ZPO), wenn das Gericht das rechtliche Gehör zwar gewährt, aber vergessen hat, dies zu dokumentieren. Damit könnte die Rüge hinfällig werden.

b) Rügeschrift

Die Rüge ist durch Einreichung eines **Schriftsatzes** zu erheben, der enthalten muss:

- die Bezeichnung des Prozesses, dessen Fortführung begehrt wird

- die Darlegung der Verletzung des Anspruchs auf rechtliches Gehör und der Entscheidungserheblichkeit der Verletzung.

> **Beachte:**
> Die Rügeschrift ist innerhalb einer **Notfrist** von zwei Wochen bei dem Gericht des ersten Rechtszuges (nicht beim Berufungsgericht!) einzureichen.

Die Frist beginnt mit der Zustellung des vollständigen Urteils, allerdings ohne Tatbestand und u.U. lediglich mit wesentlichen Protokollgründen (§ 313a Abs 1 **ZPO n.F.**). Sie kann nicht verlängert werden (§ 224 Abs. 2 ZPO). Allerdings kommt bei schuldloser Fristversäumnis **Wiedereinsetzung** in Betracht (§ 233 ZPO).

Ein Nachschieben von Gründen ist nicht möglich, wobei auch nicht (wie bei der Berufung) unterschieden wird zwischen einer Einlegungs- und einer Begründungsfrist.

Es ist zu empfehlen, die erforderlichen Darlegungen möglichst genau und eingehend zu machen, insbesondere ist zu schreiben, was der Anwalt bei Gewährung des rechtlichen Gehörs vorgetragen hätte.

> Vgl. BayVerfGH NJW 1993, 2794; Thomas/Putzo 24. Aufl. § 321a/5: am sichersten wie eine Berufungsschrift formulieren; Zöller 23. Aufl. § 321a/13: auf die Grundsätze der revisionsrechtlichen Verfahrensrüge kann zurückgegriffen werden. Eine Glaubhaftmachung des hypothetischen Vorbringens im Ausgangsverfahren ist im Gesetz nicht vorgesehen.

Weiter ist darzulegen, dass und inwieweit dieses Unterlassen der Partei gegenüber nachteilig **entscheidungserheblich** war. Unzureichend ist es, lapidar zu behaupten, das rechtliche Gehör sei verletzt oder das Urteil sei unrichtig.

> Bei einem übergangenen Beweisantrag sollte ausgeführt werden, dass und inwieweit die unterbliebene Beweisanordnung zu einem anderen Prozessergebnis hätte führen können (vgl. BGH NJW 1986, 2371 bzgl. Revision), insbesondere was z.B. der Zeuge voraussichtlich ausgesagt hätte.

> Bei Unterlassen eines notwendigen Hinweises ist gegebenenfalls vorzutragen, dass und welche (weiteren) (entscheidungserheblichen) Beweise der Antragsteller bei Erteilung des Hinweises angetreten hätte (Zöller 23. Aufl. § 321a/10 a.E.).

> Hat das Gericht sein Urteil auf Beweismittel gestützt, die der Partei nicht zur Kenntnis gegeben wurden, muss dem sogleich eine eigene Beweiswürdigung entgegen gestellt werden, welche die Möglichkeit einer anderen Entscheidung aufzeigt.

Bei alledem muss der Richter dazu gebracht werden, die Entscheidungserheblichkeit zu erkennen, seinen eigenen Fehler einzugestehen und diesen auch beseitigen zu wollen sowie weitere Arbeit in diesen für ihn bereits abgeschlossenen Rechtsstreit zu investieren.

> Dabei kann in der Praxis sicherlich eine Rolle spielen, dass die ablehnenden Entscheidungen nicht anfechtbar sind und der Richter diese auch nur kurz zu begründen braucht (Abs. 4 S. 4). Deshalb kann man an der Effektivität des Abhilfeverfahrens durchaus zweifeln.

> Aus der Rügeschrift sollte daher für den Richter erkennbar sein, dass gerade der konkrete Fall nicht zu den sicherlich anzutreffenden querulatorischen und in der Mehrzahl wohl unbegründeten Rügen gehört. Psychologisch eher ungeschickt dürfte es hierbei sein, die Gehörsverletzungen gleichsam als persönliches Versagen des Richters darzustellen (vgl. E. Schneider AnwBl. 2002, 621: z.B. der unterschwellige Vorwurf, der Richter habe die Akten nicht sorgfältig gelesen, was eine

Abwehrhaltung bei diesem Richter – den Abwehrmechanismus der Verleugnung – auslösen kann).

Es ist daher zu erwarten, dass in der Praxis ein strenger Maßstab angelegt wird und Abhilfeentscheidungen eher die Ausnahme bilden dürften (so auch hins. zweitem Halbsatz Begr. RegE.S. 63). Die »klugen Gerichte, die in Bereitschaft zur Selbstkritik ruhig abwägen« (Baumbach/Lauterbach § 321a/26) dürften in der Minderheit sein. Die Bereitschaft zur Abänderung des Urteils dürfte am ehesten bei versehentlichen »Pannen« vorhanden sein (vgl. hierzu Zöller 23. Aufl. § 321a/6; oben I 1a).

c) Entscheidung des Gerichts

Bei zulässiger und **begründeter** Rüge wird der Prozess in der Lage fortgeführt, in der er sich vor dem Schluss der mündlichen Verhandlung befand (Abs. 5). Im Übrigen ist entsprechend § 343 ZPO (Einspruch gegen Versäumnisurteil) zu verfahren.

Hierbei ist zu bedenken, dass § 321a ZPO n.F. kein Verschlechterungsverbot enthält, so dass das Abhilfeverfahren in Einzelfällen bei gemischter Ausgangsentscheidung zu einem für die rügende Partei ungünstigeren Ergebnis führen kann. Im Übrigen ist – zumindest bei beabsichtigter Stattgabe der Rüge – zuvor dem Gegner Gelegenheit zur Stellungnahme zu gewähren (Abs. 3). Er hat dadurch die Möglichkeit, das Gericht noch zu seinen Gunsten umzustimmen.

Gegenüber der daraufhin ergehenden Entscheidung kann das Abhilfeverfahren wiederholt, und u.U. dann für den unterlegenen Gegner, in Betracht kommen. Zur Vermeidung neuer Gehörsverletzungen kann es sich für die betroffene Partei empfehlen, zusammen mit der Gehörsrüge einen Antrag auf mündliche Verhandlung gem. § 495a S. 2 ZPO zu stellen (vgl. oben 1. Teil II 3c).

Es ist nicht ausgeschlossen, dass bei einer gemischten Entscheidung eine Partei die Gehörsrüge erhebt, während die andere Berufung einlegt. Das Berufungsverfahren muss dann wohl bis zum endgültigen Abschluss der ersten Instanz ausgesetzt werden (Greger NJW 2002, 3051).

Nach dem Justizmodernisierungsgesetz soll der Prozess bei einer begründeten Rüge nur in dem Umfang festgesetzt werden können, soweit die Rüge reicht (vgl. Art. 1 Nr. 12 ReferentenE.).

Eine unzulässige oder unbegründete Rüge wird durch Beschluss verworfen bzw. zurückgewiesen (Abs. 4), d.h. mit freigestellter mündlicher Verhandlung (vgl. § 128 Abs. 4 ZPO n.F.).

Bei insgesamt erfolgloser Rüge entsteht eine Gerichtsgebühr i.H. von 50 Euro (Anlage 1 zum GKG, Nr. 1960).

Obgleich das Abhilfeverfahren für den Anwalt einen gewissen zusätzlichen Aufwand erfordert, bekommt er keine gesonderte Gebühr. Die Fortsetzung des Verfahrens stellt keine neue gebührenrechtliche Angelegenheit dar (vgl. § 13 Abs. 2 BRAGO). Nur wenn sich seine Tätigkeit auf die Gehörsrüge (und wohl auch auf dessen Abwehr) beschränkt, erhält er 3/10 der in § 31 BRAGO bestimmten Gebühre (§§ 37 Nr. 5, 55 BRAGO n.F.), sofern die entsprechenden Gebührentatbestände erfüllt sind (vgl. hierzu Enders, JurBüro 2002, 57, Schneider, NJW 2002, 1994). Im Regelfall dürfte nur eine Prozessgebühr entstehen, da die Gerichte vermutlich weit überwiegend ohne (erneute) mündliche Verhandlung entscheiden werden.

Diese Entscheidungen sind in Abs. 4 ausdrücklich für **nicht anfechtbar** erklärt, wobei die grundsätzlich wiederum mögliche Gehörsrüge wohl kaum Aussicht auf Erfolg hat (vgl. nachfolgend I 2).

2) Außerordentliche Rechtsmittel

a) Berufung und Beschwerde

Angesichts dieser Neuregelung ist fraglich, ob in Einzelfällen – bei unanfechtbaren Entscheidungen – zusätzlich die **Berufung** entsprechend § 514 Abs. 2 ZPO n.F. (§ 513 Abs. 1 ZPO) bzw. die **Ausnahmebeschwerde** statthaft ist.

Nach überwiegender Meinung wurde bislang gegen an sich **unanfechtbare Entscheidungen** im Urteilsverfahren die Berufung im Rahmen des schriftlichen Verfahrens gem. §§ 128, 495a ZPO bei Verletzung des rechtlichen Gehörs (z.B. BVerfG NJW 1999, 1176) (vgl. zur Problematik E. Schneider MDR 2001, 845) sowie im Beschlussverfahren eine außerordentliche Beschwerde bei »greifbarer Gesetzeswidrigkeit« bejaht (vgl. Thomas/Putzo § 567/7; BGH NJW-RR 2002, 501: nicht im Urteilsverfahren).

Durch die Einführung der §§ 321a, 572 ZPO **n.F.** werden diese Fragen wieder verstärkt diskutiert. Dabei ist die Meinungsbildung noch nicht abgeschlossen und viele Problempunkte sind noch ungeklärt. Die nachfolgenden Ausführungen können daher nur den vorläufigen Stand wiedergeben, der sich jederzeit durch aktuelle Entscheidungen verändern kann. Derzeit liegt ein Vorlagebeschluss des ersten Senats des Bundesverfassungsgerichtes vor (Beschl. v. 16.1.2002 – 1 BvR 10/99) zu der Frage, ob das Gesetz dem Bürger bei Gehörsverletzungen Rechtsschutz bereits durch die Fachgerichte selbst (und zwar in allen Instanzen, d. Verf.) eröffnen muss.

Angesichts der Möglichkeit des § 321a ZPO kann die bisherige Rechtsprechung in Bezug auf die **Ausnahmeberufung** als »obsolet« betrachtet werden (Zöller 23. Aufl. § 511/11; Müller NJW 2002, 2746).

So wird in der Begründung zum Regierungsentwurf (S. 63, 85, 94) davon ausgegangen, dass in solchen Fällen nur noch die Verfassungsbeschwerde eingelegt werden kann und die vorgesehene Abhilfemöglichkeit eine ausdehnende Auslegung des bisherigen § 513 Abs. 2 ZPO insoweit entbehrlich macht. Dabei fordert Art. 19 Abs. 4 GG nach (noch) herrschender Ansicht keinen Instanzenzug (Zöller Einl. Rn. 47). Bei sonstigen Grundrechtsverstößen hängt m.E. die Statthaftigkeit eines Ausnahmerechtsmittels von der Frage der analogen Anwendung des § 321a ZPO ab (vgl. oben I 1a). Im Übrigen kann – bei berufungsfähigen Urteilen – die Berufung ohne weiteres auf eine Rechtsverletzung gestützt werden (vgl. § 513 ZPO).

Da über eine unzulässige oder unbegründete Rüge durch Beschluss entschieden wird, scheidet eine **außerordentliche Beschwerde** hiergegen nicht von vorneherein aus. Der **BGH** (NJW 2002, 1577) ist jedoch kurz nach In-Kraft-Treten des ZPO-Reformgesetzes von seiner bisherigen Rechtsprechung in Bezug auf die außerordentliche Beschwerde ausdrücklich abgerückt.

Bei Verstößen gegen Verfahrensgrundrechte kommt nach dessen Ansicht – wegen der Grundentscheidung des ZPO-Reform Gesetzgebers für eine Selbstkorrektur – jetzt nur noch eine Korrektur durch das erlassende Gericht selbst in Betracht («judex a quo»), und zwar auf eine **Gegenvorstellung** hin.

Es sei dabei zu erwägen, ob diese innerhalb der Frist des § 321a Abs. 2 S. 2 ZPO **n.F.** zu erheben ist. Da bei Gehörsverletzungen § 321a ZPO anwendbar ist, sollte der Anwalt die dortigen Formalien sicherheitshalber immer beachten. Für den Fall, dass das Gericht einen Verfassungsverstoß nicht ausräumt, würde allein die Anrufung des BVerfG in Betracht kommen.

Der Ansicht des BGH haben sich bereits eine Reihe von Oberlandesgerichten angeschlossen (z.B. KG MDR 2002, 1086; OLG Schleswig MDR 2002, 1392: Gegenvorstellung bei Verfassungsverstößen, greifbarer Gesetzwidrigkeit oder grober prozessualer Fehler; OLG Celle NJW 2002, 3715; OLG Rostock MDR 2002, 1393 (LS).

Danach dürfte der Ausschluss der außerordentlichen Beschwerde auch dann anzunehmen sein, wenn das Gericht im Abhilfeverfahren eine Verletzung des rechtlichen Gehörs offensichtlich zu Unrecht verneint hat (so auch sogar bei schwersten Fehlern des Gerichts Baumbach/Lauterbach § 511/21 m.w.N., § 128a/10: allenfalls im Einzelfall unter ganz besonderen Umständen). Denn eine solche kommt allenfalls in »Ausnahmefällen krassen Unrechts« in Betracht, wenn die Entscheidung »jeder gesetzlichen Grundlage entbehrt und inhaltlich dem Gesetz fremd ist« (Thomas/Putzo § 567/7a/b). Diese könnte daher lediglich bei völligem Ignorieren der Gehörsrüge in Betracht kommen.

b) Verfassungsbeschwerde

Die theoretisch mögliche (subsidiäre) **Verfassungsbeschwerde** bietet grundsätzlich wenig Aussicht auf Erfolg.

Nach Darstellung der Präsidentin des BVerfG Limbach waren im Jahre 1999 nur 2,6% aller Verfassungsbeschwerden erfolgreich (zit. ZAP-Aktuell Nr. 5 v. 8. 3. 2000). Zudem droht die Missbrauchsgebühr (§ 34 Abs. 2 BVerfGG).

Der aus § 90 Abs. 2 BVerfGG folgende **Subsidiaritätsgrundsatz** erfordert bei Verletzung des rechtlichen Gehörs durch ein Amtsgericht im Verfahren nach § 495a ZPO vor Anrufung des BVerfG zunächst die Einholung einer Entscheidung des Zivilgerichts im Abhilfeverfahren (BVerfG NJW 2002, 3388; bislang war Berufung notwendig, vgl. BVerfG NJW 1997, 1301).

Im Übrigen verlangt dieser Grundsatz, bei einer unanfechtbaren Entscheidung zunächst Gegenvorstellung zu erheben, sofern die Möglichkeit der Selbstkorrektur nicht von vornherein verschlossen ist (BVerfG NJW 2002, 3387). Allerdings ist diese nur ausnahmsweise dann fristwahrend für eine Verfassungsbeschwerde, wenn die Verletzung von Prozessgrundrechten gerügt wird (BVerfG NJW 2003, 575). In Zweifelsfällen muss daher zur Fristwahrung unmittelbar nach Zugang der Entscheidung des letzterkennenden Gerichts Verfassungsbeschwerde erhoben werden (BVerfG aaO. unter Ablehnung der Wiedereinsetzung).

So reicht z.B. ein nur »einfaches Versehen«, des Richters bei der Bearbeitung des Gerichtsverfahrens nicht aus (BVerfG NJW-RR 1999, 137: Entscheidung des AG vor Ablauf der gesetzten Klageerwiderungsfrist).

Voraussetzung für ihre Annahme ist vielmehr, dass die geltend gemachte Rechtsverletzung besonderes Gewicht hat oder die Partei in existenzieller Weise betrifft (BVerfG NJW 1999, 1176).

Trotzdem kann die Verfassungsbeschwerde wegen Verletzung des rechtlichen Gehörs (§ 103 Abs. 1 GG; u.U. auch Art. 101 Abs. 1 S. 2 GG) vor allem bei den Entscheidungen, die (mit regulären Rechtsmitteln) nicht (mehr) anfechtbar sind, in Betracht kommen, und zwar bei

- erfolglosen Gehörsrügen nach § 321a **ZPO n.F.**,
- nicht zugelassener Berufung nach § 511 Abs. 4 **ZPO n.F.**,
- Beschlusszurückweisung der Berufung nach § 522 **ZPO n.F.**

II. Zulassungsberufung

Nach der **Übergangsvorschrift** des § 26 Nr. 5 EGZPO gelten die neuen Vorschriften nach dem **ZPO-Reformgesetz** für die Berufung in den Verfahren, bei welchen die mündliche Verhandlung, auf die das anzufechtende Urteil ergeht, nach dem 1. 1. 2002 geschlossen wird.

1) Zulassungsberufung

Nach § 511 **ZPO n.F.** ist die Berufung gegen erstinstanzliche Endurteile nur zulässig, wenn

- der Wert des Beschwerdegegenstandes **sechshundert Euro** übersteigt **oder**

- das Gericht des ersten Rechtszuges die Berufung im Urteil **zugelassen** hat.

Die **Zulassungsberufung** (zweite Alternative) ist völlig neu eingeführt.

Nach Abs. 4 hat das Gericht die Berufung zuzulassen, wenn

- die Rechtssache grundsätzliche Bedeutung hat **oder**

- die Fortbildung des Rechts oder die Sicherung einer einheitlichen Rechtsprechung eine Entscheidung des Berufungsgerichts erfordert.

Grundsätzliche Bedeutung hat eine Rechtssache, wenn eine klärungsbedürftige Rechtssache zu entscheiden ist, deren Auftreten in einer unbestimmten Vielzahl von Fällen denkbar ist (z.B. Verfahren in denen die Auslegung typischer Vertragsbestimmungen, Tarife, Formularverträge oder allgemeine Geschäftsbedingungen erforderlich wird). Dies liegt auch dann vor, wenn das erstinstanzliche Urteil in einer Rechtsfrage, auf deren Entscheidung das Urteil beruht, von einer obergerichtlichen Entscheidung abweicht und Anlass besteht, die Rechtsfrage einer (abermaligen) Klärung zugänglich zu machen.

Zur **Fortbildung des Rechts** ist die Berufung zuzulassen, wenn der Einzelfall Veranlassung gibt, Leitsätze für die Auslegung von Gesetzesbestimmungen des materiellen oder des Verfahrensrechts aufzustellen oder Gesetzeslücken auszufüllen.

Zur **Sicherung einer einheitlichen Rechtsprechung** ist die Berufung zuzulassen, wenn vermieden werden soll, dass schwer erträgliche Unterschiede in der Rechtsprechung entstehen oder fortbestehen, wobei es darauf ankommt, welche Bedeutung die angefochtene Entscheidung für die Rechtsprechung im Ganzen hat. Diese Voraussetzungen sind nicht schon dann gegeben, wenn ein Gericht in einem Einzelfall eine Fehlentscheidung getroffen hat, selbst wenn der Rechtsfehler offensichtlich ist, wohl aber, wenn es von der höchstrichterlichen Rechtsprechung »abweicht«, diese also nicht berücksichtigt und die Gefahr einer Wiederholung besteht. (so die Begründung des RegE.S. 93, 104 zu Nr. 72).

Eine teilweise Zulassung – etwa begrenzt auf einen Teilkomplex des Rechtsstreits – soll nach der Gesetzesbegründung unstatthaft sein (Begr. RegE.S. 93; **a.A.** Zöller 23. Aufl. § 511/40: findet im Gesetzeswortlaut keine Stütze).

Auch wenn hierüber das Gericht von Amts wegen zu entscheiden hat, empfiehlt sich ein entsprechender **Antrag** unter genauer Darlegung der Zulassungsgründe, sofern die Partei eine Überprüfungsmöglichkeit des Urteils wünscht. Denn kaum ein Amtsrichter dürfte Zeit haben, über den »Tellerrand seines Gerichtssprengels hinauszublicken« und sich etwa über die »grundsätzliche Bedeutung« oder die »Fortbildung des

Rechts« Gedanken zu machen (Ebel ZRP 2001, 310). Zudem ist gerade bei kleinen Streitwerten die Bereitschaft von Richtern, sich mit Literatur und Rechtsprechung auseinanderzusetzen erfahrungsgemäß gering (Huff, Anwalt 4/2002 S. 7).

> Wenn man dann jedoch in der ersten Instanz obsiegt, hat man allerdings für den Gegner gearbeitet. Daher sollte ein solcher Antrag besser nur gestellt werden, wenn man den Prozess aufgrund der seitens des Gerichts geäußerten Rechtsansicht mit hoher Wahrscheinlichkeit verlieren wird. In Einzelfällen kann die Partei aber unabhängig vom Ausgang des Rechtsstreits an einer grundsätzlichen Klärung einer Rechtsfrage interessiert sein.
>
> Erste Erfahrungen nach der ZPO-Reform deuten allerdings darauf hin, dass diese Regelung in der Praxis nur selten Anwendung findet.

Das Berufungsgericht ist an die **Zulassung** gebunden (Abs. 4 S. 2). Ein Rechtsmittel gegen die Nichtzulassung ist nicht vorgesehen.

> Es könnte trotzdem u.U. das Abhilfeverfahren nach § 321a **ZPO n.F.** in Betracht kommen (so Hartmann NJW 2001, 2587), insbesondere wenn das Gericht einen Antrag auf Zulassung übergeht (Hinz WM 2002, 8).
>
> Außerdem könnte in Einzelfällen der Gesichtspunkt des etwaigen (willkürlichen) Entzugs des »gesetzlichen Richters« (Art. 101 Abs. 1 S. 2 GG) für die Anfechtbarkeit sprechen. Die Willkür der Nichtzulassung kann umso eher angenommen werden, wenn der Anwalt bereits im Erkenntnisverfahren die Zulassung beantragt und die Zulassungsgründe deutlich vorgetragen hat, ohne dass das Gericht seine diesbezügliche Entscheidung begründet hat.
>
> Allein die gesetzwidrige Nichtzulassung dürfte weder eine Verletzung des rechtlichen Gehörs noch eine willkürliche Entscheidung darstellen (Hinz WM 2002, 8). Dabei sind eine ausdrückliche Entscheidung über die Zulassung sowie die Feststellung der Nichtzulassung in der Urteilsformel gesetzlich nicht vorgeschrieben. Schweigen im Urteil bedeutet Nichtzulassung (Zöller 23. Aufl. § 511/39). Die unterbliebene Zulassung kann auch nicht durch eine Urteilsergänzung gem. § 321 ZPO nachgeholt werden (Zöller/Gummer § 511/39; LG Mainz NJW-RR 2002, 1654; **a.A.** Zöller/Vollkomer § 321/5).
>
> Im Übrigen sind die Aussichten, eine Zulassung zu erhalten wohl eher gering. Denn welcher Richter möchte schon gerne eine Überprüfung seiner eigenen Entscheidungen mit der Gefahr der Aufhebung und Zurückverweisung, zumal ihm bei Nichtanfechtbarkeit des Urteils auch Erleichterungen bei der Urteilsabfassung zugute kommen (vgl. § 313a **ZPO n.F.**).

2) Vorprüfungsverfahren

Das Berufungsgericht hat die Möglichkeit, jede Berufung im **Vorprüfungsverfahren** einstimmig durch Beschluss – ohne mündliche Verhandlung – gem. § 522 Abs. 2 **ZPO n.F.** zurückzuweisen.

Insbesondere schließt die Zulassung der Berufung durch die erste Instanz eine Beschlusszurückweisung nicht aus, wenn das Berufungsgericht die Zulassungsvoraussetzungen anders beurteilt hat oder weil die vom Ausgangsgericht angenommene grundsätzliche Rechtsfrage inzwischen geklärt ist (Begr. RegE.S. 97). Die Bindung gem. § 511 Abs. 4 S. 2 **ZPO n.F.** besteht nur in Bezug auf die Zulässigkeitsvoraussetzungen. Die Berufungszulassung kann daher für die erstinstanzlich unterlegene Partei letztlich völlig nutzlos sein.

Sinn dieser Regelung ist es, zu verhindern, dass die Berufung weiter dazu benutzt wird, in aussichtslosen Fällen Verfahren zu Lasten des Gegners aus sachfremden Erwägungen in die Länge zu ziehen um Zeit zu gewinnen. So sollen durch die bisherige Regelung in Anbetracht der Terminsstände einiger Berufungsgerichte manche Gläubiger (insbes. kleine und mittelständige Unternehmen) in eine prekäre Situation bis zur Existenzgefährdung gebracht worden sein (Begr. RegE.S. 60).

Hierzu muss es davon überzeugt sein, dass

- die Berufung keine Aussicht auf Erfolg hat,
- die Rechtssache keine grundsätzliche Bedeutung hat,
- die Fortbildung des Rechts oder die Sicherung einer einheitlichen Rechtsprechung eine Entscheidung des Berufungsgerichts nicht erfordert.

Von diesen Voraussetzungen, die kumulativ vorliegen müssen, wird praxisrelevant hauptsächlich die erste Alternative sein. Weil die beiden anderen Alternativen meistens verneint werden können und die Berufungskammern kaum Zeit haben bzw. dafür aufwenden dürften, solchen »diffizilen Fragen« nachzugehen (E. Schneider NJW 1994, 2268), hängt die Zurückweisung allein von der Beurteilung der Erfolgsaussicht ab.

> Dabei ist eine Zurückweisung nicht auf die Fälle beschränkt, in denen die Unbegründetheit offensichtlich ist bzw. »besonders deutlich ins Auge springt«. Allerdings hat die Entscheidung nicht auf der Grundlage lediglich einer summarischen Prüfung zu erfolgen, sondern nach sorgfältiger abschließender Beratung (OLG Celle NJW 2002, 2400).

Da vorher die Parteien auf die beabsichtigte Zurückweisung einschließlich der Gründe hingewiesen werden müssen und der Berufungsführer Gelegenheit zur Stellungnahme erhalten muss, hat er die Möglichkeit durch weiteren Vortrag die Gründe zu entkräften und eine Zurückweisung zu verhindern oder die Kosten des Berufungsverfahrens durch eine Berufungsrücknahme – nach Absprache mit dem Mandanten – möglichst gering zu halten (§ 516 **ZPO n.F.**).

> Hierbei ist insbesondere zu prüfen, ob angesichts der Rechtsauffassung des Berufungsgerichts im erstinstanzlichen Verfahren möglicherweise Hinweise hätten erteilt werden müssen oder aber ob bis jetzt nicht ausreichend gewürdigtes Vor-

bringen zur Kenntnis des Berufungsgerichts zu bringen ist. Im ersteren Falle muss der Berufungsführer darlegen, was er bei erteiltem Hinweis vorgetragen hätte und dass deshalb der Verfahrensfehler für die ergangene Entscheidung erheblich war (Stackmann NJW 2003, 175).

Allerdings kann auch der Berufungsgegner noch vortragen und das Gericht bei der Zurückweisung argumentativ unterstützen, wobei das Gericht die (Berufungs-) Erwiderung nicht unbedingt abzuwarten braucht. Da dieser hierzu auch nicht verpflichtet ist, kann bei Unterlassen einer Gegenäußerung neues Vorbringen der Berufung in diesem Verfahrensstadium nicht unstreitig werden (OLG Oldenburg NJW 2002, 3556).

Beabsichtigt das Gericht hingegen, die Berufung doch zuzulassen, muss der Berufungsbeklagte auf die Stellungnahme des Berufungsklägers rechtliches Gehör erhalten (zu weitgehend Thomas/Putzo 24. Aufl. § 522/19/20, da eine Anhörung nach Art. 103 Abs. 1 GG nur zwingend erforderlich ist, wenn eine für die Partei beschwerende Entscheidung getroffen werden soll, vgl. Begr. RegE. S. 86).

Beachte:

Wegen der ausdrücklichen Nichtanfechtbarkeit des Beschlusses (§ 522 Abs. 3 **ZPO n.F.**) besteht die Gefahr, dass manche Berufungsgerichte aus arbeitsökonomischen Gründen die Vorschrift eher restriktiv anwenden und »kurzen Prozess« machen werden.

Insbesondere muss das Berufungsgericht nach der Neuregelung des § 538 ZPO nunmehr grundsätzlich die notwendigen Beweise selbst erheben und eine Zurückverweisung an das erstinstanzliche Gericht erfordert immer einen Antrag einer Partei.

Mit Hilfe dieser Vorschrift des § 522 ZPO **n.F.** können die Berufungskammern in der Tat ihre Arbeitsbelastung selbst steuern.

So werden z.B. auch vom BVerfG nur 1, 2 bis 1, 5% aller Verfassungsbeschwerden angenommen und von den im Jahre 1998 beim BGH eingelegten 4255 Revisionen waren lediglich 163 davon Zulassungsrevisionen durch das OLG (vgl. § 546 ZPO) (Hirtz MDR 2001, 1266 Fn. 8). Auch dürften die Entscheidungen in der Praxis überwiegend nur zweistimmige Entscheidungen sein, da der »dritte Mann« neben dem Vorsitzenden und Berichterstatter den »Inhalt der Akten nie kennen lernt« (E. Schneider NJW 1994, 2268; ders. 2001, 3757: wie schnell diese »Einstimmigkeit« zu Stande kommt, weiß jeder, der Erfahrungen am Kollegialgericht gesammelt hat; ders. AnwBl. 2003, 193; die während des Gesetzgebungsverfahrens verlautbarte Sorge vor einem Missbrauch dieser Neuerung hat sich – nach ersten Berichten von Anwälten – schon als berechtigt erwiesen).

Diese Zurückweisungsbefugnis soll insbesondere von einzelnen Oberlandesgerichten nachhaltig missbraucht werden (E. Schneider ZAP-Kolumne 2002, 1386).

II. Zulassungsberufung

Um dem Berufungsgericht eine bloße Formblattbegründung soweit wie möglich zu erschweren, sollte die Fehlerhaftigkeit der erstinstanzlichen Entscheidung eingehend dargelegt und die Berufungsbegründung fristgerecht und sorgfältig gefertigt werden (vgl. Frist in § 520 Abs. 2 **ZPO n.F.**, Inhalt in Abs. 3 detailliert geregelt, wobei Nr. 2 bis 4 alternativ zu verstehen sind, Begr. RegE.S. 95). Eine allgemeine pauschale Sachrüge genügt nicht (Schellhammer MDR 2001, 1143).

> Bei einer Entscheidung ohne mündliche Verhandlung hat der Berufungsführer keine Chance, das Gericht doch noch zu überzeugen und etwaige Zweifel zu beseitigen. Indes soll die Gerichtspraxis die Durchführung einer mündlichen Verhandlung statt einer Beschlussentscheidung vorziehen (Fellner MDR 2003, 70; aber zw. ob zulässig, vgl. arg. §§ 522 Abs. 1, 2; 523 **ZPO n.F.**; Thomas/Putzo 24. Aufl. § 523/13).

Jedenfalls sollte der Mandant vor (jeder) Berufungseinlegung über dieses erhöhte **Risiko** unbedingt (nachweisbar) aufgeklärt werden. Denn es ist damit zu rechnen, dass bei einer Zurückweisung wegen (offensichtlicher) Erfolglosigkeit der Mandant in vielen Fällen den Rechtsanwalt für die Kosten der Berufungseinlegung verantwortlich macht (Haftungsrisiko!). Deshalb muss nach einem Hinweisschreiben des Gerichts immer auch die kostengünstige Rücknahme in Erwägung gezogen werden.

> Außerdem ist bei einer nur zum Zwecke des Zeitgewinns eingelegten Berufung zu bedenken, dass eine solche Beschlussentscheidung – im Gegensatz zur sonstigen Dauer – relativ schnell ergehen kann (in der Regel Zwei-Wochenfrist zur Stellungnahme, vgl. Zöller 23. Aufl. § 522/34, mit Verlängerungsmöglichkeit nach § 225 ZPO).

Achter Teil: Einstweilige Verfügung und Arrest

Einstweilige Verfügung und Arrest dienen der (vorläufigen) Sicherung von gefährdeten Ansprüchen bis zu einer Entscheidung im Hauptsacheverfahren. Während dort geraume Zeit vergeht, bis man einen (rechtskräftigen) Titel erlangt, bekommt man eine Entscheidung im Sicherungsverfahren wesentlich schneller. Damit kann man verhindern, dass der Schuldner in der Zwischenzeit die Verwirklichung der Rechte des Gläubigers vereitelt. Eine Klage braucht dabei überhaupt nicht erhoben zu sein oder zu werden.

> Eine große Rolle spielt die einstweilige Verfügung vor allem im Wettbewerbsrecht, im Bereich des Ehrenschutzes sowie in Bausachen.
>
> Im Familienrecht sind spezielle Regelungen vorhanden (vgl. z.B. §§ 620, 644 ZPO) (zur Abgrenzung zur einstweiligen Verfügung vgl. Thomas/Putzo §§ 620/6, 644/2). Einstweilige Anordnungen in Bezug auf die Zwangsvollstreckung können nach § 769 ZPO ergehen.

Der **Arrest** ist ein Mittel zur Sicherung der Zwangsvollstreckung wegen Geldforderungen oder eines Anspruchs, der in eine solche übergehen kann (§ 916 ZPO). Dem gegenüber können mit der **einstweiligen Verfügung** (nur) andere Ansprüche gesichert werden. Einstweilige Verfügung und Arrest für denselben Anspruch schließen sich gegenseitig aus.

Beide Verfahren entsprechen sich jedoch im Wesentlichen. So werden in § 936 ZPO die Vorschriften über die Anordnung des Arrests und das Arrestverfahren für das Verfügungsverfahren grundsätzlich als entsprechend anwendbar erklärt. Dem Arrest kommt in der Praxis eher eine untergeordnete Bedeutung zu.

I. Taktische Überlegungen

In diesem beschleunigten Verfahren sind eine Reihe von Besonderheiten zu beachten. Diese ermöglichen insbesondere einen Überraschungseffekt des Gegners, womit verhindert werden kann, dass dieser noch durch Schaffung vollendeter Tatsachen den Anspruch des Gläubigers vereitelt. Unter Umständen erlangt man dadurch aber eine günstige Ausgangsposition für einen Vergleich in der Hauptsache.

Vor allem die einstweilige Verfügung auf Eintragung einer Vormerkung für eine Bauunternehmersicherungshypothek soll meist nur den Zweck verfolgen, den Bauherrn und/oder die vorrangigen Grundpfandrechtsgläubiger »nervös« zu machen und/oder den Bauherrn bei seinen Verkaufsbemühungen zu stören und mit ihm »ins Gespräch zu kommen«, um auf diese Weise unter Umständen eine außergerichtliche Einigung über die umstrittene Bauforderung zu erzielen (Siegburg BauR 1990, 290).

Sofern der Gegner keine Einwendungen hat, können die Parteien die einstweilige Verfügung durch Verzicht auf die Anträge nach §§ 926, 924 ZPO zur endgültigen Entscheidung machen und sich dadurch die Kosten eines Hauptsacheprozesses ersparen (vgl. Zöller §§ 924/9, 926/4) (sog. Abschlusserklärung im Wettbewerbsprozess).

Jedenfalls kann man nunmehr mit einem Antrag auf Erlass einer einstweiligen Verfügung unter bestimmten Voraussetzungen die Verjährung hemmen (vgl. § 204 Abs. 1 Nr. 9 **BGB n.F.**).

Der Anwalt muss sich aber bewusst sein, dass der Vorteil seines Mandanten als Gläubiger nur vorläufig sein kann, worauf er ihn auch hinzuweisen hat.

So kann der Gegner im Widerspruchs- oder Berufungsverfahren die Aufhebung der einstweiligen Verfügung erreichen mit etwaiger Schadensersatzpflicht des Antragstellers (§ 945 ZPO). Da Streitgegenstand nur die Zulässigkeit einer zwangsweisen Sicherung ist, haben die Entscheidungen in diesem Verfahren außerdem keine bindende Wirkung für das Hauptsacheverfahren (Thomas/Putzo Vorbem. § 916/1 f.), so dass dann dort noch die Aufhebung der einstweiligen Verfügung in Betracht kommen kann. Wenn der Antrag lediglich auf die eidesstattliche Versicherung des Antragstellers gestützt wird, kann er Schwierigkeiten haben, seinen Anspruch im normalen Erkenntnisverfahren zu beweisen. Dort ist die eidesstattliche Versicherung kein zulässiges Beweismittel und die Parteivernehmung kommt nur in seltenen Fällen in Betracht (vgl. 6.Teil III 4).

Die Klageerhebung oder die Aufhebung der einstweiligen Verfügung kann der Verfügungsgegner durch den Antrag auf Anordnung der Klageerhebung gem. § 926 ZPO erreichen. Dieser Antrag ist einer Widerspruchseinlegung vorzuziehen, wenn der Gegner über keine im Verfügungsverfahren zulässigen – präsenten – Beweismittel verfügt. Will hingegen der Verfügungsgläubiger wegen geringer Erfolgsaussichten eine Klage vermeiden, muss er auf seine Rechte aus der einstweiligen Verfügung verzichten und dem Verfügungsschuldner den Titel aushändigen (vgl. Zöller § 926/12: es fehlt dann das Rechtsschutzbedürfnis für § 926 ZPO).

II. Voraussetzungen

Für den Erlass einer Anordnung im Verfahren des vorläufigen Rechtsschutzes muss zunächst ein Verfügungs- bzw. Arrestanspruch vorliegen. Außerdem muss ein Grund vorhanden sein, weshalb eine baldige Entscheidung – vor der Durchführung eines etwaigen Hauptverfahrens – erforderlich ist. Beide Voraussetzungen müssen zudem in der Regel glaubhaft gemacht sein.

1) Verfügungsanspruch

Die einstweilige Verfügung dient nur der (vorläufigen) **Sicherung von Individualansprüchen,** mit Ausnahme von Geldforderungen, sowie der einstweiligen **Regelung streitiger Rechtsverhältnisse.** Dabei dürfen die angeordneten Maßnahmen grundsätzlich nicht zur Befriedigung des Gläubigers führen (daher z.B. Herausgabe gem. 985 BGB nur an Gerichtsvollzieher oder einen Sequester, nicht an den Gläubiger, vgl. § 938 Abs. 2 ZPO; keine Räumung der Wohnung – Ausnahme: § 940a ZPO; keine Anordnung der Duldung von (eiligen) Modernisierungsmaßnahmen).

▶ **Beispiel:**

Ansprüche auf Herausgabe und Unterlassung (speziell im Wettbewerbs-, Presse- und Mietrecht sowie auf dem Gebiet des Ehrenschutzes bei Persönlichkeitsverletzungen) (§§ 12, 823, 824, 862, 1004 BGB) (vgl. § 938 Abs. 2 ZPO), Ansprüche auf Auflassung, Grundbuchberichtigung (§ 894 BGB) und Werklohnforderungen des Bauunternehmers (Bauunternehmer- bzw. Bauhandwerkersicherungshypothek gem. § 648 BGB) – Sicherung durch Eintragung einer Vormerkung (§§ 883, 885 BGB) bzw. eines Widerspruchs (§ 899 BGB); Anordnungen nach dem Gewaltschutzgesetz (vgl. weitere Beispiele bei Zöller § 940/8).

Die im Gesetz getroffene Unterscheidung zwischen der **Sicherungsverfügung** (§ 935 ZPO) und der **Regelungsverfügung** (§ 940 ZPO) ist ohne praktische Bedeutung. Nur ausnahmsweise wird von der Rechtsprechung eine (zumindest) teilweise Erfüllung eines Anspruchs zugelassen (sog. **Leistungsverfügung** analog § 940 ZPO).

Dies kommt in Betracht, wenn der Antragsteller auf die sofortige Erfüllung so dringend angewiesen ist, dass er ein ordentliches Verfahren nicht abwarten kann, ohne unverhältnismäßig großen, gar irreparablen Schaden zu erleiden (Thomas/Putzo § 940/6).

▶ **Beispiel:**

Abschlagszahlungen auf laufende Unterhalts- oder Lohnansprüche; Lieferung von Gas, Wasser und Strom; bei verbotener Eigenmacht Herausgabe an den früheren Besitzer selbst sowie Zutritt zu einer (gemieteten) Wohnung oder einem Zimmer (Türschloss vom Vermieter ausgewechselt!) (§§ 858, 861 BGB; arg. § 940a ZPO) (vgl. Zöller § 940/8; 940a); Weiterbeschäftigung des gekündigten Arbeitnehmers für die Dauer des Kündigungsschutzprozesses, Herausgabe der Arbeitspapiere oder sonstiger unentbehrlicher persönlicher Gegenstände; Gegendarstellung im Presserecht nach den Sonderregelungen in den meisten Landespressegesetzen.

2) Verfügungsgrund

Die einstweilige Regelung muss notwendig sein i.S. der §§ 935, 940 ZPO (sog. Dringlichkeit).

Es müssen Umstände bestehen, die nach dem objektiven Urteil eines vernünftigen Menschen befürchten lassen, dass die Verwirklichung des Individualanspruchs durch bevorstehende (und durch die einstweilige Verfügung abzuwendende) Veränderung des bestehenden Zustandes gefährdet ist, d.h. vereitelt oder erheblich erschwert werden würde, z.B. durch Veräußerung, Wegschaffung, Belastung, Verarbeitung, Zerstörung oder bevorstehenden Eingriff in Rechte (Thomas/Putzo § 935/6).

Beachte:

Die Dringlichkeit kann fehlen, wenn der Antragsteller in Kenntnis der maßgeblichen Umstände lange Zeit untätig geblieben ist (Thomas/Putzo § 940/5).

In **Ausnahmefällen** ist diese Voraussetzung nicht erforderlich bzw. wird gesetzlich vermutet:

- Verbotene Eigenmacht (arg. § 863 BGB) (Palandt § 861/11)
- Eintragung einer Vormerkung (§ 885 Abs. 1 S. 2 BGB) sowie
- Eintragung eines Widerspruchs ins Grundbuch (§ 899 BGB)
- Unterhaltszahlung (§ 1615o BGB)
- Wettbewerbsrechtliche Unterlassungsansprüche (§ 25 UWG)

3) Arrestgrund

a) Dinglicher Arrest

In der Regel kommt ein dinglicher Arrest in Betracht (§ 917 ZPO). Arrestgrund ist hierbei die drohende Vereitelung oder wesentliche Erschwerung der Vollstreckung eines (künftigen) Urteils. Es müssen Umstände bzw. ein Verhalten des Schuldners vorliegen, aus denen der Schluss gezogen werden kann, er wolle sein Vermögen dem Zugriff der Gläubiger entziehen. Der Arrest dient nicht dazu, die Lage des Gläubigers zu verbessern, sondern eine Verschlechterung zu verhindern.

> **Beachte:**
> Kein Arrestgrund ist daher die bloße (drohende) Konkurrenz mit anderen Gläubigern, die (unverändert) schlechte Vermögenslage des Gläubigers oder bloße Vertragsverletzungen (z.B. unpünktliche Zahlungen) (Thomas/Putzo § 917/2). In Zweifelsfällen kann deren Vortrag u.U. den Erlass des Arrests (trotzdem) begünstigen.

Hingegen können Arrestgründe z.B. sein:

- Verschwendung, Verschleuderung oder
- beabsichtigte Veräußerung oder ungewöhnliche Belastung des Vermögens
- häufiger Wechsel des Wohnsitzes
- Beiseiteschaffen von Vermögensstücken/Verschiebung ins Ausland
- Wegzug ins Ausland
- Urteil müsste im Ausland vollstreckt werden (§ 917 Abs. 2 ZPO)

Diese schlagwortartige Aufzählung ist nur ein gewisser Anhaltspunkt. Denn letztlich kommt es entscheidend auf die Würdigung der Umstände des Einzelfalles an (vgl. z.B. OLG Koblenz NJW-RR 2002, 575: ein solcher Einzelumstand reicht für sich genommen nicht aus, insbesondere nicht, dass der Schuldner unbekannt verzogen ist).

> So ist z.B. kein Arrestgrund gegeben, wenn trotz Veräußerung oder Belastung von Vermögenswerten oder Wegzug ins Ausland noch ausreichendes Inlandsvermögen vorhanden ist (vgl. Zöller § 917/5; Thomas/Putzo § 917/3). Keine Verschlechterung der Vermögenslage tritt z.B. ein, wenn der Schuldner für die Veräußerung eine gleichwertige Gegenleistung erhält, auf die der Gläubiger zugreifen kann (Stein/Jonas § 917/7a).

Weitere Voraussetzung ist ein **besonderes Sicherungsbedürfnis** (Zöller § 917/10). Dieses fehlt z.B., wenn dem Gläubiger ausreichend Sicherheiten eingeräumt sind oder wenn er bereits im Besitz eines rechtskräftigen bzw. ohne Sicherheitsleistung vorläufig vollstreckbaren Titels ist.

b) Persönlicher Arrest

Der persönliche Arrest (§ 918 ZPO) ist subsidiär. Er dient ebenfalls der Sicherung der Zwangsvollstreckung in das Vermögen des Schuldners. Er soll verhindern, dass der Schuldner glaubhaft vorhandene und pfändbare Vermögensgegenstände beiseite schafft. Der Zweck besteht nicht darin, den Schuldner zur Beschaffung von Vermögensstücken zu zwingen.

Er ist ausgeschlossen, wenn

- der Schuldner überhaupt kein pfändbares Vermögen hat oder
- die Sicherung auch durch den dinglichen Arrest erreicht werden kann

In Betracht kommt er z.B. um zu verhindern, dass sich der Schuldner durch Flucht ins Ausland der Abgabe der eidesstattlichen Versicherung entzieht oder wenn er Angaben über den Verbleib wesentlichen Vermögens verweigert (Thomas/Putzo § 918/2). Eine klare (dogmatische) Abgrenzung zum dinglichen Arrest ist kaum möglich. Jedenfalls können – falls erforderlich – auch beide Formen des Arrests angeordnet werden.

4) Glaubhaftmachung

Sämtliche Tatsachen, aus denen sich der Anspruch und der Verfügungsgrund ergeben, sind **glaubhaft** zu machen (§ 920 Abs. 2 ZPO) (vgl. 4. Teil I 3). Ein Vollbeweis ist nicht erforderlich. Der Verfügungsanspruch muss schlüssig vorgetragen sein (Zöller § 935/7; **a.A.** eingeschränkte Schlüssigkeitsprüfung).

> Bei Beschlussentscheidung ohne rechtliches Gehör wird vertreten, dass der Antragsteller, falls sich aus seinem Vortrag Hinweise ergeben, dass dem Antragsgegner möglicherweise eine Einwendung zusteht (z.B. Verjährung oder Mängeleinrede), diese glaubhaft zu widerlegen hat (Thomas/Putzo Vorbem. § 916/9). Erscheint das als nicht machbar, kann es ratsam sein, etwaige Einwendungen besser gar nicht zu erwähnen und auch entsprechende Anlagen (z.B. Schriftverkehr mit dem Antragsgegner) nicht vorzulegen.

> Bei Gewährung rechtlichen Gehörs vor der Entscheidung hingegen entspricht die Behauptungs- und Beweislast nach h.M. grundsätzlich den allgemeinen Regeln (Zöller Vor. §§ 916/6a, 920/9). Für die Parteien bedeutet dies, dass sie genauso sorgfältig vortragen und bestreiten sollten, wie in einem Hauptsacheverfahren. So sind insbesondere **unstreitige Tatsachen** nicht glaubhaft zu machen (§ 138 Abs. 3 ZPO).

In der Praxis erfolgt die Glaubhaftmachung häufig nur unvollständig. Der Gegner hat daher gute Chancen, etwaige diesbezügliche Lücken aufzuspüren.

Das wichtigste Mittel der Glaubhaftmachung ist neben dem Urkundenbeweis die **eidesstattliche Versicherung** des Antragstellers, die auch per Telefax abgegeben werden kann (vgl. Zöller § 294/4) (vgl. 4.Teil I 3).

Speziell bei einem Antrag auf Eintragung der Vormerkung einer **Bauunternehmersicherungshypothek** kann die Höhe der Werklohnforderung glaubhaft gemacht werden durch Vorlage der prüffähigen Schlussrechnung mit den dazugehörigen Vertrags- und Abrechnungsunterlagen sowie einer eidesstattlichen Versicherung ihrer Richtigkeit (Palandt § 648/5). Hiergegen kann der Bauherr Mängel geltend machen sowie eine Gegenrechnung ebenfalls unter eidesstattlicher Versicherung der Richtigkeit vorlegen. Da der Unternehmer bis zur Abnahme für die Mängelfreiheit beweispflichtig ist, muss er diese Mängelfreiheit darlegen und glaubhaft machen (BGHZ 68, 180). Die erforderliche Identität zwischen Besteller (Schuldner der Werklohnforderung) und Grundstückseigentümer kann durch Vorlage eines Grundbuchauszuges glaubhaft gemacht werden (vgl. § 648 Abs. 1 BGB).

Gelingt die Glaubhaftmachung nicht, kann das Gericht die Maßnahme in Ausnahmefällen trotzdem anordnen, aber nur mit Sicherheitsleistung (§ 921 Abs. 2 S. 1 ZPO). Diese kann man hierzu bei Mängeln in der Glaubhaftmachung auch (hilfsweise) ausdrücklich anbieten. Eine solche Vorgehensweise ist eher beim Arrest als bei der einstweiligen Verfügung üblich.

III. Verfahrensablauf

1) Antragstellung

Zwar bestimmt den konkreten Inhalt der einstweiligen Verfügung das Gericht im Rahmen des gestellten Antrages nach freiem Ermessen (§§ 308 Abs. 1, 938 ZPO), so dass der Verfügungsgläubiger eigentlich nur das Rechtsschutzziel anzugeben braucht (Zöller §§ 935/4, 938/2: Ausnahme bei Unterlassungsverfügung). In der Regel jedoch sind die Richter geneigt, den **Antrag** («das Gesuch») des Gläubigers soweit wie möglich wörtlich zu übernehmen. Daher sollte der Anwalt ihn besonders sorgfältig formulieren, zumal er dann einen etwaigen Entscheidungsspielraum zu seinen Gunsten nutzen kann. Außerdem trägt er bei teilweiser Zurückweisung eines zu weit gefassten Antrags einen Teil der Kosten (§ 92 ZPO).

Als **Maßnahmen** kommen in Betracht die Anordnung der Sequestration sowie einzelne Gebote und Verbote (vgl. Zöller § 938/5 ff.). So kann z.B. auch bei Mietverhältnissen die gemeinsame Benutzung von Räumen (Waschraum) oder Belästigungen durch geräuschvolle Tätigkeiten der Nachbarn geregelt werden. Ebenfalls bei vereins- und gesellschaftsrechtlichen Rechtsverhältnissen sind Regelungen durch einstweilige Verfügung möglich (z.B. Verbot des Betretens von Geschäftsräumen oder der Abhaltung einer Gesellschafterversammlung). Befriedigung hingegen darf nur im Rahmen der Leistungsverfügung angeordnet werden.

Bei einer angestrebten Grundbucheintragung (z.B. Vormerkung, Widerspruch) ist es zweckmäßig, sogleich das Gericht zu bitten, das Grundbuchamt um die Eintragung zu ersuchen (§ 941 ZPO). Zur Vermeidung von Eintragungsproblemen sollte auf die korrekte Grundbuchbezeichnung geachtet werden.

Im Übrigen müssen die Anordnungen einen vollstreckungsfähigen Inhalt haben, wobei es zweckmäßig ist, bei einem Unterlassungsanspruch sogleich die Ordnungsmittelandrohung zu beantragen (§ 890 Abs. 2 ZPO).

> **Beachte:**
>
> Nach der Antragstellung sollte der Anwalt unbedingt (telefonisch) erreichbar zu sein.

Denn häufig hat der Richter noch ergänzende Fragen bzw. weist auf einzelne fehlende Voraussetzungen hin, die meistens leicht beigebracht werden können. Manchmal lassen sich im Gespräch etwaige Missverständnisse oder Unklarheiten beseitigen. Es kann deshalb nützlich sein, kurz nach Einreichung des Antrages selbst telefonisch beim Richter über die Erfolgsaussichten nachzufragen. Ebenso nützlich kann es sein, wenn der Mandant an diesem Tag telefonisch erreichbar ist, damit z.B. eine mangelhafte eidesstattliche Versicherung schnell nachgebessert werden kann.

Wenn dann etwaige Bedenken des Gerichts gegen den Erlass nicht beseitigt werden können, ist eine Rücknahme und eine erneute Antragstellung bei einem anderen Richter (anders Gericht/darauf folgende Woche oder Bereitschaftsrichter am Wochenende) zu erwägen. Dadurch erhält man die Chance, dass vielleicht der andere Richter die Rechtslage im Sinne des Antragstellers beurteilt oder die Voraussetzungen einfach nicht ganz so genau prüft.

Der **Arrestantrag** (§ 920 Abs. 1 ZPO) sollte auf eine bestimmte Arrestart gerichtet sein. Bei einem allgemeinen Antrag wird regelmäßig dinglicher Arrest verhängt (Zöller § 920/3). Die Arrestgegenstände müssen grundsätzlich nicht bezeichnet werden (Ausnahme: § 919 ZPO). Ausreichend ist der Antrag auf Anordnung des Arrests »in das Vermögen des Schuldners« unter genauer Bezeichnung der zu sichernden Geldforderung nach Grund und Höhe (einschließlich der Kosten des Verfahrens).

Zugleich sollte zweckmäßigerweise bei einer Forderungspfändung der Antrag auf Erlass eines **Pfändungsbeschlusses** gestellt werden (vgl. § 829 ZPO), wofür das Arrestgericht als Vollstreckungsgericht zuständig ist (§ 930 Abs. 1 S. 3 ZPO).

2) Entscheidung ohne mündliche Verhandlung

a) Voraussetzungen

Am sichersten und schnellsten erreicht der Antragsteller sein Ziel, wenn das Gericht die einstweilige Verfügung durch Beschluss erlässt. Denn diese Entscheidung ergeht ohne mündliche Verhandlung und in der Regel ohne vorherige Anhörung des Antraggegners.

> Die zulässige schriftliche, aber nicht erforderliche Anhörung erfolgt in der Praxis erfahrungsgemäß nur selten (vgl. Thomas/Putzo § 922/2).

> Benötigt man den Beschluss noch am Tag der Antragstellung, muss der Antrag unbedingt während der üblichen Dienststunden, am besten bis spätestes mittags, gestellt sein. Denn richterliche Bereitschaftsdienste bestehen nur an dienstfreien Tagen und dort in der Regel nur zu bestimmten Zeiten (vgl. Dombert NJW 2002, 1628).

Zwar müsste die Anordnung im Normalfall durch Urteil nach **mündlicher Verhandlung** (einschl. Güteverhandlung) erfolgen. Denn ohne diese darf die einstweilige Verfügung – im Gegensatz zum Arrest (§ 921 Abs. 1 ZPO a.F. bzw. § 128 Abs. 4 **ZPO n.F.**) – nur »in dringenden Fällen« erlassen werden (§§ 937 Abs. 2, 942 Abs. 4 ZPO).

> Diese besondere Dringlichkeit ist nur gegeben, »wenn nach dem Ermessen des Gerichts die Anordnung der mündlichen Verhandlung den Zweck der einstweiligen Verfügung gefährden würde, weil der Antragsteller nur durch einen möglichst rasch erwirkten Titel zur Sicherung seines Anspruchs kommen kann« (Thomas/Putzo § 937/2) und »selbst eine innerhalb kürzester Frist terminierte mündliche Verhandlung nicht abgewartet werden kann« (Zöller § 937/2).

In der Praxis jedoch dürfte die Entscheidung durch Beschluss **ohne mündliche Verhandlung** die Regel sein.

> So entfällt für den Richter (zunächst) sowohl die Durchführung einer mündlichen Verhandlung als auch die Notwendigkeit einer Begründung der Entscheidung (vgl. Zöller § 922/10), mit Ausnahme der Begründung der besonderen Dringlichkeit (vgl. Zöller § § 937/2), die in der Praxis häufig nur formelhaft oder gar nicht erfolgt.

> Dies kann der Anwalt fördern, indem er eine Entscheidung ohne mündliche Verhandlung ausdrücklich beantragt und eine (etwaige) besondere Dringlichkeit, welche über den Verfügungsgrund an sich hinausgeht, vorträgt (z.B. Gefahr der Vereitelung). Wenn dann noch etwaige Bedenken des Richters telefonisch geklärt,

der Antrag wörtlich für die Tenorierung des Beschlusses übernommen werden kann und keine Lücken bei der Glaubhaftmachung vorhanden sind, ist in vielen Fällen ein sofortiger Erlass der einstweiligen Verfügung zu erwarten.

Dabei ist es sicherlich hilfreich, wenn man zur Glaubhaftmachung nicht nur die eidesstattliche Versicherung des Antragstellers vorlegen kann, sondern auch eine solche von Zeugen oder Urkunden. Außerdem können gerade hier etwaige Rechtsausführungen einen schnellen Erlass durch den erfahrungsgemäß oft unter Zeitdruck stehenden Richter sehr begünstigen. Denn zum einen ist der Umfang der rechtlichen Prüfung nach h.M. gegenüber dem Hauptsacheverfahren nicht eingeschränkt (Zöller § 922/6), und zum anderen nehmen manche Gerichte im Beschluss zur Begründung einfach auf die Antragsschrift Bezug, vor allem wenn in dieser sämtliche Voraussetzungen nebst Angabe der einschlägigen Vorschriften überzeugend dargestellt werden. Hat der Richter hingegen Zweifel, könnte er statt der Anberaumung eines Verhandlungstermins eher geneigt sein, den Antrag – und zwar ohne mündliche Verhandlung – zurückzuweisen (vgl. § 937 Abs. 2 ZPO).

Bis wann der Beschluss gegebenenfalls persönlich abgeholt werden kann, ist am besten mit der Geschäftsstelle des Richters abzustimmen.

b) Schutzschrift und Widerspruch

Um den Erlass ohne mündliche Verhandlung zu verhindern, kann der **Gegner** bei den für das Verfahren zuständigen Gerichten eine sog. **Schutzschrift** als vorbeugendes Verteidigungsmittel einreichen, wenn er mit einem solchen Antrag rechnet (vgl. Thomas/Putzo § 935/9; Zöller § 937/4) (üblich insbes. in Bau- und Wettbewerbsprozessen).

Mit der Schutzschrift kann man aber auch versuchen, die Zurückweisung des gegnerischen Antrages (wegen Unzulässigkeit oder Unbegründetheit) zu erreichen, was ohne mündliche Verhandlung ohne weiteres zulässig ist (§ 937 Abs. 2 ZPO). Sofern die Schutzschrift jedoch keine oder nur unerhebliche Einwendungen enthält, kann durch sie u.U. sogar das Gegenteil bewirkt werden, da die Entscheidung dann nicht völlig ohne rechtliches Gehör erlassen wird (vgl. Zöller § 921/1). Allerdings signalisiert man damit dem Richter auch, dass mit einem Widerspruch zu rechnen ist und er daher sowieso noch eine mündliche Verhandlung durchführen muss.

Zu beachten ist, dass die Zustellung einer einstweiligen Verfügung an den Prozessbevollmächtigten des Schuldners zu richten ist, selbst wenn sich dieser nur in einer Schutzschrift bestellt hat und der Gläubiger davon Kenntnis erlangt hat (vgl. § 172 **ZPO n.F.**; Zöller 23. Aufl. § 929/12/13).

Eine mündliche Verhandlung nach einer bereits erlassenen Beschlussverfügung kann man dann jedenfalls durch **Widerspruchseinlegung** erreichen (§ 924 ZPO).

Eine Frist zur Einlegung des Widerspruchs gibt es nicht. Er kann daher ebenfalls nach Rücknahme jederzeit wieder eingelegt werden. In Ausnahmefällen ist Ver-

III. Verfahrensablauf

wirkung möglich, wenn der Gläubiger sich auf das Ausbleiben des Widerspruchs wegen sehr langen Zuwartens einstellen durfte und sein Vertrauen schutzwürdig ist (Zöller § 924/10). Durch die Widerspruchseinlegung wird zwar die Vollziehung nicht gehemmt, das Gericht kann aber die Zwangsvollstreckung auf Antrag einstweilen einstellen (§§ 924 Abs. 3, 707 ZPO).

In der Verhandlung wird dann über die Rechtmäßigkeit der einstweiligen Verfügung nach derzeitiger Rechts- und Sachlage entschieden (§ 925 Abs. 1 ZPO).

Zur Vermeidung der Kostentragungspflicht muss daher der Gläubiger die Hauptsache für erledigt erklären, wenn die Voraussetzungen nachträglich weggefallen sind (Zöller §§ 924/11, 922/4). Hierzu können beide Parteien auch neue Tatsachen vortragen. Liegt kein Fall der Erledigung vor, kann der Verfügungsgläubiger bei offensichtlicher Begründetheit des Widerspruchs sich durch die Rücknahme des Antrages Gerichtskosten sparen.

c) Besonderheiten

In der Praxis herrscht über das Verfahren, speziell über die für die mündliche Verhandlung maßgeblichen prozessualen Grundsätze häufig Unkenntnis. Es gelten grundsätzlich die Vorschriften des normalen Erkenntnisverfahrens mit folgenden Besonderheiten, die sich aus der Eilbedürftigkeit erklären:

- Kein Gerichtskostenvorschuss (§ 65 GKG).
- Kein Anwaltszwang für die Antragstellung beim Landgericht, jedoch für die Verhandlung selbst (§§ 78, 920 Abs. 3 ZPO).
- Zuständigkeit des Gerichts der Hauptsache als auch des Amtsgerichts der belegenen Sache bei Grundbucheintragungen sowie bei dinglichem Arrest, sonst nur bei Dringlichkeit (§§ 35, 919, 937, 942 ZPO). Bei der Auswahl des Gerichts kann gerade hier eine (bekannte) zügige Arbeitsweise ausschlaggebend sein, weshalb viele Antragsteller (erfahrungsgemäß) z.B. das Amtsgericht dem Landgericht vorziehen.
- Keine Einlassungsfrist gem. § 274 ZPO (Thomas/Putzo § 274/3). Die Ladungsfrist kann auf Antrag verkürzt werden (§§ 217, 226 ZPO).
- Antrag ist ohne Zustimmung des Gegners auch nach mündlicher Verhandlung zurücknehmbar. Ein Übergang in den Hauptsacheprozess ist unzulässig (Thomas/Putzo § 920/3). Keine Widerklage (Thomas/Putzo § 33/27).
- Für die **Beweisführung** reicht Glaubhaftmachung.

> **Beachte:**
> Beweisaufnahme ist nur zulässig, wenn diese sofort erfolgen kann (§ 294 Abs. 2 ZPO).

Im Termin werden **Zeugen** daher nur vernommen, wenn diese präsent sind. Für deren Erscheinen hat die Partei selbst zu sorgen, da das Gericht diese nicht lädt und nur ein einziger Termin stattfindet (§ 273 ZPO gilt nicht – Thomas/Putzo § 273/5; **a.A.** Zöller § 294/2 sofern keine Verzögerung eintritt).

- Keine **Vertagung oder Schriftsatznachlass** gem. § 283 ZPO (Thomas/Putzo § 922/1) (aber gem. § 251 ZPO Ruhen des Verfahrens möglich). Da sich die Partei bei neuem Vorbringen des Gegners sofort äußern, gegebenenfalls bestreiten und eigenen Vortrag glaubhaft machen muss, kann es sinnvoll sein, dass sie persönlich anwesend ist. Wenn es sich um einen Widerspruchstermin handelt, kann der überraschte Gegner den Widerspruch zurücknehmen oder in die Säumnis fliehen. Mit erneutem Widerspruch oder Einspruch gegen das Versäumnisurteil gewinnt er Zeit zu weiterem Sachvortrag samt Beweismitteln.

- Keine Geltung der **Verspätungsvorschriften** gem. §§ 282, 296 ZPO (Zöller/Vollkommer § 922/15; **a.A.** Zöller/Greger § 296/7). Vor allem der Gegner kann daher aus taktischen Gründen Tatsachen und Mittel zur Glaubhaftmachung erst im Widerspruchstermin – ohne schriftsätzliche Ankündigung – vorbringen (vgl. aber Thomas/Putzo § 922/1: u.U. § 296 Abs. 2 ZPO) und damit dem Antragsteller gezielt die Erwiderung erschweren.

IV. Vollziehung

Einstweilige Verfügung und Arrest als Vollstreckungstitel ermöglichen eine beschleunigte Vollstreckung.

Diese erfolgt nach den Vorschriften über die Zwangsvollstreckung, jedoch grundsätzlich ohne Sicherheitsleistung und Vollstreckungsklausel (vgl. §§ 928, 929 ZPO). Damit der erlangte Titel für den Gläubiger (Antragsteller) nicht wertlos wird, müssen einige Besonderheiten unbedingt beachtet werden. Aufgrund der komplizierten Verknüpfung des Anordnungs- mit dem Vollstreckungsverfahren kann es hier leicht zu Unklarheiten und unheilbaren Versäumnissen kommen.

1) Fristen

Es sind zwei Fristen einzuhalten:

- die Vollziehungsfrist gem. § 929 Abs. 2 ZPO (Monatsfrist!).
- die besondere Zustellungsfrist gem. § 929 Abs. 3 ZPO.

> **Beachte:**
> Bei Versäumung dieser Fristen darf die einstweilige Verfügung oder der Arrestbefehl nicht mehr vollzogen werden und etwaige Vollstreckungsmaßnahmen sind wirkungslos.

Sofern die Vollstreckung nicht bereits vorher eingeleitet wurde, dürfen die Vollstreckungsorgane bei Nichteinhaltung der **Vollziehungsfrist** nicht mehr tätig werden.

Eine verfristete Vollstreckungsmaßnahme ist unwirksam und muss auf Erinnerung gem. § 766 ZPO, der Titel auf Widerspruch, im Berufungsverfahren oder gem. § 927 ZPO auf Antrag aufgehoben werden (Zöller § 929/20 ff.). Die gesamten Kosten des Verfahrens hat dann der Antragsteller zu tragen. Ihm bleibt nur die Möglichkeit, den Antrag erneut zu stellen.

Die Vollziehungsfrist ist wesentliches Merkmal des Eilcharakters des einstweiligen Rechtsschutzes und wirkt als eine immanente zeitliche Begrenzung des gewährten Rechtsschutzes. Es handelt sich dabei um eine gesetzliche Frist, die nicht verlängert werden kann (§ 224 Abs. 2 ZPO). Ebenso wenig ist Wiedereinsetzung in den vorigen Stand möglich (§§ 233, 224 Abs. 1 S. 2 ZPO). Jedoch kann der Gläubiger nach Ablauf der Frist erneut den Erlass der einstweiligen Verfügung beantragen, sogar im Widerspruchsverfahren (Zöller § 929/23).

Die **Frist beginnt** entweder mit Verkündung der einstweiligen Verfügung oder mit Zustellung an den Antragsteller bzw. mit der Aushändigung an ihn auf der Geschäftsstelle (§ 173 ZPO). Der Fristablauf ist unabhängig davon, wann der Antragsteller von der Verkündung Kenntnis erlangt hat.

Abweichend von den allgemeinen Regeln für die Zwangsvollstreckung (vgl. § 750 Abs. 1 ZPO) kann der Titel bereits vor seiner Zustellung an den Gegner vollzogen werden. In diesem Fall muss die **Zustellung** jedoch innerhalb einer Woche nach der Vollziehung nachgeholt werden, spätestens innerhalb der Monatsfrist (§ 929 Abs. 3 ZPO).

Dieser Zusammenhang zwischen der Vollziehung und der nachzuholenden Zustellung wird in der Praxis häufig übersehen (vgl. Siegburg BauR 1990, 307).

Bei drohendem Fristablauf sollte gegebenenfalls der Gerichtsvollzieher ersucht werden, nicht durch die Post, sondern persönlich die Zustellung vorzunehmen (vgl. OLG Hamm MDR 1998, 503: »Eilt«-Hinweis erforderlich). Wird die Frist versäumt, ist eine bereits durchgeführte Vollstreckungsmaßnahme unwirksam (§ 929 Abs. 3 S. 2 ZPO).

2) Einstweilige Verfügung

Die Vollziehung muss nach h.M. im Regelfall (bei Anordnung einer Unterlassung, bei Geboten und Verboten) neben etwaigen weiteren Vollstreckungsmaßnahmen durch **Zustellung** der einstweiligen Verfügung **im Parteibetrieb** erfolgen (Zöller § 929/12/18) (vgl. §§ 191 ff. ZPO).

Dies stellt die geforderte verbindliche Bekundung des Vollziehungswillens gegenüber dem Schuldner dar. Nur in Ausnahmefällen kann eine andere Handlung des Gläubigers ausreichen, worauf sich der Anwalt jedoch nicht verlassen sollte. Bloße (fern-) mündliche Erklärungen bzw. Leistungsaufforderungen unter Bezugnahme auf den Titel genügen jedenfalls nicht (BGH NJW 1993, 1076, 1079).

Bei einer Beschlussverfügung ist die Parteizustellung zudem Wirksamkeitsvoraussetzung (§ 922 Abs. 2 ZPO). Trotz Amtszustellung bei Urteilen ist auch die Urteilsverfügung grundsätzlich durch (zusätzliche) Parteizustellung zu vollziehen, da dieser das »spezifisch vollstreckungsrechtliches Element« fehlt (eingehend BGH NJW 1993, 1076) (Zöller § 929/18) (str. für Unterlassungsverfügung) (§ 176 ZPO beachten!). Wenn der Beschluss auf die Antragsschrift Bezug nimmt und aus sich heraus nicht verständlich wäre, ist auch diese mit zuzustellen. Ansonsten ist eine Ausfertigung oder eine beglaubigte Abschrift zuzustellen (Zöller § 929/13).

Da die Vollziehungsfrist bei einer Entscheidung nach mündlicher Verhandlung bereits mit Verkündung des Befehls läuft (§ 929 Abs. 2 ZPO), muss der Anwalt darauf achten, dass er die Ausfertigung rechtzeitig erhält (u.U. abgekürzte Fassung beantragen, vgl. Thomas/Putzo § 317/2). Außerdem muss er besondere Sorgfalt auf die Ermittlung der richtigen Anschrift des Antragsgegners verwenden. Allerdings können Zustellungsmängel nach § 189 **ZPO n.F.** geheilt werden, insbesondere der häufige Verstoß gegen § 172 **ZPO n.F.** (Zöller 23. Aufl. § 929/14).

Welche (weiteren) Vollstreckungsmaßnahmen innerhalb der Frist einzuleiten sind, richtet sich nach dem Inhalt der einstweiligen Verfügung.

Bei einer **Unterlassungsverfügung** z.B. muss zur »Vollziehungszustellung« bereits die Ordnungsmittelandrohung (§ 890 Abs. 2 ZPO) enthalten sein. Sonst bedarf es der Zustellung einer zusätzlichen Ordnungsmittelandrohung (vgl. Zöller § 929/18, str). Im Übrigen beschränkt sich die Vollziehung bei einer Unterlassungsverfügung auf die Zustellung an den Antragsgegner. Die Zwangsvollstreckung wegen Zuwiderhandlungen gegen ein Gebot oder Verbot ist dann von der Vollziehungsfrist unabhängig, solange die einstweilige Verfügung noch nicht aufgehoben wurde.

Bei einer **Gebotsverfügung** ist umstritten, ob neben der Parteizustellung noch Vollstreckungsanträge gem. §§ 887, 888 ZPO erforderlich sind (vgl. Zöller § 929/18; Thomas/Putzo § 936/9).

Bei einer **Herausgabeverfügung** in Bezug auf Gegenstände, die sich in Räumen des Gegners befinden, ist es sinnvoll, sogleich einen Durchsuchungsbeschluss mit zu beantragen (vgl. § 758a ZPO), wobei u.U. auch die Ausnahmevorschrift des § 758 Abs. 1 S. 2 ZPO vorliegen kann (vgl. Zöller § 758a/32).

> **Beachte:**
> Riskant ist es, die Zustellung im Parteibetrieb zu unterlassen, weil sich der Verfügungsgegner an die einstweilige Verfügung (einstweilen freiwillig) hält.

Denn wenn dies nur zum Schein erfolgt und der Gegner Rechtsmittel einlegt, kann der Titel nach Fristablauf wieder aufgehoben werden (vgl. aber Zöller § 929/21: bei arglistiger Vereitelung der Einhaltung der Frist ist die Berufung auf den Fristablauf missbräuchlich).

Bei einer **Eintragung ins Grundbuch** ist die Gefahr einer Fristversäumung besonders groß.

Hierbei gilt bereits die Stellung des Eintragungsantrages beim Grundbuchamt als Vollziehung (vgl. Zöller § 929/17). Sofern der Eintragungsantrag vor der Zustellung erfolgt, muss diese innerhalb einer Woche nach dessen Eingang erfolgen (§§ 929 Abs. 3; 932 Abs. 3 ZPO) (vgl. Zöller §§ 932/9; 941/2). Der Antragsteller wird die eingereichte Ausfertigung in der Regel nicht sofort zurückerhalten. Es empfiehlt sich daher, zum Zwecke der Zustellung an den Antragsgegner beim Gericht eine zweite Ausfertigung zu beantragen (vgl. §§ 299 Abs. 1, 929 Abs. 1 ZPO).

Insbesondere das Ersuchen des Gerichts an das Grundbuchamt, die Eintragung vorzunehmen (vgl. § 941 ZPO), kann seine Tücken haben. So darf der Anwalt die Parteizustellung nicht vergessen, da diese durch das Eintragungsersuchen nicht ersetzt wird. Dabei ist für den Fristbeginn nach § 929 Abs. 3 S. 2 ZPO unerheblich, wann der Antragsteller vom Eingang des Eintragungsersuchens beim Grundbuchamt Kenntnis erlangt hat. Im Übrigen muss das Ersuchen zur Wahrung der Vollziehungsfrist vom Gericht rechtzeitig abgesandt werden (vgl. §§ 929 Abs. 2, 932 Abs. 3 ZPO entsprechend).

3) Arrest

Beim Arrest ist für die Vollziehung allgemein erforderlich der Antrag der Gläubigers beim zuständigen Vollstreckungsorgan auf Vornahme von Vollstreckungshandlungen (vgl. § 928 ZPO) (Zöller § 929/10).

Die Zustellung des Arrestbefehls ist zwar nicht Voraussetzung seiner Vollziehung, sie muss aber innerhalb der Frist des § 929 Abs. 3 S. 2 ZPO nachgeholt werden. Der Beschlussarrest ist im Wege der Parteizustellung zuzustellen (§ 922 Abs. 2 ZPO). Beim Urteilsarrest genügt die Zustellung von Amts wegen (vgl. Thomas/Putzo § 929/7). Da der Anwalt auf die Amtszustellung keinen Einfluss hat, kann es sich zur Fristwahrung empfehlen, auch einen Urteilsarrest im Parteibetrieb zuzustellen.

Es ist zwischen den beiden Arten des Arrests zu unterscheiden:

- **Dingliche Arreste** werden gem. § 930 ZPO vollzogen durch Pfändung bei beweglichem Vermögen (insbes. bewegliche Sachen und Geldforderungen) und bei Grundstücken durch Eintragung einer Sicherungshypothek (§ 932 ZPO).

  Eine Überweisung der Forderung ist unzulässig, da diese bereits eine Befriedigung wäre. Ein entsprechender Überweisungsbeschluss wäre nichtig (Thomas/Putzo § 930/1). Zur Fristwahrung muss bei einer Pfändung von beweglichen Sachen rechtzeitig der Vollstreckungsantrag beim Gerichtsvollzieher (§§ 930 Abs. 1 S. 1; 808 ZPO) und bei Eintragung einer Zwangshypothek der Eintragungsantrag beim Grundbuchamt gestellt sein.

  Die Pfändung der vermeintlichen Forderung ist vollzogen mit der Zustellung des Pfändungsbeschlusses an den Drittschuldner (§ 829 Abs. 3 ZPO) (vgl. Zöller §§ 929/24, 930/3). Dabei kann dieser Beschluss bei entsprechendem Gläubigerantrag mit im Arrestbefehl enthalten sein (vgl. § 930 Abs. 1 S. 3 ZPO). Ab dieser Zustellung läuft dann die Frist des § 929 Abs. 3 S. 2 ZPO.

- **Persönliche Arreste** werden vollzogen durch Haft oder sonstige Beschränkungen der persönlichen Freiheit (§ 933 ZPO) (z.B. Meldepflicht, Wegnahme der Ausweispapiere, Hausarrest).

Im Gegensatz zur einstweiligen Verfügung kann die Vollziehung eines Arrests durch Hinterlegung eines im Arrestbefehl bestimmten Geldbetrages gehemmt bzw. Vollstreckungsmaßnahmen aufgehoben werden (vgl. §§ 923, 939 ZPO) (sog. Lösungssumme).

Stichwortverzeichnis

A
Abhilfeverfahren 391
Aktivlegitimation 86, 162
Anscheinsbeweis 309
– bei HIV-Infektion 312
– bei EC-Karte 311
– bei Telefongebühren 308, 312
– bei Verkehrsunfällen 311
– Entkräftung 309
Anträge
– auf Fristverlängerung 180
– auf mündliche Verhandlung 69
– auf Protokollberichtigung 257
– auf Protokollierung 257
– auf Rubrumsberichtigung 88
– auf Schriftsatzfrist 259
– auf Tatbestandsberichtigung 254
– auf Terminsverlegung 182, 250
– auf Verweisung 71
– auf vorbereitende Maßnahmen 183
– zu den Kosten 113
– zum Vollstreckungsschutz 113
Antragstellung
– hilfsweise 113
– in der mündlichen Verhandlung 248
– Rechtsfolgen 249
Arrest 407
Aufrechnung
– Doppelaufrechnung 167
– Kostenrisiko 166
– Streitwert 166
– Substantiierung 167
– Verhältnis zur Widerklage 170
– Verjährungshemmung 166

Augenschein 383
– bei Dritten 384
– Lichtbilder 384
– Verweigerung 384
– Verwertungsverbote 386
Ausforschungsbeweis 327
Auswahl des Beklagten 37

B
Bagatellverfahren 63
Basiszinssatz 100
Befangenheitsantrag 276
– als Fluchtmaßnahme 195
– Begründung 280
– bei Verfahrensfehlern 65, 278
– Glaubhaftmachung 280
– praktische Ratschläge 281
– rechtsmissbräuchlicher 195, 277
– sofortige Beschwerde 281
– Wartepflicht 195, 276
Befangenheitsgründe 282
– bewusst herbeigeführte 283
– Spannungen zwischen Richter und Anwalt 284
– unsachliche Äußerungen 282
– Reaktion des Richters 284
– Verfahrensverstöße 282
– Verletzung der Wartepflicht 283
Beklagter
– zweckmäßige Auswahl 37
– Verteidigung 143
Beratung des Mandanten 11, 286, 297
Berufung
– als Fluchtmaßnahme 189

- Ausnahmeberufung 398
- bei Beweisverstößen 387
- bei Verstoß gegen Hinweispflicht 270
- bei Verwertungsverbot 350
- Beweiskraft des Protokolls 255
- Funktionswechsel durch ZPO-Reform 7
- neue Tatsachenfeststellung 388
- neues Vorbringen 7, 255
- Verfahrensfehler 235, 387
- Vorprüfungsverfahren 402
- Zulassungsberufung 400
- Zurückverweisung 270, 388

Beschwerde, außerordentliche 399

Bestreiten 152
- bei Vertreterhandeln 163
- der Aktivlegitimation 162
- des Zugangs 161
- Echtheit von Urkunden 162
- ins Blaue hinein 153
- mit Nichtwissen 159
- sekundäre Darlegungslast 156
- substantiiertes 155
- typische Fehler 153
- vorweggenommenes 153

Beweisantizipation 328, 389

Beweisanträge 325
- äußere Form 331
- inhaltliche Anforderungen 325
- taktische Hinweise 321
- unbeachtliche 326

Beweisaufnahme 303
- beweiswürdigender Schriftsatz 346
- nachträglicher Sachvortrag 346

Beweislast-Verteilung 304
- bei Feststellungsklage 127
- bei Mikroverfilmung 308
- Haupt- und Gegenbeweis 308

- Mängelanzeige im Reiserecht 324
- non liquet 305
- Schenkungseinwand 321
- Umkehr 306, 307
- Verteilung nach Gefahrenbereichen 306
- Werkvertrag 322, 374

Beweismittel
- Augenschein 383
- Parteivernehmung 378
- Privatgutachten 359
- Sachverständigengutachten 353, 361
- Urkunden 364
- Zeugen 333, 358, 361

Beweissicherungsverfahren 19, 200, 361

Beweisvereitelung 307, 384

Beweiswürdigung
- Anscheinsbeweis 309
- außergerichtliches Verhalten 308
- Beifahrerrechtsprechung 40, 329
- E-Mail 318
- elektronische Dokumente 373
- Einwurf-Einschreiben 317
- gewillkürter Prozessstandschaft 44
- Indizien 330
- Kopien 372
- Parteianhörung 246
- Privatgutachten 360
- Urkunden 370
- Übergabeprotokoll 377
- vorprozessualer Schriftwechsel 373
- vorweggenommene 328, 389
- widersprüchlicher Sachvortrag 93

– Zeugen 329, 341, 343
– Zeugenausschaltung 47
– Zedent als Zeuge 40, 43
– Zeitnotizen des Rechtsanwalts 372
Bezugnahmen
– in der Klageschrift 110
– pauschale 111
BGB-Gesellschaft
– als Beklagte 90
– Gesellschafter als Zeugen 45
– Prozessstandschaft 45
– Vollmacht 83
– Vollstreckung 38
Büroorganisation 220

D
Darlegungslast 304
– sekundäre 156
Dienstaufsichtsbeschwerde 278

E
E-Mail
– Klageerhebung 80
– Mahnantrag 55
– Zugang 319
Eidesstattliche Versicherung 216
Einstweilige Verfügung 407
– Antrag 413
– Glaubhaftmachung 412
– mündliche Verhandlung 415, 416
– Schutzschrift 416
– taktische Überlegungen 407
– Vollziehung 418
– Voraussetzungen 409
– Widerspruch 416
Einzelrichter beim LG 115
Elektronische Dokumente 80, 373
Elektronische Signatur 81, 311, 319

Erfüllung
– nach Rechtshängigkeit 135, 148
– vor Rechtshängigkeit 138
Erledigterklärung 135, 139, 148
Erlöschenseinwand 163
Experimentierklausel 20

F
Feststellungsklage 125
– negative 16, 42, 125, 169
Forderungsabtretung 14, 17, 36, 40
Fristberechnung 217
Fristsetzung 177
Fristverlängerung 180
– anerkannte Gründe 181
– Antrag auf 180

G
Gegenbeweis 305
Gegenvorstellung 399
Gerichtsferien 252
Gerichtsstand 71
– bei Streitgenossen 46
– bei Widerklage 168
– des Erfüllungsortes 27
– gespaltene Zuständigkeit 28
– rügelose Einlassung 76
– Verweisungsantrag 71, 76
– Wahlrecht 26
Gerichtsstandsvereinbarung
– Voraussetzungen 74
– in allgemeinen Geschäftsbedingungen 75
Gesamtschuldner
– falsche Partei 86
– keine Streitverkündung 206
– taktische Überlegungen 37
– Vergleichstext 292
– Zeugenausschaltung 47

– örtliche Zuständigkeit 28, 46
Geständnis 154, 234
Gewillkürte Prozessstandschaft 44
Glaubhaftmachung 216, 412
Gleichwertigkeit des Parteivor-
  bringens 144
Grundbuchauszug 19, 365, 369
Güteverhandlung 237

H
Handelsregisterauszug 19, 90, 365, 369
Herrschende Meinung 13, 108
Hilfsanträge 113
Hinweispflicht 263
– bei fehlender Schlüssigkeit 272
– bei Hinweis durch Gegner 272
– bei mangelnder Substantiie-
  rung 272, 275
– bei substanzlosen Vorbringen 274
– Beispiele 274
– gegenüber Anwälten 271
– Schriftsatzfrist 266
– Rechtsfolgen bei Verletzung 268
Honorarforderung des Anwalts
– Abtretung 41
– Gerichtsstand 27
– Prozessstandschaft 45

I
Inkassokosten 147, 154

J
Justizmodernisierungsgesetz 3, 276, 304, 368, 397

K
Klageänderung 132
– als Fluchtmaßnahme 193

Klageanträge 112
– auf künftige Leistung 128
– Bezugnahme auf Mahnbe-
  scheid 113
– Feststellungsklage 125
– Hilfsanträge 113
– Stufenklage 122
– unbezifferte 117
– Unterlassungs- und Beseiti-
  gungsklagen 121
– Zug-um-Zug-Leistung 116, 165
Klageauswechselung 132
Klageerhebung 11
– per Computerfax 80
– per Telefax 79
– Schriftform 78
– Verjährungshemmung 83, 113
Klageerwiderung 143
Klagerücknahme 130, 137
– als Fluchtmaßnahme 197
Klageschrift 78
– Sachvortrag 91
– Anlagen 110
– Bezugnahmen
– materiell-rechtliche Erklärun-
  gen 81
– Rechtsausführungen 105
– Schlüssigkeit 95
– Unterschrift 78
Klageverzicht 130, 137
Kostenniederschlagung 104
Kostenrisiko 16
– bei Mahnverfahren 56
– bei Sachverständigengutachten 355
– bei Streitverkündung 208
– bei Teilklage 35
– beim Vergleich 297
Kostenvorschuss 31, 50, 168, 175, 185, 354

L
Landgericht
– Kammerzuständigkeit 115
Lichtbilder 384

M
Mahnverfahren 49
– häufige Fehler 50
– Individualisierung 52
– Kostenrisiko 56
– Nachteile 55
– Präklusion 176
– sofortiges Anerkenntnis 152
– Verjährungshemmung 49
– Vorteile 49
Mithörschaltung 348
Mündliche Verhandlung 233
– Anordnung des persönlichen Erscheinens 244
– Antragstellung 248
– Beginn 248
– Chancen und Risiken 233
– Protokollierung 254
– Teilnahme des Mandanten 242
– Unterbevollmächtigte 233
– Verhalten in 235
Musterprozess 24

N
Nachverfahren 60

P
Parteiänderung 87
Parteianhörung 246, 383
Parteibezeichnung 85
– Berichtigung 85
– BGB-Gesellschaft 90
– Firma 89
– Handelsgesellschaften 90
Parteivernehmung 378
– Antrag auf 378
– bei Vier-Augen-Gesprächen 382
– Beweisnot 381
– von Amts wegen 381
Passivlegitimation 86
Persönliches Erscheinen 244
Präjudizien 13, 108
Präklusion 172
– fehlender Auslagenvorschuss 175
– Fluchtmöglichkeiten 186
– im frühen ersten Termin 179
– im Mahnverfahren 176
– präventive Maßnahmen 180
– Rechtsfehler 189
– Verzögerung 178
– Voraussetzungen 173
– wirksame Fristsetzung 177
Privatgutachten 359
Protokoll
– bei Vergleichsabschluss 297
– bei Zeugenvernehmung 347
– Berichtigung 255
– Beweiskraft 254
Protokollierungsantrag 257
Prozessförderungspflicht 175
Prozesskostenhilfe 22, 215, 297, 355
Prozessrisiko 12
Prozesstaktik 1, 5, 175
Prozessvollmacht 80, 81
Prozessziel 3

R
Rechnung
– Abdruck von AGB auf 76
– Angabe im Mahnbescheid 54
– Anspruch auf 165
– Bestreiten des Erhalts 161
– kein Beweismittel 111
– keine Anspruchsgrundlage 54
– rechtliche Bedeutung 161, 311

- überhöhte Telefonrechnung 157
- Zurückbehaltungsrecht 165
Rechtliches Gehör 392
Rechtsmittelverzicht 235
Rechtstatsache 96, 326
Reformen
- aktuelle Änderungen 2
- geplante 2
- ZPO-Reform 2, 7
Reisemängelprotokoll 375
Rubrumsberichtigung 88
Ruhen des Verfahrens
- als Fluchtmaßnahme 196

S
Sachverständigengutachten 353
- Beweisantrag 354
- Auslagenvorschuss 354
- Befangenheit des Sachverständigen 357
- Beweissicherungsgutachten 361
- Einwendungen 356
- Ladung des Sachverständigen 356
- Privatgutachten 359
- weiteres Gutachten 359
Scheckfalle 164
Schenkungseinwand 321, 370
Schlichtungsverfahren 19
Schlusserörterung 346, 390
Schlüssigkeit 95
- Beispiele 98
- durch Beklagtenvortrag 144
- Hinweispflicht 272
Schmerzensgeldanspruch 32, 117, 120
Schriftform
- anwaltlicher Beglaubigungsvermerk 82

- arbeitsrechtliche Kündigung 83
- Computerfax 80
- E-Mail 80
- Telefax 83
- Klageerhebung 78
- mietrechtliche Kündigung 83
- Unterschrift 78
Schriftliche Zeugenaussagen 335
Schriftliches Vorverfahren 114, 176
Schriftsatznachlass 259
- Verhältnis zu § 296 ZPO 261
Schriftvergleichung 372
Schriftwechsel, vorprozessualer 373
Schuldbekenntnis an der Unfallstelle 376
Schuldrechtsmodernisierungsgesetz 2
Sicherheitsleistung 114
Sicherungsmaßnahmen 17
Sofortiges Anerkenntnis 149
- im Mahnverfahren 152
- Verwahrung gegen die Kosten 150
Stellvertretung
- Bestreiten 163
- Beweislast 320
- schlüssiger Sachvortrag 99
- Streitverkündung 205
Stimmungsmache 93, 235
Strafanzeige
- als taktisches Mittel 287, 354
Streitverkündung 199
- bei Alternativschuldverhältnissen 205
- bei Regressanspruch 204
- Beseitigung der Bindungswirkung 202
- im Beweissicherungsverfahren 200

– in zweiter Instanz 202
– Interventionswirkung 199
– Kostentragung 208, 209
– Reaktion des Dritten 206
– Risiken 208
– Schriftsatz 203
– Voraussetzungen 201, 203
Stufenklage 122
Stundenlohnzettel 374
Substantiierung
– beim Bestreiten 155
– Beispiele 101, 156
– des Klagevortrages 100
– Hinweispflicht 272, 275
– mittels Privatgutachten 360
Suggestivfragen 345

T
Tatbestand des Urteils
– Beweiskraft und Berichtigung 254
Teilklage 29
– Abwehrmaßnahmen 34
– Chancen und Risiken 29
– Klageerweiterung 31, 33
– Klageschrift 30
– Rechtskraft 31
– verdeckte 31
– Verjährung 33
Telefax
– Beweis des Zugangs 317
– Computerfax 80
– Klageerhebung mittels 79
– Sendebericht 227, 318
– Wiedereinsetzung 224
– Eingang bei Gericht 225
Terminsverlegung 182, 250

U
Übergabeprotokoll 377
Unterschrift

– bei Telefax 80
– Paraphe 78
Urkunden 364
– Reisemängelprotokoll 375
– Schuldschein 322
– Strafurteil 368
– Stundenlohnzettel 374
– Übergabeprotokoll 377
– vorprozessualer Schriftwechsel 373
Urkundenbeweis 364
– Abschrift der Urkunde 372
– Beweisantritt 365, 368
– Beweiswirkung 370
– Echtheit der Urkunde 162, 371
– tatsächliche Vermutung 370
– Urkunden bei Dritten 365
– Urkunden beim Gegner 365
– Urkunden in anderen Akten 367
– vergessene Urkunden 365
Urkundenprozess 56
– bei Mietzinsansprüchen 57
– Beweismittel 56, 59
– Echtheit der Urkunde 59
– Nachverfahren 60
– Vorteile 56

V
Verfahrensfehler
– Befangenheitsantrag 65, 278
– bei Präklusion 189
– Berufung 9, 235, 387
– beweisrechtliche 387
– unterlassene Beweiserhebung 303, 328
– unterlassener Augenschein 384
– Verletzung der Hinweispflicht 269
Verfahrensrügen 77, 144, 235, 256
Verfassungsbeschwerde 399

Vergleich 285
- als Fluchtmaßnahme 196
- Abgeltungsklausel 293
- Anfechtung 290
- Beratungspflicht des Anwalts 286
- Beweislastregelung 294
- Inhalt und Formulierung 290
- Kostenregelung 136, 295
- Anlagen zum 298
- Nachteile und Gefahren 301
- Protokollierung 297
- Rechtsschutzversicherung 296
- schriftlicher Vergleich 299
- Strategie 285
- Vorteile 300
- widerruflicher Vergleich 288
Verjährungshemmung 18
- bei Klagerücknahme 131
- bei Musterprozess 25
- bei negativer Feststellungsklage 36
- bei Prozesskostenhilfe 23
- bei Ruhen des Verfahrens 25
- bei Schlichtungsverfahren 21
- bei Stufenklage 123
- bei Teilklage 33
- durch Aufrechnung 166
- durch selbständiges Beweisverfahren 19
- durch Hilfsantrag 113
- durch Feststellungsklage 126
- durch Klagezustellung 83, 87
- durch Mahnbescheid 49
- durch Streitverkündung 199
- durch Vereinbarung 25
- durch Verhandlungen 25
- verjährungsunerhebliche Maßnahmen 18
Verkehrsunfall-Haftpflichtprozess
- Anscheinsbeweis 311

- Feststellungsklage 127
- Gerichtsstand 27
- Kfz-Brief 327
- Schmerzensgeld 37
- Schuldbekenntnis 376
- Spätschäden 293
- Teilklage 31, 35
- Zeugen 329, 343
- Zeugenausschaltung 47, 146
Versäumnisurteil 95, 147, 186, 251
Verwertungsverbote
- bei Augenschein 386
- bei Zeugen 348
Verzugsschaden 99
Verzugszinssatz 100
Videokonferenz 336
Vollmacht 15, 82
Vorprüfungsverfahren 402

W

Waffengleichheit 382
Wahrheitspflicht 4
Wechsel- und Scheckprozess 58
Werkvertrag 98, 157, 158, 205, 322, 374
Widerklage 168
- bedingte 171
- Dritt-Widerklage 42, 145
- Feststellungswiderklage 34, 42, 169
- Gründe 169
- im Urkundenprozess 57
- Streitwert 169
- Verhältnis zur Aufrechnung 170
- Zwischenfeststellungswiderklage 42, 169, 194
Wiedereinsetzung 211
- Briefbeförderung 223
- Büroorganisation 220
- fehlende Kenntnis 227

– Fristen 212, 217
– Fristenkontrolle 222
– Glaubhaftmachung 215
– Prozesskostenhilfe 214, 215
– Telefax 224
– unverschuldete Fristversäumnis 214
– Zulässigkeit 212
– Zustellung, wirksame 229
Wiedereröffnung
– der mündlichen Verhandlung 270

Z

Zeugen 333
– Ausschaltung 46, 145
– Ehepartner 329
– Erlangung von 40
– im Ausland 350
– Individualisierung 334
– Minderjährige 39, 328
– mitgebrachte 185
– sachverständige Zeugen 358, 361
– Streitgenossen 47
– Unerreichbarkeit 353
– Verzicht 334
– Vernehmung 336
– vom Hörensagen 330
– Zeuge N.N. 333
Zeugenbeweis 333
– Auslagenvorschuss 175, 183
– Beweisantrag 333
– Fehlerquellen 342, 339
– Glaubwürdigkeit 329, 345
– Mithöreinrichtung 348
– schriftliche Aussage 335
– Verwertungsverbote 348
Zeugenvernehmung 336
– Befragungstechnik 339
– Fragerecht 338

– mittels Ton- und Bildübertragung 336
– Protokollierung 347
– schriftliche 335, 352
– Suggestivfragen 345
– unzulässige Fragen 344
Zivilprozessreformgesetz 2
ZPO-Reform 7
Zugang
– bei Gericht 225, 290
– Bestreiten 161
– Beweis 313
– E-Mail 318
– einfache Schreiben 313
– Einwurf-Einschreiben 316
– förmliche Zustellung 320
– Telefax 317
– Übergabe-Einschreiben 314
Zugangsvereitelung 316
Zulassungsberufung 400
Zurückbehaltungsrecht 116, 165
Zuständigkeit
– Erschleichung der sachlichen 28
– funktionelle 115
– örtliche 71
– rügelose Einlassung 76
– Verweisungsantrag 71
Zustellung
– bei juristischen Personen 231
– demnächst 50, 83
– durch Boten 320
– durch Niederlegung 230
– förmliche 320
– gegen Empfangsbekenntnis 180, 229
– öffentliche 84
– wirksame 229
Zustellungsreformgesetz 2
Zustellungsurkunde 230
Zwischenfeststellungsklage 34, 42, 169, 194

Der Anwalt im Berufungsverfahren

Strategien und Fehlervermeidung

Änderungen im Recht der Anwaltszulassung und der Postulationsfähigkeit haben dazu geführt, dass zahlreiche Rechtsanwälte jetzt auch bei den Oberlandesgerichten auftreten können. Mit der Berufungsinstanz eröffnet sich ihnen dort ein vielfach neues, bislang unbekanntes Tätigkeitsfeld, das aber spezielle Anforderungen stellt und bei Nichterfüllung Haftungsrisiken birgt. Insbesondere die Neuregelung des Rechtsmittelrechts durch die ZPO-Reform und die nach wie vor bestehenden Unsicherheiten in der Anwendung der neuen Vorschriften bedingen auch für erfahrene Berufungsanwälte eine Umorientierung.

Gegenstand der Darstellung ist eine an den verschiedenen Arbeitsschritten des Anwalts in der Berufungsinstanz ausgerichtete praxisbezogene Darstellung des neuen Berufungsrechts unter besonderer Herausarbeitung typischer Fehlerquellen.

Zum Autor:
Dr. Rainer Oberheim ist Richter am Oberlandesgericht Frankfurt am Main und seit 15 Jahren – zum Teil auch hauptamtlich – in der Aus- und Fortbildung von Studenten, Referendaren, Richtern, Rechtsanwälten und ausländischen Juristen tätig.

Rainer Oberheim
Der Anwalt im Berufungsverfahren
Strategien und Fehlervermeidung
2003, 320 Seiten, broschiert,
€ 45,–/sFr 90,–
ISBN 3-472-05392-X
erscheint August 2003

NEU

Zu beziehen über Ihre Buchhandlung oder direkt beim Verlag.

Wolters Kluwer Deutschland GmbH
Niederlassung Neuwied
Postfach 2352 · 56513 Neuwied
Telefon 02631 8012-222 · Telefax 02631 8012-223
www.wolters-kluwer.de
E-Mail info@wolters-kluwer.de

Luchterhand
Eine Marke von Wolters Kluwer Deutschland